## 에듀윌과 함께 시작하면,
## 당신도 합격할 수 있습니다!

자소서와 면접, NCS와 직무적성검사의 차이점이 궁금한
취준을 처음 접하는 취린이

대학 졸업을 앞두고 취업을 위해 바쁜 시간을 쪼개며
채용시험을 준비하는 취준생

내가 하고 싶은 일을 다시 찾기 위해
회사생활과 병행하며 재취업을 준비하는 이직러

누구나 합격할 수 있습니다.
이루겠다는 '목표' 하나면 충분합니다.

마지막 페이지를 덮으면,

**에듀윌과 함께**
**취업 합격이 시작됩니다.**

# 베스트셀러 1위 2,130회 달성!
# 에듀윌 취업 교재 시리즈

### 대기업 통합

20대기업 인적성
통합 기본서

### 삼성

GSAT 삼성직무적성검사
통합 기본서

GSAT 삼성직무적성검사
실전모의고사

GSAT 삼성직무적성검사
최최종 봉투모의고사

### SK

온라인 SKCT SK그룹
종합역량검사 통합 기본서

오프라인 SKCT SK그룹
종합역량검사 통합 기본서

### LG

LG그룹 온라인
인적성검사 통합 기본서

### SSAFY

SSAFY 통합 기본서
SW적성진단+에세이+면접 4일끝장

### POSCO

PAT 통합 기본서
[생산기술직]

### 금융권

농협은행 6급
기본서

지역농협 6급
기본서

IBK 기업은행
NCS+전공 봉투모의고사

### 공기업 NCS 통합

공기업 NCS
통합 기본서

### 영역별

이나우 기본서
NCS 의사소통

박준범 기본서
NCS 문제해결·자원관리

PSAT 기출완성
의사소통 | 수리 | 문제해결·자원관리

### 공기업 통합 봉투모의고사

공기업 NCS 통합
봉투모의고사

매일 1회씩 꺼내 푸는
NCS/NCS Ver.2

### 유형별 봉투모의고사

피듈형
NCS 봉투모의고사

행과연형
NCS 봉투모의고사

휴노형·PSAT형
NCS 봉투모의고사

### 고난도 실전서

자료해석 실전서
수문끝

### 기출

공기업 NCS
기출 600제

6대 출제사 기출 문제집

## 한국철도공사

NCS+전공
기본서

NCS+전공
봉투모의고사

ALL NCS
최최종 봉투모의고사

## 한국전력공사

NCS+전공
기본서

NCS+전공
실전모의고사

8대 에너지공기업
NCS+전공 봉투모의고사

## 국민건강보험공단

NCS+법률
기본서

NCS+법률
실전모의고사

## 한국수력원자력

한수원+5대 발전회사
NCS+전공 실전모의고사

ALL NCS
최최종 봉투모의고사

## 교통공사

서울교통공사
NCS+전공 실전모의고사

부산교통공사+부산시 통합채용
NCS+전공 실전모의고사

## 인천국제공항공사

NCS
봉투모의고사

## 한국가스공사

NCS+전공
실전모의고사

## 한국도로공사

NCS+전공
실전모의고사

## 한국수자원공사

NCS+전공
실전모의고사

## 한국토지주택공사

NCS+전공
봉투모의고사

## 공기업 자소서&면접

공기업 NCS 합격하는
자소서&면접 27대 공기업
기출분석 템플릿

## 독해력

이해황 독해력
강화의 기술

## 전공별

공기업 사무직
통합전공 800제

전기끝장 시리즈
❶ 8대 전력·발전 공기업편
❷ 10대 철도·교통·에너지·환경
공기업편

## 취업상식

월간 취업에 강한
에듀윌 시사상식

공기업기출
일반상식

금융경제 상식

# 취업 교육 1위
# 에듀윌 취업 무료 혜택

## 218강 이상 취업강의 7일 무료 & 무제한 + 교재 연계 강의 무료

### 총 218강 취업강의

- 공기업 NCS
- 대기업 인적성
- 상식

취업강의 바로가기

### 교재 연계 강의

[2023] 오프라인 SKCT SK그룹 종합역량검사 무료특강

교재 연계 강의 바로가기

※ 취업강의는 수시로 추가 업데이트 됩니다.
※ 취업강의 이벤트는 예고 없이 변동되거나 종료될 수 있습니다.

## 1:1 학습관리
## 교재 연계 온라인스터디 무료

### 참여 방법

STEP 1
신청서 작성

STEP 2
스터디 교재 구매 후 인증 (선택)

STEP 3
오픈채팅방 입장 및 스터디 학습 시작

네이버카페 '딱취업(https://cafe.naver.com/gamnyang)' 접속 → 온라인스터디 게시판 신청 후 참여

※ 온라인스터디 진행 및 혜택은 교재 및 시기에 따라 다를 수 있습니다.

온라인스터디 신청

## 온라인모의고사
## & 성적분석 무료

### 응시 방법

에듀윌 홈페이지(www.eduwill.net) 로그인
→ 공기업/대기업 취업 검색
→ 우측 [취업 온라인모의고사 무료] 배너 클릭
→ 해당 온라인모의고사 [신청하기] 클릭
→ 대상 교재 내 쿠폰번호 입력 후 [응시하기] 클릭

※ '온라인모의고사&성적분석' 서비스는 교재마다 제공 여부가 다를 수 있으니, 교재 뒷면 구매자 특별혜택을 확인해 주시기 바랍니다.

온라인 모의고사 신청

## 모바일 OMR
## 자동채점 & 성적분석 무료

### 실시간 성적분석 방법

STEP 1
QR코드 스캔

STEP 2
모바일 OMR 입력

STEP 3
자동채점& 성적분석표 확인

※ 혜택 대상 교재는 본문 내 QR코드를 제공하고 있으며, 교재별 서비스 유무는 다를 수 있습니다.
※ 응시내역 통합조회 에듀윌 문풀훈련소 또는 puri.eduwill.net [공기업·대기업 취업] 클릭 → 상단 '교재풀이' 클릭 → 메뉴에서 응시내역 확인

2023 최신판

# 오프라인 SKCT
# SK그룹 종합역량검사
# 통합 기본서

# 오프라인 SKCT의 모든 것!

# 합격을 위한! 알짜!
# 정보만 모았다

## 오프라인 SKCT 시험은 어떤 시험인가요?

### 오프라인 SKCT 시험 구성 ⊘ P. 4

오프라인 SKCT는 실행역량, 인지역량(수리/언어/직무), 심층역량으로 구성되어 있습니다. 자세한 내용은 '오프라인 SKCT 시험 구성'을 통해 확인할 수 있습니다.

## 오프라인 SKCT 시험은 어떻게 출제되었나요?

### 오프라인 SKCT 시험경향 분석 ⊘ P. 6

2022 하반기 오프라인 SKCT로 시행된 SK하이닉스 필기시험과 2021년 공개 및 수시 채용을 통해 실시한 SKCT 필기시험의 출제경향을 정리하였습니다. 자세한 내용은 '오프라인 SKCT 시험경향 분석'을 통해 확인할 수 있습니다.

## SK그룹 채용은
어떻게 진행되나요?

### SK그룹 채용 정보 P. 10

SK그룹 채용의 모든 과정을 한눈에 쉽게 파악할 수 있도록 정리하였습니다. 자세한 내용은 'SK그룹 채용 정보'를 통해 확인할 수 있습니다.

## SK그룹은
어떤 기업인가요?

### SK그룹 기업 소개 P. 12

모두가 들어가고 싶어 하는 SK그룹의 기업 정보를 제공합니다. 자세한 내용은 'SK그룹 기업 소개'를 통해 확인할 수 있습니다.

# 오프라인 SKCT 시험 구성

## 01 검사 개요

2013년부터 도입된 SKCT는 지원 직무를 원활히 수행하기 위한 역량을 보유하고 있는지 종합적으로 진단하는 검사이다. SKCT는 2022년 상반기에 전 계열사 모두 온라인으로 시험 형태가 변경되어 출제되었고, 하반기에 SK하이닉스는 오프라인으로, 그 외 계열사는 온라인으로 SKCT 시험이 출제되었다. 2022년 하반기에 오프라인으로 시행된 SKCT 시험은 2021년 이전인 기존에 시행되었던 SKCT 시험과 동일하다.

## 02 시험 구성

오프라인 SKCT 시험은 2021년 이전인 기존에 시행되었던 SKCT 시험과 동일하며, 시험 구성은 다음과 같다.

| 구분 | | | 문항(개) | | 시간(분) | | 시간 계획(22년 9월 기준) |
|------|------|------|---------|------|---------|------|------------------------|
| 1교시 | 실행역량 | | 30 | | 20 | | 09:30~11:15(105분) |
| | 인지<br>역량 | 수리 | 20 | 60 | 30 | 75 | |
| | | 언어 | 20 | | 20 | | |
| | | 직무 | 20 | | 25 | | |
| 2교시 | 심층역량 | | 360 | | 50 | | 11:45~12:45(60분) |

## 03 계열사별 온라인/오프라인 시험 시행

| 2022년 상반기 | 2022년 하반기 |
|--------------|--------------|
| 전 계열사 모두 온라인 SKCT로 시험 진행<br>(단, SK하이닉스의 경우 적성검사2 진행하지 않음) | **[온라인 SKCT 시행 계열사]**<br>SK텔레콤, SK이노베이션, SK온<br>**[오프라인 SKCT 시행 계열사]**<br>SK하이닉스 |

※ SK하이닉스만 2022년 상반기에 온라인, 2022년 하반기에 오프라인 SKCT로 시험이 시행되었음. 온라인 SKCT의 시험 구성은 계열사마다 일부 상이하며, 크게 적성검사1(언어, 수리)과 적성검사2(N-Back+AI유형검사), 심층검사로 구성됨

# 04 예시 문항

## 1 실행역량(검사A)

다음 질문을 읽고 가장 바람직하다고 느껴지는 것을 고르시오.

> K대리는 중요한 해외 거래처 일행이 방문하여 공항에 픽업을 하러 가는 길이다. … 그러나 가는 도중 접촉 사고가 일어나 차량이 반파되는 사고가 발생하였다. 차량 운행이 불가능하게 되었고 예정된 시간 내에 바이어를 픽업하기는 어려운 상황이다. 당신이 K대리라면 이러한 상황을 극복하기 위해 어떻게 할 것인가?

① 팀장에게 보고하여 지시를 기다리며 우선 사고 수습에 온 힘을 쏟는다.
② 바이어에게 연락하여 불가피한 상황을 설명하고 회사까지 대중교통으로 와 줄 것을 부탁한다.
③ 동료 직원에게 픽업을 부탁하고, 바이어에게 연락하여 기다리게 할 일에 대하여 미리 양해를 구한다.
④ 바이어에게 연락하여 우선 공항 근처 호텔에서 숙박하도록 부탁하고 다음 날 다시 픽업 시간을 약속한다.
⑤ 사고 수습에 걸리는 시간과 보험회사에서 제공하는 렌터카를 이용하여 공항에 도착하게 될 시간을 바이어에게 알리고 기다려 달라고 요청한다.

## 2 인지역량－수리(검사B)

어느 미술관에는 입구에서 출구까지 움직임을 감지하여 작동하는 120개의 센서등이 부착되어 있다. 이 센서등은 [조건]과 같은 원리로 작동하게 되어 있다. 관람객 120명이 미술관에 입장하여 차례로 퇴장하였을 때, 센서등이 켜진 횟수를 고르면?

> **조건**
> • 센서등 120개는 처음 미술관을 개장할 때 모두 꺼져 있다.
> • 첫 번째 센서등은 사람이 1명 지나갈 때마다 켜졌다 꺼지기를 반복한다.
>                             ⋮

① 385번      ② 1,200번      ③ 1,440번      ④ 3,600번      ⑤ 3,660번

## 3 인지역량－언어(검사C)

다음 글을 읽고 추론하기 가장 어려운 것을 고르면?

> 전문가 집단은 특정 분야의 일을 줄곧 해 와서 그에 관해 깊이 있는 지식과 수행능력을 갖고 있는 사람들의 집단이다. 이들은 지식과 스킬이 머리와 몸에 잘 체화돼 있어 상황이 달라져도 문제를 재빨리 해결하는 특징을 지니고 있다. …

① 집단 지성이 인터넷의 발달로 질적 향상을 기대할 수 있다.
② 아무리 뛰어난 집단이라도 자신들의 능력에 대해 과신하고 방심하면 판단력이 흐려질 수 있다.
③ 낱개로는 전혀 가치가 없는 데이터는 빅데이터에 들어간다 하더라도 새로운 의미를 추출하기 어렵다.
④ 전문가 집단이 제 역할을 제대로 하기 위해서는 집단의 태도를 주도적이고 개방적으로 변화시켜야 한다.
⑤ 집단 지성의 산출물은 구성원에 따라 질적으로 달라질 수 있으며, 개별 정보의 부정확성, 정보 조작 등의 문제점이 있을 수 있다.

## 4 심층역량(검사E)

[Type 1] 각 문제에 대해 자신이 동의하는 정도에 따라 '전혀 그렇지 않다'면 ①, '그렇지 않다'면 ②, '그렇다'면 ③, '매우 그렇다'면 ④로 응답하시오.

| 001 | 나는 이성의 마음을 사로잡는 법을 알고 있다. | ① | ② | ③ | ④ |
|-----|----------------------------------------|----|----|----|----|
| 002 | 나는 SK 인재상에 부합하는 사람이다. | ① | ② | ③ | ④ |

[Type 2] (가)에 가까울수록 ①에 가깝게, (나)에 가까울수록 ④에 가깝게 응답하시오.

| ← (가)에 가까울수록 | | | (나)에 가까울수록 → |
|---|---|---|---|
| ① | ② | ③ | ④ |
| (가) 나는 남의 시선을 신경 쓰지 않는다. | | | (나) 나는 남의 시선을 신경 쓴다. |

## 2022 하반기 오프라인 SKCT 총평

2022년 SKCT 시험은 변화된 부분이 매우 많았다. 먼저 2022년 상반기에는 기존에 시행되었던 SKCT 시험과 비교해 출제 문항 수, 시험 시간, 유형 및 구성, 난도 등 다소 상이한 형태로 온라인으로 SKCT를 시행하였다. 2022년 하반기에는 SK하이닉스를 제외한 계열사는 모두 온라인으로 SKCT를 시행하였지만, 상반기와 비교해 그 형태가 계열사마다 상이하게 출제되었다. 유일하게 오프라인으로 SKCT를 시행한 SK하이닉스의 필기시험을 보면, 기존에 시행되었던 SKCT 시험(실행역량, 인지역량, 심층역량)과 동일하게 출제되었다. 문항 수와 출제 유형 모두 기존과 매우 유사하였으며, 새로운 유형은 출제되지 않고 익숙한 유형 위주로 출제되었다. 전체적으로 온라인보다 오프라인 SKCT 시험의 난도가 높은 편이며, 2022 하반기 오프라인 SKCT 역시 난도가 높았다는 평이 많았다.

실행역량
(검사A)

- 기존과 마찬가지로 서로 다른 30가지의 상황을 빠르게 파악 후 적절한 대처를 고르는, 상황 판단을 묻는 문제의 유형이 출제되었음
- 지문의 길이는 짧은 편이었지만, 글의 가독성은 다소 떨어졌다는 평
- 평이하고 빠르게 넘어갈 수 있는 선택지도 있었지만, 상황에 따라 헷갈리는 선택지도 다수 있어 시간이 다소 부족했다는 평
- 다양한 상황을 주며, 정확한 답은 없지만 주어진 시간 내에 모두 푸는 것이 중요함

### ✓ Check   출제 포인트

[2022년 하반기]
- A직원과 B직원이 업무 관련하여 마찰이 심하게 있었는데 이후 맡은 프로젝트에서 서로 대화를 하지 않는다고 할 때 본인은 어떻게 할 것인지 묻는 문제
- 업무 적응이 느린 동료를 봤을 때 본인은 어떻게 할 것인지 묻는 문제
- 개인의 가치관과 맞지 않는 업무를 하던 중 상황이 발생하였을 때 회사의 공동목표 달성을 위해 어떻게 할 것인지 묻는 문제
- 상사가 프로젝트 끝난 기념으로 주요 성과 직원과 함께 팀 회식을 진행하였는데, 해당 직원 중 한 명이 업무 때문에 오지 못한다고 하였을 때 본인은 어떻게 할 것인지 묻는 문제

[2021년 하반기]
- 바이어 픽업 길에서 교통사고가 난 상황에서의 본인은 어떻게 할 것인지 묻는 문제
- 급한 프로젝트 진행 담당자로 지정되었고, 진행 팀 내에서 팀원들끼리 의견 통합이 잘 되지 않는 단기 협업 구조의 상황에 놓여졌을 때 본인은 어떻게 할 것인지 묻는 문제
- 고객사가 문제를 일으켰을 때 납품 문제를 어떻게 해결할 것인지 묻는 문제

**인지역량 – 수리 (검사B)**

- 기존과 마찬가지로 응용수리와 자료해석 2가지 유형으로 총 20문항 출제되었음
- 시중 문제집에 수록되었던 기출 문제와 거의 유사하거나 키워드를 바탕으로 일부 변형되어 출제된 문제가 있었음
- 응용수리의 경우, 방정식을 포함한 다양한 유형이 출제되었으며, 경우의 수와 확률, 순열과 조합, 통계 등의 개념을 알고 풀 수 있는 문제가 출제되었음
- 전체적으로 어려웠지만, 2021년 하반기와 비교해 난도가 높지 않았다는 평

---

**✓ Check    출제 포인트**

**[2022년 하반기]**
- 만족, 불만족 비율과 남녀 비율을 제시하고 전체 직원 수를 구하는 문제
- 연속하는 7개 숫자의 합이 동일할 때 특정 순서의 숫자의 합을 구하는 수열 문제
- 월·일을 분자 및 분모로 하여 나눈 소수점을 활용한 암호를 찾는 문제
- 8명 학생의 최대 및 최소 점수와 각 2명의 점수의 평균이 주어졌을 때 4번째 순위의 학생 점수를 구하는 문제
- 한 변의 길이가 1cm씩 증가하는 정사각형을 이어 붙였을 때의 넓이가 주어졌을 때 해당 도형의 총둘레를 구하는 문제

**[2021년 하반기]**
**(10월 10일 시행)**
- 박스의 개수를 추론해서 총무게를 계산하는 문제
- 볼펜, 지우개, 샤프, 형광펜 총 4종류 필기도구의 가격(제한된 정보)을 제시하고, 필기도구 4개의 개수를 모두 다르게 줌으로써 각 필기구의 한 개 값을 모두 더한 가격을 계산하는 문제(4차 연립방정식 이용 문제)
- A, B, C가 각각 점수를 얻을 확률 $\frac{1}{n}$ 에서 m점을 얻을 확률을 구하는 문제
- 기대비용이 같은 상황에서의 확률을 구하는 문제
- 집합이 3개일 때 벤다이어그램을 이용하여 사람 수를 구하는 문제
- 이자율을 주고 복리를 계산하는 문제

**(9월 26일 시행)**
- 미술관의 방을 지날 때 각 센서가 켜지는 횟수를 구하는 문제
- 몸무게가 같아야 한다는 조건을 고려해서 구성원들을 2개의 팀으로 구성하는 문제
- 각도(120°)가 주어지고, 삼각형 모양의 길을 도는 문제

**(7월 10일 시행)**
- 타일 배치 관련해서 서로 다른 타일의 종류를 사용하였을 때의 비용 차이를 계산하는 문제
- 여러 명이 자리에 앉았을 때 한 명만이 제대로 앉은 경우의 확률을 구하는 문제
- 에스컬레이터가 정지하였을 때 보이는 계단의 숫자를 구하는 문제
- 복리를 계산하는 문제
- 숫자와 문자를 각각 3개씩 주고, 이를 나열하였을 때 가능한 조합의 수를 구하는 문제
- 여러 가지 숫자의 범위가 주어지고 비밀번호를 만들 때 나올 수 있는 경우의 수를 구하는 문제

**인지역량 – 언어 (검사C)**

- 기존과 마찬가지로 추론, 비판, 내용이해 등 일반적인 유형으로 총 20문항 출제되었음
- 글을 읽고 추측할 수 있는 것을 고르는 등의 추론 문제가 다른 유형과 비교해 높은 비중으로 출제되었음
- 기존의 기출 문제의 키워드 또는 주제를 활용한 문제가 일부 출제되었음
- 2021년 하반기와 비교해 출제 유형은 유사하였지만 선택지가 어렵게 출제되어 난도가 높았다는 평
- 인지역량(직무) 다음으로 어려웠다는 평

---

**✓ Check  출제 포인트**

**[2022년 하반기]**
- 금본위제도 관련 지문의 문제
- 주파수 관련 지문의 문제
- 인지/기술, 권리금 관련 지문의 문제
- 도로명 주소 관련 지문의 문제
- 한국의 시장 상황에 적합한 도표를 찾는 문제
- 미세먼지 관련 지문의 문제
- TV 경쟁 시장의 비판 관련 지문의 문제

**[2021년 하반기]**
**(10월 10일 시행)**
- 빅데이터 지식의 집단과 집단적 전문가 집단의 차이의 내용을 다룬 지문의 문제
- 상관관계가 아닌 그래프를 찾는 문제
- 기억법 4가지를 주고 비슷한 성질끼리 고르는 문제
- 노이즈 캔슬링 관련 지문의 문제
- 산업구조의 변화 관련 지문의 문제

**(9월 26일 시행)**
- 인슐린 관련 지문의 문제

**(7월 10일 시행)**
- 고령화 관련 지문의 문제

---

**인지역량 – 직무 (검사D)**

- 출제 영역 중 가장 높은 난도로 출제되었고 매우 어려웠다는 평, 지원 직무에 따른 시험 차이가 있음
- 논리, 진실게임, 추리 등의 문제가 출제되었고, 나머지 문제는 주어진 자료와 조건을 바탕으로 해결하는 문제해결 유형으로 출제되었음
- '독해+자료해석+과학', '추론+수리', '추론+언어' 형태의 복합형 문제의 비중이 높았음
- 지문 · 자료가 다소 길었으며, 선택지/보기를 비교하는 문제가 헷갈리고 많이 까다로웠다는 평
- 과학 관련 문제는 해당 전공자가 아니어도 기본적인 과학개념을 알고 있는 정도로 적용할 수 있는 문제가 다수 출제되었지만, 자료의 구조가 복잡하고 길어 다소 어려웠다는 평

**[2022년 하반기]**
- 과장, 대리, 사원을 네 팀으로 나누었을 때 조건을 바탕으로 과장, 대리, 사원이 모두 있는 팀이 구성될 확률을 고르는 문제
- 참/거짓 문제
- GDP 관련 자료해석형 문제
- 엔진오일과 금속의 부식 상관관계를 분석하는 문제
- 컴퓨터 해상도를 비교한 자료를 해석하는 문제
- 각 시료 수와 날짜가 다른 실험, 그래프의 경향성을 보여준 뒤 이를 해석하는 문제
- 웨이퍼 편차 및 당구공 관련 소프트웨어 문제

**[2021년 하반기]**
**(10월 10일 시행)**
- 실험군-대조군을 설정하는 문제
- 농도/점도/온도 조건에 따른 코팅 필름 두께의 상관관계를 묻는 문제
- 폴리머 A, B, C, D가 K성능에 미치는 영향 관련 내용을 주고, 주어진 조건을 참고해서 추론하는 문제

**(9월 26일 시행)**
- 제품 X, Y, Z에 부품 A, B, C, D 중 어떤 부품이 들어가는지 맞히는 문제

**(7월 10일 시행)**
- A제품과 B제품을 4가지 조건에 따라 상이하게 실험한 내용과 결과를 표로 준 다음 이를 분석한 결과로 알맞은 것을 고르는 문제
- x/y/z축이 나오고, 강도가 약할 것으로 보여지는 것을 고르는 문제

**심층역량
(검사E)**

- 문장을 주고 본인과 얼마나 가까운지 체크하는 유형 300문항(전혀 그렇지 않다, 그렇지 않다, 그렇다, 매우 그렇다 4가지 중 선택하는 유형)과 2개의 선택지를 주고 더 가까운 것을 고르는 유형 60문항을 합하여 총 360문항, 50분으로 출제됨
- 짧은 시간에 문제를 모두 풀어야 하므로 고민할 시간 없이 있는 그대로 솔직히 답해야 하며, 일관성이 가장 중요함

- 업무를 진행하는데 창의성을 바탕으로 하는지 혹은 기존방식을 고수하는지를 묻는 항목
- '나는 이성의 마음을 사로잡는 법을 알고 있다.'라는 문장을 주고 본인과 가장 가까운 것으로 체크하는 유형
- '나는 구걸하는 사람을 모른 체 한 적이 있다.'라는 문장을 주고 본인과 가장 가까운 것으로 체크하는 유형
- 본인이 SK인재상에 부합하다고 생각하는지를 묻는 항목
- SK 임원이 될 자질이 있다고 생각하는지를 묻는 항목
- 학창시절에 성적이 매우 우수한 편이었는지를 묻는 항목

# SK그룹 채용 정보

## 01 채용 시기

2022년부터 SK그룹 정기 채용은 종료되고, 관계사별 완전 수시 채용 체제로 전환되었습니다. 채용 시점에 관계없이 채용 공고가 발표될 예정이므로 본인이 희망하는 회사, 직무에 대해서 관심 있게 사전에 준비하며 SK채용 홈페이지(www.skcareers.com)에서 최신공고를 확인해야 합니다.

| 구분 | | 원서접수 | 필기시험 |
|---|---|---|---|
| 2022년 | 상반기 | (SK하이닉스)<br>2022. 02. 17.~2022. 02. 28.<br>(SK이노베이션)<br>2022. 03. 28.~2022. 04. 10. | (SK하이닉스)<br>2022. 03. 19.<br>(SK이노베이션)<br>2022. 04. 30. |
| | 하반기 | (SK하이닉스)<br>2022. 08. 22.~2022. 08. 30.<br>(SK이노베이션)<br>2022. 09. 08.~2022. 09. 25.<br>(SK온)<br>2022. 09. 13.~2022. 10 .04.<br>(SK텔레콤)<br>2022. 09. 22.~2022. 09. 30. | (SK하이닉스)<br>2022. 09. 25.<br>(SK이노베이션)<br>2022. 10. 15.<br>(SK온)<br>2022. 10. 15.~2022. 10. 16.<br>(SK텔레콤)<br>2022. 10. 07. |
| 2021년 | 상반기 | (SK하이닉스)<br>2021. 02. 19.~2021. 03. 01.<br>(SK이노베이션)<br>2021. 03. 29.~2021. 04. 16. | (SK하이닉스)<br>2021. 03. 21.<br>(SK이노베이션)<br>2021. 05. 09. |
| | 하반기 | (SK하이닉스)<br>2021. 06. 14.~2021. 06. 25.<br>(SK하이닉스)<br>2021. 08. 20.~2021. 08. 29.<br>(SK 5개사)<br>2021. 08. 30.~2021. 09. 08. | (SK하이닉스)<br>2021. 07. 10.<br>(SK하이닉스)<br>2021. 09. 26.<br>(SK 5개사)<br>2021. 10. 10. |
| 2020년 | 상반기 | 2020. 03. 30.~2020. 04. 10. | 2020. 05. 24.(코로나19 여파로 연기) |
| | 하반기 | 2020. 09. 14.~2020. 09. 25. | 2020. 10. 25. |
| 2019년 | 상반기 | 2019. 03. 04.~2019. 03. 15. | 2019. 04. 07. |
| | 하반기 | 2019. 09. 02.~2019. 09. 16. | 2019. 10. 13. |

## 02 채용 프로세스

SK는 지원자가 보유하고 있는 자질과 역량을 정확히 파악하기 위해 다양한 선발 도구를 개발하여 인재 선발 시 활용하고 있습니다. 일반적인 채용 절차는 서류심사 – 필기전형 – 면접전형의 순서로 이루어지며, 채용 대상에 따라 전형 단계별 적용 방식 및 기준이 달라질 수 있습니다.

서류심사 → 필기전형 → 면접전형

## 03 채용 상세 정보

### ■ 서류심사

- 지원자의 경력/활동과 모집 직무와의 연관성을 검토하고 결격 사유 유무를 확인합니다.
- 자기소개서는 HR 부서와 지원 부서가 함께 검토합니다. 이 과정에서 지원자가 보유한 역량과 가치관이 선발 중인 직무와 잘 맞는지를 검증합니다.

### ■ 필기전형(SKCT)

객관적이고 공정한 인재영입을 위해 SK는 1978년부터 국내 최초로 인·적성 검사를 도입하였으며, 2013년부터 '일 잘하는 사람'의 요건을 분석하여 SKCT를 선발 도구로 개발·활용하고 있습니다.

### ■ 면접전형

- 지원자의 가치관, 성격 특성, 역량을 종합적으로 검증하기 위해 다양한 면접 방식을 활용합니다.
- 프레젠테이션, 그룹 토론, 심층 면접 등 1~3회 이상의 심도 있는 과정으로 지원자의 역량을 철저히 검증하고 있습니다.
- 직무 역량에 필요할 경우, 글로벌 커뮤니케이션 능력을 검증하기 위해 외국어 구술 면접을 진행합니다.

※ 면접전형은 관계사별, 직무별로 상이합니다.

# SK그룹 기업 소개

## 01 SK가 바라는 인재상

경영철학에 대한 확신을 바탕으로 일과 싸워서 이기는 패기를 실천하는 인재입니다.

**경영철학에 대한 확신**

경영철학에 대한 확신과 VWBE를 통한
SUPEX 추구 문화로 이해관계자 행복 구현

| VWBE | SUPEX |
|---|---|
| 자발적이고(Voluntarily)<br>의욕적으로(Willingly)<br>두뇌활용(Brain Engagement) | 인간의 능력으로<br>도달할 수 있는 최고의 수준인<br>Super Excellent 수준 |

**패기**

과감한 실행의 패기
일과 싸워서 이기는 패기를 실천하는 인재

스스로 동기 부여하여 높은 목표를 도전하고 기존의 틀을 깨는 과감한 실행 그 과정에서 필요한 역량을 개발하기 위해 노력하며, 팀웍을 발휘

## 02 인재 경영 철학

인재 경영 철학의 핵심은 "기업경영의 주체는 구성원이며, 구성원 스스로 기업의 경영철학에 확신과 열정을 가지고 이를 실천해 나가야 한다."는 것입니다.

> **인재의 숲**
>
> 수인백년(樹人百年), 수목오십년(樹木五十年)
>
> 인재를 키우는 것은 나무를 심고 가꾸는 일과 같다. 나무는 50년을 보고 심지만, 인재는 100년을 내다보고 키워야 한다. 내가 '인재의 숲'을 만들고자 했을 때 투자 기간이 너무 길다고 반대가 많았다. 하지만, 숲을 보는 사람만이 나무를 심을 수 있다. 인재의 숲을 거닐며 기업의 뿌리는 사람에 있음을 기억하라.
>
> — '선대 최종현 회장'의 인재의 숲, 충주 인등산

# 03 SK그룹 사업 영역 및 계열사

| 사업 영역 | 계열사 | | |
|---|---|---|---|
| 에너지 · 화학 계열 | SK이노베이션<br>SK에너지<br>SK지오센트릭 | SK엔무브<br>SK E&S<br>SK 디스커버리 | SK케미칼<br>SK가스<br>SKC |
| ICT 계열 | SK텔레콤<br>SK브로드밴드 | SK플래닛 | 11번가 |
| 반도체 · 소재 계열 | SK하이닉스 | SK실트론 | SK스페셜티 |
| 물류 · 서비스 · 바이오 계열 | SK네트웍스<br>SK에코플랜트 | SK바이오팜<br>SK pharmteco | SK 바이오사이언스 |

※ 관계사별 회사 소개, 인재상 등 자세한 사항은 각 관계사 홈페이지를 통해 확인하시기 바랍니다.

# 04 SK의 경영철학이자 기업문화의 기반, SKMS

**SK는 구성원과 이해관계자의 지속 가능한 행복을 추구합니다.**

1979년 처음 제정된 SKMS는 SK의 경영철학과 이를 현실 경영에 구현하는 방법론으로 구성되어 있으며, SK 구성원 모두의 합의와 공유를 통해 SK 기업문화를 구축하는 기반이 되어 왔습니다. SK가 지금까지 지속적인 성장과 발전을 거듭해 온 데에는 SKMS를 토대로 한 경영활동과 기업문화의 정착이 매우 큰 역할을 했습니다. SK의 모든 구성원은 SKMS에 대한 확신과 열정을 가지고 자발적 · 의욕적으로 이를 실천하고 있습니다. 이를 통해 스스로의 행복과 이해관계자의 행복을 동시에 추구해 나갑니다.

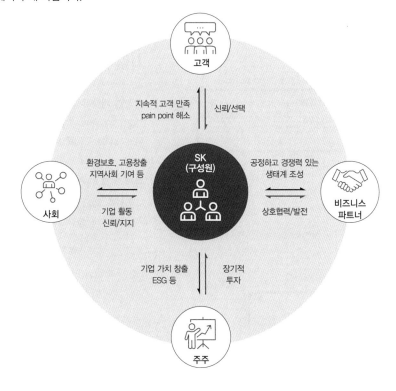

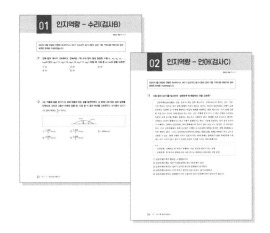

출제경향을 파악하는

# 최신기출 유형 미리보기

### 최신기출 유형 파악

2022년 하반기 채용을 통해 시행된 오프라인 SKCT에서 출제된 인지역량(수리, 언어) 기출 문제를 일부 복원하여 구성하였습니다.

본격적인 학습에 앞서 실력을 가늠해 보고 오프라인 SKCT의 전체적인 유형을 살펴볼 수 있습니다.

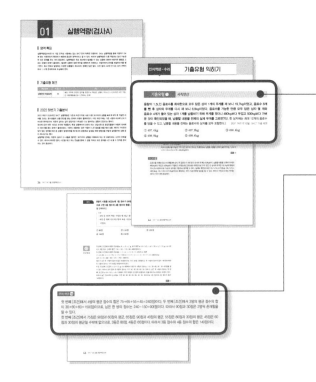

실행역량＋인지역량(수리, 언어, 직무)

# 기출유형 분석 및 예제학습

### 영역별 기출유형 및 출제 키워드 반영

기출유형을 완벽하게 마스터할 수 있도록 대표문제와 예제를 구성하였습니다.

### '문제 해결 TIP'을 통한 효율적 학습

시간 단축, 접근 스킬, 관련 이론들을 정리함으로써 학습 효율성을 높였습니다.

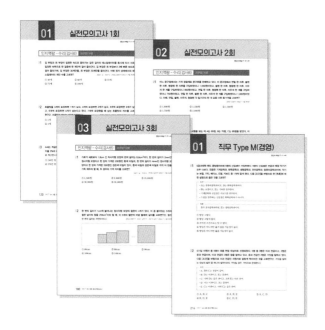

최적화된 문제로 중간 점검하는

# 실전모의고사 3회분+ 직무모의고사

### 실전모의고사(수리+언어)

인지역량(수리/언어) 40문항씩 3회분의 모의고사로 실력 향상을 위한 충분한 학습이 가능하도록 하였습니다.

### 직무모의고사

지원 직무에 따른 5개 타입(M, P, C, R, SW)의 직무모의고사를 공통 역량과 직무 역량 문제로 구성하여 고난도의 직무 영역을 대비할 수 있도록 하였습니다.

오프라인 SKCT와 동일하게 구성한

# 실전동형 모의고사

### 오프라인 SKCT 시험 대비 최종 점검

실행역량부터 심층역량까지 총 450문항으로 구성한 실전동형 모의고사를 실물 수록하여 시험 전 마지막 실력 점검을 할 수 있도록 하였습니다.

### ➕ OMR 카드 수록

실전과 같은 환경에서 최종 연습할 수 있도록 OMR 카드를 수록하였습니다.

에듀윌이
너를
지지할게
ENERGY

세상을 움직이려면
먼저 나 자신을 움직여야 한다.

− 소크라테스(Socrates)

# 1

# 최신기출
# 유형 미리보기

2022년 하반기 채용을 진행함에 따라 9월 25일에 오프라인으로 시행된 SK하이닉스 SKCT 필기시험의 실제 기출 문제를 일부 복원하였습니다. 지원 직무를 원활히 수행하기 위한 역량을 보유하고 있는지 종합적으로 진단하는 검사인 오프라인 SKCT는 실행역량, 인지역량(수리/언어/직무), 심층역량으로 구성되며, 이 중 '인지역량-수리(검사B)'와 '인지역량-언어(검사C)' 두 과목의 시험 후기를 토대로 복원하였습니다.

정답과 해설 P. 2~3

2022년 9월 25일에 진행된 SK하이닉스 SKCT 오프라인 필기시험의 실제 기출 키워드를 바탕으로 일부 복원한 문제로 구성하였습니다.

**01** 전체 항의 개수가 100개이고, 연속하는 7개 수의 합이 항상 일정한 수열 $a_1$, $a_2$, $a_3$, $a_4$, …, $a_{100}$이 있다. $a_{81}=11$, $a_{82}=13$, $a_{83}=15$, $a_{84}=17$, $a_{85}=20$일 때, 다음 중 $a_5+a_8$의 값을 고르면?

① 24      ② 28      ③ 30

④ 33      ⑤ 35

**02** A는 겨울에 길을 걷다가 눈 속에 파묻혀 있는 공을 발견하였다. 눈 밖에 나와 있는 공의 일부를 단면도로 나타낸 그림이 아래와 같을 때, 다음 중 이 공의 부피를 고르면?(단, 반지름의 길이가 $r$인 공의 부피는 $\frac{4}{3}\pi r^3$이다.)

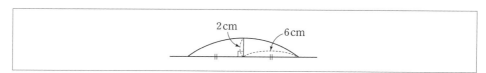

① $\frac{1,000}{3}\pi\text{cm}^3$      ② $\frac{2,000}{3}\pi\text{cm}^3$      ③ $1,000\pi\text{cm}^3$

④ $\frac{4,000}{3}\pi\text{cm}^3$      ⑤ $\frac{5,000}{3}\pi\text{cm}^3$

**03** A는 4자리 비밀번호를 설정하려 한다. A는 오늘 날짜가 7월 12일인 것을 이용하여 7을 분자로, 12를 분모로 하는 분수를 소수로 바꾸었을 때 소수점 아래 첫 번째, 두 번째 자리 숫자를 각각 비밀번호 첫 번째, 두 번째 숫자로 하였다. 그리고 소수점 아래 세 번째 숫자와 월의 최소공배수에서 십의 자리 숫자를 비밀번호 세 번째 숫자로 하고, 최소공배수에서 일의 자리 숫자를 비밀번호 네 번째 숫자로 하였다. 이때, 다음 중 A가 설정한 비밀번호를 고르면?

① 5821　　　　　　② 5835　　　　　　③ 5856

④ 7128　　　　　　⑤ 7142

**04** S기업의 어느 부서에서 8명이 100점 만점인 승진시험을 보았다. 승진시험 점수가 다음 [조건]을 만족할 때, 다음 중 3등 점수와 5등 점수의 합을 고르면?(단, 동점자가 있을 수 있고, 점수는 10점 단위이다.)

> 조건
> • 1등 점수가 90점이고, 8등 점수가 30점이다.
> • 8명을 2명씩 짝지었을 때, 평균 점수는 75점, 65점, 55점, 45점이었다.
> • 8명을 위와 다르게 2명씩 짝지었더니 3쌍의 평균 점수는 각각 30점, 60점, 60점이었다.

① 100점　　　　　　② 110점　　　　　　③ 120점

④ 130점　　　　　　⑤ 140점

다음은 길이가 1인 줄기를 이용하여 나뭇가지 모양을 그리는 과정이다. [12단계]에서 그려지는 가지 한 개의 길이는 [10단계]에서 그려지는 가지 한 개의 길이의 몇 배인지 고르면?

[1단계] 줄기의 길이의 $\frac{2}{3}$가 되도록 줄기의 끝에서 뻗어나가는 가지 2개를 그린다.

[2단계] 전 단계에서 그린 가지의 길이의 $\frac{2}{3}$가 되도록 각 가지 끝에 새로운 가지 2개를 그린다.

[3단계] [2단계]의 과정을 계속 반복하여 그린다.

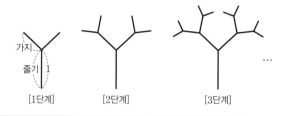

① $\frac{1}{27}$배  ② $\frac{1}{9}$배  ③ $\frac{4}{9}$배

④ $\frac{8}{27}$배  ⑤ $\frac{10}{27}$배

---

**06** 다음 [표]는 공기청정기에 들어가는 부품 A, B를 각각 1kg씩 만드는 데 필요한 원료 a, b의 양과 부품 1kg당 납품이익을 나타낸 자료이다. 원료 a 47g과 원료 b 30g을 모두 사용하여 두 부품 A, B를 만들었을 때, 납품이익 총액을 고르면?

[표] 제품별 원료 사용량 및 납품이익  (단위: g, 만 원)

| 구분 | 원료 a | 원료 b | 납품이익 |
| --- | --- | --- | --- |
| 부품 A | 5 | 3 | 9 |
| 부품 B | 6 | 4 | 8 |

① 68만 원  ② 72만 원  ③ 76만 원

④ 80만 원  ⑤ 84만 원

**07** 테이블이 여러 개 있는 어느 강당에 학생들이 모였다. 다음 [조건]을 바탕으로 할 때, 다음 중 테이블 개수의 최솟값과 최댓값의 합을 고르면?

> ┌ 조건 ─────────────────────────────────
> • 한 테이블에 5명씩 앉으면 12명이 남는다.
> • 한 테이블에 6명씩 앉으면 테이블이 7개 남는다.
> └────────────────────────────────────

① 111  ② 112  ③ 113
④ 114  ⑤ 115

**08** 다음 [표1]은 어느 대회에 참가한 세 팀 A, B, C의 인원수 및 평균 점수를 나타낸 자료이고, [표2]는 [표1]에 기초하여 팀을 연합하였을 때, 인원수 및 평균 점수를 산출한 자료이다. 다음 중 A+B연합팀의 평균 점수와 A+C연합팀의 평균 점수의 차를 고르면?

[표1] 팀별 인원수 및 평균 점수 (단위: 명, 점)

| 구분 | A팀 | B팀 | C팀 |
| --- | --- | --- | --- |
| 인원수 | ( ) | ( ) | ( ) |
| 평균 점수 | 40.0 | 60.0 | 90.0 |

※ 각 참가자는 세 팀 중 하나의 팀에만 속해 있고, 개인별로 점수를 획득함

$$※\ (팀\ 평균\ 점수) = \frac{(해당\ 팀\ 참가자\ 개인별\ 점수의\ 합)}{(해당\ 팀\ 참가자\ 인원수)}$$

[표2] 연합팀별 인원수 및 평균 점수 (단위: 명, 점)

| 구분 | A+B연합팀 | B+C연합팀 | A+C연합팀 |
| --- | --- | --- | --- |
| 인원수 | 80 | 120 | ( ) |
| 평균 점수 | 52.5 | 77.5 | ( ) |

$$※\ (연합팀\ 평균\ 점수) = \frac{(해당\ 연합팀\ 참가자\ 개인별\ 점수의\ 합)}{(해당\ 연합팀\ 참가자\ 인원수)}$$

① 22.5점  ② 23점  ③ 23.5점
④ 24점  ⑤ 24.5점

2022년 9월 25일에 진행된 SK하이닉스 SKCT 오프라인 필기시험의 실제 기출 키워드를 바탕으로 일부 복원한 문제로 구성하였습니다.

**01** 다음 글과 [보기]를 참고하여 인과관계로 보기 **어려운** 것을 고르면?

금본위제(金本位制)는 금을 '본위'로 하는 통화 제도이다. '본위(本位)'로 한다는 것은 '기준'으로 한다는 것으로 금이 통화 발행의 기준이 된다는 것이다. 따라서 금본위제는 은행이 금을 보관하고 보관한 금 무게에 해당하는 만큼만 화폐를 발행하는 통화 제도이다. 다시 말해 금화를 직접 갖고 다니며 경제 활동을 하는 대신, 금은 은행에 맡겨 두고 그 대신 은행이 보증하는 일종의 보관 증서를 화폐로 대용하는 제도라고 이해하면 쉽다. 화폐를 보관 증서라고 했지만, 실제로는 동전이 발행되기도 하고 지폐가 발행되기도 한다. 시중에 유통되는 것이 결국 동전이나 지폐라는 점에서 금본위제는 현대 화폐제도와 차이가 없어 보일 수도 있지만, 큰 차이점이 있다. 우선 금본위제에서 통화 공급량은 은행의 금 보유량에 제한을 받지만, 현대 화폐제도는 이런 제한이 없다. 그리고 금본위제 아래에서의 화폐는 태환(兌換) 화폐(은행에서 바로 금으로 교환될 수 있는, 화폐 자체에 가치가 있음)이지만, 현대 화폐는 불태환(不兌換) 화폐(화폐 자체에는 아무 가치가 없고 정부가 보증한 만큼의 가치를 가지는 명목 화폐)이다.

┌ 보기 ─
• 인과관계: 선행하는 한 변인이 후행하는 다른 변인의 원인이 되는 관계
• 상관관계: 한 변수의 변화에 따라 다른 변수도 변화하는지에 대한 선형 관계

① 금본위제도에서 환율은 고정환율이다.
② 금본위제도에는 정부가 통화정책을 펴는 데 한계가 있다.
③ 금본위제도에서는 정부가 금리를 올리면 통화량이 증가한다.
④ 금본위제도에서는 무역 적자가 생기면 다른 나라로 금이 유출된다.
⑤ 금본위제도에서는 통화량이 거의 고정되어 있어 인플레이션이 일어나지 않는다.

**02** 다음 글을 읽고 권리금에 대해 추론한 것으로 가장 적절하지 **않은** 것을 고르면?

> 권리금은 사업 운영을 포기함으로써 발생하는 기회비용으로, 상가의 숨은 가치를 반영하여 현재 가치를 측정한 금액을 말한다. 즉, 기존의 임차인이 영업 활동을 통해 쌓아 올린 유·무형의 재산적 가치를 임대차 계약 기간이 끝나면 새로 들어올 임차인에게 요구하는 일종의 '영업권'이라고 할 수 있다. 이러한 권리금은 단순히 영업권을 매매하는 것이 아닌 액수와 흐름을 통해 상권 분석의 기초가 되기도 한다. 따라서 장사가 잘되는 곳은 가치가 높아 권리금이 비싸고, 반대로 잘 안 되는 곳은 가치가 낮아 권리금이 저렴한 경우가 많다. 특히, 매매가에 포함되지 않는 이와 같은 권리금은 보증금, 인테리어 비용과 함께 초기 투자 비용의 가장 큰 부분을 차지한다. 사실상 '암묵지 금전'으로 인식되다 보니 기존의 임차인이 부르는 게 값이고, 무형의 권리를 사고파는 것이므로 사전에 권리금에 대한 충분한 이해가 필요하다. 어느 정도의 시세는 형성되어 있지만, 영업 매출이나 시설에 따라 금액이 달라지고, 법으로 완벽히 보장받지 못해 회수가 어려울 수 있으므로 계약 전에 보다 정확하게 확인해 보는 것이 좋다.
>
> 일반적으로 권리금은 기준에 따라 영업권리금, 시설권리금, 바닥권리금으로 나누어지는데, 실제로는 세 가지 모두 포함되거나 일부만 포함되어 금액이 결정되기도 한다. 이러한 권리금은 법률적으로 확실하게 정해놓은 것이 아니고 거래 당사자들끼리의 흥정으로 금액을 책정한다. 상권이나 입지, 유동 인구와 단골손님 등 무형의 재산적 가치의 양도와 시설 이용 기간에 대해 매겨지는 가치 금액으로 결정된다.
>
> 영업권리금은 현재 영업 중인 매장을 인수하는 경우에 발생하는 권리금이다. 매월 일정한 매출을 올리는 업종을 그대로 인수받아 영업을 계속할 경우, 6~12개월간의 순수입에 해당하는 금액을 이전 세입자에게 지불하는 것이다. 전 세입자의 영업 노하우, 단골고객에 대한 기대 수익 등 영업이익에 따른 권리금이라 할 수 있다. 시설권리금은 현재 영업하고 있는 업종과 동일한 업종을 하고자 할 때, 기존 세입자가 사용하던 시설을 그대로 인수받으며 지급하는 권리금이다. 마지막으로 바닥권리금은 다른 요소와 관계없이 상가의 위치적인 장점에 따라 발생되는 가치로 일종의 '자릿값'이다.

① 영업권리금이 형성되어 있지 않은 매장이라면 현 상황에서 높은 매출은 기대할 수 없을 것이다.

② 영업권리금을 따질 때는 영업 이익을 기준으로 하므로 단순한 매출액뿐만 아니라 매입매출 장부도 살펴야 한다.

③ 세입자가 다른 업종으로 영업할 계획이거나 같은 업종이어도 사용하던 시설을 모두 교체할 때는 시설권리금을 주지 않아도 된다.

④ 시설이 좋거나 장사가 잘되는 것과 관계없이 상가의 위치적인 장점이 있다면 바닥권리금을 받을 수 있다.

⑤ 계약이 만료되면 임대차보호법을 통해 세입자에게 권리금을 되돌려 받을 수 있다.

**03** 다음 글을 바탕으로 [보기]의 지도에 대한 설명으로 적절하지 <u>않은</u> 것을 고르면?

도로명 주소란 부여된 도로명, 기초번호, 건물번호, 상세주소에 의해 건물의 주소를 표기하는 방식으로 도로에 따라 규칙적으로 건물번호를 부여해 쉽게 길을 찾을 수 있는 주소 표기 방법이다. 도로명 주소는 과학적으로 만들어져 있어 이해만 한다면 길을 훨씬 빨리 찾을 수 있다. 시와 군, 구, 읍, 면은 동일하게 유지하지만 동과 리 대신 '길 이름'으로 대체하고 아파트나 단독주택 등 건물에는 건물번호를 부여한다. 건물번호는 도로 입구부터 서쪽에서 동쪽, 남쪽에서 북쪽 방향을 원칙으로 20m 간격으로 순차적으로 부여된다. 번호는 서쪽에서 동쪽으로, 남쪽에서 북쪽으로 갈수록 올라간다. 도로를 중심으로 입구에서 볼 때 왼쪽에 있는 건물에는 홀수를 붙이고 오른쪽에 있는 건물에는 짝수를 붙인다. 또, 도로의 폭이 40m를 넘거나 왕복 8차선 이상의 도로는 '대로', 왕복 2-7차로는 '로'라고 부르고, 그 외의 도로는 '길'로 지칭한다. 큰 도로에서 작은 도로가 갈라진 경우에는 큰 도로명과 함께 숫자를 쓴다. 아울러 도로명판을 보면 특정 도로의 정보를 알 수도 있다. '강남대로 3 → 699'라는 도로명판을 예로 들 때, 3 → 699라는 숫자는 강남대로의 해당 시작점으로부터의 길이가 6.96km(696×10m)라는 것을 의미한다.

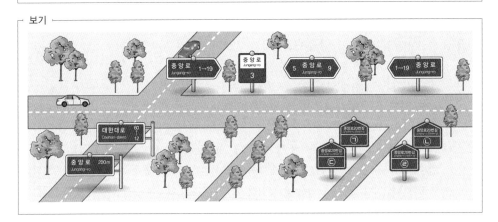

① 대한대로는 왕복 8차선 이상의 도로, 중앙로는 왕복 8차선 미만의 도로로 볼 수 있다.
② 대한대로의 12번 지점부터 60번 지점까지의 거리는 480m이다.
③ ㉠은 1번, ㉡은 2번, ㉢은 3번, ㉣은 4번의 건물 번호를 부여받는다.
④ ㉠과 ㉢의 건물 사이 간격은 약 20m이다.
⑤ [보기]에 제시된 지도에는 중앙로의 도로 시작점 '1'부터 → 방향으로 19번까지 도로명 주소가 부여되어 있다.

**04** 다음 글을 읽고 추론한 것으로 가장 적절하지 <u>않은</u> 것을 고르면?

주파수는 1초 동안에 진동하는 수를 말한다. 전파는 눈에 보이지는 않지만 파도와 같은 모양으로 출렁이면서(진동하면서) 진행한다. 그 진동하는 횟수가 1초 동안에 1번 진동하면 1Hz(헤르츠), 2번 진동하면 2Hz(헤르츠)라고 한다.

햇빛을 프리즘에 통과시키면 일곱 색깔의 무지개로 나누어지는데 이것은 햇빛에 포함된 진동수(주파수)가 다른 빛들이 프리즘을 통과할 때, 진동수에 따라 다른 각도로 휘어져 펼쳐지기 때문이다. 이렇게 햇빛이 진동수 순으로 구분되어 일곱 색깔로 펼쳐지는 것처럼, 전체 또는 일부분의 전자파를 주파수 순으로 펼쳐놓은 것을 "전자파 스펙트럼" 또는 "주파수 스펙트럼"이라고 한다. 전자파 스펙트럼 중에서 파장이 1km 이상인 전파(무선)대역은 무선통신에 사용되는 대역으로써 ITU(국제전기통신연합)에서는 주파수 범위를 3,000GHz(3THz)까지로 정하고 있다.

소리는 공기의 진동에 의해 발생되며 공기의 진동수(주파수)가 적으면 소리가 낮고(저음), 진동수가 많으면 소리가 높다(고음). 보통 남자의 목소리는 여자의 목소리에 비해 저음인 것도 진동수에서 알 수 있다. 사람의 귀는 소리가 아주 낮거나 아주 높으면 더 이상 들을 수 없게 되는데, 그 한계는 개인에 따라 다르겠지만 일반적으로 20Hz에서 20KHz까지이다.

대부분의 소리는 둘 이상의 주파수 성분을 함께 가지고 있으므로 폭을 갖고 있다. 예를 들어 300Hz, 1KHz가 포함된 소리는 그 폭이 700Hz(300Hz~1KHz)이다. 이와 같이 어떤 고유한 소리(또는 신호)가 갖고 있는 주파수 폭을 "주파수 대역폭(또는 대역폭)"이라고 한다. 일반적으로 사람의 음성은 300Hz에서 4KHz까지의 주파수 폭을 갖고, 음악은 20Hz~ 20KHz까지의 주파수 폭을 갖고 있다.

보내고자 하는 정보가 많다면 대역폭 역시 넓은 대역폭이 필요하다. 주파수 대역폭은 도로의 폭에 비유할 수 있다. 2차선 도로를 4차선 도로로 확장했을 때 통행차량의 수가 그만큼 늘어나고, 반대로 4차선 도로를 2차선 도로로 좁혔을 때 상습적인 정체가 발생하는 것을 알 수 있다. 무선통신에서도 정보를 원활히 실어 보내기 위한 대역폭이 필요하다. 단순한 음성통신은 16KHz, 고음질의 FM라디오 방송은 260KHz, 고음질과 화상정보가 포함된 TV방송은 6MHz의 주파수 대역폭이 필요하다. 하지만 필요한 대역폭보다 좁게 설계한 전송설비를 사용한다면 음질(품질)이 떨어지거나 속도가 느려질 수밖에 없다.

① 전파가 1초 동안 200번 진동하면 200Hz이다.
② 파장이 1km 이상의 전파는 선박이나 원거리 통신에 주로 이용될 것이다.
③ 남자의 목소리가 여자의 목소리에 비해 진동수가 적다.
④ 음악은 다양한 악기 소리 정보를 포함하고 있기 때문에 음성에 비해 주파수 폭이 좁다.
⑤ 대역폭은 6MHz가 260kHz보다 넓다.

**05** 다음 글을 읽은 사람의 반응으로 가장 적절하지 <u>않은</u> 것을 고르면?

글로벌 TV 시장에서 점유율 1~2위 기업인 S회사와 L회사 간의 상호비방 혹은 기술 논쟁은 새로운 일이 아니다. 앞서 2017년 S회사가 프리미엄 제품으로 'QLED TV'를 출시했을 당시에도 L회사는 "학계에서 평가하는 'QLED(퀀텀닷발광다이오드)'가 아니라 퀀텀닷 필름을 덧댄 'QD-LCD(액정표시장치) TV'"라면서 평가절하했다. 당시에는 QLED나 OLED를 두고 서로 논쟁을 벌였으나 올해 들어서는 차세대 디스플레이 시장으로 주목받는 초고해상도 8K TV를 두고 격돌하는 양상이다. 특히나 그간 L회사는 경쟁사 제품의 문제점을 지적하며 먼저 '선제공격'을 날린 적이 없었는데 이번엔 국제전시회가 열리는 독일 현지에서부터 S회사에 맹공을 퍼붓고 있는 것이다. 이는 글로벌 TV 시장에서 여러 기업이 앞다퉈 8K TV를 출시하며 관련 시장이 커지는 가운데, 차세대 기술 주도권 싸움에서 S회사에 밀리지 않겠다는 L회사의 의도로 풀이된다.

세계 TV 시장의 선두업체인 S회사와 L회사는 그간 미국에서 열리는 세계 최대 국제가전박람회 'CES'나 독일에서 개최되는 'IFA'에서 TV 기술을 두고 늘 신경전을 펼쳤다. 서로가 상대방 제품이 자신들보다 뒤처진다고 주장하는 게 핵심이다. 지난 1월 열린 'CES 2019'에서도 L회사가 세계 최초 롤러블 OLED TV를 내놓자 S회사는 "경제성이 없다"라면서 평가절하했다. L회사가 올 2분기 실적을 발표하던 지난 7월엔 "고양이가 커진다고 호랑이가 되지는 않는다"라면서 S회사가 QLED TV 판매량을 늘리는 것과 관련해 기술력과 제품의 가치 측면에서 OLED TV가 한 수 위라고 우회적으로 비판한 바 있다.

그러나 9월 독일에서 열리고 있는 IFA 현장에선 L회사의 자세가 바뀌었다. 한국 기자들을 대상으로 이례적으로 독일 현지에서 기자간담회를 열어 S회사의 'QLED 8K' TV에 대한 문제점을 조목조목 지적한 것이다. "소비자를 호도한다"라거나 "규격에 어긋난 잘못된 제품"이라며 강한 어조로 자신들의 주장을 펼쳤다. S회사가 8K TV라면서 올해 출시한 QLED 제품이 실제로는 디스플레이 국제표준에도 못 미치는 '규격 미달'이라고 목소리를 높인 것이다. 경쟁사와 자신들의 제품을 대놓고 비교하며 기술적 우위를 강조하는 것은 기존과 달라지지 않았지만, 언론을 대상으로 별도 행사까지 열며 S회사 TV의 문제점을 대놓고 저격한 것은 L회사가 그간 보여온 행보와는 많이 다른 것으로 평가된다.

이 같은 L회사의 공세에 S회사는 "대응할 가치가 없다"라면서도 구체적인 반박을 하지 않고 있는 상태다. L회사는 IFA가 폐막한 이후인 오는 17일에 서울 여의도 본사 트윈타워에서도 언론을 대상으로 '8K TV'와 관련된 설명회를 추가로 진행한다. 이 자리에서도 L회사는 S회사의 8K TV를 정면 비판할 것으로 관측된다. 나아가 L회사는 이날을 기준으로 한국에서 S회사 QLED TV를 '한 수 아래'로 평가하는 내용의 TV 광고도 선보이기 시작했다. 'LED TV와 차원이 다른 L회사 올레드 TV 바로알기'라는 제목에 1분 15초 분량으로 제작된 광고를 통해 L회사는 자발광 패널 특성상 백라이트가 필요 없어 선명한 화질, 얇은 두께, 롤러블 TV 같은 혁신제품을 만들 수 있다며 올레드의 우수성을 알리고 있다. 그러면서 S회사의 QLED를 비롯해 ALED/BLED/FLED/ULED/KLED 등을 나열한 뒤 "앞 글자가 다른 LED TV도 백라이트가 필요한 LED TV"라면서 "백라이트가 필요한 LED TV는 OLED TV를 흉내낼 수 없다"라고 S회사를 에둘러 비판했다.

그동안 L회사는 자신들의 제품을 적극적으로 홍보하지 않는다는 이유로 일부 소비자들과 온라인상에서 '소극적 마케팅'을 지적하는 비판을 받은 바 있다. 그러나 이번에는 8K TV를 두고 L회사가 먼저 S회사에 칼날을 겨눈 것이다. 이는 L회사의 TV 사업을 전담하는 HE사업본부 내부에서 "소비자를 호도하는 경쟁업체의 잘못된 마케팅 관행을 더 이상 묵과하지 않겠다"는 강한 의지가 담긴 것으로 분석된다.

① L회사가 세계 최초로 선보인 롤러블 OLED TV는 가격 대비 효율적이지 못하다고 볼 수도 있겠군.
② S회사가 객관적이고 명확한 대응을 하지 않으면 믿었던 소비자들이 외면할 수도 있겠군.
③ L회사는 이전과 달리 직접적으로 S회사를 비판하면서 깎아내리는 광고도 서슴지 않는군.
④ LED TV에서는 백라이트가 필요 없어 선명한 화질과 얇은 두께를 구현할 수 있겠어.
⑤ L회사는 좋은 제품을 보유하고 있음에도 불구하고 소비자들에게 잘 인식되지 못한 점이 있어.

기회가 있다고 믿는 사람은 반드시 기회를 붙들고
기회가 없다고 생각하는 사람은 눈앞의 기회도 놓칩니다.


기회는 오고 가는 것이 아니라 내가 눈 뜨는 것입니다.


– 조정민, 『고난이 선물이다』, 두란노

2
PART

기출유형
분석

# 01 실행역량(검사A)

## ▌영역 특징

실행역량(검사A)은 타 기업 인적성 시험에는 없는 SKCT만의 독특한 유형이다. SK는 실행역량을 통해 지원자가 SK에 맞는 지원자인지 확인하기 때문에 중요한 영역이라고 할 수 있다. 따라서 실행역량은 다른 역량과는 달리 가능한 한 모든 문제를 푸는 것이 중요하다. 실행역량은 주로 회사에서 발생할 수 있는 상황에 대하여 바람직한 행동을 고르는 유형의 문제가 출제된다. 발생한 상황에 대해 원인을 명확하게 이해하고, 바람직하게 문제를 해결하는지를 평가한다. 회사 안에서 발생하는 다양한 상황들이 제시되며, 정해진 답은 없다. 다만 절대 고르면 안 되는 답이 선택지에서 1~2개 존재하므로 조심해야 한다.

## ▌기출유형 체크

| 대표유형 | 문항 수 | 내용 |
|---|---|---|
| 상황판단 해결능력 | 30 | 해당 직무에 관련된 업무를 중점으로 특정한 상황이 주어지고 자신이라면 어떤 적절한 대응(행동)을 할지 선택하는 문제 |

## ▌2022 하반기 기출분석

2022 하반기 오프라인 SKCT 실행역량은 기존과 마찬가지로 서로 다른 30가지의 상황을 빠르게 파악 후 적절한 대처를 고르는, 응시생들의 상황 판단을 묻는 문제의 유형이 출제되었다. 이번 하반기에는 기존 시험과 비교해 난도가 비슷한 편이었으며, 지문의 길이는 길지 않았지만 가독성은 다소 떨어지는 경향이 있었다는 평이다.

회사에 오면 어떤 식으로 조직에 적응할지, 특정 상황에서의 S대리 또는 신입사원 등 등장인물들이 어떻게 대처해야 하는지를 묻는 문제가 출제되었다. 지문의 내용에는 업무 적응이 느린 동료를 봤을 때의 상황, 개인의 가치관과 맞지 않는 업무를 하던 중 상황이 발생하였을 때 회사의 공동목표 달성을 위해 방향성을 어떻게 설정할지의 상황 등이 제시되기도 했다.

실행역량 문제는 지문의 길이가 3~6줄로 짧지만, 30가지의 상황을 이해하여 푸는 데 20분이라는 시간이 부족할 수 있다. 따라서 최대한 많이, 시간을 재고 푸는 연습을 통해 그 감을 익히고 모든 문제를 시간 내 풀 수 있게끔 준비하는 것이 중요하다.

# ▌ 전문가의 SPECIAL 만점전략

SKCT의 실행역량은 지원자의 인성과 성향이 과연 SK에 맞는지 확인하는 영역이다. 회사에 다니는 사람에게 물어봐 문제와 같은 상황이 발생했을 때, 어떻게 대처하는지 물어보는 것이 좋은 전략이다.

### Point 01  회사에서 어떻게 행동하는지를 파악하자.

실행역량은 가상의 상황을 주고 응시생이 어떤 선택을 하는지 살펴보아, SK와 맞는 사람인지를 보는 시험이다. 그렇기에 본인이 회사에서 어떤 행동을 해야 하는지 알아야 할 필요가 있다. 응시생들은 보통 회사 생활을 해본 적이 없기 때문에, 주변에 직장 다니는 사람이 있다면 그 사람에게 물어보면 답을 찾는 데 도움이 될 것이다.

### Point 02  인성검사에 가까운 시험이지만 결국 독해 싸움이다.

실행역량은 인성검사에 가깝지만, 응시생들의 후기를 들어보면 문제를 이해하는 데 시간이 걸려 결국 다 풀지 못하는 경우가 다수다. 또한 사람 이름이나 부서 이름이 명확하게 나오지 않아 가독성이 떨어진다. 그렇기에 평소에 글을 많이 읽으며 글을 정확하게 파악하는 훈련을 한다면 시간이 부족할 일은 없을 것이다.

### Point 03  한 문제에 너무 공들이지 말자.

실행역량은 답이 없는 문제이다. 풀다 보면 이 답도, 저 답도 맞는 경우가 발생하는데, 그때는 빠르게 본인에게 맞는 답을 찾아서 그 문제를 넘겨야 한다. 한 문제에 시간을 너무 오래 끌면 다음 문제를 풀 때 지장이 가므로, 바로 답을 찍고 넘어가야 한다.

# 기출유형 익히기

## 기출유형 　상황판단 해결능력

기업의 내부 기준에 따라 결과가 평가되어 본 수험서에서는 정답과 해설을 제공하지 않습니다.

**다음 질문을 읽고 가장 바람직하다고 느껴지는 것을 고르시오.**　2022 하반기 SKCT 기출 복원

　　A사는 영업팀과 사업개발팀의 잦은 마찰로 늘 바람 잘 날이 없다. 새로운 과제를 수행할 때마다 두 부서 간의 의견충돌이 없는 때가 없다. 최근 중요한 고객으로부터 대형 프로젝트를 의뢰받고 견적을 제출한 일이 있었는데 프로젝트 진행을 전체적으로 관리하는 사업개발팀은 영업팀에서 체결한 계약이 프로젝트의 특성을 잘 모르고 급히 진행된 것이며, 실제 업무를 진행할 때 발생하게 될 현지 출장 및 교육 횟수, 보고서 작성 시간 등의 과소 산정으로 인해 견적 금액이 약 1억 원 정도 낮게 책정되었다고 주장한다. 그러나 영업팀장은 계약은 의뢰사의 요청으로 시급히 제출할 수밖에 없었으며, 매번 계약 때마다 사업개발팀의 의견을 청취하기는 곤란하다고 주장한다. 도리어 어렵게 따낸 프로젝트가 잘 성사되도록 돕지는 못할망정 왜 매번 방해를 하는지 이해할 수 없다는 반응이다. 이러한 경우 두 팀의 반복되는 문제를 해결할 수 있는 방안은 무엇인가?

① 사업개발팀에게 영업팀의 애로사항을 이해하도록 충고한다.
② 견적 제출 전 사업개발팀의 확인을 거치도록 규정을 정비한다.
③ 두 팀에서 필요한 직원들을 뽑아 일정기간 교차 근무할 수 있는 기회를 부여한다.
④ 견적 제출의 시급성을 면밀히 따져 보아 어느 팀의 잘못이 큰지를 명확히 밝혀낸다.
⑤ 사업개발팀의 의견에 따라 영업팀 직원에게 프로젝트 수행 절차나 방법을 교육시킨다.

**문제 해결 tip**

　　두 팀은 나름의 입장에서 타당한 근거를 가지고 상반된 주장을 하는 것으로 볼 수 있다. 따라서 교차 근무를 통하여 자연스레 상대방의 입장을 이해할 수 있는 기회를 부여하는 것은 적절한 방안 중 하나라고 할 수 있다. 한편, 무조건 어느 한 팀의 의견을 일방적으로 수용하는 것은 두 팀의 갈등 상황을 해결하는 좋은 방안이라고 보기 어렵다. 또한 위 상황은 잘못을 가려내 귀책사유를 분명히 함으로써 해결할 수 있는 갈등 상황은 아니며, 두 팀의 근본적인 문제해결의 실마리가 되기도 어렵다.

**예제**

　A씨는 얼마 전 직장을 옮겨 기존에 하지 않았던 새로운 업무에 도전을 하게 되었다. 물론 완전히 처음 하는 일은 아니지만 그래도 다른 방식의 업무와 절차들이었기 때문에 A씨에게는 새로운 일이나 마찬가지였다. 지금 당장 처리해야 할 일들이 사정없이 쏟아지기 때문에 아무리 경력직이어도 새로운 업무에 바로 투입이 되면, 이런저런 상황을 살펴 볼 겨를이 없을 때가 많다. A씨는 '그래도 사람은 다 적응하기 마련이지'라고 생각하며, 업무 적응 속도를 끌어올려 이 상황을 슬기롭게 헤쳐 나가고자 한다. 당신이 A씨라면 업무 적응력을 높이기 위해 도움되는 방안 중 피해야 할 행동은 무엇인가?

2022 하반기 SKCT 기출 복원

① 과거 진행되어 온 업무 자료를 살펴보고 추후 업무에 참고한다.
② 믿을만한 동료를 찾아 업무 수행에 필요한 도움을 요청해 본다.
③ 회사의 전체적인 업무 윤곽과 흐름을 먼저 파악하고자 노력한다.
④ 눈앞에 닥친 업무 처리에 만전을 기하며, 신속한 과업완료를 최대 목표로 삼는다.
⑤ 개인적인 용무를 가급적 줄이고 회사의 급한 업무 처리를 우선시하고자 노력한다.

**문제 해결 tip**

업무 적응력을 높이기 위해서는 큰 그림을 볼 줄 알아야 한다. 눈앞에 닥친 업무에만 몰두하며 빨리빨리 일을 끝내려고 하다보면 자칫 전체적인 업무 흐름과 맞지 않아 업무 효율이 더욱 떨어지는 결과로 이어질 수 있다. 새로운 업무를 하는 데 있어 가장 중요한 것은 전체적인 흐름을 파악하는 것이다. 배경지식 없이 새로운 일을 하다 보면 내가 지금 무슨 일을 하고 있는지 알 길이 없어, 일은 허겁지겁 처리했지만 뭔가 부족하고 완전하게 일을 처리하지 못한 느낌을 받게 된다. 그래서 같은 부서나 팀에 있는 경험자에게 전반적인 업무 절차에 대해 설명을 들어보고, 이해가 잘 되지 않거나 궁금한 것들을 물어보면서 일을 하는 것이 바람직한 자세이다.

**예제**

　영업팀은 힘들게 진행해 온 프로젝트를 잘 마무리하여 오늘 저녁 회식이 예정되어 있다. 회식 자리에서는 그간 특히 고생한 조 대리와 최 대리의 공로에 감사의 마음을 표하기 위해 모든 팀원들이 선물을 준비해 전달할 예정이다. 그런데 갑자기 최 대리가 개인 사정을 이유로 회식 참석이 어렵다는 의견을 단톡방에 올리게 되었다. 최 대리는 자신이 담당한 거래처 납품 기일 조정 문제를 해결해야 한다며 거래처에서 야근을 해야 한다는 것이 불참 사유였다. 최 대리가 주인공이어야 할 회식 자리가 무의미해질 것으로 예상한 팀원들은 최 대리의 불참 사유를 납득하기 어려웠다. 당장 오늘 처리해야 할 일도 아니며, 하루 야근으로 해결책이 나올 수 있는 문제도 아니었기 때문이다. 평소 최 대리와 친분이 두터운 조 대리는 다소 어색해진 분위기를 감지하고 난감한 상황을 해결할 사람은 자신밖에 없다고 생각하고 있다. 당신이 조 대리라면 어떻게 할 것인가?

2022 하반기 SKCT 기출 복원

① 회식 자리의 주인공이 최 대리인만큼 회식을 취소한다.
② 팀장에게 직접 최 대리와 연락하여 결론을 내 줄 것을 요청한다.
③ 최 대리의 불참을 받아들이고 나머지 인원들끼리 회식을 진행한다.
④ 최 대리의 정확한 불참 사유가 무엇인지를 확인하고 회식을 위해 최 대리를 설득한다.
⑤ 거래처 근처로 회식 장소를 바꾸어 거래처 담당자와 함께 회식에 참석토록 유도한다.

K대리는 중요한 해외 거래처 일행이 방문하여 공항에 픽업을 하러 가는 길이다. 저녁 시간이라 교통 상황이 여의찮았지만 충분한 여유시간을 두고 회사에서 출발하였기 때문에 제 시간에 공항에 닿는 데에는 별다른 문제가 없다고 판단하였다. 그러나 가는 도중 앞서가던 차량의 부주의로 인하여 접촉 사고가 일어나 차량이 반파되는 사고가 발생하였다. 크게 다친 곳은 없었지만, 차량 운행이 불가능하게 되었고 예정된 시간 내에 바이어를 픽업하기는 어려운 상황이다. 당신이 K대리라면 이러한 상황을 극복하기 위해 어떻게 할 것인가?

2021 하반기 SKCT 기출 복원

① 팀장에게 보고한 다음 지시를 기다리면서 우선 사고 수습에 온 힘을 쏟는다.
② 바이어에게 연락하여 불가피한 상황을 설명하고 회사까지 대중교통으로 와 줄 것을 부탁한다.
③ 바이어에게 연락하여 우선 공항 근처 호텔에서 숙박하도록 부탁하고 다음 날 다시 픽업 시간을 약속한다.
④ 동료 직원에게 대신 픽업을 부탁하고, 바이어에게 연락하여 다소 기다리게 할 일에 대하여 미리 양해를 구한다.
⑤ 사고 수습에 걸리는 시간과 보험회사에서 제공하는 렌터카를 이용하여 공항에 도착하게 될 시간을 바이어에게 알리고 기다려 달라고 요청한다.

**문제 해결 tip**

사고를 수습하는 것도 중요하겠지만 직장인이라면 원활한 업무 진행을 가장 우선시해야 할 것이다. 더 이상 일어난 상황으로 인해 기존의 계획에 차질이 생길 위기에서는 최대한 예정된 일정이 문제가 없도록 업무 진행 관계자에게 부탁하여 본인 대신 이행해 줄 것을 요청하는 것이 적절한 대처 방법이라고 할 수 있다.
본인에게 닥친 불가피한 상황을 설명하는 것은 당연하지만, 익숙하지 않은 환경에 상대방이 당황할 만한 방법으로 문제를 해결할 것을 부탁하는 것은 무례한 상황으로 볼 수 있다. 사고 수습을 우선시하면 바이어의 입장에서 이해하기 어려운 상황으로 번져 회사에도 좋지 않은 결과를 야기시킬 수 있다. 상사에게 보고하는 것 또한 상황에 따라서는 현장에 있는 본인이 최선을 다해 해결해야 하므로 최우선으로 문제를 해결하는 방법으로 보기는 어려우며, 약속 이행에 있어 차질이 최소화될 수 있도록 노력하는 태도가 바람직하다.

K사는 영세한 국내 화장품 업체로부터 제품을 구입하여 동남아시아로 판매하는 무역회사이며, 신 대리는 K사의 영업 담당자이다. 그는 국내 공급선과 해외 수요가 사이에서 뛰어난 업무 수완을 보이며 장기간 안정적인 무역 업무를 수행하고 있다. 그러나 얼마 전 몇몇 주요 화장품 공급 업체는 원부자재 가격 인상을 이유로 완제품 공급 가격 인상을 신 대리에게 요청해 왔다. 하지만 대부분의 수요가들과 이미 장기간 고정 가격으로 납품 계약을 체결하였기 때문에 공급선의 요구를 선뜻 받아들일 수 없는 신 대리는 이 상황을 어떻게 극복해야 할지 고민에 빠지게 되었다. 당신이 신 대리라면 어떻게 할 것인가?

2021 하반기 SKCT 기출 복원

① 공급 거래처를 바꾸기 위하여 타 거래처를 물색해 본다.

② 회사의 입장을 공급 거래처에 설명하며 가격 인상 반대 의사를 분명히 밝힌다.

③ 일정 정도 제품의 품질 하락을 각오하고 공급 거래처에 가격 유지를 요청한다.

④ 공급 거래처의 입장을 전격 수용하며, 해외 수요가에게 계약 조건의 수정을 요청한다.

⑤ 공급 거래처에 구입 물품 수량 증가와 거래 조건 개선 등을 제시하며 가격 유지를 요청한다.

**문제 해결 tip**

원부자재 가격 인상은 제품 가격 인상의 가장 큰 요인이다. 따라서 무작정 가격 인상 요청을 거부하는 것은 바람직하다고 보기 어려우며, 상호 원-원 할 수 있는 방법은 가격을 그대로 유지하는 대신 구입 물량을 늘려주거나 기타 거래 조건을 개선해 줌으로써 거래처가 비용 상승에 따르는 부담을 줄일 수 있는 기회를 제공해 주는 것이라고 볼 수 있다. 거래처나 수요가 일방의 입장만을 상대방에 강요하는 방법 또한 적절하지 못한 대응이며 장기적으로 지속될 방안으로도 보기 어렵다. 그 외에도 오랜 기간 거래해 온 거래처 변경은 자칫 품질 문제 발생 시 수요가와의 거래에도 악영향을 미칠 수 있으며, 가격 유지를 위해 품질 하락을 야기하는 것은 문제를 더 키우는 요인이 될 수 있다.

**예제**

A대리는 영업 1팀에서 5년 차 대리로 팀원 중 매출 실적이 가장 뛰어날 뿐 아니라 기획력을 발휘함에서도 늘 탁월한 아이디어를 창출하여 상사의 신임을 충분히 받고 있다. 그러나 회사의 대대적인 조직 개편에 따라 A대리는 지난달부터 영업 2팀으로 옮겨 근무를 하게 되었다. 영업 2팀으로 옮긴 A대리는 곧바로 자신의 능력을 발휘하며 다른 팀원들의 업무 성과를 앞지르기 시작하였다. 영업 2팀의 B대리는 이러한 A대리의 업무 역량에 질투와 시기심을 느끼기 시작하였고, 점차 A대리와 적대적인 관계를 유지하며 팀의 분위기를 저해하는 상황을 자주 연출하게 되었다. 당신이 A대리라면 이를 눈치챘을 때 어떻게 대응할 것인가?

2021 하반기 SKCT 기출 복원

① B대리의 대응과 관계없이 계속 영업 2팀의 업무에 매진한다.

② 과거 영업 1팀에서의 성과를 적극적으로 알리며 자신을 믿어 줄 것을 호소한다.

③ 다른 팀원들과의 비교를 통해 B대리의 행동에 문제가 있음을 정확히 알려준다.

④ 팀장에게 통보하여 B대리의 부적절한 처신에 합당한 조치를 취해줄 것을 요청한다.

⑤ 업무성과 창출은 모든 팀원의 도움으로 가능한 것임을 B대리에게 알려 협력을 도모한다.

**문제 해결 tip**

질투와 시기심을 가진 점을 해소해 주는 것이 문제해결의 관건이며, 창출하는 업무성과에 지분이 있음을 알리고 자발적인 협력을 유도하는 것이 바람직한 대응일 것이다. 자기 일에만 매진하며 문제 상황에 대응하지 않는 것은 바람직하지 않으며, 타인과의 비교 또는 스스로를 자랑하며 이를 극대화하는 방식은 질투와 시기심을 부추기는 역효과가 날 수 있다. 심리적·심정적인 문제를 상사의 기계적인 조치에 의존하기보다는 스스로 해결하고자 노력하는 것이 더 효과적일 것이다.

# 인지역량 – 수리(검사B)

## 영역 특징

인지역량 중 수리영역은 단순한 연산이 아닌 심층적인 사고력을 요구하는 문항이 많다. 타 기업 인적성검사에 비하여 난도는 높은 편이다. 문제 유형은 응용수리와 자료해석 유형으로 나뉘며, 유형의 구분 없이 출제된다. 특히 응용수리의 난도가 높은데 최근 시험에서는 다소 평이한 수준으로 출제되었다. 한 번에 풀리지 않는다면 다음 문제로 넘겨 한 문제에 너무 많은 시간을 쓰지 않도록 한다.

## 기출유형 체크

| 대표유형 | 문항 수 | 내용 |
|---|---|---|
| 사칙연산 | 9~11 | • 기본 방정식을 활용하는 문제<br>• 최소공배수, 소수 등 중학교 수준의 개념을 이용하는 문제 |
| 거리/속력/시간 | 0~2 | 거리, 속력, 시간을 구하는 문제 |
| 경우의 수와 확률 | 4~5 | 조건부확률, 길 찾기 등 각종 경우의 수와 확률을 구하는 문제 |
| 수열 | 2~3 | 길이가 일정하게 길어지거나, 도형이 일정하게 커지거나, 숫자가 일정한 규칙에 따라 나열되어 원하는 조건에 맞는 숫자를 구하는 문제 |
| 비용 | 1~2 | 원가, 정가, 할인가 등 비용에 관한 문제 |
| 집합 | 0~1 | 벤다이어그램을 활용하여 인원을 구하는 문제 |
| 농도와 비율 | 0~1 | • 소금물의 농도, 소금의 양, 소금물의 양의 관계를 이용하는 문제<br>• 백분율의 개념을 이용하는 문제 |
| 작업량 | 0~1 | 사람의 작업량을 구하는 문제 |
| 자료해석 | 4~6 | • 주어진 자료를 바탕으로 내용을 해석하거나 분석하는 문제<br>• 주어진 자료를 바탕으로 수치를 추론하는 문제 |

## 2022 하반기 기출분석

SKCT 수리영역은 난도가 높게 출제되는 편이나 2022년 하반기 오프라인 SKCT는 기존에 시행되었던 SKCT의 기출문제와 다소 비슷하게 출제되었고 지난 시험들과 비교해서 다소 평이했다는 반응이다. 응용수리형 문제와 자료해석형 문제가 구분 없이 출제되었고, 기존과 같이 응용수리형 문제는 방정식을 세우는 문제 유형과 경우의 수와 확률, 순열과 조합, 통계 등의 개념을 잘 알고 있는지 확인하는 문제가 출제되었다는 점이다. 응용수리와 자료해석 유형을 비교했을 때 응용수리의 출제 비중이 많이 높은 편이지만 자료해석 유형도 꾸준히 출제되므로 2가지 유형을 두고 어느 한쪽에 치우쳐서 학습하기보다는 고르게 준비하는 것이 좋다.

단순 계산 문제보다는 시간이 많이 소요되는 문제가 출제되어 시간이 부족한 경우가 많다. 기본에 충실하면서 어려운 문제를 많이 접하여 SKCT 수리영역을 대비하도록 한다.

# ▍전문가의 SPECIAL 만점전략

SKCT의 수리영역은 어렵기로 소문나있다. SKCT 수리영역은 보통의 난도와 어려운 난도의 문제가 골고루 구성되어 있다. SKCT는 푼 개수보다 정답률이 중요하기 때문에 보통의 난도 문제는 빠르고 정확하게 풀어야 하고 남은 시간을 어려운 난도의 문제에 투자해야 한다. 응용수리는 중학교 수준의 개념을 다루지만, 사고력을 요하는 문제가 많아 항상 생각하고 풀어야 한다. 또한 어려운 문제는 확률이나 수열 쪽에서 출제될 확률이 높으므로 다른 부분에 비해 철저하게 준비할 필요가 있다.

### Point 01 ▍ 기본기를 탄탄히 다지자.

SKCT 수리영역은 난도가 높지만, 찬찬히 살펴보면 결국 기본 개념을 응용한 문제가 많다. 따라서 기본적인 공식과 풀이법을 반드시 암기하고 있어야 한다. 특히 경우의 수와 확률 유형, 수열의 경우는 어려운 문제로 자주 출제되기 때문에 대비를 충분히 해야 한다.

### Point 02 ▍ 문제를 기계적으로 풀기보다는 이해하는 습관을 기르자.

SKCT 수리영역은 일반적인 응용수리와는 다르게 사고력을 요하는 문제가 많다. 유형은 존재하지만 시중에 있는 문제와 똑같은 형식으로 나오는 경우는 드물다. 따라서 기본 개념에 대해 철저히 이해하고 있어야 하며 문제를 보고 어떤 개념을 응용했는지 바로 파악하는 능력을 길러야 한다. 문제를 정확히 이해하고 푼다면 한 문제당 소요되는 시간이 1분이 넘지 않을 것이다.

### Point 03 ▍ 계산이 복잡한 선택지는 가장 나중에 보자.

자료해석을 풀 때 세, 네 자릿수의 곱셈이나 나눗셈을 반복적으로 계산해야 하는 경우 이를 전부 꼼꼼히 계산하려면 상당한 시간이 소요된다. 이런 문제의 취지는 빠르고 정확한 계산력을 보기 위해서가 아님을 명심해야 한다. 복잡한 계산을 피해서 주어진 시간 안에 효율적으로 빠르게 정답을 찾아내는 능력이 있는 사람을 가려내고 싶은 것이다. 따라서 정석적인 풀이법에 연연하기보다는 시간을 단축할 수 있는 여러 가지 방법들을 모두 활용하도록 한다. 계산하지 않고도 답을 금방 찾아낼 수도 있다.

# 기출유형 익히기

**기출유형 ❶** 사칙연산

용량이 1.5L인 음료수를 최대한으로 모두 담은 상자 1개의 무게를 재 보니 19.7kg이었고, 음료수 8개를 뺀 후 상자의 무게를 다시 재 보니 6.9kg이었다. 음료수를 가능한 만큼 모두 담은 상자 몇 개와 음료수 4개가 들어 있는 상자 1개를 납품하기 위해 무게를 쟀더니 480kg보다 무겁고 500kg보다 가벼운 것이 확인되었을 때, **납품할 내용물 전체의 실제 무게를 고르면?**(단, 한 상자에는 최대 12개의 음료수를 담을 수 있고, 납품할 내용물 전체는 음료수와 상자를 모두 포함한다.)　2021 하반기(10월) SKCT 기출 복원

① 497.4kg
② 497.9kg
③ 498.4kg
④ 498.9kg
⑤ 499.4kg

**정답해설**

음료수 12개를 담은 상자 1개의 무게가 19.7kg이고, 음료수 8개를 뺐을 때 무게가 6.9kg이므로 음료수 8개의 무게는 19.7−6.9=12.8(kg)이다. 따라서 음료수 1개의 무게는 12.8÷8=1.6(kg)이고, 음료수 1개의 무게를 사용하여 빈 상자 1개의 무게를 확인하면 19.7−12×1.6=0.5(kg)이다. 이때, 납품할 내용물 전체에서 음료수를 가능한 모두 담은 상자의 개수를 $x$개라고 하면 다음과 같은 부등식이 성립한다.
480 < 19.7×$x$+1.6×4+0.5 < 500
473.1 < 19.7$x$ < 493.1
∴ 24.015⋯ < $x$ < 25.030⋯
따라서 음료수를 가능한 모두 담은 상자의 개수는 25개이므로 납품할 내용물 전체의 실제 무게는 1.6×12×25+1.6×4+0.5×26=499.4(kg)이다.

 **정답** ⑤

**문제 해결 🅣🅘🅟**

음료수를 최대한 담고서 8개를 뺀 상자, 즉 음료수가 4개 담긴 상자의 무게는 6.9kg이다. 납품할 내용물 전체의 무게가 480kg보다 무겁고 500kg보다 가볍다고 하였는데, 음료수를 최대한으로 모두 담은 한 상자의 무게인 19.7kg에 대해서 20×25=500이므로 25상자 정도를 기준으로 생각할 수 있다. 실제로 확인해 보면 19.7×24=472.8(kg), 19.7×25=492.5(kg), 19.7×26=512.2(kg)이므로 해당되는 것은 25상자밖에 없음을 알 수 있다. 따라서 구하고자 하는 무게는 492.5+6.9=499.4(kg)이다.

**예제**

어느 미술관에는 입구에서 출구까지 움직임을 감지하여 작동하는 120개의 센서등이 부착되어 있다. 이 센서등은 [조건]과 같은 원리로 작동하게 되어 있다. 관람객 120명이 미술관에 입장하여 차례로 퇴장하였을 때, 센서등이 켜진 횟수를 고르면?

2021 하반기(9월) SKCT 기출 복원

┌─ 조건 ─
- 센서등 120개는 처음 미술관을 개장할 때 모두 꺼져 있다.
- 첫 번째 센서등은 사람이 1명 지나갈 때마다 켜졌다 꺼지기를 반복한다.
- 두 번째 센서등은 두 번째 사람이 지나갈 때부터 켜졌다 꺼지기를 반복한다.
- 세 번째 센서등은 세 번째 사람이 지나갈 때부터 켜졌다 꺼지기를 반복한다.
- 이와 같은 방법으로 120번째 센서등은 120번째 사람이 지나갈 때부터 켜졌다 꺼졌다를 반복한다.

① 385번          ② 1,200번          ③ 1,440번
④ 3,600번        ⑤ 3,660번

**정답해설**

첫 번째 센서등은 처음에 꺼져 있고, 첫 번째 관람객이 지나갈 때 켜진다. 그리고 그 뒤로 꺼졌다 켜지기를 반복하다가 120번째 관람객이 지나가면서 첫 번째 센서등은 꺼지게 된다. 즉, 첫 번째 센서등은 60번 켜진다.
두 번째 센서등은 처음에 꺼져 있고, 두 번째 관람객이 지나갈 때 켜진다. 그리고 그 뒤로 꺼졌다 켜지기를 반복하다가 120번째 관람객이 지나가면서 두 번째 센서등은 켜지게 된다. 즉, 두 번째 센서등은 60번 켜진다.
세 번째 센서등은 처음에 꺼져 있고, 세 번째 관람객이 지나갈 때 켜진다. 그리고 그 뒤로 꺼졌다 켜지기를 반복하다가 120번째 관람객이 지나가면서 세 번째 센서등은 꺼지게 된다. 즉, 세 번째 센서등은 59번 켜진다.
네 번째 센서등은 처음에 꺼져 있고, 네 번째 관람객이 지나갈 때 켜진다. 그리고 그 뒤로 꺼졌다 켜지기를 반복하다가 120번째 관람객이 지나가면서 네 번째 센서등은 켜지게 된다. 즉, 네 번째 센서등은 59번 켜진다.
이와 같은 방법으로 센서등은 2개씩 짝을 지어 같은 횟수만큼 켜진다는 것을 알 수 있다.
따라서 관람객 120명이 미술관에 입장하여 차례로 퇴장하였을 때, 센서등이 켜진 횟수는 $2 \times (1+2+3+\cdots +60) = 2 \times \frac{60 \times (60+1)}{2} = 3,660$(번)이다.

정답 ⑤

**예제**

정사각형 모양의 색종이를 가로로 절반, 세로로 절반을 접는 행동을 1회 실행 후 펼치면 4개의 정사각형이 생긴다고 한다. 이와 같은 방법으로 몇 번을 접었다 펼치면 64개의 정사각형을 얻을 수 있는지 고르면?

2018 상반기 SKCT 기출 복원

① 4번          ② 6번          ③ 8번
④ 10번        ⑤ 12번

**정답해설**

가로로 1번, 세로로 1번, 즉 총 2번을 접으면 4개의 정사각형이 생기고 이를 1번 더 반복하여 총 4번 접으면 $4 \times 4 = 16$(개)의 정사각형이 생긴다. 다시 1번 더 반복하여 총 6번을 접으면 $16 \times 4 = 64$(개)의 정사각형이 생긴다.

정답 ②

**예제** · 8명이 시험을 보았는데 1등 점수가 90점, 8등 점수가 30점이었다. 다음 [조건]을 바탕으로 구한 3등 점수와 4등 점수의 합을 고르면?(단, 점수는 동점자가 있을 수 있으며, 10점 단위이다.)

2021 상반기 · 2019 상반기 SKCT 기출 복원

┌ 조건 ─────────────────────────────────────────────
· 8명 중 2명씩 짝을 지었을 때 평균 점수는 각각 75점, 65점, 55점, 45점이었다.
· 8명 중 위와 다르게 2명씩 짝을 지었더니 3쌍의 평균 점수는 각각 30점, 60점, 60점이었다.
└──────────────────────────────────────────────────

① 90점　　　　　　② 110점　　　　　　③ 130점

④ 140점　　　　　　⑤ 150점

**정답해설**

첫 번째 [조건]에서 8명의 점수를 $a, b, c, d, e, f, g, h$라 하면 $a+b=150$, $c+d=130$, $e+f=110$, $g+h=90$이고, 8명 점수 전체의 합은 $150+130+110+90=480$(점)이다.

두 번째 [조건]에서 8명의 점수를 (1), (2), (3), (4), (5), (6), (7), (8)이라고 하면

(7)+(8)=60, (3)+(4)=120, (1)+(2)=120이고, (1)+(2)+(3)+(4)+(5)+(6)+(7)+(8)=480이므로

남은 (5)+(6)=480−(60+120+120)=180이다.

점수가 낮은 두 사람의 점수의 합은 60점이므로 각각 30점, 30점이고, 두 사람의 점수의 합이 180점이려면 두 사람의 점수는 각각 90점, 90점이어야 한다.

또한, 첫 번째 [조건]의 $e+f=110$, $g+h=90$에서 다른 두 사람의 점수는 110−30=80, 90−30=60임을 알 수 있다. 따라서 현재 알게 된 6명의 점수는 각각 90, 90, 80, 60, 30, 30이고, 남은 두 사람의 점수는 첫 번째 [조건]의 $a+b=150$, $c+d=130$에서 각각 90점이 한 명씩 포함되어 있을 때이므로 60점과 40점이 된다. 따라서 높은 점수부터 순서대로 쓰면 90, 90, 80, 60, 60, 40, 30, 30이므로 3등 점수와 4등 점수의 합은 140점이다.

**정답** ④

**문제 해결 tip**

첫 번째 [조건]에서 4쌍의 평균 점수의 합은 75+65+55+45=240(점)이다. 두 번째 [조건]에서 3쌍의 평균 점수의 합이 30+60+60=150(점)이므로, 남은 한 쌍의 점수는 240−150=90(점)이다. 따라서 90점과 30점은 2명씩 존재함을 알 수 있다.

첫 번째 [조건]에서 75점은 90점과 60점의 평균, 65점은 90점과 40점의 평균, 55점은 80점과 30점의 평균, 45점은 60점과 30점의 평균일 수밖에 없으므로, 3등은 80점, 4등은 60점이다. 따라서 3등 점수와 4등 점수의 합은 140점이다.

**예제**

A는 4자리 비밀번호를 설정하려 한다. A는 오늘 날짜가 7월 12일인 것을 이용하여 7을 분자로, 12를 분모로 하여 나오는 소수점 아래 첫 번째, 두 번째 자리 숫자를 비밀번호 첫 번째, 두 번째 숫자로 했다. 또 소수점 아래 세 번째 숫자와 월의 최소공배수의 십의 자리와 일의 자리를 순서대로 비밀번호 세 번째, 네 번째 숫자로 하였을 때 비밀번호를 고르면?

2021 상반기 · 하반기(7월) SKCT 기출 복원

① 5821  ② 5835  ③ 5856
④ 7128  ⑤ 7142

**정답해설**

$\frac{7}{12}=0.58333\cdots$이므로 비밀번호 첫 번째 숫자는 5, 두 번째 숫자는 8이다. 소수점 아래 세 번째 숫자인 3과 월인 7의 최소공배수는 21이므로 비밀번호 세 번째 숫자는 2, 네 번째 숫자는 1이다.
따라서 비밀번호는 5821이다.

정답 ①

**예제**

영업팀의 팀원 9명 중 7명의 이달 실적 점수는 78점, 89점, 67점, 79점, 63점, 81점, 75점이었다. 9명의 이달 실적 평균 점수는 76점이고 남은 2명의 점수는 최고점도 최저점도 아니라고 할 때, 남은 2명 간의 점수 차이로 가능한 것을 고르면?(단, 9명의 점수는 서로 다른 자연수이다.)

2020 상반기 SKCT 기출 복원

① 18점  ② 20점  ③ 21점
④ 23점  ⑤ 26점

**정답해설**

9명의 총점은 76×9=684(점)이고 7명의 점수의 합은 78+89+67+79+63+81+75=532(점)일 때 남은 2명의 점수의 합은 684−532=152(점)이다. 남은 2명의 점수는 서로 다른 자연수이므로 남은 2명 중 점수가 높은 사람의 점수를 $a$, 낮은 사람의 점수를 $b$라고 하면 $a+b=152$, $63<b<76<a<89$이다.
9명의 점수는 서로 다른 자연수이므로 가능한 경우는 $(a, b)=(88, 64), (87, 65), (86, 66), (84, 68), (83, 69), (82, 70), (80, 72)$이다.
따라서 2명 간의 점수 차이로 가능한 수는 24점, 22점, 20점, 16점, 14점, 12점, 8점이다.

정답 ②

**문제 해결 tip**

최고점은 89점, 최저점은 63점이므로 두 사람의 점수 차이는 89−63=26(점) 미만이어야 한다. 또한, 두 사람의 점수의 합이 152점이므로, 점수의 조합은 (짝, 짝) 또는 (홀, 홀)이므로, 두 사람의 점수 차이는 홀수가 될 수 없다.

**기출유형 ②** 거리/속력/시간

민기와 희정이는 다음 그림과 같이 꼭지각의 크기가 120°인 이등변삼각형 모양의 호수 둘레를 돌고 있다. 두 사람은 꼭짓점 A에서 동시에 출발하여 서로 반대 방향으로 달렸는데, 민기는 시계 방향으로 세 바퀴를 돌고 조금 더 가서 꼭짓점 B에서 멈추었고, 희정이는 시계 반대 방향으로 정확히 2바퀴를 돌았다. 두 사람이 달린 거리의 합이 $(a+b\sqrt{3})$km일 때, $a+b$의 값을 고르면?

2021 하반기(9월) SKCT 기출 복원

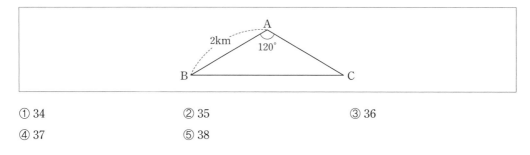

① 34　　　　　　　　② 35　　　　　　　　③ 36

④ 37　　　　　　　　⑤ 38

**정답해설**

삼각형 ABC의 꼭짓점 A에서 변 BC에 수선을 그어 H라고 하면, 삼각형 ABH에서

$\angle B = 30°$이므로 $\cos 30° = \dfrac{\sqrt{3}}{2} = \dfrac{\overline{BH}}{2} \rightarrow \overline{BH} = \sqrt{3}$km이다. 즉, $\overline{BC} = 2\overline{BH} = 2\sqrt{3}$km이고, 삼각형 ABC의 둘레의 길이는 $(4+2\sqrt{3})$km이다.

민기는 시계 방향으로 세 바퀴를 돌고 조금 더 가서 꼭짓점 B에서 멈추었다고 하였으므로 달린 거리는 $3 \times (4+2\sqrt{3}) + 2 + 2\sqrt{3} = (14+8\sqrt{3})$km이고, 희정이는 시계 반대 방향으로 정확히 2바퀴를 돌았으므로 달린 거리는 $2 \times (4+2\sqrt{3}) = (8+4\sqrt{3})$km이다.

따라서 두 사람이 달린 거리의 합은 $(14+8\sqrt{3}) + (8+4\sqrt{3}) = (22+12\sqrt{3})$(km)로 $a=22$, $b=12$이다. 따라서 $a+b = 22+12 = 34$이다.

정답 ①

로봇이 트랙 위를 이동한다. 로봇이 트랙 안쪽으로 이동했을 때의 1.2배의 속력으로 트랙 바깥쪽으로 이동하면, 출발 지점에서 도착 지점까지 안쪽으로 이동할 때와 바깥쪽으로 이동할 때 걸린 시간이 같다고 한다. 운동장에서 A, B, C의 길이의 비가 각각 4:1:2일 때, 트랙의 직선 거리인 A의 길이를 고르면?(단, 원주율은 3으로 계산한다.)

2018 하반기 SKCT 기출 복원

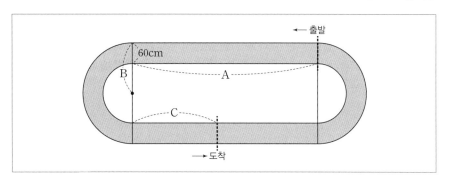

① 3.2m  ② 3.6m  ③ 4m

④ 4.8m  ⑤ 6m

정답해설

A:B:C=4:1:2이므로 B의 길이를 $a$라고 하면 A=4$a$, C=2$a$이다.
출발 지점부터 도착 지점까지 바깥쪽 트랙의 거리는 (A+반지름이 B인 반원의 둘레+C)=(4$a$+3$a$+2$a$)이고, 안쪽 트랙의 거리는 {A+반지름이 (B−0.6)인 반원의 둘레+C}={4$a$+3($a$−0.6)+2$a$}이다.
안쪽 트랙으로 이동할 때의 속력을 $v$라고 하면 바깥쪽 트랙으로 이동할 때의 속력은 1.2$v$이다.
(시간)=(거리)÷(속력)이고 안쪽으로 이동할 때와 바깥쪽으로 이동할 때 걸린 시간이 같다고 했으므로
$(4a+3a+2a) \div 1.2v = \{4a+3(a-0.6)+2a\} \div v$
$(4a+3a+2a) = \{4a+3(a-0.6)+2a\} \times 1.2$  ∴ $a=1.2$
따라서 트랙의 직선 거리인 A의 길이는 4$a$=4×1.2=4.8(m)이다.

정답 ④

# 기출유형 익히기

## 기출유형 ❸  경우의 수와 확률

4문항으로 구성된 시험을 치른 결과 1~4번 문항의 정답률이 각각 80%, 50%, 40%, 20%였고, 문항 당 배점표는 다음과 같다. 시험에 응시했던 사람 중 한 명을 뽑았을 때, 그 사람의 시험 점수가 60점 이상일 확률을 고르면?

2021 하반기(10월) SKCT 기출 복원

| 문항 | 1번 | 2번 | 3번 | 4번 |
|------|------|------|------|------|
| 배점 | 10점 | 20점 | 30점 | 50점 |

① 0.247　　　　　　② 0.262　　　　　　③ 0.276

④ 0.305　　　　　　⑤ 0.316

**정답해설**

시험 점수가 60점 이상이 되는 경우는 60점(1번+2번+3번, 1번+4번), 70점(2번+4번), 80점(3번+4번, 1번+2번+4번), 90점(1번+3번+4번), 100점(2번+3번+4번), 110점(1번+2번+3번+4번)으로 총 8가지이다. 이때, 1~4번 문항의 정답률이 각각 80%, 50%, 40%, 20%이므로 각각의 경우에 대하여 확률을 구하면 다음과 같다.

- 1번+2번+3번: 0.8×0.5×0.4×0.8=0.128
- 1번+4번: 0.8×0.5×0.6×0.2=0.048
- 2번+4번: 0.2×0.5×0.6×0.2=0.012
- 3번+4번: 0.2×0.5×0.4×0.2=0.008
- 1번+2번+4번: 0.8×0.5×0.6×0.2=0.048
- 1번+3번+4번: 0.8×0.5×0.4×0.2=0.032
- 2번+3번+4번: 0.2×0.5×0.4×0.2=0.008
- 1번+2번+3번+4번: 0.8×0.5×0.4×0.2=0.032

따라서 시험에 응시했던 사람 중 한 명을 뽑았을 때, 그 사람의 시험 점수가 60점 이상일 확률은 0.128+0.048+0.012+0.008+0.048+0.032+0.008+0.032=0.316이다.

정답 ⑤

**문제 해결 tip**

점수가 가장 큰 4번 문항을 기준으로 삼으면 4번을 틀린 경우 1~3번을 다 맞아야 하므로 0.8×0.8×0.5×0.4=0.128 이고, 4번을 맞을 경우 1~3번 중 하나만 맞으면 되므로 0.2×(1−0.2×0.5×0.6)=0.188이다. 따라서 시험에 응시했던 사람 중 한 명을 뽑았을 때, 그 사람의 시험 점수가 60점 이상일 확률은 0.128+0.188=0.316이다.

**예제**

몸무게가 40kg인 A씨, 50kg인 B씨, 60kg인 C씨, 60kg인 D씨, 60kg인 E씨, 70kg인 F씨, 80kg인 G씨가 있다. 이들을 두 팀으로 나누는데 양 팀에 속한 팀원들 몸무게의 합이 서로 같게 하려고 할 때, 가능한 경우의 수를 고르면? 2021 하반기(9월) SKCT 기출 복원

① 1가지          ② 2가지          ③ 3가지
④ 4가지          ⑤ 5가지

**정답해설**

서로 몸무게의 합이 같도록 팀원들을 두 팀으로 나누는 방법은 (40+50+60+60), (60+70+80)으로 나누는 방법밖에 없다. 이때 A씨와 B씨, F씨와 G씨가 서로 같은 팀이어야 하므로 C씨, D씨, E씨를 두 팀으로 나누는 것을 고려하면 된다.
따라서 세 사람 중 한 사람만 뽑으면 양 팀에 속한 팀원들 몸무게의 합이 서로 같으므로 구하는 경우의 수는 $_3C_1=3$(가지)이다.

정답 ③

**예제**

상금 액수가 다양하게 적힌 제비 100개 중에는 상금이 2,000,000원, 1,000,000원인 당첨 제비가 각각 몇 개씩 들어 있으며, 그중 상금이 500,000원인 당첨 제비가 20개이다. 어떤 사람이 제비 한 개를 뽑을 때, 2,000,000원 또는 1,000,000원의 상금이 쓰인 당첨 제비를 뽑을 확률을 고르면?(단, 각각의 상금에 대한 기대이익이 서로 같다.)

2021 하반기(10월) SKCT 기출 복원

① $\frac{1}{20}$          ② $\frac{1}{10}$          ③ $\frac{3}{20}$

④ $\frac{1}{5}$          ⑤ $\frac{1}{4}$

**정답해설**

제비를 한 개 뽑을 때 상금이 500,000원일 확률이 $\frac{20}{100}$이므로 상금 500,000원에 대한 기대이익은 $500,000 \times \frac{20}{100} = 100,000$(원)이다. 상금이 2,000,000원인 제비의 개수를 $a$개, 1,000,000원인 제비의 개수를 $b$개라고 하면 각각의 상금에 대한 기대이익이 서로 같으므로 다음과 같은 식이 성립한다.

• $2,000,000 \times \frac{a}{100} = 100,000$(원) → $a=5$

• $1,000,000 \times \frac{b}{100} = 100,000$(원) → $b=10$

따라서 어떤 사람이 제비 한 개를 뽑을 때 2,000,000원 또는 1,000,000원의 상금이 쓰인 당첨 제비를 뽑을 확률은 $\frac{5+10}{100} = \frac{15}{100} = \frac{3}{20}$이다.

정답 ③

**예제**

어느 회사에서 과장 2명, 대리 3명, 사원 3명을 4개의 팀으로 나누려고 한다. 각 팀에는 대리 이상 직급이 적어도 1명 이상 있어야 하고, 과장과 사원은 한 팀에 두 명 이상 있을 수 없다. 이때 한 팀에 과장, 대리, 사원이 모두 있을 확률을 고르면?

2021 상반기 · 2019 상반기 SKCT 기출 복원

① $\frac{1}{8}$　　　　② $\frac{1}{4}$　　　　③ $\frac{3}{8}$

④ $\frac{1}{2}$　　　　⑤ $\frac{5}{8}$

**정답해설**

전체 경우를 구할 때 각 팀에는 대리 이상 직급이 적어도 1명 이상 있어야 하므로 과장과 대리 직급에 대해서 다음의 두 가지 경우를 생각해 볼 수 있다.

1) (과장, 대리), (과장), (대리), (대리)로 나뉜 경우
   과장과 대리가 한 묶음이 되도록 한 사람씩 뽑은 후 사원 3명을 네 묶음에 배치하면 되므로
   $_2C_1 \times _3C_1 \times 4 \times 3 \times 2 = 144$(가지)이다.

2) (대리, 대리), (대리), (과장), (과장)으로 나뉜 경우
   대리 3명 중 2명을 뽑은 후 사원 3명을 네 묶음에 배치하면 되므로 $_3C_2 \times 4 \times 3 \times 2 = 72$(가지)이다.

즉, 전체 경우의 수는 144+72=216(가지)이다.

한편, 위의 두 가지 중 어느 한 팀에 과장, 대리, 사원이 모두 있는 경우는 1)에서 (과장, 대리) 묶음에 사원이 배치되는 경우밖에 없다.

이때, 1)에서 사원 3명을 (과장, 대리) 묶음에 배치하지 않는 경우가 $_2C_1 \times _3C_1 \times 3 \times 2 = 36$(가지)이므로 한 팀에 과장, 대리, 사원이 모두 있는 경우의 수는 144−36=108(가지)이다.

따라서 한 팀에 과장, 대리, 사원이 모두 있을 확률은 $\frac{108}{216} = \frac{1}{2}$이다.

**정답** ④

**예제**

6개의 $x$와 4개의 $y$를 모두 사용하여 10자리 문자열을 만들려고 한다. 이때 $y$는 연속해서 나오지 않도록 하고, $y$로 시작하는 문자열은 반드시 $x$로 끝나도록 하려고 한다. 이 조건을 만족하는 문자열의 개수를 고르면?

2019 하반기 SKCT 기출 복원

① 15개　　　　② 24개　　　　③ 25개

④ 240개　　　　⑤ 720개

**정답해설**

• 첫 번째 자리가 $y$이면 두 번째 자리와 마지막 자리는 $x$이다.
  $yx\square x\square x\square x\square x\square x$로 나타낼 때 3개의 $y$가 5개의 자리에 들어가면 되므로 $_5C_3 = 10$(개)이다.

• 첫 번째 자리가 $x$이면
  $x\square x\square x\square x\square x\square x$로 나타낼 때 4개의 $y$가 6개의 자리에 들어가면 되므로 $_6C_4 = 15$(개)이다.

따라서 조건을 만족하는 문자열의 개수는 10+15=25(개)이다.

**정답** ③

**예제** K사원은 A, B, C 총 3개의 영문자와 1, 2, 3 총 3개의 숫자를 [조건]에 따라 조합하고자 한다. 가능한 6자리 조합은 총 몇 가지인지 고르면?

2021 하반기(7월) · 2020 상반기 SKCT 기출 복원

┌─ 조건 ─────────────────────────────────────────────
• 1~3번째 자리는 영문자가, 4~6번째 자리는 숫자가 와야 한다.
• 각 영문자와 숫자는 중복으로 사용할 수 있다.
• 동일한 영문자는 연이어 사용할 수 없다. ⑩ BAB(○), BBA(×)
└────────────────────────────────────────────────

① 64가지        ② 169가지        ③ 225가지

④ 324가지        ⑤ 400가지

**정답해설**

1~3번째 자리에 영문자(A, B, C)를 나열할 때 동일한 영문자는 연이어 사용할 수 없다. 첫 번째 자리에 가능한 영문자는 A, B, C 3가지이고, 두 번째와 세 번째 자리에 가능한 영문자는 바로 앞에 온 영문자를 제외한 각각 2가지이므로, 총 $3 \times 2 \times 2 = 12$(가지)이다.

4~6번째 자리에 숫자(1, 2, 3)를 나열할 때 숫자는 중복으로 사용할 수 있다. 각각의 자리에 가능한 수는 1, 2, 3 3가지이므로, 총 $3 \times 3 \times 3 = 27$(가지)이다.

따라서 가능한 6자리 조합의 수는 $12 \times 27 = 324$(가지)이다.

정답 ④

**예제** S회사에서 워크숍 인원 조사를 했다. 워크숍 가는 사람들 중 전체의 60%가 화성공장을, 40%가 청주공장을 희망했는데, 화성공장으로 투표한 사람 중 10%가 숙박을 원하고 청주공장으로 투표한 사람 중 8%가 숙박을 원했다. 숙박을 원하는 사람 중 한 명을 골랐을 때, 그 사람이 청주공장으로 가고 싶어 하는 사람일 확률을 고르면?

2021 상반기 · 2019 상반기 SKCT 기출 복원

① $\dfrac{5}{32}$        ② $\dfrac{4}{25}$        ③ $\dfrac{8}{25}$

④ $\dfrac{1}{3}$        ⑤ $\dfrac{8}{23}$

**정답해설**

화성공장으로 투표한 사람 중 숙박을 원하는 사람은 전체의 $0.6 \times 0.1 = 0.06$이고, 청주공장으로 투표한 사람 중 숙박을 원하는 사람은 전체의 $0.4 \times 0.08 = 0.032$이다. 숙박을 원하는 사람은 전체의 $0.06 + 0.032 = 0.092$이고, 이 중 청주공장으로 가고 싶어 하는 사람은 0.032에 속하므로 구하고자 하는 확률은 $\dfrac{32}{92} = \dfrac{8}{23}$이다.

정답 ⑤

# 기출유형 익히기

## 기출유형 ❹    수열

어느 지역의 본사에서 물류를 가맹점으로 이동하려 한다. 아래의 그림과 같이 가운데 본사를 기준으로 길이 3개, 2개, 3개, 2개, …씩 반복하면서 늘어나고, 갈라지는 곳마다 가맹점이 있다. 가맹점 33호에서 34호로 물류를 이동하려 할 때, 지나야 하는 길의 개수는 최소 몇 개인지 고르면?(단, 번호는 시계 방향으로 정해진다.)

2022 하반기 · 2021 상반기 SKCT 기출 복원

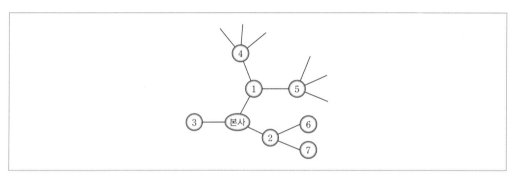

① 2개            ② 4개            ③ 6개
④ 8개            ⑤ 10개

정답해설

길의 규칙을 보면 3개, 2개, 3개, 2개, …로 연결되어 있고 이를 그림으로 표현하면 다음과 같다.

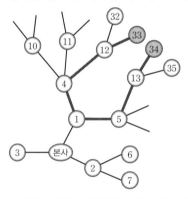

본사에서 연결된 가맹점들을 그룹 지어 보면 (1, 2, 3), (4, 5/6, 7/8, 9), (10, 11, 12/13, 14, 15/16, 17, 18/19, 20, 21/22, 23, 24/25, 26, 27), (28, 29/30, 31/32, 33/34, … /62, 63), …과 같다. 따라서 33호는 12호와 연결된 두 번째 가맹점이고, 34호는 13호와 연결된 첫 번째 가맹점이므로 지나야 하는 길의 개수는 최소 6개이다.

정답 ③

**예제**

a1, a2, a3, …, a100까지의 숫자가 있다. 연속하는 일곱 개의 합이 항상 일정할 때, a20과 a86의 합을 고르면?(단, a11=11, a22=22, a33=33, a44=44, a55=55이다.)

2021 상반기 · 2019 상반기 SKCT 기출 복원

① 55        ② 66        ③ 77

④ 88        ⑤ 99

**정답해설**

연속하는 일곱 개의 합이 항상 일정하려면
a1+a2+a3+a4+a5+a6+a7=a2+a3+a4+a5+a6+a7+a8이어야 하므로 정리하면 a1=a8이다.
같은 방법으로 정리하면 a1=a8, a2=a9, a3=a10, …이므로 7로 나누었을 때 나머지가 같은 순서의 수들은 같은 수를 나타낸다.
a20=a(7×2+6)=a6이고 a86=a(7×12+2)=a2이다. a6과 나머지가 같은 것은 a55이고, a2와 나머지가 같은 것은 a44이므로 a20+a86=a55+a44=55+44=99이다.

**정답** ⑤

---

**예제**

다음과 같은 규칙으로 오각형에 수가 써져 있다. 6번째 오각형의 ☛로 표시한 변 위에 있는 수들의 합을 고르면?

2018 하반기 SKCT 기출 복원

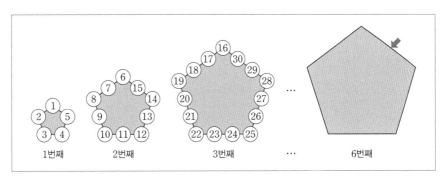

① 416        ② 615        ③ 691

④ 721        ⑤ 830

**정답해설**

다음에 오는 그림은 앞의 그림보다 수의 개수가 각 변에 1개씩, 즉 전체로는 5개씩 늘어난다.
이 규칙을 이용하여 각각의 오각형에서 가장 먼저 나오는 수를 살펴보면 더해지는 수가 5씩 커지는 계차수열이 된다.

$$1, \quad 6, \quad 16, \quad 31, \quad \cdots$$
$$\quad +5 \quad +10 \quad +15$$

따라서 5번째 처음 수는 31+20=51, 6번째 처음 수는 51+25=76이 된다. 6번째에는 모두 6×5=30(개)의 수가 써져 있으므로 마지막 수는 76+29=105가 된다.
따라서 6번째 오각형에는 한 변에 7개의 수가 놓이고 ☛로 표시된 변 위에 있는 수는 100, 101, 102, 103, 104, 105와 가장 위에 써져 있는 76이므로 모두 더하면 691이 나온다.

**정답** ③

# 기출유형 익히기

## 기출유형 ❺ | 비용

A부장은 올해 말부터 시작하여 매년 말에 1,630만 원씩 10년간 퇴직연금을 받을 예정이었다. 그런데 A부장의 사정상 해당 연금을 연이율 5%의 복리로 계산하여 올해 초 한꺼번에 수령하고자 한다. 이때 A부장이 수령하게 될 금액을 고르면?(단, 세금 및 제시되지 않은 것에 대해서는 고려하지 않으며, $(1.05)^{10}=1.63$으로 계산한다.)

2021 상반기 · 하반기(7월, 10월) SKCT 기출 복원

① 1억 1,800만 원  ② 1억 2,600만 원  ③ 1억 3,200만 원
④ 1억 4,248만 원  ⑤ 1억 6,300만 원

**정답해설**

올해 말의 연금액 1,630만 원을 올해 초의 가치로 환산하면 $\dfrac{1,630만 원}{1.05}$. 다음 해 말의 연금액 1,630만 원의 올해 초 가치는 $\dfrac{1,630만 원}{(1.05)^2}$, …, 이와 같은 방식으로 10년 후 말의 연금액 1,630만 원의 올해 초 가치는 $\dfrac{1,630만 원}{(1.05)^{10}}$이다. 따라서 일시불로 수령하게 되는 금액을 S라고 하면

$$S=\dfrac{1,630만 원}{1.05}+\dfrac{1,630만 원}{(1.05)^2}+\cdots+\dfrac{1,630만 원}{(1.05)^{10}}$$

양변에 $(1.05)^{10}$을 곱하면 초항이 1,630만 원, 공비가 1.05, 항의 개수는 10개인 등비수열의 합이므로

$$(1.05)^{10}\times S=\dfrac{1,630만 원\times\{(1.05)^{10}-1\}}{1.05-1}$$

$(1.05)^{10}=1.63$으로 계산하면 $S=\dfrac{1,630만 원\times 0.63}{0.05\times 1.63}=126,000,000$(원)이다.

정답 ②

### 문제 해결 tip

- 원금 $a$원을 연이율 $r$로 $n$년간 예금할 때, 원금과 이자의 합계를 일컫는 원리합계 $S$는 단리법과 복리법으로 구분된다.
  - 단리법: 원금에만 이자가 붙는다. → $S=a(1+rn)$
  - 복리법: 원금과 이자에 다시 이자가 붙는다. → $S=a(1+r)^n$
- 적금, 상환, 연금의 현가 등의 문제 접근 시 서로 손해 보지 않아야 하고, 돈의 가치는 시간에 따라 다름을 고려하여야 한다. 연이율이 $r$이고 1년마다의 복리로 일정한 금액 $a$원을 $n$년 동안 적립할 때 $n$년 말의 적립금의 원리합계는 $a$원을 적립하는 시기에 따라 다르며, '매년 초'에 적립인지 '매년 말'에 적립인지에 따라 식이 달라진다.
  - 매년 초에 적립하고 연말에 정산하는 경우: (원리합계)=$\dfrac{a(1+r)\{(1+r)^n-1\}}{r}$(원)
  - 매년 말에 적립하고 연말에 정산하는 경우: (원리합계)=$\dfrac{a\{(1+r)^n-1\}}{r}$(원)
- [문제 접근] 매년 말에 10년간 받기로 한 퇴직연금을 그대로 적립한다고 하면, 매년 말에 1,630만 원씩 10년 동안 연이율 5%의 복리로 적립한 원리합계와 같다.

  따라서 $1,630+1,630(1+0.05)+1,630(1+0.05)^2+\cdots+1,630(1+0.05)^9=\dfrac{1,630(1.05^{10}-1)}{1.05-1}=\dfrac{1,630\times 0.63}{0.05}=20,538$(만 원) … ㉠

  한꺼번에 퇴직연금 A만 원을 받는 경우 A만 원을 10년 동안 연이율 5%의 복리로 적립한 원리합계는 $A(1+0.05)^{10}=1.63A$(만 원) … ㉡

  위의 '㉠의 금액=㉡의 금액'이어야 하므로, $1.63A=20,538 \rightarrow A=12,600$(만 원)

  따라서 한꺼번에 수령하게 될 금액은 1억 2,600만 원임을 알 수 있다.

**예제**

A회사에서는 1,020개의 제품을 만들었을 때 60개의 불량품이 나온다고 한다. 1,020개를 모두 판매했을 때 얻게 되는 이익은 1개에 a%였다고 할 때, 불량품이 아닌 정상 제품만을 판매해서 처음에 생각했던 이익과 똑같은 이익을 얻기 위해서는 이익을 처음 생각했던 이익의 몇 %만큼 늘려야 하는지 고르면? 2020 하반기 SKCT 기출 복원

① 5.88%  ② 6.25%  ③ 8%

④ 10.2%  ⑤ 12%

**정답해설**

처음에 생각했던 이익은 $1,020 \times \frac{a}{100} = 10.2a$이다. 정상 제품만을 판매했을 때의 한 개당 이익을 $x$%라고 하면, $960 \times \frac{x}{100} = 10.2a$   $\therefore x = \frac{17a}{16}$

따라서 정상 제품만을 판매해서 처음에 생각했던 이익과 똑같은 이익을 얻기 위해서는 처음 생각했던 이익의 $\frac{1}{16} \times 100 = 6.25$(%)만큼 늘리면 된다.

**정답** ②

**문제 해결 tip**

60개의 불량품에 대한 이익을 $1,020 - 60 = 960$(개)의 제품이 나누어서 이익을 채워야 하므로, 처음 생각했던 이익의 $\frac{60}{960} = \frac{1}{16}$만큼 늘려야 한다.

**예제**

도매상인은 산지유통으로 구매한 정가에서 정가의 1.2배를 더한 가격으로 판매가를 정하고, 소매상인은 이 가격에 사서 50%의 이익을 더한 가격으로 판매가를 정해 100개당 배송비 3,000원씩 받으면서 온라인 쇼핑몰에서 판다. 한 고객이 온라인 쇼핑몰에서 이 상품 500개를 샀을 때 총금액이 64,500원이 나왔다면, 처음에 도매상인이 산지유통으로 구매한 정가는 얼마인지 고르면? 2019 하반기 SKCT 기출 복원

① 15원  ② 25원  ③ 30원

④ 42원  ⑤ 45원

**정답해설**

도매상인이 산지유통으로 구매한 정가를 $a$원이라고 하면 판매가는 $(1+1.2)a = 2.2a$(원)이고, 소매상인이 정한 판매가는 $(1+0.5) \times 2.2a = 3.3a$(원)이다.

500개의 배송비는 $3,000 \times 5 = 15,000$(원)이므로 $3.3a \times 500 + 15,000 = 64,500$   $\therefore a = 30$(원)

따라서 처음에 도매상인이 산지유통으로 구매한 정가는 30원이다.

**정답** ③

# 기출유형 익히기

어느 회사에서는 사내 동호회 A, B, C를 운영 중이다. 세 동호회에 가입된 직원 수는 각각 28명, 35명, 30명이고, 두 동호회 A와 B, B와 C, C와 A에 가입된 직원 수는 각각 20명, 25명, 17명이다. 회사 전체 직원 수가 50명일 때, 세 동호회에 모두 가입된 직원 수의 최솟값과 최댓값의 합을 고르면?(단, 사내 동호회에 가입하지 않은 직원이 존재한다.)   2021 하반기(10월) SKCT 기출 복원

① 26         ② 27         ③ 28

④ 29         ⑤ 30

**정답해설**

직원 전체를 집합 $U$, 동호회 A를 집합 $A$, 동호회 B를 집합 $B$, 동호회 C를 집합 $C$로 나타내면 다음과 같다.

- $n(A)=28$
- $n(B)=35$
- $n(C)=30$
- $n(A \cap B)=20$
- $n(B \cap C)=25$
- $n(C \cap A)=17$

세 동호회에 모두 가입된 직원 수를 $a$명이라고 하면 $n(A \cap B \cap C)=a$이고, 이를 활용하면 두 동호회에만 가입된 직원 수는 다음과 같다.

- 동호회 A와 B: $(20-a)$명
- 동호회 B와 C: $(25-a)$명
- 동호회 C와 A: $(17-a)$명

또한, 이를 활용하면 세 동호회 중 한 군데에만 가입된 직원 수는 다음과 같다.

- 동호회 A에만 가입된 직원 수: $28-\{20+(17-a)\}=(a-9)$명
- 동호회 B에만 가입된 직원 수: $35-\{25+(20-a)\}=(a-10)$명
- 동호회 C에만 가입된 직원 수: $30-\{17+(25-a)\}=(a-12)$명

이를 정리하여 벤다이어그램으로 나타내면 다음과 같다.

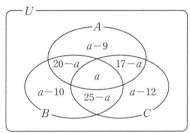

이때, 각 부분이 0보다 크거나 같으므로 이를 식으로 나타내면 $a \geq 9$, $a \leq 20$, $a \geq 0$, $a \leq 17$, $a \geq 10$, $a \leq 25$, $a \geq 12$이다. 이 범위의 교집합을 확인하면 $12 \leq a \leq 17$이므로 세 동호회에 가입된 직원 수의 최솟값은 12명, 최댓값은 17명이다. 따라서 최솟값과 최댓값의 합은 $12+17=29$이다.

**정답** ④

예제

서울에 있는 공공기관을 이전하기 위해 경기도, 충청도, 강원도에 속하는 세 곳을 후보지로 검토하고 있다. 전문가 200명에게 중복 투표가 가능하도록 해서 문의한 결과 경기도를 선택한 사람은 85명, 경기도와 충청도를 선택한 사람은 26명, 경기도, 충청도, 강원도를 모두 선택한 사람은 12명, 충청도와 강원도를 선택한 사람은 30명, 강원도만을 선택한 사람은 22명이라고 한다. 이때 충청도만을 선택한 사람은 최대 몇 명인지 고르면?

2020 상반기 SKCT 기출 복원

① 62명　　　　② 75명　　　　③ 93명

④ 105명　　　　⑤ 119명

정답해설

경기도를 선택한 사람의 집합을 $A$, 충청도를 선택한 사람의 집합을 $B$, 강원도를 선택한 사람의 집합을 $C$라고 하자.

경기도만 선택한 사람을 $a$명, 충청도만 선택한 사람을 $b$명, 강원도만 선택한 사람을 $c$명이라 할 때 벤다이어그램으로 나타내면 오른쪽 그림과 같다.

경기도를 선택한 사람이 85명이므로

$85+b+18+22 \leq 200$

$b \leq 75$이므로 충청도만을 선택한 사람은 최대 75명이다.

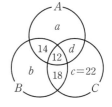

정답 ②

**예제**

어느 음료수 회사에서 무료 시음회를 통해 자사의 제품 A, B, C의 이름을 맞히는 이벤트를 진행하고 있다. 응모자 중 적어도 하나 이상 맞힌 사람은 25명이었다. B의 이름은 맞혔는데 A를 맞히지 못한 사람은 C의 이름은 맞혔는데 A를 맞히지 못한 사람 수의 2배였다. A만을 맞힌 사람 수는 A를 맞히고 B, C 중 적어도 하나 이상 맞힌 사람 수보다 1명 많았다. 또한 세 음료수 중에서 하나만을 맞힌 사람 수는 A만을 맞힌 사람 수의 2배였다. B만을 맞힌 사람은 몇 명인지 고르면? 2019 하반기 SKCT 기출 복원

① 6명          ② 7명          ③ 8명
④ 9명          ⑤ 10명

**정답해설**

제품 A의 이름을 맞힌 사람의 집합을 $A$, 제품 B의 이름을 맞힌 사람의 집합을 $B$, 제품 C의 이름을 맞힌 사람의 집합을 $C$라고 하고, 이를 벤다이어그램으로 나타내면 다음과 같다.

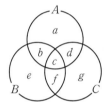

위의 벤다이어그램을 토대로 지문에 주어진 조건을 정리하면 다음과 같다.
- 응모자 중 적어도 하나 이상 맞힌 사람이 25명인 경우: $a+b+c+d+e+f+g=25$ … ㉠
- B의 이름은 맞혔는데 A를 맞히지 못한 사람 수가 C의 이름은 맞혔는데 A를 맞히지 못한 사람 수의 2배인 경우: $e+f=2(f+g)$ … ㉡
- A만을 맞힌 사람 수가 A를 맞히고 B, C 중 적어도 하나 이상 맞힌 사람 수보다 1명 많은 경우: $a=b+c+d+1$ … ㉢
- 세 음료수 중 하나만을 맞힌 사람 수가 A만을 맞힌 사람 수의 2배인 경우: $a+e+g=2a \Rightarrow a=e+g$ … ㉣

위 식을 토대로 $e$(B만을 맞힌 사람)에 관한 관계식을 만들면 $g=26-4e$이다. 이것을 ㉡에 대입하면 $f=9e-52$인데 $g$와 $f$는 모두 0보다 크거나 같은 정수이므로 $\frac{52}{9} \le e \le \frac{13}{2}$이다. 이 부등식을 만족하는 $e=6$이므로 B만을 맞힌 사람은 6명이다.

**정답** ①

**예제**

S기업에서는 모든 임직원에게 자신의 명의로 된 주택 및 차량 보유 여부에 대한 설문조사를 실시하였다. 설문조사 결과 주택 및 차량 보유자가 각각 전체 인원의 $\frac{4}{7}$, $\frac{5}{7}$이었고, 주택과 차량을 모두 보유한 사람 수는 주택 보유자의 $\frac{3}{4}$이었다. 자신의 명의로 된 주택과 차량이 모두 없는 사람이 14명일 때, S기업의 전체 임직원 수를 고르면?

① 84명        ② 98명        ③ 112명

④ 126명       ⑤ 140명

**정답해설**

S기업 임직원 전체의 집합을 $U$라 하고, 주택 보유자 집합을 $A$, 차량 보유자 집합을 $B$라 하면 주택과 차량이 모두 없는 사람의 집합은 $(A \cup B)^c$라고 나타낼 수 있다. S기업 임직원 전체 수를 $x$명이라 하면 차량 보유자는 $\frac{5}{7}x$명이고, 주택 보유자는 $\frac{4}{7}x$명이므로 주택 및 차량을 모두 보유한 사람은 $\frac{4}{7}x \times \frac{3}{4} = \frac{3}{7}x$(명)이다.

$n(A \cup B) = n(A) + n(B) - n(A \cap B)$이므로 $n(A \cup B) = \frac{4}{7}x + \frac{5}{7}x - \frac{3}{7}x = \frac{6}{7}x$

$\therefore n\{(A \cup B)^c\} = n(U) - n(A \cup B) = x - \frac{6}{7}x = \frac{1}{7}x$

자신의 명의로 된 주택과 차량이 모두 없는 사람이 14명이라고 하였으므로, $\frac{1}{7}x = 14$    $\therefore x = 98$(명)

따라서 S기업의 전체 임직원 수는 98명이다.

정답 ②

---

**문제 해결 tip**

• [다른 접근] 전체 임직원 수를 $7x$명이라고 하면 주택보유자는 $4x$명, 차량보유자는 $5x$명, 주택과 차량보유자는 $3x$명이므로 벤다이어그램으로 풀이 시 주택과 차량이 없는 사람은 $x$명이므로 $x = 14$이다.

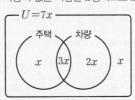

따라서 전체 임직원 수는 $7x = 7 \times 14 = 98$(명)이다.

• 두 유한집합 $A$, $B$에 대하여 합집합의 원소의 개수는 다음과 같은 식을 만족한다.

$$n(A \cup B) = n(A) + n(B) - n(A \cap B)$$

위의 식이 가장 간단한 형태이고, 세 집합 $A$, $B$, $C$에 대해서는
$n(A \cup B \cup C) = n(A) + n(B) + n(C) - n(A \cap B) - n(B \cap C) - n(A \cap C) + n(A \cap B \cap C)$가 성립한다.

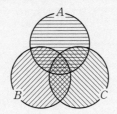

# 기출유형 익히기

## 기출유형 ❼ 농도와 비율

2018년 S회사는 기술팀, 생산팀, 개발팀, 연구팀으로 이루어져 있다. 기술팀과 생산팀에서 50%, 개발팀과 연구팀에서 20%가 퇴사하여 총직원은 205명이 되었다. 2019년 신입사원을 뽑아 기술팀, 생산팀, 개발팀에는 남은 직원의 100%를 충원하고, 연구팀에는 남은 직원의 50%를 충원하였더니 총직원은 400명이 되었다. 2019년 연구팀의 인원수를 고르면? 2019 상반기 SKCT 기출 복원

① 20명 ② 25명 ③ 30명
④ 60명 ⑤ 90명

**정답해설**

2018년 기술팀, 생산팀, 개발팀, 연구팀의 인원을 각각 $a$, $b$, $c$, $d$라고 하면
- 기술 · 생산팀에서 50%, 개발 · 연구팀에서 20%가 퇴사하여 직원 수가 총 205명이 되었으므로,
  $0.5a+0.5b+0.8c+0.8d=205$에서 $a+b+1.6c+1.6d=410$ … ㉠
- 2019년 기술 · 생산 · 개발팀과 연구팀에 각각 남은 직원의 100%, 50%를 충원하여 직원 수가 총 400명이 되었으므로, $a+b+1.6c+1.2d=400$ … ㉡

위의 ㉠ 식과 ㉡ 식을 연립하면 $0.4d=10$이므로 $d=25$이다.
2018년 연구팀의 인원수가 25명이었으므로 2019년 연구팀의 인원수는 $1.2\times25=30$(명)이다.

정답 ③

**예제**

2L 부피의 PET병에 75%만큼의 물이 들어 있다. 이 PET병의 부피를 10% 줄이고 넣는 물의 양은 바뀐 PET병의 80%로 하려고 한다. 처음에 물이 들어 있는 2L 부피의 PET병이 48개 있고, 이 물을 모두 바뀐 PET병에 옮겨 담는다고 할 때, 필요한 바뀐 PET병의 개수를 고르면?

2018 하반기 SKCT 기출 복원

① 40개 　　　　　② 45개 　　　　　③ 50개

④ 55개 　　　　　⑤ 60개

**정답해설**

처음 2L 부피의 PET병에 들어 있는 물의 양은 2×0.75=1.5(L)이고, 바뀐 PET병의 부피는 2×0.9=1.8(L), 바뀐 PET병에 들어 있는 물의 양은 1.8×0.8=1.44(L)이다.

물의 양은 총 1.5×48(L)인데, 이 물을 모두 바뀐 PET병에 1.44L씩 나누어 담으면 1.5×48÷1.44=50(개)의 PET병에 담을 수 있다.

 **정답** ③

**문제 해결 tip**

필요한 바뀐 PET병의 개수를 $x$라 하면, 물의 양은 변함이 없으므로 '1.5×48=1.44×$x$'이다. PET병에 들어 있는 물의 양이 1.5L에서 1.44L로 4% 감소하였으므로, 바뀐 PET병의 개수에서 4% 감소하였을 때 처음 PET병의 개수는 48개가 나와야 한다.

**예제**

물통 A에는 농도가 6%인 소금물이 들어 있고, 물통 B에는 농도가 8%인 소금물이 들어 있다. 물통 A에 있는 소금물 $x$g과 물통 B에 있는 소금물 $y$g을 섞으면 농도가 6.8%인 소금물이 된다. 물통 A의 소금물 $y$g과 물통 B의 소금물 $x$g을 섞었을 때, 소금물의 농도를 고르면?

① 7.2% 　　　　　② 7.4% 　　　　　③ 7.6%

④ 7.8% 　　　　　⑤ 8%

 **정답해설**

물통 A에 있는 소금물 $x$g과 물통 B에 있는 소금물 $y$g을 섞으면 농도가 6.8%인 소금물이 된다고 하였으므로

$$\frac{6}{100}x+\frac{8}{100}y=\frac{68}{1,000}(x+y)$$

$60x+80y=68(x+y)$ 　　∴ $y=\frac{2}{3}x$

물통 A의 소금물 $y$g과 물통 B의 소금물 $x$g을 섞었을 때 얻어지는 소금물의 농도를 $a$g이라 하면

$$\frac{6}{100}y+\frac{8}{100}x=\frac{a}{100}(x+y)$$

$$\frac{6}{100}\times\frac{2}{3}x+\frac{8}{100}\times x=\frac{a}{100}\left(x+\frac{2}{3}x\right)$$

$4x+8x=ax+\frac{2}{3}ax \rightarrow 12=\frac{5}{3}a$ 　　∴ $a=7.2(\%)$

따라서 소금물의 농도는 7.2%이다.

**정답** ①

**문제 해결 tip**

내분의 개념을 생각하면 6% 농도에서 $x$g, 8% 농도에서 $y$g을 가져왔을 때 6%와 8%의 중간값인 7% 보다 0.2%p 낮은 값이 나왔으므로 정답은 그 반대인 7.2%임을 알 수 있다.

# 기출유형 익히기

**기출유형 ⑧**　작업량

A, B, C 세 사람이 어느 건설 현장에서 바닥 공사를 진행하는데, A와 C가 함께 바닥 공사를 진행하면 1시간 30분이 걸리고, B와 C가 함께 바닥 공사를 진행하면 2시간이 걸린다. 세 사람이 함께 바닥 공사를 진행하면 1시간이 걸린다고 할 때, A와 B가 함께 바닥 공사를 진행할 때 걸리는 시간을 고르면?

① 1시간 12분　　　　② 1시간 15분　　　　③ 1시간 18분
④ 1시간 20분　　　　⑤ 1시간 25분

**정답해설**

바닥 공사 전체 일의 양을 1이라고 하면, B와 C가 함께 공사를 진행할 때 2시간이 걸린다고 하였으므로 1시간 동안 바닥 공사의 $\frac{1}{2}$을 하게 된다. 이때, A, B, C 세 사람이 바닥 공사를 하는 데 1시간이 걸린다고 하였으므로 A는 1시간 동안 바닥 공사의 $1-\frac{1}{2}=\frac{1}{2}$을 하는 것이다.

한편, A와 C가 바닥 공사를 하는 데 1시간 30분이 걸린다고 하였으므로 A가 1시간 30분 동안 $\frac{1}{2}+\frac{1}{4}=\frac{3}{4}$을 하는 것이고, 이때 C는 나머지인 $\frac{1}{4}$을 하는 것이다. 즉, C는 1시간 동안 바닥 공사의 $\frac{1}{4}\times\frac{2}{3}=\frac{1}{6}$을 한다는 것을 알 수 있다.

1시간 동안 A, B, C가 함께 바닥 공사를 할 때 C가 $\frac{1}{6}$을 하므로 A, B는 $1-\frac{1}{6}=\frac{5}{6}$를 하게 된다. 따라서 A와 B가 함께 바닥 공사를 진행할 때 걸리는 시간은 $1\div\frac{5}{6}=\frac{6}{5}$(시간) 즉, 1시간 12분이 걸린다.　　**정답** ①

**문제 해결 tip**

A, B, C의 속도를 $a$, $b$, $c$라고 하면 전체 일의 양을 1이라 할 때 $a+c=\frac{2}{3}$ … ㉠, $b+c=\frac{1}{2}$ … ㉡, $a+b+c=1$ … ㉢라고 할 수 있다. ㉢ 식에서 ㉡ 식을 빼면, $a=\frac{1}{2}$이고, 위의 ㉢ 식에서 ㉠ 식을 빼면 $b=\frac{1}{3}$이므로 A와 B가 함께 일하면 $1\div\left(\frac{1}{2}+\frac{1}{3}\right)=\frac{6}{5}$(시간)=1시간 12분이 걸린다.

**예제**

수도관 A로 물을 가득 채우는 데 100분이 걸리고, 배수관 B로 가득찬 물을 빼내는 데 2시간이 걸리는 물탱크가 있다. 이 물탱크에 처음 일정 시간 동안 수도관 A로 물을 채우다가 마지막 30분 동안은 배수관 B를 통해 물을 빼내면서 물탱크에 물을 가득 채웠다. 이때, 물을 가득 채우는 데 걸린 시간을 고르면?

① 1시간 45분       ② 1시간 55분       ③ 2시간 5분

④ 2시간 15분       ⑤ 2시간 25분

**정답해설**

물탱크의 용량을 1이라 하면 수도관 A가 1분 동안 채우는 물의 양은 $\frac{1}{100}$, 배수관 B가 1분 동안 빼내는 물의 양은 $\frac{1}{120}$이다. 마지막 30분 동안 물탱크에 들어간 물의 양은 $\left(\frac{1}{100}-\frac{1}{120}\right)\times30=\frac{1}{20}$이므로 처음 수도관 A로 채운 물의 양은 $1-\frac{1}{20}=\frac{19}{20}$이다. 즉, 수도관 A로 물을 채운 시간은 $\frac{19}{20}\div\frac{1}{100}=95$(분)이다.

따라서 물탱크에 물을 가득 채우는 데 걸린 시간은 $95+30=125$(분)=2시간 5분이다.

**정답** ③

**문제 해결 tip**

일반적으로 문제를 해결할 때는 일의 양을 L 등의 문자로 설정하고 문제를 해결해야 한다. 하지만 문제해결 시간을 줄이고자 할 때는 일의 양을 1이라고 놓고 해결해도 무방하다. 또한 어떤 일을 며칠 동안 했다는 것을 1일 동안 한 일의 양으로 단위를 정해 놓고 해결하는 것이 좋다. **예** A가 어떤 일을 하는 데 3일이 걸렸다. → 어떤 일의 양을 1이라 하면 A가 1일 동안 한 일의 양은 $\frac{1}{3}$이다.

**예제**

식당에 단체 회식이 예정되어 있어, 점원인 A와 B는 테이블 세팅을 하고 있다. 둘은 각각 일정한 속도로 테이블 청소를 한다. A는 1시간에 5개의 테이블을 세팅하고, B는 1시간에 4개의 테이블을 세팅한다. 매 시간 A는 24분, B는 15분씩 설거지를 하고 남은 시간에 테이블을 세팅한다고 할 때, 6시간 동안 A와 B가 함께 세팅한 테이블의 수를 고르면?

① 18개       ② 24개       ③ 30개

④ 36개       ⑤ 42개

**정답해설**

A는 1시간에 5개의 테이블을 세팅하고, B는 4개의 테이블을 세팅한다. A는 1시간에 24분은 설거지를 하고, 36분 동안 테이블을 세팅한다. 즉, $\frac{2}{5}$시간은 설거지를 하고, $\frac{3}{5}$시간 동안 테이블을 세팅한다. 따라서 A는 1시간 중 $\frac{3}{5}$시간만 테이블을 세팅하고 $5\times\left(\frac{3}{5}\right)=3$(개)의 테이블을 세팅한다. B는 1시간에 15분은 설거지를 하고 45분 동안 테이블을 세팅한다. 즉, $\frac{1}{4}$시간은 설거지를 하고, $\frac{3}{4}$시간 동안 테이블을 세팅한다. 따라서 B는 1시간 중 $\frac{3}{4}$시간만 테이블을 세팅하고 $4\times\left(\frac{3}{4}\right)=3$(개)의 테이블을 세팅하므로 두 사람이 설거지와 병행할 때, 1시간 동안 세팅하는 테이블의 수는 6개이다. 따라서 6시간 동안은 36개의 테이블을 세팅한다.

**정답** ④

다음 [그래프]는 2019~2022년 분기별 국내총생산에 관한 자료이다. 이에 대한 설명으로 옳지 <u>않은</u> 것을 고르면?

2022 하반기 SKCT 기출 복원

[그래프] 2019~2022년 분기별 국내총생산

(단위: 십억 원)

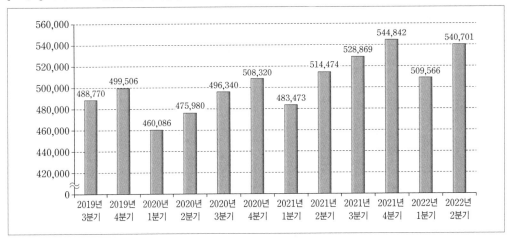

① 조사 기간 동안 전 분기 대비 국내총생산 변동 비율이 가장 큰 분기는 2020년 1분기이다.

② 조사 기간 동안 전 분기 대비 국내총생산이 감소한 분기는 총 3개이다.

③ 조사 기간 동안 국내총생산이 가장 많은 분기와 가장 적은 분기의 차이는 약 8.4조 수준이다.

④ 2020년과 2021년 전 분기 대비 국내총생산이 증가한 분기의 수는 동일하다.

⑤ 전 분기 대비 국내총생산이 가장 크게 증가한 분기의 직전 분기에는 전 분기 대비 국내총생산이 4% 이상 감소하였다.

**정답해설**

조사 기간 동안 국내총생산이 가장 많은 분기는 544,842십억 원인 2021년 4분기이고, 가장 적은 분기는 460,086십억 원인 2020년 1분기이다. 따라서 둘의 차이는 544,842−460,086=84,756(십억 원)으로 약 84조 수준이다.

정답 ③

**오답풀이**

① 조사 기간 동안 전 분기 대비 국내총생산 변동 비율을 정리하면 다음과 같다.

| 구분 | 2019년<br>3분기 | 2019년<br>4분기 | 2020년<br>1분기 | 2020년<br>2분기 | 2020년<br>3분기 | 2020년<br>4분기 |
|---|---|---|---|---|---|---|
| 국내총생산 | 488,770 | 499,506 | 460,086 | 475,980 | 496,340 | 508,320 |
|  | − | +2.20% | −7.89% | +3.45% | +4.28% | +2.41% |
| 구분 | 2021년<br>1분기 | 2021년<br>2분기 | 2021년<br>3분기 | 2021년<br>4분기 | 2022년<br>1분기 | 2022년<br>2분기 |
| 국내총생산 | 483,473 | 514,474 | 528,869 | 544,842 | 509,566 | 540,701 |
|  | −4.89% | +6.41% | +2.80% | +3.02% | −6.47% | +6.11% |

따라서 전 분기 대비 국내총생산 변동 비율이 가장 큰 분기는 2020년 1분기이다.
② 전 분기 대비 국내총생산이 감소한 분기는 2020년 1분기, 2021년 1분기, 2022년 1분기로 총 3번이다.
④ 2020년과 2021년 전 분기 대비 국내총생산이 증가한 분기의 수는 각각 2, 3, 4분기 3번씩으로 동일하다.
⑤ 전 분기 대비 국내총생산이 가장 크게 증가한 분기는 2022년 2분기이다. 직전 분기인 2022년 1분기에는 전 분기 대비 국내총생산이 약 6.47% 감소하였으므로 4% 이상 감소하였다.

예제

다음 [표]는 2015년부터 2019년까지 2년 주기로 정리한 거주 지역에 따른 총가구 및 주택소유 가구 수에 관한 자료이다. 이에 대한 [보기]의 ㉠~㉣ 중 옳지 <u>않은</u> 것을 모두 고르면?

[표] 거주 지역별 총가구 및 주택소유 가구 수 (단위: 가구)

| 구분 | 2015년 | | 2017년 | | 2019년 | |
|---|---|---|---|---|---|---|
| | 총가구 | 주택소유 가구 | 총가구 | 주택소유 가구 | 총가구 | 주택소유 가구 |
| 전국 | 19,111,030 | 10,698,686 | 19,673,875 | 11,000,007 | 20,343,188 | 11,456,266 |
| 서울 | 3,784,490 | 1,875,295 | 3,813,260 | 1,875,189 | 3,896,389 | 1,894,875 |
| 부산 | 1,335,900 | 786,367 | 1,354,401 | 791,489 | 1,377,030 | 799,696 |
| 대구 | 928,528 | 533,011 | 948,030 | 550,374 | 968,620 | 563,282 |
| 인천 | 1,045,417 | 611,847 | 1,080,285 | 630,228 | 1,120,576 | 650,209 |
| 광주 | 567,157 | 322,530 | 575,732 | 328,263 | 587,159 | 338,980 |
| 대전 | 582,504 | 320,654 | 597,736 | 320,407 | 609,043 | 326,384 |
| 울산 | 423,412 | 264,500 | 428,720 | 271,099 | 437,094 | 279,906 |
| 세종 | 75,219 | 40,715 | 104,325 | 55,925 | 129,664 | 69,400 |
| 경기 | 4,384,742 | 2,433,305 | 4,602,950 | 2,542,649 | 4,907,660 | 2,745,423 |
| 강원 | 606,117 | 334,031 | 620,729 | 345,955 | 633,942 | 363,552 |
| 충북 | 601,856 | 348,127 | 629,073 | 362,726 | 654,713 | 382,876 |
| 충남 | 796,185 | 446,466 | 834,986 | 477,532 | 864,102 | 504,574 |
| 전북 | 717,311 | 421,666 | 728,871 | 427,522 | 738,307 | 439,491 |
| 전남 | 720,612 | 431,275 | 733,757 | 435,332 | 741,026 | 449,851 |
| 경북 | 1,062,724 | 635,608 | 1,087,807 | 652,416 | 1,102,934 | 675,292 |
| 경남 | 1,258,487 | 769,925 | 1,292,998 | 800,655 | 1,321,213 | 831,804 |
| 제주 | 220,369 | 123,364 | 123,364 | 132,246 | 253,716 | 140,671 |

┌ 보기 ─────────────────────────────────────
│ ㉠ 모든 지역에서 주택소유 가구는 2년마다 증가한다.
│ ㉡ 2019년 경북의 총가구 대비 주택소유 가구 비중은 전년 대비 증가하였다.
│ ㉢ 2019년 모든 지역에서의 총가구 대비 주택소유 가구 비중은 50% 이상이다.
│ ㉣ 2015년 대비 2019년 주택소유 가구 수가 가장 크게 증가한 지역은 경기이다.
└─────────────────────────────────────────

① ㉠, ㉡      ② ㉡, ㉢      ③ ㉢, ㉣

④ ㉠, ㉡, ㉢      ⑤ ㉠, ㉢, ㉣

정답해설

⊙ 2017년 서울과 대전의 주택소유 가구 수는 2년 전과 비교해서 감소하였다.

문제 해결 tip

2017년 서울 지역의 주택소유 가구가 2015년 대비 감소하였으므로 다른 지역은 확인하지 않아도 된다.

ⓒ 주어진 자료는 2년 단위로 나와 있으므로 경북의 총가구 대비 주택소유 가구 비중이 2018년에 비해 증가하였는지 감소하였는지는 알 수 없다.

ⓒ 서울의 총가구 대비 주택소유 가구 비중은 $\frac{1,894,875}{3,896,389} \times 100 \fallingdotseq 48.6(\%)$이므로 50% 미만이다.

문제 해결 tip

비율을 구하는 것보다 주택소유 가구×2의 값과 총가구 수를 비교하면 빠르게 풀 수 있다. 서울의 경우 주택소유 가구가 1,900,000가구보다 약간 적으므로 ×2를 하면 3,800,000보다 적은 값이 나올 것이다. 총가구 수가 3,896,389가구로 이보다 크므로 서울의 총가구 대비 주택소유 가구 비중은 50% 미만이다.

정답 ④

오답풀이

ⓔ 경기 지역은 2,745,423−2,433,305=312,118(가구)로 가장 크게 증가하였다.

문제 해결 tip

서울을 제외한 다른 지역은 만 또는 십만 가구대이고, 자릿수가 크게 변하지 않았으므로 경기 지역보다 크게 증가할 수 없다. 따라서 경기 지역이 가장 크게 증가하였음을 알 수 있다.

## ▎영역 특징

SKCT 언어영역은 독해 유형 위주로 출제된다. 지문은 대체로 길지는 않지만, 대부분의 유형이 추론 문제라 응시생들이 답을 고르는 데 어려움을 겪는다. 또 SKCT의 가장 큰 특징이라고 하면 한 지문당 한 문제씩 출제된다는 점이다. 이는 정해진 시간 안에 지문을 읽어야 하는 응시생들에게는 부담스러울 수밖에 없다. 경제, 사회, 인문, 과학, 기술 등 응시생들이 까다롭게 느끼는 내용의 지문들이 많이 출제되는 편이다.

## ▎기출유형 체크

| 대표유형 | 문항 수 | 내용 |
|---|---|---|
| 추론 | 13~15 | 지문을 읽고 추론하는 문제 |
| 반응과 비판 | 1~2 | 지문을 읽고 독자의 반응이나 비판을 고르는 문제 |
| 문장 삽입 | 1~2 | 지문을 읽고 빈칸 안에 들어갈 문장이나 단어를 찾는 문제 |
| 사례 선택 | 1~2 | 지문을 읽고 적절한 사례를 선택하는 문제 |
| 일치 · 불일치 | 4~5 | 지문을 읽고 글이 일치하는지 불일치하는지 고르는 문제 |
| 주제 찾기 | 1~2 | 지문을 읽고 주제를 고르는 문제 |

## ▎2022 하반기 기출분석

SKCT 언어영역은 매년 난도가 높게 출제되는 편인데, 2022년 하반기 오프라인 SKCT 언어영역 또한 대다수의 응시생에게서 어려웠다는 평이다. 역사, 인문, 과학, 경제, 사회, 철학 등 다양한 분야에서의 광범위하고 생소한 주제와 가독성이 떨어지는 지문으로 이해하는 데 시간이 많이 들고, 선택지 또한 까다롭게 출제되었다. 기존과 마찬가지로 2022년 하반기 시험에서도 추론, 내용 일치 · 불일치, 주제 찾기, 내용 이해 및 비판 유형 등이 출제되었으며, 특히 추론 문제의 비중이 매우 높았다. 기존의 기출 문제의 키워드 또는 주제를 활용한 문제가 일부 출제되기도 하였다. 그 외에 금본위제도, 주파수, 인지/기술, 권리금, 미세먼지, TV 경쟁 시장의 비판 관련 지문의 문제와 한국의 시장 상황에 적합한 도표를 찾는 문제 등이 출제되었다. 다양한 지식을 쌓고, 편중된 지식보다는 다양한 분야에 호기심을 가지고 글을 빠르게 이해할 수 있는 능력이 중요하다.

# 전문가의 SPECIAL 만점전략

시험 지문에 자주 포함되는 국내외 최근 이슈에 대한 정보를 미리 알아 두고 시험장에 가는 것이 유리하다. SKCT 언어영역은 응시생들의 독해력을 테스트하는 시험이라고 봐도 무방하다. 한 지문당 한 문제씩 출제되고 대다수 문제가 추론 문제이기 때문에 빠른 시간 안에 정확히 이해하는 능력이 매우 중요하다. 그러므로 신문을 읽으면서 다양한 분야의 지식을 쌓고, 한번 읽고 정확히 이해할 수 있도록 연습한다면 좋은 성과를 얻을 수 있을 것이다.

### `Point 01` 중간 길이의 잘 짜인 글, 답은 신문이다.

SKCT 언어영역에서는 장문 독해가 거의 출제되지 않는다. 한 지문에 한 문제로 구성되어 있으며 지문의 길이는 단문, 중문 독해 위주로 출제되고 있다. 이러한 출제 경향에 발맞춰 언어영역을 대비하는 가장 좋은 방법은 신문 기사를 읽는 것이다. 기사문은 글 안에 서론–본론–결론이 잘 짜여 있으며, 최근 이슈들을 정리한 양질의 글이다. 또한 다양한 주제의 지문이 등장하므로, 다양한 섹션의 기사를 평소에 읽어둔다면 언어영역을 어렵지 않게 풀어 낼 수 있을 것이다.

### `Point 02` 속독하되 주요 키워드는 표시하라.

최근 SKCT 언어영역의 출제 추세는 응시생들이 지문 전체를 읽게 만드는 추론 문제이다. 그에 따라 제목·주제 찾기 유형의 비중이 작아지고 내용 이해, 추론형 문항의 비중이 커지고 있다. 지문 전체를 다 읽어야 문제를 풀 수 있다 보니 한 문제를 푸는 데 드는 풀이 시간도 늘어났다. 정확한 속독을 위해서는 읽는 도중 주요 키워드에 표시하는 습관을 들여야 한다. 선택지를 먼저 읽고 키워드를 파악한 후 본문을 읽는 것도 전략적인 접근법이 될 수 있다.

### `Point 03` 답을 도출할 땐 명확한 근거가 있는지 확인하자.

일반적으로 지문은 정답과 오답의 근거가 본문 안에 명확하게 명시되어 있다. 따라서 본인의 주관이나 상식으로 판단할 경우 자칫 오답을 선택할 수 있다. 빠르게 문제를 푸는 것도 중요하지만 SKCT 시험은 감점이 존재하는 시험이므로 정확하게 문제를 푸는 것이 더욱 중요하다. 꼼꼼하게 지문을 읽고 그 안에서 답을 찾는 연습을 반드시 해야 한다. 특히 자신이 아는 내용이 나왔을 때 주관적인 해석에 빠지지 않도록 주의해야 한다.

# 기출유형 익히기

## 기출유형 ❶ 추론

**다음 글을 읽고 추론한 내용으로 옳지 <u>않은</u> 것을 고르면?**  2022 하반기 SKCT 기출 복원

코로나19 확산으로 그 기세가 약해졌지만 매년 늦가을부터 이듬해 봄까지 한반도에는 짙은 미세먼지가 자주 발생한다. 미세먼지는 면역력이 약한 노약자에게 호흡기 관련 질환을 유발시키는 것으로 알려져 있다. 그런데 국내 연구진이 미세먼지가 암세포 전이도 촉진시킨다는 사실을 밝혀냈다. 한국생명공학연구원 환경질환연구센터는 미세먼지에 장기간 노출되면 체내 면역을 담당하는 대식세포를 자극해 암세포 전이를 촉진시킬 수 있다고 밝혔다. 이번 연구 결과는 생화학 분야 국제학술지 '실험 및 분자 의학'에 실렸다.

미국 시카고대 에너지정책연구소 분석에 따르면 대기오염은 인류의 수명을 평균 2.2년 단축시켜 흡연(1.9년), 음주나 약물(9개월), 전쟁(7개월), 에이즈(4개월)보다 수명에 더 큰 위협이 된다. 세계보건기구(WHO) 산하 국제암연구소도 미세먼지를 1군 발암물질로 규정하고 있다. 미세먼지 위해성이 알려지면서 미세먼지와 암 발병 사이의 상관관계를 파악하려는 연구는 많았지만 암 전이와의 연관성에 관한 연구는 적다. 연구팀은 미세먼지에 노출되면 가장 먼저 반응하는 것이 폐의 면역세포, 그중에서도 선천성 면역세포인 대식세포라는 점에 주목하고 미세먼지에 노출된 폐 대식세포 배양액을 암세포와 반응시켰다. 그 결과 대식세포가 미세먼지에 자극받으면 이로 인해 분비되는 단백질이 암세포의 전이 위험성을 높인다는 사실을 밝혀냈다.

암세포의 표피 생장 인자 수용체(EGFR)가 활성화되면서 이동성이 증가하고 EGFR과 결합해 암증식에 관여하는 것으로 알려진 HBEGF라는 물질이 증가하는 것으로 나타났다. 이 같은 결과는 생쥐를 이용한 동물 실험에서도 확인됐다. 폐암에 걸린 생쥐를 미세먼지 환경에 장기간 노출시키자 암전이가 증가하고 HBEGF 억제제를 투입하면 전이가 차단되는 것으로 나타났다. 연구를 이끈 박○○ 생명공학연구원 박사는 "이번 연구를 통해 미세먼지가 암 전이에 관여하며 대식세포를 통해 암 전이가 쉽게 되는 환경을 만든다는 것을 확인했다"라며 "미세먼지의 심각성을 인식시켜 미세먼지 발생 억제와 대응 강화에 기여할 수 있을 것으로 기대한다"라고 말했다.

① 미세먼지는 암세포의 전이 활동을 증진시킨다.
② HBEGF 억제제는 암세포의 전이 활동을 약화시킨다.
③ 암 환자가 미세먼지가 심한 곳에서 자주 노출되면 회복이 어려워질 수 있다.
④ 코로나19 이전에도 미세먼지가 암 환자에게 미치는 영향에 관한 연구를 진행하였다.
⑤ 에너지정책연구소는 대식세포가 미세먼지에 자극을 받으면 암세포의 전이를 활성화시킨다는 사실을 밝혀냈다.

**정답 해설**

대식세포가 미세먼지에 자극을 받으면 암세포의 전이를 활성화시킨다는 사실을 밝혀낸 것은 한국생명공학연구원 환경질환연구센터이다.

정답 ⑤

**오답 풀이**

① 첫 번째 문단에서 '한국생명공학연구원 환경질환연구센터는 미세먼지에 장기간 노출되면 체내 면역을 담당하는 대식세포를 자극해 암세포 전이를 촉진시킬 수 있다고 밝혔다.'라고 하였고, 두 번째 문단에서도 '연구팀은 미세먼지에 노출되면 가장 먼저 반응하는 것이 폐의 면역세포, 그중에서도 선천성 면역세포인 대식세포라는 점에 주목하고 미세먼지에 노출된 폐 대식세포 배양액을 암세포와 반응시켰다. 그 결과 대식세포가 미세먼지에 자극받으면 이로 인해 분비되는 단백질이 암세포의 전이 위험성을 높인다는 사실을 밝혀냈다.'라고 하였으므로 미세먼지는 암세포의 전이 활동을 증진시킨다는 것을 알 수 있다.

② 세 번째 문단에 의하면, HBEGF라는 물질은 암 증식에 관여한다는 것을 알 수 있다. 생쥐를 이용한 동물실험에서 '폐암에 걸린 생쥐를 미세먼지 환경에 장기간 노출시키자 암 전이가 증가하고 HBEGF 억제제를 투입하면 전이가 차단되는 것으로 나타났다.'라고 하였으므로 HBEGF 억제제는 암세포의 전이 활동을 약화시킨다는 것을 알 수 있다.

③ 첫 번째 문단에서 '국내 연구진이 미세먼지가 암세포 전이도 촉진시킨다는 사실을 밝혀냈다. 한국생명공학연구원 환경질환연구센터는 미세먼지에 장기간 노출되면 체내 면역을 담당하는 대식세포를 자극해 암세포 전이를 촉진시킬 수 있다고 밝혔다.'라고 하였으므로 암 환자가 미세먼지가 심한 곳에 자주 노출되면 회복이 어려워질 수 있다고 추론할 수 있다.

④ 두 번째 문단에서 미세먼지 위해성이 알려지면서 미세먼지와 암 발병 사이의 상관관계를 파악하려는 연구는 많았다고 하였다. 따라서 미세먼지가 심했던 코로나19 이전에도 미세먼지가 암 환자에게 미치는 영향에 관한 연구를 진행하였다는 것을 추론할 수 있다.

PART 2
기출유형 분석

다음 글을 읽고 당뇨환자에 대해 추론한 것으로 가장 적절하지 <u>않은</u> 것을 고르면?

2021 하반기(7월, 9월) SKCT 기출 복원

인슐린은 우리 몸에서 자연적으로 생산하는 호르몬이자 섭취하는 음식을 에너지로 바꿀 수 있도록 도와주는 호르몬이다. 포도당이 에너지로 쓰이려면 세포 안으로 들어가야 하는데, 인슐린은 마치 열쇠처럼 세포를 열어서 포도당을 세포 안으로 들여보낸다. 만약 포도당이 세포 안으로 들어가지 못하면 포도당은 혈류 속에 쌓이게 되고, 이 상태를 방치하면 높은 혈당이 유지된다. 혈당이 어느 정도 수준까지 올라가면 신장은 소변을 통해 당을 몸 밖으로 배출하려고 하기 때문에 피로감을 쉽게 느끼고 갈증이 나며 허기를 느낀다. 이렇게 혈중 포도당 농도가 높은 것이 특징이자 인슐린의 기능이 떨어져 발생하는 것이 당뇨병이다.

몸은 간이나 근육에 저장되어 있는 글리코겐이라 불리는 복합당에서도 에너지를 얻는다. 간은 스트레스를 받거나 극심한 공복감을 느낄 때 글리코겐을 포도당으로 전환시키고 이것을 다시 혈류로 내보낸다. 체내에 인슐린이 충분히 있을 때 근육은 에너지를 얻기 위해 근육 안의 글리코겐을 사용할 수 있지만, 글리코겐을 직접 혈류로 내보내지는 못한다. 정상적으로 밤에는 간에서 소량의 포도당이 분비되는데 특히 제2형 당뇨병의 경우 밤에 포도당이 너무 많이 분비되어 아침에 혈당이 매우 높게 나타나는 경우가 있어 인슐린 투여가 필요하다.

인슐린은 아프거나 다쳤을 때 근육의 구성 조직인 아미노산을 근육으로 끌어와서 상처가 회복되는 데 도움을 준다. 아미노산은 근육의 손상을 보수하고 원래의 크기나 단단함을 가질 수 있도록 도와준다.

① 당뇨환자는 상처가 났을 경우 회복이 잘 안 된다.
② 당뇨환자는 소변을 자주 보고, 갈증을 느끼며 허기를 느낀다.
③ 당뇨환자에게 인슐린을 과하게 투여할 경우 혈당이 너무 높아져서 쇼크가 올 수 있다.
④ 당뇨환자는 체내에서 인슐린이 충분히 분비되지 않거나 분비된 인슐린을 적절히 사용할 수가 없다.
⑤ 당뇨환자에게 인슐린을 투여하면 밤 사이 간에서 분비되는 포도당의 양을 줄여줘 아침 혈당을 정상으로 유지해 줄 것이다.

**정답해설**

주어진 글을 보면 인슐린의 투여는 당뇨환자의 혈액에 남아 있는 당을 줄여주는 역할을 한다. 따라서 당뇨환자에게 인슐린을 과하게 투여할 경우 혈당이 너무 높아지는 것이 아니라 혈당이 너무 낮아져서 쇼크가 올 수 있는 것이다.

**정답** ③

**오답풀이**

① 세 번째 문단을 보면, 인슐린은 아프거나 다쳤을 때 근육의 구성 조직인 아미노산을 근육으로 끌어와서 상처가 회복되는 데 도움을 주는 역할을 한다. 당뇨환자는 인슐린이 충분하지 않으므로 상처가 났을 경우 회복이 잘 안됨을 알 수 있다.

② 첫 번째 문단을 보면, 포도당이 혈류 속에 쌓이는 상황이 바로 당뇨이다. 그리고 혈당이 올라가면 신장은 소변을 통해 당을 몸 밖으로 배출하려고 하기 때문에 피로감을 쉽게 느끼고 갈증이 나며 허기를 느낀다고 되어 있다. 이 증상들이 바로 당뇨환자의 대표적 증상이다.

④ 첫 번째 문단을 보면, 인슐린의 역할을 알 수 있는데, 체내에 인슐린이 충분하지 않거나 적절히 사용되지 못하면 혈류 속에 포도당이 쌓이게 된다. 바로 이것이 당뇨이다.

⑤ 두 번째 문단을 보면, 정상적으로 밤에는 간에서 소량의 포도당이 분비되는데 제2형 당뇨병의 경우 밤에 포도당이 너무 많이 분비되어 아침에 혈당이 매우 높게 나타나는 경우가 있어 인슐린 투여가 필요하다고 되어 있다. 즉 당뇨환자에게 인슐린을 투여하면 밤 사이 간에서 분비되는 포도당의 양을 줄여줄 것이다.

**다음 글을 읽고 추론한 내용으로 옳지 않은 것을 고르면?**　　2020 상반기 SKCT 기출 복원

> 우리는 어린아이일 때부터 인간관계가 중요하다는 것을 학습 받고 자란다. 그래서 자신이 속한 집단에서 항상 친구를 만들고, 돈독해질 수 있는 대상을 만들어나간다. 그런데 '친한 사이'와 '아는 사이'가 있다면, 누구에게 더 도움을 받게 될까? 얼핏 생각해 보면 친한 사람 즉, 나와 더 강한 유대관계를 보이는 사람이 나에게 더 좋은 정보나 혜택을 줄 것 같다. 하지만 실제 실험을 해 본 결과 나에게 도움이 된 정보를 준 집단은 강한 유대관계를 보인 집단이 아닌 약한 유대관계를 유지하는 집단이다.
>
> 왜 이런 일이 발생할까? 약한 유대관계의 네트워크가 강한 유대관계보다 정보를 더 효율적으로 전달할 수 있기 때문이다. 쉽게 말해 약한 유대관계는 연결고리가 대개는 하나이기 때문에 전달 효율이 높아지는 것이다.
>
> 또 다른 측면에서 살펴보면, 우리는 유유상종을 떠올릴 수 있다. 강한 유대관계에서는 비슷한 성향을 가진 구성원만 모이게 된다. 이들은 쉽고 간단한 명함 주고받기와 같은 쉬운 단계, 단순히 아는 사람이라고 인식되는 관계를 지나 어렵고 시간이 걸리는 친한 사이가 된 존재들이다. 반면, 약한 유대관계는 쉽게 형성할 수 있다. 다양한 배경을 지닌 구성원이 존재하므로 구성원들은 다양한 정보를 입수할 수 있다.
>
> 페리와 스미스 교수의 유대관계와 독창성에 관한 연구에서도 유사한 결과를 찾아볼 수 있었다. 한 연구소에서 진행된 실험에 따르면 서로 아주 가끔 이야기를 나누는 정도에 그치는 약한 유대관계의 연구원들의 네트워크에서 더욱 창의적인 성과를 만들어 내는 사실이 드러났다.

① 통상적으로 돈독한 관계는 상호 간에 도움이 된다고 인식된다.
② 약한 유대관계의 네트워크를 형성하는 일은 쉽다.
③ 강한 유대관계는 높고, 넓은 전파력을 지닌다.
④ 강한 유대관계 안에서는 정보의 다양성이 떨어질 수밖에 없다.
⑤ 약한 유대관계는 사람과 조직의 독창성에도 영향을 미치고 있다.

**정답해설**

약한 유대관계는 연결고리가 하나이기 때문에 전달 효율이 높아진다는 내용과 다양한 배경을 지닌 구성원이 존재한다는 부분을 통해서 높고, 넓은 전파력을 지닌 관계는 약한 유대관계임을 추론할 수 있다.

 **정답 ③**

**오답풀이**

① 나와 더 강한 유대관계를 보이는 사람이 나에게 더 좋은 정보나 혜택을 줄 것 같다고 서술된 내용을 통해 추론할 수 있다.
② 강한 유대관계를 지닌 사람들은 명함 주고받기와 같은 쉬운 단계, 단순히 아는 사람이라고 인식되는 관계를 지나 어렵고 시간이 걸리는 친한 사이가 된 존재들이다. 반면 약한 유대관계는 쉽게 형성할 수 있다라는 언급을 통해 약한 유대관계의 네트워크를 형성하는 일은 쉽다는 것을 추론할 수 있다.
④ 강한 유대관계는 유유상종을 떠올릴 수 있다는 내용. 반면 약한 유대관계는 다양한 배경을 가진 구성원이 존재해 다양한 정보를 입수할 수 있다는 내용을 통해 강한 유대관계는 그렇지 못하다는 내용을 추론할 수 있다.
⑤ 페리와 스미스 교수의 유대관계와 독창성에 관한 연구에서 약한 유대관계의 연구원들의 네트워크에서 더욱 창의적인 성과를 만들어 낸다고 하고 있으므로, 약한 유대관계가 속해있는 조직의 독창성에도 영향을 미친다는 것을 추론할 수 있다.

**예제**

다음 글을 읽고 굴삭 로봇을 개발하기 위해 전제되어야 할 것으로 가장 적절하지 <u>않은</u> 것을 고르면?

2020 하반기 SKCT 기출 복원

로봇은 지상, 해상, 항공 및 우주 공간 등에서 폭넓게 사용되고 있다. 굴삭 로봇은 땅속의 공간을 개척한다는 데에 의미가 있다. 굴삭 로봇을 개발하는 연구진은 주변 토양의 붕괴와 토양 표면의 인간 개입을 최소한으로 유지하면서 자율적으로 스스로를 배치하고 지하에서 땅을 파며 이동하는 로봇과 통합될 수 있는 센서를 개발하고 있다. 굴삭 로봇은 땅속에서 방향을 바꿀 수 있으며, 정비 및 수리를 위해 배터리가 방전된 후에도 스스로 땅 위로 올라올 수 있는 등 진화를 거듭하고 있다. 굴삭 로봇은 건물 건축, 공공시설 및 기타 기반 시설 건축 등 건설 현장에서 토양 상태를 평가하는 데 중요한 역할을 하는 광역 지하 감지 네트워크에 사용되는데, 이 네트워크는 지질, 생물, 수질 등의 조사를 수행할 수 있도록 도울 뿐만 아니라 농업 관련 문제, 환경 관련 문제 등을 감지할 수 있다. 또한, 주변 토지가 지진이나 홍수로 얼마나 피해를 입을지 예측할 때 정확도를 향상시킨다. 굴삭 로봇은 벌레, 두더지, 씨앗, 식물 뿌리와 마찬가지로 스스로 토양을 파고 굴착한다. 벌레나 두더지, 식물처럼 모래, 점토, 진흙 등 다양한 토양 유형을 파고 들어갈 수 있으며, 경로를 차단하는 다양한 장애물을 피할 수 있다. 굴삭 로봇의 개발은 장기적으로 지하의 환경 변화를 감지하는 네트워크 구축의 발판이 될 수 있다.

① 효과적인 신호 전송 시스템 구축
② 센서 및 배터리 재충전 기술 확보
③ 환경 문제 해결을 위한 유관단체와의 협약
④ 로봇 작동 및 제어 기술과 견고한 본체 개발
⑤ 다양한 네트워크 요소 간의 통신 유지 방법 연구

**정답해설**

굴삭 로봇은 인간을 대신하여 땅속을 개척하는 역할을 한다. 스스로 움직이며 작동하는 시스템이며 지질, 생물, 수질 등의 조사를 수행할 수 있도록 도울 뿐만 아니라 농업, 환경 관련 문제 등을 감지하기도 한다. 따라서 네트워크 기반이 필수이며, 견고한 로봇의 몸체 또한 필요하다. 굴삭 로봇 자체가 환경 문제를 해결하는 것에 대해서는 주어진 글을 통해 알 수 없으며 전제조건으로 보기 어렵다.

정답 ③

# 기출유형 익히기

**다음은 '어떠한 주장'에 대해 반박한 글이다. '어떠한 주장'으로 가장 적절한 것을 고르면?**

2020 상반기 SKCT 기출 복원

> 독일에서 태어나 오스트리아에서 자란 아이히만은 정유 회사의 영업 사원으로 일하다가 친척의 권유에 따라 1932년 오스트리아 나치당에 입당했다. 1933년 당이 불법화되자 그는 독일로 돌아와 독일 나치당의 친위대에서 군사 교육을 받았고, 1934년 베를린에 자리 잡고 친위대의 보안국에서 경력을 쌓았다. 주목할 점은 그가 린츠에서 독일로 들어온 이유가 무엇보다 '운동'에 적극적으로 참여하기 위해서였다는 사실이다.
>
> 게다가 1938년 오스트리아 빈에서 친위대 보안국의 유대인 추방을 떠맡았던 아이히만은 당시 이미 권력지향적이며 냉혹한 나치로 이름을 알렸다. 그는 텔아비브 근처에서 태어나고 자라 히브리어에 능통하며 유대인 문화를 잘 알고 있다고 알려졌지만, 이는 잘못된 정보였다. 그러나 아이히만은 오히려 그 소문을 자신의 출세에 활용할 정도로 기민했고, 자신의 부하로 하여금 소문이 계속 확산되도록 만들었다. 그것으로 유대인 사회에 자신에 대한 두려움을 조장했고 다른 한편으로는 조직 내에서 전문가로서의 지위와 인정을 강화했다.
>
> 그 뒤 그는 친위대 소속 대대장으로 진급하며 2차 세계대전 중에는 제국안전중앙부에서 유대인 수송책임을 떠맡았다. 그는 유대인 추방과 수송의 전문가로서 단순히 '책상물림 가해자'만이 아니었다. 1941년 나치 지도부가 유대인 절멸을 결정했을 때 그는 그 집행을 위임받았다. 그는 아우슈비츠를 비롯한 절멸 수용소와 학살 현장을 답사하고 지도하며 도처에 출몰했다. 다시 말해, 그는 '최종 해결'의 발의자나 고안자에 속한 것은 아니었지만 '매니저'이자 '조직가'로서 '유대인 적'을 살해하는 과업을 누구보다 더 능동적이고 효과적이며 목적의식적으로 수행했다.

① 아이히만은 유대인을 거대 악의 도구로 이용한 가해자이다.
② 아이히만은 유대인에 대한 광적인 증오 의식을 가진 정신 이상자일 뿐이다.
③ 아이히만은 전체주의에 길들여진, 판단력이 마비된 충직한 관료에 불과하다.
④ 아이히만은 자신의 신념을 지키기 위해 정치범이라는 죄목으로 수감생활을 한 인물이다.
⑤ 아이히만은 유대인의 추방과 수송의 전문가였다.

정답해설

주어진 글에서는 아이히만이 유대인을 독일의 적으로 간주하였고 유대인 절멸을 지지하는 신념에 찬 인물이었음을 드러내며, 자신의 의지로 적극적인 활동을 했다는 내용을 통해 아이히만이 나치 이데올로기에 충실한 반유대주의자였음을 강조하고 있다. 따라서 이는 아이히만이 파괴적 이념과 반인간적 정치에 물든 인간이 아니라 선과 악을 구분할 줄 모르며 관료제적 타성과 인습적 관례를 따른 인물에 불과하다는 주장을 반박하고 있다고 할 수 있다.

정답 ③

오답풀이

① 아이히만은 유대인을 거대 악의 도구로 이용한 것이 아니라 유대인을 독일의 적이라 간주하였다.
② 아이히만이 유대인을 학살하는 일에 앞장섰으나 그가 유대인을 광적으로 증오했다거나 그가 정신 이상자였다고 판단할 만한 내용은 제시되어 있지 않다.
④ 아이히만이 나치즘에 사로잡힌 인물이었다는 것은 확인할 수 있으나 그 때문에 그가 정치범으로 수감생활을 했는지는 주어진 글의 내용만으로 파악할 수 없다.
⑤ 그가 유대인 추방과 수송의 전문가였다는 것은 맞지만 이는 주어진 글의 내용에 해당하므로 '어떠한 주장'으로 볼 수 없다.

다음 글을 읽고 난 후의 반응으로 가장 적절하지 <u>않은</u> 것을 고르면?

2019 하반기 SKCT 기출 복원

플래시몹은 접속자 폭증을 뜻하는 'Flash crowd'와 영리한 군중을 뜻하는 'Smart mob'의 합성어이다. 보통 다수의 사람이 모여 우스꽝스럽고 황당한 행동을 한 뒤 각각 흩어지는 행위를 플래시몹이라 일컫는다. 미국의 영향을 받아 2003년 9월 서울의 명동 한복판에서 30여 명의 사람이 "UFO가 나타났다!"라고 외치고는 모두가 잠시 쓰러져 있다가 흩어진 것이 플래시몹의 시작이다.

플래시몹에는 일곱 가지의 원칙이 있는데 그중 가장 중요한 원칙은 익명성과 무목적성이다. 일단 익명성을 기반으로 하여 인터넷 공간에서만 서로의 의견을 교환한다. 참가한 사람들은 정해진 지시사항만 따르고 자연스럽게 흩어진다. 또한, 무목적성 역시 중요한 원칙이기에 홍보성이나 상업성 등의 목적을 배제하고 오직 재미만을 추구한다.

지난 15일, 광복절을 기념해 서울·부산 외 9개 지역에서는 독도가 우리 땅임을 전 세계에 알리기 위한 플래시몹이 개최됐다. 대구에서 개최된 독도 플래시몹 동영상은 유튜브에서 100만 이상의 조회 수를 기록하기도 했다. 그런데 위 사례를 진정한 의미의 플래시몹이라 할 수 있을까? 플래시몹에 오랫동안 참여해 온 사람들은 특정한 의미를 가진 플래시몹은 '스마트몹(Smart mob)'으로 받아들여야 한다고 말한다. 스마트몹은 휴대폰·인터넷 등을 이용해 온·오프라인을 넘나들며 스스로 여론을 형성하는 사람들을 의미한다. 최근 개최된 위 사례는 영리한 군중들이 자신의 의견을 내기 위해 활동하는 스마트몹 행위로 봐야 한다는 것이다.

① "플래시몹의 목적은 단지 즐기는 것뿐이어야 하는군."
② "플래시몹은 특별한 이익 창출을 배제하고 오직 공익성만을 추구해야 하는군."
③ "플래시몹이 순식간에 진행되는 상황이라고 해서 대강 기획해서는 안 되겠군."
④ "플래시몹은 네티즌들이 오프라인에서 벌이는 일종의 해프닝이라고 할 수 있겠군."
⑤ "플래시몹에 참여한 사람은 일정이 끝나면 아무 일도 없었던 것처럼 제 갈 길 가면 되겠군."

**정답해설**

주어진 글에서는 플래시몹의 중요한 원칙 중 하나가 무목적성이라고 하였으므로, 플래시몹은 홍보성, 상업성뿐만 아니라 공익성 역시 목적으로 해서는 안된다. 또한, 군중들이 자신의 의견을 내기 위해 하는 활동은 플래시몹이 아니라 스마트몹으로 봐야 한다고 하였다.

정답 ②

**예제**

다음은 '어떠한 주장'에 대해 반박한 글이다. '어떠한 주장'으로 가장 적절한 것을 고르면?

2018 하반기 SKCT 기출 복원

현재 한국 사회는 국제결혼이 지속되고 있고, 다문화가정과 자녀들이 급속히 증가하고 있다. 다문화가정이 일상에서 처하게 될 여러 문제들은 이제 우리 사회가 함께 해결해가야 할 이슈로 전면에 부각된 상황이다. 그중에서도 다문화가정 청소년의 비행 문제의 증가는 중요한 사회적 문제 중 하나로 꼽히고 있다. 다문화가정 청소년과 전문가를 대상으로 진행한 심층 면접 결과에 따르면, 다문화가정 청소년의 비행 유형은 '절도'가 가장 많았다. 경제적인 이유와 특별한 목적 없이 재미 삼아 비행을 저지르게 되는 경우, 충동적으로 화가 나서 비행을 저지른 경우가 많았다. 외국인 출신 부모의 인구사회학적 특성의 영향으로 인해 성격적 비행과 신경증적 비행을 저지르는 경우도 있었으며, 부모의 방임으로 인한 사회적 비행, 충동조절장애로 인한 비행의 사례도 있었다. 즉 다문화가정 청소년들의 비행 발생의 원인은 학교 부적응과 부모의 방임, 가정해체 및 경제적 빈곤, 낮은 자존감과 자기정체성의 혼동 등과 같이 일반가정의 학생들에 비해 다문화가정이라는 차이가 있었을 뿐 실제로 일탈과 비행으로 이어지는 패턴은 유사하게 나타났다. 다문화가정 청소년의 비행은 일반적인 비행 동기에 의한 점을 미루어 봤을 때 다문화가정 고유의 특성에 기인하지 않는 경우도 있으며, 다문화가정 고유의 특성이 비행 동기로도 작용했다는 점도 알 수 있다. 따라서 다문화가정 청소년의 비행 발생을 예방하기 위해서는 이들에 대해 가정과 학교, 사회 내에서 다각적인 정책적 지원과 체계적 대응 및 협력적 활동이 요청된다.

① 청소년의 비행은 다른 비행 청소년과의 교제가 가장 큰 영향을 미친다.

② 사회적 낙인은 비행 청소년에 의한 범죄가 발생하는 주요인이므로 비행 청소년에 대한 부정적 인식 개선이 앞서야 한다.

③ 나이가 어리다는 이유만으로 범죄에 대해 낮은 수위의 처벌을 가하는 것은 재범률의 증가만 가져올 뿐이다.

④ 다문화가정 청소년의 비행은 일반가정 청소년과는 다른 동기와 형태로 나타나므로 별도의 지원 및 대응 체계가 필요하다.

⑤ 다문화가정 청소년들의 경우 비행 청소년들의 괴롭힘 대상이 될 확률이 높으므로 학교 차원에서 이를 분리하려는 노력이 필요하다.

**정답해설**

주어진 글에서 필자는 다문화가정 청소년과 전문가를 대상으로 진행한 심층 면접 결과를 토대로 다문화가정 청소년들의 비행이 가정 환경적 요인에서 기인할 수 있지만, 일탈과 비행으로 이어지는 패턴이 일반가정 청소년들과 유사하게 나타나는 등 다양한 이유에서 비롯될 수 있다고 지적하였다. 또한, 이러한 이유로 다문화가정 청소년의 비행 발생을 예방하기 위해서는 이들에 대해 가정과 학교, 사회 내에서 다각적인 정책적 지원과 체계적 대응 및 협력적 활동이 필요함을 주장하였다. 따라서 다문화가정 청소년의 비행은 일반가정 청소년과는 다른 동기와 형태로 나타나므로 별도의 지원 및 대응 체계가 필요하다는 ④에 대한 반박의 글로 보는 것이 적절하다.

정답 ④

# 기출유형 익히기

**기출유형 ❸** 　문장 삽입

**다음 글을 읽고 빈칸에 들어갈 내용으로 가장 적절한 것을 고르면?**　2021 하반기(10월) SKCT 기출 복원

> 　현재 노이즈 캔슬링 기술은 크게 액티브 노이즈 캔슬링과 패시브 노이즈 캔슬링으로 나뉜다. 패시브 노이즈 캔슬링은 쉽게 헤드폰이나 이어폰의 밀착력을 좋게 해 소리를 물리적으로 막는 것이다. 귀에 쏙 들어가는 커널형 이어폰, 귀를 크게 덮어버리는 오버이어 헤드셋, 가수들이 무대에서 노래를 부를 때 사용하는 인이어 이어폰이 그 예이다.
>
> 　액티브 노이즈 캔슬링의 원리는 쉽게 말해 소리를 소리로 제거하는 것이다. 이어폰이나 헤드폰으로 듣는 음악은 소리이며, 소리는 일정한 주파수로 진동하는 파동이다. 옆 사람과 나누는 대화, 에어컨 같은 전자 장비의 소음도 마찬가지로 파동의 형태를 띤다. 이 파동에는 '간섭 효과'라는 것이 있다. 이는 두 개 이상의 파동이 서로 만났을 때 파동의 진폭이 더 커지는 '보강 간섭', 사라지는 '상쇄 간섭'을 말한다. 보강 간섭은 대개 같은 진폭과 주파수를 갖는 파동이 만나면 동일한 파도가 하나로 합쳐지는 것처럼 진폭이 아주 커지는 것이다. 반면에 상쇄 간섭은 진폭과 주파수는 동일한데 그 진행 방향이 마치 거울상처럼 서로 반대 방향의 파동이 만날 때 일어난다. 따라서 액티브 노이즈 캔슬링은 주변에 있는 소음을 마이크로 감지하고 그 소음의 파동을 분석하여 (　　　　　　　　　　) 그렇게 소음과 소음이 만나 무음이 되는 것이다.

① 소음을 상쇄할 수 있는 반대 파동을 만들어 이어폰 외부에 흘려 준다.

② 소음을 상쇄할 수 있는 반대 파동을 만들어 이어폰 내부의 스피커로 보내준다.

③ 소음을 막아 줄 수 있는 이어폰의 재질을 개발하여 귀 깊숙이 삽입하도록 한다.

④ 소음의 진폭을 크게 해 주는 반대 파동을 만들어 이어폰 내부의 스피커로 보내준다.

⑤ 소음을 상쇄할 수 있는 같은 주파수의 파동을 만들어 이어폰 내부의 스피커로 보내준다.

**정답해설**

빈칸에는 액티브 노이즈 캔슬링의 원리에 대한 내용이 들어간다. 소리는 일정한 주파수로 진동하는 파동이며 특정 파동과 동일한 파동의 소리와 만나면 진폭이 커지고, 반대 파동을 만나면 진폭이 작아진다고 했다. 진폭이 작아진다는 것이 바로 소리가 줄어드는 것을 의미한다. 따라서 소음과 소음이 만나 무음이 될 수 있도록 빈칸에는 소음을 상쇄할 수 있는 반대 파동을 만들어 이어폰 내부의 스피커로 보내주어야 한다는 내용이 들어가야 한다.

　**정답** ②

**오답풀이**

① 소음을 상쇄할 수 있는 반대 파동을 만드는 것은 맞지만, 이어폰 외부에 흘려 주면 노이즈 캔슬링 효과가 없다. 이어폰을 낀 사람은 그 반대 파동을 들을 수 없기 때문이다.

③ 소음을 막아 줄 수 있는 이어폰의 재질을 개발하여 귀 깊숙이 삽입하는 것은 패시브 노이즈 캔슬링에 관한 내용이다.

④ 상쇄 간섭이 일어나기 위해서는 소음의 진폭을 크게 해 주는 반대 파동이 아닌 동일한 진폭과 주파수를 갖는 파동을 진행 방향만 반대로 하여 보내주면 된다.

⑤ 같은 주파수의 파동은 그 진행 방향이 동일할 경우 소음을 증가시킨다.

**예제** 다음 글을 읽고 빈칸 ㉠에 들어갈 내용으로 가장 적절한 것을 고르면?

2020 상반기 SKCT 기출 복원

> 산소는 우리 몸속에 들어와 탄수화물과 지방을 산화시켜 우리에게 필요한 에너지로 사용할 수 있도록 해 준다. 그런데 산소가 우리에게 에너지만 주는 것은 아니다. 산소는 우리 몸에서 음식물을 연소시키는 과정 중에 활성 산소라는 유해성 산소를 만든다. 보통 정상적인 산소는 우리 몸속에서 약 100초 이상 머무르지만 불안정한 활성 산소는 순식간에 생겼다가 없어진다. 활성 산소는 이렇게 잠깐 존재하면서도 반응성이 매우 강해 우리 몸을 공격하고 망가뜨린다. 활성 산소는 우리 몸의 기본 단위인 세포의 세포막을 공격해 원래 세포의 기능을 상실하게 만들고, 세포 내 유전자를 공격해 해당 세포가 재생하지 못하게 막는다. 또 세포의 재생을 막기 때문에 노화를 유발하거나 촉진한다. 한 가지 재미있는 사실은 ( ㉠ )는 점이다. 우리 몸에는 TLR4란 단백질이 있는데 이 단백질이 병원균의 체내 침투를 인식하면 소량의 활성 산소가 만들어지고 이렇게 만들어진 활성 산소는 살균 기능을 수행한다. 그러나 살균 기능을 위해 생성된 활성 산소는 자기 자신의 세포도 공격하므로 자연히 병균 침입을 많이 받은 신체 부위는 상처를 입게 된다. 이에 우리 몸은 활성 산소가 만들어지면 자동으로 항산화 효소들을 작동시켜 이를 제거한다.

① 모든 질병의 근원은 활성 산소의 과잉 발생과 밀접한 연관이 있다
② 항산화 효소가 정상적으로 기능을 하면 병균 침입에 치명적일 수 있다
③ 활성 산소가 세포 분열과 성장에 중요한 역할을 하는 단백질에 신호를 전달한다
④ 활성 산소를 제거하기 위해 항산화 물질을 많이 먹으면 오히려 노화와 질병을 촉진한다
⑤ 우리 몸이 활성 산소를 만들어 내 우리 몸을 침투한 세균이나 바이러스를 죽이기도 한다

**정답해설** 빈칸의 앞뒤 내용을 면밀하게 살펴봐야 하는데 ㉠의 앞에서는 활성 산소의 유해성을 설명한 뒤 ㉠의 내용이 재미있는 사실임을 말하고 있다. 따라서 ㉠에는 앞의 내용과 반대되는 내용, 즉 활성 산소의 장점을 소개하는 문장이 들어가야 한다. 또한 ㉠ 뒤에서는 활성 산소가 우리 몸에서 살균 기능을 수행한다는 점을 언급하고 있으므로 ㉠에 들어갈 문장으로 가장 적절한 것은 ⑤이다.

**정답 ⑤**

**오답풀이** ① 활성 산소의 유해성에 대한 내용은 ㉠ 앞에 들어가야 할 내용이며 이에 대한 내용은 이미 ㉠ 앞에서 충분히 다루고 있다.
② 살균 기능을 위해 생성된 활성 산소는 자기 자신의 세포도 공격하여 병균 침입을 많이 받은 신체 부위는 상처를 입게 되며, 항산화 효소가 이러한 활성 산소를 제거하는 역할을 하는 것은 맞지만, 주어진 글의 내용만으로는 항산화 효소가 정상적으로 기능하면 병균 침입에 치명적일 수 있다는 내용을 이끌어 내기 어렵다. 따라서 이 내용은 ㉠에 들어갈 내용으로 적절하지 않다.
③ 주어진 글에서 다루고 있는 내용이 아니다.
④ 주어진 글에서는 항산화 물질에 대해 구체적으로 다루고 있지 않으며 글의 흐름상 항산화 물질에 관한 내용은 주어진 글의 마지막 문단 뒤에 이어져야 자연스럽다.

# 기출유형 익히기

## 기출유형 ❹   사례 선택

**다음 글을 읽고 밑줄 친 ㉠, ㉡에 해당하는 사례를 설명한 내용으로 가장 적절하지 <u>않은</u> 것을 고르면?**

2021 상반기 · 2019 하반기 SKCT 기출 복원

> 상관관계(相關關係)란 한 변수가 다른 변수와 같이 움직이는 즉, 공변을 하는 정도를 의미한다. 다시 말해, 변수 간의 상호 관련성이라고 할 수 있다. 상관관계를 찾아낼 수 있는 대표적인 연구 방법으로는 설문지 조사가 있다. 예를 들어, 학생들에게 성적과 자존감에 대한 질문을 통해 두 요소 간의 상관관계를 밝혀낼 수 있다.
>
> 하지만 상관관계는 인과관계와 조금 달라서 신중하게 해석될 필요가 있다. 어떤 두 사건 사이에 인과관계(因果關係)가 있다는 것은 한 사건이 다른 사건의 원인이 된다는 것을 의미한다. 다시 말해, 두 사건의 직접적이고 필연적인 원인에 의한 결과 관계가 성립해야 한다. 이러한 인과관계를 찾아낼 수 있는 대표적인 방법으로는 실험이 있다. 실험은 집단별로 독립 변인(원인)만 일부로 다르게 한 후 종속 변인(결과)에 차이가 있는지 연구하는 방법으로 인과관계를 증명하는 엄밀한 방법이라고 할 수 있다.
>
> 그런데 이 둘을 착각하는 경우를 어렵지 않게 발견할 수 있다. ㉠상관관계는 단순히 두 사건이 함께 일어나는 것이고, 인과관계는 ㉡한 사건이 다른 사건의 원인이 되는 것이라는 분명한 차이점에도 말이다. 그렇다면 단순히 두 사건이 함께 일어난다고 해서 두 사건이 원인과 결과의 관계에 있다고 판단하는 것은 논리적일까?

① 물이 100℃에서 끓는다는 것은 ㉡의 경우이다.
② 모유 수유를 오래 하면 성장 후 학업성취도가 높았다는 특정 연구 결과의 사례는 ㉡의 경우이다.
③ 키가 큰 사람일수록 몸무게가 더 나가는 경향이 있다는 것은 ㉠의 경우이다.
④ 아이스크림 판매의 증가가 전력의 소모로 이어진다는 것은 ㉡의 경우이다.
⑤ 부부 간의 키스의 횟수가 임신의 빈도에 영향이 있다는 것은 ㉠의 경우이다.

**정답해설**

상관관계와 인과관계를 구분하는 가장 핵심적인 기준은 두 사건의 직접적이고 필연적인 원인에 의한 결과 관계가 성립하느냐의 여부일 것이다. 아이스크림 판매가 증가하면 전력의 소모가 수반되어 일어나는 상관관계를 가진다고 말할 수는 있으나, 전력의 소모를 줄이면서 아이스크림 판매를 늘린다든지, 아이스크림 판매가 늘어도 전력 소모를 줄이는 방법이 가능하므로, 전력의 소모가 반드시 아이스크림의 판매 증가에 따른 필연적인 관계가 될 수는 없다.

정답 ④

**오답풀이**

① 100℃인 상태가 직접적 원인이 되어 물을 끓게 만드는 것이므로, 인과관계에 해당한다.
② 연구를 통해 '모유 수유 → 높은 학업성취도'의 인과관계를 입증한 결과로, 언급된 사건이 그 원인에 의한 것이므로 인과관계에 해당된다.

다음 글의 밑줄 친 ⊙을 중점적으로 고려하여 해석한 판단 사례가 <u>아닌</u> 것을 고르면?

2018 하반기 SKCT 기출 복원

'집', '나무', '사람'은 누구에게나 친숙하면서도 상징성이 강한 대상이다. 이런 대상들에는 그 대상을 인지하여 개념화하는 사람의 성격 발달과 연합되어 있는 독특한 정서적, 표상적 경험이 쉽게 스며들면서 하나의 상징체를 형성하게 된다. 따라서 피검자에게 그림을 그려 보도록 함으로써 피검자의 심리, 경험을 투사라는 형태로 살펴볼 수 있다.

일반적으로 집은 가족 구성원이나 가족 관계 및 가정생활에 대한 표상, 이와 연관된 생각, 감정, 소망을 반영한다. 나무는 자신의 신체상, 자기 개념이 심층적, 무의식적 수준에서 투사되며, 인생, 성장에 대한 상징이자 환경에 대한 적응의 정도가 반영된다. 사람 그림은 심리적 자화상으로 볼 수 있으며, 집이나 나무 그림에 비해 자기 개념, 자기 표상, 자신에 대한 태도 등이 더 직접적이고 의식적인 수준에서 반영된다.

그림검사의 해석 시에는 그림의 크기, 그림을 종이의 어느 위치에 그렸는지 하는 것과 같은 구조적 요소와 ⊙내용적 요소 두 측면을 모두 고려해야 하며, 한 개의 반응만을 해석의 결정적인 증거로 삼아서는 안 된다. 예를 들어 '사람' 그림에서 이목구비가 생략된 양상은 대개 정신 분열증 환자에게서 잘 나타나지만, 정상인도 이러한 그림을 그릴 수 있다는 점에 유의해야 한다. 또한, 이 검사 결과만을 가지고 지나친 해석을 해서는 안 된다. 즉, 총집의 검사 자료, 환자의 개인력 및 면담 등에서 얻은 임상적 인상 등이 함께 고려되어야 한다.

① A씨가 가지가 축 늘어진 나무를 그린다면 우울감을 느끼고 있다고 판단할 수 있다.

② B양이 사람을 '발 → 머리 → 무릎 → 다리'의 순서로 그린다면, 사고 장애의 지표로 볼 수 있다.

③ C군이 집이나 창문 크기에 비해 문을 작게 그린다면 환경과의 접촉을 꺼리는 경향이 있다고 해석할 수 있다.

④ D씨가 여성상의 머리를 크게 그린다면 어머니상에 대한 정신적 고착 상태라고 해석할 수 있다.

⑤ E군이 일차원 둥치에 구조화되지 않은 일차원 가지가 달린 그림을 그린다면 기질적 뇌 손상을 의심해 볼 수 있다.

**정답해설**

그림의 구조적 요소란 그림을 그리는 방법과 양식에 관한 것으로, 그림을 그려 나가는 순서, 위치, 크기, 필압, 선의 농담, 그림의 대칭성 등이 여기에 포함된다. 따라서 사람을 그리는 순서는 내용적 요소가 아니라 구조적 요소에 해당한다. 가지가 늘어진 나무, 문의 크기가 작은 집, 머리가 큰 여성, 입체적이지 않은 일차원적 그림 등은 모두 그림의 내용적 요소에 해당한다.

**정답 ②**

**기출유형 ⑤** | 일치 · 불일치

**다음 글의 내용과 일치하는 것을 고르면?**    2021 상반기 SKCT 기출 복원

> 해외 주재원의 파견 근무 과정에서 법적 문제를 살펴보자. 국내법은 국가의 통치권이 미치는 범위에서만 적용된다는 속지주의 원칙에 따라 우리나라 근로자라도 해외에 파견되어 근무한다면 국내 산재보험의 적용을 받지 못하는 것이 원칙이다. 다만 산업재해보상보험법에서는 우리나라 기업의 해외 진출 확대로 근로자를 파견해 근무하게 하는 형태가 늘어남에 따라 해외파견자들에게까지 산재보험의 적용 범위를 확대하는 '해외파견자에 대한 특례' 조항을 두고 있다. 따라서 해외파견자 특례 조항에 의거 산재보험의 적용을 받는 보험 가입자가 대한민국 밖의 지역에서 행하는 사업에 근로시키기 위해 파견하는 자에 대해 근로복지공단의 승인을 얻는 경우에는 해외파견자를 대한민국 영역 안의 사업에 사용하는 근로자로 보아 산재보험을 적용할 수 있다.
>
> 국민연금은 국적을 상실하거나 해외로 이주한 때 자격을 상실하므로 해외파견자라 할지라도 국내의 국민연금 적용 대상이 되며, 건강보험의 경우에도 국민연금과 마찬가지로 국외 사업장에서 근로를 하고 국내 본사를 통해서 임금을 지급받는 주재원은 건강보험법상의 직장가입자에 해당한다. 단, 근로자 본인만 해외 사업장에 나가서 근로를 제공하고 피부양자가 국내에 남아서 생활하는 경우에는 직장가입자 자격을 유지하면서 월 납부액의 50%를 감면받아 건강보험료를 납부하면 되고, 근로자뿐만 아니라 근로자의 피부양자까지 함께 해외로 나가 국내에 거주하는 사람이 없다면 전액 감면을 받아 건강보험료를 납부하지 않아도 된다.

① 일반적으로 주재원에게는 현지국의 법령이 아닌 우리나라 법령을 적용한다.
② 주재원이 국내 산재보험의 적용을 받기 위해서는 근로복지공단의 승인이 별도로 필요하다.
③ 국내법의 속지주의 원칙에 따라 모든 주재원은 국내 산재보험을 적용받지 못한다.
④ 주재원 당사자와 피부양자가 모두 해외에 나간다면 건강보험료 월 납부액의 50%를 납부한다.
⑤ 주재원의 경우 해외에서 근로하기 때문에 국민연금 자격을 상실하게 된다.

**정답해설**

국내법은 속지주의 원칙에 따라 국내 산재보험을 적용받지 못하는 것이 원칙이다. 다만, 우리나라 기업의 해외 진출 확대로 인해 해외 근로자 파견이 늘어남에 따라 '해외파견자에 대한 특례' 조항이라는 예외 규정을 두어 근로복지공단의 승인을 통해 산재보험의 적용을 받을 수 있게 되었다.

정답 ②

**오답풀이**

①, ③ 국내법이 속지주의 원칙을 따르고 있으므로 해외에 파견되어 근무하는 경우 해외근로 파견자(주재원)는 현지법이 적용되는 것이 우선이지만, 상황에 따른 예외조항(해외파견자 특례)에 따라 국내법이 적용되기도 한다.
④ 건강보험의 경우 근로자 본인이 파견하며 피부양자가 국내에 남는다면 월 납부액의 50%를 감면받아 건강보험료를 납부하고, 피부양자까지 함께 나가 국내 거주를 하지 않는다면 건강보험료를 납부하지 않는다.
⑤ 두 번째 문단에 따르면 국민연금의 자격은 국적 상실이나 해외 이민의 경우에 상실하므로 대한민국 국적을 유지한 채 해외에서 근무하는 주재원에게는 해당되지 않는다.

## 다음 글의 내용과 일치하는 것을 고르면?

2020 상반기 SKCT 기출 복원

미국 교육 구조에서 초, 중, 고등학교는 총 12년으로 분류 기준이 주와 학교마다 다르다. 보통 초등학교 5년, 중학교 3년, 고등학교가 4년제인 5−3−4 제도와 초등학교 6년, 중학교 3년, 고등학교 3년인 6−3−3 제도의 두 가지 형태로 구분되며 12년의 과정을 이수해야 대학에 진학할 수 있다. 미국에서 사교육의 의미는 두 그룹에 의해 달리 해석될 수 있다. 첫 번째 그룹은 유치원생부터 초등학생으로 흔히 애프터스쿨(After School)로 불리는 놀이 위주의 다양한 활동들을 뜻하고, 두 번째 그룹은 중학생부터 고등학생으로 대학 진학을 위해 부족한 과목을 학습하고 준비하는 개념의 튜터링을 뜻한다. 미국 사교육 시장 규모는 매년 지속적으로 성장하고 있으며 초등학생, 중학생, 고등학생 순으로 사교육을 많이 받고 있는 것으로 나타났다. 또한 수업 내용 분포를 살펴보면 48.1%가 언어·수학 등의 보충학습, 13.6%가 축구·댄스 등 운동수업 그리고 10.7%가 음악이나 미술과 같은 예체능 활동으로 집계되었다.

미국은 대학교마다 요구하는 입학 조건이 상이하고 성적뿐만 아니라 다양한 기준으로 지원자를 평가하기에 희망 대학교의 유형을 미리 확인하고 학생의 수준에 맞는 입시전략을 세우는 것이 효율적이다. 이에 최근 명문대학교 입학을 희망하는 학생들과 부모들의 수가 지속적으로 증가함에 따라 입시 전문 컨설턴트 수도 빠르게 늘고 있다. 그러나 높아지는 교육열에 따른 문제도 만만치 않다. 일례로 2019년 미국 유명 기업인들과 연예인 부모들이 자녀들을 명문대에 진학시키기 위해 엄청난 금액을 지불하고 부정으로 입학을 청탁해 사기공모, 업무방해, 돈세탁 혐의가 드러나 미국 사회에 큰 파장을 몰고 온 바 있다.

① 사교육 시장에서 고등학생은 언어보다 수학을 더 많이 선택한다.
② 초등학생의 사교육은 과목 보충학습보다는 놀이 활동 위주로 이루어진다.
③ 사교육 시장 규모는 감소하지만 사교육으로 인해 발생하는 문제는 증가하는 추세이다.
④ 미국은 초등학교 선택에 따라 중학교 교육 과정의 이수 기간이 달라진다.
⑤ 입시 전문 컨설턴트는 하나의 대학만을 담당하여 입시전략을 세운다.

**정답해설**

미국에서 사교육은 유치원생부터 초등학생 그룹의 경우 흔히 애프터스쿨(After School)로 불리는 놀이 위주의 다양한 활동들을 뜻하고, 중학생부터 고등학생 그룹의 경우 대학 진학을 위해 부족한 과목을 학습하고 준비하는 개념의 튜터링을 뜻한다고 하였다.

 **정답** ②

**오답풀이**

① 사교육 시장에서 수업 내용은 언어·수학 등의 보충학습이 가장 많이 차지한다고 하였을 뿐 고등학생이 언어보다 수학을 더 많이 선택하는지는 알 수 없다.
③ 미국 사교육 시장 규모는 매년 지속적으로 성장하고 있다.
④ 미국 교육 구조에서 초, 중, 고등학교는 5-3-4 제도, 6-3-3 제도의 두 가지 형태로 구분되며 중학교 교육 과정의 이수 기간은 두 제도에서 모두 동일하다.
⑤ 미국은 대학교마다 요구하는 입학 조건이 상이하고 성적뿐만 아니라 다양한 기준으로 지원자를 평가하여 이에 맞는 입시전략을 세워야 한다고 하였으나 입시 전문 컨설턴트가 하나의 대학만을 담당하여 입시전략을 세우는지는 주어진 내용을 통해 알 수 없다.

# 기출유형 익히기

---

## 기출유형 ❻ | 주제 찾기

**다음 글과 [보기]의 내용을 바탕으로 도출한 내용 중 가장 적절한 것을 고르면?**

2021 하반기(7월) SKCT 기출 복원

> 현대 한국 사회의 복지정책과 경제정책을 논할 때 '고령화 대응 방안'은 빠지지 않는 주제로 자리하고 있다. 고령화가 심각하다는 경고등은 여러 곳에서 켜지고 있는 반면 그에 대한 구체적인 대비책 마련은 아직 시원스럽지 못한 경향이 있다.
>
> 통계청은 한국은 2019년 고령 인구가 14.9%로 이미 고령사회에 접어들었고, 2045년에는 세계 1위의 고령화 국가가 될 것이며, 2067년에는 인구의 절반에 가까운 46.5%가 노인 인구가 될 것이라고 내다봤다.
>
> 고령화가 현재와 같은 속도로 진행되는 상황에서 노인 인구의 노동시장 참여 수준의 변화가 없다면 노인 부양 부담은 급격히 증가할 수밖에 없다. 고령화에 따른 인구구조 변화는 노동 인력 감소에 따른 경제성장 둔화, 사회보장 지출 증가로 인한 재정 건전성 악화, 부양비 증가에 따른 세대 간 갈등 등 다양한 경제·사회적 문제를 유발할 것이다.
>
> 그렇다면 지금 가장 먼저 고민해야 하는 것은 노인들에게 안정된 일자리를 제공하는 동시에 소득을 보전하는 방안을 마련하는 것이다. 그리고 연금제도를 기대수명 연장과 연계하여 은퇴 연기에 대한 보상을 강화하는 것이 필요하다. 마지막으로 '고령자의 고용기회를 지속해서 확대'하는 정책의 마련이 무엇보다 필요하다.

┌ 보기 ┐

　　1970년 고령화사회에 진입한 일본은 1994년 고령사회를 지나 2005년 이미 초고령사회로 진입했다. 이에 따라 우리와 비교할 때 최소 20년 이상 앞서서 다양한 고령화 관련 대책을 내놓고 있다. 건강보험제도는 전 국민을 대상으로 일본은 1961년, 우리나라는 1989년에 도입했다. 이후 일본은 고령자를 위한 보험에 좀 더 초점을 뒀다. 2000년 개호보험제도(장기요양보험)를 도입함으로써 장기요양이 필요한 고령자에게 맞춤형 의료복지를 실시한 것이다. 이후 2008년에는 75세 이상을 위한 후기고령자 의료제도를 별도로 도입해 고령자 의료 지원 제도를 차별화하고 나섰다. 일본이 가장 주안점을 두고 있는 부분은 정년 연장이다. 고령자 고용정책의 일환으로 일본은 2010년 정년 65세를 의무화했으며 올해는 정년을 70세까지 연장하는 방안을 논의하고 있다.

① 일본과 한국은 힘을 합쳐서 양국의 고령화 문제를 해결해야 한다.
② 일본의 고령화 정책을 본받아 노인들을 위한 건강보험제도를 바꿔야 한다.
③ 일본의 고령화 정책은 실패한 정책이므로 이를 반면교사 삼아 고령화 정책을 세워야 한다.
④ 일본의 고령화 정책을 본받아 한국도 고령자의 고용기회를 확대하기 위해 정년을 연장해야 한다.
⑤ 일본의 고령화 정책을 참고하여 우리나라 실정에 맞는 고령화 정책을 세워야 한다.

주어진 글은 우리나라의 고령화 상황과 이를 해결하기 위한 여러 정책들을 제시하고 있고, [보기]는 일본의 고령화 상황과 이를 해결하기 위해 도입하여 실시 또는 논의한 여러 정책들을 제시하고 있다. 그런데 두 글을 보면, 우리는 2019년에 고령사회에 진입하여 지금 정책들을 시행하고 있는 상황이고, 일본은 1970년에 고령화사회에 진입하여 이미 다양한 정책들을 시행한 상황이다. 이때, 일본의 정책들이 어떤 성과를 거두었는지는 나와 있지 않다. 따라서 두 글을 종합하여 보면, 우리보다 고령화사회에 먼저 진입하고, 이미 여러 정책을 시행한 일본을 우리나라가 참고해야 한다. 이를 통해 우리나라 실정에 맞는 고령화 정책을 시행해야 한다.

정답 ⑤

① 두 글을 통해 일본과 한국이 힘을 합쳐야 한다는 내용을 도출하기는 어렵다.
② 우리나라의 건강보험제도가 어떠한지 나와 있지 않으므로 일본의 고령화 정책을 본받아 노인들을 위한 건강보험제도를 바꿔야 한다는 진술은 적절하지 않다.
③ 일본의 고령화 정책에 대한 평가(성공/실패)가 드러나 있지 않으므로 일본의 고령화 정책이 실패한 정책이라고 도출할 근거가 없다.
④ 일본의 정년 연장이 실제로 어떤 효과가 나타났는지는 나오지 않았으므로 이를 본받아야 한다는 진술은 적절하지 않다.

# 04 인지역량 – 직무(검사D)

## 영역 특징

SKCT 직무영역은 SKCT만의 독특한 특징이다. 지원한 분야에 따라 M(경영), P(생산), C(건설), R(연구개발), SW(소프트웨어)로 나뉜다. 직무영역은 총 20문항이 출제되는데 보통 추리, 지문형, 자료해석 유형 등의 공통 문항과 직군별 관련 문항들이 출제된다. 자료해석 유형은 자료해석과 언어, 수리를 혼합한 문제 유형이 주로 출제되며, 도표나 그래프를 바탕으로 논리를 추론하는 문제, 특정 조건을 제시하고 각 조건에 부합하는 답을 찾는 문제가 출제된다. 전공 관련해서 중요 용어나 기본 개념, 배경지식을 알아두면 문제를 푸는 데 도움이 된다.

## 기출유형 체크

| 대표유형 | 문항 수 | 내용 |
| --- | --- | --- |
| 공통 추리 | 4~6 | • 주어진 조건을 통해 보기의 추론이 맞는지 확인하는 문제<br>• 전제 조건을 찾는 조건추리 문제<br>• 참/거짓 문제<br>• 조건을 통해 계산 및 추론하는 문제 |
| 직무 Type M(경영) | 14~16 | • 직군과 관련된 내용을 분석 · 추론하는 문제<br>• 직군 관련 자료를 보고 계산하는 문제 |
| 직무 Type P(생산) | | |
| 직무 Type C(건설) | | |
| 직무 Type R(연구개발) | | • 과학 실험 또는 기초적인 전공 지식을 묻는 문제<br>• 실제 회사에서 비교 및 실험하는 문제 |
| 직무 Type SW(소프트웨어) | | • 직군과 관련된 내용을 분석하는 문제<br>• 알고리즘 관련 추론 문제<br>• 순서도 관련 추론 문제<br>• 논리 게이트 문제 |

## 2022 하반기 기출분석

SKCT 직무영역은 매년 응시생들에게 가장 어렵게 다가온 영역으로, 보통 지문의 길이가 길고 까다로우며 주제를 폭넓게 다룬다. 진실게임, 조건추리, 지문형 등 추리 문제가 일부 출제되며, 대부분은 직군별 관련 문제, '독해+자료해석+과학' 또는 '추론+수리' 또는 '언어+수리' 구성 등 내용을 모두 섞은 복합형 자료해석 문제가 출제되며 그 비중이 높은 편이다. 2022년 하반기 오프라인 SKCT 직무영역 또한 기존과 마찬가지로 난도가 매우 높았다는 평이다. 공통으로 출제되는 추리 문제는 복합형 자료해석 문제와 비교해 난도가 낮았다는 평이 많았다. 2021년 하반기에는 출제되지 않았던 참/거짓 문제가 출제되었다.

추리 문제 외에는 직군 관련 자료를 분석하는 문제, 실험 결과에 따른 추론 문제가 거의 대부분이었다. 엔진오일과 금속의 부식 상관관계를 분석하는 문제, 각 시료 수와 날짜가 다른 실험, 그래프의 경향성을 보여준 뒤 이를 해석하는 문제, 컴퓨터 해상도를 비교한 자료를 해석하는 문제 등이 출제되었다.

# 전문가의 SPECIAL 만점전략

SKCT 직무영역은 SKCT 시험에서 가장 어려운 영역 중 하나이다. 현장에서 실제 쓰이는 도표나 그래프를 가지고 해석하고 분석하는 문제가 많이 출제되어 시험 체감 난도가 높은 편이다. 직무영역이라고 하지만 전공을 깊게 들어가는 문제는 출제되지 않으며, 보통 대학교 1~2학년 수준의 전공지식을 묻는 편이다. 직무영역을 준비할 때는 해당 직군의 기초적인 전공지식 정도를 학습하면서 자료해석과 언어, 수리 준비를 같이 하도록 한다.

### Point 01  전공 준비에 너무 공들이지 말자.

응시생들은 직무영역을 준비할 때 직무에 초점을 맞춰 전공을 깊게 공부하는 학생들이 있다. 그러나 이 시험은 기초적인 전공만 물어보기에 전공을 굳이 따로 시간을 할애해서 공부할 필요는 없다. 실제로 전공지식이 없어도 문제를 꼼꼼하게 읽으면 풀 수 있는 문제가 대다수이기 때문이다. 직무영역은 그전에 봤던 인지역량 중 언어, 수리영역이 합쳐진 영역이라 생각하면 된다. 언어, 수리영역을 잘 준비하고 더 나아가 자료해석 부분도 열심히 준비했다면 직무영역에서 어려움을 겪는 일은 없을 것이다.

### Point 02  작은 조건도 놓치지 마라!

직군별 문제에서는 실제 업무와 유사한 상황이 주어지며, 이러한 상황에는 여러 가지 복잡한 조건들이 산재해 있다. 이 작은 조건들이 모두 정답을 이끌어내는 열쇠가 될 수 있으므로 단 하나의 조건도 빠뜨리지 않도록 꼼꼼한 확인이 필요하다. 가장 흔한 예시로 편도와 왕복의 구분, 요금의 기준, 할인 혜택 조건, 무료 옵션 등이 있으며, 하나의 조건이라도 빠뜨릴 경우 값이 달라질 수 있다. 그러나 실제 업무와 유사한 상황이 주어지는 만큼 세부 조건도 일정 유형에서 크게 벗어나지 않으므로 반복 학습을 통해 다양한 유형을 익힌다면 빠르고 정확하게 문제의 정보를 끌어모아 정답을 도출해낼 수 있을 것이다.

### Point 03  모두 계산을 하지 마라!

직무영역에서는 계산을 요구하는 문제도 출제된다. 특히 다섯 가지 선택지에 관련된 계산을 모두 요구하는 유형이 출제되기도 하는데, 똑같은 형태의 계산을 매번 반복하면 정해진 시간 안에 모든 문제를 풀 수 없다. 따라서 조건에 맞지 않는 선택지를 논리적으로 추론하여 빠르게 제외해야 한다. 예를 들어 A의 기본비용과 추가비용이 모두 C보다 비싸다면 최저가를 고를 때 굳이 A의 비용은 계산할 필요가 없다. 이런 식으로 조금씩 시간을 아끼면 남들보다 2~3문제를 더 풀 수 있는 시간을 확보할 수 있을 것이다.

# 기출유형 익히기

## 기출유형 ❶   공통 – 조건추리

○○회사의 물류제작팀 직원 A~E는 남자 3명과 여자 2명으로 구성되어 있고, 이들 5명은 아침 8시 1분부터 5분까지 1분 간격으로 출근하였다. 다음 [조건]을 바탕으로 할 때, 다음 중 항상 참인 내용을 고르면?

2022 하반기 SKCT 기출 복원

┌─ 조건 ─────────────────────────────────────────────┐
• D는 남자이고, B보다 먼저 출근하였다.
• C는 A보다 늦게 출근하였지만, 5명 출근 시각의 평균보다 빠르다.
• 가장 먼저 출근한 사람과 가장 늦게 출근한 사람은 모두 남자이다.
• 여자 2명의 출근 시각 평균은 남자 3명의 출근 시각 평균보다 빠르다.
└────────────────────────────────────────────────┘

① A는 여자이며, 가장 먼저 출근하였다.
② B는 여자이며, 네 번째로 출근하였다.
③ C는 여자이며, 두 번째로 출근하였다.
④ D는 남자이며, 세 번째로 출근하였다.
⑤ E는 남자이며, 세 번째로 출근하였다.

물류제작팀 5명이 8시 1분부터 5분까지 서로 1분 간격으로 출근하였으므로 5명의 평균 출근 시각은 $\frac{1+2+3+4+5}{5}=\frac{15}{5}=3$(분)이고, 세 번째로 출근한 사람의 출근 시각과 5명의 평균 출근 시각이 같다.

가장 먼저 출근한 사람과 가장 늦게 출근한 사람은 모두 남자이고, C는 A보다 늦게 출근하였지만, 5명의 출근 시각의 평균보다 빠르다고 하였으므로 C가 두 번째, A가 첫 번째로 출근했음을 알 수 있다. 여기까지 확인된 내용을 정리하면 다음과 같다.

| 구분 | 첫 번째 | 두 번째 | 세 번째 | 네 번째 | 다섯 번째 |
| --- | --- | --- | --- | --- | --- |
| 성별 | 남 | | | | 남 |
| 직원 | A | C | | | |

여자 2명의 출근 시각의 평균이 남자 3명의 출근 시각의 평균보다 빠르다고 하였으므로 남자 직원 중 첫 번째(8시 1분), 다섯 번째(8시 5분)에 출근한 직원 외에 나머지 한 명이 두 번째(8시 2분) 또는 세 번째(8시 3분)에 출근할 경우 남자 3명의 평균 출근 시각은 $\frac{1+2+5}{3}≒2.7$(분) 또는 $\frac{1+3+5}{3}=3$(분)이 된다.

이 경우 여자 2명의 평균 출근 시각보다 빠르거나 같게 되므로 남자 직원은 첫 번째(8시 1분), 네 번째(8시 4분), 다섯 번째(8시 5분)에 출근하게 된다. 또한 세 번째 조건에서 D가 남자이고, B보다 먼저 출근했다고 하였으므로 D와 B는 각각 네 번째, 다섯 번째로 출근한 직원임을 알 수 있다. 이에 따라 5명의 출근 순서를 정리하면 다음과 같다.

| 구분 | 첫 번째 | 두 번째 | 세 번째 | 네 번째 | 다섯 번째 |
| --- | --- | --- | --- | --- | --- |
| 성별 | 남 | 여 | 여 | 남 | 남 |
| 직원 | A | C | E | D | B |

따라서 항상 참인 내용은 ③이다.

정답 ③

**7명의 직원을 다음 [조건]을 바탕으로 팀을 나누어 각각의 프로젝트에 배치하고자 한다. 다음 중 3명으로 구성된 프로젝트가 만들어질 확률을 고르면?** 2022 하반기 SKCT 기출 복원

┌─ 조건 ─
- 7명의 직원은 2명의 과장(A, B), 2명의 대리(C, D), 3명의 사원(E, F, G)으로 구성되어 있다.
- 프로젝트 리더는 과장이나 대리여야 하므로 1개 프로젝트에 적어도 대리나 과장이 1명 이상 있어야 한다.
- A과장과 F사원은 다른 프로젝트에 배치되어야 한다.
- C대리와 G사원은 같은 프로젝트에 배치되어야 한다.
- 진행하는 프로젝트는 총 4개이며, 모든 프로젝트에는 적어도 1명의 팀원이 배치되어야 한다.
- 각 프로젝트의 최대 인원은 3명이다.

① $\frac{3}{11}$　　　② $\frac{4}{11}$　　　③ $\frac{5}{11}$

④ $\frac{6}{11}$　　　⑤ $\frac{7}{11}$

**정답해설**

프로젝트 리더로 대리나 과장이 1명 이상 있어야 한다. 진행하는 프로젝트는 총 4개이고, 과장과 대리를 더하면 4명이므로 네 사람은 각각 1개 프로젝트에 배치되어야 한다. C대리와 G사원은 같은 팀에 배치되어야 하므로 각각의 프로젝트에 배치하면 다음과 같다.

| 프로젝트 1 | 프로젝트 2 | 프로젝트 3 | 프로젝트 4 |
| --- | --- | --- | --- |
| A | B | C/G | D |

추가로 고려해야할 사항은 A과장과 F사원은 다른 프로젝트에 배치되어야 한다는 것이다. 이를 고려하여 경우의 수를 정리하면 다음과 같다.

| 구분 | 프로젝트 1 | 프로젝트 2 | 프로젝트 3 | 프로젝트 4 |
| --- | --- | --- | --- | --- |
| 1 | A/E | B/F | C/G | D |
| 2 | A/E | B | C/F/G | D |
| 3 | A/E | B | C/G | D/F |
| 4 | A | B/E/F | C/G | D |
| 5 | A | B/E | C/F/G | D |
| 6 | A | B/E | C/G | D/F |
| 7 | A | B/F | C/E/G | D |
| 8 | A | B/F | C/G | D/E |
| 9 | A | B | C/E/G | D/F |
| 10 | A | B | C/F/G | D/E |
| 11 | A | B | C/G | D/E/F |

프로젝트 번호를 바꾸더라도 해당 확률은 동일하게 유지되므로 위의 경우에 대해서만 고려하면 된다. 3명으로 구성된 프로젝트가 만들어지는 경우는 2, 4, 5, 7, 9, 10, 11의 경우이다. 따라서 총 7가지이므로 확률은 $\frac{7}{11}$이다.

정답 ⑤

영업팀, 지원팀, 기술팀, 정보팀의 조직평가 결과가 다음 [조건]과 같다. 이때 [추론]에 대한 설명으로 옳은 것을 고르면?

┌─ 조건 ─
- 4개 팀의 팀장은 수익성, 근무태도, 제안실적, 외부평가의 4개 항목 중 2개를 선택하여 각자 상반기와 하반기 중 원하는 시기에 평가받는다.
- 각 항목의 배점은 수익성, 근무태도, 제안실적, 외부평가가 순서대로 30점, 40점, 50점, 60점이다.
- 동일한 시기에 2개 이상 팀이 동일한 항목을 평가받을 수 없으며, 상반기와 하반기 평가 항목 배점의 합은 100점 미만이어야 한다.
- 정보팀은 상반기에 수익성 항목을 선택하였다.
- 영업팀은 하반기에 제안실적 항목을 선택하였다.

┌─ 추론 ─
기술팀이 하반기에 선택한 평가 항목은 근무태도이다.

① 항상 그렇다.
② 항상 그렇지 않다.
③ 주어진 조건으로는 알 수 없다.
④ 항상은 아니지만 옳지 않을 가능성이 높다.
⑤ 항상은 아니지만 옳을 가능성이 높다.

**정답해설**

상반기와 하반기 평가 항목 배점의 합은 100점 미만이어야 하므로, 각 팀이 선택한 항목의 조합은 '근무태도+외부평가'와 '제안실적+외부평가'가 될 수 없다. 또한, 어느 시기(상/하반기)에 외부평가 항목을 선택한 팀은 다른 시기(하/상반기)에 반드시 수익성 항목을 선택해야 한다.

정보팀은 상반기에 배점이 30점인 수익성 항목을 선택하였으므로, 하반기에는 나머지 항목 중 하나로 모두 선택이 가능하다.

영업팀은 하반기에 배점이 50점인 제안실적을 선택하였으므로, 상반기에는 수익성과 근무태도 중 어느 한 개의 항목을 선택한 것이 된다. 그런데 상반기에는 정보팀이 수익성 항목을 선택하였으므로, 영업팀은 배점이 40점인 근무태도를 선택한다.

정보팀이 상반기에 수익성 항목을 선택하였으므로, 하반기에 외부평가 항목을 선택하지 않는다면, 배점이 60점인 외부평가 항목을 하반기에 선택하는 팀은 상반기에 선택할 수 있는 항목이 없게 된다. 따라서 정보팀은 하반기에 외부평가 항목을 선택한다.

지원팀과 기술팀이 선택할 수 있는 항목은 각각 남은 두 가지씩이며, 정리하면 다음과 같다.

| 구분 | 영업팀 | 지원팀 | 기술팀 | 정보팀 |
|---|---|---|---|---|
| 상반기 | 근무태도 | 제안실적 or 외부평가 | 외부평가 or 제안실적 | 수익성 |
| 하반기 | 제안실적 | 근무태도 or 수익성 | 수익성 or 근무태도 | 외부평가 |

따라서 기술팀은 하반기에 수익성과 근무태도 중 하나를 선택한 것이 되므로, 둘 중 어느 것을 선택했는지는 알 수 없다.

정답 ③

**기출유형 ➋** 공통 – 진실게임

기획팀에 근무 중인 최 차장, 안 과장, 박 대리, 민 주임, 이 사원 중 한 명이 기획 서류가 들어 있는 USB를 분실하였고, 이와 관련하여 다음 [조건]과 같이 대화를 나누었다. 대화의 내용 중 누군가 거짓을 말하는 사람이 있다고 할 때, 다음 중 거짓을 말하는 사람의 조합으로 옳은 것을 고르면?(단, 거짓을 말하는 사람의 발언 내용은 모두 거짓이다.)

> **조건**
> • 안 과장: 박 대리는 거짓을 말하고 있습니다. 그리고 이 사원은 진실을 말하고 있네요.
> • 박 대리: 거짓을 말하고 있는 건 안 과장님과 최 차장님입니다.
> • 최 차장: 아냐, 거짓을 말하는 건 민 주임이야.
> • 민 주임: 거짓을 말하는 사람은 총 3명이군요.
> • 이 사원: 저는 진실을 말했을 뿐입니다.

① 최 차장, 안 과장  ② 박 대리, 민 주임  ③ 최 차장, 박 대리, 민 주임
④ 최 차장, 안 과장, 민 주임  ⑤ 최 차장, 박 대리, 이 사원

**정답해설**

몇 명이 거짓을 말하는지 모르기 때문에 안 과장이 진실을 말할 때와 거짓을 말할 때로 구분하여 살펴보도록 한다.

ⅰ) 안 과장이 진실을 말할 때
박 대리는 거짓을 말하고 이 사원은 진실을 말한다. 박 대리의 발언이 거짓이므로 최 차장은 진실을 말한다. 따라서 민 주임은 거짓을 말하고 있으며, 이에 따라 거짓을 말하는 사람은 3명이 아니므로 이 사원은 진실을 말한다. 이를 정리하면 다음과 같다.

| 최 차장 | 안 과장 | 박 대리 | 민 주임 | 이 사원 |
|---|---|---|---|---|
| 참 | 참 | 거짓 | 거짓 | 참 |

ⅱ) 안 과장이 거짓을 말할 때
박 대리는 진실을 말하고 이 사원은 거짓을 말한다. 박 대리의 발언이 참이므로 안 과장과 최 차장은 거짓을 말한다. 최 차장이 거짓을 말하므로 민 주임은 진실을 말한다. 민 주임이 진실을 말하므로 거짓을 말하는 사람은 3명이다. 따라서 이 사원은 거짓을 말한다.

| 최 차장 | 안 과장 | 박 대리 | 민 주임 | 이 사원 |
|---|---|---|---|---|
| 거짓 | 거짓 | 참 | 참 | 거짓 |

그러므로 두 경우에서 거짓을 말하는 사람의 조합으로 가능한 것은 [박 대리, 민 주임] 또는 [최 차장, 안 과장, 이 사원]이다.

**정답** ②

**예제**

신입사원 A~F가 영업1팀, 영업2팀, 영업3팀에 각각 2명씩 배정되었고, A~F가 배정받은 팀에 대해 다음 [조건]과 같이 이야기하였다. 이 중 두 사람은 반드시 거짓을, 나머지 네 사람은 반드시 참을 말한다고 할 때, 영업2팀에 배정받은 사람으로 바르게 짝지은 것을 고르면?

┌─ 조건 ─────────────────────────────────────────────
• A: "나는 C와 같은 팀이야."
• B: "나는 D와 같은 팀이고, 영업3팀이야."
• C: "나는 영업2팀이고, F는 영업3팀이야."
• D: "나는 영업3팀이고, A는 영업1팀이야."
• E: "나는 D와 같은 팀이야."
• F: "나는 E와 같은 팀이 아니야."
└────────────────────────────────────────────────────

① A, C  ② B, D  ③ B, F

④ D, E  ⑤ E, F

**정답 해설**

B는 D와 같은 팀이라고 하였고, E도 D와 같은 팀이라고 하였다. 따라서 B와 E 중 한 명은 반드시 거짓이다. 만약 B가 거짓이라면 D와 E가 같은 팀이고, B는 영업3팀이 아니다. D와 E가 같은 팀이므로 F의 말은 참이다. 따라서 A, C, D 중 한 명의 말이 거짓인데 만약 A의 말이 거짓이라면 C, D의 말이 참이다. 따라서 C는 영업2팀, D와 F는 영업3팀, A는 영업1팀이다. 이때 D, E, F가 모두 영업3팀이어야 하므로 모순이다. 따라서 A의 말은 참이고, A는 C와 같은 팀이다. A와 C가 같은 팀이므로 B와 F가 같은 팀이 된다. 이때 C의 말이 거짓이라면 D의 말은 참이므로 D는 영업3팀, A는 영업1팀이 되고, B와 F는 영업2팀이다. 따라서 A와 C가 영업1팀, B와 F가 영업2팀, D와 E가 영업3팀이 되고 모순이 생기지 않는다. 만약 D의 말이 거짓이라면 C의 말은 참이므로 C는 영업2팀, F는 영업3팀이 된다. B는 영업3팀이 아니므로 영업1팀이 된다. D와 E가 같은 팀이어야 하는데 영업1팀, 영업2팀, 영업3팀이 D, E가 아닌 사람이 적어도 한 명씩 들어가 있으므로 모순이다.
만약 E가 거짓이라면 B와 D가 같은 팀이고, B와 D는 영업3팀이다. 이 경우 D의 말은 참이 되고, F가 영업3팀이 될 수 없으므로 C의 말이 거짓이 된다. C의 말이 거짓이라면 A와 F의 말이 참이 된다. A의 말에 따라 A, C가 같은 팀이 되고, 남은 E, F가 같은 팀이 되는데, F의 말도 거짓이 되므로 모순이다.
따라서 B, C가 거짓일 때 모순이 생기지 않고, A와 C가 영업1팀, B와 F가 영업2팀, D와 E가 영업3팀이다.

정답 ③

**문제 해결 tip**

참, 거짓 문제에서는 모순이 되는 발언을 하는 두 사람을 기준으로 두 사람 중 한 사람이 거짓이고, 나머지 한 사람이 참일 때 발생할 수 있는 경우를 나누어서 풀이를 시작한다.

**PART 2**
기출유형 분석

# 기출유형 익히기

**다음 글을 참고할 때, 주어진 [보기]에서 참인 명제를 모두 고르면?**    2022 하반기 SKCT 기출 복원

제2차 세계대전 이후 자본주의 진영과 사회주의 진영이 이념의 갈등으로 팽팽하게 대립하는 냉전 시대가 시작되었다. 냉전 시대에는 진영 간 갈등이 국가 간 관계보다 우선시되었기 때문에 국가와 영토에 관한 연구가 중요하게 여겨지지 않았다. 하지만 그렇다고 해서 실제 국제 정치와 외교 정책에서 지리적 조건의 중요성이 사라진 것은 아니었다.

1979년 소련의 아프가니스탄 침공을 계기로 강대국이 지정학적 이점이 있는 주변 국가에 영향력을 미치려는 전쟁이 발생하면서, 냉전 시대의 이념 문제에 가려져 있던 지정학적 요인에 대한 세계적 관심이 다시 증대되었다. 이러한 맥락에서 지정학의 영역을 확장시켰다고 평가받는 '비판 지정학'이 등장했다. 지정학은 지리적 환경 및 조건이 국가 정세에 미치는 영향을 연구하는 학문으로 비판 지정학은 기존의 지정학을 비판적으로 바라볼 것을 요구한다.

기존의 지정학이 국가를 주체로 한 지리적 영토에 대한 학문이었다면, 비판 지정학은 국가뿐만 아니라 비정부 기구나 기업 등 그 주체가 매우 다양하다. 비판 지정학에 따르면 지리적 환경 및 조건은 특정한 정치 집단이 자신의 주장에 설득력을 부여하고 유효한 전략을 수립하기 위해 활용되는 일종의 담론으로 이해되어야 한다.

---

**보기**

㉠ 냉전 시대에도 지리적 조건은 국제 정치와 외교 정책의 중요한 부분이었다.
㉡ 비판 지정학은 지리적 환경이 특정 정치 전략에 당위성을 부여한다고 보는 입장이다.
㉢ 비판 지정학과 기존의 지정학은 모두 국가 정세와 지리적 환경 간의 관계를 연구한다.
㉣ 기존의 지정학과 비판 지정학은 지리적 영토의 주체를 국가로 볼 것인가의 여부에 따라 구분된다.

① ㉠, ㉡              ② ㉠, ㉣              ③ ㉢, ㉣
④ ㉠, ㉡, ㉢          ⑤ ㉡, ㉢, ㉣

**정답해설**

㉠ 냉전 시대에는 진영 간 갈등이 강조되어 국가와 영토에 관한 연구가 중요하게 여겨지지 않았으나, 실제 국제 정치와 외교 정책에서 지리적 조건의 중요성이 사라진 것은 아니라고 하였다.

㉡ 비판 지정학에 따르면 특정한 정치 집단이 자신의 주장에 설득력을 부여하고 유효한 전략을 수립하기 위해 지리적 환경 및 조건을 활용한다고 하였다. 이를 통해 비판 지정학에서 지리적 환경은 정치 집단의 전략에 당위성을 부여하는 요소라는 것을 추론할 수 있다.

㉢ 지정학은 지리적 환경 및 조건이 국가 정세에 미치는 영향을 연구하는 학문이라고 하였다.

정답 ④

**오답풀이**

㉣ 기존의 지정학은 국가를 주체로 한 지리적 영토에 대한 학문이며, 비판 지정학은 그 주체가 국가뿐만 아니라 비정부 기구, 기업 등 다양하다고 하였다. 이를 통해 기존의 지정학과 비판 지정학은 모두 국가를 지리적 영토의 주체로 본다는 것을 추론할 수 있다.

# 기출유형 익히기

다음 [표]는 2019년과 2020년 6월 외래객 입국자 수를 목적별·국적별로 나타낸 자료이다. 이에 대한 [보기]의 ㉠~㉤ 중 옳은 것을 모두 고르면?

[표1] 2019년 6월 외래객 입국 – 목적별·국적별 현황         (단위: 명)

| 구분 | 계 | 관광 | 상용 | 공용 | 유학연수 | 기타 |
|---|---|---|---|---|---|---|
| 총계 | 1,476,218 | 1,237,840 | 15,006 | 7,327 | ( ) | 192,227 |
| 아시아주 | 1,220,204 | 1,047,692 | 12,649 | 3,415 | 22,118 | 134,330 |
| 미주 | 129,186 | 104,554 | 445 | 3,563 | 508 | 20,116 |
| 구주 | 87,723 | 67,794 | 1,152 | 189 | 1,014 | 17,574 |
| 대양주 | 17,352 | 15,256 | 93 | 85 | 59 | 1,859 |
| 아프리카 | ( ) | 2,511 | 665 | 75 | 119 | 1,228 |
| 기타 | 44 | 33 | 2 | 0 | 0 | 9 |
| 교포 | 17,111 | 0 | 0 | 0 | 0 | 17,111 |

[표2] 2020년 6월 외래객 입국 – 목적별·국적별 현황         (단위: 명)

| 구분 | 계 | 관광 | 상용 | 공용 | 유학연수 | 기타 |
|---|---|---|---|---|---|---|
| 총계 | 36,938 | 9,744 | 604 | 510 | ( ) | 24,220 |
| 아시아주 | 17,582 | 4,305 | 369 | 59 | 1,791 | 11,058 |
| 미주 | 10,901 | 3,928 | 62 | 434 | 17 | 6,460 |
| 구주 | 7,120 | 1,468 | 161 | 12 | 45 | 5,434 |
| 대양주 | 208 | 30 | 9 | 0 | 2 | 167 |
| 아프리카 | ( ) | 10 | 3 | 5 | 5 | 219 |
| 기타 | 3 | 3 | 0 | 0 | 0 | 0 |
| 교포 | 882 | 0 | 0 | 0 | 0 | 882 |

## 보기

㉠ 기타와 교포를 제외한 모든 국적별로 2020년 6월 입국자 수는 전년 동월의 10% 이하이다.

㉡ 교포를 제외한 모든 국적에서 2019년 6월과 2020년 6월 모두 기타의 목적을 제외하고 관광을 목적으로 한 입국자 수가 가장 많다.

㉢ 2020년 6월 상용 목적의 입국자 중 아시아주가 차지하는 비중은 전월 대비 20%p 이상 감소하였다.

㉣ 2020년 6월 유학연수를 목적으로 입국한 외래객은 2019년 6월 대비 90% 이상 감소하였다.

㉤ 2020년 6월 미주에서 입국한 외래객 중 관광을 목적으로 입국한 외래객의 비중은 대양주에서 입국한 외래객 중 관광을 목적으로 입국한 외래객의 비중의 2배 미만이다.

① ㉠, ㉡, ㉢         ② ㉠, ㉡, ㉣         ③ ㉠, ㉢, ㉣

④ ㉡, ㉢, ㉣         ⑤ ㉡, ㉣, ㉤

**정답해설**

㉠ 아프리카의 경우 2019년 6월 입국자 수는 2,511+665+75+119+1,228=4,598(명), 2020년 6월 입국자 수는 10+3+5+5+219=242(명)이다. 따라서 기타와 교포를 제외한 모든 국적별로 2020년 6월 입국자 수는 2019년 6월 입국자 수의 10% 이하이다.

㉡ 2019년 6월과 2020년 6월 모두 교포인 경우를 제외하고 모든 국적에서 기타의 목적을 제외하면 관광을 목적으로 한 입국자 수가 가장 많다.

㉣ 유학을 목적으로 입국한 외래객은 2019년 6월 22,118+508+1,014+59+119=23,818(명), 2020년 6월 1,791+17+45+2+5=1,860(명)이다. 따라서 2019년 대비 2020년 유학을 목적으로 입국한 외래객 감소율은 $\frac{23,818-1,860}{23,818}\times100≒92.2(\%)$이다.

**정답** ②

**문제 해결 tip**

90% 이상 감소했다는 것은 원래 값의 10% 이하라는 것이다. 따라서 90%를 계산하는 것보다 10% 이하인지 확인하는 것이 빠르다.

**오답풀이**

㉢ 주어진 자료에서 2020년 5월 입국자 수를 알 수 없으므로 2020년 6월 상용 목적의 입국자 중 아시아주가 차지하는 비중이 전월 대비 몇 %p 감소하였는지는 알 수 없다.

㉤ 2020년 6월 미주에서 입국한 외래객 중 관광을 목적으로 입국한 외래객의 비중은 $\frac{3,928}{10,901}\times100≒36.0(\%)$이고, 대양주에서 입국한 외래객 중 관광을 목적으로 입국한 외래객의 비중은 $\frac{30}{208}\times100≒14.4(\%)$이다. 따라서 2배 이상이다.

**문제 해결 tip**

주어진 자료에서 확인할 수 없는 ㉢과 자료 비교만으로 확인 가능한 ㉡을 먼저 해결한다. ㉡은 옳고, ㉢은 옳지 않으므로 정답은 ② 또는 ⑤이고, 따라서 ㉣은 항상 옳다. ㉠과 ㉤ 중 계산이 더 간단한 보기 ㉠을 먼저 확인해 보면 옳으므로 정답은 ②이다.

# 기출유형 익히기

**기출유형 ⑤**   직무 Type M(경영)

다음 [보기]에서 설명하는 포지셔닝(Positioning)을 이용한 [사례]를 보고 짝지어진 전략 중 가장 적절한 것을 고르면?

2020 상반기 SKCT 기출 복원

┌ 보기 ──────────────────────────────

  포지셔닝(Positioning)이란 표적시장 내 소비자들의 마음속에 차별적인 위치를 차지하도록 기업의 제공물과 이미지를 설계하는 활동을 말한다. 다음과 같은 전략들이 존재하고 있다.
  • 속성에 의한 포지셔닝: 제품 자체가 지니고 있는 고유의 속성을 소비자에게 인식시키는 것
  • 혜택에 의한 포지셔닝: 제품이 경쟁제품과 다른 혜택을 지녔다는 점을 소비자에게 인식시키는 것
  • 사용 상황에 의한 포지셔닝: 제품이 사용될 수 있는 적절한 상황과 용도를 소비자에게 인식시키는 것
  • 사용자에 의한 포지셔닝: 표적시장 내의 전형적 소비자를 겨냥하여 자사 제품이 그들에게 적절한 제품이라고 인식시키는 것

└────────────────────────────────

┌ 사례 ──────────────────────────────

  ㉠ 세계적인 자동차 회사 V는 자사 광고를 통해 매우 높은 높이에서 자동차를 떨어뜨려도 별로 손상되지 않는 모습을 보여준다.
  ㉡ C음료는 신나는 음악과 함께 젊은 사람들이 즐기는 모습을 보여주고 있다.

└────────────────────────────────

① ㉠ 혜택에 의한 포지셔닝 ㉡ 사용자에 의한 포지셔닝
② ㉠ 혜택에 의한 포지셔닝 ㉡ 사용 상황에 의한 포지셔닝
③ ㉠ 속성에 의한 포지셔닝 ㉡ 사용자에 의한 포지셔닝
④ ㉠ 속성에 의한 포지셔닝 ㉡ 혜택에 의한 포지셔닝
⑤ ㉠ 속성에 의한 포지셔닝 ㉡ 사용 상황에 의한 포지셔닝

**정답해설**

㉠ 높은 높이에서 떨어져도 튼튼한 자동차의 속성을 드러내는 광고이므로 속성에 의한 포지셔닝이다.
㉡ 의도적으로 신나는 음악과 함께 여러 젊은 사람들이 즐기는 모습을 보여주면서 주사용자인 젊은 층을 겨냥하는 광고이므로 사용자에 의한 포지셔닝이다.

정답 ③

**예제**

어느 마을에 주민들이 양을 방목할 수 있는 공동의 목초지가 있다. 양을 방목하여 기를 때 얻는 총수입은 $R=10(20X-X^2)$이고, 양 한 마리에 소요되는 비용은 20이다. 만약 개별 주민들이 아무런 제한 없이 각자 양을 목초지에 방목하면 마을 주민들은 총 $X_1$마리를, 마을 주민들이 마을 전체의 이윤을 극대화하고자 한다면 총 $X_2$마리를 방목할 것이다. 다음 [보기]의 조건을 활용하여 $X_1$과 $X_2$로 가장 적절한 수치를 고르면?

┌ 보기 ─────────────────────────────────
• 이윤 극대화 조건: (한계수입)＝(한계비용)
• 한계수입은 $X_i$에 대해서 미분을 한다.
• 수요함수는 평균수입과 같다.
└──────────────────────────────────────

① 18, 12  ② 18, 9  ③ 16, 12
④ 12, 16  ⑤ 12, 9

**정답해설**

이윤극대화를 추구하는 마을 전체의 효율적인 양의 수를 구하면 다음과 같다.
총수입은 $TR=200X-10X^2$이고 총비용은 $20X$이다.
총수입에 대해서 $X$로 미분을 하면, $MR=200-20X$이고, 한계비용은 20이다.
따라서 이윤극대화조건에 따라 $200-20X=20$이므로 $X_2$는 9이다.
아무런 제한 없이 각자 양을 목초지에 방목할 때의 양의 수를 구하면 다음과 같다.
방목에 아무런 제한이 없으면, 수요곡선과 공급곡선이 일치하는 점에서 균형을 달성할 것이다. 평균수입은 $AR=200-10X$이고, 공급함수는 한계비용이므로 20이다.
따라서 $200-10X=20$이므로 $X_1$은 18이다.

**정답** ②

# 기출유형 익히기

아래와 같이 Ⓐ, Ⓑ, Ⓒ, Ⓓ 네 개의 순차적인 과업을 통해 제품이 완성되는 조립라인이 있다. 조립라인 균형을 고려하였을 때, 가장 적절하지 <u>않은</u> 것을 고르면?　　2019 하반기 SKCT 기출 복원

| 작업장 | Ⓐ | → | Ⓑ | → | Ⓒ | → | Ⓓ |
|---|---|---|---|---|---|---|---|
| 작업 시간 | 25초 | | 30초 | | 20초 | | 15초 |

※ (유휴 시간)=(작업장의 수)×(주기 시간)−(모든 수행 시간)

※ (효율)=$\dfrac{(\text{모든 수행 시간})}{(\text{작업장의 수})\times(\text{주기 시간})}$

① 최소 주기 시간은 30초이다.
② 만약 C작업장과 D작업장을 합친다면, 합치지 않았을 때와 비교하였을 때 유휴 시간을 줄일 수 있다.
③ 최소 주기 시간을 기준으로 4개의 작업장이 필요하다.
④ 최소 주기 시간을 기준으로 생산라인의 효율은 75%이다.
⑤ 최소 주기 시간을 기준으로 8시간 동안 총 900개의 수요를 충족시킬 수 있다.

**정답해설**

최소 주기 시간이 30초이므로 1분에 2개, 1시간에 120개를 완성할 수 있다. 따라서 8시간 동안 총 960개의 수요를 충족시킬 수 있다.

정답 ⑤

**오답풀이**

① 조립라인에서 가장 느린 작업장의 작업 시간은 30초이므로 최소 주기 시간은 30초이다.
② C작업장과 D작업장을 합치면 35초이므로 최소 주기 시간은 35초가 된다. 이때 유휴 시간은 35×3−(25+30+35)=15(초)이고, 원래의 조립라인 기준으로는 30×4−(25+30+20+15)=30(초)이므로 유휴 시간을 줄일 수 있다.
③ 최소 주기 시간을 기준으로는 어떠한 작업장도 합칠 수 없기 때문에 원래의 조립라인이 유지되므로 4개의 작업장이 필요하다.
④ 최소 주기 시간을 기준으로 생산라인의 효율은 $\dfrac{25+30+20+15}{30\times4}\times100=75(\%)$이다.

㈜원영의 조립라인은 5개의 과업(task)으로 구성되는 작업을 수행하고 있으며, 각 과업의 수행시간과 과업 간의 선후관계는 다음 [표]와 같다. 주기시간을 10분으로 하는 라인밸런싱을 수행한다고 할 때, 가장 적절하지 <u>않은</u> 것을 고르면?

[표] 과업별 수행시간과 과업 간의 선후관계

| 활동 | 수행시간 | 직전 과업 |
|---|---|---|
| A | 5분 | – |
| B | 10분 | – |
| C | 3분 | A |
| D | 2분 | B, C |
| E | 7분 | D |
| 합계 | 27분 | – |

① 과업 B는 병목공정으로 B의 수행시간으로 인해 10분 미만으로 주기시간을 줄이는 것은 불가능하다.
② 필요한 작업장의 수는 최소 3개이다.
③ 과업 간의 선후 관계로 과업 C와 E는 반드시 작업장이 분리된다.
④ 작업장에 할당되는 과업에 따라 효율이 달라진다.
⑤ 작업장 3개, 주기시간 10분인 조립라인의 총 유휴시간은 3분이다.

정답해설

할당되는 과업에 따라 효율은 달라지지 않는다. (라인 효율)=$\dfrac{(전체\ 과업시간)}{(작업장의\ 수)\times(주기시간)}$ 식에 따라 계산하면, $\dfrac{27}{3\times10}=0.9=90(\%)$이다.

정답 ④

오답풀이

① 과업 B는 최대 수행시간을 가지는 과업으로 과업 B의 수행시간이 최소 주기시간이 되므로 10분 미만으로 줄일 수는 없다.
② 전체 과업시간에서 주기시간을 나누면 2.7이므로 최소 3개의 작업장이 필요하다.
③ A-C-D-E가 한 흐름으로 구성되면서 이제 B가 D와 연결되어 있는 배치이므로 C와 E가 같은 작업장에 들어가기 위해서는 최소 C-D-E로 구성이 되게 되는데, 이때 주기시간이 12분이므로 불가능하다. 따라서 C와 E는 반드시 작업장이 분리된다.
⑤ 3개의 작업장이 각각 10분의 주기시간을 가지고, 총 수행시간이 27분이므로 남은 유휴시간은 3분이다.

## 기출유형 ❼   직무 Type C(건설)

**대지면적의 산정 방법이 다음 [자료]와 같을 때, 그림의 건축 법령상의 대지면적을 고르면?**

┌ 자료1

　대지면적은 대지의 수평투영면적으로 산정하는데, 다음에 해당하는 면적은 산정 시 제외한다.

- 도로는 최소 4m 확보한다.
- 대지와 대지 사이에 도로가 있고, 도로 확보가 안 됐을 경우, 도로 중심선으로부터 소요 너비 1/2만큼 후퇴한 선을 건축선으로 한다.
- 도로 옆에 하천, 경사지 등 도로 확보를 못한 지역이 있을 경우, 도로 경계선부터 필요한 만큼의 도로 면적을 확보한다.
- 법정된 기준에 해당하는 도로 모퉁이에서의 가각전제되는 대지면적

※ 건축선: 도로와 접한 부분에 건축물을 건축할 수 있는 선. 이 선을 기준으로 건축 법령상의 대지면적을 구함
※ 가각전제: 원활한 차량 흐름과 시야 확보를 위해 도로의 모서리 부분을 완곡하게 만드는 것. 가각전제로 제하는 면적의 모양은 삼각형을 이룸

┌ 자료2

| 도로의 교차각 | 해당 도로의 너비 | |
|---|---|---|
| | 4m 이상 6m 미만 | 6m 이상 8m 미만 |
| 90도 미만 | 3 | 4 |
| 90도 이상 120도 미만 | 2 | 3 |

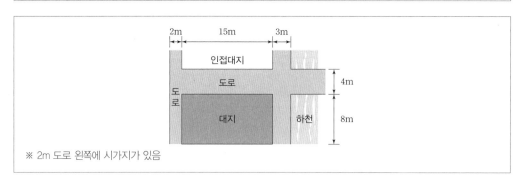

※ 2m 도로 왼쪽에 시가지가 있음

① 100m$^2$　　　　② 104m$^2$　　　　③ 112m$^2$

④ 120m$^2$　　　　⑤ 122m$^2$

그림의 건축 법령상의 대지면적을 구하려면, 산정할 때 제외되는 면적을 우선 알아야 한다.

[자료1]에서 도로는 최소 4m 확보하고, 만약 주변에 하천이나 경사지가 있으면 하천에 맞닿은 도로 경계선부터, 또 다른 대지가 있을 경우에는 도로 중심선으로부터 도로 면적을 확보해야 한다. 그림에서 왼쪽에는 대지가 있고, 오른쪽에는 하천이 있으므로 조건에 맞춰 대지면적을 제하면 된다. 위쪽은 4m가 확보되었으므로 제하는 부분이 없다.

또한 [자료1]에서 도로 모퉁이로부터 가각전제가 되는 부분 역시 제하라고 나와 있다. 그림에서 도로는 4m이고 직각 형태를 띠고 있다. [자료2]에서 이에 해당하는 부분을 찾으면 해당되는 4m 이상 6m 미만, 교차각 90도 이상 120도 미만이므로 각 2m씩 제하면 된다는 사실을 알 수 있다.

이러한 조건을 충족하면 다음과 같은 그림이 나온다.

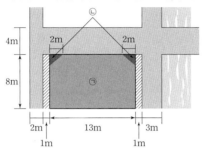

- ㉠ 소요 너비가 미달한 경우: $(15-1-1) \times 8 = 104(m^2)$

- 가각전제에 의해 ㉠−㉡은 $104 - [(2 \times 2 \times \frac{1}{2}) \times 2] = 100(m^2)$이다.

정답 ①

직무 Type R(연구개발)

다음은 어느 연구기관에서 실험한 엔진오일 교환 후 운행거리별 마모 금속량에 대한 상관관계를 조사한 자료이다. 세 금속 A, B, C가 구리, 철, 납 중 각각 어느 하나에 해당한다고 할 때, 이에 대한 [보기]의 ㉠~㉣ 중 옳은 것을 모두 고르면?

2022 하반기 SKCT 기출 복원

[그래프1] 엔진오일 교환 후 운행거리별 · 금속별 마모량 (단위: ppm)

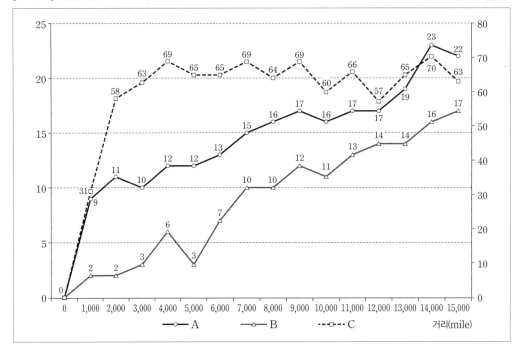

[그래프2] 엔진오일 교환 후 운행거리별·점도 및 TBN　　　　　　　　(단위: cSt, mg/g)

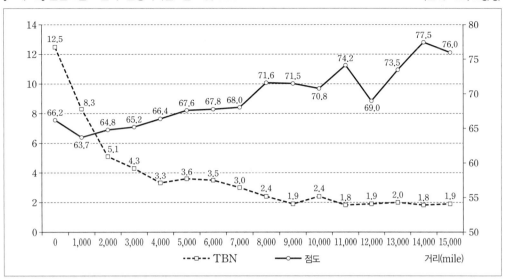

엔진오일 교환 후 1,000mile씩 주행 직후 운행거리별 금속 A, B, C의 마모량과 점도 및 TBN(전염기가)의 양을 측정하였다. 실험 진행 중 오일필터를 교체하였더니 점도가 이전 대비 5% 이상 낮아졌고, 오일필터를 교체한 후 시행한 주행 실험 직후 측량한 결과 구리의 금속 마모량은 감소하였고, 철의 금속 마모량은 증가세가 둔화되어 직전의 결과와 비슷한 수준의 양이었다.

• 점도(Viscosity)

　액체가 특정 조건에서 흐르는 정도를 측정한 것으로서 윤활유 선택 시 고려될 가장 중요한 항목 중 하나이다.

• TBN(Total Base Number, 전염기가)

　오일 중에 포함되어 있는 염기성분의 양을 나타내며, 윤활유 1g 중에 포함되어 있는 염기성분을 중화시키는 데 필요한 수산화칼륨(KOH)의 양을 mg으로 나타낸 것이다.

┌ 보기 ─────────────────────────────
⊙ 오일필터는 주행거리 9,000mile 직후에 교체하였다.
ⓒ A는 금속 중에서는 알루미늄 다음으로 많이 존재하며, 원소 중에서는 네 번째로 많이 존재한다.
ⓒ 납의 금속 마모량은 오일필터 교체 직후에도 계속 증가하여 오일필터 교체의 효과를 얻지 못했다고 할 수 있다.
② 점도가 가장 높았을 때, 철과 구리의 마모량도 가장 많았다.
└──────────────────────────────────

① ⊙, ⓒ　　　　　　　　② ⊙, ②　　　　　　　　③ ⓒ, ⓒ
④ ⓒ, ②　　　　　　　　⑤ ⓒ, ②

**정답해설**

ⓒ [그래프1]에서 주행거리 11,000mile 직후 A의 금속 마모량은 증가세가 둔화되어 직전의 결과와 비슷한 수준이 됐으므로 A가 철이다. 철은 금속 중에서는 알루미늄 다음으로 많이 존재하며, 원소 중에서는 산소, 규소, 알루미늄 다음으로 네 번째로 많이 존재한다.

ⓔ [그래프1]과 [그래프2]에서 점도가 가장 높았던 14,000mile 직후에 A 철, C 구리의 마모량은 각각 23ppm, 70ppm으로 가장 많았지만, B 납의 마모량은 15,000mile 직후에 가장 많았다.

**정답** ④

**오답풀이**

ⓐ [그래프2]에서 오일필터를 교체하여 점도가 이전 대비 5% 이상 낮아진 구간은 주행거리 11,000mile 직후이므로 오일필터는 주행거리 11,000mile 직후에 교체하였다.

ⓒ [그래프1]에서 B는 납이다. 납의 금속 마모량은 오일필터 교체 직후에도 증가하였으나 증가세는 비교적 둔화됐으므로 오일필터 교체의 효과를 얻지 못했다고는 할 수 없다.

**예제**

다음은 「약물 전달 능력이 우수한 하이드로겔 제조방법 기술」에 대한 자료이다. 이 기술이 기존 약물 전달체 및 기존 의약품의 한계점을 보완하는 기술이라고 할 때, 해당 자료를 바탕으로 추정할 수 있는 기존 기술이 가진 한계만을 [보기]의 ㉠~㉣에서 모두 고르면?

2021 상반기 SKCT 기출 복원

PART 2
기술의 이해분석

---

### 약물 전달 능력이 우수한 하이드로겔 제조방법 기술

보유 기관: 한국원자력연구원

— 약물 방출 능력이 우수한 동시에 약물 방출 생분해성이 우수한 하이드로겔 제작 기술 —

**[기술 개요]**

• 본 기술은 기존 기술 대비 약물 전달 능력이 우수한 하이드로겔을 제조하는 방법에 대한 기술임

• 하이드로겔은 약물 전달 능력이 우수하며 스웰링(swelling), 열적 안정성, 생체 적합적이며 생분해성뿐만 아니라 항균성을 지님

• 하이드로겔은 단백질, 유전자 등과 같은 거대 분자의 효율적 전달을 위한 약물전달 시스템에 적합함

• 방사성 펩타이드 또는 방사성 단백질 등 생리 활성을 가진 방사성 약물이 생체 내에서 안정성을 유지해야 하는 경우에 유용하게 적용될 수 있음

• 본 기술에 의해 제조된 하이드로겔은 방사선이 조사된 키토산, 천연 겔화 고분자, 친수성 합성 고분자 및 트리메톡시실란(MPTMS, 3−머캅토프로필)으로 이루어져 있음

[그림] 본 기술인 하이드로겔 제조방법

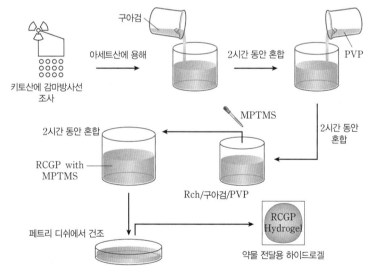

• 1단계: 키토산에 방사선을 조사
• 2단계: 방사선이 조사된 키토산, 천연 겔화 고분자 및 친수성 합성 고분자를 용매와 혼합
• 3단계: 상기 용매에 MPTMS를 추가

[기존 기술 대비 개선점 및 기술 구현 내용]

- 기존 의약품의 부작용을 최소화하고 약물의 효능 및 효과를 극대화해 약물을 효율적으로 전달함
- 기존 기술 대비 약물 전달 능력이 우수하고, 스웰링(swelling), 열적 안정성, 생분해성, 생체 적합성 및 항균성을 가짐

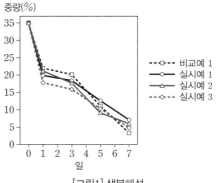

[그림1] 생분해성

- 생리 활성을 가진 방사성 약물이 생체 내에서 안정을 유지해야 하는 경우에 유용함
- 약물 방출 능력 우수: 약물(암피실린 소듐)에 제조된 하이드로젤을 혼합하여 이를 PBS(인산완충생리식염수), SIF(인공장액소화효소)에 담가 약물 방출량을 측정한 결과 PBS와 SIF에서 각각 81%, 87%의 방출량을 보여 미국 약전 표준을 충족함
→ 하이드로젤의 약물 전달 능력이 우수함

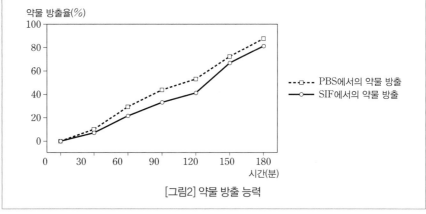

[그림2] 약물 방출 능력

― 보기 ―

㉠ 기존 의약품은 일반적으로 특정 암세포를 표적으로 공격하여 효과를 높이고 정상세포 손상을 최소화하는 치료가 불가능하여 부작용이 발생할 가능성이 더 높았다.

㉡ 기존 의약품은 생체 내에 투여되었을 때 약물의 흡수가 생체 내로 원하는 만큼 이루어지지 않아 효율이 떨어졌다.

㉢ 기존 약물 전달체는 단백질, 유전자 등과 같은 거대분자를 체내에서 이동시키는 데 문제가 있었다.

㉣ 기존 약물 전달체는 그 기능을 다한 후 생체 내에 잔존하지 않고 분해되는 데 한계가 있었다.

① ㉠

② ㉠, ㉡

③ ㉠, ㉡, ㉢

④ ㉡, ㉢, ㉣

⑤ ㉠, ㉡, ㉢, ㉣

**정답해설**

㉠ 기술 개요와 기존 기술 대비 개선점 및 기술 구현 내용에서 '하이드로겔은 단백질, 유전자 등과 같은 거대분자의 효율적 전달을 위한 약물전달시스템에 적합함'이라고 했고, 기존 기술 대비 '기존 의약품의 부작용을 최소화하고 약물의 효능 및 효과를 극대화해 약물을 효율적으로 전달함', '생리 활성을 가진 방사성 약물이 생체 내에서 안정을 유지해야 하는 경우에 유용함', '약물 전달 능력이 우수하고 스웰링(swelling), 열적 안정성, 생분해성, 생체 적합성 및 항균성을 가짐'이라고 했으므로 기존 의약품은 일반적으로 표적치료가 불가능하여 부작용이 발생할 가능성이 더 높았다고 추정할 수 있다.

㉡ 기존 기술 대비 '약물의 효능 및 효과를 극대화해 약물을 효율적으로 전달'하며 '기존 약물 대비 약물 전달능력이 우수'하므로 기존 의약품이 생체 내에 투여되었을 때 약물의 흡수가 생체 내로 원하는 만큼 이루어지지 않아 효율이 떨어졌다고 추정할 수 있다.

㉢ 기술 개요에서 '기존 기술 대비 약물 전달 능력이 우수한 하이드로겔을 제조하는 방법'이고, '하이드로겔은 단백질, 유전자 등과 같은 거대분자의 효율적 전달을 위한 약물전달시스템에 적합함'이라고 했으므로 기존 약물 전달체는 단백질, 유전자 등과 같은 거대분자를 체내에서 이동시키는 데 문제가 있었다고 추정할 수 있다.

㉣ '기존 기술 대비 생분해성·생체 적합성을 가짐'이라고 했고, [그림1] 생분해성 그래프에서 기존 대비 우수하므로 기존 약물 전달체는 그 기능을 다한 후 생체 내에 잔존하지 않고 분해되는 데 한계가 있었다고 추정할 수 있다.

정답 ⑤

**문제 해결 tip**

표적치료란 특정한 암세포를 표적으로 공격하여 효과를 높이고 정상세포 손상을 최소화하는 치료이다. 암세포의 성장과 진행에 필요한 특정 효소의 작용이나 단백질, 분자 등을 억제시키거나 면역체계를 조절하여 면역세포가 암세포를 죽이게 하거나 암세포 내로 독성 물질을 전달하는 등의 방법이 있다. 소분자 물질이거나 단클론항체인 경우가 많다. 표적치료는 세포독성 항암 화학요법보다 골수억제 등의 부작용이 적게 나타날 수 있다.

# 기출유형 익히기

다음은 당구공 게임을 읽고, C언어 프로그램으로 작성한 것이다. [보기]가 당구공 게임에 대한 설명일 때, 출력 값과 코드를 분석하여 빈칸 (ㄱ), (ㄴ)에 들어갈 값으로 옳은 것을 고르면?

2022 하반기 SKCT 기출 복원

┌ 보기 ────────────────────────────────
- 모든 당구공은 특정 가치를 가지고 있다.
- 당구공에 검은색으로 쓰여진 숫자는 무게를 의미하는 것으로 가중치 5의 가치를 가진다.
- 당구공에 흰색으로 쓰여진 숫자는 폰트 크기를 의미하는 것으로 가중치 2의 가치를 가진다.
- 모든 당구공의 뒷면에는 reverse 표기가 되어 있는데, 이 값이 true인 경우에는 100에서 앞에서 구한 가치값을 뺀 값이 당구공의 최종 가치가 된다.
└──────────────────────────────────────

```c
1  #include <stdio.h>
2  #include <stdbool.h>
3
4  typedef struct _ball {
5      int black;
6      int white;
7      bool reverse;
8      int value;
9  } BALL;
10
11 int main( ) {
12     BALL A, B;
13
14     A.black = 6;
15     A.white = 3;
16     A.reverse = true;
17     if (A.reverse)
18         A.value = (ㄱ)(A.black*5＋A.white*2);
19     else
20         A.value = A.black*5＋A.white*2;
21
22     B.black = 3;
```

```
23    B.white = 6;

24    B.reverse = (ㄴ);

25    if (B.reverse)

26       B.value = (ㄱ)(B.black*5+B.white*2);

27    else

28       B.value = B.black*5+B.white*2;

29

30    if (A.value > B.value)

31       printf("A win");

32    else

33       printf("B win");

34

35    return 0;

36 }
```

출력 값: A win

|   | (ㄱ) | (ㄴ) |
|---|------|------|
| ① | 10— | false |
| ② | 100— | false |
| ③ | 100+ | false |
| ④ | 100— | true |
| ⑤ | 10— | true |

**정답해설**

당구공 게임을 표현하기 위해 해당 프로그램은 구조체 _ball을 사용자 정의 타입인 BALL로 선언하였다. 코드를 읽어보면, 구조체의 black 변수가 무게를 의미하고, white 변수가 폰트 크기를 의미하는 것을 알 수 있다. 또한 뒷면의 reverse 표시는 Boolean 값으로 표현되며, 17~20번째와 25~28번째에서 각각 BALL A와 B의 가치를 계산할 때, 이용되는 것을 알 수 있다. 따라서 (ㄱ)은 reverse 변수가 true인 경우에 100에서 가치값을 빼기 위한 "100—"가 되어야 한다. 또한 코드를 통해 예측 가능한 A의 가치는 64인데, 만약 (ㄴ)이 true인 경우 B의 가치는 73이 되고, false인 경우 27이 된다. 출력 값에서 A의 가치가 B의 가치보다 높은 것을 보아 (ㄴ)은 false가 되어야 한다.

정답 ②

ENERGY

잘 시작하는 것은 중요합니다.
잘 마무리하는 것은 더 중요합니다.

– 조정민, 『사람이 선물이다』, 두란노

# 3

## 실전
## 모의고사

실전모의고사는 모든 직군에서 출제되는 수리, 언어영역을 담은 모의고사입니다. 본 모의고사는 오프라인 SKCT를 대비하기 위해 난도 있는 문제로 구성했습니다. 실제 시험장에서는 컴퓨터용 사인펜만을 이용하여 풀기 때문에 모의고사도 컴퓨터용 사인펜을 이용하여 풀 것을 권장합니다. 영역별 시험 시간은 수리 30분, 언어 20분입니다.

## 인지역량 – 수리(검사B) 20문항/30분

**01** 김 부장과 최 부장이 일정한 속도로 올라가는 같은 길이의 에스컬레이터를 동시에 타서 서로 일정한 속력으로 한 걸음에 한 계단씩 걸어 올라간다. 김 부장은 최 부장보다 2배 빠른 속도로 걸어 올라가며, 김 부장은 30계단을, 최 부장은 20계단을 올라간다. 이때 정지 상태에서의 에스컬레이터 계단 수를 고르면? 2021 상·하반기·2020 상반기 SKCT 기출 복원

① 48개 ② 60개 ③ 72개
④ 75개 ⑤ 100개

**02** 초콜릿을 3개씩 포장하면 1개가 남고, 4개씩 포장하면 2개가 남고, 5개씩 포장하면 3개가 남고, 6개씩 포장하면 4개가 남는다고 한다. 7개씩 포장했을 때 남는 초콜릿의 개수를 고르면?(단, 초콜릿의 개수는 100개 이하이다.) 2021 상반기·2020 상반기 SKCT 기출 복원

① 1개 ② 2개 ③ 3개
④ 4개 ⑤ 5개

**03** A씨는 적금으로 매년 초 일정한 금액을 넣어 3년 후 연말에 840만 원을 마련하고자 한다. 연이율 5%의 비과세 복리로 계산할 때, 매년 초 적립해야 하는 금액을 고르면?(단, $(1.05)^3=1.16$으로 계산한다.)

① 240만 원 ② 250만 원 ③ 260만 원
④ 270만 원 ⑤ 280만 원

**04** 택시의 주간 기본 요금은 3,800원이다. 기본 요금이 적용되는 거리는 시간에 상관없이 2km까지이고, 그 이후 요금은 132m당 100원이다. 심야 할증은 오전 0시부터 4시까지 택시를 운행할 때 적용되며, 할증 요금은 주간 요금의 20%이다. 오후 11시 40분에 택시를 타서 9,920m를 가고 요금으로 10,880원을 냈다면, 심야 할증 요금을 내지 않은 구간은 출발부터 몇 km를 지날 때까지인지 고르면? 2020 상반기 SKCT 기출 복원

① 2km ② 2.264km ③ 2.54km
④ 2.792km ⑤ 3.12km

**05** 다음 [조건]에 맞게 모든 자연수에 색을 칠하는 방법의 수는 총 몇 가지인지 고르면?

조건
- 각 자연수를 빨간색 또는 초록색으로만 색칠한다.
- 2개의 서로 다른 빨간색 자연수의 합은 빨간색 수이다.
- 2개의 서로 다른 초록색 자연수의 합은 초록색 수이다.

① 2가지 ② 3가지 ③ 4가지
④ 5가지 ⑤ 6가지

**06** 다음과 같이 수가 나열되어 있다. 1의 위치를 (1, 1), 4의 위치를 (1, 2), 2의 위치를 (2, 1)이라 할 때, (14, 10)에 해당하는 값을 고르면? 2020 상반기 SKCT 기출 복원

| 10 | 11 | 12 | 13 |
| 9 | 8 | 7 | 14 |
| 2 | 3 | 6 | 15 |
| 1 | 4 | 5 | ... |

① 170 ② 179 ③ 180
④ 205 ⑤ 206

**07** 어느 인문 대학의 학생들은 언어, 역사, 철학 등의 과목을 수강하였다. 언어를 수강한 학생의 35%가 영어 이외의 언어를 수강하였고, 인문 대학 전체 학생의 14%가 영어 이외의 언어를 수강하였다. 2개 이상의 언어를 수강한 학생이 없을 때, 인문 대학 전체 학생 중 언어를 공부하는 학생의 비율을 고르면?

① 15%　　　　　　　② 20%　　　　　　　③ 25%
④ 40%　　　　　　　⑤ 65%

**08** 어느 회사의 물류팀에 근무하는 박 과장과 한 대리는 전체 360상자의 물류를 발송해야 한다. 360상자는 박 과장이 50분 동안 물류를 발송하고, 한 대리가 바로 이어서 55분 동안 발송하면 끝나는 양이다. 박 과장과 한 대리 두 사람이 함께 30분 동안 물류를 발송하다가 한 대리에게 일이 생겨 20분 동안 박 과장이 혼자 일을 하였고, 그 뒤에는 한 대리가 돌아와서 혼자서 발송을 마무리하였다. 발송 업무를 처음 시작한 시각이 오전 10시 30분일 때, 발송 업무가 끝난 시각을 고르면?

① 11시 35분　　　　② 11시 40분　　　　③ 11시 45분
④ 11시 50분　　　　⑤ 11시 55분

**09** A회사의 작년 매출액은 1,000억 원이었는데 장기적인 경기침체로 인해 매출이 감소하여 올해 매출액은 944억 원이라고 한다. 이 회사의 매출액 감소율은 몇 %인지 고르면?

2020 하반기 SKCT 기출 복원

① 5.6%　　　　　　　② 5.9%　　　　　　　③ 9.44%
④ 56%　　　　　　　⑤ 94.4%

**10** 다음 [그래프]는 2015~2021년 양도소득세 과세 인원과 총 결정세액을 조사한 자료이다. 이에 대한 설명으로 옳지 <u>않은</u> 것을 고르면?

[그래프] 양도소득세 부과 현황 (단위: 천 명, 십억 원)

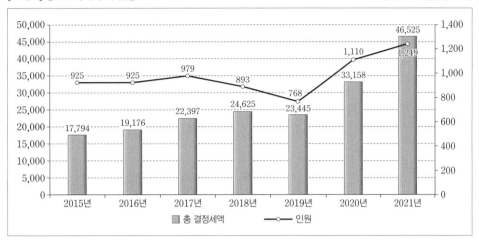

① 2015~2021년 동안 1인당 결정세액이 가장 큰 해는 2021년이다.

② 2016~2021년 동안 전년 대비 양도소득세 과세 인원수가 감소한 해는 인원수가 증가한 해보다 많다.

③ 2016~2021년 동안 양도소득세 총 결정세액이 전년 대비 40% 이상 증가한 해는 2번이다.

④ 2016~2021년 동안 전년 대비 양도소득세 과세 인원수가 가장 큰 비율로 증가한 해에 양도소득세 총 결정세액도 가장 큰 비율로 증가하였다.

⑤ 2015~2021년 양도소득세 과세 인원의 평균은 980,000명보다 적다.

**11** 남학생 2명, 여학생 3명, 교사 3명이 아래와 같은 원탁에 둘러앉으려고 한다. 남학생이 마주 보고 앉는 경우의 수를 a가지, 교사 3명이 이웃하여 앉는 경우의 수를 b가지라 할 때, a+b의 값을 고르면?

2021 상반기 SKCT 기출 복원

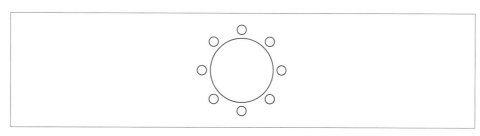

① 720　　　　　　　　② 1,080　　　　　　　　③ 1,200
④ 1,320　　　　　　　　⑤ 1,440

**12** 정 대리는 회사로부터 20km 거리의 거래처를 방문하기 위해 외근을 다녀왔다. 거래처까지 처음에는 버스를 이용해서 가다가 지하철로 갈아탔다고 한다. 버스로 간 거리는 지하철로 간 거리의 $\frac{2}{3}$이다. 정 대리가 회사에서 나와 거래처에 방문하여 1시간 동안 업무를 끝마쳤더니 출발 후 8시간이 지났다. 버스의 속력이 지하철 속력의 $\frac{8}{9}$일 때, 지하철을 탄 시간을 고르면?(단, 버스와 지하철은 각각 일정한 속도로 움직이고, 다른 조건은 고려하지 않는다.)

① 3시간 40분　　　　　② 4시간　　　　　　　③ 4시간 20분
④ 4시간 40분　　　　　⑤ 5시간

**13** 1부터 2n까지 쓰인 카드가 있다. 그중 연속한 수가 쓰인 n장의 카드를 없앴더니 남은 카드에 쓰인 수의 합이 2,415가 되었다. 이때, 선택지에 주어진 수에서 가능한 n의 값 중 최댓값을 고르면?

① 42　　　　　　　　　② 46　　　　　　　　　③ 54
④ 56　　　　　　　　　⑤ 67

**14** 다음 [표]는 2019~2020년 사고종별 구조건수 및 구조인원에 관한 자료이다. 이에 대한 설명으로 옳은 것을 고르면?

[표] 2019~2020년 사고종별 구조건수 및 구조인원     (단위: 건, 명)

| 사고종별 | 구조건수 | | 구조인원 | |
|---|---|---|---|---|
| | 2019년 | 2020년 | 2019년 | 2020년 |
| 계 | 719,228 | 665,744 | 99,922 | 86,714 |
| 화재 | 94,451 | 89,251 | 2,769 | 2,307 |
| 폭발 | 370 | 246 | 80 | 56 |
| 붕괴 | 828 | 979 | 114 | 202 |
| 교통 | 65,415 | 62,481 | 19,161 | 15,332 |
| 위치추적 | 13,605 | 14,212 | 2,083 | 2,200 |
| 수난 | 8,825 | 12,441 | 3,235 | 3,990 |
| 산악 | 9,577 | 10,593 | 6,539 | 7,180 |
| 기계 | 2,416 | 2,163 | 1,072 | 838 |
| 승강기 | 24,561 | 21,006 | 25,800 | 18,934 |
| 잠금개방 | 52,062 | 49,223 | 15,643 | 14,350 |
| 인명갇힘 | 10,532 | 9,524 | 6,467 | 5,942 |
| 동물포획 | 86,393 | 82,771 | 679 | 619 |
| 벌집제거 | 168,483 | 133,131 | 2,730 | 1,043 |
| 추락 | 4,985 | 4,918 | 1,677 | 1,663 |
| 자연재난 | 21,149 | 18,784 | 311 | 1,277 |
| 가스 | 3,321 | 2,435 | 67 | 45 |
| 전기 | 1,705 | 2,333 | 85 | 41 |
| 유류위험물 | 500 | 433 | 7 | 10 |
| 유해화학물 | 612 | 478 | 61 | 40 |
| 자살추정 | 19,198 | 19,230 | 4,103 | 3,862 |
| 안전조치 | 70,483 | 81,362 | 5,333 | 5,325 |
| 기타 | 59,757 | 47,750 | 1,906 | 1,458 |

① 2019년 대비 2020년 구조건수가 증가한 사고종은 구조인원도 증가하였다.
② 2019년 대비 2020년 구조인원수가 가장 크게 증가한 사고종은 산악이다.
③ 2020년 교통의 구조건수 대비 구조인원수는 전년 대비 감소하였다.
④ 매년 전체 구조인원 중 승강기와 인명갇힘이 차지하는 비중은 30% 이상이다.
⑤ 기타를 제외하고 2019년과 2020년 구조건수 1~10위의 사고종은 동일하다.

**15** 서로 다른 세 자연수 a, b, c에 대하여 10a+b<10b+c<10c+a를 만족하는 경우의 수를 고르면?(단, a, b, c는 한 자리 수의 자연수이다.)

① 84가지      ② 96가지      ③ 125가지
④ 201가지      ⑤ 502가지

**16** 어느 회사의 직원 83명은 A, B, C 세 개의 사내 동아리 중 적어도 하나에는 속해 있다. 동아리의 회원 수를 정확히는 알지 못하지만 A동아리는 적어도 38명, B동아리는 적어도 33명, C동아리는 적어도 25명이 가입해 있다고 한다. 두 개 이상의 동아리에 가입해 있는 직원 수는 최소 몇 명인지 고르면?

2020 하반기 SKCT 기출 복원

① 6명      ② 7명      ③ 9명
④ 11명      ⑤ 13명

**17** 5개의 추가 있다. 이 중 가장 무거운 추 2개의 무게는 서로 같고, 이 외에는 무게가 서로 다른 추 3개가 있다. 5개의 추 중 3개를 뽑아서 무게를 잰 표가 다음 [표]와 같을 때 가장 무거운 추의 무게를 고르면?(단, 추의 무게는 정수이다.)

2020 하반기 · 2018 하반기 SKCT 기출 복원

[표] 조합1~7의 무게

(단위: g)

| 구분 | 조합1 | 조합2 | 조합3 | 조합4 | 조합5 | 조합6 | 조합7 |
|---|---|---|---|---|---|---|---|
| 무게 | 349 | 312 | 333 | 320 | 328 | 341 | 336 |

① 117g      ② 119g      ③ 120g
④ 121g      ⑤ 123g

**18** 다음 [표]는 2017~2018년 연구개발 현황 중 특허 출원 건수에 대한 자료이다. 이에 대한 [보기]의 ㉠~㉣ 중 옳지 <u>않은</u> 것을 모두 고르면?

[표] 2017~2018년 특허 출원 건수 (단위: 건)

| 연도 \ 구분 \ 산업별 | 전체특허 | | 나노특허 | | | |
|---|---|---|---|---|---|---|
| | 국내출원 | 해외출원 | 국내출원 | 국내출원 평균 | 해외출원 | 해외출원 평균 |
| **2017년** 합계 | 27,518 | 2,748 | 7,761 | 11.7 | 784 | 1.2 |
| 나노소재 | 8,788 | 1,447 | 1,832 | 5.7 | 360 | 1.1 |
| 나노전자 | 14,257 | 780 | ( 가 ) | 41.6 | 207 | 1.9 |
| 나노바이오 · 의료 | 1,743 | 262 | 218 | 3.9 | 65 | 1.0 |
| 나노장비 · 기기 | 2,730 | 259 | 1,133 | 6.5 | 152 | 0.8 |
| **2018년** 합계 | 28,887 | 3,547 | 8,555 | 11.7 | 1,141 | 1.6 |
| 나노소재 | 9,049 | 1,757 | ( 나 ) | 5.3 | 348 | 1.0 |
| 나노전자 | 15,171 | 839 | 4,928 | 40.7 | 298 | 2.5 |
| 나노바이오 · 의료 | 1,991 | 555 | 569 | 7.5 | 227 | 3.0 |
| 나노장비 · 기기 | 2,676 | 396 | 1,292 | 6.5 | 268 | 1.4 |

※ 국내 · 해외출원 평균: 전체 출원 건수를 해당 기업 수로 나눔

┌ 보기 ─────────────────────────────────────────
  ㉠ 2018년 전체특허 중 국내출원 건수는 2017년에 비해 1,369건 증가하였다.
  ㉡ (가)는 2017년 나노특허 국내출원 건수의 50% 이상을 차지한다.
  ㉢ 2018년 나노특허 국내출원 건수는 2017년에 비해 산업별로 모두 증가하였다.
  ㉣ 2017년과 2018년 나노장비 · 기기 특허 출원 기업 중 나노특허 국내출원 기업 수는 같다.

① ㉠, ㉡          ② ㉠, ㉢          ③ ㉡, ㉢
④ ㉡, ㉣          ⑤ ㉢, ㉣

**19** 다음 [표]는 2016~2021년 의료기기 생산 실적을 조사한 자료이다. 이에 대한 설명으로 옳지 않은 것을 고르면?

[표] 연도별 의료기기 생산 실적           (단위: 개, 십억 원)

| 구분 | 2016년 | 2017년 | 2018년 | 2019년 | 2020년 | 2021년 |
|---|---|---|---|---|---|---|
| 업체 수 | 2,943 | 3,283 | 3,425 | 3,570 | 3,887 | 4,085 |
| 품목 수 | 14,071 | 14,855 | 15,082 | 15,705 | 16,568 | 17,433 |
| 생산 금액 | 5,602 | 5,823 | 6,511 | 7,279 | 10,136 | 12,883 |

① 업체당 품목 수가 가장 작은 해에 업체당 생산 금액은 두 번째로 크다.

② 업체당 품목 수가 두 번째로 큰 해에 품목당 생산 금액은 가장 적다.

③ 업체당 생산 금액이 가장 큰 해에 품목당 생산 금액도 가장 크다.

④ 조사 기간 동안 업체 수, 품목 수, 생산 금액은 지속적으로 증가하고 있다.

⑤ 2017~2021년 동안 생산 금액이 전년 대비 가장 큰 비율로 증가한 해에 품목 수도 가장 큰 비율로 증가하였다.

**20** 다음 [표]는 2019년 가상증강현실(VR·AR) 산업의 향후 2년 후 예상 매출액과 현재 총종사자 수에 대한 실태조사 자료이다. 이에 대한 설명으로 옳은 것을 고르면?

[표] 2019년 가상증강현실(VR·AR) 산업실태조사 (단위: 개, 백만 원, 명)

| 구분 | | 기업 수 | 향후 2년 후 예상 매출액 | 2019년 총종사자 수 |
|---|---|---|---|---|
| 기업 규모별 | 대기업 | 9 | 323,782.90 | 141,876 |
| | 중소기업 | 582 | 584,118.44 | 10,856 |
| 산업 분류별 | 콘텐츠 제작 및 공급업 | 511 | 741,770.00 | 143,704 |
| | 콘텐츠 판매 및 서비스업 | 72 | 77,302.91 | 10,478 |
| | 전용기기 장치물 및 부분품 제조업 | 61 | 114,308.15 | 1,612 |
| | 전용 SW 개발 및 공급업 | 68 | 111,996.05 | 107,126 |
| 활용 기술별 | VR | 521 | 830,023.44 | 45,797 |
| | AR | 290 | 703,032.44 | 138,029 |
| | 홀로그램 | 45 | 140,077.25 | 131,683 |
| 현 매출액 규모별 | 1억 원 미만 | 207 | 16,469.73 | 108,988 |
| | 1억 원 이상 10억 원 미만 | 269 | 125,687.72 | 12,761 |
| | 10억 원 이상 50억 원 미만 | 94 | 220,294.80 | 4,710 |
| | 50억 원 이상 | 21 | 545,449.09 | 26,273 |
| 산업 비중별 | 25% 미만 | 197 | 119,088.67 | 145,765 |
| | 25% 이상 50% 미만 | 73 | 110,278.55 | 1,584 |
| | 50% 이상 75% 미만 | 91 | 389,612.15 | 2,263 |
| | 75% 이상 | 230 | ( ) | 3,120 |

※ 산업분류, 활용기술에 따른 VR·AR 실태조사 결과는 해당 분야에 참여하는 모든 기업의 응답 결과로 중복 있음

① 가상증강현실 산업에서 대기업 수는 중소기업 수의 약 1.5%이지만 대기업 종사자 수는 중소기업 종사자 수의 약 14배이다.

② 대기업당 종사자 수는 중소기업당 종사자 수의 900배 이상이다.

③ 콘텐츠 제작 및 공급업에 참여하는 기업 수는 조사에 참여한 전체 기업 수의 약 86.5%이다.

④ 현 매출규모가 1억 원 이상 10억 원 미만인 기업은 가상증강현실 산업실태조사에 응한 전체 기업의 40% 이하이다.

⑤ 산업비중이 75% 이상인 기업들의 향후 2년 후 예상 매출액은 산업비중이 50% 미만인 기업들의 향후 2년 후 예상 매출액보다 적다.

**01** 다음 글을 읽고 산업구조의 변화에 따라 기업이 해야 하는 일로 가장 적절하지 <u>않은</u> 것을 고르면?

2021 하반기 SKCT 기출 복원

> 최근 들어 본격적으로 논의되고 있는 제4차 산업혁명은 모든 면에서 이전의 다양한 기술 변화와 산업혁명과는 비교할 수 없을 정도의 엄청난 영향력으로 세계 경제 시스템과 사회구조를 크게 변화시킬 것이다. 특히 미래 산업 발전의 관점에서 제4차 산업혁명은 그 영향력의 규모와 변화의 속도 면에서 역사상 그 어떤 산업혁명과도 비교할 수 없을 정도로 다른 양상으로 전개되면서 기존 산업의 재편이 불가피할 뿐 아니라 기존의 사업방식과 일하는 방식, 더 나아가 소비 행태와 생활방식 전반에 걸쳐 혁명적인 변화를 초래할 것으로 예상된다.
>
> 현재 제4차 산업혁명을 주도할 기술로 인공지능과 로봇공학, 센서와 초고속 통신 기반의 사물인터넷, 자율주행 자동차, 3D 프린팅, 나노기술, 생명공학, 재료공학, 에너지 저장기술, 유비쿼터스 컴퓨팅 등 다양한 첨단 기술들이 거론되고 있다. 특히 이들 기술 중 물리학, 생물학 분야의 기술은 디지털 기술과의 상호 교류와 기술 융합을 통해 서로의 분야를 더욱 증폭시키는 한편 일부 분야의 기술 변화는 기하급수적인 속도로 이루어져 이미 발전의 변곡점에 도달한 것으로 평가되고 있다.

① 기업의 가치사슬을 혁신하고 비즈니스 모델을 변화시켜야 한다.
② 하드웨어와 소프트웨어의 융합화 진전에 따라 제조업에 디지털 기술을 접목시켜야 한다.
③ 제조업체는 융합형 혁신을 통해 기존의 제품과 서비스를 보호하는 데 집중해야 한다.
④ 초연결성과 초지능화 확산에 따른 제품과 서비스의 스마트 및 시스템화를 추구해야 한다.
⑤ 제품 기반 산업과 디지털 기술과의 융합이 확대될 것으로 예상되어 인공지능을 활용한 제품이나 기술 분야의 발전이 기대된다.

금이 세계 화폐의 중심이 되는 금본위제도는 금이 화폐와 어떻게 교환되는가에 따라 몇 가지로 나뉘는데, 우선 '금화본위제'는 영국을 중심으로 제1차 세계대전 이전까지 운영된 제도로, 금화가 유통되고 금화의 자유로운 주조와 금 수출입의 자유가 인정되는 가장 원시적인 형태이다. '금지금본위제'란 금의 자유로운 주조를 인정하지 않고 화폐 발행기관이 일정 가격으로 금을 매입·매각할 의무를 가짐으로써 금과 지폐와의 관계를 유지하는 제도이다. 그리고 '금환본위제'란 한 국가의 통화를 다른 국가에서 발행한 환어음과 바꾸는 방식이다. 이때 환어음은 자국통화를 일정 환율로 금과 바꿀 수 있는 나라에서 발행하기 때문에 각국은 이 나라(금본위국)를 통해 화폐단위와 금의 등가관계를 유지할 수 있다.

영국은 19세기 초에 최초로 금본위제도를 채택하였는데, 금을 기초로 한 통화 중 영국 파운드화는 세계 무역 결제 금액 가운데 60%를 장악하였고, 런던 금융시장은 전 세계 투자의 절반을 소화했다. 하지만 국제금본위제도는 제1차 세계대전의 전쟁비용 마련 때문에 많은 돈을 찍어내면서 막을 내렸다. 결국 영국은 1914년에 금본위제 포기를 선언하였다.

그 후 1944년부터 금본위제도의 중심 통화를 파운드화에서 미 달러화로 바꾼 브레턴우즈 체제가 유지되었다. 브레턴우즈 체제와 고전적 금본위제와의 결정적인 차이는 각국의 중앙은행이 금 태환을 독자적으로 행하는 것이 아니라 미국만이 독점적으로 금 태환을 실시하는 것으로써, 타국 통화는 모두 USD와의 환전을 통해 간접적으로 금과 연결되었다. 세계 각국의 화폐가 (주기적으로 변경되는) 고정 환율로 달러에 고정되고, 달러는 35달러당 1온스로 교환할 수 있게 고정한 것이다. 하지만 베트남 전쟁 후 미국이 보유한 금의 양은 점점 바닥을 보이기 시작했고, 미국 정부의 막대한 부채를 감당할 능력이 없던 닉슨 대통령은 1971년 달러와 금을 교환하는 금 태환 정지를 선언한다.

① 금본위제도에서 중앙은행들은 금의 확보보다는 물가를 조절하는 데 초점을 맞추었을 것이다.
② 브레턴우즈 체제의 금본위제에서 미국을 제외한 국가의 통화와 금의 결합은 직접적이고 강력하게 유지되었다.
③ 1차 세계대전 이후에는 금본위제가 실질적인 역할을 하지 못하다가 다시 영국을 중심으로 재정비되었다.
④ 금화본위제는 여러 사람을 거쳐 사용하다 보니 화폐의 훼손도가 높고, 무게가 많이 나가는 단점이 있었을 것이다.
⑤ 금본위제는 두 나라 간의 통화 간 가치 기반이 금으로 고정되어 있어 경제 변동에 신속하게 대처할 수 있었을 것이다.

**03** 다음 글을 읽고 난 후의 반응으로 가장 적절하지 <u>않은</u> 것을 고르면? 2019 하반기 SKCT 기출 복원

> 환경 운동 연합에서는 국내 35대 주요 대기업들의 지속가능경영지수(SMI) 평가 결과를 발표하였다. 환경 운동 연합은 세부적인 평가를 위하여 환경, 인권, 노동, 소비자, 지배 구조, 공정 경쟁, 공동체 참여·사회 발전 등 7개 분야를 우리나라 실정에 맞게 조정하여 적용하였다. 최근 국제적 이슈로 주목받는 기후 변화 및 지구 온난화 문제의 중요성을 반영하여 기후 보호 분야를 추가하였고, 상대적으로 우리나라 산업계와 관련이 적은 인권 분야는 노동권과 통합하여 평가하였다. 평가 결과, 우리나라 35대 주요 대기업들의 평균 지속가능경영지수는 57.3으로 B- 등급을 받았다. 전체 평점 분포를 보면 지속가능경영 우수 영역인 A등급으로 평가받기까지는 아직 상당한 경영 개선이 필요한 것으로 나타났다.
>
> 최근 우리나라 기업들의 지속가능경영과 사회책임(SR)경영에 대한 관심은 빠른 속도로 높아지고 있다. 현재까지 약 25개 국내 기업이 지속가능경영 보고서를 발간하고 있으며, 여러 이해관계자들의 다양한 의견들을 수렴하여 이를 경영에 반영하고 있다. 그러나 기업의 지속가능경영과 사회책임경영을 위한 국제 기구들의 움직임은 국내보다 한층 더 빠르다. 미국이나 유럽에서는 기업의 지속가능경영과 사회책임에 대한 논의가 사회책임투자(SRI), 윤리적 투자 차원에서 일찍부터 사회 운동으로 정착해 왔다. 기업의 지속가능경영을 통한 기업의 사회적 책임 실현은 이제 글로벌 규범으로 자리를 잡아 나가고 있고, 주요 대기업은 물론 국내외 은행, 보험사 등 금융 기관들도 사회책임투자 펀드를 지속해서 확대해 나가고 있어, 우리나라 기업들도 이러한 국제적 흐름에 적극적으로 대처해 나갈 필요가 있다.

① "국제적으로 진행되는 사회책임 논의를 우리 사회의 지속 가능한 발전을 이루는 중요한 계기로 삼아야 해."
② "사회책임경영의 평가 대상이 대기업뿐만 아니라 금융 기관으로까지 확대되고 있군."
③ "나라마다 지속가능경영지수(SMI) 평가 항목이 다를 수 있겠군."
④ "지속가능경영지수(SMI)를 통해 기업의 사회적 책임성을 체계적으로 규명하여 기업으로 하여금 사회적 책임을 수행할 수 있도록 이끌 수 있겠군."
⑤ "국내 기업의 사회적 책임 이행 수준도 세계적인 추세에 발맞춰 큰 폭으로 향상되었으나, 기후 보호와 인권 분야는 여전히 취약하군."

**04** 다음 글을 읽고 빈칸에 들어갈 말로 가장 적절한 것을 고르면?

2021 상반기 · 2019 상반기 SKCT 기출 복원

인플레이션을 설명할 때 가장 많이 쓰이는 공식은 어빙 피셔가 발표했던 교환방정식 $MV=PT$이다. 여기서 M은 통화량을, V는 화폐의 유통속도를, P는 가격(물가)을, T는 모든 재화의 총수량을 말한다. 즉, 이 방정식에 의하면 '통화량×통화 유통속도=가격지수(물가)×재화의 수량'이 정확히 일치한다는 것이다.

화폐가 등장한 이후 모든 거래는 화폐로 이뤄지고 있다. 그러므로 이 방정식은 우변에 해당하는 '모든 재화의 거래대금'은 좌변에서의 '경제 내의 화폐량과 그 화폐의 지급 빈도 즉, 통화 유통속도의 곱'과 일치한다는 것을 설명한다. 그런데 통화량과 통화 유통속도를 늘리게 되면 자연적으로 재화의 수량이 일정하다는 가정하에 가격만 올라가게 된다는 것을 의미하기도 한다. 즉, (                                                        )

이처럼 통화량이 늘어나고 통화 유통속도까지 회복되면 자산 버블 등을 포함한 인플레이션 속도가 빨라진다. 시장은 그럴 경우 자연적인 흡수 현상을 내보이게 되어, 예금하려고 하는 돈은 인플레이션을 고려하여 좀 더 높은 이자를 받으려고 할 것이며, 반대로 돈을 대출해 주는 입장에서는 조금이라도 높은 금리를 받아야 인플레이션 시 손해를 보게 되지 않게 된다.

① 통화 유통속도를 판단하는 한 가지 방법으로 저축률을 생각할 수 있으며, 저축률이 낮으면 통화 유통속도가 빠른 것으로, 저축률이 높으면 유통속도가 느리다고 생각할 수 있다.

② 통화량이 지속해서 늘어나도 통화 유통속도가 어느 정도 안정적인 수준을 유지한다면, MV가 높아지는 것을 제어할 수 있다는 이야기이다.

③ 정부가 줄어든 민간 수요를 견인하기 위해 재정정책과 함께 통화정책을 과도하게 사용하면 결국 가격(P)만 오르게 되어 인플레이션을 발생시키게 된다.

④ 세계 각국의 정부와 중앙은행이 재정 집행 및 양적 완화 정책을 통해 통화량 확대를 도모했지만, 미국 등 선진국에서는 은행이 신용창조를 줄이면서 통화량이 줄어든 사례가 있다.

⑤ 금리를 올리고자 하여도, 가계와 중기의 대출이자 상환 부담과 이에 따른 도산의 증가 우려, 기업, 은행의 수익성 악화가 염려되어 금리를 올리지 못하는 것이다.

**05** 다음 글을 읽고 추론한 내용으로 가장 적절하지 <u>않은</u> 것을 고르면?

파블로프의 조건 반사 실험은 개에게 종소리를 들려주고 음식을 주는 행동을 반복하면, 나중에는 종소리만 들려줘도 개의 침샘에서 침이 분비된다는 사실을 밝혀낸 실험이다. 이 실험을 조금 더 정확히 정의하자면, "특정 반응을 이끌어내지 못하는 중립 자극이 무조건 자극과 연합하면 조건 반응을 이끌어낼 수 있다."라고 할 수 있다. 여기서 경험하지 않았어도 반응을 일으키는 반응을 무조건 반응, 학습을 통해 보일 수 있는 반응을 조건 반응이라 한다.

파블로프의 실험은 바로 이 무조건 반응이 조건 반응에 영향을 준다는 것이다. 학습되지 않은 개에게 종소리를 아무리 울려도 개는 침을 흘리지 않는다. 이때의 종소리, 즉 조건화 이전에는 생리적, 정서적 반응을 유발하지 못하는 자극을 '중립 자극'이라고 한다. 그러나 개에게 먹을 것과 종소리를 함께 들려주면, 무의식적으로 먹는 것에 침을 흘리는 무조건 반응과 중립 자극이었던 종소리가 연결되는 것이다. 무조건 반응과 연관성이 생긴 후에는 종소리만 들려도 침을 흘리는 조건 반응을 보이게 된다.

만약 종소리를 울릴 때, 다른 중립 자극을 추가하면 어떻게 될까? 종소리에 조건 반응을 보이는 개에게 종소리를 울리는 것과 동시에 파란 불빛을 함께 보여주면 개는 파란 불빛에도 반응을 보인다. 즉, 개는 파란 불빛만 보여줘도 침을 흘리는 조건 반응을 보이게 되며, 이를 이차적 조건화 실험이라고 한다.

반면에 이런 상태에서 음식을 제공하지 않은 채 종소리만 들려주는 상황이 일정 기간과 횟수를 넘기면 개는 다시 종소리에도 침을 흘리지 않게 된다. 이런 현상을 '소거'라고 한다. 그러나 소거 현상에서 흥미로운 점은 소거가 일어났다고 해서 우리의 잠재의식에서 해당 정보가 완전히 사라진 것은 아니라는 점이다. 의식하고 있지 않은 순간에 갑자기 다시 중립 자극(예 종소리)을 제시하면 개는 다시 침을 흘리기도 한다. 이것을 '자발적 회복'이라고 한다.

① 조건 반응으로 또 다른 조건 반응을 이끌어낼 수 있다.
② 조건 반응이 형성되기 전에 중립 자극만 계속 주어지면 학습 효과가 없다.
③ 조건화가 된 후 소거가 일어났어도 해당 정보가 영구적으로 사라진 것은 아니다.
④ 조건화가 된 후 무조건 반응이 사라져도 바로 소거가 나타나는 것은 아니다.
⑤ 무조건 반응과 중립 자극이 동시에 주어지다가 동시에 사라지면 학습 효과가 없다.

다음 글의 밑줄 친 ㉠에 해당하는 사례와 가장 유사한 것을 고르면?

방화벽은 일반적으로 화재 발생 시 불이 더 번지지 않도록 불연재로 만든 벽이나 시설물을 의미한다. 그러나 컴퓨터 네트워크에서는 해커나 크래커의 불법 침입을 차단하여 정보의 유출과 시스템 파괴 등의 문제를 사전에 방지하는 보안 소프트웨어나 그 소프트웨어가 탑재된 하드웨어를 의미한다. 네트워크 방화벽은 일반적으로 네트워크 구조의 최상단에 위치하여 불법 침입을 제어·통제함으로써 내부 네트워크를 보호하는 역할을 한다.

㉠네트워크 방화벽은 기본적으로 어떤 패킷이 네트워크를 통해 들어올 때, 사전에 관리자가 설정해 놓은 보안 규칙에 따라 패킷을 허용하거나 차단하는 기능을 수행한다. 일반적으로 내부 네트워크와 외부 네트워크 중간에 위치하여 이러한 패킷 제어 기능을 수행하는데, 필요에 따라 여러 개의 방화벽을 배치하여 보안성을 강화할 수 있다. 기본적으로 방화벽은 모든 접근을 거부한 후 허용할 접근만 단계적으로 허용하는 방식을 따른다. 예를 들어 네트워크를 통해 데이터가 이동하는 통로를 '포트'라 하는데, 방화벽은 기본적으로 약 65,000여 개의 통신 포트를 모두 차단한 후 접근을 허용할 특정 포트만 열어 두게 된다. 즉, 홈페이지 운영을 위한 웹 서비스(http)를 제공한다면 80포트를, FTP 서비스를 제공한다면 20~21포트 등을 허용하게 된다. 또한 통신 포트뿐 아니라 외부에서 접근하는 특정 IP 주소나 프로그램이 목록에 올라와 있다면 접근을 허용한다. 이러한 보안 규칙 설정은 모두 접근 제어 목록에 포함되어 일괄 적용한다.

① 관람객 중 일부를 선별하여 입장시킨 후 그들의 신분을 나중에 다시 살펴본다.
② 모든 관람객을 입장시킨 후 입장이 허가되지 않은 관람객을 색출하여 퇴장시킨다.
③ 모든 관람객을 입구에서 통제하고 사전에 작성된 목록에 없는 관람객만 안으로 입장시킨다.
④ 모든 관람객을 입구에서 통제하고 사전에 작성된 목록에 있는 관람객만 안으로 입장시킨다.
⑤ 관람객 중 자신의 신분을 밝힌 관람객만 입장시키고 신분이 모호한 경우는 입장을 보류한다.

소크라테스의 사상 중 중요한 것은 지행합일이다. 아는 것대로 행동한다는 것이다. 이 말은 오해되기에 십상인데 가령 "사람은 착하게 살아야 한다." 이걸 모르는 사람이 있는가? 하지만 사람은 그렇게 살지 않는다. 소크라테스가 말하는 것은 사람이 착한 것을 알면, 다시 말해 선을 알면 반드시 선한 인간이 된다는 것이다. 그렇게 살아야 한다는 당위성을 말하는 것이 아니라 그렇게 될 수밖에 없다는 필연성을 말하는 것이다.

선뜻 이해되기 쉽지 않은 것인데, 가령 전쟁이라는 개념이 있다고 치자. 전쟁을 모르는 사람은 없다. 우리는 각종 매체와 책, 사진 등을 통해 전쟁을 배웠다. 그래서 우리는 전쟁을 안다고 말한다. 하지만 이는 몸으로 아는 것이 아니다. 전쟁을 경험해 보았는가? 전쟁의 참담함을 알고 있는가? 우리는 모른다. 하지만 아는 것처럼 생각할 뿐이다.

소크라테스가 말하는 앎이란 텍스트로 배우는 지식을 말하는 것이 아니다. 우리가 전쟁의 참담함을 몸으로 겪었다면 전쟁의 무서움을 알 것이고 그런 사람은 전쟁을 진심으로 반대할 것이다. 소크라테스가 말하는 지행합일은 이런 것이다. 진정으로 알고 있다면 그 사람은 그렇게 행동할 것이다. 아니 그렇게 행동할 수밖에 없다.

① 사람마다 각자 아는 바가 다르니 그 아는 바대로 행동하는 것이 진정한 앎이다.
② 무지는 악의 소치이니 책이나 매체를 통해서 지식을 끊임없이 탐구하는 것이 악을 제거하는 방법이다.
③ 지식과 행동이 일치하지 않더라도 선한 마음을 지니고 있으면 진정한 앎이 될 수 있다.
④ 지식과 앎은 다를 수 있으며 사람이 진정으로 알게 된다면 그렇게 행동하는 것이다.
⑤ 비도덕적 행위도 그것이 옳다고 알고 행동한 것이라면 진정한 앎이라 할 수 있다.

다음 글의 내용과 일치하지 <u>않는</u> 것을 고르면?

> 최근에 자신이 비만이라고 판단한 많은 사람이 체중 감소를 시도하고 있으며, 비만 치료의 방법으로는 운동, 식이요법 등과 같은 생활습관의 교정을 통한 방법과 약물 요법, 수술 요법 등 다양한 방법이 활용되고 있다. 그러나 약물 요법의 경우 주로 식욕억제제가 많이 사용되어 약물 남용의 위험이 따르고, 수술에 의한 방법은 수술 부작용, 통증 유발, 높은 경제적 부담 등의 단점이 많은 것으로 보고되고 있다. 이에 따라 최근에는 비만 조절을 위한 자연의학적인 관리 요법의 하나인 단식 요법에 대한 일반인들의 관심이 높아지고 있고, 실제로 이를 활용하는 사람들도 많이 증가하고 있으며, 비만 조절을 전문적으로 취급하는 단식원도 생겨나고 있다.
>
> 단식 요법이란 일정 기간 동안 일체의 음식을 금함으로써 장내의 숙변을 제거하고 체내에 축적된 각종 독소를 배설시키는 적극적인 수단이다. 체내의 노폐물을 배출시키고 소화기의 흡수 기능을 활성화시켜 각종 질병을 치료할 목적으로 행해지는 초저열량 식이요법이라고 말할 수 있다. 단식은 보통 1일 내지 7일 정도 계속하는 경우가 많으며, 일주일 이상 단식하는 경우에는 전문가의 감독하에 하든지 아니면 경험이 있는 사람들만이 해야 한다.
>
> 단식의 종류로는 물만 마시는 전통적 생수 단식과 생수 이외에 다른 음식물을 조금씩 섭취하는 변형단식으로 구분된다. 변형단식은 의지력이 약해서 생수 단식을 하기 힘든 경우에 시행하는 요법으로 섭취하는 물질에 따라 효소단식, 주스단식, 벌꿀단식 등과 같은 다양한 방법이 있다.
>
> 단식 요법 중 하나로 최근 각광받고 있는 간헐적 단식은 현재 정확한 정의가 내려진 바가 없다. 간헐적 단식의 종류를 살펴보면, 16시간 단식 후 소량의 칼로리를 섭취하는 방법, 5일간의 일반식 후 48시간의 단식, 4일 중 1일의 24시간 단식, 3일 중 1일의 24시간 단식, 2일 중 1일의 24시간 단식, 7일 중 2일의 24시간 단식 후 600kcal의 저열량 섭취 등 다양한 방법이 제시되고 있지만 그 명확한 정의는 아직 내려진 바가 없으며, 단식 중에는 생수 혹은 블랙커피와 같은 초저칼로리의 음료를 섭취하는 방법을 사용하고 있다.

① 단식하면 비만 조절 이외에 다른 긍정적인 혜택도 얻을 수 있다.
② 일반적으로 간헐적 단식의 경우에도 생수를 마시는 것은 허용된다.
③ 변형단식은 신체가 허약한 사람이 실시하게 되는 단식 요법의 하나이다.
④ 단식 요법은 기본적으로 열량을 극도로 적게 섭취하는 비만 조절 방법이다.
⑤ 단식 요법은 위험이나 부작용, 통증 등의 문제로부터 자유로운 비만 조절 방법이다.

인공지능(AI) 기술은 더 이상 공상 과학소설 속 제재가 아니라 기업이 마주한 현실이 되었다. 오늘날 기업들은 머신러닝, 알고리즘, 스마트형 커넥티드 제품 등 다양한 AI 기술을 새롭고 흥미로운 방식으로 비즈니스에 적용하고 있다. 인공지능의 무한한 잠재력과 가능성을 생각한다면 이러한 열기는 당연하다. 하지만 기업의 이러한 열망과 현실 사이에는 여전히 큰 간극이 존재한다. 현실적으로 빅데이터 프로젝트 중 약 85%가 실패한다. 그렇다면 기업이 인공지능 전략을 통해 성공적인 비즈니스 결과를 얻기 위해서는 어떻게 해야 할까?

첫째, ㉠<u>인공지능 도입의 목적을 명확히 설정해야 한다.</u> AI는 진공 상태에 존재하는 것이 아니라 기업의 비즈니스 모델, 프로세스 및 문화의 맥락 속에서 존재한다. 새로운 직원을 채용할 때 회사에 적합한 인재인지 판단해야 하는 것처럼, AI 기술 적용이 실제 비즈니스 결과에 어떤 영향을 미칠 것인지 신중하게 판단해야 한다.

둘째, ㉡<u>자동화할 대상을 신중하게 선택해야 한다.</u> 많은 사람들이 인공지능과 같은 인지기술로 인해 사람의 일자리가 사라질 것을 걱정하고 있다. 그렇지만 MIT 경제학자 David Autor은 다르게 생각한다. 일자리가 사라지는 것이 아니라, 단지 '일상적 또는 반복적 작업(routine works)'과 그렇지 않은 작업(non-routine works) 사이에 구분이 생기는 것이라 본다. 산업혁명 당시 기계가 인간의 물리적인 노동을 자동화한 것처럼, 인공지능은 우리가 '일상 작업'으로 구분한 인지 프로세스들을 빠르게 자동화할 뿐이다.

셋째, ㉢<u>데이터를 충분히 이해하고 선택해야 한다.</u> 꽤 오랜 시간 데이터는 무조건 많을수록 좋다는 인식이 존재했다. 그렇기 때문에 기업들은 되도록 많은 데이터를 수집하고, 이를 정교한 알고리즘에 투입하여 정확도가 높은 예측 모델을 만들기 위해 노력했다. 하지만 이제 무분별한 데이터 수집은 결코 좋은 방법이 아니라는 것이 분명해졌다. 추가로 덧붙이자면, 최근 유럽에서 개인정보보호법(GDPR)이 시행되고 함께 다른 국가에서도 유사한 법률적 움직임이 나타나면서 이제 데이터는 자산인 동시에 책임이 필요한 영역이 되고 있다. 따라서 기업은 사용하려는 데이터 소스를 충분히 인지하고, 사람이 이해하고 설명할 수 있는 모델을 만들어야 할 것이다.

마지막으로 ㉣<u>사람의 노동력을 보다 가치 있는 사회적 과업으로 인식하고 변화시켜야 한다.</u> 어떤 작업을 자동화한다는 것은 그 업무에 투입되던 노동력을 다른 영역에 활용할 수 있다는 것을 의미한다. 이 점을 인지하지 못하고, 단순히 인간의 노동력을 대체하고 비용을 줄이기 위해 인공지능을 사용하는 것은 결코 최선의 결과로 이어질 수 없다.

① ㉠: 아무리 정확성이 높은 모델이라도 변화하는 조건에 적용할 수 없다면, 정확도가 70% 정도로 낮더라도 단순한 모델이 더 나을 것이다.
② ㉡: 세계적 기업 애플은 매장을 방문했을 때 인공지능이 아닌 직원이 고객을 상대하고 이 응대 이후에 이루어지는 백그라운드 작업은 자동화하였다.
③ ㉢: 기업들이 데이터에 대해 충분히 이해하지 못한 채 선별적으로 시스템에 입력할 경우 데이터 편향성 문제가 발생할 수 있다.
④ ㉣: AI 시스템 구현의 최전선에 있는 전 세계 1,000곳 이상의 기업들을 대상으로 실시한 조사 결과, 인간과 기계가 함께 작업했을 때의 성과가 기계가 모든 것을 대체했을 때보다 월등히 높다는 사실이 밝혀졌다.
⑤ ㉤: AI 기반 로봇을 이용하여 완전 자동화 시스템의 미래형 공장을 목표로 했던 테슬라의 Model 3 제조 시설은 실패했고 테슬라는 생산 공정 개조 및 로봇 훈련, 교체 작업 등을 담당할 수백 명의 근로자를 고용했다.

**10** 다음 글을 읽고 추론한 내용으로 가장 적절하지 <u>않은</u> 것을 고르면? 2020 상반기 SKCT 기출 복원

> 폴리페놀은 광합성에 의해 생성된 식물의 색소와 쓴맛의 성분이므로, 포도처럼 색이 선명하고 떫은맛이나 쓴맛이 나는 식품에 많다. 녹차나 홍차의 대표적인 유효 성분은 카테킨이다. 카테킨은 폴리페놀의 하나로 항산화에 효과적이다. 카테킨의 항산화력은 대표적 항산화제인 비타민E의 200배, 비타민C의 100배에 달할 정도로 강력하다. 차에는 비타민C와 유기산도 들어 있어, 카테킨과 함께 섭취되면서 상승 작용을 일으켜 뛰어난 항산화력을 가진다. 카테킨은 혈액 중의 포도당, 지방산, 콜레스테롤의 농도를 감소시켜 지방 합성을 억제하면서 지방 분해를 촉진하기도 한다.
>
> 베리류에는 레스베라트롤이라는 폴리페놀이 들어 있다. 레스베라트롤은 식물이 곰팡이 등으로부터 자신을 보호하기 위해 사용하는 방어 물질인데, 항균 작용을 해 사람이 섭취하면 강력한 항산화 작용을 한다. 특히 세포 증식을 촉진하는 특정 유전자의 발현을 조절함으로써 빠르게 분열하는 각종 암세포의 증식을 차단해 항암에 탁월하다.
>
> 사과에 많이 함유된 플라보노이드도 폴리페놀의 한 종류로 항산화 작용을 한다. 특히 사과에서 추출되는 플라보노이드는 폐경기 여성의 골밀도 감소를 억제하는 효과도 있는 것으로 알려져 있다. 사과 속 플라보노이드는 껍질에 많이 들어 있다.

① "폴리페놀은 식물에서 발견되는 화학 물질의 일종이군."
② "녹차 속 카테킨은 항산화뿐 아니라 다이어트에도 효과가 있군."
③ "사과는 껍질을 벗기지 말고 잘 씻어서 먹는 것이 좋겠군."
④ "평상시 폴리페놀을 많이 섭취할수록 다양한 질병을 예방할 수 있겠군."
⑤ "폴리페놀은 항산화 기능이 있어 다양한 질병에 대한 위험도를 낮추는군."

> '상관관계'란 X가 증감할 때 Y가 얼마나 증감하는지를 나타내는 관계이다. −1과 1 사이의 상관계수를 통해 함께 늘어나는지 오히려 반대로 줄어드는지 설명한다. 보통 0에 가까우면 변수 사이의 관계가 없으며, −1과 1에 가까울수록 상관성이 있다고 말할 수 있다.
>
>  한편 '인과관계'란 먼저 X가 일어날 때 Y가 어떻게 변하는지에 따라 Y에 영향을 주는 X를 설명하는 관계이다. 관계를 설명할 때 누락된 다른 변수가 없는 상태에서 안정적인 결과가 반복적으로 나타나는 것이 상관성과의 주요 차이이며, 회귀식 등의 모델을 통해 파악할 수 있다.
>
>  상관이 있다는 것만으로는 인과가 있다고 단정하지 못하며, 인과의 전제에 지나지 않는다. 즉 상관은 인과를 함축하지 않는 것이다.

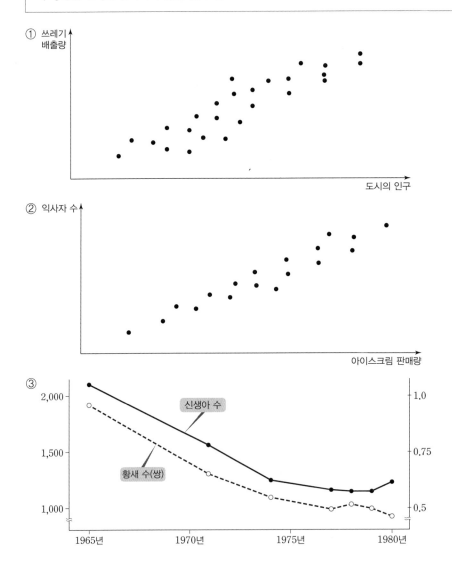

④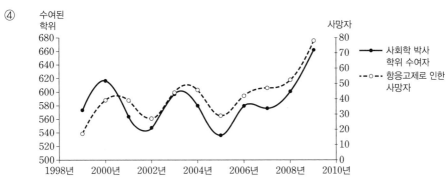

⑤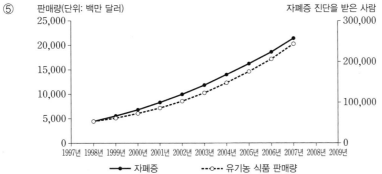

**12** 다음 글을 읽고 밑줄 친 ㉠의 증상을 추론한 것으로 가장 적절한 것을 고르면?

2020 하반기 SKCT 기출 복원

좌뇌와 우뇌가 서로 다른 기능을 처리하는 것은 정보시스템의 관점에서 보면 일종의 병렬처리에 해당한다. 좌뇌의 두꺼운 회백질은 신경세포가 밀착되어 있어서 근처 세포를 동원하여 집약적이고 섬세한 작업이 가능하도록 한다. 이에 반해 우뇌는 백질 부분이 좌뇌에 비해 두꺼워서 신경세포의 축색이 길고 멀리까지 뻗어서 동일한 모듈끼리 연계되어 있다. 이 때문에 다면적 정보나 개념을 크게 취급할 수 있는 기능이 발달되어 있다.

일반적으로 좌뇌는 언어적 사고 및 판단, 많은 정보에 대한 체계적 추리, 이성 및 지성, 논리적이고 분석적이며 합리적인 사고, 규범성, 의식 등의 기능을 담당한다. 우뇌는 시각적·이미지적 사고 및 판단, 하나의 정보로 전체를 파악, 감성, 직관적이고 감각적이며 비합리적인 사고, 무규범, 무의식 등의 기능을 담당한다고 알려져 있다. 뇌량은 좌뇌와 우뇌를 연결하는 신경섬유 다발로서 두 대뇌반구의 정보를 교환하는 다리 역할을 한다. ㉠뇌량 손상을 입어 좌뇌와 우뇌 사이에 원활한 정보 교환이 이루어지지 않으면, 분할뇌증후군이 유발된다.

① 발음이 꼬이고 어눌한 현상이 일어난다.
② 수학이나 음악과 같은 체계화 과목에서 성적을 내지 못한다.
③ 발명이나 개발 등에 관련된 창의적인 아이디어가 사라진다.
④ 오른손으로 단추를 채우는 것을 알지 못하고 왼손이 단추를 푼다.
⑤ 발작 증상이 자주 나타나 거동이 어려워진다.

**13** 다음 글을 읽고 밑줄 친 ⊙, ⓒ에 대한 추론으로 가장 적절하지 <u>않은</u> 것을 고르면?

2019 하반기 SKCT 기출 복원

라디에이터에서 발생하는 열을 식히는 방법에는 크게 ⊙공랭식과 ⓒ수랭식 두 가지가 있다. 공랭식은 실외기를 설치하여 압축기에서 생기는 응축열을 공기로 식혀 주는 방법을 말한다. 공랭식은 구조가 간단하고 보수가 쉬우며 용량이 크지 않으면 실외에 간단히 설치할 수 있어, 가정용 에어컨은 대개 공랭식으로 이뤄져 있다. 공랭식 에어컨은 실외기와 실내기의 배관 길이, 외부 온도, 습도 등에 따라 성능 차이가 크게 난다.

수랭식은 압축기에서 발생하는 응축열을 물로 식혀 주는 방법을 말한다. 수랭식은 자동차 엔진과 마찬가지로 냉각 효율이 높아 전기를 절약하고, 냉각수 배관만 연결하면 냉각할 수 있어서 주변 환경에 영향을 받지 않고 어느 곳에나 설치할 수 있다. 특히, 외부 혹은 외벽 근처에 실외기를 놓을 공간을 따로 마련할 필요도 없기에 외벽 공간에 낭비가 없다. 반면 실내에 냉각수 배관과 옥상에 냉각탑을 설치해야 하는 등 설치가 까다롭고 시설비가 많이 든다. 또한, 수랭식 시스템은 에어컨 사용 시 냉각수가 반드시 순환되어야 하므로 냉각수 계통을 가동하지 않으면 세대에서 독자적으로 에어컨을 켤 수 없는 치명적인 단점이 있다. 이 때문에 전체 세대가 에어컨을 가동하면 경제적일 수 있지만, 일부 세대만 에어컨을 가동하면 가동하는 세대만을 위해 냉각 시스템을 가동해야 하는 상황이 발생할 수 있다.

① ⊙은 ⓒ보다 수리가 쉽다.
② ⓒ은 ⊙보다 계절에 따른 기후 변화가 심한 곳에 더 적합하다.
③ ⊙은 ⓒ에 비해 외부 환경의 영향을 많이 받는다.
④ ⓒ은 전기 요금을 줄일 수 있지만 시설비가 많이 든다.
⑤ ⊙과 ⓒ은 응축열 냉각 방식의 차이에 따라 구분한다.

**14** 다음 [가]와 [나]의 글을 읽고 밑줄 친 단어가 서로 대응하지 <u>않는</u> 것을 고르면?

2019 하반기 SKCT 기출 복원

[가] 고구려에서는 고국천왕과 을파소에 의해 <u>진대법(賑貸法)</u>이 시행되었다. 진대법은 백성을 구제하는 대표적인 구휼(救恤) 제도로 손꼽힌다. 진(賑)은 곡식을 무상으로 제공하는 구휼 정책이었고, 대(貸)는 <u>열심히 일해서 가을에 추수하면 갚을 수 있는 백성들</u>에게 빌려주는 대부 정책이었다. 농민들은 가난하여 높은 이자를 주고 곡식을 빌리는 <u>고리대(高利貸)</u>를 이용하였고, <u>고리대를 갚지 못한 농민들</u>은 노비가 되었다. 이에 고국천왕은 내외의 관사에 명하여 늙고 병들고 가난하여 자립할 수 없는 자를 널리 찾아서 구휼하라 하고, 또 관원에게 명하여 매년 3월부터 7월까지 관곡을 풀어 가구의 많고 적음으로써 차이를 두어 곡식을 대여하였다가 10월에 이르러 갚도록 하는 것을 <u>상식(常式)</u>으로 삼게 하였다.

[나] 서민 금융 상품은 정책성 정부 지원 금융 상품을 일컫는 말로, 대체로 생계유지가 힘든 서민층을 대상으로 하고 있다. 최근 금융위원회에서는 이러한 <u>서민 금융 지원 체계 개편 방안</u>을 발표했다. 지난해 정부가 내놓은 <u>빚 탕감 정책</u>은 <u>장기 소액 연체자</u>를 대상으로 한 일회성 대책으로 정작 당장 신용 회복이 시급한 채무자에게는 별 도움이 안 됐다. 이에 정부는 내년부터 소액 채무자 특별 감면 프로그램을 도입하기로 했다. 아울러 정부는 신용 등급이 낮은 이들이 연 24%의 <u>고금리 대부업 대출</u>에 내몰리지 않도록 연 10% 후반대의 저신용층 전용 긴급 생계·대환 자금 대출 상품을 내놓기로 했다. 다만 무조건 받을 수 있는 것은 아니다. 금융위 관계자는 "<u>소득은 있지만, 신용도가 낮아 대부업으로 갈 수밖에 없는 차주</u>를 흡수할 것"이라고 말했다.

① 진대법(賑貸法) — 빚 탕감 정책
② 열심히 일해서 가을에 추수하면 갚을 수 있는 백성들 — 소득은 있지만, 신용도가 낮아 대부업으로 갈 수밖에 없는 차주
③ 고리대(高利貸) — 고금리 대부업 대출
④ 고리대를 갚지 못한 농민들 — 장기 소액 연체자
⑤ 상식(常式) — 서민 금융 지원 체계 개편 방안

**15** 다음 글의 주장에 대한 반박으로 가장 적절하지 <u>않은</u> 것을 고르면?

> 최근 국내 기업을 중심으로 '리버스 멘토링'이 주목받고 있다. 멘토와 멘티 역할을 하는 대상이 뒤집힌 형태의 멘토링 방법이다. 일반적 멘토링과 달리 리버스 멘토링은 주니어 직원이 멘토가 되고, 시니어 직원이 멘티가 된다. 조직 내 젊은 구성원이 CEO, 부사장, 임원, 팀장 등 상위 직급 리더에게 새로운 트렌드나 관점, 신기술 등을 전수하는 방식이다. 리버스 멘토링은 세대 간의 이해와 협력을 강화할 뿐만 아니라 핵심 인재 개발에도 도움이 된다. 리버스 멘토링의 긍정적 효과는 다음과 같다. 우선 세대 간의 격차가 완화된다. 리버스 멘토링은 세대 장벽을 타파할 매우 효율적인 도구이며, 오랜 비즈니스 경험을 가진 시니어 리더가 비즈니스와 산업 전체의 운영에 관한 새롭고 신선한 관점을 접할 기회를 얻게 해 준다. 두 번째로는 최신 시장 트렌드를 파악할 수 있다. 기업은 리버스 멘토링을 시장 및 고객 동향 파악에 활용할 수 있다. 특히 MZ 세대를 공략해야 하는 기업은 조직 내 MZ 세대 직원들을 멘토로 활용해 큰 비용 투자 없이도 최신 시장 및 고객 니즈를 파악할 수 있다. 궁극적으로 리버스 멘토링은 멘토링의 책임이 시니어에게만 있는 것이 아니라 조직 구성원 전체에 있다는 관점의 전환을 동반한다. 따라서 수평적 조직 분위기 조성에 도움이 되어 전체 조직 문화를 개선할 수 있다.

① 리버스 멘토링은 젊은 사원들의 독창성에 대해 과장하여 평가하기 쉽다.
② 리버스 멘토링이 각 세대의 취미 체험으로 전락할 경우 이를 실제 사업에 활용하기가 어렵다.
③ 리버스 멘토링은 세대 간 팀을 이루어 일하는 분위기를 조성하여 일자리를 두고 세대 간 경쟁을 심화시킨다.
④ 리버스 멘토링은 젊은 신입 사원들의 기술과 지식을 나이 많은 상급자들에게 전수하는 역할로 전락할 수 있다.
⑤ 리버스 멘토링은 멘토인 부하 직원의 공로를 인정하지 않는 등 젊은 직원의 지식을 일방적으로 갈취할 수 있다.

질량이 동일한 쇠막대와 코르크 마개를 동시에 물 위로 던지면 쇠막대는 바로 가라앉지만, 코르크 마개는 쉽게 물 위에 뜬다. 질량이 같은데 왜 코르크 마개만 물 위에 뜰까? 그것은 두 물질의 밀도 차이에 있다. 두 물질은 질량은 같지만 부피가 다르다. 코르크 마개의 부피가 훨씬 더 크기 때문에 쇠막대에 비해 단위 부피당 질량, 즉 밀도는 작아지게 된다. 부피는 온도의 영향을 많이 받기 때문에 밀도를 나타낼 때에는 온도를 함께 표시하여야 한다. 일반적으로 온도가 높아질수록 부피가 증가한다. 밀도가 다른 두 물질을 섞으면 상대적으로 밀도가 작은 물질이 뜨고, 밀도가 큰 물질이 가라앉기 때문에, 물보다 밀도가 작은 코르크 마개는 뜨고, 밀도가 큰 쇠막대는 물속으로 가라앉는다. 밀도는 질량을 부피로 나눈 값으로, 단위 부피당 질량이다. 같은 부피라도 밀도가 클수록 무겁다.

비중은 어떤 고체와 액체가 물에 뜨는지, 어떤 기체가 공기에 뜨는지를 알 수 있도록 해주는 역할을 한다. 일반적으로 고체와 액체는 공기보다 항상 밀도가 크기 때문에 공기와 비교하는 것은 의미가 없다. 고체와 액체의 경우 비중이 1보다 크면 물보다 밀도가 크다는 의미이므로 물속으로 가라앉고, 비중이 1보다 작으면 물 위에 뜬다는 것을 알 수 있다.

① 코르크 마개는 따뜻한 바닷물에서 더 잘 뜬다.
② 철을 움푹하게 가공하면 물 위에 띄울 수 있다.
③ 얼음은 물보다 밀도가 낮아서 물에 뜬다.
④ 구리는 비중이 8.93이므로 물에 가라앉는다.
⑤ 큰 풍선은 작은 풍선보다 비중이 크다.

**17** 다음 글을 읽고 기존의 주소 체계가 가진 문제점을 추론한 내용으로 가장 적절하지 <u>않은</u> 것을 고르면?

2019 상반기 SKCT 기출 복원

> 우리나라는 조선 초기부터 토지 지번 중심의 주소 체계를 사용해 왔다. 그러나 산업 사회의 발달과 더불어 도시의 급격한 팽창, 도시구조의 복잡화, 각종 개발 사업 등에 의한 토지의 분할·합병 등 토지의 이동이 빈번하게 발생했고, 그에 따라 토지 지번이 불규칙하게 부여돼 기존의 주소 체계로는 가중되는 사회적인 불편함을 해결할 수 없게 되었다. 이러한 시민 생활의 불편을 해소하고 국가 경쟁력 제고를 위하여 선진국과 같이 도로명과 건물 번호에 의한 새로운 주소 체계의 필요성이 대두되었다. 이에 따라 국책사업의 일환으로 토지 지번 중심의 주소 체계에 따른 모든 도로와 건물에 도로명과 번호를 부여하여 새 주소로 활용하고자 '도로명 및 건물 번호 부여 사업'이 추진되었다.
>
> 대부분의 선진국에서는 건물 주소와 토지 주소인 지번을 분리하여 사용하는 데 반하여 우리나라는 토지에 부여된 지번을 건물 주소와 동일하게 사용함으로써 많은 문제가 발생하게 되었다. 결국 지난 2012년을 기점으로 100여 년 동안 우리와 함께했던 지번 주소 제도가 역사 속으로 사라지고 새로운 도로명 주소 제도가 등장했으며 현재 전국에서 전면 시행되고 있다.

① 각종 사고 및 재난 때에 정확한 위치를 찾기 힘들어 정부의 신속한 대응이 어려웠을 것이다.
② 토지와 건물 등의 정확한 부동산 가격을 책정하기 어려웠을 것이다.
③ 외국인 관광객들에게 목적지에 대한 효율적인 안내가 어려웠을 것이다.
④ 건물을 찾아가거나 다른 사람에게 설명하기가 복잡하고 불편했을 것이다.
⑤ 건물의 위치 탐색이 쉽지 않아 많은 사회 경제적 외부 비용과 물류 비용이 초래되었을 것이다.

**18** 다음 글에 대한 이해로 적절하지 <u>않은</u> 것을 고르면?

마르크스는 상품이나 화폐가 마치 스스로 생명력을 가지고 자율적으로 증식하는 존재인 것처럼 여겨진다는 점에서 물신성을 갖는다고 설명한다. 자본주의 사회에서는 상품 생산자들이 생산 수단을 사적으로 소유하고 독립적으로 노동하기 때문에 그들의 사회적 관계는 상품의 교환을 통해서만 나타나게 된다.

루카치는 이러한 마르크스의 논리를 이어받아 물신성 대신 '물화'라는 개념을 애용했다. 물화 개념도 사람들 사이의 관계가 사물들 사이의 관계로 나타나는 현상, 그리하여 인간의 노동 및 그 산물이 거꾸로 인간과 대립하고 더 나아가 인간을 지배하는 현상을 지칭한다. 그런데 루카치는 베버의 합리화론을 물화론과 관련시켜 이해했다. 합리화란 계산 가능성과 조작 가능성의 강화인데, 합리화의 진전이 인간도 사물처럼 계산하고 조작할 수 있는 대상으로 생각하게 만들었다는 것이다.

루카치는 자본주의 사회의 합리화 과정, 특히 노동 과정의 합리화를 통해 물화가 촉진된다고 보았다. 나아가 합리화는 단지 노동 과정에만 국한되는 것이 아니라 법률, 행정, 학문 등 인간 생활 전체를 조직하는 포괄적인 메커니즘이 되어가고 있다.

루카치는 합리화와 물화가 사회생활 전체를 조직하는 원리가 되는 경우, 인간의 의식과 태도 또한 물화되고 '정관적'으로 변해버리게 된다고 보았다. '정관적'이라는 말은 주체가 대상과 실천적인 관계를 맺지 못하고 자신의 의식 속으로 침거해버리거나 대상에 침투할 수 없는 수동적인 태도를 말한다. 루카치에 따르면, 정관적인 태도야말로 근대 부르주아적 주체의 본질적인 특징인데, 자본주의 사회에서 물화를 극복할 힘은 오로지 프롤레타리아의 계급 의식을 통해서만 나올 수 있다고 주장한다. 프롤레타리아 계급은 자본주의 사회에서 물화와 소외를 가장 심각하게 경험할 수 있는 계급적 상황에 처해 있어 이를 극복해야만 하는 당위성 또한 분명하게 의식할 수 있다. 루카치에게서 프롤레타리아 계급은 그들이 처한 존재 조건으로 인해 마땅히 역사 발전의 주체가 되어야 하는 유일한 혁명적 계급이었지만, 아도르노나 호르크하이머와 같은 비판 이론가들이 경험했던 현실은 프롤레타리아 계급에게서 역사 발전에 대한 총체적 인식과 주체적 역할을 찾아볼 수 없었다. 또한 아도르노는 인류의 자기 보존과 자연 지배에서 비롯된 계몽 과정 그 자체에서 현대 사회 문제의 원인을 추적한다는 점에서 마르크스나 루카스와 시각의 차이가 존재한다. 아도르노의 이러한 입장은 사실상 문제 해결의 실마리를 훨씬 더 근본적인 것으로 인식함으로써, 그 해결의 전망 또한 상당히 어렵고 비관적인 것으로 보이게 한다.

① 정관적 태도는 주객 분리를 넘어선 세계의 총체성을 포착할 수 없다.
② 물화란 주체와 객체가 서로 대립되어 그 관계가 역전되는 현상을 말한다.
③ 루카치는 물화를 자본주의 생활 형식 전체를 포괄하는 개념으로 확장하였다.
④ 마르크스는 사람과 사람 사이의 관계가 상품과 상품 관계로 나타난다고 보았다.
⑤ 마르크스는 현대 사회 문제의 원인을 자본주의로 촉발된 물화 과정에서 찾았다.

미국 〈타임지〉가 선정한 세계 10대 슈퍼푸드에도 이름을 올린 레드와인은 예로부터 몸에 좋다고 알려져 있다. 건강에 좋은 주요 성분들이 항산화 효과를 내기 때문인데 퀘르세틴, 라스베라톨, 탄닌, 갈산, 철분, 마그네슘, 칼슘 등 무기질도 다량으로 함유하고 있다. 이로 인해 심장 건강과 혈관 건강에 도움을 주고 있는데 특히 계절별 알레르기 예방에 좋고 면역체계를 강화시켜 감염, 감기, 알레르기에 대한 면역력에도 특효가 있다. 또한 나쁜 콜레스테롤 수치는 떨어뜨리고 좋은 콜레스테롤 수치는 높여줄 뿐만 아니라 지방의 수치도 높지 않게 유지시킨다. 하지만 반대 의견이 없는 것은 아니다. 레드와인은 숙성 과정에서 인체에 해로운 각종 곰팡이와 독성 물질을 만들어내고, 오래 보관하기 위해 각종 첨가물을 가미한다. 레드와인이 달게 느껴졌다면 그것은 첨가된 설탕 때문이다. 레드와인을 염증을 일으키는 식품 중 하나로 보는 시각도 있다. 하루 2잔을 초과하여 섭취하는 경우 C반응성 단백질이 증가하고 오히려 염증을 만들어내는 작용을 한다는 것이다. 일부 예민한 사람들은 레드와인을 섭취 후 메스꺼움과 역겨움을 호소한다. 탄닌 성분과 히스타민에 대한 알레르기가 있는 경우 해당 증상을 보일 수 있다. 또한 와인의 단맛을 위해 가미된 설탕이 체내에 흡수되면서 우리 몸은 혈액 내의 당도를 낮추려 한다. 이때 수분 보충이 제대로 되지 않을 경우 당분 부작용에 의해 두통이 유발된다. 또한 알레르기 유발 물질이 많이 들어있는데, 그중 대표적인 것이 이산화황이다. 포도주는 오크통에 긴 기간 보관하게 되는데 이산화황이 필수적으로 들어간다. 가공 과정에서 생길 수 있는 세균 번식을 억제하여 포도주의 맛과 향을 지켜주지만, 두드러기와 발진을 발생시키고 구토나 설사 증상, 기관지 수축과 천식을 일으키기도 한다. 무엇보다 공복에 마시지 않도록 주의해야 한다. 공복에 마실 경우 위벽을 자극하여 속쓰림을 유발할 수 있다. 공복을 피하고자 토마토와 치즈를 와인과 함께 곁들이는 것도 주의해야 한다. 와인의 유기산과 토마토의 탄닌이 만나면 위벽을 자극하고 위산 분비를 촉진시키기 때문이다. 또한 와인과 치즈에 있는 티라민 성분은 체내 교감 신경을 흥분시켜 심장을 빨리 뛰게 하고, 혈압을 상승하게 한다.

① 위벽을 보호하기 위해서는 음식물과 레드와인을 함께 섭취해야 한다.
② 면역력에 도움이 되기 위한 레드와인의 섭취는 하루 1~2잔 정도로 제한해야 한다.
③ 당분이 우리 몸에 흡수되면 혈액 내 당도를 낮추기 위해 수분이 필요하다.
④ 레드와인에 첨가되는 이산화황은 방부제의 역할을 한다.
⑤ 레드와인 섭취 시 메스꺼움을 경험한 사람이라면 항히스타민제 복용이 도움이 된다.

**20** 다음 [가]와 [나]의 글을 읽고 추론한 내용으로 가장 적절한 것을 고르면?

2019 하반기 SKCT 기출 복원

[가] 눈의 망막은 시각 세포인 간상체와 추상체로 구성되어 있다. 눈 전체에 퍼져 있는 간상체는 명암을 인식하고, 수정체와 마주한 부분에 몰려 있는 추상체는 색채를 인식하는데 이 추상체를 자극하는 색소는 빨강, 파랑, 녹색이다. 그중 녹색은 시야각이 좁아 피로를 풀어 주는 효과가 있고, 집중력과 학습 능률 상승에 도움이 된다. 병원 수술복이 녹색인 이유도 여기에 있다. 환자를 안심시키고, 피가 갈색으로 보이게 해 자극을 약화할 수 있기 때문이다. 또한, 수술하는 동안 의사의 눈은 장시간 붉은 피에 노출되는데, 이때 빨간색을 감지하는 원추 세포가 피로해진 상태에서 시선을 다른 곳으로 돌리게 되면 빨간색의 보색인 녹색이 눈에 잔상으로 남아 나타난다. 이 잔상은 의사의 시야를 혼동시켜 집중력을 떨어뜨릴 수 있기에 잔상을 느끼지 못하도록 수술실에서는 초록색 가운을 입고 수술실의 벽과 천장을 녹색으로 칠하는 것이다.

[나] 일본 나라현에서는 "파란색은 마음을 안정시키는 효과가 있다."라며 2005년 파란빛 가로등을 도입했고 그 결과 범죄가 연간 32,000여 건에서 21,000여 건으로 많이 감소했다. 파란빛 가로등과 범죄 발생 사이에는 어떤 상관관계가 있는 것일까? 스페인 그라나다대의 연구자들은 스트레스를 받은 사람들을 백색광이 있는 방과 청색광이 있는 방에서 쉬게 할 때 어느 쪽이 스트레스가 빨리 해소되는지 측정했다. 측정 결과 스트레스를 받은 직후 파란빛이 있는 공간에 머물 경우 스트레스가 급격히 완화된다는 결과가 나왔다. 순간적으로 화나 충동을 억누르지 못해 싸움이나 자살, 범죄가 일어나는 경우가 많다는 점을 고려할 때 파란빛 조명이 범죄율을 3분의 1이나 줄인 것도 이런 효과 때문으로 볼 수 있다.

① 색채는 단순한 시각 작용을 넘어 생리적·감정적 효과도 있다.
② 전반적인 연구 결과가 부족함에도 색채 심리는 다양한 분야에서 주목받고 있다.
③ 색채를 통한 감정은 개인의 개성이나 환경, 조건에 따라 다른 감정을 불러일으킨다.
④ 색채 심리는 색을 이용하는 다양한 활동들을 통해 심리 치료의 유용한 도구로도 사용된다.
⑤ 초록색은 긴장과 피로를 풀어 주지만 파란색과 함께 사용하면 그 효과가 반감된다.

## 인지역량 – 수리(검사B) 20문항/30분

**01** 어느 문구점에서는 가격 정찰제로 문구류를 판매하고 있다. 이 문구점에서 연필 한 자루, 볼펜 한 자루, 형광펜 한 자루를 구입하였더니 1,050원이었고, 볼펜 한 자루, 형광펜 한 자루, 지우개 한 개를 구입하였더니 950원이었고, 연필 한 자루, 형광펜 한 자루, 지우개 한 개를 구입하였더니 750원이었고, 연필 한 자루, 볼펜 한 자루, 지우개 한 개를 구입하였더니 1,000원이었다. 이때, 연필, 볼펜, 지우개, 형광펜 각 필기구의 한 개 값을 더한 총가격을 고르면?

2021 하반기 SKCT 기출 복원

① 1,000원      ② 1,250원      ③ 1,500원
④ 1,750원      ⑤ 2,000원

**02** 갑이 A, B, C, D 네 과목의 입사 시험을 보는 데 A는 60점, B는 70점, C는 80점을 받았다. 이 시험에서 통과하려면 평균 점수가 75점 이상이어야 한다. 갑은 D과목의 평가에서 몇 점 이상을 받아야 시험에서 통과할 수 있는지 고르면?

2020 하반기 SKCT 기출 복원

① 75점      ② 80점      ③ 85점
④ 90점      ⑤ 100점

**03** A, B, C, D, E, F가 있는데, C가 E의 자리에 잘못 앉았다. 이때, 나머지 5명 중 2명은 자기 자리에 앉고, 3명은 자기 자리가 아닌 곳에 앉을 확률을 고르면?

2020 상반기 SKCT 기출 복원

① $\dfrac{2}{5}$      ② $\dfrac{3}{20}$      ③ $\dfrac{2}{15}$
④ $\dfrac{1}{8}$      ⑤ $\dfrac{1}{24}$

**04**  다음 그림과 같이 흰 바둑돌과 검은 바둑돌을 일정한 규칙으로 늘어놓았다. 흰 바둑돌이 100개이고 놓여 있는 검은 바둑돌 개수의 최솟값을 a개, 최댓값을 b개라 할 때, a+b의 값을 고르면?

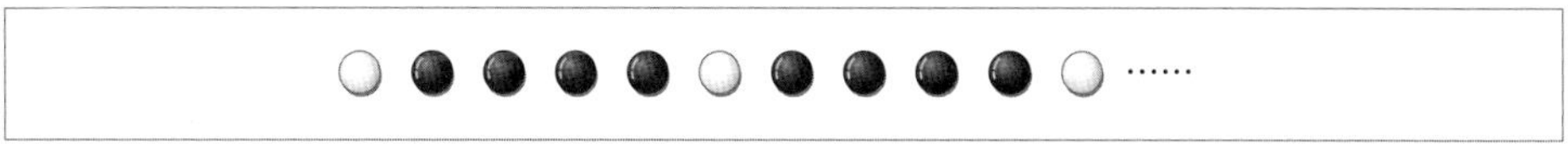

① 796　　　　　　　② 797　　　　　　　③ 798

④ 799　　　　　　　⑤ 800

PART 3
실전모의고사

01

02

03

**05**  P부서에서 직원 35명을 대상으로 소통능력과 컴퓨터활용능력 2가지 항목에 대하여 각 능력이 업무에 적합하면 'P', 적합하지 않으면 'F' 처리를 하여 평가하고 있다. 소통능력에서 'P'를 받은 직원이 17명, 컴퓨터활용능력에서 'P'를 받은 직원이 12명일 때, 두 항목에서 모두 'F'를 받은 직원 수는 최대 a명, 최소 b명이라고 한다. 이때, a+b의 값을 고르면?

① 12　　　　　　　② 15　　　　　　　③ 18

④ 21　　　　　　　⑤ 24

**06**  은장 벽지는 가로 1m 20cm, 세로 2m에 4,000원으로, 금장 벽지는 가로 1m, 세로 1m 50cm에 2,500원으로 판매되고 있다. 바닥의 가로와 세로가 각각 6m, 4m이고, 높이가 3m인 직육면체 모양의 사무실의 천장과 뒷면, 옆면 이렇게 3개의 면에 도배하려고 한다. 어떤 벽지를 선택했을 때 최소 비용이 들며, 그때의 최소 비용이 얼마인지 고르면?(단, 벽지는 제시된 크기로만 구매가 가능하다.)　　　　　　2020 하반기 SKCT 기출 복원

① 은장 벽지, 88,000원　　　② 은장 벽지, 90,000원　　　③ 은장 벽지, 92,000원

④ 금장 벽지, 90,000원　　　⑤ 금장 벽지, 92,000원

**07** 다음은 국제 유가와 원화 가치에 관한 기사의 일부이다. 다음 중 빈칸 A, B에 들어갈 값으로 바르게 짝지은 것을 고르면?  2021 상반기 SKCT 기출 복원

> 지난해 유가도 올랐지만 또 하나 급등한 게 있다. 바로 원화 가치이다. 작년 초의 두바이유 가격은 배럴당 55달러이고, 현재는 ( A )달러이다. 국제 유가가 3.5% 정도 올랐지만, 원화 가치도 오르는 바람에 한국에서 실제 사들이는 가격은 오히려 내려갔다. 작년 초(달러당 환율 1,005.4원)에는 배럴당 5만 5,400원에 사 와야 했지만, 현재는 5만 3,184원에 사 올 수 있다. 오히려 ( B )% 싸진 것이다. 배럴당 70달러로 급등할 때는 사들이는 가격이 6만 9,540원으로 올라 원화 가치의 상승 속도가 쫓아가지 못했지만, 어느 정도의 유가 상승은 오히려 원화 가치 상승으로 보충할 수 있다는 얘기이다.

|     | A       | B   |
| --- | ------- | --- |
| ①   | 56.925  | 4   |
| ②   | 56.925  | 6   |
| ③   | 56.925  | 96  |
| ④   | 57.125  | 4   |
| ⑤   | 57.125  | 96  |

**08** 다음 [표]는 A~E 5개의 작업으로 이루어진 반도체 조립 공정에서 각 작업의 작업 시간을 나타낸 것이다. 반도체를 조립하는 공정에서 걸리는 시간에 대한 평균과 표준편차를 바르게 짝지은 것을 고르면?  2021 상반기 SKCT 기출 복원

[표] 작업별 작업 시간

| 조립 공정    | A | B   | C   | D | E |
| ----------- | - | --- | --- | - | - |
| 작업 시간(분) | 2 | 1.5 | 1.5 | 4 | 3 |

|     | 평균 | 표준편차       |
| --- | ---- | ------------- |
| ①   | 2.4  | 0.92          |
| ②   | 2.4  | $\sqrt{0.92}$ |
| ③   | 2.4  | $\sqrt{0.94}$ |
| ④   | 2.6  | $\sqrt{0.92}$ |
| ⑤   | 2.6  | $\sqrt{0.94}$ |

**09** 다음 [표]는 2017~2021년 교통사고 현황을 조사한 자료이다. 이에 대한 설명으로 옳은 것을 고르면?

[표] 2017~20201년 교통사고 현황
(단위: 건, 명)

| 구분 | 2017년 | 2018년 | 2019년 | 2020년 | 2021년 |
| --- | --- | --- | --- | --- | --- |
| 사고 수 | 216,335 | 217,148 | 229,600 | 209,654 | 203,130 |
| 사망자 수 | 4,185 | 3,781 | 3,349 | 3,081 | 2,916 |
| 부상자 수 | 322,829 | 323,037 | 341,712 | 306,194 | 291,608 |

① 2017~2021년 중 사고 1건당 사망자 수가 0.016명 이상인 해는 3개이다.

② 2018~2021년 동안 사고 수가 전년 대비 가장 큰 비율로 증가한 해에 사망자 수는 가장 큰 비율로 감소하였다.

③ 2017~2021년 동안 부상자 수는 매년 사망자 수의 80배 이상이다.

④ 2018~2021년 동안 사망자 수가 전년 대비 가장 큰 비율로 감소한 해에 부상자 수도 가장 큰 비율로 감소하였다.

⑤ 2018~2021년 동안 각각의 사망자 수와 부상자 수의 합은 전년 대비 증가한 해의 수와 감소한 해의 수는 같다.

**10** 다음은 어느 지역의 도로를 표시한 그림이다. 동서남북으로 통하는 도로가 5개씩 있는데 이 지역의 도로는 남북으로는 북쪽에서 남쪽으로만 이동하고, 동서로는 화살표 방향으로만 이동할 수 있는 일방통행로이다. 같은 길을 두 번 지날 수 없을 때 ㉮지점에서 ㉯지점까지 가는 방법은 모두 몇 가지인지 고르면?

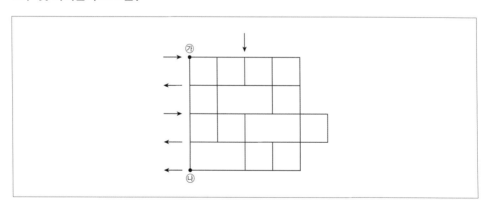

① 100가지      ② 110가지      ③ 128가지

④ 132가지      ⑤ 150가지

**11** 형은 A에서 출발해서 시계 반대 방향으로 돌아 F에 도착했다. 동생은 A에서 출발하여 형과 같은 방향으로 이동하고, 주사위를 던져 나온 수만큼 정육각형의 변을 이동한다. 동생이 주사위를 3번 던져서 도착한 지점이 A, F가 아닌 다른 곳일 때 A, F, 동생이 도착한 지점 이렇게 세 곳을 연결한 넓이가 최소가 되도록 하는 경우, 동생이 이동한 칸의 수로 가능한 수들을 모두 더한 값을 고르면? 2020 하반기 SKCT 기출 복원

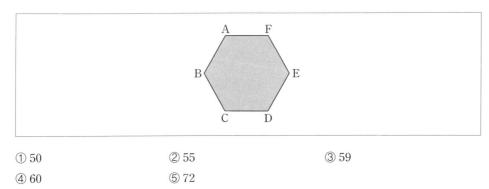

① 50　　　　　　　　② 55　　　　　　　　③ 59
④ 60　　　　　　　　⑤ 72

**12** 1년 동안의 영업실적을 산출하려 한다. 1분기, 2분기, 3분기, 4분기의 실적 점수에 가중치를 부여하여 S회사에서 연간 평가를 위해 점수로 나타내는 데, A가 받은 분기별 점수의 가중치를 1 : 1 : 1 : 1로 하면 평균은 82.5점, 분기별 가중치를 3 : 7 : 3 : 7로 하면 85.5점이 된다. A가 받은 분기별 점수의 최고점과 최저점의 차이로 가능한 점수를 고르면?(단, 2·4분기의 실적 점수는 1·3분기의 실적 점수보다 크다.) 2019 하반기 SKCT 기출 복원

① 6점　　　　　　　　② 8점　　　　　　　　③ 12점
④ 24점　　　　　　　　⑤ 32점

**13** N명의 사람이 테이블에 앉으려고 한다. 한 테이블에 8명씩 빠짐없이 앉는다면 20명이 앉을 수 없고, 27개의 테이블에는 9명씩 앉고 나머지 테이블에 7명씩 앉는다면 모든 사람이 딱 맞게 앉을 수 있다. 이때 N은 몇 명인지 고르면? 2019 상반기 SKCT 기출 복원

① 250명　　　　　　　　② 260명　　　　　　　　③ 268명
④ 276명　　　　　　　　⑤ 292명

**14** 연필은 한 상자에 12자루씩 들어있고, 자는 한 상자에 20개씩 들어 있다. 학교에서 학생들을 위해 대량으로 문구를 구매하는 데 연필과 자를 합해서 300개를 구매했고, 연필과 자의 상자 수의 차는 가능한 작게 하려고 한다. 연필과 자는 합해서 몇 상자를 구매한 것인지 고르면?(단, 연필과 자는 각각 적어도 1상자 이상은 사야 한다.)  2020 하반기 SKCT 기출 복원

① 15상자       ② 17상자       ③ 19상자
④ 21상자       ⑤ 23상자

**15** 다음 [조건]을 만족하는 두 정수 $x$, $y$에 대하여 순서쌍 $(x, y)$의 개수를 고르면?

조건
(가) $xy \leq 0$
(나) $3x - 2y - 20 = 0$

① 3개       ② 4개       ③ 5개
④ 6개       ⑤ 7개

**16** 어느 회사에서 직원들에게 과일을 나눠주려고 한다. 다음 [조건]을 바탕으로 할 때, 주어진 [보기] 중 옳은 것을 모두 고르면?

조건
• 오렌지 134개를 직원들에게 똑같은 수로 나눠 주면 4개가 남는다.
• 자몽 73개를 직원들에게 똑같은 수로 나눠 주면 3개가 남는다.
• 귤 191개를 직원들에게 똑같은 수로 나눠 주면 1개가 남는다.

보기
㉠ 직원 수가 7명일 수 있다.
㉡ 직원 수는 최대 10명이다.
㉢ 직원 수가 최소일 때, 귤은 한 사람당 38개를 나눠 갖는다.
㉣ 직원 수가 최대일 때, 자몽은 한 사람당 5개씩 나눠 갖는다.

① ㉠, ㉢       ② ㉠, ㉣       ③ ㉡, ㉢
④ ㉡, ㉣       ⑤ ㉡, ㉢, ㉣

**17** 다음 [그래프]는 2011년부터 2021년까지 연도별 1분기 미충원인원 및 미충원율을 나타낸 자료이다. 이에 대한 설명으로 옳은 것을 고르면?

[그래프] 2011~2021년 연도별 1분기 미충원인원 및 미충원율

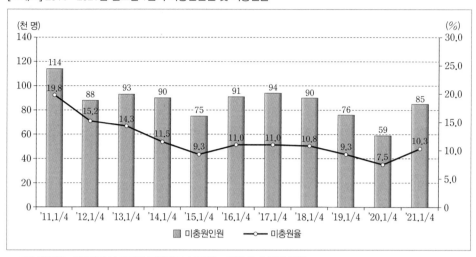

※ 미충원인원: 사업체에서 적극적 구인에도 불구하고 채용하지 못한 인원

※ (미충원율)(%) = $\dfrac{(미충원인원)}{(구인인원)} \times 100$

① 미충원율이 가장 낮은 해의 미충원율은 전년 동기 대비 1.8% 감소하였다.
② 전년 동기 대비 미충원인원이 많으면 미충원율도 높다.
③ 전년 동기 대비 미충원인원이 가장 크게 증가한 해와 가장 크게 감소한 해의 미충원인원의 차는 5만 5천 명이다.
④ 2021년 1분기 미충원인원은 8만 5천 명으로 전년 동기 대비 약 41% 증가하였다.
⑤ 2018년 1분기 구인인원은 2016년 1분기 구인인원보다 많다.

**18** 다음 [표]는 2016~2021년 전체 근로자 월평균 근로일수, 근로시간, 임금총액을 나타낸 자료이다. 빈칸 (a)~(e)에 들어갈 값으로 옳지 <u>않은</u> 것을 고르면?(단, 근로시간, 전년 대비 근로시간 증가율과 전년 대비 임금총액 상승률은 소수점 둘째 자리에서 반올림한 값이다.)

[표] 연도별 전체 근로자 월평균 근로일수, 근로시간, 임금총액

| 구분 | 2016년 | 2017년 | 2018년 | 2019년 | 2020년 | 2021년 |
|---|---|---|---|---|---|---|
| 근로일수(일) | 20.4 | (a) | 20.0 | 20.0 | 19.7 | 19.8 |
| 전년 대비 근로일수 증감 차(일) | −0.3 | −0.3 | −0.1 | 0.0 | −0.3 | 0.1 |
| 근로시간(시간) | 169.4 | 166.3 | (b) | 163.1 | 160.6 | 160.7 |
| 전년 대비 근로시간 증가율(%) | −1.2 | −1.8 | −1.4 | −0.5 | (c) | 0.1 |
| 임금총액(천 원) | 3,106 | 3,207 | 3,376 | 3,490 | 3,528 | 3,689 |
| 전년 대비 임금총액 상승률(%) | 3.8 | (d) | 5.3 | 3.4 | 1.1 | (e) |

① (a): 20.1
② (b): 164.0
③ (c): −1.9
④ (d): 3.3
⑤ (e): 4.6

**19** 다음 [표]는 2015~2019년 제품별 기업 총투자 비중에 대한 자료이다. 이에 대한 설명으로 옳은 것을 고르면?

[표] 2015~2019년 제품별 기업 총투자 비중　　　　　　　　　　　　　　　　　　(단위: 억 원, %)

| 연도 | 기업 총투자 비중 \ 제품별 | NA 나노소재 | NB 나노전자 | NC 나노바이오·의료 | ND 나노장비·기기 |
|---|---|---|---|---|---|
| 2015년 | 나노투자액(A) | 3,830 | 274,974 | 766 | 2,455 |
| | 총투자액(B) | 18,286 | 459,164 | 2,562 | 5,292 |
| | 비중(A/B) | 20.9 | 59.9 | 29.9 | 46.4 |
| 2016년 | 나노투자액(A) | 6,339 | 277,521 | 634 | 1,929 |
| | 총투자액(B) | 21,936 | 460,155 | 1,648 | 3,205 |
| | 비중(A/B) | 28.9 | 60.3 | 38.4 | 60.2 |
| 2017년 | 나노투자액(A) | 5,167 | 276,435 | 1,128 | 3,018 |
| | 총투자액(B) | 14,681 | 457,908 | 2,209 | 4,022 |
| | 비중(A/B) | 35.2 | 60.4 | 51.1 | 75.0 |
| 2018년 | 나노투자액(A) | 4,286 | 275,662 | 774 | 4,327 |
| | 총투자액(B) | 22,149 | 457,849 | 2,040 | 5,132 |
| | 비중(A/B) | 19.4 | (　　) | 37.9 | 84.3 |
| 2019년 | 나노투자액(A) | 4,666 | 280,084 | 1,673 | 6,297 |
| | 총투자액(B) | 24,400 | 462,990 | 3,474 | 7,903 |
| | 비중(A/B) | 19.1 | 60.5 | 48.2 | 79.7 |

① 매년 기업 총투자액은 NA 나노소재가 가장 적다.

② NB 나노전자의 기업 총투자 비중은 매년 증가하였다.

③ 연도별로 기업 총투자 비중이 높을수록 나노투자액도 높다.

④ 2019년 NC 나노바이오·의료의 기업 총투자 비중은 2015년에 비해 18.3% 높다.

⑤ 2019년 ND 나노장비·기기의 총투자액은 전년 대비 50% 이상 증가하였다.

**20** 다음 [그래프]는 2017~2018년 원가 구성 요소별 원가 비중에 대한 자료이고, [표]는 2019년 완성공사원가 통계 중 공종별 원가계산서에 대한 자료이다. 이에 대한 [보기]의 ㉠~㉤ 중 옳은 것을 모두 고르면?

[그래프] 2017~2018년 원가 구성 요소별 원가 비중 현황 (단위: %)

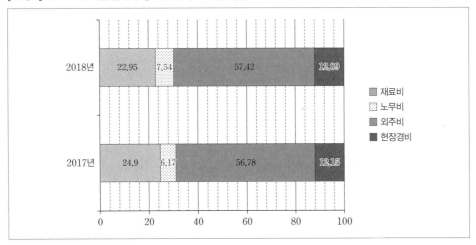

[표] 2019년 완성공사원가 통계 중 공종별 원가계산서 (단위: 억 원)

| 공종<br>원가 구성 요소 | 토목 | 건축 | 산업환경설비 | 조경 |
|---|---|---|---|---|
| 재료비 | 14.8 | 16.1 | 30.6 | 3.2 |
| 노무비 | 5.1 | 3.3 | 7.3 | 1.5 |
| 외주비 | 37.4 | 38.7 | ( A ) | 6.6 |
| 현장경비 | 10.8 | 6.7 | 8.2 | 1.8 |
| 완성공사원가 | 68.1 | ( B ) | 86.1 | 13.1 |

※ (완성공사원가)=(재료비)+(노무비)+(외주비)+(현장경비)

┌ 보기 ┐
㉠ 2019년 산업환경설비에서 외주비는 40억 원이다.
㉡ 2019년 건축의 완성공사원가는 조경의 완성공사원가의 5배 이상이다.
㉢ 완성공사원가에서 비중이 가장 높은 원가 구성 요소는 2017년부터 2019년까지 모두 동일하다.
㉣ 2019년 토목 완성공사원가에서 재료비가 차지하는 비중보다 재료비 총액에서 토목이 차지하는 비중이 더 작다.
㉤ 2017~2019년 동안 전체 완성공사원가에서 현장경비의 비중은 꾸준히 감소하였다.

① ㉠, ㉡, ㉢      ② ㉠, ㉢, ㉣      ③ ㉠, ㉢, ㉤
④ ㉡, ㉣, ㉤      ⑤ ㉢, ㉣, ㉤

**01** 다음 글을 읽고 추론한 내용으로 가장 적절한 것을 고르면? 2021 상반기 SKCT 기출 복원

현행 국민기초생활보장체계에서는 부모와 떨어져 사는 20대 청년을 부모와 별도 가구로 인정하지 않는다. 이러한 실정 때문에 빈곤 상황에 놓인 20대 청년들이 국가 사회보장체계에서 소외된다는 비판이 제기된다. 보장 단위를 가구로 하는 국민기초생활보장제도는 원칙적으로 미혼 자녀 중 30세 미만은 주거를 달리해도 부모와 동일 보장 가구로 포함한다. 이 때문에 20대 1인 가구는 수급 조건을 심사할 때 부모의 소득과 재산이 함께 고려돼 수급자 선정에서 탈락하는 등 사회보장의 사각지대에 놓여있다.

국가인권위는 "국민기초생활보장제도가 헌법상 인간다운 생활을 할 권리를 구체화한 권리보장제도임을 고려한다면 국가 책임을 축소할 목적으로 가족주의 문화를 강조하는 것은 지양해야 한다."면서 "20대 청년을 자유롭고 독립적인 성인으로 인정하는 제도 개선이 바람직하다."라고 지적했다.

또한 "빈곤 상황에 처한 20대 청년의 어려움을 일시적인 것으로 치부하지 않고 현재의 불안을 해결하고 미래를 준비할 수 있도록 적시성과 충분성을 갖춘 지원이 필요하다."라며 "국민기초생활보장제도는 연령과 혼인 여부에 따라 달리 적용되기보다 만혼 또는 비혼의 증가, 청년 1인 가구 증가 등 사회 변화를 반영하여 기존과 동일한 복지를 제공하는 방향으로 개선돼야 한다."고 강조했다.

① 기혼 20대 가정은 국가가 정하는 기준보다 소득이 낮다면 현금·현물 등의 지원을 받을 수 있다.
② 20대 1인 가구는 현행법상 경제적으로 독립적인 성인으로 인정받고 있다.
③ 현재의 국민기초생활제도는 변화하는 사회상에 맞게 개선되고 있다.
④ 가구 단위의 보장보다는 연령과 혼인 여부에 따라 달리 적용해야 한다.
⑤ 결혼에 대한 사회적 인식의 변화를 현행 제도에 잘 반영하고 있다.

**02** 다음 글을 읽고 밑줄 친 ㉠~㉣을 비슷한 성질끼리 바르게 짝지은 것을 고르면?

2021 하반기 SKCT 기출 복원

기억법은 정보의 기억을 위한 방법으로, 특히 숫자의 나열처럼 직관적인 관계가 없어 외우기 어려운 정보에 다른 정보를 연결하여 외우기 쉽도록 하는 데 쓰인다.

㉠'장소법'은 흔히 자택이나 실제하는 장소 혹은 가공의 장소를 떠올리면서 그것에 기억하고 싶은 대상을 배치하는 방법이다. 장소에 대한 기억은 동물의 생존에 중요하기 때문에 장기 기억으로 보존되기 쉬운 성질을 갖고 있다. 그리고 그 장소를 사용하여 기억을 보유하는 기간은 다른 기억술과 비교해 두드러지게 길다는 특징이 있다.

㉡'이야기법'은 이야기를 짜서 기억하고 싶은 대상을 등장시키는 방법으로, 기억하고 싶은 항목을 시간적으로 배열하는 특징이 있다. '연쇄결합법'이라고도 불린다.

㉢'치환법'은 추상적인 것을 구체적이고 시각적인 사물로 치환해서 기억하는 방법이다. 즉 추상적이고 나에게 익숙하지 않은 정보를 구체적이고 이미지화하기 쉬운 대상으로 연결한 후 이를 구체적인 심상으로 만드는 특징이 있다.

㉣'영상화기법'은 기억하고 싶은 대상을 가지고 스토리를 만들고 이를 시각과 청각 같은 감각 정보를 이용하여 영상으로 만들어 기억하는 방법이다. 이 기억법을 사용하기 위해서는 다른 기억법보다 연습량이 필요하지만 그만큼 효과가 있다.

① ㉠ / ㉡, ㉢ / ㉣
② ㉠ / ㉡, ㉣ / ㉢
③ ㉠, ㉡ / ㉢, ㉣
④ ㉠, ㉢ / ㉡, ㉣
⑤ ㉠, ㉣ / ㉡, ㉢

소셜커머스란 소셜 네트워크 서비스(SNS)를 통하여 이루어지는 전자상거래를 가리키는 말이다. 소셜커머스에서는 소비자들의 다양한 의견이 공유되고, 그 의견을 바탕으로 함께 구매하기 위한 공간이 마련되면서 소비자들은 보다 적극적으로 소비 활동에 참여할 수 있게 되었다. 소셜커머스 이전의 전자상거래에서 소비자는 상품을 구매하는 단순 소비자에 불과하였다. 그러나 소셜커머스의 소비자는 소셜 미디어를 기반으로 한 SNS를 통해 자신의 의견을 적극적으로 개진하여 상품의 생산과 판매에도 영향을 미치는 프로슈머이다. 이들은 이전과 달리 자신의 SNS 계정을 통해 의견을 공유하기 때문에 신중하고 솔직하게 상품에 대한 의견이나 사용 후기를 남긴다. 그래서 과거 전자상거래에서 익명으로 올린 의견이나 사용 후기보다 더 신뢰할 수 있다.

현재 국내 소셜커머스는 일정 수 이상의 구매자가 모일 경우 파격적인 할인가로 상품을 제공하는 판매 방식의 소셜 쇼핑이 주를 이루고 있다. 그러나 소셜 쇼핑 외에도 페이스북과 같은 SNS상에 개인화된 쇼핑 환경을 만들거나 상거래 전용 공간을 여는 방식의 소셜커머스도 등장하고 있다. 소셜커머스의 소비자는 판매자(생산자)의 상품을 사는 데에서 그치지 않고, 그들로 하여금 자신들이 원하는 물건을 팔도록 유도할 수 있으며, 자신들 스스로가 새로운 소비자들을 끌어모을 수도 있다.

① 국내 소셜커머스의 현황
② 소셜커머스의 명칭 유래 및 등장 배경
③ 소셜커머스 소비자의 특성과 소셜커머스의 유형
④ 소셜커머스와 이전의 전자상거래의 차이점
⑤ 소셜커머스 열풍의 이유와 전망

**04** 다음은 '어떠한 주장'에 대해 반박한 글이다. '어떠한 주장'으로 가장 적절한 것을 고르면?

2020 하반기 SKCT 기출 복원

> 발효 식품에는 미생물의 효소가 많이 포함되어 있고, 소화와 흡수가 잘 되는 영양소도 많이 포함되어 있다. 그러나 효소의 주성분은 단백질이며, 단백질은 분자가 커서 그대로는 체내로 흡수되지 않기 때문에 소화관을 통과하는 동안 우리 몸의 소화 효소의 작용으로 아미노산으로 분해된다. 아미노산은 소장에서 흡수되어 우리 몸을 구성하는 단백질을 합성하는 재료로 이용되거나 세포 호흡에 사용되어 생명 활동에 필요한 에너지를 낸다. 따라서 발효 식품에 풍부한 효소가 그대로 우리 몸에서 효소로 작용하여 면역 기능을 강화하고 물질 합성을 촉진한다고 주장하는 것은 과학적으로 타당하지 않다. 그런데도 발효 식품에 효소라는 명칭을 사용하는 것은 효소가 과학 용어이고, 효소 식품이라고 하면 된장, 고추장 같은 발효 식품과는 달리 효소가 풍부하여 몸속에 부족한 효소를 바로 공급해 줄 것이라는 잘못된 착각을 불러일으키기 때문일 것이다. 이것은 발효 식품을 건강 보조 식품으로 생각하도록 만드는 동시에 건강을 회복시키는 치료 식품으로 오해하게끔 만들어 판매량을 늘리려는 의도가 포함된 것으로 여겨진다. 과학 지식을 정확하게 알고, 광고에 사용되는 과학 용어뿐 아니라 원리가 타당한지에 대해 비판적으로 판단할 수 있어야 할 것이다.

① 발효 식품에 효소가 많은 까닭은 미생물이 많이 번식하기 때문이다.
② 물질대사 능력을 키우기 위해서 발효 식품을 필수로 섭취하여야 한다.
③ 발효 식품은 건강 보조 식품으로서의 지위를 가질 수 없다.
④ 발효 식품을 먹어야 건강한 이유는 효소가 소화 · 해독 작용에 관여하기 때문이다.
⑤ 식품에 과학 용어를 사용할 경우 원리의 타당성을 생각해야 한다.

**05** 다음 글의 빈칸에 들어갈 내용으로 가장 적절한 것을 고르면?

'구독(購讀)'은 사전적 의미로 "책이나 신문, 잡지 따위를 구입하여 읽음"을 뜻한다. 우리의 기억과 추억 속에서 구독은 매일 아침 집 앞으로 배달되는 신문이나 우유, 요구르트를 떠올리게 한다. '구독경제'라는 말이 낯설지 않은 이유일 것이다. 소비자들의 소비 패턴이 바뀌고, 빅데이터와 큐레이션, 클라우드 등 혁신 기술이 발전하면서 '구독경제'가 새로운 소비 트렌드로 자리 잡고 있다. 미국과 유럽 등에서는 이미 유통의 큰 흐름을 형성하고 있으며 국내에서도 비록 걸음마 단계지만 나날이 그 영역을 넓혀가고 있다.

'구독경제(Subscription Economy)'는 구독이라는 전통적인 형태가 신기술을 앞세운 디지털 플랫폼과 결합하여 개인 맞춤 서비스로 발전한 소비 트렌드다. 제품이나 서비스를 구매하는 것보다 적은 금액을 지불하고 일정 기간 사용할 수 있는 방식을 일컫는데, 면도기, 의류, 화장품, 식료품 등 생활용품은 물론 영화와 음악, 주방과 자동차까지 신문 구독처럼 사용한 만큼 대가를 지불하는 방식이다. 소유가 중심이었던 '상품경제'와 빌려주고 빌려 쓰는 '공유경제'를 뛰어넘는 신개념의 유통 모델이라고 볼 수 있다. 즉, 구독경제는 (                    )

구독경제는 우리에게 익숙한 구독이라는 방식에 소비자의 욕구를 반영한 '맞춤'과 '개인화'가 가장 큰 특징이다. 소비자는 회원가입을 통해 멤버십을 획득한 뒤 상품을 구독하면 정기적으로 상품을 배송받거나 서비스를 이용할 수 있다. 소비자가 상품이나 서비스를 쓴 만큼 돈을 지불하는 방식이어서 전통적인 '소유'의 개념에서 벗어난다. 공유경제도 '소유'라는 전통적인 개념과 다르지만, 여전히 '관리의 번거로움'은 남아 있었다. 하지만 구독경제는 관리에 대한 고민마저도 떨쳐버릴 수 있다.

① 물품을 소유의 개념이 아닌 서로 대여하고 차용해 쓰는 개념으로 인식하여 경제 활동을 하는 것을 가리키는 표현이다.
② 중앙집권적 계획 통제에 의하여 재화(財貨)의 생산·분배·소비가 계획되고 관리되는 국민경제를 일컫는다.
③ 제품 판매 자체보다 서비스 제공을 통한 반복적 수익의 창출을 위해 고객에게 새로운 개념의 소비 옵션을 제공하는 것이다.
④ 자본주의의 여러 모순을 국가의 개입 등으로 완화하여 자본주의 사회의 발전과 영속을 도모하려는 경제 체계이다.
⑤ 국가가 모든 것을 계획하는 사회주의 경제 체계의 비효율성이나 정부 주도 경제에 대항하는 논리로, 한마디로 시장 중시 이론이다.

**06** 다음 [보기]는 문화재 관리국 직원을 선발하기 위한 면접시험에서의 지원자들의 대답이다. 주어진 글을 바탕으로 할 때, 선발되기에 가장 적절하지 **않은** 대답을 고르면?

복원은 문화재의 손상된 미적·역사적 가치를 최소한의 희생을 통해 이해할 수 있도록 하는 작업이다. 이는 예방과 보존에 비해 적극적인 개념이며, 실제로 훼손된 문화재를 치료한다는 의미를 가진다. 즉 본래 문화재가 가지고 있었던 미적·역사적 가치를 되살리는 것은 물론 예술품의 수명 연장을 위한 조치까지도 포함한다.

여기서 복원은 '수리'라는 개념과는 차이가 있다. 이러한 구분은 처리 대상의 용도 또는 목적과 밀접한 관계가 있다. 예를 들어 둥근 테의 안경다리가 부러졌다고 가정해 보자. 안경은 단순히 시력 교정을 위한 도구이므로 어떤 방법을 사용하든 안경을 다시 귀에 걸 수 있도록 하는 것이 중요하다. 따라서 다리가 부러지기 전 최초의 형태보다는 안경다리의 역할에 비중을 둔다. 부러진 부위에 구멍을 뚫고 철심을 박든, 대나무 조각을 부목으로 대고 명주실로 감든, 아예 다리를 교체하든 문제될 것이 없다. 왜냐하면 안경을 고치는 방법을 선택할 때 귀에 걸고 사용하는 목적과 내구성에 적합한 조치가 우선이기 때문이다. 즉, 최초의 용도를 회복하는 것이 목적이므로 이것은 수리라고 규정할 수 있다.

그러나 백 년이 지나 이 안경의 희귀성이나 예술적 가치를 인정받아 문화재가 된다면 이 안경의 최초 용도인 시력 교정 수단의 의미는 사라지고 안경의 형태와 미적인 면이 강조되는 보존 대상으로 바뀐다. 따라서 부러진 안경다리를 다시 귀에 걸 수 있도록 하는 수리 개념은 더이상 적용될 수 없다. 반면에 고칠 때에도 안경의 원래의 형태를 유지하는 조치가 필요하게 된다. 이처럼 파손된 대상물의 최초 용도보다 원형 보존을 위한 조치를 복원이라 한다. 이처럼 그 목적이 다르기 때문에 부러진 안경다리의 복원은 수리에 비해 재료 선택과 방법의 측면에서 많은 것을 고려해야 한다.

한편 단청과 같은 최초의 용도를 그대로 유지하고 있는 문화재에서는 수리라는 개념을 받아들이는 자세가 바람직하다. 지금까지 사람들이 최초의 목적대로 사용하고 있는 사찰이나 건물 또는 그 내부 구조물에는 수리와 복원을 절충한 개념이 적용되어야 한다.

보기

- 가: 저는 복원 대상물의 역사적 의미를 고려하여 작업에 임하겠습니다.
- 나: 저는 대상물의 현재 상태에 따라 다양한 방법들을 시도하겠습니다.
- 다: 저는 복원 대상물의 본래 용도를 최대한 되살리는 데 중점을 두겠습니다.
- 라: 저는 대상물을 차후에 재복원할 수 있음을 염두에 두고 작업을 하겠습니다.
- 마: 저는 복원의 재료로 자주 사용하는 약품에 대한 화학적인 지식을 잘 활용하겠습니다.

① 가        ② 나        ③ 다
④ 라        ⑤ 마

**다음 글의 내용과 일치하지 않는 것을 고르면?**

산소의 화학식은 $O_2$로, 이는 산소 원자 2개가 이중으로 결합된 이원자 분자라는 뜻이다. 일상에서 산소라고 말하면 대부분 산소 분자를 가리킨다. 산소는 다시 다른 분자와의 반응 정도가 큰 활성 산소와 그렇지 않은 비활성 산소로 나뉜다. 특히 활성 산소는 활성체 내에서 세포에 손상을 입히는 변형된 모든 종류의 산소를 말한다.

활성 산소는 인체에서 유익한 기능을 하는 분자와 반응하면서 그 분자가 인체에서 하는 기능을 제대로 하지 못하게 만든다. 활성 산소의 대표적인 종류에는 수산화 라디칼(OH), 초과산화 이온 등이 있다. 화학 변화가 일어날 때 분해되지 않고 다른 분자로 이동하는 원자의 무리를 라디칼이라고 하는데, 활성 산소는 이러한 라디칼의 성질이 강해서 다른 물질과의 반응성이 매우 좋다.

수산화 라디칼은 과산화수소의 분해 과정에서 생기는 활성 산소인데 병원체 등을 무차별하게 공격하여 소독약 역할을 톡톡히 하고 있으며, 호르몬 생성에도 관여하고 있다. 그러나 수산화 라디칼은 우리 몸이 필요로 하는 분자들과 반응하여 그 분자를 변형시키거나 제 기능을 못하도록 하며 문제를 일으킨다. 수산화 라디칼은 체세포와 결합한 후 이를 손상시켜 노화를 촉진하거나 나쁜 콜레스테롤로 알려진 저밀도 지질 단백질을 산화시켜 심장병을 유발하기도 한다.

한편 초과산화 이온도 언제나 불안정한 상태로 존재하면서 주변의 물질로부터 전자를 강제로 빼앗는 경향이 있다. 초과산화 이온은 우리 신체에서 중요한 역할을 하는 DNA, 단백질로부터 전자를 빼앗아 그 기능을 상실하게 만든다. 하지만 초과산화 이온이 단백질, 탄수화물, 지방 등 인체의 필수 물질들과 반응하기 전에 제3의 물질과 반응하여 안정된다면 초과산화 이온에 의한 피해를 줄일 수 있다. 이러한 제3의 물질을 항산화제라고 하는데, 이는 인체에 필요한 물질의 산화를 막는 역할을 한다. 수용성 비타민, 지용성 비타민이 대표적인 항산화제라고 할 수 있다.

① 라디칼 상태일수록 다른 물질과 반응하는 경향이 크다.
② 산소 중에 다른 분자와의 반응성이 낮은 산소를 비활성 산소라고 한다.
③ 수산화 라디칼은 저밀도 지질 단백질을 산화시켜 심장 관련 질환의 큰 원인을 제공한다.
④ 활성 산소는 인체 내의 유익한 기능을 하는 분자와 반응하여 세포에 손상을 입히는 변형된 산소이다.
⑤ 초과산화 이온은 불안정한 상태에서 비타민과 반응하면 안정되어 초과산화 이온의 산화를 방지할 수 있다.

건축은 크게 뼈대를 이루는 구조, 건물의 외벽, 내부 마감과 설비 세 가지 요소로 이루어져 있다. 건물을 지을 때는 우선 골조를 완성한 후에 외벽과 내부 마감 공사를 진행하는 것이 일반적이다. 그러나 고층 건물을 이렇게 시공한다면 공사 기간이 굉장히 길어진다. 따라서 고층 건물을 지을 때는 골조 공사를 진행하면서 외벽과 내부 마감을 골조 공사의 진행 속도에 맞추어 후속적으로 함께 진행하는 적층 공법이 사용되는데, 이때 건물의 하중은 골조가 모두 지탱하고 외벽은 판을 붙여서 공간만 구분하는 형태로 건물이 완성된다. 건물 뼈대에 커튼만 둘렀다고 하여 커튼 월(Curtain Wall)이라고 부르기도 하는데, 외벽 재료로는 주로 유리가 사용된다. 최근 많이 보이는 유리 외벽 건물은 모두 커튼 월 방식을 따른 것이다.

커튼 월은 싸고 빠르게 지을 수 있는 데다 디자인 측면에서도 현대적인 느낌을 주어 고층 건물에 국한되지 않고 백화점, 철도역, 관공서 등 낮은 층의 건물에서도 차용하고 있다. 그러나 여름에는 햇빛이 건물을 뚫고 들어와 냉방비 지출이 매우 크고, 조류 충돌 사고가 빈번하게 발생한다. 또한 빛 반사 문제로 인근 주민들에게 피해를 줄 수 있다. 실제로 빛 반사 문제로 인해 인근 주민들이 소를 제기한 사례도 있다.

① 커튼 월 방식은 저층 건물에서도 찾아볼 수 있다.
② 커튼 월 방식은 건축비뿐만 아니라 유지비 측면에서도 이점이 많다.
③ 건물의 하중은 유리로 만들어진 외벽이 모두 지탱한다.
④ 적층 공법으로 지은 건물 외벽에 실제로 커튼을 둘러 커튼 월이라는 별칭이 생겼다.
⑤ 적층 공법에서는 외벽을 먼저 완성한 후 골조 공사와 내부 마감을 동시에 진행하는 방법도 가능하다.

　　일반 아파트와 달리 재개발과 재건축은 건물의 가치가 노후화되면서 감가상각이 적용되어 가치 평가의 의미가 없어지고 물건별로 소유한 토지의 가치 즉, 대지지분 수준에 따라 감정 평가가 달라지는 것이 일반적이다. 아파트의 대지지분은 아파트 단지 전체 면적이 넓을수록, 단지 내 가구 수가 적을수록 커지게 된다. 이때, 대지지분이 많게 되면 용적률에 따른 건축물의 면적을 더 많이 활용할 수 있어 더 많은 아파트를 신축할 수 있다.

　　대개 아파트가 준공되고 수년이 지나면 새 아파트의 프리미엄은 사라지고 건물의 가치가 떨어진다. 리모델링을 통해 아파트의 가치를 바꿔도 시간이 지나면 또 가치가 하락한다. 이 같은 상황이 반복되다 보면 건물의 가치는 거의 사라지고 땅의 가치만 남게 되기 때문에 대지지분이 중요한 것이다. 그래서 일반적인 평당 가격보다는 대지지분당 가격을 확인하는 것이 객관적인 아파트의 가치를 평가할 수 있는 기준이 되기도 한다.

　　즉, 재개발과 재건축은 건물을 보는 것이 아니라 등기부 등본에 있는 대지지분 비율을 꼼꼼히 따져보고 투자하는 것이 중요하다. 이러한 대지지분은 등기부 등본을 열람하면 표제부에 있는 대지권 비율에서 확인할 수 있다. 아파트 투자에 있어 대지지분을 간과하고 있었다면 이제부터는 대지지분을 반드시 확인하여야 한다.

① 용적률은 '건축물의 연면적÷건축물의 면적'의 산식으로 산출할 것이다.
② 리모델링을 적게 한 아파트일수록 대지지분의 가치가 더 커지게 된다.
③ 대지지분은 '아파트 단지 전체의 대지 면적÷단지 내 가구 수'의 산식으로 산출할 것이다.
④ 신축 공사가 완료되어 입주를 시작한 아파트의 매매 가격은 대지지분에 의해 결정될 것이다.
⑤ 단지 면적이 넓은 아파트는 단지 내 가구 수와 관계없이 대지지분이 높게 책정될 것이다.

**10** 다음 글을 읽고 추론한 내용으로 가장 적절한 것을 고르면? 2020 하반기 SKCT 기출 복원

핵가족화된 가정의 아버지는 이전 세대의 아버지보다 자녀 양육에 참여하는 시간이 늘었고, 자녀에 대한 관심이 더 높아져 아버지의 역할이 자녀의 발달이나 생활에 중요한 의미를 지니게 되었다. 이는 현대의 아버지들이 자녀 양육과 관련하여 더 이상 어머니의 보조 역할만 하는 사람이 아닌, 가장의 역할과 함께 '새로운 아버지 상'으로 양육과 집안일뿐만이 아니라 아동과의 상호작용이나 신체적 간호 제공 활동을 수행하는 등의 능동적인 참여자가 될 것을 요구받고 있음을 의미한다. 이러한 아버지에 대한 사회적인 압력으로 가정에서는 자녀와의 놀이 활동이나 일상적인 돌보기를 위해 집에 빨리 돌아오기를 원하고, 직장에서는 근무시간이 유연하지 않아 퇴근을 허용해 주지 않는 경우, 직장과 가정 사이에서 갈등을 경험하고 아버지로서의 역할 적응에 어려움을 겪을 수 있다는 점에서 아버지에 대한 관심이 필요하다고 볼 수 있다.

아버지가 아동 양육에 참여하는 시간의 양과 질은 자녀의 모든 발달단계에 걸쳐 영향을 미칠 수 있다. 특히 정규 학교 교육을 받기 위해 준비하는 취학 전 시기인 4~6세까지의 학령전기는 상상력이 풍부하고 흥미 본위로 행동하며 주위 환경에 대한 호기심이 발달되는 때이므로, 학령전기 동안 아버지와의 애정적이고 원만한 관계는 아동의 정서 조절 및 대처기술을 발달시키고 긍정적 정서 표현과 감정이입 능력 증진에 중요한 역할을 한다. 이러한 아버지에 대한 애정과 존경을 기초로 성 정체감과 자아 발달 등이 이루어질 수 있다는 점에서 학령전기 자녀를 둔 아버지의 양육 태도의 중요성을 확인할 수 있다.

① 양육자가 어떠한 방향성을 지니고 자녀를 양육하는가에 따라 자녀의 발달은 달라진다.
② 아버지의 양육 참여는 남녀 간에 존재했던 사회적 성 인식의 변화를 이끌어 남성의 육아 휴직이 늘 수 있다.
③ 결혼 만족도가 높을수록 자녀에 대해 자율적이고 애정적인 양육 태도를 나타낸다.
④ 어머니의 양육 스트레스를 완화시킴으로써 어머니의 긍정적 양육 행동을 유발하는 밑바탕이 될 수 있다.
⑤ 아버지로부터 거부, 방임, 통제와 같은 부정적인 양육 경험이 많았던 자녀는 이후 비행 청소년이 될 확률이 높아질 수 있다.

캐치프레이즈는 말 그대로 'Catch(주의를 잡아끄는) Phrase(문구)'이다. 즉 광고에 있어서 캐치프레이즈는 사람들의 시선을 끌고 광고의 본문으로 고객을 유인하는 역할을 한다. 이미지보다는 판매 및 직접적인 효과를 목적으로 하는 제품 광고, 설득 광고 등에 많이 쓰인다. 캐치프레이즈는 특히 '상품을 파는 광고'에 많이 쓰인다. 즉 설득을 통해 직접적으로 상품을 판매하려는 설득 광고에서 소비자의 시선을 집중시켜 그 광고의 효과를 극대화하려는 아이캐쳐 형식의 카피라 할 수 있다.

슬로건은 그 광고의 전체적인 이미지를 함축한 문구이며 권투 경기의 펀치에 비유될 수 있다. 상대방의 취약 부위에 정확히 조준된 한 방을 말한다. 한 방이긴 하지만 강력한 경고장이다. 타겟 및 광고 목표에 정조준한 펀치가 바로 캐치프레이즈라고 할 수 있다. 이 점이 바로 캐치프레이즈의 역할이다. 이렇듯 물건을 팔고 직접 눈에 보이는 효과를 목적으로 하는 설득 광고의 경우, 캐치프레이즈는 강력한 펀치이다. 설득 광고에서는 캐치프레이즈가 성공 여부를 좌우하기도 한다. 그러나 캐치프레이즈는 기업 전반 및 상품 전체의 이미지를 고려하여 지속적으로 사용하는 슬로건과는 달리, 상품의 직접 판매를 목적으로 하므로 단발성일 가능성이 높다. 캐치프레이즈는 내용의 핵심을 단적으로 표현하는 경우, 짧고 눈에 띄기 쉬우며, 인상적이고 강렬할수록 효과적이다.

① 캐치프레이즈는 인상적인 내용으로 오래도록 기억에 남겨야 한다.
② 캐치프레이즈는 문장의 형태를 갖추고 있어야 한다.
③ 캐치프레이즈는 광고의 역할에 따라 일회성으로 사용되기도 한다.
④ 캐치프레이즈는 누구나 그 의미를 숙지하고 있어야 그 기능이 발휘된다.
⑤ 캐치프레이즈는 본문 레이아웃상 맨 처음 눈에 띄는 곳에 놓여야 한다.

**12** 다음 글을 읽고 추론할 수 있는 내용으로 적절한 것을 고르면?

> 진나라의 유학자인 순우월은 시황제의 정책이 옛사람의 모범을 따르지 않아 앞으로 오랫동안 나라를 유지하지 못할 것이니 1천 년 동안 지속한 주나라의 봉건 제도로 돌아가야 한다고 했다. 그러자 진나라 통일 왕조의 최고 공신이라고 할 수 있는 이사는 순우월과 같이 어리석은 유생들은 지금의 것은 배우지 않고 옛것에만 매달려 황제의 새로운 정책을 비난하고 백성들을 현혹하고 있다고 했다. 그리고는 이전부터 내려오는 많은 서적이 오히려 세상을 어지럽힐 수 있으니 불태워 버려야 할 것인데, 특히 유가의 시경(詩經)이나 서경(書經) 같은 책을 말하는 자들은 저잣거리에서 사형에 처해 백성들의 본보기로 삼고 옛날 제도를 답습하자면서 진나라의 새로운 제도를 비난하는 자들은 멸족시켜야 한다고 주장했다. 시황제는 그렇게 하라고 허락했다. 다만 의약, 점치는 책, 농업 기술 서적 등 실생활에 필요한 분야의 책들은 분서에서 제외했다. 그리고 분서를 일으킨 다음 해 시황제는 자신을 속였던 방사들과 법령을 위반한 자들 460명을 처형할 때 시황제의 통일 정책을 반대하고 이전 시대의 봉건제로 돌아가자고 했던 유생들도 함께 파묻어 죽였는데, 이것을 갱유라고 한다.
>
> 시황제의 분서와 갱유가 안정된 통일 시대를 이룩하고자 행한 정책이었다고 하지만, 결과적으로 진나라는 그로부터 10년이 채 되지 않은 기원전 206년 건국한 지 15년 만에 나라가 혼란에 빠져 망하고 말았다.

① 분서와 갱유가 기록된 역사서는 시황제가 시행한 여러 정책을 나쁘게 평가하고자 하는 의도가 숨어 있다고 볼 수 있다.

② 시황제가 아무 생각 없이 책을 불태우고 유학자들을 파묻어 죽인 폭군이라고 여길 수만은 없다.

③ 시황제와 이사는 진나라가 통일을 이룩하기 이전 수백 년 동안 벌어진 사상 논쟁이 세상을 혼란에 빠져들게 했다고 여겼다.

④ 진나라가 혼란에 빠져 망하게 된 데에는 분서갱유 사건의 영향도 크게 작용했다고 할 수 있다.

⑤ 시황제는 백성의 입을 막게 되면 그 피해를 감당할 수 없을 것이라는 순우월의 말에 귀 기울이지 않았기에 결국 망하게 되었다.

**13** 다음 글의 '최한기'의 생각에 동의한 사람의 반응으로 가장 적절한 것을 고르면?

신기(神氣)란 원래 '신령한 기' 혹은 '정신 현상을 가능하게 하는 기'라는 의미로 사용된다. 그런데 조선 말엽에 활동한 실학자 최한기는 인간이 가진 능력 자체를 '신기'라고 했다. 먹고 마시고 감각하고 경험하며 타인과 소통하는 일체의 활동이 신기에서 비롯된다고 본 것이다.

본래 신(神)이란 흔히 신비주의적인 요소를 일컫는 말로 사용되어 왔다. 그런데 최한기는 신(神)이라는 말을 완전히 다른 의미로 사용하였다. 우선 그는 신을 초월적 신비주의적 의미를 제거한 놀라움의 의미로 사용하였다. 또 신(神)에는 능력이라는 의미도 있다고 보았다. 그래서 그는 신(神)이란 보고, 듣고, 냄새 맡는 것처럼 단순하지만 궁극적으로 경이로운 인간의 인식 능력을 의미한다고 보았다.

한편 그는 기(氣)에 대해 우주 만물이 기(氣)로 구성되어 있다는 전통적인 동양적 사유의 틀을 크게 부정하지는 않았지만, 이를 자연적이면서도 윤리적인 판단의 근거가 된다는 전통적 입장에서 벗어나 순수하게 자연적 의미만을 가진 것으로 보았다. 가령 인간은 기(氣)로 구성되어 있는데, 날 때부터 가지고 있는 기 자체만을 근거로 윤리적 평가를 이끌어 낼 수는 없다는 것이다. 타고난 기는 가치 판단적 측면에서 중립적이기 때문이다. 즉 인간의 기(氣)에서 정말 중요한 것은 윤리적 내용이 아니라 경험할 수 있는 능력 그 자체라고 본 것이다. 그래서 볼 수 있고, 냄새 맡을 수 있고, 숨 쉴 수 있고, 다른 사람과 소통할 수 있다는 자연적이고 물리적인 사실에 주목하였다. 다시 말해 인간을 도덕적 층위에서만 바라보고자 했던 성리학적 관점에서 벗어나 인간의 구체적 능력에 주목하고 그런 구체적인 능력의 총체를 최한기는 신기라고 규정했다.

따라서 최한기는 수많은 시행착오와 학습을 통해 신기를 가진 인간은 발전하고 성숙한다고 보았다. 타고난 기의 윤리적 품질이 중요한 것이 아니라 얼마나 열심히 능동적으로 살아가는지가 더욱 중요하다고 본 것이다.

① 우리 인간이 소나 말과 달리 윤리적인 행동을 할 수 있는 것은 타고난 기의 차이 때문이군.
② 좋은 대학에 수석으로 합격하려면 좋은 집안의 기를 물려받아 제 것으로 만들 수 있어야겠군.
③ 세상과 직접 부딪히고 소통하는 과정을 통해 우리는 참다운 발전과 성숙의 계기를 맞이할 수 있게 되는 거군.
④ 우리가 참된 진리에 이르기 위해서는 오랜 시간 참선을 하듯 조용히 앉아서 자신을 깊이 성찰하려는 자세가 필요하군.
⑤ 인간의 지각 능력은 단순하지만 세상을 복잡하게 인식할 수 있는 경이로운 능력이 있다는 점에서 인간은 상호 존중해야겠군.

**14** 다음 글의 밑줄 친 ㉠의 사례로 보기 <u>어려운</u> 것을 고르면?

일반적으로 새는 얼굴의 좌우 측면에 두 눈이 있다. 그러기 때문에 시야를 넓게 확보할 수 있다. 그러나 수리부엉이의 눈은 다른 새들과 달리 정면에 붙어있다. 그리고 수리부엉이의 두 눈은 신체 면적 중에서 5퍼센트를 차지할 정도로 크다. 이로써 수리부엉이는 한 눈으로 보는 것보다 높이, 넓이, 길이를 훨씬 입체적으로 볼 수 있고, 넓은 시야를 포기하는 대신 더 밝게 볼 수 있다. 게다가 수리부엉이는 밤의 조건에 맞게 느리게 나는 신체 구조를 선택했다. 다른 새에 비해 넓은 날개는 공기 저항 탓에 비행 속도는 떨어지지만 비행할 때 소리가 나지 않으며, 공중에 더 오래 머물 수 있어 먹잇감에 정확하게 접근할 수 있게 한다. 이러한 수리부엉이의 사냥은 발로 완성된다. 수리부엉이의 발톱은 날카롭고 발바닥에 있는 거친 돌기는 먹이를 잡을 때 마찰력을 강화한다. 따라서 수리부엉이의 발에 한 번 걸리면 어느 누구도 빠져나갈 수 없다. 이와 같이 자신의 생존 방식에 맞게 진화한 수리부엉이의 신체 구조는 ㉠<u>수리부엉이가 어둠 속에서 살아남기 위한 전략</u>이다.

① 침엽수림이 우거진 높은 바위산에서 주로 활동하는 노루는 발굽이 매우 발달되어 있다.
② 땅속에서 생활하는 두더지는 땅 파기에 적당한 큰 앞발과 짧은 발가락, 그리고 크고 강한 발톱을 가지고 있다.
③ 춥고 눈이 많은 산림 지역에 주로 서식하는 스라소니는 크기가 크고 발바닥이 넓어 눈에 잘 빠지지 않는다.
④ 민가 근처에서도 잘 적응하는 너구리는 다리가 짧고 몸집이 작으며 행동이 재빠르지 못해 천적의 공격을 받으면 죽은 시늉을 한다.
⑤ 오리나 꿩처럼 나무에 앉지 않는 새와 달리 까치와 멧비둘기처럼 나무에 앉는 새들은 나뭇가지를 움켜쥐는 데 유용한 뒷발가락이 발달해 있다.

**15** 다음 글을 읽고 밑줄 친 ㉠과 ㉡의 상관관계를 추론한 내용으로 가장 적절한 것을 고르면?

2020 하반기 SKCT 기출 복원

증권 시장은 기능에 따라 발행 시장과 유통 시장으로 구분되며, 거래 대상 증권에 따라 주식 시장과 채권 시장으로 나뉜다. 발행 시장은 신규 발행된 증권이 발행자로부터 최초의 투자자에게 판매되는 제1차 시장이며, 유통 시장은 이미 발행된 유가 증권이 투자자 상호 간에 매매되는 제2차 시장이다.

우리나라의 주식 시장에는 상장 주식이 거래되는 유가 증권 시장(KOSPI) 및 코스닥(KOSDAQ) 시장과 비상장 주식이 주로 거래되는 K−OTC 시장 및 코넥스(KONEX) 시장이 있다.

주식 시장의 유동성을 판단하는 중요한 지표로는 주식 거래량이 있다. 주식 거래량이란 주식 유통 시장에서 매매된 주식의 수량을 나타낸 것이며 주식 매매에 따른 거래 총액을 합산한 것이 거래대금이다. ㉠주가와 마찬가지로 ㉡거래량도 투자자들의 투자 활동의 결과이기 때문에 양자는 상호 간에 밀접한 관계가 있다. 주가가 변동하기 전에 거래량이 먼저 변동하는 것이 일반적이며 거래량의 변동은 개별 주식만이 아니라 시장 전체에 있어서도 장세의 전환점을 알려주는 신호로 받아들여진다. 즉, 주가가 상승하는 강세장에서는 주가가 지속해서 상승할 것으로 예상하는 매수 세력이 크게 늘어나 거래량이 증가하지만, 반대로 주가가 하락하는 약세장에서는 거래량이 감소하는 경향을 보인다.

① ㉠은 거래대금이며, ㉡은 매매된 주식 수량이다.
② ㉠은 투자 활동의 결과이기 때문에 ㉡의 증감에 영향을 준다.
③ 강세장에서는 ㉠과 ㉡은 반비례 관계이다.
④ ㉠은 ㉡보다 먼저 변동하는 것이 일반적이다.
⑤ ㉠과 ㉡이 감소하면 매수 세력이 늘어난다.

인류는 개인용 컴퓨터(PC: Personal Computer)의 시대를 지나 클라우드 컴퓨팅(Cloud Computing)의 시대를 맞이하고 있다. 개인이 컴퓨터의 하드웨어와 소프트웨어를 모두 소유하던 시대에서 하드웨어는 중앙 서버에 위탁하고, 소프트웨어는 구독 형태로 향유하는 시대로 전환된 것이다. 이제 개인은 중앙 서버에 접근할 수 있는 간단한 통신 디바이스와 결과물을 시각적으로 확인할 수 있는 디스플레이만 소지하면 된다. 클라우드는 효율성과 간편함을 무기로 빠르게 확대되었지만 접속 시간의 지연, 보안 문제 등 그 부작용도 만만치 않다.

이에 대한 해결책으로 떠오른 것이 바로 에지 컴퓨팅(Edge Computing)이다. 에지 컴퓨팅이란 여러 지역에 소형 서버를 분산 설치하여 다양한 통신 디바이스에서 발생하는 데이터 연산 작업을 실시간으로 처리한 후, 클라우드를 경유하여 서비스를 제공하는 기술이다. 데이터가 발생하는 장소 근처에서 즉시 데이터를 분석하고 처리하기 때문에 접속 시간의 지연 문제에서 어느 정도 자유롭다. 물론 모든 것을 중앙에서 처리하는 클라우드 컴퓨팅도 빠른 데이터 처리가 가능하지만, 자율 주행 자동차처럼 1ms 이내의 실시간 반응을 요구하는 분야에서는 에지 컴퓨팅이 필수적이다. 또한 민감한 정보는 에지에서 처리하고 나머지 필요한 정보만 암호화하여 클라우드 센터로 전송하면 기존 대비 보안성을 높일 수 있으며, 클라우드 센터가 다운되어도 에지에서 자체적인 데이터 처리가 일부 가능하여 인프라의 안정성 역시 향상된다.

① 네트워크가 불안정할 때 에지 컴퓨팅이 유용할 수 있다.

② 에지 컴퓨팅은 비용적인 측면에서도 클라우드 컴퓨팅보다 더 우수하다.

③ 에지 컴퓨팅은 클라우드 컴퓨팅보다 데이터의 병목 현상이 더 심할 것이다.

④ 에지 컴퓨팅의 도입으로 중앙 네트워크로부터 완전히 독립된 데이터 처리가 가능해졌다.

⑤ 클라우드 컴퓨팅 시대에서는 아무런 기기를 가지고 있지 않아도 중앙 클라우드를 통해 모든 작업이 가능하다.

**17** 다음 글의 내용을 바탕으로 [보기]에 대하여 반박한 것 중 가장 적절한 것을 고르면?

> 우리는 일상적으로 지각력, 준법성(사회성), 자주성, 합리성(이성) 등을 인간의 '본래적 능력'으로 꼽는다. 이런 능력은 일단 '유정적 존재'에게만 가능하다. 유정성이란 감각—지각—의식을 합친 말로, 이런 능력을 가진 생명체를 도덕적으로 배려해야 한다고 주장하는 경우이다. 유정성을 가진 고등 동물들은 그들이 누리는 쾌락이 인간의 그것과 다르고, 행위에 대한 책임의 범위가 다르며, 인간에 비해 저급한 선악의 가치를 지니고 있다 하더라도, 인간과 마찬가지로 도덕적인 배려의 근거를 가지며, 따라서 도덕적 지위를 갖는다고 말해야 한다. 유정성이라는 기준은 1차로 합리성, 자율성, 준법성이 고려되고, 2차로 고통, 슬픔, 기쁨, 공포를 느낄 수 있는 능력이 도덕적 지위의 근거가 된다고 주장한다.
>
> 왜 유정성이 기준인가? 유정성을 기준으로 제시하는 환경 윤리학자들은 그것이 모든 생명 양식에 필수적인 조건이라서가 아니라, '내재 가치(Inherent Value)'이기 때문이라고 주장한다. 예를 들어 '돌고래를 함부로 대우하지 마라.'는 도덕적 충고는 단순히 돌고래가 탁월한 의사소통능력과 감정을 가지고 있어서가 아니라, 유정성을 내재 가치로 가지기 때문이다.

┌ 보기 ─────────────────────────────────

　　로크로부터 기원한 '반잔혹성 입장'에 의하면, 동물을 학대해서는 안 되는 까닭은 그 행위가 잔혹하기 때문이다. 로크의 견해에 의하면, 어떤 행위가 잔혹한 행위가 되기 위해서는 그 행위가 감각을 지닌 대상에게 고통을 가하는 행위이면서 가해자는 이로부터 어떤 즐거움이나 쾌락을 얻어야 한다.

└──────────────────────────────────────

① 인간이 고통을 피하려는 것과 마찬가지로 동물들에게도 그러한 이해가 중대하다.

② 유정성을 내재 가치로 가진 존재는 도덕적이므로 잔혹한 행위가 성립되지 않는다.

③ 도덕적 지위를 생물에게 부여한다는 관점에서 다른 종(種)을 해하는 행위는 바람직하지 않다.

④ 동물은 감각 능력이 있고 없음에 상관없이 일정한 방향을 향하여 살고 있기 때문에, 인간의 잔혹성이 영향을 미치지 않는다.

⑤ 비록 고통을 주는 행위가 아니더라도 유정적 존재인 돌고래에게 비도덕적인 행위를 하여선 안 된다.

**18** 다음 글을 읽고 최근 기업들이 새롭게 얻고자 하는 것과 그 동인을 알맞게 짝지은 것을 고르면?

2020 상반기 SKCT 기출 복원

[가] 기업의 제일 목표는 이윤 창출이다. 애덤 스미스의 《국부론》이 인류에게 큰 충격으로 다가 왔던 이유는 상대방을 위하는 선한 행동만이 타인을 이롭게 한다는 기존의 통념과 달리 개 인적인 이익만을 추구하는 행동도 궁극적으로, 그리고 더 효과적으로 타인을 이롭게 할 수 있다고 주장한 최초의 이념이기 때문이다. 《국부론》 이후로 기업들은 당당하게 이윤 창출 을 가치로 내걸 수 있었다. 그러나 최근에 기업의 무분별한 이익 추구 활동이 사회에 크고 작은 부작용을 초래하고, 이것이 공론화되자 기업들은 방향을 선회하여 극단적으로 이윤을 추구하는 일면 대신에 착한 모습을 부각하고자 노력하게 되었다.

[나] 코즈 마케팅(Cause Marketing)이란 기업의 경영 활동과 사회적 이슈를 연계시키는 마 케팅으로, 기업과 소비자의 관계를 통해 기업이 추구하는 사익과 사회가 추구하는 공익을 동시에 얻는 것이 목표이다. 코즈 마케팅은 하버드대 마이클 포터 교수가 제시한 공유가치 창출(CSV: Creating Shared Value) 전략의 구체적인 실천 방안으로, 기업 브랜드 이 미지를 제고하여 소비자에게 긍정적으로 어필하려는 목적을 가지고 있다. 소비자들이 최소 한의 비용으로 최대한의 욕구를 충족시키는 합리적 소비 행태에서 조금 더 비싸고 귀찮더 라도 인간, 동물, 환경에 해를 끼치지 않는 제품을 선호하는 윤리적 소비 행태로 전환하면 서 코즈 마케팅이 가속화되었다.

① 이윤 창출 － 코즈 마케팅
② 이윤 창출 － 공유가치 창출
③ 선한 행동 － 윤리적 소비
④ 선한 이미지 － 윤리적 소비
⑤ 선한 이미지 － 코즈 마케팅

**19** 다음 글을 읽고 추론한 내용으로 가장 적절하지 <u>않은</u> 것을 고르면? 2019 하반기 SKCT 기출 복원

대사 증후군은 복부 비만, 고혈압, 공복 혈당 장애, 고중성 지방, 낮은 HDL 콜레스테롤 중 3가지 이상을 동시에 지닌 상태를 말한다. 대사 증후군의 원인은 명확히 알려지지 않지만, 일반적으로 인슐린 저항성을 그 원인으로 보고 있다. 인슐린 저항성이란 혈당을 낮추는 호르몬인 인슐린에 대한 몸의 반응이 감소하여 근육 및 지방 세포가 포도당을 잘 저장하지 못하여 고혈당이 유지되고, 이를 극복하고자 더욱 많은 인슐린이 분비되는 상태를 말한다. 또한, 수면 부족 역시 대사 증후군의 높은 유병률과 관련이 있다. 한 연구에 따르면 수면 시간이 8시간 이상이면 대사 증후군의 환자가 15%인 것에 비해, 6시간 이하면 24.4%로, 발생 위험이 1.6배 높게 나타났다.

대사 증후군은 복부 비만 외에 특징적인 불편함이 없어 검사하지 않으면 유병 여부를 알 수 없다. 무엇보다 대사 증후군은 위험 인자들의 단순한 합이 아니라는 점이 중요하다. 각각의 인자들은 상호 작용하며 서로 연관성을 가지고 발생에 영향을 주기 때문에 총체적인 접근이 필요하다. 보통, 초기에는 복부 비만을 시작으로 다른 위험 인자들이 나타나기 시작한다. 대부분 대사 증후군 환자는 비만이거나 과체중 상태이므로 연간 10% 정도의 체중 감량을 줄일 것을 권고한다. 또한 대사 증후군을 적극적으로 치료하지 않고 방치하는 경우에 제2형 당뇨병이 발생하기도 하며, 심근경색이나 뇌졸중과 같은 심뇌혈관 질환이 발생하는 경우도 있기 때문에 절대 가볍게 봐서는 안 된다.

① 대사 증후군을 예방하기 위해서는 8시간 이상 수면을 취하는 것이 좋다.
② 대사 증후군이 있으면 다른 만성 질환에 걸릴 가능성이 커 위험하다.
③ 대사 증후군의 원인은 인슐린에 대한 몸의 반응이 감소해서이다.
④ 대사 증후군에 걸린 당뇨병 환자의 경우 대사 증후군을 개선할 수 있는 약물을 꾸준히 복용해야 한다.
⑤ 78kg의 비만인 대사 증후군 환자의 경우 운동을 통해 1년간 7~8kg의 몸무게를 감량할 것을 권고받는다.

**178** 오프라인 SKCT SK그룹 종합역량검사

**20** 다음 글을 읽고 '권리금'에 대한 [보기]의 ⊙~@ 중 옳은 것을 모두 고르면?

2021 상반기 SKCT 기출 복원

권리금이란 주로 도시의 토지 또는 상가건물의 임대차에 부수해서, 그 부동산이 갖는 특수한 장소적 이익 내지 특수한 권리 이용의 대가로 임차권의 양수인으로부터 그 양도인에게 지급되는 금전을 의미한다. 권리금은 상가건물 임대차에 부수하여 수수되고 있는 것이 일반사회의 보편적 상관행이다. 권리금 수수는 임대인과 상가건물 임차인이 직접 권리금 수수계약을 하는 경우가 드물고, 주로 전대차나, 임차권 양도 시 양수인이나, 상가건물 임차인과 전차인 간, 또는 전전차인과 후전차인 사이에 임차보증금 이외 별도로 상가건물 임차인에게 지급하는 것이 보편적 상관행으로 되어 있다.

현재 우리나라에서 권리금은 법적 근거 없이 관행에 의해 행사되고 규율되고 있다. 다시 말해 우리나라 현행법상 임차인의 권리금은 보호받지 못하고 있다. 이렇듯 관행에 의해 행사되고 규율되고 있으나 법적으로 보호 장치가 없기 때문에 권리금과 관련한 극단적인 대립이 발생할 가능성이 제기된다. 실제로 2009년 세칭 '용산 참사' 발단의 주요 원인 중 하나는 권리금에 있다고 판단된다.

보기
⊙ 권리금은 임대차보호법에 의해 법적 지위를 보장받는다.
ⓒ 토지나 상가건물의 임대차 시 양도인이 양수인에게 지급하는 것이 관행이다.
ⓒ 상가건물 임대차 시 권리금 수수는 임대인과 임차인이 직접 수수계약을 하는 경우가 잦다.
@ 권리금에 관련한 분쟁과 갈등이 발생할 경우 현행법상에서 보호받지 못하는 것이 약점이다.

① ⊙

② @

③ ⊙, ⓒ

④ ⓒ, @

⑤ ⓒ, ⓒ, @

**01** 가로가 세로보다 1.6cm 긴 직사각형 모양의 판의 넓이는 9.6cm$^2$이다. 한 변의 길이가 2mm인 정사각형 모양이고 한 장의 가격은 200원인 흰색 타일과, 한 변의 길이가 4mm인 정사각형 모양이고 한 장의 가격은 550원인 검은색 타일이 있다. 흰색 타일과 검은색 타일로 각각 이 판을 가득 채우려 할 때, 두 경우의 가격 차이를 고르면? 2021 상 · 하반기 · 2020 상반기 SKCT 기출 복원

① 1,500원  ② 9,000원  ③ 15,000원
④ 30,000원  ⑤ 36,000원

**02** 한 변의 길이가 1cm씩 늘어나는 정사각형 모양의 철판이 n개가 있다. 이 중 붙어있는 5개의 철판 넓이의 합을 255cm$^2$이라 할 때, 이 5개의 철판의 바깥 둘레의 길이를 고르면?(단, 철판 한 변의 길이는 자연수이다.) 2022 하반기 · 2021 상반기 · 2019 상반기 SKCT 기출 복원

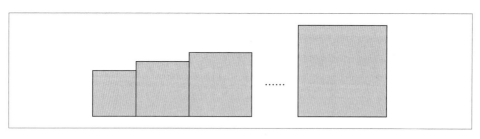

① 80cm  ② 88cm  ③ 96cm
④ 108cm  ⑤ 140cm

**03** 김 과장과 박 대리를 포함한 6명이 회의하기 위해 다음 그림과 같이 일정한 간격으로 의자가 놓여있는 원탁에 둘러앉으려고 한다. 김 과장과 박 대리가 이웃하여 앉는 경우의 수를 a가지, 김 과장과 박 대리가 마주 보고 앉는 경우의 수를 b가지라고 할 때, a+b의 값을 고르면?

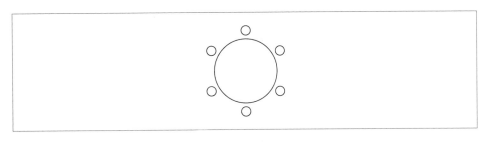

① 24                 ② 36                 ③ 48
④ 60                 ⑤ 72

**04** 모서리의 길이가 2배씩 커지는 3개의 정육면체 모양의 수조가 있다. 3개의 정육면체 모양의 수조에 물을 가득 채운 후 다른 비어 있는 큰 수조에 이 물을 모두 부었다. 그 후에 다시 큰 수조에 담긴 물을 3개의 정육면체 모양의 수조 중 가장 작은 정육면체 모양의 수조에 가득 담아 퍼내었다고 한다. 이때, 몇 번 만에 물을 모두 퍼낼 수 있는지 고르면?     2020 하반기 SKCT 기출 복원

① 6번                 ② 7번                 ③ 21번
④ 36번                ⑤ 73번

**05** 슈퍼마켓에서 달걀을 포장하여 판매하려고 한다. 한 꾸러미에 10개씩 넣고, 10개의 꾸러미를 파란 상자에 넣고, 10개의 파란 상자를 노란 상자에 넣어 포장하였다. 개수를 줄여 새로 포장하기로 하고, 한 꾸러미에 5개씩 넣고, 5개의 꾸러미를 빨간 상자에 넣고, 빨간 상자 5개를 초록 상자에 넣도록 하였다. 또 초록 상자 5개를 보라 상자에 넣었다. 달걀이 가득 담겨 있는 노란 상자 2개, 파란 상자 1개, 꾸러미 4개, 낱개 3개를 모두 다시 새로 포장하였을 때, 다음 중 가득 찬 보라 상자의 개수를 고르면?

① 1개                 ② 2개                 ③ 3개
④ 4개                 ⑤ 5개

**06** 회사 내 직원 1,000명을 대상으로 설문조사를 진행하였다. 설문조사 결과 만족이 30%, 보통이 30%, 불만족이 40% 나왔다. 불만족으로 답한 여성 직원이 전체 여성 직원의 20%를 차지하고 남성 직원이 전체 남성 직원의 10%를 차지한다. 불만족에서 여성이 70%를 차지했을 때, 회사의 전체 인원을 고르면?

2022 하반기 · 2021 상반기 · 2019 상반기 SKCT 기출 복원

① 1,200명      ② 1,400명      ③ 2,000명
④ 2,600명      ⑤ 2,800명

**07** 갑과 을은 정삼각형 모양의 공원 둘레를 꼭짓점 A에서 동시에 반대 방향으로 출발해 일정한 속력으로 공원 둘레를 돌았다. 이 공원을 한 바퀴 도는 데 걸리는 시간은 갑의 경우 15분, 을의 경우 21분이다. 갑과 을이 네 번째로 만날 때는 출발한 지 몇 분 후인지 고르면?

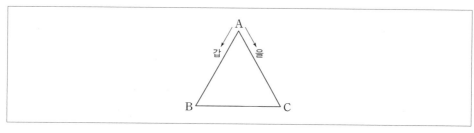

① 21분 후      ② 24분 후      ③ 32분 후
④ 35분 후      ⑤ 51분 후

**08** S회사에서 신입사원 교육을 위해 멘토 30명, 멘티 83명을 뽑았다. 이 인원을 재정부 7개조와 기획부 8개조로 나누었을 때, 한 사람도 빠짐없이 조를 편성할 수 있었다. 이때, 재정부와 기획부의 인원수 차이를 고르면?(단, 부서에 따른 조 인원수는 동일하며, 조별로 멘토와 멘티가 각각 적어도 한 명씩은 존재한다.)

2019 하반기 SKCT 기출 복원

① 7명      ② 8명      ③ 15명
④ 16명      ⑤ 17명

**09** A유통회사는 거래처 X에서 물건 P를 들여와서 a% 이익을 붙여 유통하고, 거래처 Y에서는 물건 P를 거래처 X보다 5% 저렴하게 들여와서 (a+6)%의 이익을 붙여 유통한다. A유통회사에서 유통하는 물건 P의 가격이 일정할 때, a의 값을 고르면?(단, A유통회사에서는 물건 P를 두 거래처 X, Y에서만 들여온다.)

① 10 　　　　　 ② 11 　　　　　 ③ 12

④ 13 　　　　　 ⑤ 14

**10** 다음은 어느 회사 체육대회에서의 부서별 단체 줄넘기 대진표를 나타낸 것이다. 아래와 같이 대진표를 작성하는 방법의 수를 고르면?

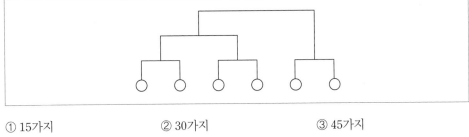

① 15가지 　　　　　 ② 30가지 　　　　　 ③ 45가지

④ 60가지 　　　　　 ⑤ 75가지

**11** 20명을 뽑는 입사 시험에 120명이 응시했다. 입사 시험 응시자 중 합격자 전체의 평균 점수는 응시자 전체의 평균 점수보다 5점이 높았고, 불합격자 전체의 평균 점수는 62점이었다. 이때, 합격자 전체의 평균 점수를 고르면? 2020 하반기 SKCT 기출 복원

① 68점 　　　　　 ② 70점 　　　　　 ③ 71점

④ 72점 　　　　　 ⑤ 75점

**12** 어느 공장에는 다음 그림과 같이 반원 모양으로 만들어진 레일 A, B, C를 설치하여 제품을 이동시키고 있다. A레일, B레일, C레일이 움직이는 속도는 4:3:2이고, B레일과 C레일을 이용하는 경우 중간 지점에서 각각 4분과 2분 동안 조립 과정을 한 번 더 거치게 된다. 출발 지점에 놓인 제품이 A레일을 통해 도착 지점에 도달하는 데 걸리는 시간이 24분이라 할 때, B레일로 출발한 제품이 C레일로 출발한 제품보다 몇 분 더 빨리 도착 지점에 도달하는지 고르면?(단, A 레일, B레일, C레일의 반원의 반지름의 비는 4:2:1이다.)

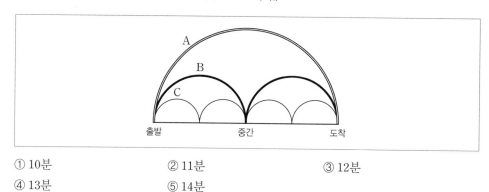

① 10분        ② 11분        ③ 12분
④ 13분        ⑤ 14분

**13** 앞뒤로 상승과 하강이라고 적혀 있는 카드가 5장 있다. 5장의 카드가 처음에 다음과 같이 배치되어 있다고 할 때, 9번 카드를 뒤집었을 때 나올 수 없는 카드 조합을 고르면?

2019 하반기 SKCT 기출 복원

① 없음        ② 상승 5장        ③ 하강 5장
④ 상승 2장, 하강 3장        ⑤ 상승 4장, 하강 1장

14  다음 [표]는 코로나바이러스감염증−19 확진 환자 17개의 시도 및 검역(국내발생+해외유입)에 대한 2021년 10월 31일까지의 누적 확진자 수 및 11월 1~5일 일별 확진자 수 현황을 나타낸 자료이다. 이에 대한 설명으로 옳은 것을 고르면?

[표] 2021년 10월 31일까지의 누적 확진자 수 및 11월 1~5일 일별 확진자 수          (단위: 명)

| 일자 | 발생 이후~2021-10-31까지 누적 | 2021-11-01 | 2021-11-02 | 2021-11-03 | 2021-11-04 | 2021-11-05 |
|---|---|---|---|---|---|---|
| 계 | 364,697 | 1,685 | 1,589 | 2,667 | 2,482 | 2,344 |
| 서울 | 119,593 | 646 | 600 | 1,004 | 946 | 980 |
| 부산 | 13,911 | 55 | 28 | 80 | 59 | 56 |
| 대구 | 17,142 | 57 | 42 | 66 | 66 | 43 |
| 인천 | 19,373 | 127 | 113 | 183 | 171 | 153 |
| 광주 | 5,371 | 5 | 17 | 12 | 14 | 12 |
| 대전 | 7,532 | 9 | 28 | 19 | 17 | 24 |
| 울산 | 5,421 | 12 | 7 | 7 | 4 | 5 |
| 세종 | 1,365 | 2 | 5 | 1 | 0 | 2 |
| 경기 | 108,461 | 564 | 501 | 899 | 873 | 742 |
| 강원 | 7,199 | 13 | 29 | 29 | 39 | 22 |
| 충북 | 7,900 | 21 | 24 | 48 | 47 | 35 |
| 충남 | 10,600 | 47 | 69 | 91 | 88 | 110 |
| 전북 | 5,187 | 25 | 14 | 43 | 38 | 16 |
| 전남 | 3,543 | 18 | 34 | 21 | 17 | 15 |
| 경북 | 9,709 | 27 | 21 | 31 | 39 | 84 |
| 경남 | 13,008 | 50 | 54 | 108 | 36 | 33 |
| 제주 | 3,100 | 2 | 2 | 17 | 17 | 7 |
| 검역 | 6,282 | 5 | 1 | 8 | 11 | 5 |

① 11월 1~5일 총확진자 수가 네 번째로 많은 지역은 경남이다.
② 11월 5일까지 누적 확진자가 다섯 번째로 많은 지역은 경남이다.
③ 11월 1~5일 일별 확진자 수가 100명 이상 계속 유지된 지역은 총 3곳이다.
④ 11월 1~5일 코로나바이러스감염증−19 발생률이 가장 높은 지역은 서울이다.
⑤ 모든 지역에서 매일 1명 이상의 확진자가 발생하였다.

**15** 어느 대기업 신입사원 채용에 720명이 지원하였다. 지원자들은 두 계열사 A사와 B사 중 한 곳을 택하여 지원하였는데, 계열사 A를 지원한 사람과 계열사 B를 지원한 사람의 비율이 7:9였다. 계열사 A에 지원한 사람 중 $\frac{9}{35}$가 합격하였고, 계열사 B에 지원한 사람 중 $\frac{1}{5}$이 합격하였다. 최 씨가 해당 대기업 신입사원 채용에 합격하였을 때, 계열사 A의 신입사원으로 합격하였을 확률을 고르면?

① $\frac{1}{6}$            ② $\frac{1}{3}$            ③ $\frac{1}{2}$

④ $\frac{2}{3}$            ⑤ $\frac{5}{6}$

**16** 앞면에는 흰색, 뒷면에는 검은색이 칠해진 정사각형 모양의 종이가 있다. 다음 그림과 같이 정사각형의 각 변을 삼등분한 점을 이은 선분을 경계로 잘라 그 중 가운데 사각형을 뒤집어 놓는 시행을 한다. 이와 같은 시행을 4번 반복하여 얻어진 사각형 중에서 흰색 사각형의 개수를 고르면?

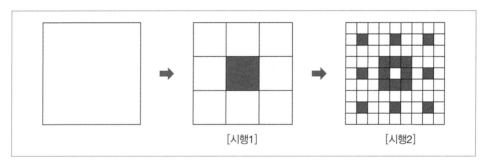

① 4,480개            ② 4,481개            ③ 4,482개

④ 4,580개            ⑤ 4,584개

**17** 다음 [표]는 2018~2019년 분기별 분야에 따른 국내 건설 수주액에 관한 자료이다. 이에 대한 설명으로 옳지 <u>않은</u> 것을 고르면?

[표] 2018~2019년 분기별 분야에 따른 국내 건설 수주액 (단위: 억 원)

| 구분 | | 공공 | | | 민간 | | |
| --- | --- | --- | --- | --- | --- | --- | --- |
| | | 토목 | 건축 | | 토목 | 건축 | |
| | | 기계설치 | 주거용 | 비주거용 | 기계설치 | 주거용 | 비주거용 |
| 2018년 | 1분기 | 1,636 | 4,306 | 18,868 | 13,781 | 107,635 | 88,353 |
| | 2분기 | 1,991 | 18,050 | 22,900 | 17,111 | 125,147 | 115,128 |
| | 3분기 | 570 | 18,895 | 18,223 | 21,516 | 111,241 | 87,257 |
| | 4분기 | 2,912 | 39,671 | 33,187 | 24,151 | 140,010 | 132,487 |
| 2019년 | 1분기 | 4,331 | 11,362 | 21,192 | 17,301 | 108,046 | 76,050 |
| | 2분기 | 1,281 | 6,851 | 22,476 | 17,490 | 144,924 | 112,812 |
| | 3분기 | 1,791 | 21,337 | 24,782 | 13,120 | 96,876 | 94,297 |
| | 4분기 | 11,228 | 48,323 | 43,731 | 28,150 | 216,570 | 115,910 |

① 2019년 4분기 민간분야 토목 수주액은 전분기 대비 2배 이상 증가하였다.

② 2018년 공공분야 비주거용 건축 수주액은 주거용 건축 수주액보다 1조 원 이상 많다.

③ 2019년 매 분기 공공분야 비주거용 건축 수주액은 토목 기계설치 수주액의 5배 이상이다.

④ 2019년 상반기 민간분야 비주거용 건축 수주액은 전년 상반기 대비 감소하였다.

⑤ 2019년 공공분야 건설 수주액이 가장 큰 분기에 민간분야 건설 수주액도 가장 크다.

**18** 다음 [표]는 2017~2019년 산업별 월 근로시간 및 임금총액에 관한 자료이다. 이에 대한 [보기]의 ㉠~㉺ 중 옳은 것을 모두 고르면?

[표1] 2017~2019년 산업별 월 근로시간 (단위: 시간)

| 구분 | 2017년 | 2018년 | 2019년 |
|---|---|---|---|
| 광업 | 175.8 | 176.6 | 175.7 |
| 제조업 | 179.8 | 177.1 | 175.9 |
| 건설업 | 141.9 | 138.5 | 136.3 |
| 도매 및 소매업 | 167.6 | 165.2 | 165.5 |
| 운수업 | 169.2 | 166.5 | 164.3 |
| 숙박 및 음식점업 | 160.4 | 159.7 | 158.6 |
| 금융 및 보험업 | 160.5 | 160.9 | 161.5 |
| 부동산업 및 임대업 | 184.9 | 178.9 | 176.4 |
| 교육 서비스업 | 144.4 | 142.3 | 142.1 |
| 보건업 및 사회복지 서비스업 | 164.5 | 162.5 | 162.2 |

[표2] 2017~2019년 산업별 월 임금총액 (단위: 천 원)

| 구분 | 2017년 | 2018년 | 2019년 |
|---|---|---|---|
| 광업 | 3,713 | 3,835 | 3,977 |
| 제조업 | 3,690 | 3,930 | 4,017 |
| 건설업 | 2,624 | 2,784 | 2,951 |
| 도매 및 소매업 | 3,049 | 3,214 | 3,372 |
| 운수업 | 3,156 | 3,357 | 3,476 |
| 숙박 및 음식점업 | 1,626 | 1,757 | 1,875 |
| 금융 및 보험업 | 5,706 | 6,026 | 6,236 |
| 부동산업 및 임대업 | 2,446 | 2,600 | 2,755 |
| 교육 서비스업 | 3,316 | 3,397 | 3,474 |
| 보건업 및 사회복지 서비스업 | 2,671 | 2,799 | 2,960 |

보기
㉠ 매년 월 근로시간이 증가한 업종은 금융 및 보험업이 유일하다.
㉡ 매년 월 근로시간이 가장 긴 업종은 부동산업 및 임대업이다.
㉢ 2017년 대비 2019년 월 임금총액이 가장 많이 증가한 업종은 도매 및 소매업이다.
㉣ 2019년 교육 서비스업의 시간당 임금은 2년 전 대비 증가하였다.
㉤ 2019년 월 근로시간이 가장 긴 업종은 월 임금총액도 가장 크다.

① ㉠, ㉡, ㉢          ② ㉠, ㉡, ㉣          ③ ㉠, ㉢, ㉣
④ ㉡, ㉢, ㉣          ⑤ ㉡, ㉣, ㉤

**19** 다음 [그래프]는 2020년 1월~2021년 3월의 아파트 규모별 매매 실거래가격지수에 관한 자료이다. 이에 대한 [보기]의 ㉠~㉤ 중 옳은 것을 모두 고르면?

[그래프] 아파트 규모별 매매 실거래가격지수(2017년 11월=100.0)

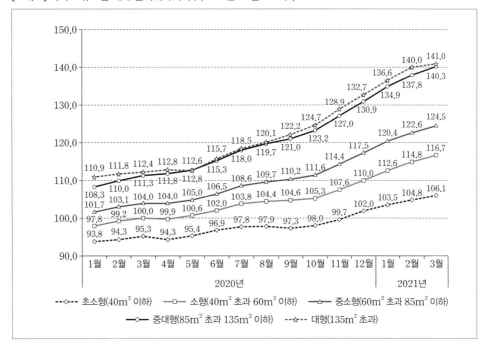

┌ 보기 ┐
㉠ 2021년 1월 전년 동월 대비 아파트 거래가격이 가장 크게 증가한 규모는 중대형이다.
㉡ 2020년 2월~2021년 3월 대형 평수 아파트의 거래가격은 매월 상승하고 있다.
㉢ 2020년 11월 40m² 을 초과하는 아파트의 거래가격은 3년 전 동월 대비 상승하였다.
㉣ 2017년 11월 대비 2021년 3월 아파트 거래가격 상승률이 가장 높은 규모는 대형이다.
㉤ 2020년 4월 이후 소형과 중소형의 아파트 거래가격 증감 방향은 매월 동일하다.

① ㉠, ㉡, ㉢         ② ㉠, ㉡, ㉣         ③ ㉠, ㉣, ㉤
④ ㉡, ㉢, ㉤         ⑤ ㉢, ㉣, ㉤

**20** 다음 [표]와 [그래프]는 2017~2021년 전국 청소년 상담 현황을 정리한 자료이다. 이에 대한 설명으로 옳지 <u>않은</u> 것을 고르면?

[표] 연도별 전국 청소년 상담 내용 현황 (단위: %)

| 구분 | 2017년 | 2018년 | 2019년 | 2020년 | 2021년 |
|---|---|---|---|---|---|
| 가정 | 7.7 | 7.7 | 7.5 | 10.5 | 9.5 |
| 일탈/비행 | 9.5 | 10.3 | 11.4 | 10.2 | 9.0 |
| 학업/진로 | 17.8 | 16.6 | 13.4 | 12.9 | 12.1 |
| 성 | 1.9 | 1.7 | 1.6 | 1.8 | 1.6 |
| 대인 관계 | 27.1 | 26.3 | 27.4 | 21.5 | 21.9 |
| 성격 | 7.1 | 6.7 | 6.6 | 6.2 | 6.7 |
| 정신 건강 | 12.2 | 14.6 | 16.1 | 19.9 | 22.2 |
| 생활 습관 태도 | 0.9 | 0.8 | 0.7 | 1.0 | 0.9 |
| 활동 | 1.7 | 1.7 | 1.4 | 1.0 | 1.0 |
| 컴퓨터/인터넷 | 8.4 | 8.4 | 8.6 | 8.2 | 9.0 |
| 단순 정보 제공 | 5.7 | 5.0 | 5.3 | 6.9 | 6.1 |

[그래프] 연도별 전국 청소년 상담 건수 (단위: 건)

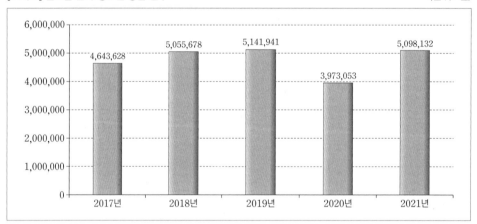

① 일탈/비행 관련 상담은 매년 400,000건 이상이다.

② 대인 관계 관련 상담이 가장 많은 해와 적은 해의 차이는 500,000건 이상이다.

③ 2017~2021년 동안 성격에 관한 상담 수의 총합은 대인 관계에 대한 상담이 가장 많은 해의 대인 관계에 대한 상담 수보다 적다.

④ 2018~2021년 동안 컴퓨터/인터넷 관련 상담이 전년 대비 감소한 해에 활동 관련 상담도 전년 대비 감소하였다.

⑤ 조사 기간 동안 단순 정보 제공 관련 상담이 300,000건을 넘은 해는 햇수로 1개이다.

**01** 다음 글을 읽고 추론하기 가장 <u>어려운</u> 것을 고르면?　　　2021 하반기 SKCT 기출 복원

> 　전문가 집단은 특정 분야의 일을 줄곧 해 와서 그에 관해 깊이 있는 지식과 수행능력을 갖고 있는 사람들의 집단이다. 이들은 지식과 스킬이 머리와 몸에 잘 체화돼 있어 상황이 달라져도 문제를 재빨리 해결하는 특징을 지니고 있다. 대처가 빠르기에 오류가 없을 것 같은 전문가 집단의 결과물을 살펴보면 재미있는 지점이 있다. 선거 전략팀이 투표자의 행태 분석을 잘못하여 선거에서 패배한다거나 펀드회사의 전문가 집단의 수익률이 마이너스를 기록하는 등의 일이 발생하고 있기 때문이다. 그렇다면 이러한 일은 왜 일어나는 것일까? 우선 전문가들은 자신의 능력에 대해 과신하는 경향이 있다. 그리고 이들이 모여 있는 집단은 주로 자신들의 프레임을 지키기 위해 수동적이고 방어적인 태도를 가지는데 그에 대한 결과이다.
>
> 　이러한 전문가 집단의 함정을 벗어나기 위한 방법 중 집단 지성을 통해 해법을 찾을 수 있다. 집단 지성은 다수의 사람들이 서로 협력하거나 경쟁하는 과정을 통하여 얻게 된 집단의 지적 능력을 의미한다. 이는 소수의 우수한 전문가의 능력보다 다양성과 독립성을 가진 집단의 통합된 지성이 더 큰 힘을 발휘한다는 데에서 연유한다. 최근 각광받는 빅데이터 기술은 이러한 집단 지성의 원리에 바탕을 두고 있다. 정보와 지식의 취합을 바탕으로 필요한 알고리즘을 만들어 인공지능에 활용하기 때문이다.

① 집단 지성은 인터넷의 발달로 질적 향상을 기대할 수 있다.

② 아무리 뛰어난 집단이라도 자신들의 능력에 대해 과신하고 방심하면 판단력이 흐려질 수 있다.

③ 전문가 집단이 제 역할을 제대로 수행하기 위해서는 집단의 태도를 주도적이고 개방적으로 변화시켜야 한다.

④ 낱개로는 전혀 가치가 없는 데이터는 빅데이터에 들어간다 하더라도 새로운 의미를 추출하기 어렵다.

⑤ 집단 지성의 산출물은 구성원에 따라 질적으로 달라질 수 있으며, 개별 정보의 부정확성, 정보 조작 등의 문제점이 있을 수 있다.

몇 년 전 국내 공영방송에서 방영한 재미있는 실험을 기억하는가? 한 사람이 병원에서 진료를 받기 위해 기다리고 있는데, 종소리가 들리자 대기실에 있던 다른 모든 사람이 자리에서 일어섰다 앉는 행위를 반복하기 시작한다. 사실 다른 대기자들은 미리 섭외된 연기자들로, 이들의 이상 행동은 집단이 개인에게 미치는 영향을 보고자 하는 실험이었다. 실험 결과, 종소리에 반응하여 일어섰다 앉을 아무런 이유가 없었음에도, 대부분의 실험 참가자들은 미리 섭외된 연기자를 따라 일어섰다 앉는 행동을 반복했다.

이처럼 집단의 암묵적인 압력을 견디지 못하고 개인의 행동이 집단에 맞춰 변화하는 현상을 '동조'라고 한다. 솔로몬 애쉬는 선분 실험을 통해 이러한 동조 현상이 발생하는 경계조건을 좀 더 구체적으로 확인했다. 그 결과 실험 참가자와 미리 섭외된 연기자 단둘이 있을 때는 동조 현상이 일어나지 않았고, 미리 섭외된 연기자가 3명일 때 동조 현상이 가장 강력하게 발생했다. 또한 미리 섭외된 연기자가 공통된 행동을 하지 않고, 단 한 명이라도 다른 행동을 할 경우에는 동조 현상 발생률이 25%나 감소하였다. 즉, 동조 현상이 강하게 나타나기 위해선 만장일치가 선결되어야 한다는 것이다.

① 중국집에서 마파두부밥을 먹고 싶었지만 다른 사람들이 모두 짜장면을 골라 할 수 없이 짜장면을 선택했다.

② 길을 걷는 도중 주변 사람들이 갑자기 한 방향으로 달리기 시작하자 나도 같은 방향으로 달렸다.

③ 태안 기름 유출 사고를 수습하는 자원봉사자의 모습이 연일 매스컴에 등장하자 전국의 수많은 사람들이 자원봉사에 나섰다.

④ 길거리에서 너도나도 에코백을 들고 다니자 난생처음으로 에코백을 주문하였다.

⑤ 히틀러는 타고난 선전 기술과 연설 능력, 카리스마로 독일 국민들이 나치스의 유대인 학살 등의 악행에 가담하도록 만들었다.

햇빛이 매우 약한 겨울철 남극 상공의 하부 성층권에는 바람이 강하게 회전하는 거대한 원형의 소용돌이가 형성된다. 그리고 대기 대순환에 의해 프레온 가스와 수증기를 포함한 공기가 저위도로부터 소용돌이 내로 유입된다. 소용돌이로 유입된 공기 속에 존재하던 수증기는 얼음 결정으로 변하는데, 이때 프레온 가스가 얼음 결정 속에 포집된다. 이 과정을 통해서 겨울 동안 소용돌이 내에는 프레온 가스를 포집한 얼음 결정이 계속 적체된다. 봄이 되어 이 지역에 햇빛이 들면 소용돌이는 세력이 약화되어 와해되는데, 이때 얼음 결정이 녹으면서 포집되어 있던 프레온 가스로부터 염소 원자가 공기 중으로 빠르게 방출되어 오존을 집중적으로 파괴한다. 남극의 오존층 파괴는 프레온 가스가 개발된 지 반세기가 지나도록 나타나지 않았는데, 그 이유는 프레온 가스가 남극 상공까지 수송되어 축적되는 데 오랜 시간이 걸렸기 때문이다.

한편, 북극의 소용돌이는 남극만큼 강하지 않아 그 모양이 구불구불하여 소용돌이 내의 공기와 주변 공기 간에 혼합이 남극보다는 덜하다. 그런데 지구 온난화가 진행될수록 성층권의 기온은 오히려 하강하게 되어 남극의 소용돌이뿐만 아니라 북극의 소용돌이도 더욱 강해지고 규모가 커질 수 있다고 한다. 대기 중에 온실 기체 농도가 증가하면 대류권에서는 온실 기체가 기온 상승을 가져오지만, 성층권에서는 성층권 특유의 열적 구조로 인하여 오히려 기온을 하강시키는 방향으로 작용한다는 것이다. 지구 온난화에 수반되어 극지방 소용돌이의 강도 변화가 실제로 나타난다면 오존층 파괴의 양상이 지금과는 달라질 것이다.

① 프레온 가스는 성층권에서 염소 원자를 방출한다.
② 성층권에서 온실 기체는 기온을 하강시키는 역할을 한다.
③ 지구 온난화가 심해지면 극지방 소용돌이 강도가 약해진다.
④ 봄이 되면 남극 상공의 하부 성층권의 오존층 파괴가 심화된다.
⑤ 프레온 가스는 대기 순환 과정을 통해 지구 대기 전역으로 확산된다.

리더로서 긍정적인 영향을 통한 자발적 추종을 불러일으키기 위해서는 무엇이 중요할까? 우선 내가 가진 부하들에 대한 영향력이 어디에서 출발하는가를 곰곰이 생각해 보는 데서부터 시작해야 한다. 영향력이란 나의 말이나 행동에 따라 그들의 행동이 변한다는 것을 의미한다. 그리고 타인에게 영향력을 행사하려면 리더로서 다양한 형태의 힘 또는 권력을 가져야 한다. 여기서 권력이란 '상대방을 내 의지대로 움직일 힘'이라 정의할 수 있다.

타인에게 영향력을 행사하는 데 필요한 권력의 원천은 강압적 권력, 합법적 권력, 보상적 권력, 전문적 권력, 준거적 권력 등 다섯 가지로 구분된다. 처벌이나 위협을 통한 강압적 권력은 위기가 닥쳤을 때나 악습 타파 등의 상황에는 효과적일 수 있으나, 부하 직원의 저항을 불러일으킬 수 있다. 조직 내 지위를 통한 합법적 권력은 강압적 권력보다는 바람직하지만, 부하 직원에게 기대할 수 있는 수준이 순응밖에는 없다. 돈이나 승진 등의 보상을 통한 보상적 권력은 단기적으로 직원의 동기 부여 및 성과 창출에 이바지할 수 있으나, 장기적으로는 상대적 박탈감과 불만족을 유발할 수 있다. 전문적인 기술이나 지식 등에 기대는 전문적 권력은 부하들의 자발적 추종을 불러일으킬 수 있지만, 리더의 지식수준이 다른 사람보다 뛰어날 때만 효과가 나타난다. 준거적 권력은 카리스마, 인간미, 존경심과 같은 개인적 특성에 따른 권력으로, 장기적이고 지속적인 영향력 행사가 가능하며 부하들에게 리더의 가치를 내재화시킬 수 있다.

① 강압적 권력 — 직급이나 직책을 이용해 부하들을 이끄는 상사
② 합법적 권력 — 성과를 달성하면 승진을 시켜 주는 상사
③ 보상적 권력 — 자신의 기술이나 지식을 부하들에게 전수해 주는 상사
④ 전문적 권력 — 처벌이나 제재를 강조하는 상사
⑤ 준거적 권력 — 성실하고 근면한 상사

**05** 다음 글은 우리나라의 경제 상황에 대한 내용이다. 주어진 글을 바탕으로 할 때, 다음 중 적절한 그래프를 고르면?

2022 하반기 SKCT 기출 복원

2021년 우리나라의 국내총생산(GDP)은 2,057조 원으로 전년보다 6.4% 증가하였다. 그리고 국민의 평균적 생활 수준을 나타내는 지표인 1인당 국민총소득(GNI)은 3만 5,168달러로 전년보다 10.3% 증가하였다. 하지만 소비자물가지수는 102.50으로 전년보다 2.5% 상승하였고, 생활물가지수는 103.21로 전년보다 3.2% 상승하였다. 물가상승률은 2011년에 4.0%를 기록한 후 최근 10년 중 가장 큰 상승 폭을 나타내면서 국민들의 주머니 사정을 어렵게 만들었다.

2020년 연평균 가구 소득은 6,125만 원이었는데, 이는 전년보다 201만 원 증가한 수치이다. 특이하게도 가구주가 남자인 가구의 평균 소득은 6,997만 원으로, 가구주가 여자인 가구의 평균 소득인 3,348만 원의 약 2.1배 수준을 나타내었다. 소득 원천별 소득 구성을 살펴보았을 때 근로소득(62.9%)과 사업소득(18.5%)은 전년 대비 각각 1.1%p, 0.9%p 감소하였으나, 재산소득(7.1%) 및 공적이전소득(9.8%)은 각각 0.1%p, 2.1%p 증가하였다. 이에 큰 비중을 차지하고 있는 근로자와 사업자들은 상대적으로 소득이 늘지 않았지만 부동산 등을 통해 이득을 취한 사람들은 비중이 적지만 오히려 소득이 크게 늘었다고 볼 수 있다.

2021년 가구 월평균 소비지출액은 249만 원이었는데, 소비지출 비목별 비중은 식료품·비주류 음료(15.9%)가 가장 높았고, 음식·숙박(13.5%), 주거·수도·광열(12.0%), 교통(11.5%) 순으로 나타났다. 이를 분석해 보면 역시 사람들은 먹고 자는 것에 대해 가장 많은 소비지출이 있음을 확인할 수 있다.

2021년 가구당 평균 자산총액은 5억 253만 원으로 전년보다 12.8% 증가하였다. 구체적으로 살펴보면 금융자산은 전년 대비 7.8% 증가하였고, 실물자산은 14.4% 증가하였다. 자산총액이 증가한 만큼 부채도 증가하였다. 가구당 평균 부채는 8,801만 원이었는데, 이는 전년보다 6.6% 증가한 것이다. 자산총액 중 순자산액은 4억 1,452만 원으로 전년보다 14.2% 증가하였다. 순자산액은 전 연령대에서 전년 대비 증가하였는데, 50대(4억 6,666만 원), 60세 이상(4억 3,211만 원), 40대(4억 3,162만 원), 30대(2억 8,827만 원), 30세 미만(8,590만 원) 순으로 높게 나타났다.

① 2021년 가구당 평균 자산총액 비중
(단위: %)

② 2019~2020년 연평균 가구 소득
(단위: 만 원)

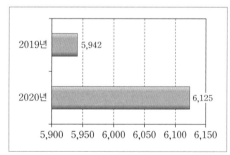

③ 2019년 소득 원천별 소득 구성
(단위: %)

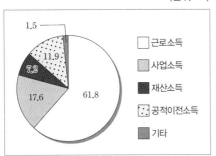

- ☐ 근로소득
- ▨ 사업소득
- ■ 재산소득
- ⬚ 공적이전소득
- ▨ 기타

④ 2021년 가구 월평균 소비지출액 비중
(단위: %)

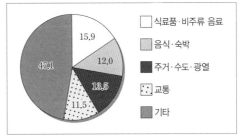

- ☐ 식료품·비주류 음료
- ▨ 음식·숙박
- ■ 주거·수도·광열
- ⬚ 교통
- ▨ 기타

⑤ 2020~2021년 국내총생산　(단위: 조 원)

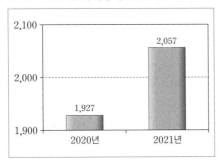

**06** 다음 글의 내용을 근거로 하여 비판할 수 있는 주장을 고르면?

> [가] 뉴튼에 살고 있는 한 회계사가 학회에 참가하기 위해 보스턴으로 가는 중이었다. 로건 공항에서 한 사업가와 택시를 함께 타게 되어 대화하는 도중 그의 회사에서 회계사를 고용하려 한다는 사실을 알게 되었다. 그 회계사 역시 보스턴 시내로 전직을 희망하고 있던 차에 직장을 옮기게 된다.
>
> [나] 미국의 사회학자 그라노베터(Granovetter) 교수는 1973년 발표한 논문에서 강한 유대관계(Strong Ties)를 가진 사람보다 약한 유대관계(Weak Ties)를 지닌 사람에게서 보다 풍부한 정보를 얻을 수 있다는 것을 실증적으로 보여 주었다. 보스턴 근교의 뉴튼 거주자 282명을 대상으로 직업을 구한 경로를 조사한 결과, 자신들이 알고 있는 사람들로부터 구직에 필요한 정보를 입수한 사람들 중 30% 정도만이 가족이나 친구 등 강한 유대관계에 있는 사람에게 도움을 받았고, 70% 정도는 친밀하지 않은 약한 유대관계의 사람들로부터 도움을 받았다는 것이다.

① 지식 정보화 사회에서 정보의 유통이 더욱 중요해지고 있다.
② 깊이 있고 유용한 정보는 강한 유대관계를 바탕으로 하여 유통된다.
③ 기업 조직을 관리하는 데 있어서도 약한 유대관계를 조성할 필요가 있다.
④ 정보의 전달과 흐름에 있어서 중추적인 역할을 하는 것은 약한 유대관계이다.
⑤ 페이스북은 유대관계의 회복을 원하는 사람들의 심리를 이용해 큰 인기를 얻은 것이다.

다음 [가]와 [나]의 글을 모두 활용하여 하나의 글을 쓸 때, 주제로 가장 적절한 것을 고르면?

2019 하반기 SKCT 기출 복원

[가] 시밀란스키는 놀이의 유형을 구성 놀이, 기능 놀이, 상징 놀이, 사회극 놀이의 네 가지로 구분했다. 구성 놀이는 물건을 조작해서 새로운 것을 창조하거나 구성하는 놀이를 말하며, 기능 놀이는 감각 운동 기능을 중심으로 손, 발을 많이 움직여서 하는 놀이를 가리킨다. 상징 놀이는 역할, 사물, 행동, 언어의 가작화(假作化)에 의하여 표현되는 놀이이다. 유아들은 상징 놀이를 통해 사회적, 신체적 및 내적 세계를 실험하고 이해한다. 사회극 놀이는 상징 놀이가 보다 발전된 놀이 형태로 적어도 다른 한 명의 역할 놀이자와 협동하여 놀이 주제를 진행하고, 놀이 참여자 간에 언어나 행동으로 상호 작용이 일어나는 놀이를 의미한다. 이러한 사회극 놀이는 아동의 창의력과 인지적 성장 및 사회적 기술 증진에 효과가 있는 것으로 인정받고 있다.

[나] 연극은 몸짓과 언어를 통해 인간의 삶을 공간과 시간 속에 연출하는 시각적이고 입체적인 예술이다. 연극은 직접 체험의 한계 속에서 역사나 소설, 일상 속 인물, 일상적 개념, 구체적 사물 등에 대하여 멈추어 생각하고 깊이 들여다보고, 심리를 파악해 여러 사람이 볼 수 있는 장소에서 표현하는 것이라 할 수 있다. 이러한 연극의 중요한 특징 중 하나는 연극이 집단적인 노력으로 이루어진다는 것이다. 연출가와 무대 미술가 그리고 배우들은 특별한 세계를 창조하기 위해 모인 예술가들이다. 그들은 함께 상호 작용하여 그들이 꾸며 낸 삶을 사는 특별한 순간의 환경으로 텅 빈 곳을 바꾸어 놓는다.

① 모방과 놀이로써의 연극
② 연극의 교육적 효과와 사례
③ 연극과 놀이를 융합한 유아 학습의 가능성
④ 연극의 기원과 놀이 유형 분화의 관련성
⑤ 놀이의 발달 단계와 연극 발전 과정의 유사성

다음 글을 읽고 추론할 수 있는 내용으로 적절하지 <u>않은</u> 것을 고르면? 2021 상반기 SKCT 기출 복원

향후 20년 이내에 인간의 일자리 47%가 사라질 것이라는 연구 결과가 있다. 경제학 관점으로 본다면 이는 기술진보에 따른 생산성의 혁명적인 변화를 의미한다. 그리고 기술진보는 생산요소, 특히 노동의 생산성을 높이는 본질적인 성격을 갖는다. 노동생산성 증대는 같은 양의 생산에 필요한 노동시간 단축을 뜻하므로, 경제성이 높아지고 기술이 인간의 노동을 대체하게 된다.

4차 산업혁명은 정보통신기술을 중심으로 산업 간 융합을 통해 생산성 증대를 목적으로 한다. 인공지능·빅데이터·사물인터넷 등이 4차 산업혁명의 핵심 기술이다. 정보통신기술을 통해 실시간으로 수집된 정보는 빅데이터가 되고 이를 인공지능으로 분석하여 생산의 효율성을 높이는 방식이다. 노동생산성을 높인다는 측면에서 기존 산업혁명의 기술진보와 결을 같이 한다. 차이가 있다면 이제는 기계가 인간의 고유 영역이었던 인지능력까지 침범하기 시작했다는 점이다. 4차 산업혁명이 인간의 일자리를 완전히 대체할지는 의견이 분분하지만, 일자리의 성격을 현저히 바꿀 것은 분명하다. 일정한 패턴의 분석 능력을 요구하는 직업은 인공지능에 자리를 내줄 것이다. 반면 높은 수준의 인지력 또는 인공지능이 따라오기 어려운 직업에 대한 노동의 수요가 커질 것이다. 그런 미래에 맞춰 노동 공급이 이뤄지지 않는다면 노동으로 살아갈 수 없는 시대가 예상보다 더 빨리 도래할 수 있다. 초기 고전학파 경제학자들은 노동의 가치는 재화와 서비스의 가치에 반영된다고 주장했는데, 근본적으로 재화와 서비스 가치는 소비자의 효용과 만족에서 비롯된다. 향후 노동의 가치가 지속 가능한 일자리는 기계가 창출하기 어려운 효용을 만들어내는 영역에 존재할 것이다.

① 4차 산업혁명의 핵심기술의 사례로 자율 주행 자동차를 예로 들 수 있다.
② 미래 노동의 가치를 유지하기 위해서는 정보통신기술의 습득이 필수로 요구된다.
③ 경험과 학습을 통해 체화된 지식인 암묵지 개념을 기반으로 한 직업에 대한 수요가 커질 것이다.
④ 미래 지속 가능한 인적 자본을 창출하기 위한 인간의 사회적 활동에 대한 교육이 중요하다.
⑤ 조만간 인지능력이 필요한 직업까지 사라질 시간이 머지않았다고 주장하는 사람들도 있다.

**09** 다음 [가]와 [나]의 글을 읽고 추론한 내용으로 가장 적절하지 <u>않은</u> 것을 고르면?

2019 하반기 SKCT 기출 복원

> [가] 1969년 영국과 프랑스는 야심 찬 프로젝트를 하나 시작했다. '콩코드'라는 이름으로 세계 최초의 초음속 여객기를 개발하는 사업이었다. 두 나라는 프랑스 파리와 미국 뉴욕 간 비행 시간을 7시간대에서 3시간대로 줄인다는 목표를 내걸었다. 콩코드는 1976년 첫 상업 비행에 성공했지만, 운영할수록 적지 않은 문제점이 드러났다. 비행 거리에 비해 연료가 너무 많이 소모되어 수지 타산을 맞추기 힘들었고, 기체 결함과 소음도 심했다. 하지만 두 나라 정부는 이미 연구 개발에 쏟아부은 막대한 돈을 허공에 날릴 수 없다는 판단에서 투자를 이어갔다. 콩코드 비행기는 어떻게 됐을까? 결론부터 말하면 총 190억 달러를 쏟아부은 끝에 결국 2003년 운영을 중단했다. 전문가들의 우려대로 누적 적자가 눈덩이처럼 불어났던 탓이다. 일명 '콩코드의 오류'로 불리는 이 사례는 매몰 비용 때문에 잘못된 판단을 내린 대표적 사례로 경제학책에도 자주 등장하고 있다.
>
> [나] 스타벅스가 출시하는 다이어리는 매년 높은 인기를 자랑한다. 스타벅스 다이어리는 11월에서 12월 사이, e-프리퀀시를 통해 일정 수의 음료를 구매하면 무료로 받을 수 있다. e-프리퀀시는 시즌 음료 3잔을 포함해 총 17잔을 마신 뒤 쿠폰(e-스티커)을 모아 완성하면 되며, 시즌 음료의 가격은 5,600~5,800원으로 일반 음료에 비해 비싼 편이다. 한편, e-프리퀀시를 통한 스타벅스 다이어리 증정 기간은 그해 연말까지로, 스타벅스 다이어리를 개별 구매할 경우는 권당 32,500원이다.

① 콩코드의 오류에 빠지지 않으려면 비용에 대한 합리적인 판단 기준이 필요하다.

② 콩코드의 오류는 정부나 기업뿐만 아니라 개인도 내릴 수 있는 잘못된 판단이다.

③ e-프리퀀시를 통해 스타벅스 다이어리를 받기 위해서는 98,600원 이상의 비용이 든다.

④ 2000년대 초반 2G 휴대폰의 대명사 노키아가 과거의 명성에 기대 노력, 투자비가 아까워 스마트폰으로의 변화를 거부한 것은 콩코드의 오류에 해당한다.

⑤ 비용 측면에서만 따져 보면 쿠폰을 통해 다이어리를 받기 위한 선택을 반드시 합리적이라고 보기는 어렵다.

**10** 다음 글의 밑줄 친 ㉠의 궁극적인 이유로 가장 적절한 것을 고르면?

> 희곡에서 '존의 손이 메어리의 허리 근처로 다가갔다. 그리고 그들의 입술이 포개졌다.'와 같은 글을 읽을 때, 독자들의 마음은 '존의 손'에서 '메어리의 허리'로, '그들의 입술'로 그리고 '키스'로 옮아간다. 즉 작가는 중요한 부분을 하나씩 강조하고 독자는 자동적으로 이를 따라가는 것이다. 그런데 대사의 순서에 의해서 주안점이 강조되는 희곡과 달리, 실제 무대 위에서는 많은 일들이 동시에 존재한다. 만일 관객들이 '그들의 입술'을 보고 있어야 할 때, '존의 손'이 움직이는 위치나 반대편에 있는 무대 장치에 주의를 쏟는다면 그들은 주안점을 놓치게 될 것이다. 그리고 많은 관객들이 계속 주안점을 놓치게 된다면 ㉠급기야 그 연극은 실패하게 될 것이다.
>
> 무대에서 어떤 것이 주의를 끌 때 그것을 '강세'가 있다고 말한다. 연극에서 연출가가 해야할 가장 중요한 일은 요소들의 상대적인 중요성을 결정하는 것과 각 요소에 적당한 강세를 주는 것이다. 그리고 무엇보다 중요한 것은 강세가 그 역할이나 사물의 중요성과 일치되어야 한다. 그래서 강세를 부여하는 것보다 바람직하지 않은 강세를 회피하는 것이 더 어려운 일이다.

① 작가가 너무 많은 주안점들을 동시에 제시하였기 때문에
② 작가가 강조하려는 가치가 관객들에게 전달되지 않았기 때문에
③ 연출가가 바람직하지 않은 강세를 회피하는 일에 실패하였기 때문에
④ 연출가가 여러 요소들에 적당한 강세를 부여하는 일에 실패하였기 때문에
⑤ 연출가가 관객의 무의식적인 주의를 끄는 데 필요한 자극을 공급하지 않았기 때문에

**11** 다음 글을 바탕으로 '주식 시장'에 대한 정의를 내리고자 할 때, 전제되어야 할 내용으로 가장 적절한 것을 고르면?

게임 이론은 언제 어떻게 사용할까? 완전 경쟁 시장에서 소비자 한 명의 행동은 시장에 거의 영향을 주지 못한다. 이와 달리 게임 이론은 참가자의 행동이 다른 참가자에게 영향을 주는 상호 작용적 상황(Interactive Situation)에 적합한 분석 틀이다. 경제학에서 과점적 경쟁(Oligopolistic Competition)에 게임 이론을 많이 적용하는 것도 이러한 이유 때문이다.

게임 참가자들 사이의 상호 작용은 구체적인 행동의 결과도 있지만, 그 의미에 대한 인식 혹은 교감을 통해서도 이루어진다. 이런 인식 혹은 교감의 과정은 참가자 간의 커뮤니케이션과 신호의 전달 및 처리(Signaling)로 이해된다. 요약하면, 게임 이론 참가자들이 상호 작용하면서 변화해 가는 상황을 이해하는 데 도움을 준다. 그 상호 작용이 어떻게 전개될 것이며, 어떻게 행동하면 더 이득을 취할 수 있는지를 객관적으로 분석해 주기 때문이다.

전략적 상황 분석에서 가장 중요한 것은 상대의 의도와 전략을 읽고 대응하는 것이다. 이것은 전쟁이든 기업 경영이든 전략의 첫걸음이다. 도청, 스파이, 운용 등의 첩보전이나 상대의 구체적 행동(투자 패턴, 병력 배치, 공개된 행동과 말)을 통해 유추할 수 있다. 서로 만나서 솔직하게 물어보는 방법도 있다. 이 경우, 가능한 수단은 다 써야 하며 상대의 입장에서 생각해 보는 것이 가능하다. 각각의 상황에서 상대방이 정말로 어떤 선택을 할 것인가를 예상하여 자신의 행동을 결정하는 것이 게임 이론의 출발점이다.

합리적 상황 분석이 좀 더 체계적인 정보 수집과 판단으로 뒷받침되면 승률은 더 높게 된다. 또한 꾸준한 훈련과 경험 축적을 통해서 마음먹은 대로 전략을 펼칠 수 있다면 더욱 유리하다. 합리적 분석을 넘어 상대방의 의도와 행동에 숨어 있는 의도적, 비의도적, 비합리성까지 분석하고 대응할 수 있다면 더욱 유리해진다. 투수와 타자의 게임을 예로 들어 보자. 타자의 특징이나 능력을 무시하고 아무 데나 던지는 투수가 이길 확률은 적다. 게임 전체의 상황과 주자의 위치 등을 생각하면 어떤 공이 더 효과적인가를 판단할 수 있다. 나아가 상대팀에게서 나올 수 있는 의도적, 비의도적인 전략까지 고려해서 전략을 세운다면 더욱 유리할 것이다. 여기에는 꾸준한 훈련을 통해서 마음먹은 대로 공을 던질 수 있고, 다른 수비 선수들과도 정확하게 손발이 맞는다는 전제가 있어야 한다.

현실 세계의 게임은 더 복잡하다. 전쟁은 수많은 사람의 목숨과 재산을 건 엄청난 일이다. 전쟁의 공포는 사람의 이성을 마비시키고 심리적 중압감은 합리적 의사 결정을 힘들게 한다. 그럴수록 게임 이론에서 얻은 직관력과 분석력은 더 좋은 의사 결정을 위한 길잡이가 된다. 물론 게임 이론 책과 달리 현실에서는 정보 자체를 수집하고 전략을 실행하는 것에 많은 노력이 필요하다. 따라서 게임 이론이 주는 답이 전략의 모든 것은 아니다. 그러나 기업이나 국가의 미래를 건 의사 결정에서 몇 가지 생각할 점들을 알려 주는 것만으로도 그 의미는 엄청나다. 게임 이론을 공부한다고 주어진 상황에 딱 맞는 답을 제시할 수는 없다. 다만 게임 이론은 상황을 좀 더 체계적으로 헤아려 보는 데 도움이 되고, 무엇을 어떻게 살펴봐야 할 것인지 더 깊이 생각할 수 있게 해 준다. 화투나 바둑을 할 때 마구 생각나는 대로 수를 두는 것보다 꼼꼼하게 따지고 헤아려서 게임을 하는 것이 승률이 높은 것은 당연하다.

① 투자자들이 규칙을 지키면서 상황에 따라 전략을 세워 경쟁하는 공간이다.
② 합리성과 효율성이라는 경제의 원리가 구현되는 공간이다.
③ 기본 가치에 대한 객관적인 평가를 제공하는 금융 시장이다.
④ 기업의 주가와 내재적 가치를 일치시켜 나가는 공간이다.
⑤ 게임에서 승리하는 이들이 많은 것들을 구성하는 것처럼, 승리한 이들을 위한 공간이다.

**12** 다음 글을 읽고 빈칸 ㉠에 들어갈 말로 가장 적절한 것을 고르면? 2019 상반기 SKCT 기출 복원

우리말의 '용언'(用言)은 무엇이 어떠한지, 무엇을 어찌했는지 등을 의미하는 품사이다. 이 용언에는 대표적으로 동사와 형용사가 있다. 동사와 형용사는 상황에 따라 다양하게 형태가 변화(활용)하여 사용된다고 해서 '용언'으로 묶이게 된 것이다.

동사는 이름 그대로 사람이나 사물의 움직임이나 과정 등을 나타내는 말로서, 우리가 일상생활에서 쉽게 사용하는 '달리다', '먹다', '뛰다', '걷다', '마치다' 등이 모두 동사에 속한다. 형용사는 사람이나 사물의 상태나 성질을 나타내는 단어를 말하는 것으로, 마치 사진처럼 대상의 순간적인 상태, 모양, 성질 등을 붙잡아서 말해 준다고 할 수 있다. 따라서 '예쁘다', '작다', '길다', '착하다'와 같은 단어가 형용사에 해당한다.

동사와 형용사를 구별하는 방법은 크게 세 가지가 있다. 첫째, 단어의 의미로 구별할 수 있는데, 움직임을 나타내는 말이면 동사이고 상태나 성질을 나타내는 말이면 형용사가 된다. 둘째, 명령이나 청유형 사용 여부에 따라 구별할 수도 있는데, 명령형이나 청유형을 만들 수 있으면 동사, 만들 수 없다면 형용사가 된다. 셋째, 다음과 같은 예에서 알 수 있듯이,
(                    ㉠                    )

| 〈달리다〉 | 〈예쁘다〉 |
|---|---|
| • 달리- + -ㄴ다 → 달린다 (○) | • 예쁘- + -ㄴ다 → 예쁜다 (×) |
| • 달리- + -는 → 달리는 (○) | • 예쁘- + -는 → 예쁘는 (×) |
| • 달리- + -고 있다 → 달리고 있다 (○) | • 예쁘- + -고 있다 → 예쁘고 있다 (×) |

① 진행형을 만들 수 있는지에 따라 구별할 수 있다.
② 활용할 때 어미가 필요한지에 따라 구별할 수 있다.
③ 시제의 변화에 영향을 미치는지에 따라 구별할 수 있다.
④ 용언의 문장 내 역할이 바뀌는지에 따라 구별할 수 있다.
⑤ 한 문장에서 용언이 몇 번 나오느냐에 따라 구별할 수 있다.

**13**  다음 글의 내용과 일치하는 것을 고르면?

> 모든 파마는 기본적으로 산화 환원 반응을 이용한다. 산화란 산소와의 결합, 수소의 분리, 산화수의 증가(전자의 수의 감소)의 경우를 말하고, 환원이란 산소와의 분리, 수소와의 결합, 산화수의 감소(전자의 수의 증가)의 경우를 말한다. 한 원소가 산화하면 다른 원소는 환원되기 때문에 산화 환원 반응은 항상 동반되어 발생한다고 볼 수 있다.
>
> 환원제(1제)가 머리카락의 주성분인 케라틴 단백질에 수소를 공급해 아미노산의 시스틴 결합(황화 결합)을 깨뜨리면, 단백질 구조가 느슨해지면서 머리카락이 유연해진다. 이때 원하는 모양으로 머리카락을 구부린 뒤 산화제(2제)를 사용해 환원제가 공급했던 수소를 빼앗으면 다시 시스틴 결합이 생기면서 머리카락이 달라진다.
>
> 열 파마는 일반 파마와 달리 좀 더 강력한 환원제를 사용한다. 일반 환원제가 시스틴 결합을 30% 정도 깨뜨린다면 열 파마의 환원제는 50%를 깰 수 있다. 또한 열 파마는 이렇게 느슨해진 단백질 분자에 고온의 열을 가해, 분자들이 자유롭게 움직이며 자기들끼리 새로운 수소 결합을 하도록 유도한다. 결국 열 파마의 원리는 산화 과정에 열을 가해 더 단단한 결합을 만드는 것이라 할 수 있다.

① 열 파마는 일반 파마보다 단단한 컬을 만들어 낼 수 있다.

② 머리카락의 아미노산의 시스틴 결합을 깨뜨리면 파마가 완성된다.

③ 파마에서 환원제는 머리카락을 단단하게 만들어 주는 역할을 한다.

④ 열 파마는 산화 환원 반응을 이용하지만 일반 파마는 산화 반응만 이용한다.

⑤ 산화제 공급 후 머리카락을 구부려 환원제를 사용하면 원하는 컬을 만들 수 있다.

그간 미세먼지가 인체에 미치는 유해성에 대해 우리나라를 비롯한 해외의 여러 연구에서 입증한 바 있다. 연구에 따르면 제2차 수도권 대책 미시행 시 초과 사망자 2만 명, 호흡기계 질환자 1만 명, 기관지염 환자 80만 명이 발생하여 미세먼지로 인한 사회적 비용을 연간 12조 3,300억 원으로 추정하였다.

초미세먼지는 미세먼지와 달리 입자의 크기가 매우 작아 폐포까지 직접 침투하여 미세먼지보다 건강에 심각한 영향을 줄 수 있다. 초미세먼지에 노출되면 호흡기 및 심혈관 관련 질환으로 인한 입원이 증가할 뿐만 아니라 사망자 발생률도 유의하게 증가한다는 결과들이 보고되고 있다. 또한 초미세먼지의 장·단기 노출에 의한 사망률, 호흡기계 및 순환기계 질환 환자 발생과의 관계, 생식·발달과의 상관성 등에 대한 해외의 역학 연구 결과 초미세먼지가 호흡기계와 순환기계를 중심으로 인체의 건강에 여러 가지 영향을 미친다는 사실이 밝혀지고 있다.

이처럼 초미세먼지는 폐 질환, 심근경색, 순환기계 장애 등을 유발하고 조기 사망 위험 증가에 영향을 주는 인자로 작용하는 등 인체에 미치는 영향이 심각하여 2013년 WHO에서 1급 발암물질로 규정하였다.

반면, 우리나라에서는 해외 여러 나라에 비해 초미세먼지와 관련된 건강 영향 연구가 많이 미흡한 실정이지만, 초미세먼지 대기환경기준 적용 및 예·경보제를 2015년부터 시행하여 고령자나 심폐기능 미약자의 외출 자제 등을 권고하고 있다.

① 미세먼지는 발암성 물질을 포함하지 않을 것이다.
② 미세먼지가 많은 날에는 초미세먼지도 더 많아질 것이다.
③ 2015년 이후 대기 중의 초미세먼지 농도는 많이 감소하였을 것이다.
④ 초미세먼지는 2013년경부터 인체에 발암물질로 작용하기 시작하였을 것이다.
⑤ 초미세먼지 대기환경기준 적용 및 예·경보제를 시행한다면 사회적 비용의 감소를 기대할 수 있다.

**15** 다음 글을 읽고 빈칸 ㉠에 들어갈 내용으로 가장 적절한 것을 고르면? 2019 하반기 SKCT 기출 복원

영국 옥스퍼드대 지구과학부 팀은 화성의 광물을 분석하면 화성의 물이 어디로 갔는지에 대한 해답을 얻을 것이라고 확신하고, 지구의 암석 구성을 확인하는 데 사용된 모델링 방법을 적용했다. 이를 통해 화성 표면의 물이 암석과 반응해 얼마나 많이 없어졌는지를 계산했다. 연구팀은 암석 온도와 지표면 아래의 압력 및 일반적인 화성의 구성 요소가 화성의 표면에서 어떤 역할을 했는지를 평가했다. 연구 결과 화성에 있는 현무암은 지구에 있는 것보다 25% 정도 더 많은 물을 저장할 수 있으며, 그에 따라 (                  ㉠                  ) 으로 나타났다.

현재 지구의 판 구조 시스템은 지표면의 수위가 급격히 변화하는 것을 막아 주며, 습한 암석은 비교적 건조한 지구의 맨틀로 들어가기 전에 효율적으로 탈수가 된다고 한다. 그러나 초기 지구나 화성은 물 재활용 시스템을 가지고 있지 않았다. 연구팀은 화성에서는 물이, 구멍이 숭숭 뚫린 현무암 지각을 형성하는 갓 분출된 용암과 반응해 스펀지 같은 효과를 나타냈다고 말했다. 화성의 물은 이어 암석과 반응해 다양한 광물을 함유하게 되었고, 이 물─암석 반응은 암석의 광물학적 속성을 변화시켜 화성 표면을 건조하게 만들고 생명이 살 수 없는 곳이 되었다는 것이다.

① 지표 아래 물을 탈수시킨 것
② 화성 표면의 암석을 산화시켜 버린 것
③ 화성 표면의 물을 암석 안으로 끌어들인 것
④ 수화된 암석들이 탈수가 될 때까지 떠다닌 것
⑤ 화성의 자기장이 붕괴되자 우주 공간으로 유실되어 버린 것

**16** 다음 글을 읽고 추론한 내용으로 가장 적절하지 <u>않은</u> 것을 고르면?

> 태양에서 방출하는 것 중에서 지구의 생명체에 해로운 것은 태양풍 입자들과 방사선, 자외선에만 국한되지 않고 또 하나가 있다. 바로 태양에서 지구로 쏟아지는 엄청난 '열'이다. 이러한 과도한 태양열을 막아내면서 이를 적절히 이용하기 위하여, 지구는 '대기 및 탄소 순환 체계'라는 또 하나의 방어 수단을 지니고 있다.
>
> 지구는 태양으로부터 에너지를 받지만, 지구 또한 장파 복사의 형태로 에너지를 방출하여 복사평형을 이룬다. 지구 표면의 평균 온도가 생활에 적합한 30도 이상을 유지할 수 있는 이유는 바로 지구 대기에 의한 온실 효과 덕분인데, 대기 중의 수증기, 이산화탄소 등이 지구가 내보내는 복사 에너지를 흡수하여 지구의 열에너지를 보존해 준다. 덕분에 지구는 인간을 비롯한 각종 생명체가 살아가기에 더욱 쾌적한 환경을 유지하는 것이다.
>
> 만약 지구 대기 중에 이산화탄소 등의 온실가스의 농도가 지나치게 높으면 큰 문제가 된다. 즉 지구가 방출해야 할 복사 에너지를 더 많이 흡수하면 지구 표면의 온도는 급격히 높아져서 생물이 도저히 살아갈 수 없는 환경이 된다.
>
> 지구의 이웃 행성이자 비너스라고 불리는 금성은 표면 온도가 섭씨 460도에 달한다. 금성은 태양계 전체에서 지표면 온도가 가장 높은 행성으로서, 태양과 가장 가까이 위치한 수성보다 더 뜨겁다. 그 이유는 금성의 대기가 매우 두꺼운 이산화탄소층으로 이루어져 있기 때문이다.
>
> 그런데 최근 심각해지는 지구 온난화는 이러한 지구의 정교한 공기 정화 장치에 문제가 생기는 것으로 볼 수 있다. 산업화 이후 인류가 대량으로 소비하는 석탄, 석유 등의 화석 연료는 수천만 년 또는 수억 년에 걸쳐서 지구에 저장되어 온 탄소를 순식간에 대기 중에 이산화탄소로 방출한다. 현재 인류가 대기 속으로 내뿜는 이산화탄소의 양은 화산이 배출하는 것보다 수십 배나 더 많아서, 지구의 탄소 순환이라는 자연 공조 시스템이 감당하기 어려운 수준인 것이다.

① 대기 중의 수증기나 이산화탄소가 부족하게 되면 지구 표면의 온도는 낮아질 것이다.

② 지구의 '대기 및 탄소 순환 체계'가 작동하지 않으면 지구는 금성처럼 뜨거워질 것이다.

③ 금성 탐사는 이산화탄소로 인한 온실 효과가 어떻게 환경에 영향을 미치는지를 파악하는 데 효과적일 것이다.

④ 온난화 문제만 해결된다면 지구는 탄소 순환 체계에 의해 지속적으로 이산화탄소의 양이 감소할 것이다.

⑤ 식물이 광합성을 통해 대기 중의 이산화탄소를 산소로 변환하는 것은 지구의 공기 정화 장치의 하나로 볼 수 있다.

**17** 다음 글을 읽고 추론한 내용으로 가장 적절하지 <u>않은</u> 것을 고르면?

> 요산은 핵산의 구성성분인 퓨린이 체내에서 대사과정을 거치면서 만들어지는 최종 분해 산물이다. 대표적으로 단백질을 음식으로 섭취하면 그 안에 핵산 성분이 있고, 핵산 성분인 퓨린이 체내에서 대사과정을 거치면서 요산이 된다. 통풍은 혈액 내 요산의 농도가 높아질 때 생긴다. 배출되지 못한 요산이 혈액을 통해 관절의 연골과 힘줄, 주위 조직으로 침투해 염증을 일으키며, 관절 주위가 붉게 변하면서 붓고 찌르는 듯한 증상을 동반한다. 주로 무릎과 그 아래의 부분에서 많이 나타나지만 손가락 등 관절이 있는 곳이라면 어느 부위든 증상이 나타날 수 있다. 통풍은 여름에 가장 빈번하게 나타나는데, 햇볕과 높은 습도에 땀을 많이 흘려 혈액 속의 요산의 양은 일정해도 체내 수분량이 줄어 농도가 높아지기 때문이다. 또한 통풍 환자의 90%는 남자이며, 이는 남성 호르몬이 신장에서 요산의 재흡수를 촉진해 혈중 요산 농도를 높게 하기 때문이다. 반면 여성 호르몬은 신장에서 요산의 재흡수를 억제해 배출을 촉진하기 때문에 여성의 경우 주로 폐경기 이후 통풍이 나타난다.

① 손가락 관절보다 발가락 관절에서 통풍이 더 자주 관찰될 것이다.
② 신장에서 요산의 흡수를 촉진할수록 통풍 발생 위험이 늘어날 것이다.
③ 섭취한 단백질이 체내에서 완전히 분해되었다면 통풍은 발생하지 않을 것이다.
④ 체내 요산량이 동일하다면 수분량이 많을수록 통풍 발생 위험이 줄어들 것이다.
⑤ 연령대별 남성과 여성 통풍 환자의 비율 차이는 연령대가 높아질수록 줄어들 것이다.

**18** 다음 글의 밑줄 친 ㉠의 주장을 반박하기 위한 논거로 가장 적절한 것을 고르면?

> 한국어 어휘의 세 층은 고유어·한자어·외래어라고 할 수 있는데, 그 가운데 근간을 이루는 것은 고유어와 한자어이다. 상고 시대 이래 한자가 대량 유입되었고 한자어 유입으로 인해 한국어에는 계보를 달리하는 한자어 계통의 유의어 쌍이 무수하게 형성되었다. 예를 들자면 가슴과 흉부, 허파와 폐, 목구멍과 인후, 목숨과 생명, 새해와 신년, 햇빛과 일광 등 한이 없다. 이러한 유의어 쌍 중에서 고유어 계통의 말들은 대체로 친숙한 느낌을 주고, 한자어 계통의 말들은 공식적인 느낌을 준다. 그러나 ㉠국어 순화론자들 가운데 근본주의적 입장을 취하는 사람들은 한자의 대량 유입이 고유어를 사라지게 한다는 이유로 우리말의 유의어 쌍들 가운데서 한자어를 죄다 추방하고 싶어 한다.

① 한자어와 고유어는 그 계보가 서로 다르다.
② 한자어는 고유어와 완전한 동의어를 이룬다.
③ 한자어는 고유어보다 그 형성 시기가 이르다.
④ 한자어가 우리말의 어휘를 풍부하게 만들었다.
⑤ 한자어의 유입으로 인해 상당수의 고유어가 사라졌다.

**19** 다음 글을 읽고 '암묵지'와 관계 깊은 사례로 가장 적절한 것을 고르면?

2019 상반기 SKCT 기출 복원

실험실은 과학 지식이 생산되는 장소인 동시에 과학자를 키워내는 인큐베이터이다. 일반적으로 과학자가 되기를 원하는 학생들은 대학교의 관련 학부를 졸업한 후 대학원에 진학하게 되는데, 보통 이때부터 수년간의 실험실 생활이 시작된다. 실험실이라는 공간에서 대학원생들은 실제 연구에 참여하면서 교과서나 강의를 통해 배울 수 없었던 지식과 기술을 배우고 경험을 쌓으며 과학자로 성장한다. 그렇다면 교과서나 강의를 통해 배울 수 없는 지식과 기술이란 무엇일까? 실험실에 갓 들어간 학생은 논문에 제시된 방법을 그대로 따라 할 수는 있겠지만, 제대로 된 실험 결과를 얻기는 어렵다. 실제 실험의 과정을 교과서나 논문의 학습을 통해 배우기는 어려운 이유는, 지식에는 언어로 표현할 수 있는 형식지(形式知) 외에도 암묵지(暗默知)가 존재하기 때문이다.

암묵지란 경험과 학습을 통하여 개인에게 체화되어 있지만, 명료하게 공식화되거나 언어로 표현할 수 없는 지식을 뜻한다. 정형화되고 문자화된 지식인 형식지와 달리, 암묵지는 언어로 표현할 수 없는 주관적이고 개인적인 지식이기 때문에 책이나 논문을 통해 습득될 수 없다. 이러한 암묵지는 실험실에서 동료들과 생활하면서 실제 실행이 이루어지는 모습을 관찰하거나 직접 수행하는 경험을 통해 체득된다. 우리나라 실험실에서는 선배와 후배의 일대일 관계 속에서 이루어지는 교육이 중요한데, 이때 전수되는 대부분의 지식은 책이나 논문에는 담겨있지 않은 암묵지이다.

① 갓 태어난 아기는 배가 고프다는 의사를 표현할 줄 모른다.
② 일본어를 전혀 모르면 일본 여행에서 원활한 의사소통을 하기 어렵다.
③ 자전거를 타는 방법에 대한 책을 읽는 것만으로는 자전거를 타기 어렵다.
④ 낯선 곳에서의 교통비 수준을 모르면 비용을 효과적으로 사용하기 어렵다.
⑤ 스마트폰을 처음 사용하는 사람은 음악을 다운로드 하는 방법에 익숙하지 않다.

**20** 다음 글의 내용과 일치하는 것을 고르면?

1421년 피렌체 의회에서 독점 권리가 명시된 특허장을 발급했다. 인류 역사상 최초로 문서화한 특허장을 받은 인물은 이탈리아의 천재 건축가 브루넬레스키이다. 브루넬레스키는 피렌체의 두오모 성당에 대리석을 수송하기 위해 고안된 바지선을 발명한 대가로 3년의 특허를 부여받았는데 그 특허에는 누구도 브루넬레스키의 동의 없이 3년간 피렌체에서 새로운 수상 운반 도구를 소지하거나 작동시킬 수 없다는 조항이 있었다. 이후 베니스 공화국은 1474년에 정식으로 특허법을 제정한다. 신기술의 내용을 국가에 신고하면 10년간 특허를 보호해 주는 방식이었다.

이탈리아에서 시작된 근대 특허 제도는 네덜란드와 영국으로 퍼졌다. 특히 영국은 왕의 전유물로 여겨지던 각종 면허와 칙허를 특허로 돌리는 특허법을 1623년 제정하여 유럽 각국의 기술자들을 끌어들였다. 서구 최초로 성문화한 영국의 특허법은 유럽의 기술 후진국이었던 영국의 처지를 바꿔놓았다. 기술력과 독점을 인정받으려 각국의 기술 인력이 모여든 영국에서는 발명과 혁신이 잇따르고 종국에는 산업 혁명으로 이어졌다.

신생 국가 미국이 빠르게 성장할 수 있었던 비결도 특허로 상징되는 기술 개발 장려 덕분이었다. 독립 직후인 1790년 연방 특허법을 제정하고, 적극적으로 발명 진작에 나섰다. 조지 워싱턴 대통령은 연방 특허 1호 발급에 직접 서명하면서 국무장관과 법무장관, 당시 수도였던 필라델피아 시장의 서명까지 덧붙였다.

미국이 선보인 특허 제도의 특징은 저비용 고효율로, 절차가 간단하고 비용도 쌌다. 특허 등록비는 단 3달러였는데, 같은 시기 영국에서는 회사원의 연봉에 해당하는 100파운드가 들었다.

미국 헌법은 '작가와 발명가의 작품과 발명품에 대해 배타적 권리를 일정 기간 보호해 과학과 실용 기술의 진보를 촉진할 수 있다'고 규정하지만, 특허의 정당성은 혁신과 창의를 증진할 때 성립한다. 1782년 제임스 와트는 증기 기관에 대한 특허권을 취득하고 자기보다 더 나은 엔진을 개발한 혼블로워를 특허 침해로 고소했다. 와트보다 조금 늦게 증기 엔진을 개발한 혼블로워는 결국 감옥에 갇혔고 혼블로워 엔진은 폐기됐다. 와트가 특허권을 가졌던 유효 기간(1769~1800년) 동안에 증기 기관은 해마다 750마력 가량 늘었다. 특허가 끝나자 증기 기관 성능은 해마다 4,000마력 커졌다. 개선되지 않던 연료 효율도 특허가 끝난 1810~1835년에 다섯 배가량 증가했다. 와트의 특허권이 증기 기관의 성능 개선을 막은 이 사례에서 볼 수 있듯 특허권은 시장의 독점화를 촉진하여 시장의 효율성을 저하시킬 뿐 아니라 기술을 보유한 소수 기업의 담합을 통한 독점적 지위 강화를 가능케 하여 궁극적으로는 경제 발전에 해를 끼칠 수도 있다.

① 과거 서양에서는 돈을 받고 특허권을 파는 방식으로 남용되었다.
② 특허권은 시장 독점 수단으로 활용되어 시장 경쟁을 위축시킬 수 있다.
③ 특허권을 없애면 특허에 들어간 돈이 혁신과 번영을 위해 쓰일 수 있다.
④ 미국은 특허권의 중요성을 가장 일찍 인식하여 기술 발전을 이끌었다.
⑤ 미국은 효율적인 특허 제도의 도입으로 세계의 기술자들을 포섭할 수 있었다.

에너지

에듀윌이
너를
지지할게

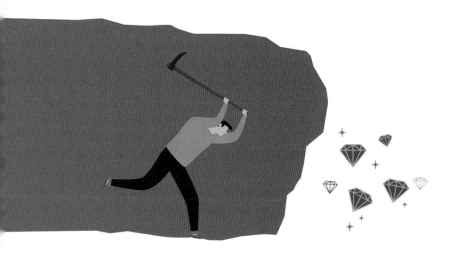

행운이란
100%의 노력 뒤에 남는 것이다.

− 랭스턴 콜먼(Langston Coleman)

# 4

# 직무
# 모의고사

**01** S공과대학 밴드 중앙동아리에 5명의 신입생이 가입하였다. 5명의 신입생은 전공과 배정 악기가 모두 다르다. 전공은 기계공학과, 화학공학과, 생명공학과, 전자공학과, 컴퓨터공학과이며, 악기는 보컬, 기타, 베이스, 드럼, 키보드 중 1개씩 맡게 된다. 다음 [조건]을 바탕으로 한 [추론]에 대한 설명으로 옳은 것을 고르면?

조건
- A는 컴퓨터공학과이고, D는 화학공학과이다.
- B는 보컬이고, E는 기타를 연주한다.
- 기계공학과 신입생은 키보드를 연주한다.
- 드럼을 연주하는 신입생은 화학공학과가 아니다.

추론
B가 전자공학과라면, E는 생명공학과이다.

① 항상 그렇다.
② 항상 그렇지 않다.
③ 주어진 조건으로는 알 수 없다.
④ 항상은 아니지만 옳지 않을 가능성이 높다.
⑤ 항상은 아니지만 옳을 가능성이 높다.

**02** S기업 지원자 중 5명이 최종 면접 대상자로 선정되었다. 5명 중 3명은 이과 전공이고, 2명은 문과 전공이며, 이과 전공인 3명은 참을 말하고 있고, 문과 전공인 2명은 거짓을 말하고 있다. 다음 [조건]을 바탕으로 이과 전공인 지원자로 알맞게 짝지어진 것을 고르면?(단, 거짓을 말하는 대상의 발언 중 하나의 발언이라도 거짓일 경우, 거짓으로 판정한다.)

조건
- A: B와 C는 전공이 같아.
- B: D는 이과이고, E는 문과야.
- C: 나와 D는 같은 과이고, A와 E는 다른 과야.
- D: 나는 이과이고, A는 문과야.
- E: C는 이과이고, 나와 C는 같은 과야.

① A, B, C      ② A, B, E      ③ A, C, D
④ B, D, E      ⑤ C, D, E

**03** 어느 지역의 지도와 도로명 주소가 다음과 같다. 약국, 병원, 분식집, 빵집, 카페, 편의점, 안경점, 은행이 다음 [조건]에 따라 위치한다고 할 때, 항상 옳지 **않은** 것을 고르면?(단, 한 주소에 하나씩만 위치하며, 1길 11 → 1길 14가 왼쪽 → 오른쪽이고, 2길 11 → 2길 14가 왼쪽 → 오른쪽이다.)

| 1길 11 | 1길 12 | 1길 13 | 1길 14 |
|---|---|---|---|
| 도로 | | | |
| 2길 11 | 2길 12 | 2길 13 | 2길 14 |

조건
- 안경점은 1길 12에 위치한다.
- 약국은 병원의 바로 왼쪽에 위치한다.
- 카페에서 빵집에 가기 위해서는 도로를 건너지 않아도 된다.
- 편의점과 은행은 서로 마주본다.
- 분식집은 편의점과 이웃한다.
- 은행에서 병원에 가기 위해서는 도로를 건너야 한다.

① 분식집에서 약국에 가려면 도로를 건너지 않아도 된다.
② 카페와 빵집은 서로 이웃하지 않는다.
③ 안경점의 맞은편에 약국이 있다.
④ 병원은 편의점과 이웃한다.
⑤ 은행은 안경점과 이웃하지 않는다.

**04** 다음 [조건]을 바탕으로 한 [추론]에 대한 설명으로 옳은 것을 고르면?

조건
- A사, B사, C사, D사의 CEO는 서로 다른 테이블에 앉아 기자회견을 진행하였다.
- 테이블은 각각 2인용, 3인용, 4인용, 6인용이 있으며, 동시에 기자회견장에 도착한 CEO는 없었다.
- 두 번째 순서로 도착한 B사 CEO는 2인용 또는 4인용 테이블에 앉았다.
- 가장 늦게 도착한 C사 CEO는 4인용 테이블 또는 6인용 테이블에 앉았다.
- 6인용 테이블에 앉은 CEO보다 먼저 도착한 A사 CEO는 3인용 테이블에 앉았다.

추론
네 번째로 도착한 C사의 CEO는 6인용 테이블에 앉았다.

① 항상 그렇다.
② 항상 그렇지 않다.
③ 주어진 조건으로는 알 수 없다.
④ 항상은 아니지만 옳지 않을 가능성이 높다.
⑤ 항상은 아니지만 옳을 가능성이 높다.

**05** 다음 글을 바탕으로 할 때, 주어진 [보기]의 ㉠~㉢ 중 추론 가능한 명제를 모두 고르면?

모든 것은 조물주의 손으로부터 나올 때는 더할 나위 없이 선하나, 인간의 손에 들어오면 타락한다. 인간은 어떤 땅에 다른 땅의 산물을 재배하려 하고, 또 어떤 나무에 다른 나무의 열매를 열리게 하려 애쓴다. 인간은 기후와 환경과 계절을 뒤섞고 혼동시켜 버린다. 인간은 개나 말이나 노예를 불구로 만든다. 인간은 모든 것을 뒤집어엎고 모든 것을 일그러뜨리고, 기형과 괴물들을 좋아한다. 인간은 자연이 만든 그 아무 것도 그대로 원하지 않는다. 인간 그 자체까지도, 마치 조마장(調馬場)의 말처럼 자신을 위해 길들여 놓는다. 마치 정원수와 같이 자기 취향에 맞추어 구부러뜨려 놓는 것이다.

그렇다고 그것조차 안한다면 모든 일은 보다 더 나빠질 테고, 또한 우리 인간들은 무엇이든 손질을 받을 바에는 반쯤 되다 마는 식의 상태를 원하지 않는다. 이미 모든 형편이 이와 같이 되어 버린 상태 속에서는 설사 인간을 출생과 동시에 그대로 홀로 타인들 속에 내버려 둔다면, 다른 누군가보다 더 꼴사나운 것이 되어 버릴 것이다. 왜냐하면 편견, 권위와 필요한 모범 등과 같은 우리들이 처해 있는 오늘날의 그 모든 사회 제도가 합세하여 인간 속에 있는 자연성을 질식시켜 버릴 뿐이면서도 거기에 대해 아무런 대가도 치르지 않을 것이기 때문이다.

┌─ 보기 ─
㉠ 인간은 선하게 태어난다.
㉡ 인간은 모든 것을 선하게 변형시키는 경향이 있다.
㉢ 인간의 자연성을 훼손시키는 것은 인간 자체와 사회 제도이다.
㉣ 인간을 사회 속에 홀로 둔다면 타고난 자연성이 훼손되지 않을 것이다.
└─

① ㉠, ㉡        ② ㉠, ㉢        ③ ㉡, ㉢
④ ㉡, ㉣        ⑤ ㉢, ㉣

**06** 다음 글을 참고할 때, 밑줄 친 결론이 도출되기 위하여 필요한 전제로 옳은 것을 고르면?

비행기의 경우 대부분 날개에 연료를 넣는데, 장거리를 오가는 대형 항공기의 경우 모든 항공기에 적용되는 것은 아니나 총탑재 중량의 30~40%가 연료이다. 비행기는 비행 중 연료가 계속 소모되기 때문에 총중량이 바뀌게 된다. 연료 소모량을 줄이면서 장거리를 비행하기 위해 최적속도, 최적고도, 최적출력설정 등이 변경된다. 비행기의 중량을 줄이는 가장 좋은 방법은 연료 적재량을 줄이는 것이다. 인천~뉴욕 노선을 운항할 때 연료를 꽉 채우지 않고, 목적지 공항에 도착할 수 있는 적정량을 계산해서 채우게 된다. 국내선의 경우는 항상 절반만 채워 운항하고 고고도로 운항하지도 않는다. 순항고도에 도달하자마자 바로 내려와야 하기 때문에 국제선과 국내선의 순항고도가 서로 다른 것이다. 이렇게 모든 비행기는 중량에 따른 연료 소비의 최적 효율을 거둘 수 있도록 운항한다.

① 연료를 가득 채울 때는 고고도 운항이 더 어려워진다.
② 연료 소비량은 비행기의 무게와 비례한다.
③ 국제선 항공기는 국내선 항공기보다 고고도로 운항한다.
④ 탑승객과 화물의 무게는 적재 연료량을 결정한다.
⑤ 연료 탑재량이 적을수록 비행 속도는 더 빨라진다.

**07** 다음 [표]는 A국의 9~12월 무역지수 및 교역조건지수에 관한 자료이다. 이에 대한 [보기]의 ㉠~㉣ 중 옳은 것을 모두 고르면?(단, 수출(입)물가지수, 순상품교역조건지수, 소득교역조건지수는 소수점 둘째 자리에서 반올림한다.)

[표1] 무역지수

| 구분 | 수출 | | 수입 | |
|---|---|---|---|---|
| | 수출금액지수 | 수출물량지수 | 수입금액지수 | 수입물량지수 |
| 9월 | 110.1 | 113.7 | 120.6 | 114.5 |
| 10월 | 103.5 | 106.3 | 111.3 | 102.8 |
| 11월 | 104.3 | 109.0 | 117.0 | 110.7 |
| 12월 | 105.8 | 110.6 | 107.6 | 103.2 |

※ (수출(입)물가지수) $= \dfrac{(수출(입)금액지수)}{(수출(입)물량지수)} \times 100$

[표2] 교역조건지수

| 구분 | 순상품교역조건지수 | 소득교역조건지수 |
|---|---|---|
| 9월 | 91.9 | (      ) |
| 10월 | (      ) | 95.6 |
| 11월 | (      ) | 98.7 |
| 12월 | 91.7 | 101.5 |

※ 1) (순상품교역조건지수) $= \dfrac{(수출물가지수)}{(수입물가지수)} \times 100$

2) (소득교역조건지수) $= \dfrac{(수출물가지수) \times (수출물량지수)}{(수입물가지수)}$

┌ 보기 ─────────────────────────────
㉠ 9~12월 중에서 수입물가지수가 가장 높은 달은 11월이다.
㉡ 수출물가지수는 매월 95 이상이다.
㉢ 10월의 순상품교역조건지수는 11월의 순상품교역조건지수보다 높다.
㉣ 소득교역조건지수는 12월이 9월보다 낮다.
──────────────────────────────────

① ㉠, ㉡          ② ㉠, ㉢          ③ ㉡, ㉢
④ ㉡, ㉣          ⑤ ㉢, ㉣

**08** X재와 Y재가 10단위씩 존재하며 두 소비자 1, 2가 소비하는 순수교환 경제가 있다. 소비자 1의 효용함수는 $U(x_1, y_1)=x_1+2y_1$이고, 소비자 2의 효용함수는 $U(x_2, y_2)=2x_2+y_2$이다. 여기서 $x_i$, $y_i$는 각각 소비자 $i$의 X재와 Y재 소비량을 나타낸다. 다음 중 이 경제의 계약곡선(Contract Curve), 즉 파레토 효율적인 배분을 이은 선을 에지워스 상자에 나타낸 것으로 가장 적절한 것을 고르면?(단, 에지워스 상자의 가로 길이와 세로 길이는 각각 10이며, $O_1$, $O_2$는 각각 소비자 1, 2의 원점을 나타낸다.)

①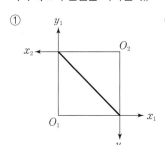

②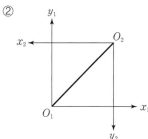

③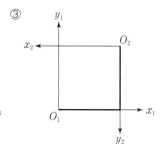

④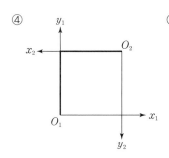

⑤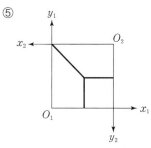

09 다음 [표]는 갑이 X재와 Y재의 소비로 얻는 한계효용을 나타낸다. X재와 Y재의 가격은 각각 개당 4원과 1원이다. 갑이 16원의 예산으로 두 재화를 소비함으로써 얻을 수 있는 최대의 소비자 잉여는 얼마인지 고르면?

> 소비자잉여: 소비자가 어떤 상품을 소비하기 위해 지불할 용의가 있는 금액과 실제로 지불한 가격의 차이

[표] X재의 한계효용과 Y재의 한계효용

| 수량 | X재의 한계효용 | Y재의 한계효용 |
| --- | --- | --- |
| 1 | 16 | 13 |
| 2 | 12 | 9 |
| 3 | 8 | 7 |
| 4 | 4 | 2 |
| 5 | 2 | 1 |
| 6 | 1 | 0.5 |

① 10
② 21
③ 31
④ 36
⑤ 51

10 갑, 을, 병 3인으로 구성된 경제상황에서 가능한 자원배분 상태와 각 상태에서의 3인의 효용이 [보기]와 같다. 다음 중 [표]의 각 자원배분 상태를 비교했을 때, 파레토 효율적이지 <u>않은</u> 자원배분 상태를 모두 고르면?

> **보기**
> • 파레토 개선: 하나의 경제 상태에서 다른 경제 상태로 변화할 때 사회구성원 중 그 누구의 효용도 감소함이 없이 최소한 1명 이상의 효용이 증가하는 것
> • 파레토 효율성
>   ⓐ 더 이상의 파레토 개선이 불가능한 상태
>   ⓑ 경제 내의 누군가의 효용을 증가시키기 위해서는 다른 누군가의 효용 감소가 불가피한 상태

[표] 자원배분 상태에 따른 갑·을·병의 효용

| 자원배분 상태 | 갑의 효용 | 을의 효용 | 병의 효용 |
| --- | --- | --- | --- |
| A | 8 | 6 | 2 |
| B | 10 | 7 | 1 |
| C | 9 | 10 | 8 |
| D | 3 | 12 | 7 |

① A
② A, B
③ A, B, C
④ B, C, D
⑤ A, B, C, D

**11** 다음 [그래프]는 A국과 B국의 로렌츠곡선에 관한 자료이다. A, B 두 나라에 각각 다섯 명이 살고 있으며, A국에 사는 사람들의 소득은 각각 100만 원, 150만 원, 200만 원, 400만 원, 500만 원이고, B국에 사는 사람들의 소득은 각각 100만 원, 200만 원, 250만 원, 250만 원, 400만 원이라고 한다. 다음 설명 중 옳은 것을 고르면?(단, 십분위분배율(D)은 $\dfrac{하위 40\% 소득}{상위 20\% 소득}$이고, 값이 클수록 소득 분배가 더 평등하다.)

[그래프1] A국의 로렌츠곡선

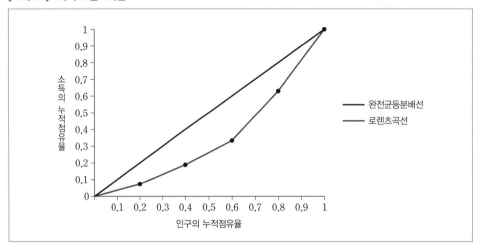

[그래프2] B국의 로렌츠곡선

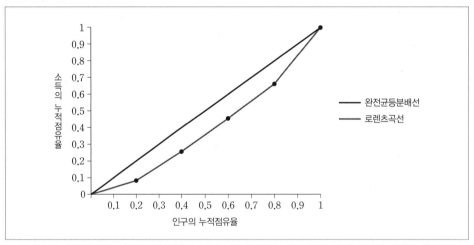

※ 지니계수는 로렌츠곡선과 완전균등분배선이 이루는 불평등면적과 완전균등분배선 이하의 면적을 대비시킨 비율이다.

※ 로렌츠곡선 그래프에서 대각선 그래프는 완전균등분배선으로 이 선에 가까울수록 평등한 사회임을 의미한다.

① A국의 십분위분배율은 0.4이다.
② B국의 십분위분배율은 0.5에 미치지 못한다.
③ 십분위분배율로 보면 A국이 더 평등하나 지니계수상으로는 B국이 더 평등하다.
④ B국이 완전균등분배선에 더 가까우므로 평균소득이 A국에 비해 더 높다고 할 수 있다.
⑤ 지니계수상으로나 십분위분배율상으로나 B국이 더 평등하다.

**12** 다음 [그래프]는 2012~2021년 소년부양인구비 및 노년부양인구비를 나타낸 자료이다. 이에 대한 설명으로 옳은 것을 고르면?

[그래프1] 2012~2021년 소년부양인구비 (단위: %)

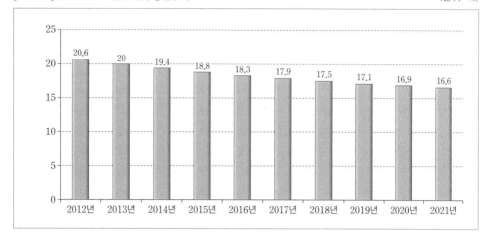

[그래프2] 2012~2021년 노년부양인구비 (단위: %)

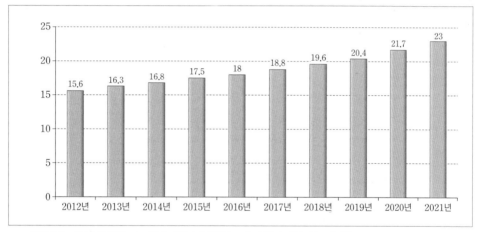

※ 고령화지수: 유소년인구(0~14세)에 대한 노인인구(65세 이상)의 백분비를 의미함
※ 부양인구비: 생산가능연령층(15~64세) 인구에 대한 비생산연령층(0~14세, 65세 이상 인구의 합) 인구의 비율임
※ 노년부양인구비: 생산가능연령층(15~64세) 인구에 대한 노인인구(65세 이상)의 백분비를 의미함
※ 소년부양인구비: 생산가능연령층(15~64세) 인구에 대한 유소년인구(0~14세)의 백분비를 의미함

① 2012~2021년 연평균 소년부양인구비는 연평균 노년부양인구비보다 작다.
② 부양인구비는 매년 증가하고 있다.
③ 유소년인구는 매년 감소하고 있다.
④ 2016년 고령화지수는 약 101.7%이다.
⑤ 2021년 고령화지수는 2012년 대비 62.9% 증가하였다.

**13** 다음 [표]는 2018~2019년 10대 수출입품목에 관한 자료이다. 이에 대한 설명으로 옳은 것을 고르면?

[표1] 2018~2019년 10대 수출품목 (단위: 백만 달러)

| 구분 | 2018년 | | 2019년 | |
|---|---|---|---|---|
| | 품목명 | 금액 | 품목명 | 금액 |
| 1위 | 반도체 | 126,706 | 반도체 | 93,930 |
| 2위 | 석유제품 | 46,350 | 자동차 | 43,036 |
| 3위 | 자동차 | 40,887 | 석유제품 | 40,691 |
| 4위 | 평판디스플레이 및 센서 | 24,856 | 자동차부품 | 22,535 |
| 5위 | 자동차부품 | 23,119 | 평판디스플레이 및 센서 | 20,657 |
| 6위 | 합성수지 | 22,960 | 합성수지 | 20,251 |
| 7위 | 선박 해양구조물 및 부품 | 21,275 | 선박 해양구조물 및 부품 | 20,159 |
| 8위 | 철강판 | 19,669 | 철강판 | 18,606 |
| 9위 | 무선통신기기 | 17,089 | 무선통신기기 | 14,082 |
| 10위 | 컴퓨터 | 10,760 | 플라스틱 제품 | 10,292 |
| 10대 품목 수출액 | – | 353,671 | – | 304,238 |
| 총수출액 대비 비중(%) | – | 58.5 | – | 56.1 |

※ (무역수지)=(수출액)−(수입액)

[표2] 2018~2019년 10대 수입품목 (단위: 백만 달러)

| 구분 | 2018년 | | 2019년 | |
|---|---|---|---|---|
| | 품목명 | 금액 | 품목명 | 금액 |
| 1위 | 원유 | 80,393 | 원유 | 70,252 |
| 2위 | 반도체 | 44,728 | 반도체 | 47,032 |
| 3위 | 천연가스 | 23,189 | 천연가스 | 20,567 |
| 4위 | 석유제품 | 21,443 | 석유제품 | 17,539 |
| 5위 | 반도체 제조용 장비 | 18,805 | 석탄 | 14,209 |
| 6위 | 석탄 | 16,703 | 무선통신기기 | 13,626 |
| 7위 | 정밀화학원료 | 13,021 | 자동차 | 11,986 |
| 8위 | 컴퓨터 | 12,708 | 컴퓨터 | 11,345 |
| 9위 | 무선통신기기 | 12,429 | 정밀화학원료 | 11,334 |
| 10위 | 자동차 | 12,099 | 의류 | 10,891 |
| 10대 품목 수입액 | – | 255,519 | – | 228,779 |
| 총수입액 대비 비중(%) | – | 57.7 | – | 45.5 |

① 2019년 플라스틱 제품의 수출액은 2018년 대비 상승하였다.

② 2019년 10대 품목 수출액 중 평판디스플레이 및 센서가 차지하는 비중은 전년 대비 증가하였다.

③ 2019년 석유제품의 무역수지는 전년 대비 1,755만 달러 감소하였다.

④ 2019년 반도체의 총수출액 대비 비중은 20% 미만이다.

⑤ 2018년 수입액 상위 10위 이내에 해당하는 모든 품목의 수입액은 2019년에 감소하였다.

**14** 다음은 경제적 주문량 모형에 관한 설명이다. 연간 50주 동안 영업하는 마트에서 제품 P의 주당 판매량이 40개이고, 개당 구매가격은 3,000원이다. 주문비용은 1,500원이고, 연간 단위당 재고유지비용은 구매단가의 20%이다. 이때, 제품 P의 경제적 주문량은 얼마인지 고르면?

경제적 주문량(Economic Order Quantity, EOQ) 모형이란 연간 총비용을 최소화할 수 있는 1회 최적주문량을 산출하는 모형이다. 주문비용과 구매단가는 주문량에 관계없이 일정하고, 재고유지비는 주문량에 정비례하며 '수요와 조달기간이 일정하다' 등의 조건 하에서 이용 가능하다. 경제적 주문량 모형에서 연간 총비용은 연간 재고유지비용과 연간 주문비용의 합으로 결정되며, 경제적 주문량은 이 두 값이 일치하는 점에서 결정된다.

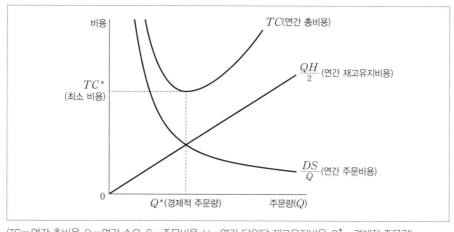

(TC=연간 총비용, D=연간 수요, S=주문비용, H=연간 단위당 재고유지비용, Q*=경제적 주문량)

① 80개      ② 90개      ③ 100개
④ 110개      ⑤ 120개

**15** 다음 균형이론에 대한 설명을 읽고 추론한 것으로 가장 적절하지 <u>않은</u> 것을 [보기]의 ㉠~㉢ 중에서 모두 고르면?

> 균형이론은 특정한 대상과 두 사람 간에 불균형이 나타나는 상황에서 인지의 일관성을 회복하는 과정이다. 이 이론에 따르면 세 가지 관계 간의 긍정적인(＋) 정서와 부정적인(－) 정서의 곱에 의해 인지 체계가 균형 또는 불균형을 이룬다. 즉, 삼자 간 감정 관계의 곱이 (＋)일 때가 균형 상태이고, (－)일 때가 불균형 상태이다. 불균형이 발생할 경우 최소한의 노력으로 균형이 회복되는 쪽으로 변화가 일어나는데 예를 들어, 삼자 간의 관계 중에 하나 이상의 관계를 바꾸거나 요소를 변경함으로써 불균형에서 균형 상태로 바꾸는 과정을 거치게 된다.

┌ 보기 ─────────────────────────────
㉠ 평소에 호감을 가지고 있는 모델이 관심이 없던 상품의 광고를 하게 되면 태도의 변화가 나타날 수 있다.
㉡ 논란이 자주 발생하는 인플루언서가 새로 나온 IT 기기에 대해 자신과 똑같이 비판한다면 이는 균형 상태라 볼 수 있다.
㉢ 상표에 대해서는 호의적이지만 광고모델에 대해서는 호의적이지 않는 경우 이 둘을 별개가 아닌 하나로 간주한다면 부조화를 느끼지 않을 것이다.
㉣ 국민 호감으로 인기를 구사하던 K씨가 최근 '불매운동'에 휩싸인 A패션 모델로 발탁되었다면 이는 불균형 상태라 볼 수 있다.
─────────────────────────────────

① ㉠, ㉡          ② ㉠, ㉢          ③ ㉡, ㉢
④ ㉡, ㉣          ⑤ ㉢, ㉣

**16** 다음은 A국 삼겹살 시장의 국내 수요곡선(D)과 국내 공급곡선(S)을 나타낸 것이다. 삼겹살의 국제시장가격이 단위당 50이라고 할 때, 다음 설명 중 가장 적절하지 <u>않은</u> 것을 고르면?

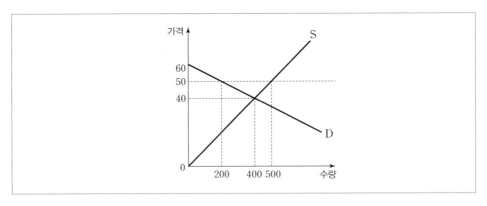

① A국은 국내가격이 국제시장가격보다 낮기 때문에 삼겹살의 수출국이 될 것이다.
② 삼겹살의 수출입이 이루어지지 않는다면 삼겹살의 생산량은 400이다.
③ 수출이 이루어진다면 A국은 삼겹살 300단위를 수출할 것이다.
④ 삼겹살의 자유무역이 이루어지면 A국의 삼겹살 가격은 상승할 것이다.
⑤ 수출로 인해 생산자잉여가 상승하는 만큼 소비자잉여가 하락하여 총잉여는 변동이 없다.

**17** 다음 [표]와 [조건]은 어느 주식 거래일 7일 동안 A사의 일별 주가와 산식을 활용한 5일 이동평균을 나타낸 것이다. 이에 대한 설명으로 옳지 <u>않은</u> 것을 고르면?

[표] 주식 거래일 7일간의 A사 일별 주가

| 거래일 | 일별 주가 | 5일 이동평균 |
|---|---|---|
| 1 | 2,030 | – |
| 2 | 2,132 | – |
| 3 | 2,133 | – |
| 4 | 2,138 | – |
| 5 | 2,141 | 2,114.8 |
| 6 | 2,150 | A |
| 7 | B | 2,142 |

┌ 조건 ─────────────────────────────
$$\text{(5일 이동평균)} = \frac{\text{(해당 거래일 포함 최근 거래일 5일 동안의 일별 주가의 합)}}{5}$$
└────────────────────────────────

① 일별 주가는 거래일마다 상승하였다.
② 5거래일 이후 5일 이동평균은 거래일마다 상승하였다.
③ 3거래일 이후 일별 주가가 직전 거래일 대비 가장 많이 상승한 날은 6거래일이다.
④ 5거래일 이후 해당 거래일의 일별 주가와 5일 이동평균 간의 차이는 거래일마다 감소하였다.
⑤ 6거래일의 5일 이동평균은 전일 대비 1% 이상 상승하였다.

**18** 다음 [표]는 A~F 6개의 활동으로 이루어진 프로젝트에서 각 활동의 활동 시간과 직전 선행 활동을 나타낸 것이다. B의 여유 시간은 0이며, 프로젝트의 최단 완료 시간이 45일이라고 할 때, 옳지 <u>않은</u> 것을 고르면?

[표] A~F 6개 활동의 활동 시간과 직전 선행 활동

| 활동 | A | B | C | D | E | F |
|---|---|---|---|---|---|---|
| 활동 시간(일) | 8 | 10 | 7 | ( ) | 10 | 15 |
| 직전 선행 활동 | – | A | A | B, C | C | D, E |

※ 여유 시간이 0인 활동들을 연결하면 주경로가 된다.

① D의 활동 시간은 12일이다.
② C의 여유 시간은 3일이다.
③ 주경로는 A → B → D → F이다.
④ C에서 가장 늦은 완료 시간은 18일이다.
⑤ E에서 가장 늦은 완료 시간은 25일이다.

**19** 다음 [표]와 [그래프]는 광산물 통계 연보 자료의 일부이다. 이에 대한 설명으로 옳은 것을 고르면?(단, 소수점 첫째 자리에서 반올림한다.)

[표] 2018~2020년 광산물 생산액·내수액·수출액·수입액 (단위: 십억 원)

| 연도 | 구분 | 일반광 | 금속 | 비금속 | 석탄광 |
|---|---|---|---|---|---|
| 2018년 | 생산액 | 1,750 | 63 | 1,687 | 216 |
| | 내수액 | 17,685 | ( A ) | 2,186 | 18,439 |
| | 수출액 | 362 | 188 | 174 | 4 |
| | 수입액 | 17,128 | 16,297 | 831 | 18,228 |
| 2019년 | 생산액 | 1,638 | 75 | ( B ) | 194 |
| | 내수액 | 18,820 | 16,668 | 2,152 | ( C ) |
| | 수출액 | 556 | 318 | 238 | 2 |
| | 수입액 | ( D ) | 17,426 | 875 | 16,442 |
| 2020년 | 생산액 | ( E ) | 97 | 1,152 | ( F ) |
| | 내수액 | ( G ) | 17,393 | 3,424 | 11,443 |
| | 수출액 | 687 | ( H ) | 132 | 0 |
| | 수입액 | 19,458 | 18,605 | 853 | 11,237 |

※ (자급률)(%)$= \dfrac{(생산액)}{(내수액)} \times 100$

[그래프] 2018~2020년 광산물 자급률

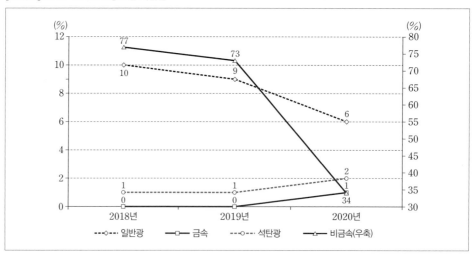

① 2018~2020년 중 금속 내수액은 2018년에 가장 크다.

② 2019년 비금속 생산액은 2020년 금속 수출액의 3배보다 크다.

③ 2019년 석탄광 내수액은 2020년 석탄광 생산액의 100배보다 크다.

④ 매년 일반광 수입액은 같은 해 일반광 내수액보다 적다.

⑤ 2020년 비금속 내수액은 일반광 생산액의 3배보다 크다.

**20** 다음 [그래프]는 2020년 어느 회사에서 판매한 전체 10가지 제품 유형(A~J)의 수요 예측치와 실제 수요의 관계를 나타낸 자료이다. 이에 대한 설명으로 옳은 것을 고르면?

[그래프] 제품 유형별 수요 예측치와 실제 수요
(단위: 개)

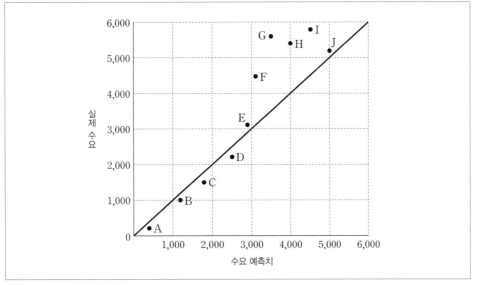

※ (수요 예측 오차)= |(수요 예측치)−(실제 수요)|

① 수요 예측 오차가 가장 작은 제품 유형은 G이다.
② 실제 수요가 큰 제품 유형일수록 수요 예측 오차가 작다.
③ 수요 예측치가 가장 큰 제품 유형은 실제 수요도 가장 크다.
④ 실제 수요가 3,000개를 초과한 제품 유형 수는 전체 제품 유형 수의 50% 이하이다.
⑤ 실제 수요가 3,000개 이하인 제품 유형은 각각 수요 예측치가 실제 수요보다 크다.

**01** 다음 글을 바탕으로 한 [추론]으로 옳은 것을 고르면?

> 대규모 아파트 건축 공사가 진행되고 있는 현장은 A구역부터 E구역까지 다섯 구역으로 나뉘어 있으며, 안전점검 담당자 갑, 을, 병, 정, 무는 평일(월~금)에 각자 하루에 한 구역씩 맡아 안전점검을 한다. 이들 중 3명은 과거에 동일한 안전점검 업무를 진행한 적이 있으며, 나머지 2명은 처음 하는 업무이다. 이들은 다음과 같이 말하였으며, 이 중 1명은 거짓을 말하였다.
>
> • 갑: "B구역과 C구역은 제 담당이 아닙니다. 제가 맡은 구역의 안전점검은 금요일에 하고 이전에도 같은 업무를 해 본 적이 있어요."
> • 을: "저는 작년과 마찬가지로 올해에도 A구역 담당자입니다. A구역의 안전점검은 월요일에 합니다."
> • 병: "제가 맡은 C구역의 안전점검은 수요일에 있습니다. 이전에도 같은 업무를 맡아 본 적이 있고요."
> • 정: "목요일에 제가 맡은 D구역의 안전점검이 있습니다. 안전점검 업무를 맡게 된 것은 이번이 처음입니다."
> • 무: "작년과 마찬가지로 E구역을 담당하게 되었습니다. 제가 맡은 구역의 안전점검은 금요일에 합니다."

┌─ 추론 ─
B구역의 안전점검은 화요일에 한다.
└─

① 항상 그렇다.
② 항상 그렇지 않다.
③ 주어진 조건으로는 알 수 없다.
④ 항상은 아니지만 옳지 않을 가능성이 높다.
⑤ 항상은 아니지만 옳을 가능성이 높다.

**02** 어느 결혼식에서 원 모양의 탁자에 하객들이 식사하기 위해 앉으려고 한다. 다음 [조건]을 바탕으로 할 때, 현재 준비된 탁자의 수와 결혼식 하객 인원수를 바르게 나열한 것을 고르면?

┌─ 조건 ─────────────────────────────────────────────
• 현재 준비된 하나의 탁자에 5명씩 앉으면, 12명의 하객이 앉지 못한다.
• 현재 준비된 하나의 탁자에 6명씩 앉으면, 마지막 의자에는 5명이 앉고, 아무도 앉지 않는 빈 탁자가 2개 생긴다.
└───────────────────────────────────────────────────

|   | 탁자의 수 | 하객 인원수 |
|---|---|---|
| ① | 24개 | 136명 |
| ② | 24개 | 137명 |
| ③ | 25개 | 136명 |
| ④ | 25개 | 137명 |
| ⑤ | 25개 | 138명 |

**03** K호텔 카지노에 고객 A, B, C가 방문하였다. 이들은 모두 카지노 게임을 위해 현금을 칩으로 교환하였으며, 교환소에서 이들에게 나누어 준 칩의 [조건]은 다음과 같다. 아래의 [조건]을 만족할 때, [추론]에 대한 설명으로 옳은 것을 고르면?

┌─ 조건 ─────────────────────────────────────────────
• 세 명이 받은 칩을 모두 합하면 1달러, 5달러, 10달러 칩이 각각 5개씩이다.
• 1달러, 5달러, 10달러 칩의 무게는 순서대로 각각 2g, 3g, 4g이다.
또한, 각자가 받은 칩의 개수와 칩의 무게에 대한 정보가 다음과 같다.
• A가 받은 칩 전체의 가치가 가장 작고, C가 받은 칩 전체의 가치가 가장 크다.
• 세 명 모두는 1달러, 5달러, 10달러 칩을 적어도 1개 이상씩 받았다.
• A가 받은 칩 전체의 무게는 14g이다.
• B가 받은 칩 전체의 무게는 15g이다.
└───────────────────────────────────────────────────

┌─ 추론 ─────────────────────────────────────────────
A, B, C 세 명 중 적어도 한 명은 동일한 칩을 3개 받았다.
└───────────────────────────────────────────────────

① 항상 그렇다.
② 항상 그렇지 않다.
③ 주어진 조건으로는 알 수 없다.
④ 항상은 아니지만 옳지 않을 가능성이 높다.
⑤ 항상은 아니지만 옳을 가능성이 높다.

**04** 다음 글을 바탕으로 할 때, 다음 중 교사가 학생들을 혼내지 않기 위해 전제되어야 하는 내용으로 가장 적절한 것을 고르면?

> 학생들은 왜 교사의 말을 잘 듣지 않을까? 교사가 옳은 말을 하더라도, 학생들은 기를 쓰며 듣지 않는 것처럼 보인다. 오히려 무시하거나 대충 흘려듣기도 한다. 혼나는 것을 좋아하는 사람은 없을 뿐더러 자신에게 화내는 것을 이해할 만큼 속이 넓은 사람도 없다. 아이들이라면 더더욱 그럴 것이다. 화를 자주 내거나 혼내는 것으로 일관한다면 학생들은 '저놈이 또 시작이네. 좋게 얘기할 수는 없는 건가?'라던가 '아, 언제 끝날까? 매일 이러는 것도 지겹지 않나?'라고 생각할 것이다.
>
> 교사 입장에서 좋은 사람이란 어떤 사람을 의미하는 것일까? 함께 하길 원하는 좋은 사람의 형태는 다양할 것이다. 학교 관리자, 동료 교사, 군대 선후임, 대학 선후배나 동기, 오랜 친구들 등 수많은 형태의 군집이 있다. 조금 더 구체적으로 살펴보면, 다음과 같이 정리할 수 있다.
> - 내 입장을 들어주고 공감해 주는 사람
> - 해야 할 일을 일방적으로 지시하지 않고 같이 하자고 말해주는 사람
> - 내가 힘들 때 나를 도와주는 사람
> - 자기 감정대로 나를 대하지 않고 나를 존중해주는 사람
>
> 교사들이 느끼는 좋은 사람의 유형은 학생들에게도 유효하다. 예를 들면 수업 시간에 엎드려 있거나 조는 학생에게 다가가서 어제 잠을 못 잤는지 물어봐주고 피곤하지 않은지 먼저 얘기 들어주면, 일방적으로 혼내거나 잔소리를 하는 교사보다는 훨씬 좋은 사람으로 느낄 것이다. 더 나아가 그들에게 이상적인 제안과 현실적인 제안까지 곁들여준다면 학생은 그 교사를 신뢰하면서 좋은 교사로 인식할 것이다.
>
> 시행착오도 있을 것이고, 현실 속에서 어려움도 있을 것이다. 하지만 어른인 교사들도 지난날을 돌이켜보았을 때, 학생들의 말에 먼저 귀 기울여주거나 그들이 입장을 이해하기 위해 애써주었던 교사는 많지 않았을 것이다. 그러다 보니 학창 시절 때 씁쓸한 추억도 많이 남았을 것이다.
>
> 학생들을 혼내는 게 능사가 아니라는 것은 누구라도 알 수 있는 사실이다. 학생들을 혼내지 않더라도 말을 잘 들을 수 있다는 것은 아직까지 미스테리로 남는 내용일 수 있지만, 분명 교단에서 누군가는 이를 잘 실천하고 있을 것이다. 친절하지만 단호한 태도로 학생들이 바른 방향의 선택을 할 수 있게 도와주어야 하는 것은 양립하기 어렵지만, 불가능한 일은 아닌 것이다.

① 교사가 좋은 사람이어야 한다.
② 교사와 학생 사이에 친밀한 관계가 유지되어야 한다.
③ 교사가 유년 시절에 교사로부터 혼난 적이 없어야 한다.
④ 교사가 학생을 혼내는 것을 막는 것이 법으로 제정되어야 한다.
⑤ 학생들이 힘들어할 때 위로해주고, 학생들을 존중해주어야 한다.

**05** 다음 글을 바탕으로 한 [추론]으로 옳은 것을 고르면?

> 합리적인 선택이란 가능한 대안들 중에서 자기에게 가장 큰 만족을 주는 것을 선택하는 것이다. 우리는 이를 포기한 여러 대안들 가운데 가장 가치가 큰 것인 '기회비용'이라는 우회적인 방법으로 판단할 수 있다. 어떤 것을 선택했다는 것은 대안들 가운데 다른 어떤 것은 포기했다는 것을 의미하는데, 이는 선택에는 늘 대가가 따른다는 엄연한 현실을 나타내는 것이다.

┌ 추론 ─────────────────────────
> 공짜로 음식을 먹는 자리에서 1만 원짜리 생선구이를 먹으며 8천 원짜리 오징어볶음과 6천 원짜리 짬뽕을 포기했다면, 기회비용은 8천 원이다.
└─────────────────────────────

① 항상 그렇다.
② 항상 그렇지 않다.
③ 주어진 조건으로는 알 수 없다.
④ 항상은 아니지만 옳지 않을 가능성이 높다.
⑤ 항상은 아니지만 옳을 가능성이 높다.

**06** 요리책 출간 업체에서 근무하는 A, B, C, D, E는 2명씩 짝이 되어서 레시피를 정리하고자 한다. 5개의 레시피는 김치찌개, 된장찌개, 순두부찌개, 부대찌개, 비지찌개이다. 각각 2개씩 맡아 정리하고, 2개의 정리를 같은 사람끼리 하지 않는다고 한다. 다음 [조건]의 5명 중 한 명이 거짓을 말한다고 할 때, 김치찌개 레시피를 정리하는 사람을 고르면?(단, 직원의 발언이 모두 거짓일 경우, 거짓으로 판정한다.)

┌ 조건 ─────────────────────────
> • A: 나는 된장찌개와 부대찌개 레시피를 정리할게.
> • B: 나는 C와 함께 순두부찌개 레시피를 정리할게.
> • C: 나는 E와 함께 김치찌개 레시피를 정리할게.
> • D: 나는 C, E와 함께 레시피를 정리할게.
> • E: 나는 B, C와 함께 레시피를 정리하지 않아.
└─────────────────────────────

① A, B　　　　　　② A, D　　　　　　③ B, C
④ C, E　　　　　　⑤ D, E

**07** 다음 [그래프]는 2018~2020년 해외건설 공종별·지역별 수주실적에 대한 자료이다. 이에 대한 설명으로 옳지 <u>않은</u> 것을 고르면?

[그래프1] 2018~2020년 해외건설 공종별 수주실적 (단위: 건)

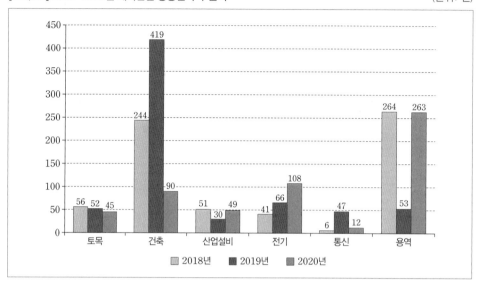

[그래프2] 2018~2020년 해외건설 지역별 수주실적 (단위: 건)

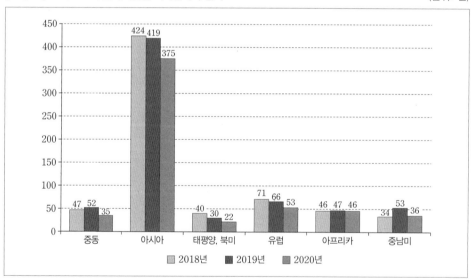

① 건축 수주실적 건수가 가장 많은 해에 용역 수주실적 건수는 가장 적다.

② 2019~2020년 전기 수주실적은 전년 대비 50% 이상 증가하고 있다.

③ 아시아 지역에서 건설 수주실적은 감소 추세이다.

④ 2018년 아시아에서 건축 수주실적 건수는 244건이다.

⑤ 2020년 해외건설 수주실적 건수는 567건이다.

㈜태양은 새로운 프로젝트를 계획하고 있다. 프로젝트에 걸리는 소요시간을 조사기관에 의뢰한 결과 낙관적 소요시간과 비관적 소요시간 두 부류로 나누어진 결과를 [표]와 같이 도출해냈다. 이때, 프로젝트의 완료시간과 주공정 경로로 가장 적절한 것을 고르면?

[표] 프로젝트에 걸리는 소요시간

| 활동 | 낙관적 소요시간 | 비관적 소요시간 | 선행활동 |
|---|---|---|---|
| A | 1 | 3 | – |
| B | 2 | 4 | – |
| C | 1 | 3 | A |
| D | 2 | 6 | A, B |
| E | 3 | 7 | C, D |
| F | 1 | 7 | D |
| G | 2 | 4 | E, F |

※ 예상 소요시간은 낙관적 소요시간과 비관적 소요시간의 평균이다.

① 9초, A → D → E → G
② 12초, A → C → E → G
③ 13초, A → D → F → G
④ 14초, B → D → F → G
⑤ 15초, B → D → E → G

**09** 다음 [표]는 지난 3년 동안 발생한 실제 수요와 예측치를 나타낸 것이다. 아래의 [보기]와 3개년 자료를 모두 활용하여 평가지표를 계산한 결과로 가장 적절하지 <u>않은</u> 것을 고르면?

보기
- 평균오차(ME)＝오차의 합($=\sum E_t$)$/n$
- 평균절대오차(MAD)＝$\sum |E_t|/n$
- 평균제곱오차(MSE)＝$\sum E_t^2/n$

[표] 20×1년~20×3년 실제 수요 및 방법 A와 B에 따른 예측치

| 구분 | 20×1년 | 20×2년 | 20×3년 |
|---|---|---|---|
| 실제 수요 | 50 | 55 | 55 |
| 예측치(방법 A) | 55 | 55 | 45 |
| 예측치(방법 B) | 45 | 48 | 47 |

※ (예측오차)＝(실제 수요)－(예측치)

① A와 B 두 방법의 20×3년 평균오차는 5만큼 차이 난다.
② A와 B 두 방법의 평균절대오차는 5보다 적게 차이 난다.
③ 방법 A의 경우 평균제곱오차가 변동하지 않는 구간이 있다.
④ 방법 B의 평균제곱오차는 계속 상승하고 있다.
⑤ 방법 A와 방법 B의 20×1년 절대오차는 동일하다.

**10** ㈜대한의 파이프사업부는 표준형 파이프를 생산하여 판매하고 있다. 표준형 파이프에 관한 사항은 [보기]와 같다. 이때, 파이프사업부는 표준형 파이프를 모두 외부에 판매할 수 있으나, 하수관 사업부에 대체할 경우에는 단위당 8원의 변동원가를 절감할 수 있다고 한다. 이 경우, 대체가격의 범위로 가장 적절한 것을 고르면?

보기
- 파이프 사업부의 최대생산능력            100,000단위
- 단위당 외부판매가격               50원
- 단위당 변동원가                 34원
- 단위당 고정원가(100,000단위 기준)    10원

   ㈜대한은 표준형 파이프로 하수관을 전문적으로 생산하는 사업부도 운영하고 있는데 하수관 사업부는 연간 10,000단위의 표준형 파이프를 외국에서 단위당 36원에 구입하고 있다.

① 24~42원          ② 26~42원          ③ 34~42원
④ 36~42원          ⑤ 대체가 이루어지지 않는다.

**11** 다음 [표]는 어떤 2차 전지 조립공정 중 전극공정에 대한 설명이다. 조립라인 균형을 고려했을 때, 가장 적절하지 <u>않은</u> 것을 고르면?

[표] 전극공정

| 과업 | mixing | coating | roll pressing | slitting |
|---|---|---|---|---|
| 소요시간 | 50분 | 80분 | 70분 | 30분 |

※ 주기시간은 위 조립라인에서 가장 느린 작업장의 시간이다.

※ (효율)$=\dfrac{(\text{실제 소요시간의 합})}{(\text{작업장의 수})\times(\text{주기시간})}$

① 최소 주기시간은 80분이다.
② 지금 주기시간을 기준으로 생산라인의 효율은 70%를 넘는다.
③ 지금 주기시간을 기준으로 작업장은 4개가 필요하다.
④ 40분 소요되는 punching 공정이 roll pressing 다음에 추가될 경우 작업장의 수는 증가한다.
⑤ 위 공정대로라면 8시간마다 6개의 제품을 생산할 수 있다.

**12** A기업은 단순지수평활법을 이용하여 수요를 예측하고 있다. 다음 [표]는 1∼3월의 수요 예측치와 실제 수요를 나타낸 것이다. 3월의 수요 예측치와 가장 가까운 것을 고르면?

> 단순지수평활법
>
> $$F_t = F_{t-1} + a \times (D_{t-1} - F_{t-1})$$
>
> ($F_t$는 t기의 수요 예측치, $D_t$는 t기의 실제 수요, a는 평활상수)

[표] 1∼3월의 수요 예측치와 실제 수요

| 월 | 1 | 2 | 3 |
|---|---|---|---|
| 수요 예측치 | 50 | 44 | ( ) |
| 실제 수요 | 42 | 40 | 12.3 |

① 41                ② 41.5                ③ 42
④ 42.5                ⑤ 43

**13** 다음 [그래프]는 2015년 대비 신재생에너지 생산량의 증가 현황에 대한 자료이고, [표]는 2015~2019년 에너지원별 신재생에너지 생산량에 대한 자료이다. 이에 대한 [보기]의 ㉠~㉤ 중 옳은 것을 모두 고르면?

[그래프] 2015년 대비 신재생에너지 생산량의 증가 현황 　　　　　　　　　　　　　(단위: toe)

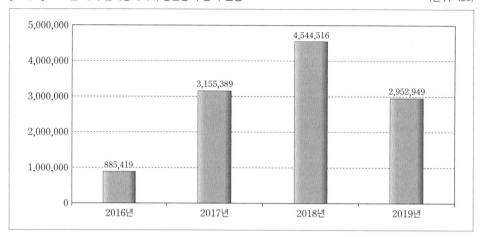

[표] 2015~2019년 에너지원별 신재생에너지 생산량 　　　　　　　　　　　　　(단위: toe)

| 연도<br>에너지원별 | 2015년 | 2016년 | 2017년 | 2018년 | 2019년 |
|---|---|---|---|---|---|
| 태양열 | 28,469 | 28,495 | 28,121 | 27,395 | 26,912 |
| 태양광 | 849,379 | 1,092,832 | 1,516,343 | 1,977,148 | 2,787,935 |
| 풍력 | 283,455 | 355,340 | 462,162 | 525,188 | 570,816 |
| 수력 | 453,787 | 603,244 | 600,690 | 718,787 | 594,539 |
| 해양 | 104,731 | 104,562 | 104,256 | 103,380 | 101,030 |
| 지열 | 135,046 | 162,047 | 183,922 | 205,464 | 224,722 |
| 수열 | 4,791 | 5,989 | 7,941 | 14,725 | 21,236 |
| 바이오 | 2,765,657 | 2,765,453 | 3,598,782 | 4,442,376 | 4,162,427 |
| 폐기물 | 8,436,217 | 8,742,727 | 9,358,998 | 9,084,212 | 7,049,477 |
| 연료전지 | 230,173 | 241,616 | 313,303 | 376,304 | 487,184 |
| 기타 | ( 　 ) | ( 　 ) | ( 　 ) | ( 　 ) | ( 　 ) |

ⓐ 2015년 이후 신재생에너지 생산량은 꾸준히 증가했다.

ⓑ 기타를 제외하고, 에너지 생산량이 꾸준히 증가하고 있는 에너지원은 5개이다.

ⓒ 2018년 신재생에너지 생산량이 18,000,000toe이면 2017년 신재생에너지 생산량은 13,455,484toe이다.

ⓓ 해양 에너지 생산량은 꾸준히 감소하고 있다.

ⓔ [표]에서 기타를 제외하고, 2016~2019년 에너지 생산량의 증감 상태가 [그래프]와 같은 에너지원은 1개뿐이다.

① ㉠, ㉡, ㉣  　　　　② ㉡, ㉢, ㉣  　　　　③ ㉡, ㉢, ㉤

④ ㉡, ㉣, ㉤  　　　　⑤ ㉢, ㉣, ㉤

**14** A씨는 외국 수산물 업체와 계약하여 바닷가재를 국내에 판매하고자 한다. A씨는 개당 6만 원에 수입하여 10만 원에 판매할 예정이며, 판매되지 않는다면 다른 공장 원재료로 4만 원으로 모두 처분이 가능하다. 이 제품의 수요에 대한 확률 분포는 다음 [표]와 같다. 수입 물량의 의사결정에 관한 설명으로 가장 적절한 것을 고르면?

[표] 제품의 수요에 대한 확률 분포

| 수요 | 10개 이하 | 11개 | 12개 | 13개 | 14개 | 15개 | 16개 이상 |
|---|---|---|---|---|---|---|---|
| 확률 | 0 | 0.4 | 0.2 | 0.2 | 0.1 | 0.1 | 0 |

① 기대이익은 수입 물량이 증가할수록 감소한다.

② 12개를 수입해 온다면 기대이익은 45만 원보다 크다.

③ 기대평균수요와 가까운 12개를 수입하는 것이 이익을 극대화하는 의사결정이다.

④ 최대 수요로 예상되는 15개를 수입하는 것이 이익을 극대화하는 의사결정이다.

⑤ 수요가 발생할 확률이 가장 높은 11개를 수입하는 것이 기대이익을 최대로 하는 의사결정이다.

**15** 다음 [표]는 2014~2019년 과실류 연간 생산 금액에 대한 자료이다. 이에 대한 설명으로 옳은 것을 고르면?

[표] 2014~2019년 과실류 연간 생산 금액 (단위: 십억 원)

| 품목 \ 연도 | | 2014년 | 2015년 | 2016년 | 2017년 | 2018년 | 2019년 |
|---|---|---|---|---|---|---|---|
| 소계 | | 4,250.3 | 4,317.4 | 4,495.3 | ( ) | 4,508.4 | 4,526.6 |
| 사과 | | 1,165.6 | 1,448.4 | 1,136.6 | 1,110.3 | 968.2 | 1,077.2 |
| 배 | | 631.1 | 425.9 | 425.1 | 434.0 | 311.7 | 451.3 |
| 복숭아 | | 494.6 | 455.6 | 652.9 | 698.2 | 728.2 | 646.0 |
| 포도 | | 491.8 | 586.1 | 617.7 | ( ) | 623.9 | 645.8 |
| 감귤 | | 662.1 | 636.7 | 926.9 | 979.6 | 960.9 | 848.3 |
| 자두 | | 126.6 | 160.5 | 161.4 | 200.7 | 201.5 | 134.8 |
| 매실 | | 72.1 | 68.1 | 58.1 | 51.3 | 47.1 | 52.4 |
| 유자 | | 31.9 | 34.2 | 26.1 | 18.8 | 19.5 | 29.0 |
| 참다래 | | 88.0 | 74.3 | 71.8 | ( ) | 73.0 | 82.5 |
| 무화과 | | 38.0 | 45.2 | 31.3 | 31.5 | 31.4 | 22.3 |
| 블루베리 | | 0.0 | 0.0 | 0.0 | 142.6 | 147.8 | 145.2 |
| 감 | 소계 | 448.5 | 382.4 | 387.4 | 397.2 | 395.2 | 391.8 |
| | 단감 | 271.4 | 223.6 | 196.6 | 207.4 | 219.0 | 198.3 |
| | 떫은 감 | 177.1 | 158.8 | 190.8 | 189.8 | 176.2 | ( ) |

① 포도의 생산 금액은 매년 증가하고 있다.

② 생산 금액이 매년 꾸준히 감소한 품목은 한 개뿐이다.

③ 2019년 단감과 떫은 감의 생산 금액의 차는 5.2십억 원이다.

④ 2018년 과실류 생산 금액이 가장 큰 품목과 가장 작은 품목의 생산 금액의 차는 9,487억 원이다.

⑤ 2017년 자두 생산 금액이 그 해 과실류 생산 금액 총액의 4%라고 하면, 2017년 과실류 생산 금액 총액은 5조 원 미만이다.

**16** 다음은 품질관리를 위한 관리도에 대한 설명이다. 관리도에서 타점이 아래 그림처럼 나왔을 때, 추론할 수 있는 내용으로 [보기]의 ㉠~㉢ 중에서 모두 고르면?

> 관리도
> • 공정에서 생산하는 제품의 품질 특성이 설계 규격에 적합한지를 확인하는 통계기법을 말한다.
> • 변동 원인은 우연변동(통제할 수 없는 변동)과 이상변동(통제할 수 있는 변동)으로 나뉜다. 관리한계선의 범위에 따라서 정상(우연변동만 존재하는 관리도)으로 판정받을 수도 있고, 비정상(이상변동이 발생한 관리도)으로 판정될 수 있다.
> • 데이터의 평균치를 중심으로 하여 $\pm 3\sigma$ 일정 거리에 상하 대칭으로 관리한계선을 긋는데, 품질 특성치의 평균을 나타내는 중심선(CL), 상부한계선(UCL), 하부한계선(LCL)으로 구성된다.
> • 평균값을 기준으로 상부한계선~하부한계선을 벗어나 타점된다면, 이상원인이 작용했다고 판단한다.
> ※ 생산자위험: 좋은 품질 수준을 갖는 로트가 표본검사에 의하여 불합격될 확률
> ※ 소비자위험: 나쁜 품질 수준을 갖는 로트가 표본검사에 의하여 합격할 확률

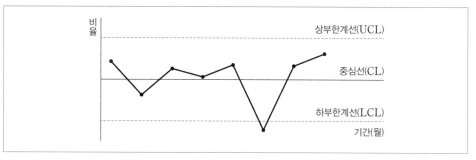

> 보기
> ㉠ 종업원의 사기, 감독 상태 등은 우연변동에 속할 것이다.
> ㉡ 관리한계선의 폭이 좁을수록 표본검사 시 불합격할 확률이 감소할 것이다.
> ㉢ 관리한계선의 폭을 넓히면 타점이 관리한계선 바깥쪽으로 벗어날 가능성이 줄어든다.
> ㉣ 노후화된 기계장비를 고친다면 하부한계선을 벗어난 타점을 개선할 수 있다.

① ㉠
② ㉠, ㉡
③ ㉠, ㉢
④ ㉠, ㉢, ㉣
⑤ ㉡, ㉢, ㉣

**17** 다음 [그래프]는 2019년 생명연구자원 자원별 확보 현황에 대한 자료이다. 이에 대한 설명으로 옳은 것을 고르면?

[그래프1] 2019년 확보된 생물연구자원의 실물정보·생명정보의 자원별 비중

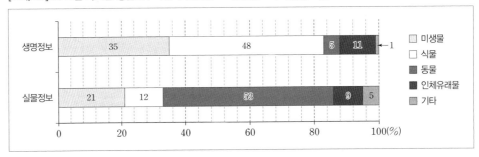

[그래프2] 2019년 생물연구자원의 자원별 실물정보와 생명정보 확보 건수비

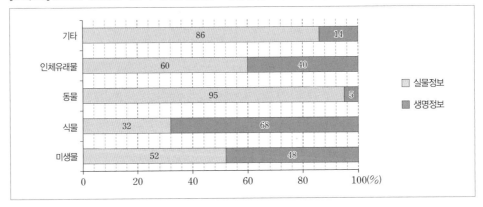

① 확보된 생명정보 전체가 100,000건이면 확보된 미생물 생명정보는 3,500건이다.

② 확보된 실물정보 건수가 두 번째로 큰 자원의 건수는 가장 큰 자원의 건수의 50% 이상이다.

③ 생명정보 확보 건수 대비 실물정보 확보 건수의 비가 가장 큰 자원은 식물이다.

④ 확보된 식물 실물정보가 52,000건이라고 하면 확보된 생명정보 전체는 약 230,000건이다.

⑤ 확보된 인체유래물 생명정보가 4,000건이라고 하면 확보된 생명정보 전체는 10,000건 정도이다.

**18** 다음은 생산 시스템의 프로세스 유형별 특징이다. 다음 중 프로세스와 해당 사례를 짝지은 것으로 옳지 <u>않은</u> 것을 고르면?

| 프로세스 | 특징 |
|---|---|
| 개별 작업 | • 다양한 제품을 소량으로 생산 가능한 유연성을 가진 프로세스로, 제품마다 각각 다른 공정의 흐름이 요구될 때 활용됨<br>• 주문에 앞서 생산하여 재고를 보유하지 않음 |
| 뱃치 | • 표준화된 주문 생산 공정으로, 표준화된 특정 제품을 한동안 생산한 뒤 다른 제품을 같은 생산라인에서 생산하는 방식<br>• 동일한 제품을 모아서 작업하며, 생산 가능한 제품을 생산 가능할 때 가능한 만큼 생산하는 방식 |
| 라인 | • 생산이 고정 경로를 따라 순차적으로 이루어지며, 제품이 완성될 때까지 한 작업장에서 다른 작업장으로 통제된 속도에 맞추어 이동하게 되는 것<br>• 산출량이 많고, 제품이 표준화되어 있어 제품 중심의 자원을 조직화할 수 있음 |
| 연속 | • 화학, 정유, 제지, 음료 등과 같은 장치산업에서 응용되는 프로세스<br>• 조립·생산과 같이 생산은 미리 정해진 순서대로 진행되지만, 프로세스가 끊이지 않고 지속해서 진행되는 특성을 지님 |

① 개별 작업 프로세스 — 가구 제작
② 뱃치 프로세스 — 전통공예 가구
③ 라인 프로세스 — 소형승용차
④ 라인 프로세스 — 반도체
⑤ 연속 프로세스 — 휘발유

**19** 다음 [표]는 1989~2019년 국내 광산물 생산량에 대해 5개년마다 정리한 자료이다. 이에 대한 [보기]의 ㉠~㉤ 중 옳지 <u>않은</u> 것을 모두 고르면?

[표] 국내 광산물 생산량

| 광종(단위) | 1989년 | 1994년 | 1999년 | 2004년 | 2009년 | 2014년 | 2019년 |
|---|---|---|---|---|---|---|---|
| 금(kg) | 1,406 | 1,316 | 26 | 233 | 270 | 283 | 181 |
| 은(kg) | 18,207 | 8,753 | 4,143 | 5,062 | 1,593 | 3,263 | 5,243 |
| 동(Mt) | 14 | 0 | 0 | 22 | 14 | 0 | 0 |
| 연(Mt) | 33,077 | 4,345 | 3,644 | 80 | 2,065 | 5,528 | 3,864 |
| 아연(Mt) | 51,123 | 14,245 | 19,665 | 28 | 4,441 | 3,836 | 8,213 |
| 철(Mt) | 344,294 | 191,312 | 187,987 | 226,286 | 455,406 | 693,262 | 342,345 |
| 유화철(kg) | 1,580 | 1,481 | 1,514 | 1,697 | 1,737 | 386 | 36 |
| 티타늄(Mt) | 312,856 | 383,051 | 203,413 | 150,745 | 120,235 | 240,893 | 295,987 |
| 희토류 금속(Mt) | 22,615 | 21,000 | 28 | 4 | 43,420 | 0 | 2,738 |
| 활석(Mt) | 162,097 | 35,340 | 15,313 | 79,314 | 5,997 | 5,484 | 2,626 |
| 납석(Mt) | 770,299 | 707,952 | 754,657 | 827,896 | 617,411 | 622,866 | 327,624 |
| 장석(Mt) | 232,608 | 319,658 | 440,934 | 541,788 | 622,768 | 544,060 | 396,898 |
| 고령토(Mt) | 1,206,754 | 2,675,485 | 1,826,761 | 2,773,219 | 2,115,239 | 1,538,770 | 1,233,768 |
| 석회석(Mt) | 48,011,290 | 82,855,047 | 76,911,629 | 87,955,976 | 81,627,409 | 91,212,784 | 89,459,208 |
| 규석(Mt) | 1,554,249 | 2,364,606 | 2,160,345 | 2,842,255 | 3,536,372 | 4,056,655 | 2,880,272 |
| 규사(Mt) | 1,357,606 | 1,448,653 | 1,304,527 | 553,603 | 454,713 | 732,096 | 1,287,365 |
| 규조토(Mt) | 75,018 | 82,738 | 30,222 | 2,441 | 2,440 | 65,893 | 40,910 |
| 사문석(Mt) | 497,549 | 658,500 | 461,314 | 302,486 | 150,321 | 160,779 | 21,061 |
| 운모(Mt) | 7,889 | 37,468 | 24,734 | 59,241 | 27,081 | 24,356 | 23,431 |
| 불석(Mt) | 107,568 | 122,411 | 133,889 | 142,401 | 235,226 | 204,051 | 204,058 |
| 수정(kg) | 5,101 | 1,143 | 29,843 | 332,665 | 7,120 | 115 | 8,083 |
| 명반석(Mt) | 0 | 0 | 0 | 1,002 | 710 | 1,500 | 0 |
| 연옥(Mt) | 118 | 28 | 1,305 | 16 | 515 | 1,475 | 2,771 |

※ 1t＝$10^3$kg, 1Mt＝$10^6$t

┌ 보기 ─────────────────────────────────────────
㉠ 2019년 생산량이 1989년 생산량보다 2배 이상 증가한 광종은 없다.
㉡ 1989년 금 생산량은 같은 해 동 생산량의 약 $10^2$배이다.
㉢ 2004년 생산량이 가장 적은 광종은 희토류 금속이다.
㉣ 장석의 생산량이 가장 많은 해에 규조토의 생산량은 가장 적다.
㉤ 2019년 유화철 생산량은 2014년 대비 95% 이상 감소하였다.
└────────────────────────────────────────────

① ㉠, ㉡, ㉢　　　　　② ㉠, ㉡, ㉤　　　　　③ ㉢, ㉣, ㉤
④ ㉠, ㉡, ㉢, ㉤　　　　⑤ ㉡, ㉢, ㉣, ㉤

**20** P공장의 박 대리는 새롭게 도입된 기계의 기능성 평가를 시행한 후 다음과 같은 공정 평가서를 작성하였다. 도입 기계의 취득원가가 2억 원이고, 10년 동안 사용할 것이라 할 때 1년간의 감가상각비는 얼마인지 고르면?

[공정 평가서]

| 단계 | 성능 | 불량률(%) | 비용 평가 비용(만 원) |
|---|---|---|---|
| START UP | A+ | – | 3,000 |
| BOQ TEST | B+ | 20 | 4,000 |
| PACKAGE | A– | – | 3,000 |
| FINAL TEST | B+ | 10 | 5,000 |

- 기능별 비용 평가 비용의 감소 비율(최초 비용 평가에서 감소하는 비율)은 다음과 같다.

| 성능 | 연간 비용 평가 감소 비율 |
|---|---|
| A+ | 3% |
| A– | 4% |
| B+ | 5% |
| B– | 6% |
| C+ | 7% |
| C– | 8% |

※ 불량률 판단 후 잔존가치＝비용 평가 비용×(1 − 비용 평가 감소 비율)×(1 − 불량률)

- 연간 비용 평가 감소 비율에 이용 가능 연수를 곱하여 비용 평가 감소 비율을 구한다.
- 감가상각비 계산 방식은 다음과 같다.

$$\frac{(취득원가) - (총잔존가치)}{(이용 가능 연수)}$$

① 775만 원       ② 840만 원       ③ 1,160만 원
④ 1,225만 원       ⑤ 1,350만 원

**01** 다음 [조건]을 바탕으로 한 [추론]으로 옳은 것을 고르면?

조건

- 건축 시공사 갑, 을, 병, 정, 무는 프로젝트 입찰에 참여하기 위하여 시중은행 5곳(A~E) 중 한 곳과 공동참여를 제안하였다.
- 갑은 C은행, D은행, E은행에 공동참여를 제안하지 않았다.
- 을은 A은행, C은행, D은행에 공동참여를 제안하지 않았다.
- 병은 B은행, D은행, E은행에 공동참여를 제안하지 않았다.
- 정은 B은행, C은행, E은행에 공동참여를 제안하지 않았다.
- 무는 A은행, C은행, E은행에 공동참여를 제안하지 않았다.
- C은행에는 어느 시공사도 공동참여를 제안하지 않았다면, 나머지 은행은 적어도 1개 시공사 이상과 반드시 공동참여를 한다.

추론

공동참여 은행을 특정할 수 있는 건축 시공사는 2곳이다.

① 항상 그렇다.
② 항상 그렇지 않다.
③ 주어진 조건으로는 알 수 없다.
④ 항상은 아니지만 옳지 않을 가능성이 높다.
⑤ 항상은 아니지만 옳을 가능성이 높다.

**02** A~G 7명의 지원자가 면접을 보기 위해 대기실에서 대기 중이다. 다음 [조건]을 바탕으로 할 때, 반드시 옳지 <u>않은</u> 것을 고르면?

조건
- 대기실 좌석 배치는 아래 그림과 같다.
- 우측 첫 번째 좌석에는 아무도 앉지 않았다.
- C는 우측 두 번째 좌석에 앉았다.
- A와 D는 같은 줄에 앉았다.
- F의 바로 뒷좌석에 G가 앉았다.

앞

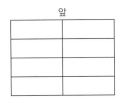

① F는 좌측에 앉는다.
② A는 세 번째 줄에 앉는다.
③ B와 F는 같은 줄에 앉는다.
④ B는 A 바로 앞좌석에 앉는다.
⑤ 한 줄에 혼자 앉을 가능성이 있는 사람은 총 3명이다.

**03** 다음 [조건]을 바탕으로 한 [추론]으로 옳은 것을 고르면?

조건
- 대호건설, 동조건설, 삼우건설, 대미건설, 용원건설은 업계 수주 실적 상위 5개 건설사이다.
- 대호건설은 동조건설보다 수주 실적 순위가 낮다.
- 삼우건설은 동조건설보다 한 단계 순위가 낮다.
- 수주 실적 5위인 건설사는 용원건설이 아니다.
- 대미건설과 용원건설의 수주 실적 순위는 연이어 있지 않다.
- 동조건설은 수주 실적 순위 1위가 아니다.
- 삼우건설과 대호건설의 수주 실적 순위 차이는 동조건설과 대미건설의 순위 차이와 같다.

추론
   대미건설의 수주 실적 순위는 용원건설보다 높다.

① 항상 그렇다.
② 항상 그렇지 않다.
③ 주어진 조건으로는 알 수 없다.
④ 항상은 아니지만 옳지 않을 가능성이 높다.
⑤ 항상은 아니지만 옳을 가능성이 높다.

PART 4
직무모의고사

M
P
C
R
SW

**04** 다음 중 식민지 근대론의 입장에서 바라보는 일제 시대에 대한 시각으로 가장 적절한 것을 고르면?

> '식민지 근대'란 무엇인가? 식민지 근대론은 '식민지 근대화'를 주장하거나 옹호하기 위해 만들어진 것이 아니다. 그렇다고 식민지의 '근대화'를 완전히 부정하려는 것도 아니다. 이것은 제국주의 지배의 '수탈'을 부정하지 않는다는 말이기도 하다. 다시 말하면, 식민 지배를 통한 근대화를 부정하는 것도, 그렇다고 수탈을 부정하는 것도 아니라는 것은 근대화도 수탈도 부분적으로 인정한다는 것이다. 그렇지만 식민지 근대 논의의 본질적인 의도가 두 논의를 절충하는 데에 있는 것은 더욱 아니다.
>
> 문제의 본질은 근대화나 수탈의 개념으로는 더 이상 식민 지배의 성격과 피식민 사회의 변화를 설명할 수 없다는 데 있다. 식민지 근대론은 기존의 논의에서 식민지가 처한 이러한 어려움에서부터 출발한다.

① 일본의 식민지 경영 과정에서 식민지의 근대화 과정에는 도움을 주지 못하고 단지 수탈의 역할만 하였다.

② 일제 시대 당시 조선은 일본의 일부를 담당하고 있었고, 상호 작용하는 하나의 '연관된 세계'를 구성하고 있었다.

③ 일본인들이 공장을 짓고 농장을 세우면, 조선인들이 노동자로 또 소작인으로 고용되는 가운데 조선인의 소득이 증가하기 시작하였다.

④ 일제 시대에서 우리나라의 노동자 농민들이 착취당한 사실은 부정할 수 없지만, 그럼에도 조선인들은 이 과정에서 근대를 학습하고 근대를 실천하였다.

⑤ 일제 시대에 전 시기에 약 650만 명의 조선인을 강제 연행하였으며, 끌고 가서는 임금을 주지 않고 노예와 같이 부려 먹었다는 것은 단지 허구에 불과하다.

**05** A, B, C, D, E, F 6명의 업무 평정 결과에 따른 총점의 등수가 [조건]과 같다. 이를 참고할 때, 6명 중 총점의 등수가 확정된 사람은 몇 명인지 고르면?

> ─ 조건 ─
> • A의 등수는 B의 등수의 2배와 같다.
> • C의 등수는 D의 등수의 2배보다 큰 수이다.
> • B의 등수와 E의 등수의 합은 C의 등수와 같다.
> • E는 F보다 더 높은 총점을 얻었다.

① 1명 ② 2명 ③ 3명
④ 4명 ⑤ 5명

**06** S장비업체의 직원 8명이 출장 수리를 가고자 한다. 4명의 대리(A, B, C, D)와 4명의 사원(E, F, G, H) 중 대리 1명, 사원 1명을 짝지어서 출장을 보내고자 한다. 다음 [조건]을 바탕으로 출장을 보내고자 할 때, 숙박이 필요한 지역으로 함께 출장 가는 인원으로 바르게 짝지어진 것을 고르면?

┌─ 조건 ─────────────────────────────────────────────────────┐
- 출장 필요 지역은 화성, 파주, 남양주, 평택이며, 화성과 평택은 2일 대응이 필요하여 숙박 가능한 인원이 출장을 간다.
- 대리와 사원 중 각각 2명은 남자, 2명은 여자이며, 출장은 동성끼리 가는 것을 원칙으로 한다.
- D는 파주로 출장을 가며, G는 평택으로 출장을 간다.
- B와 H는 함께 출장을 가며, A와 G는 함께 출장을 가지 않는다.
- E는 여자, F는 남자이며, 파주로는 여자가 출장을 가고, 화성으로는 남자가 출장을 간다.
- B는 개인 사정으로 출장 시 숙박이 불가능하다.
└───────────────────────────────────────────────────────────┘

① A, E        ② C, E        ③ C, F
④ C, G        ⑤ D, G

**07** 다음 [표]는 A~C회사의 공장 현황을 나타낸 자료이다. 이에 대한 [보기]의 ㉠~㉢ 중 옳은 것을 모두 고르면?

[표] 회사별 공장 현황

| 구분 | 전체 공장 수 (개) | 공장당 작업장 수 (개) | 작업장당 주간 근무 시수 (시간) | 작업장당 노동자 수 (명) | 작업장당 감독자 수 (명) | 감독자당 노동자 수 (명) |
|---|---|---|---|---|---|---|
| A회사 | 150 | 30 | 28 | 32 | 1.3 | 25 |
| B회사 | 70 | 36 | 34 | 35 | 1.8 | 19 |
| C회사 | 60 | 33 | 35 | 32 | 2.1 | 15 |

┌─ 보기 ─────────────────────────────────────────────────────┐
㉠ C회사의 감독자당 주간 근무 시수는 17시간 이하이다.
㉡ A회사의 총주간 근무 시수는 B회사의 총주간 근무 시수보다 많다.
㉢ A회사의 총감독자 수는 B회사와 C회사의 총감독자 수의 합보다 많다.
㉣ A회사와 B회사의 총근로자 수의 차이는 B회사와 C회사의 총근로자 수의 차이보다 크다.
└───────────────────────────────────────────────────────────┘

① ㉠, ㉡        ② ㉠, ㉣        ③ ㉡, ㉢
④ ㉠, ㉡, ㉣        ⑤ ㉡, ㉢, ㉣

**08** 다음은 건축법상 용도지역·용도지구별 용적률에 대한 자료이다. A가 제1종 일반주거지역과 준공공업지역에 각각 대지면적 1,000m²의 토지를 가지고 있고, 이 토지에 지하 1층부터 지상 4층까지 각 층의 바닥면적이 모두 같은 직사각기둥 모양의 건물을 각각 세우려고 한다. 용적률을 최소로 하고 다음 [조건]을 참고할 때, 제1종 일반주거지역의 한 층 바닥면적을 a평, 준공공업지역의 한 층 바닥면적을 b평이라고 하면 a+b의 값을 고르면?

[표] 용도지역·용도지구별 용적률 최대한도

| | | | | | |
|---|---|---|---|---|---|
| 제1종 전용주거지역 | 50% 이상 100% 이하 | 중심상업지역 | 400% 이상 1,500% 이하 | 보전녹지지역 | 50% 이상 80% 이하 |
| 제2종 전용주거지역 | 100% 이상 150% 이하 | 일반상업지역 | 300% 이상 1,300% 이하 | 생산녹지지역 | 50% 이상 100% 이하 |
| 제1종 일반주거지역 | 100% 이상 200% 이하 | 근린상업지역 | 200% 이상 900% 이하 | 자연녹지지역 | 50% 이상 100% 이하 |
| 제2종 일반주거지역 | 150% 이상 250% 이하 | 유통상업지역 | 200% 이상 1,100% 이하 | 보전관리지역 | 50% 이상 80% 이하 |
| 제3종 일반주거지역 | 200% 이상 250% 이하 | 전용공업지역 | 150% 이상 300% 이하 | 생산관리지역 | 50% 이상 80% 이하 |
| 준주거지역 | 200% 이상 500% 이하 | 일반공업지역 | 200% 이상 350% 이하 | 계획관리지역 | 50% 이상 100% 이하 |
| | | 준공공업지역 | 200% 이상 400% 이하 | 농림지역 | 50% 이상 80% 이하 |
| | | | | 자연환경보전지역 | 50% 이상 80% 이하 |

조건
[가] 연면적은 건축물 각 바닥면적의 합이다.
[나] 용적률은 대지면적에 대한 연면적의 비율이다. 단, 용적률 산정 시 아래에 해당하는 면적은 제외한다.
 － 지하층의 면적
 － 지상층의 주차장으로 쓰는 면적
 － 주민 공동시설의 면적
 － 초고층 건축물의 피난안전구역의 면적
[다] 1m² = 0.3평

① 200
② 225
③ 250
④ 275
⑤ 300

**09** 다음 [표]는 2015~2020년 아파트 규모별 m²당 실거래 중위가격의 전년 대비 증감률에 대한 자료이다. 이에 대한 [보기]의 ㉠~㉤ 중 옳은 것을 모두 고르면?

[표] 2015~2020년 아파트 규모별 m²당 실거래 중위가격의 전년 대비 증감률 (단위: %)

| 행정 구역별 | 규모별 | 2015년 | 2016년 | 2017년 | 2018년 | 2019년 | 2020년 |
|---|---|---|---|---|---|---|---|
| 전국 | 초소형(40m² 이하) | 0.11 | 0.06 | 0.06 | 0.01 | −0.06 | 0.05 |
| | 소형(40m² 초과 60m² 이하) | 0.08 | 0.05 | 0.04 | 0.01 | −0.06 | 0.09 |
| | 중소형(60m² 초과 85m² 이하) | 0.09 | 0.06 | 0.06 | 0.02 | −0.04 | 0.08 |
| | 중대형(85m² 초과 135m² 이하) | 0.09 | 0.07 | 0.09 | 0.01 | −0.03 | 0.07 |
| | 대형(135m² 초과) | 0.10 | 0.06 | 0.13 | −0.02 | −0.01 | 0.05 |
| 서울 | 초소형(40m² 이하) | 0.11 | 0.17 | 0.15 | 0.03 | 0.10 | 0.08 |
| | 소형(40m² 초과 60m² 이하) | 0.08 | 0.10 | 0.14 | 0.06 | 0.22 | 0.20 |
| | 중소형(60m² 초과 85m² 이하) | 0.07 | 0.09 | 0.14 | 0.04 | 0.25 | 0.13 |
| | 중대형(85m² 초과 135m² 이하) | 0.02 | 0.06 | 0.14 | 0.02 | 0.28 | 0.10 |
| | 대형(135m² 초과) | 0.01 | 0.04 | 0.12 | 0.04 | 0.22 | 0.03 |
| 수도권 | 초소형(40m² 이하) | 0.14 | 0.09 | 0.13 | 0.08 | 0.03 | −0.03 |
| | 소형(40m² 초과 60m² 이하) | 0.11 | 0.08 | 0.09 | 0.02 | 0.03 | 0.01 |
| | 중소형(60m² 초과 85m² 이하) | 0.09 | 0.07 | 0.10 | 0.01 | 0.02 | 0.06 |
| | 중대형(85m² 초과 135m² 이하) | 0.06 | 0.06 | 0.11 | −0.02 | 0.04 | 0.07 |
| | 대형(135m² 초과) | 0.03 | 0.09 | 0.14 | −0.10 | 0.14 | −0.09 |
| 지방 | 초소형(40m² 이하) | 0.09 | 0.03 | −0.01 | −0.06 | −0.03 | 0.04 |
| | 소형(40m² 초과 60m² 이하) | 0.04 | 0.01 | 0.02 | −0.04 | −0.02 | 0.08 |
| | 중소형(60m² 초과 85m² 이하) | 0.05 | 0.03 | 0.05 | 0.01 | 0.03 | 0.10 |
| | 중대형(85m² 초과 135m² 이하) | 0.06 | 0.04 | 0.04 | 0.00 | 0.02 | 0.09 |
| | 대형(135m² 초과) | 0.08 | 0.04 | 0.03 | 0.00 | 0.01 | 0.07 |

┌ 보기 ┐
㉠ 서울 아파트의 m²당 실거래 중위가격은 규모별로 매년 꾸준히 증가하였다.
㉡ 2019년 전국 아파트의 m²당 실거래 중위가격은 규모별로 전년에 비해 모두 감소하였다.
㉢ 서울 아파트의 m²당 실거래 중위가격은 모든 규모에서 2019년에 가장 많이 증가하였다.
㉣ 2020년 수도권 아파트 중에서 중대형 아파트의 m²당 실거래 중위가격의 증가 폭이 가장 크다.
㉤ 2019년 지방 아파트 중 초소형 아파트의 m²당 실거래 중위가격은 2015년보다 높다.
└─────────────────────────────────────────────┘

① ㉡         ② ㉠, ㉡         ③ ㉠, ㉢
④ ㉠, ㉡, ㉣         ⑤ ㉢, ㉣, ㉤

**10** 다음 [표]는 반기별로 전국의 건설공사 현장 중 2,000개 건설현장의 일별 개별직종노임단가의 일부를 조사한 자료이다. 이에 대한 설명으로 옳은 것을 고르면?

[표] 개별직종노임단가 (단위: 원)

| 세부직종별 | 2018년 1/2기 | 2018년 2/2기 | 2019년 1/2기 | 2019년 2/2기 | 2020년 1/2기 |
|---|---|---|---|---|---|
| 작업반장 | 137,535 | 145,013 | 153,186 | 159,003 | 175,081 |
| 보통인부 | 109,819 | 118,130 | 125,427 | 130,264 | 138,290 |
| 특별인부 | 133,417 | 141,507 | 152,019 | 155,599 | 166,063 |
| 조력공 | 120,416 | 127,124 | 133,863 | 140,220 | 140,722 |
| 제도사 | 144,980 | 153,608 | 159,514 | 167,434 | 171,952 |
| 비계공 | 196,261 | 208,195 | 224,359 | 228,462 | 234,297 |
| 형틀목공 | 189,303 | 197,929 | 201,951 | 207,239 | 215,964 |
| 철근공 | 189,585 | 199,266 | 210,096 | 212,935 | 219,392 |
| 철공 | 170,500 | 177,994 | 178,249 | 184,100 | 192,968 |
| 철판공 | 153,766 | 160,892 | 164,550 | 178,010 | 183,489 |
| 철골공 | 176,388 | 185,739 | 195,321 | 198,829 | 203,456 |
| 용접공 | 169,201 | 180,350 | 198,711 | 209,394 | 223,094 |
| 콘크리트공 | 176,062 | 199,737 | 198,242 | 208,492 | 216,409 |

① 2020년 1/2기 작업반장의 노임단가는 전년 동기 대비 10% 이상 상승하였다.

② 2020년 1/2기 보통인부의 노임단가는 2018년 1/2기보다 30,000원 이상 상승하였다.

③ 2018년 비계공의 노임단가는 평균 20만 원을 넘지 못한다.

④ 2020년 1/2기 노임단가가 가장 많은 직종과 가장 적은 직종의 차는 10만 원 이상이다.

⑤ 2018년 1/2기부터 2020년 1/2기까지 직종별로 노임단가는 꾸준히 상승했다.

**11** 다음은 철근콘크리트 보 단부의 단면에서 복근비와 인장철근비에 대한 설명이다.

- 복근비: 복근보에서 압축측 철근의 단면적의 합을 인장측 철근의 단면적의 합으로 나눈 것

$$복근비 = \frac{a_c}{a_t}$$

$a_c$: 압축측 철근의 단면적의 합

$a_t$: 인장측 철근의 단면적의 합

※ 단, ●은 철근이고, 인장측 철근의 개수는 압축측 철근의 개수보다 많음

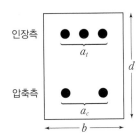

- 인장철근비 : 인장철근의 단면적의 합을 보의 유효단면적 또는 기둥의 전단면적으로 나눈 값

$$인장철근비 = \frac{A_s}{bd}$$

$A_s$: 인장측 철근 단면적의 합

$b$: 보 단면적의 유효폭

$d$: 보 단면적의 유효깊이

이를 참고하였을 때, 아래와 같은 철근콘크리트 보 단부의 단면인 경우, 복근비와 인장철근비를 바르게 짝지은 것을 고르면?(단, 철근 D22 1개의 단면적은 360mm²이다.)

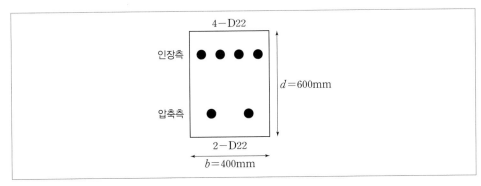

| | 복근비 | 인장철근비 | | 복근비 | 인장철근비 |
|---|---|---|---|---|---|
| ① | 0.5 | 0.0015 | ② | 0.5 | 0.003 |
| ③ | 0.5 | 0.006 | ④ | 2 | 0.003 |
| ⑤ | 2 | 0.006 | | | |

**12** 다음은 키즈카페 개설과 관련하여 필요한 정보를 나타낸 지도이다. 다음 [조건]을 바탕으로 선별된 위치 중에 점수의 합산이 두 번째로 높은 지역을 고르면?

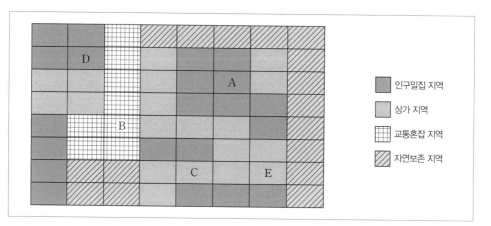

┌─ 조건 ─────────────────────────────────────────────────────────────┐

- 자연보존 지역에는 설치할 수 없다.
- 상/하/좌/우 각각 인접한 지역이 교통혼잡 지역이면 −2점, 자연보존 지역은 −1점, 상가 지역은 +1점, 인구밀집 지역은 +2점을 부여한다.
- A, B, C, D, E위치의 경우, 위의 점수에 2배를 적용하여 부여한다.
- 대각선으로 각각 인접한 지역의 경우, 위의 점수에 $\frac{1}{2}$배를 적용하여 부여한다.
- 총점은 (A, B, C, D, E위치의 점수)+(상/하/좌/우 인접 지역 점수)+(대각선 인접 지역 점수)로 계산한다.

└────────────────────────────────────────────────────────────────────┘

① A            ② B            ③ C
④ D            ⑤ E

**13** 다음 [그래프]와 [표]는 2014~2019년 취원율과 유아교육 규모를 나타낸 자료이다. 이에 대한 설명으로 옳지 <u>않은</u> 것을 고르면?(단, 유치원에 취원한 유아는 모두 만 3~5세라고 가정한다.)

[그래프] 2014~2019년 취원율 (단위: %)

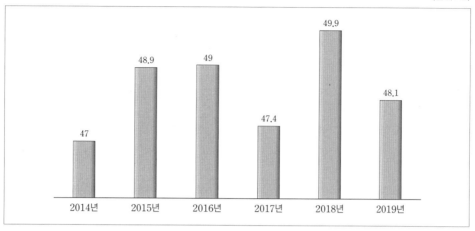

※ 취원율: 전국의 만 3~5세 유아 중 유치원에 취원하고 있는 유아의 비율

[표] 2014~2019년 유아교육 규모 (단위: 개, 학급, 명)

| 구분 | 2014년 | 2015년 | 2016년 | 2017년 | 2018년 | 2019년 |
|---|---|---|---|---|---|---|
| 유치원 수 | 8,826 | 8,930 | 8,987 | 9,029 | 9,021 | 8,837 |
| 학급 수 | 33,041 | 34,075 | 35,790 | 36,469 | 37,748 | 37,268 |
| 원아 수 | 652,546 | 682,553 | 704,138 | 694,631 | 675,998 | 633,913 |
| 교원 수 | 48,530 | 50,998 | 52,923 | 53,808 | 54,892 | 53,362 |

① 교원 1인당 원아 수는 매년 감소하고 있다.
② 취원율이 가장 높은 해에 학급 수가 가장 많다.
③ 학급당 원아 수는 매년 감소하고 있다.
④ 2019년 만 3~5세 유아 수는 2014년 대비 감소하였다.
⑤ 유치원당 학급 수는 매년 4.5개 미만이다.

**14** 다음 설명을 참고할 때, [추론]에 대한 설명으로 옳은 것을 고르면?

> '갑'사의 경영기획팀에서 준비한 8개 사업 계획안 중 최종적인 하나의 계획안을 채택하는 조건은 다음과 같다.
> - 과장1, 2, 3, 4 네 사람은 각각 무작위로 네 개의 계획안을 선택한다. 이 중, 자신의 선호에 따라 아래 [표]와 같이 미리 부여된 점수 중 가장 높은 점수가 부여된 두 개의 계획안을 이사1과 2에게 추천한다.
> - 이사1과 2는 추천받은 계획안 중 이사1과 2 두 사람의 점수의 합이 높은 두 개의 계획안을 사장에게 추천한다.
>   예 C가 추천되었다면 이사1은 8점, 이사2는 5점을 부여하므로 총점은 13점이 된다.
> - 사장은 자신이 추천받은 계획안 중 자신이 높은 점수를 부여한 한 개의 계획안을 최종적으로 선택한다.
> - 해당 계획안의 추천인이 중복될 경우 중복 추천에 따른 가중치는 고려하지 않는다.
>
> [표] 각 계획안에 대한 선호 점수
>
> | 구분 | 과장1 | 과장2 | 과장3 | 과장4 | 이사1 | 이사2 | 사장 |
> |---|---|---|---|---|---|---|---|
> | 8점 | C | C | B | A | C | G | B |
> | 7점 | B | A | C | E | F | H | H |
> | 6점 | E | B | A | C | B | E | C |
> | 5점 | F | D | H | B | D | C | F |
> | 4점 | G | H | G | D | G | B | E |
> | 3점 | H | E | E | F | A | A | G |
> | 2점 | A | G | F | H | E | F | D |
> | 1점 | D | F | D | G | H | D | A |

---

추론

네 명의 과장이 무작위로 선택한 계획안이 다음과 같다면, G계획안이 최종 채택될 것이다.

[표] 과장1~4의 계획안

| 과장1 | 과장2 | 과장3 | 과장4 |
|---|---|---|---|
| B, C, D, F | A, C, E, F | D, E, G, H | A, D, E, G |

---

① 항상 그렇다.
② 항상 그렇지 않다.
③ 주어진 조건으로는 알 수 없다.
④ 항상은 아니지만 옳지 않을 가능성이 높다.
⑤ 항상은 아니지만 옳을 가능성이 높다.

**15** '갑'시는 다음 자료에 맞춰 2018년 개관을 목표로 기준에 따른 최소면적의 공공도서관 건설을 추진하고자 한다. 이에 대한 설명으로 옳지 <u>않은</u> 것을 고르면?

[공공기관 시설 및 도서관 자료 구비 기준]

| 봉사대상 인구 | 시설 | | 도서관 자료 | |
|---|---|---|---|---|
| | 건물면적(m²) | 열람석(석) | 기본장서(권) | 연간증서(권) |
| 10~30만 명 미만 | 1,650 이상 | 350 이상 | 30,000 이상 | 3,000 이상 |
| 30~50만 명 미만 | 3,300 이상 | 800 이상 | 90,000 이상 | 9,000 이상 |
| 50~70만 명 미만 | 4,950 이상 | 1,200 이상 | 150,000 이상 | 15,000 이상 |
| 70~100만 명 미만 | 6,000 이상 | 1,500 이상 | 200,000 이상 | 20,000 이상 |

- 봉사대상 인구란 도서관이 설치되는 해당 시의 인구를 말한다. 연간증서는 설립 다음 해부터 매년 추가로 늘려야 하는 장서로서 기본장서에 포함된다.
- 전체 열람석의 10% 이상을 노인과 장애인 열람석으로 할당해야 한다.
- 공공도서관은 기본장서 외에 다음 자료를 갖추어야 한다.
  - 봉사대상 인구 1천 명당 1종 이상의 연속간행물
  - 봉사대상 인구 1천 명당 10종 이상의 시청각자료

['갑'시의 인구 추계]

| 2015년 | 2020년 | 2030년 | 2040년 |
|---|---|---|---|
| 30만 명 | 45만 명 | 55만 명 | 85만 명 |

※ 인구는 매년 증가한다고 가정함

① '갑'시는 2018년 도서관 개관 시 9,000권의 연간증서를 포함한 90,000권 이상의 기본장서를 확보해야 한다.
② 2018년 도서관을 개관하면서 노인과 장애인 열람석을 적어도 80석 이상 만들어야 한다.
③ 인구 추계에 따르면, 2018년 도서관 개관 후 2년이 지난 뒤에는 전체 열람석과 노인 및 장애인 열람석의 수를 그대로 유지해도 된다.
④ 2020년부터 2040년까지 매년 같은 수로 인구가 늘어난다면 2023년에는 510종 이상의 연속간행물이 있어야 한다.
⑤ 2040년 실제 인구가 인구 추계에 따라 증가한다면, 2018년 도서관 개관 시 건물면적에서 건물면적을 적어도 3,000m² 이상 추가로 확장해야 한다.

**16** 다음 [표]와 [그래프]는 2018년과 2019년 기관별 연구실 수 및 연구실안전관리담당자 지정·미지정 연구실 수에 대한 자료이다. 이에 대한 [보기]의 ㉠~㉣ 중 옳지 **않은** 것을 모두 고르면?

[표] 2018~2019년 기관별 연구실 수 (단위: 개)

| 연도 | 기관 | 기관 수 | 연구실 수 |
|---|---|---|---|
| 2018년 | 대학 | 338 | 48,331 |
| | 연구기관 | 176 | 12,390 |
| | 기업부설(연) | 3,561 | (   ) |
| 2019년 | 대학 | 338 | 49,339 |
| | 연구기관 | 176 | 12,806 |
| | 기업부설(연) | 3,521 | (   ) |

[그래프] 2018년과 2019년 기관별 연구실안전관리담당자 지정·미지정 연구실 수 (단위: 개)

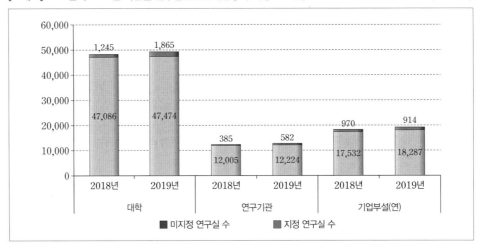

보기
㉠ 2019년 기업부설 연구실 수는 2018년 기업부설 연구실 수에 비해 699개 증가하였다.
㉡ 각 기관에서 2019년 연구실안전관리담당자 지정 연구실 수가 2018년에 비해 증가하면 2019년 연구실안전관리담당자 미지정 연구실 수는 2018년에 비해 감소한다.
㉢ 2019년 기업부설 연구실안전관리담당자 미지정 연구실 수와 지정 연구실 수의 비는 대략 1:20이다.
㉣ 대학의 전년 대비 2019년 연구실안전관리담당자 미지정 연구실 수의 증가량은 전년에 비해 증가한 2019년 대학의 연구실 수의 60% 미만이다.

① ㉠, ㉡    ② ㉡, ㉣    ③ ㉢, ㉣
④ ㉠, ㉢, ㉣    ⑤ ㉡, ㉢, ㉣

**17** 다음 [표]는 H아파트 내 각 단지의 부동산 분양면적에 대한 자료이다. 이에 대한 설명으로 옳은 것을 고르면?

> 아파트는 공급면적을 '분양면적'으로 표기하고, 오피스텔은 계약면적을 '분양면적'으로 표기한다. 즉, 분양가를 표시하는 중요한 기준을 아파트는 '공급면적'을 기준으로 하고, 오피스텔은 '계약면적'을 기준으로 한다는 의미이다. 이렇게 구분되는 이유는 각각 적용되는 법이 다르기 때문인데, 아파트는 '주택법'을 따르고, 오피스텔은 '건축법'의 적용을 받는다.

[표] 단지별 공급면적, 주거전용면적, 계약면적  (단위: m²)

| 구분 | 아파트 A | 아파트 B | 오피스텔 A | 오피스텔 B |
|---|---|---|---|---|
| 공급면적 | 79 | 110 | 81 | 107 |
| 주거전용면적 | 59 | 84 | 59 | 84 |
| 계약면적 | 110 | 166 | 115 | 164 |

※ (공급면적)=(주거전용면적(세대 실내면적))+(주거공용면적(계단, 복도, 현관 등))
※ (계약면적)=(공급면적)+(기타공용면적(지하층, 관리사무소, 노인정 등))

① 아파트 A의 주거공용면적은 아파트 B보다 크다.
② 분양면적이 가장 큰 것은 아파트 B이다.
③ 기타공용면적은 아파트 B가 가장 크다.
④ 아파트 A의 분양가가 m²당 2,000만 원이고 오피스텔 A의 분양가가 m²당 1,500만 원이면 아파트 A의 분양가가 더 높다.
⑤ 아파트 A와 아파트 B의 주거공용면적의 합은 오피스텔 A와 오피스텔 B의 주거공용면적의 합보다 크다.

M
P
C
R
SW

**18** 다음 글을 참고할 때, 주어진 [상황]에서의 A와 B에 대한 답변으로 바르게 짝지은 것을 고르면?

> 상가 투자를 하기 위해서는 월 임대료, 공실률, 유지보수 추가 비용 등 고려할 사항이 많다. 다만 투자이기 때문에 '수익률'을 따져보는 것이 가장 중요하다는 것을 반드시 기억해야 한다. 주변 상가의 철저한 계산을 통해서 수익률을 비교해 보고 선택해야 한다. 참고로 최근 상가 수익률은 4~6% 정도면 적당하다고 평가되고 있는 추세이다.
>
> 수익률을 산정할 때 대출금, 대출이자, 실 투입금 등을 고려할 수도 있으나 다음과 같이 간단한 방법으로 수익률(연간)을 산정하는 것을 기본으로 한다.
>
> 월세×12개월÷(감정가−임대보증금)×100＝수익률
>
> 물론 이를 활용하면 임대료(월세)와 매매가 산정도 가능하다.
>
> 평당 임대료는 주변 시세를 통해 실제 관심이 가는 물건의 임대료를 산정하기 위해 필요하다. 보증금은 월세의 15~20배가량 측정하여 월세가 밀리는 경우에 차감할 수 있는 여유를 두는 것이 일반적이다.
>
> 월세÷전용평수＝평당 임대료
>
> 주변 평당 임대료를 구해보고 위치가 비슷한 상가의 평당 임대료(보수적이라면 최저 평당 임대료)를 기준으로 하여 관심이 있는 상가의 임대료를 구할 수 있다.

─ 상황 ─
- A: '갑'은 감정가가 2.5억 원인 상가 건물을 매입하고자 한다. 입주해 있는 상가의 임대보증금이 9,000만 원이며, 월 임대료가 60만 원인 경우 예상할 수 있는 연간 수익률은 얼마인가?
- B: '을'은 상가 임대보증금이 1,000만 원, 월 임대료가 80만 원인 상가 건물을 연간 수익률 5%에 매도하고자 한다. 이 경우 '을'이 받을 수 있는 상가 건물의 매도 가격은 얼마인가?

|   | A | B |
|---|---|---|
| ① | 4.5% | 2억 2백만 원 |
| ② | 4.5% | 2억 2천만 원 |
| ③ | 5.5% | 2억 2천만 원 |
| ④ | 5.5% | 2억 2백만 원 |
| ⑤ | 5.5% | 2억 5백만 원 |

**19** 다음 [표]는 2020년 서비스 인구를 기준으로 세계 10대 건설기업 수주 현황을 정리한 자료이다. 이에 대한 [보기]의 ㄱ~ㄹ 중 옳은 것을 모두 고르면?

[표] 2020년 세계 10대 건설기업 수주 현황

| 순위 | 기업명 | 건물 수주 건수(건) | | 2019년 대비 건물 수주 건수 증감(건) | 건설 부문 매출액 (백만 달러) |
|---|---|---|---|---|---|
| | | | 국외 비중(%) | | |
| 1 | A | 12,002 | 86.0 | 265 | 6,986 |
| 2 | B | 11,753 | 79.0 | 937 | 9,805 |
| 3 | C | 7,537 | 61.0 | 592 | 4,065 |
| 4 | D | 3,490 | 54.0 | −32 | 968 |
| 5 | E | 2,560 | 0.0 | 50 | 1,656 |
| 6 | F | 2,383 | 57.0 | 170 | 1,126 |
| 7 | G | 1,740 | 45.0 | 200 | 514 |
| 8 | H | 1,545 | 44.0 | 193 | 366 |
| 9 | I | 1,448 | 43.0 | 96 | 1,126 |
| 10 | J | 1,371 | 56.0 | −1,981 | 1,531 |
| 합계 | | 45,829 | − | − | 28,143 |

┌ 보기 ┐
ㄱ 2020년 A기업의 국내 수주 건수는 1,500건 이상이다.
ㄴ 2019년 대비 건물 수주 건수 증감 중 F기업의 증감률이 I기업의 증감률보다 낮다.
ㄷ 2020년 세계 10대 건설기업 중 국외 수주 건수가 2,000건 이상인 기업 수는 3개이다.
ㄹ 2020년 세계 건설 부문 매출액이 400억 달러라면, 세계 10대 건설기업의 건설 부문 매출액은 세계 건설 부문 매출액의 70% 이상을 점유하고 있다.

① ㄷ                 ② ㄱ, ㄷ                 ③ ㄴ, ㄹ
④ ㄱ, ㄴ, ㄹ          ⑤ ㄱ, ㄷ, ㄹ

**20** 다음은 전세자금대출 관련 P상품에 대한 자료이다. [사례]의 A, B, C에 대한 [보기]의 ㉠~㉣ 중 옳은 것을 모두 고르면?

---

- 대상주택: 아래의 요건을 모두 충족하는 주택
  1. 임차 전용면적

     임차 전용면적 85m² 이하 주택(주거용 오피스텔 포함) 및 채권양도협약기관 소유의 기숙사(호수가 구분되어 있고 전입신고가 가능한 경우에 한함)

     ※ 단, 쉐어하우스(채권양도협약기관 소유주택에 한함)에 입주하는 경우 예외적으로 면적 제한 없음

  2. 임차보증금: 1억 원 이하
- 대출한도: 다음 중 작은 금액으로 산정
  1. 호당 대출한도: 7천만 원 이하
  2. 소요자금에 대한 대출비율

     ① 신규계약: 전세금액의 80% 이내

     ② 갱신계약: 증액금액 이내에서 증액 후 총보증금의 80% 이내
- 대출금리[변동금리(국토교통부 고시)]

| 연소득<br>(부부합산) | ~2천만 원 이하 | 2천만 원 초과<br>4천만 원 이하 | 4천만 원 초과<br>6천만 원 이하 |
|---|---|---|---|
| 임차보증금<br>(1억 원 이하) | 연 1.5% | 연 1.8% | 연 2.1% |

- 금리우대(①, ②, ③ 중복 적용 불가)
  ① 연소득 4천만 원 이하 기초생활수급권자·차상위계층: 연 1.0%p
  ② 연소득 5천만 원 이하 한부모가구: 연 1.0%p
  ③ 장애인·노인부양·다문화·고령자가구: 연 0.2%p
- 추가우대금리(①, ②, ③, ④ 중복 적용 가능)
  ① 주거안정 월세대출 성실납부자: 연 0.2%p
  ② 부동산 전자계약 체결(2021. 12. 31. 신규 접수분까지): 연 0.1%p
  ③ 다자녀가구 연 0.7%p, 2자녀가구 연 0.5%p, 1자녀가구 연 0.3%p(단, ③항 내 중복 적용 불가)
  ④ 청년 가구: 연 0.3%p

     ※ 청년 가구: 만 25세 미만, 전용면적 60m² 이하, 보증금 7천만 원 이하, 대출금 5천만 원 이하 단독세대주를 모두 만족

     ※ (최종대출금리)=(대출금리)-(금리우대)-(추가우대금리)

- A는 46m²의 주택을 6천만 원에 단독세대주로 전세 계약했다. 만 24세이며 기존 대출금은 학자금대출 1천만 원이 있고, 연간소득은 3,200만 원이고, 2021년 3월 10일 부동산 전자계약을 체결하였다.
- B는 76m²의 주택을 1억 원에 전세 계약했다. 기혼이며 2명의 자녀가 있고, 본인 연간소득은 3,600만 원이고, 배우자의 연간소득은 2,200만 원이다. 2021년 5월 6일 부동산 전자계약을 체결하였다.
- C는 66m²의 주택을 9천만 원에 전세 계약했다. 한부모가구이며 1명의 자녀가 있고, 연간소득은 4,200만 원이다. 2021년 4월 1일 부동산 전자계약을 체결하였다.

보기

- ㉠ 추가우대금리를 가장 많이 받는 사람은 B이다.
- ㉡ 최종대출금리가 가장 적은 사람은 A이다.
- ㉢ 연 전세자금대출이자를 가장 적게 내는 사람은 대출금액이 가장 적은 A이다.
- ㉣ 연 전세자금대출이자가 가장 많은 사람과 가장 적은 사람의 금액 차는 56만 원이다.

① ㉠, ㉡             ② ㉠, ㉣             ③ ㉡, ㉢
④ ㉠, ㉢, ㉣         ⑤ ㉡, ㉢, ㉣

# 04 직무 Type R(연구개발)

정답과 해설 P. 64~70

**01** 실험실 책상 위에 A, B, C, D물질이 들어 있는 여러 개의 비커가 있다. 어떤 물질이 들어 있는 X비커 한 개를 빼도 아래의 [조건]을 만족할 때, [추론]에 대한 설명으로 옳은 것을 고르면?(단, A, B, C, D물질은 총 16개가 있다.)  2020 하반기 SKCT 기출 복원

조건
- A, C는 소수성이고 B, D는 친수성이다.
- 친수성 물질의 합은 소수성 물질의 합보다 크다(단, A>B>D).
- 모든 물질은 최소 하나 이상은 존재한다.

추론
　X비커 안에 들어있는 물질은 B이다.

① 항상 그렇다.
② 항상 그렇지 않다.
③ 주어진 조건으로는 알 수 없다.
④ 항상은 아니지만 옳지 않을 가능성이 높다.
⑤ 항상은 아니지만 옳을 가능성이 높다.

**02** '갑' 기업은 지난해에 개발에 성공한 A, B, C, D 네 개의 기술에 대한 특허를 진행하고자 한다. 각 기술 간의 특성에 따라 다음과 같은 [조건]으로 특허 가능 여부가 판정된다고 할 때, [추론]에 대한 설명으로 옳은 것을 고르면?

조건
- A, B, C, D기술 중 적어도 2개의 기술에는 특허를 받을 수 있다.
- C기술과 D기술 중 적어도 1개의 기술에는 특허를 받을 수 없다.
- B기술에 특허를 받는다면 A기술에도 특허를 받는다.
- A기술과 D기술에 특허를 받는다면 B기술에는 특허를 받을 수 없다.

추론
　B기술에 특허를 받는다면, D기술에는 특허를 받을 수 없다.

① 항상 그렇다.
② 항상 그렇지 않다.
③ 주어진 조건으로는 알 수 없다.
④ 항상은 아니지만 옳지 않을 가능성이 높다.
⑤ 항상은 아니지만 옳을 가능성이 높다.

**03** 토너먼트에서 본선 8강까지 진출한 A~H 8개 팀의 복식 테니스 경기에서 8강, 준결승, 결승전을 치른 결과의 일부가 다음 [조건]과 같을 때, 주어진 [보기]의 ㉠~㉣ 중 옳은 것을 모두 고르면?

> ┌ 조건 ─────────────────────────────
> - C팀은 G팀을 이겼다.
> - F팀은 C팀과 H팀을 이겼다.
> - E팀은 B팀과 F팀을 이겼다.
> - A팀은 D팀을 이겼다.
> └────────────────────────────────

> ┌ 보기 ─────────────────────────────
> ㉠ E팀이 우승하였다.
> ㉡ A팀은 F팀을 이겼다.
> ㉢ E팀은 A팀을 이겼다.
> ㉣ 3, 4위전은 A팀과 F팀이 치른다.
> └────────────────────────────────

① ㉠, ㉡          ② ㉠, ㉢          ③ ㉠, ㉣
④ ㉡, ㉢          ⑤ ㉡, ㉣

**04** 다음 글을 참고할 때, 밑줄 친 결론이 도출되기 위하여 필요한 전제로 옳은 것을 고르면?

> 미국 오거스타대 연구자들은 전뇌(forebrain)의 뉴런에 자극을 주어 유전자를 조작한 돌연변이 생쥐를 만들었다. 이 경우 뇌의 기능에 어떤 문제가 생길까?
>
> 연구자들은 생쥐의 공간 학습 및 기억 능력을 알아보기 위해 생쥐들에게 반즈미로 과제를 실시했다. 반즈미로(Barnes maze)는 가장자리에 구멍이 20개 뚫려 있는 원형 테이블로 구멍 가운데 하나만 밑으로 통하는 진짜이고, 나머지는 막혀 있다. 테이블 위에 생쥐를 올려놓고 강한 조명을 비추면 불안을 느낀 생쥐는 탈출하기 위해 구멍을 탐색한다. 정상 생쥐의 경우 처음에는 시행착오를 겪어 탈출하는데 시간이 3분 정도 걸리지만 3일차에는 30초 만에 벗어난다. 반면 돌연변이 생쥐는 첫날은 비슷했지만 3일차에는 벗어나는데 1분 30초나 걸렸다. 이런 경향은 암수 모두에서 나타났다. 이 실험은 에스트로겐 수치가 낮아지면 공간 학습과 기억 능력이 떨어진다는 것을 입증한다.

① 희미한 조명을 비출 때 생쥐들은 거의 움직이지 않았다.
② 뉴런에 자극을 준 실험을 통해 에스트로겐 수치가 낮아졌다.
③ 에스트로겐은 테스토스테론이 특정 효소에 의해 바뀐 것이다.
④ 생쥐의 뉴런은 인간의 뉴런과 기본적으로 다른 구조와 기능을 가졌다.
⑤ 생쥐는 인간보다 에스트로겐의 수치 변화에 더욱 민감한 반응을 나타낸다.

**05** 다음과 같은 [조건]으로 반응 $A(aq) \rightarrow B(l)+C(g)$를 진행시키는 실험을 했다. 이에 대한 설명으로 옳은 것을 고르면?(단, 부피 변화는 무시한다.) 2021 상반기 SKCT 기출 복원

조건
- 똑같은 용기 3개에 농도와 부피가 같은 $A(aq)$를 넣는다.
- 각 실험에서 용액의 온도는 일정하다.

[실험]

| 구분 | 초기 온도 | 초기 반응 속도 | 특이사항 |
|------|-----------|----------------|----------|
| 실험 Ⅰ | $T_1$ | $v$ | 없음 |
| 실험 Ⅱ | $T_1$ | $6v$ | 촉매 $X(s)$ 첨가 |
| 실험 Ⅲ | $T_2$ | $3v$ | 없음 |

① 실험 Ⅰ의 초기 반응 속도가 $v$인데 실험 Ⅲ의 초기 반응 속도는 $3v$이므로 $T_1 > T_2$이다.
② 실험 Ⅱ에 첨가한 $X(s)$는 활성화 에너지를 낮추는 물질이다.
③ 실험 Ⅱ에 첨가한 $X(s)$는 반응 가능한 분자 수를 감소시킨 것이다.
④ 실험 Ⅲ에 $X(s)$를 첨가해도 실험 Ⅲ의 초기 반응 속도는 변화가 없다.
⑤ 초기 반응 속도를 빠르게 하려면 촉매를 사용한다.

**06** 다음은 어떤 가족의 유전병에 대한 자료이다. 이 유전병은 대립 유전자 T와 T'에 의해 결정되며, T는 T'에 대해 완전 우성이다. 이에 대한 [보기]의 ㉠~㉣ 중 옳은 것을 모두 고르면? 2021 상반기 SKCT 기출 복원

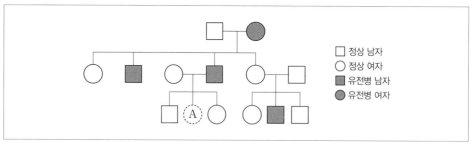

□ 정상 남자
○ 정상 여자
■ 유전병 남자
● 유전병 여자

보기
㉠ 유전병을 결정하는 유전자는 X염색체 속에 들어 있다.
㉡ 유전병을 결정하는 유전자는 Y염색체 속에 들어 있다.
㉢ 유전병은 멘델의 법칙을 따르지 않는다.
㉣ A와 유전병이 있는 남자 사이에는 유전병이 있는 아이가 태어날 확률이 50% 이상이다.

① ㉠, ㉢           ② ㉠, ㉣           ③ ㉡, ㉢
④ ㉡, ㉣           ⑤ ㉢, ㉣

**07** 다음은 두 자동차 A, B가 동시에 출발한 이후 t=0에서 t=12까지 측정한 속도−시간 그래프이다. 이에 대한 설명으로 옳은 것을 고르면?(단, A와 B는 직선 위에서 움직인다.)

2020 하반기 SKCT 기출 복원

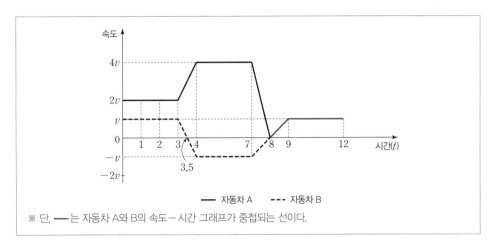

① $t=3$일 때, A, B는 서로 진행 방향이 반대로 바뀐다.
② $t=3.5$, $t=8$일 때, B는 처음 출발한 위치에 있다.
③ $t=4$일 때, A는 출발지에서 가장 멀리 떨어져 있다.
④ $t=7$일 때, B는 처음 출발한 자리로 돌아왔다.
⑤ $t=8$일 때, A, B는 다시 만났다.

**08** 다음은 탄소(C), 수소(H), 산소(O)로 이루어진 화합물 X의 원소 분석 실험이다. 탄소, 수소, 산소의 원자량이 각각 12, 1, 16일 때, 화합물 X의 실험식을 고르면?　2019 상반기 SKCT 기출 복원

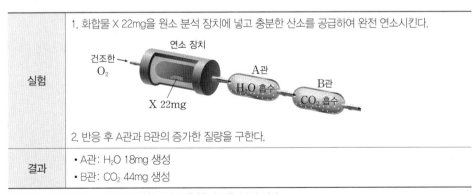

| 실험 | 1. 화합물 X 22mg을 원소 분석 장치에 넣고 충분한 산소를 공급하여 완전 연소시킨다.<br>2. 반응 후 A관과 B관의 증가한 질량을 구한다. |
|---|---|
| 결과 | • A관: $H_2O$ 18mg 생성<br>• B관: $CO_2$ 44mg 생성 |

※ 1몰의 질량: 물질의 화학식량(원자량의 총합)에 g을 붙인 질량

※ (원자의 몰수)$=\dfrac{(물질의\ 질량)(g)}{(원자\ 1몰의\ 질량)(g/몰)}$ · (분자의 몰수)$=\dfrac{(물질의\ 질량)(g)}{(분자\ 1몰의\ 질량)(g/몰)}$

예) (암모니아($NH_3$) 8.5g의 몰수)$=\dfrac{(암모니아의\ 질량)}{(암모니아\ 1몰의\ 질량)}=\dfrac{8.5g}{(14+1\times3)g/몰}=0.5(몰)$

① $CH_2O$ 　　　　　② $C_2HO$ 　　　　　③ $C_2H_4O$
④ $C_2H_4O_2$ 　　　　⑤ $C_4H_4O_2$

**09** 가스가 지나는 배관은 파이프를 연결하여 이어나가는데 이 연결 부분에서 가스 누출 등의 사고가 발생하면 심각한 사고와 자원의 유출을 초래할 수 있다. 현장에서는 배관의 가스 누출 상황을 파악하기 위해 초음파를 이용하여 반사되어 오는 초음파의 반사 유형, 전파 시간, 전파 속도 등을 분석함으로써 결함 부분의 종류, 위치, 크기 등을 측정할 수 있다. 결함 부분의 위치를 측정하기 위해 아래의 실험을 했다면, 결함 부분까지의 수평 거리가 100이고, 입사각이 60°일 때, 결함 부분의 깊이를 고르면?

2020 상반기 SKCT 기출 복원

| 실험 | 1. 초음파를 일정 각도로 입사시켜 반사 신호의 전파 시간을 측정한다.<br>2. 시험체의 재질에 대한 초음파 속도를 입력한다.<br>3. 초음파의 전파 거리와 입사각($\theta$)을 이용하여 결함 부분까지의 수평 거리와 깊이를 계산한다.<br><br><br>초음파　파이프 A　연결 부분　파이프 B　결함 |
|---|---|
| 계산 | • 결함 부분까지의 수평 거리$(X) = Y \times \sin\theta$<br>• 결함 부분의 깊이$(d) = Y \times \cos\theta$ |

※ $\sin 30° = \dfrac{1}{2}$, $\sin 60° = \dfrac{\sqrt{3}}{2}$, $\cos 30° = \dfrac{\sqrt{3}}{2}$, $\cos 60° = \dfrac{1}{2}$, $\tan 30° = \dfrac{1}{\sqrt{3}}$, $\tan 60° = \sqrt{3}$

① $\dfrac{50\sqrt{3}}{3}$ ② $\dfrac{100}{3}$ ③ $\dfrac{100\sqrt{3}}{3}$

④ $\dfrac{200}{3}$ ⑤ $\dfrac{200\sqrt{3}}{3}$

270　오프라인 SKCT SK그룹 종합역량검사

**10** 다음은 원유를 370℃로 가열하여 증류했을 때, 분리되어 나오는 물질들을 그림으로 간단하게 나타낸 것이다. 이에 대한 설명으로 옳지 <u>않은</u> 것을 고르면? 2020 상반기 SKCT 기출 복원

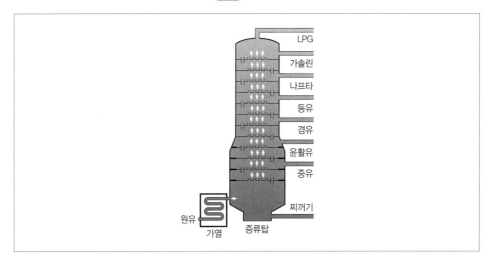

① 원유를 분별 증류하여 물질들을 분리하는 것이다.

② 혼합물을 각 물질에 따라 끓는점이 서로 다름을 이용하여 혼합물에서의 각 성분을 분리한 것과 같은 원리이다.

③ 끓는점이 높을수록 증류탑의 위로 상승하므로 가장 높은 층까지 상승하였다가 응결하는 LPG의 끓는점이 가장 높다.

④ 원유를 가열할 때, 증기가 증류탑을 올라가면서 액체로 변화하는 비등점이 다르기 때문에 응결하면서 물질들이 층층이 분리되어 나오는 것이다.

⑤ 증류탑에서 나온 찌꺼기에서 아스팔트를 얻을 수 있다.

**11** 다음은 항원 X에 대한 실험체의 방어 작용 실험이다. ( i ), (ii), (iii)을 바르게 나열한 것을 고르면?

2022 하반기 SKCT 기출 복원

[실험 과정]

[1] 유전적으로 동일하고 X에 노출된 적 없는 실험체 a, b, c, d를 준비한다.

[2] X의 병원성을 약화시켜 만든 $X^*$을 a에게 2회 주사한다.

[3] 1주 후 a에게서 분리해 낸 ( i ), (ii), (iii) 중 하나씩을 각각 b, c, d에 주사한다.
단, ( i ), (ii), (iii)은 $X^*$, 혈청, 림프구가 분화한 기억세포 중 하나이며, b, c, d에 무엇이 주사됐는지는 알 수 없다.

[4] 1주 후 b, c, d에게 X를 각각 주사한다.

[실험 결과]

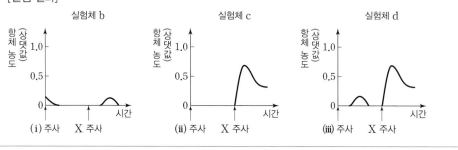

| | ( i ) | (ii) | (iii) |
|---|---|---|---|
| ① | 혈청 | $X^*$ | 기억세포 |
| ② | 혈청 | 기억세포 | $X^*$ |
| ③ | $X^*$ | 혈청 | 기억세포 |
| ④ | 기억세포 | 혈청 | $X^*$ |
| ⑤ | 기억세포 | $X^*$ | 혈청 |

**12** 다음 글을 읽고 자동차 차체 제작에 아연 도금 강판을 사용하는 이유에 대한 [보기]의 ㉠~㉤ 중 옳은 것을 모두 고르면?

2020 하반기 SKCT 기출 복원

[가] 철의 부식은 산소와 물에 의해 일어나므로 철로 만든 물건에 기름 또는 페인트칠을 하거나 다른 금속을 철 표면에 입히는 도금 등과 같은 방법을 이용하여 철로 만든 물건의 표면에 피막을 입혀서 산소와 물이 직접 접촉하지 못하게 함으로써 철의 부식을 방지한다. 철의 부식을 막기 위한 또 다른 방법으로는 스테인리스강으로 철의 성질을 변화시키는 방법이 있다. 고온에서 철에 크로뮴, 니켈 등을 혼합하여 만든 합금인 스테인리스강은 부식에 강하고 단단한 성질이 있어 조리기구를 만들 때 많이 사용되곤 한다. 또, 철보다 산화되기 쉬운 금속을 부착하면 철보다 먼저 산화되어 철의 부식을 방지할 수 있는데, 철에 부착된 금속이 산화되면서 내놓은 전자가 철로 이동하여 철이 산화되는 것을 방지하게 된다. 마그네슘을 철제 기름 탱크에 연결하거나, 아연을 철제 선박에 부착하는 것을 예로 들 수 있다.

[나] 자동차가 녹스는 것은 미관상의 문제뿐 아니라 안전에도 큰 문제가 될 수 있기 때문에 자동차 회사들은 전기 아연 도금 강판을 차체를 제작하는 데 사용하고 있다. 기존의 자동차는 페인트칠이 벗겨지면 철이 공기 중에 노출되어 부식되었지만, 아연으로 도금한 강판은 페인트칠이 벗겨지거나 아연 도금이 손상되어 철이 노출되더라도 철의 부식이 방지되어 강도를 유지할 수 있다.

┌ 보기 ┐
㉠ 아연 도금 강판은 철보다 아연이 먼저 산화되어 철의 부식을 방지할 수 있기 때문에 사용하는 것이다.
㉡ 아연 도금 강판은 공기 차단에 효과적이기 때문에 사용하는 것이다.
㉢ 아연 도금 강판은 쉽게 손상되지 않아 철을 보호하는 데 효과적이기 때문에 사용하는 것이다.
㉣ 관련된 화학식은 $Zn \rightarrow Zn^{2+} + 2e^-$ 이다.
㉤ 관련된 화학식은 $Zn^{2+} + 2e^- \rightarrow Zn$ 이다.

① ㉠, ㉣   ② ㉠, ㉤   ③ ㉡, ㉣
④ ㉡, ㉤   ⑤ ㉢, ㉣

**13** 다음은 흐름관을 흐르는 이상 유체에 대한 자료이다. 이에 대한 설명으로 옳지 <u>않은</u> 것을 고르면?

> 이상 유체는 과학자들이 유체의 운동을 분석하기 위해 가정한 것으로, 이상 유체는 비압축성이어서 밀도가 균일하고 일정한 값을 갖고, 점성이 없어서 마찰에 의한 에너지 손실이 없으며, 유체 속 한 지점에서 속도가 시간에 따라 변하지 않는 층흐름을 한다. 또한 이상 유체를 이루는 입자들은 맴돌이 흐름을 하지 않는다.
>
> 이러한 비압축성 이상 유체가 아래 [그림]과 같은 흐름관을 통과한다고 할 때, 1초 동안 단면 $A_1$과 $A_2$를 통과한 유체의 부피가 같으므로 다음과 같은 식이 성립한다.
>
> $$A_1 v_1 = A_2 v_2$$
>
> 밀도가 $\rho$인 이상 유체가 위치 1에서 관을 따라 위치 2로 흐른다고 할 때, 유체의 퍼텐셜 에너지와 운동 에너지의 합이 항상 일정하다는 성질을 이용하면, 이상 유체가 규칙적으로 흐르는 경우 다음과 같은 식이 성립한다.(단, $g$는 중력가속도이다.)
>
> $$P_1 + \rho g h_1 + \frac{1}{2}\rho v_1^2 = P_2 + \rho g h_2 + \frac{1}{2}\rho v_2^2 = (일정)$$
>
> [그림] 흐름관을 흐르는 이상 유체
>
>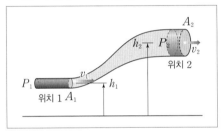
>
> | 구분 | 위치 1 | 위치 2 |
> |------|--------|--------|
> | 압력 | $P_1$ | $P_2$ |
> | 단면적 | $A_1$ | $A_2$ |
> | 속력 | $v_1$ | $v_2$ |
> | 높이 | $h_1$ | $h_2$ |

① 유체의 흐름에서 흐름관의 단면적과 유체의 속력은 반비례한다.

② 유체가 같은 높이를 흐르는 경우 위치 1에서 유체의 속력이 위치 2에서 유체의 속력의 3배이면 압력 차도 3배이다.

③ 유체가 같은 높이를 흐르는 경우 유체의 속력이 빠른 곳일수록 압력이 작다.

④ 유체가 같은 높이를 흐르는 경우 유체가 넓은 통로를 흐를수록 유체의 속력은 증가한다.

⑤ 유체가 흐르지 않고 정지해 있는 경우 유체의 높이에 따라 압력 차가 발생한다.

**14** 총 효율을 80% 이상으로 높이는 고효율 발전이 가능한 연료 전지는 이산화탄소 배출량이 적고 소음도 매우 적어 공해를 줄일 수 있지만, 연료 전지에 사용되는 수소의 보관이 어렵다는 문제점을 가지고 있다. 다음 [그림]은 연료 전지를 이용하여 전기를 얻는 과정을 간략화한 것이다. 주어진 [보기]의 ㉠~㉣ 중 옳지 <u>않은</u> 것을 모두 고르면?

[그림] 연료 전지 원리

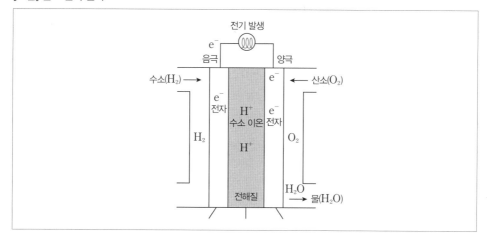

┌ 보기 ┐
㉠ 음극에서 수소가 이온화되며 전자를 얻는다.
㉡ 수소가 내놓은 전자는 전압에 의해 양극에서 음극으로 이동하며, 전류를 흐르게 한다.
㉢ 수소 이온은 중간의 전해질을 통해 음극에서 양극으로 이동한다.
㉣ 양극으로 이동한 수소 이온은 산소와 반응하여 물을 만든다.

① ㉠, ㉡        ② ㉠, ㉢        ③ ㉡, ㉢
④ ㉡, ㉣        ⑤ ㉢, ㉣

**15** 다음 자료에 대한 [보기]의 ㉠~㉢ 중 옳은 것을 모두 고르면?

다음 그림과 같이 달의 크기를 측정하는 방법을 설명할 수 있다. 기본 측정 원리는 '서로 닮은 두 삼각형에서 대응변의 길이의 비는 일정하다'는 것이다. 이를 적용하기 위해서는 그림에서와 같이 물체의 지름($d$)과 눈에서 물체까지의 거리($l$)를 측정해야 하며, 지구에서 달까지의 거리($L$)를 알고 있어야 한다.

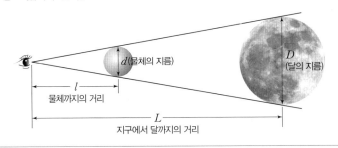

보기
㉠ 물체까지의 거리($l$)가 가까울수록 달의 지름($D$) 계산값의 정확도가 높아진다.
㉡ 물체의 지름이 클수록 눈과 물체와의 거리는 멀어지게 된다.
㉢ 달의 지름($D$)은 ($d \times L \div l$)의 산식으로 계산할 수 있다.

① ㉠                    ② ㉡                    ③ ㉠, ㉢
④ ㉡, ㉢               ⑤ ㉠, ㉡, ㉢

**16** 다음은 세포 호흡과 그 과정에 대한 이론이다. 이 이론을 토대로 실행한 실험의 결과에 대한 [보기]의 ⑦~② 중 옳은 것을 모두 고르면?

우리가 섭취한 음식물의 화학 에너지는 세포 호흡에 의해 생명 활동에 필요한 에너지로 전환된다. 세포 내에서 영양소를 분해하여 생명 활동에 필요한 에너지를 생성하는 과정을 세포 호흡이라고 한다. 세포 호흡은 주로 미토콘드리아에서 일어나며, 일부 과정은 세포질에서 진행된다. 섭취한 음식물에서 분해된 포도당은 다시 세포질을 거쳐 미토콘드리아에서 물과 이산화탄소로 최종 분해되며 이 과정에 산소가 이용되고, 반응 결과 에너지가 방출되는 것이다. 방출된 에너지의 일부는 ATP에 화학에너지 형태로 저장되고, 나머지는 열에너지로 방출된다.

[실험]
• 1단계: 3개의 발효관 A, B, C에 다음과 같이 용액을 넣는다.

| 발효관 | 용액 |
|---|---|
| A | 10% 포도당 용액 20ml + 증류수 15ml |
| B | 10% 포도당 용액 20ml + 효모액 15ml |
| C | 5% 포도당 용액 20ml + 효모액 15ml |

• 2단계: 맹관부에 기체가 들어가지 않도록 발효관을 세운 후 솜마개로 막는다.

• 3단계: 매분 맹관부에서 발생하는 기체의 부피를 측정한다.

[결과]
• A: 기체가 발생하지 않음
• B: 기체 발생
• C: 기체 발생

보기
⑦ 발효관 A에서 기체가 발생하지 않은 것은 포도당을 분해할 수 있는 효모가 없었기 때문이다.
ⓒ 기체 발생량은 발효관 B보다 포도당 용액의 농도가 낮은 발효관 C에서 더 많을 것이다.
ⓒ 발효관 B, C에서 발생한 기체는 효모가 포도당을 분해하여 발생한 것이며, 발생한 기체는 산소이다.
② 발효관 B, C에서 발생한 기체는 사람의 세포 호흡에서 발생하는 최종 분해 산물 중 하나와도 같다.

① ⑦, ⓒ                    ② ⑦, ②                    ③ ⓒ, ⓒ
④ ⓒ, ②                    ⑤ ⓒ, ②

**17** 다음은 화성의 토양에 생명체가 존재하는지 확인하기 위해 실시한 실험이다. 이에 대한 내용으로 옳은 것을 고르면?

2019 상반기 SKCT 기출 복원

> 동화작용은 작은 분자들을 붙여 큰 분자를 합성하는 반응이다. 즉, 에너지가 흡수되는 흡열 반응으로 저분자 물질인 반응 물질이 고분자 물질인 생성 물질로 합성되는 작용이다. 광합성은 작은 분자인 이산화탄소와 물로 큰 분자인 포도당을 합성하는 것으로 대표적인 동화작용의 현상이다. 식물 세포에서 광합성 결과 만들어진 포도당을 여러 개 결합하여 녹말을 만드는 것은 동화작용에 해당한다. 사람의 근육이나 머리카락이 자라는 것도 여러 분자의 아미노산이 결합하여 단백질을 합성하는 것도 동화작용에 해당한다.
>
> 이화작용은 큰 분자를 작은 분자로 분해하는 반응으로, 동화작용과 반대되는 작용이다. 에너지가 방출되는 발열 반응으로 고분자 물질인 반응 물질이 저분자 물질인 생성 물질로 분해되는 작용이다. 포도당을 물과 이산화탄소로 분해하는 세포 호흡은 이화작용에 해당한다.
>
> 광합성과 같은 동화작용이 일어날 때는 에너지가 흡수되고, 세포 호흡과 같이 이화작용이 일어날 때는 에너지가 방출되는데, 세포는 물질대사를 통해 에너지를 얻고, 세포의 구성 물질이나 생리 작용을 조절하는 데 필요한 물질을 생산하여 생명활동에 사용한다. 그래서 물질대사는 에너지대사라고도 한다.

| 목적 | 방사성 동위 원소 $^{14}C$를 포함한 방사성 기체 $^{14}CO_2$, $^{14}C$를 이용하여 화성 토양에 생명체가 존재하는지, 존재한다면 어떤 물질대사를 하는지 확인하기 위한 실험이다. |
|---|---|
| 가정 | 생명체가 존재한다면 반드시 물질대사를 하게 되므로 $^{14}C$를 포함한 방사성 기체와 에너지가 방출된다. |
| 과정 | 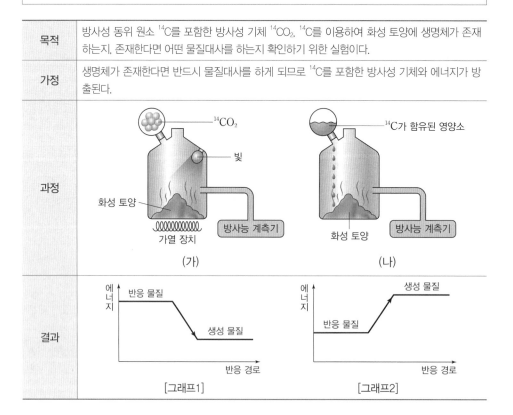 |
| 결과 | |

① (가)는 화성 토양에 호흡을 하는 생명체가 존재하는지 확인하는 실험이다.

② (가)의 실험 결과가 [그래프2]와 같이 나왔다면 화성 토양에는 생명체가 살지 않는다고 볼 수 있다.

③ (나)의 실험 결과가 [그래프1]과 같이 나왔다면 방사능 계측기에 아무 물질도 검출되지 않는다.

④ (가)는 이화작용에 대한 실험이고, (나)는 동화작용에 대한 실험이다.

⑤ [그래프1]은 이화작용, [그래프2]는 동화작용에 대한 그래프이다.

**18** 다음은 CCD와 이를 이용한 디지털카메라의 컬러 영상을 얻는 원리이다. 이에 대한 [보기]의 ㉠~㉣ 중 옳은 것을 모두 고르면?

CCD(Charge-Coupled Device)는 전하 결합 소자로 빛을 전기 신호로 바꾸어 주는 장치 즉, 빛을 전하로 변화시켜 화상을 얻어내는 센서이다. 수백만 개의 집광 장치로 이루어져 있는데 광센서인 광 다이오드가 평면적으로 배열된 형태를 가지고 있다. 각각의 화소를 구성하는 광센서는 주로 규소(Si)가 사용되며 디지털카메라, 광학 스캐너 등에 사용되며 화소수와 크기는 카메라의 가격을 결정하는 가장 큰 요소이다. 이를테면 CCD의 크기가 커질수록 가격이 상승한다.

렌즈를 통과한 일정 세기 이상의 빛이 CCD 내부로 입사하면 광전 효과[1]로 인해 광 다이오드로부터 전류가 흐르게 되는데, 광 다이오드는 특정 파장의 빛이 입사될 때 전류를 흐르게 하는 반도체 소자이다. 이 반도체 소자 내에서 전자와 양공의 쌍이 형성되고, 이때 전자의 수는 입사한 빛의 세기에 비례하며, 전자는 (+)전압이 걸려 있는 첫 번째 전극 아래에 쌓이게 된다. 인접한 두 번째 전극에 같은 크기의 전압을 걸어 주면 전자는 고르게 분포하게 되는데, 이때

**[그림1] 광 다이오드**

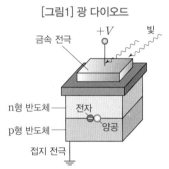

첫 번째 전극의 전압을 제거하면 전자는 두 번째 전극으로 이동하여 모이게 되고, 다시 인접한 세 번째 전극에 같은 크기의 전압을 걸어 주면 전자는 고르게 분포하게 된다.

그런데 CCD는 빛의 세기만 측정하기 때문에 이와 같은 과정으로는 흑백의 영상만을 얻을 수 있다. 따라서 컬러 영상을 얻기 위해서는 서로 교차된 색 필터를 전하 결합 소자 위에 배열해야 한다. 빨간색, 초록색, 파란색 필터 아래에 있는 전하 결합 소자에는 각각 빨간색, 초록색, 파란색 빛의 세기에 비례하는 전자가 전극에 쌓이게 되어 원래의 색상 정보가 입력되는 것이다.

**[그림2] 디지털카메라의 영상 정보 기록 원리 및 컬러 영상을 얻는 원리**

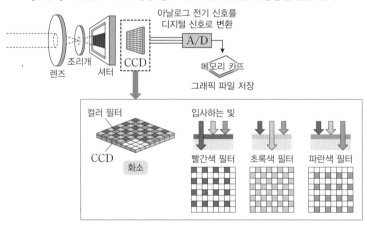

※ 1) 광전 효과: 빛에 의해 금속 표면에서 전자가 방출되는 현상

보기

ㄱ 전자는 n형 반도체 방향으로 흐른다.

ㄴ CCD는 빛 신호를 전기 신호로 변환하고, 이 신호는 아날로그 디지털 변환기를 통해 디지털 신호로 변환되어 메모리 카드에 저장된다.

ㄷ CCD에 입사하는 빛의 파장이 길면 광센서에 발생하는 전자의 개수는 증가한다.

ㄹ 파란색 필터 아래에 있는 CCD로는 빨간색과 초록색, 파란색 빛 모두의 정보가 포함되어 있다.

① ㄱ, ㄴ      ② ㄱ, ㄷ      ③ ㄴ, ㄷ

④ ㄱ, ㄴ, ㄷ      ⑤ ㄱ, ㄴ, ㄹ

**19** 다음 실험에 대한 [보기]의 ㉠~㉤ 중 옳은 것을 모두 고르면?

활성화된 세포 독성 T림프구가 병원체에 감염된 세포를 제거하는 면역 반응을 세포성 면역이라고 한다. 대식 세포가 병원체를 삼킨 후 분해하여 항원을 제시하면 보조 T림프구는 이를 인식하여 활성화하고 세포 독성 T림프구가 활성화되는 것이다.

한편, 형질 세포가 생산하는 항체가 항원과 결합하여 더 효율적으로 항원을 제거할 수 있는 면역 반응을 체액성 면역이라고 한다. 항원의 1차 침입 시 보조 T림프구의 도움을 받은 B림프구는 기억 세포와 형질 세포로 분화되고, 형질 세포는 항체를 생산하여 1차 면역 반응을 한다. 이때 동일 항원이 재침입하면 그 항원에 대한 기억 세포가 빠르게 분화하여 기억 세포와 형질 세포를 만들게 되고, 형질 세포는 항체를 생산하여 2차 면역 반응을 한다.

[실험]
• 실험쥐 $K_1$, $K_2$, $K_3$는 모두 유전적으로 동일하며 병원체 $X$, $Y$에 노출된 적이 없다.
• $X$, $Y$에 대한 항체가 없는 실험쥐 $K_1$, $K_2$, $K_3$는 $X$, $Y$에 노출되면 모두 죽는다.
• $X$, $Y$에 대한 항체가 있는 실험쥐 $K_1$, $K_2$, $K_3$는 $X$, $Y$에 노출되어도 모두 생존한다.
• $X^*$, $Y^*$는 각각 병원체 $X$, $Y$의 병원성을 약화시켜서 만든 것이다.

[실험 Ⅰ]
실험쥐 $K_1$에게 $X^*$를 1차 주입하고, 4주 후 실험쥐 $K_1$에게 동일한 양의 $X^*$를 2차 주입하였다. 이때 실험 기간 동안 실험쥐 $K_1$의 항원 $X^*$, $Y^*$에 대한 혈중 항체 농도는 [figure1]과 같다.

[실험 Ⅱ]
실험쥐 $K_2$에게 $X^*$를 1차 주입하고, 4주 후 실험쥐 $K_2$에게 동일한 양의 $X^*$를 2차 주입하면서 $Y^*$를 1차 주입하였다. 이때 실험 기간 동안 실험쥐 $K_2$의 항원 $X^*$, $Y^*$에 대한 혈중 항체 농도는 [figure2]와 같다.

[실험 Ⅲ]
실험쥐 $K_3$에게 $X^*$, $Y^*$를 1차 주입하고, 4주 후 실험쥐 $K_3$에게 동일한 양의 $X^*$, $Y^*$를 2차 주입하였다. 이때 실험 기간 동안 실험쥐 $K_3$의 항원 $X^*$, $Y^*$에 대한 혈중 항체 농도는 [figure3]과 같다.

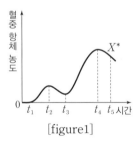

[figure1]

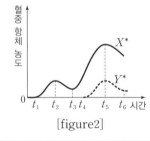

[figure2]

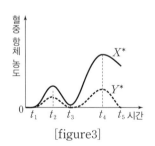

[figure3]

─ 보기 ─

㉠ $t_5$에서 실험쥐 $K_1$, $K_2$, $K_3$에 $Y$를 주입하면 실험쥐 $K_2$만 생존한다.

㉡ 실험쥐 $K_1$, $K_2$, $K_3$에게 $X^*$가 2차로 주입된 것은 모두 $t_2$일 때이다.

㉢ $t_3 \sim t_4$ 동안 실험쥐 $K_1$에게 일어난 반응은 세포성 면역 반응뿐이다.

㉣ $t_5$에서 실험쥐 $K_3$는 항원 $X^*$에 대한 기억 세포는 형성되었고, 항원 $Y^*$에 대한 기억 세포는 형성되지 않았다.

㉤ 실험쥐 $K_1$, $K_2$에게 병원체 $Y$를 주입했을 때, $K_1$만 죽었다면 $Y$가 $K_1$에게는 항원으로 작용한 것이고, $K_2$에게는 항원으로 작용하지 않은 것이다.

① ㉠, ㉡            ② ㉠, ㉢            ③ ㉠, ㉣

④ ㉠, ㉤            ⑤ ㉣, ㉤

**20** 다음 내용을 바탕으로 실시한 실험과 그 결과이다. 이에 대한 [보기]의 ㉠~㉣ 중 옳은 것을 모두 고르면?

> 정반응은 반응물이 생성물로 되는 반응이고, 역반응은 정반응의 생성물이 다시 반응물로 되는 반응으로, 정반응과 역반응은 서로 반대 방향으로 진행한다. 이때 가역 반응이란 농도, 압력, 온도 등의 반응 조건에 따라 정반응과 역반응이 모두 일어날 수 있는 반응이고, 비가역 반응은 한 쪽 방향으로만 진행되는 반응으로 역반응이 정반응에 비해 거의 일어나지 않는 반응이다.
>
> 가역 반응에서 외관상 반응물과 생성물의 농도가 변하지 않아 반응이 정지 또는 종료된 것으로 보일 수 있으나 실제로는 반응물이 생성물로 전환되는 속도와 생성물이 반응물로 전환되는 속도가 같아서 그렇게 보이는 것이다. 이러한 경우를 반응이 평형에 도달했다고 하며, 평형 상태는 정지된 상태가 아니라 정반응과 역반응의 속도가 같은 상태인데 이것을 동적 평형이라고 한다.
>
> 상평형은 '증발과 응축'과 같이 1가지 물질이 2가지 이상의 상태로 공존할 때 서로 상태가 변하는 속도가 같아 겉보기에는 상태 변화가 일어나지 않는 것처럼 보이는 동적 평형 상태이다. 즉, 일정한 온도에서 밀폐된 용기에 들어 있는 증발하는 중인 액체의 증발 속도와 증기가 다시 액체가 되려는 응축 속도가 같아서 변화가 없어 보이는 상태가 동적 평형 상태이다.

[실험]

밀폐된 진공 용기에 물질 $X(l)$를 넣은 후 온도를 일정하게 유지하며 시간에 따른 X의 응축 속도, 증발 속도와 농도를 조사한다.

$$※ (농도) = \frac{(X(g)의 \ 양)(mol)}{(X(l)의 \ 양)(mol)}$$

[결과]

- 시간에 따른 응축 속도와 증발 속도는 다음 [그래프1]과 같다. 단, (A)와 (B)는 순서와 상관없이 응축 속도 또는 증발 속도를 나타낸다.

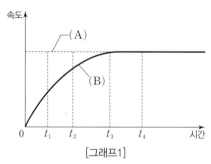

[그래프1]

- 시간 $t_1$, $t_2$, $t_3$에서 $X(l)$의 양(mol)에 대한 $X(g)$의 양(mol)은 다음 [그래프2]와 같다.

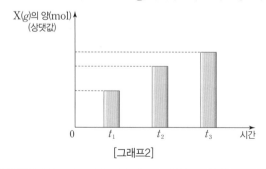

[그래프2]

ㄱ $t_1$과 $t_2$에서는 정반응과 역반응이 모두 일어나는 중으로 $t_1$과 $t_2$에서의 응축 속도는 각각의 증발 속도보다 빠르다.

ㄴ $t_2$에서 농도가 1이면 $t_3$에서의 X(g)의 양(mol)은 1보다 크다.

ㄷ $t_3$에서는 응축 속도와 증발 속도가 같으므로 동적 평형 상태이며, 더 이상의 반응물이 생성되지는 않는다.

ㄹ $t_4$에서는 역반응이 일어나지 않는 비가역 반응 중으로, X(g)의 양(mol)은 $t_3$의 X(g)의 양(mol)보다 크다.

① ㄴ       ② ㄷ       ③ ㄱ, ㄴ

④ ㄴ, ㄹ      ⑤ ㄷ, ㄹ

**01** 다음 [조건]을 바탕으로 할 때, [추론]에 대한 설명으로 옳은 것을 고르면?

조건
- IT 장비를 취급하는 N사에는 1~5층까지 각 층에 사업부가 1개씩 위치하고 있다.
- 모니터팀은 PC팀과 연이은 층에 있지 않다.
- 노트북팀은 태블릿팀과 연이은 층에 있지 않다.
- 복합기팀은 태블릿팀과 연이은 층에 있지 않다.
- 복합기팀은 1층에 위치하며 노트북팀은 2층에 위치하지 않는다.

추론
태블릿팀은 PC팀보다 높은 층에 위치하고 있다.

① 항상 그렇다.
② 항상 그렇지 않다.
③ 주어진 조건으로는 알 수 없다.
④ 항상은 아니지만 옳지 않을 가능성이 높다.
⑤ 항상은 아니지만 옳을 가능성이 높다.

**02** 다음 [조건]을 바탕으로 할 때, [추론]에 대한 설명으로 옳은 것을 고르면?

조건
- A사가 개발한 소프트웨어의 보안을 해제하기 위해서는 1~9까지의 숫자 중 네 자리의 비밀번호를 입력해야 한다.
- 비밀번호는 동일한 숫자가 반복되지 않으며, 네 자리 수의 합은 20을 넘지 않는다.
- 3개의 짝수와 1개의 홀수로 구성된 비밀번호의 가장 큰 짝수는 8이다.
- 비밀번호는 낮은 수부터 오름차순으로 구성되어 있으며 첫 번째 숫자는 짝수이다.

추론
보안 해제가 가능한 비밀번호에는 숫자 3과 4가 모두 사용된다.

① 항상 그렇다.
② 항상 그렇지 않다.
③ 주어진 조건으로는 알 수 없다.
④ 항상은 아니지만 옳지 않을 가능성이 높다.
⑤ 항상은 아니지만 옳을 가능성이 높다.

**03** 다음 글을 참고할 때, 밑줄 친 결론이 도출되기 위하여 필요한 전제로 옳은 것을 고르면?

> 많은 범죄 예방 프로그램은 구체적인 목적을 가지고 지역, 범죄유형, 시간대 등 특정한 대상에 한정하여 시행되며, 그 대상의 범죄 감소를 목표로 한다. 하지만 범죄 예방 프로그램들은 의도한 효과와 더불어 의도하지 않은 결과를 초래하기도 한다. 예를 들어, 어떤 지역에 적용된 범죄 예방 프로그램으로 인해 다른 지역의 범죄가 증가하기도 한다. 야간 주거침입 절도를 줄이기 위한 프로그램이 시행됨에 따라 낮 시간의 주거침입 절도가 증가하기도 하며, 침입경보기를 설치하는 주택이 늘어나면 이를 설치하지 않은 주택의 범죄피해가 증가하기도 한다. 이처럼 특정 범죄 예방 프로그램의 시행은 다른 지역이나 다른 표적, 혹은 다른 시간에 의도하지 않게 범죄의 증가를 가져오기도 한다. 따라서 전체적인 수준에서의 범죄율의 변화는 나타나지 않을 것이다.

① 범죄자는 범죄 예방 프로그램에 매우 민감한 반응을 나타낼 수밖에 없다.
② 범죄자는 시간대나 장소 등 과거에 저지른 범죄의 환경이 나타나면 동일한 범죄의 충동을 느낄 확률이 매우 높다.
③ 범죄자의 범행이 좌절되거나 막히게 되면, 다른 범죄가 등장하여 이전의 범죄 빈도를 따르게 된다.
④ 범죄 예방 프로그램이 반복적이고 지속적으로 적용되어야만 범죄율에 유의미한 변화가 생길 수 있다.
⑤ 범죄 예방 프로그램이 적용되기 전과 후의 범죄는 대부분 동일한 범죄자의 소행이다.

PART 4
직무모의고사

M
P
C
R
SW

**04** C사는 항공기 정비 전문업체이다. 이번 주 월~토요일까지 C사에서 정비한 항공기가 다음 [조건]과 같을 때, 월요일에 정비한 항공기의 수량이 될 수 있는 수를 모두 합한 값을 고르면? (단, 1대도 정비하지 않는 날은 없다.)

조건
- 화요일에 정비한 항공기는 금요일에 정비한 수량의 절반이다.
- C사의 하루 최대 정비 가능한 항공기 수는 9대이고, 이번 주에는 요일별로 정비한 항공기의 수량이 모두 달랐다.
- 목요일부터 토요일까지 정비한 항공기는 모두 15대이다.
- 수요일에는 9대의 항공기를 정비하였고, 목요일에는 이보다 1대가 적은 항공기를 정비하였다.
- 월요일과 토요일에 정비한 항공기를 합하면 10대가 넘는다.

① 10  ② 11  ③ 12
④ 13  ⑤ 14

다음 2진수의 뺄셈 연산의 결괏값을 고르면?(단, 수의 표현은 2의 보수이다.)

2020 상반기 SKCT 기출 복원

| |
|---|
| 011011－11101 |

① 001101　　　　　② 011110　　　　　③ 100011
④ 110011　　　　　⑤ 111110

06 다음은 행렬의 곱에 대한 알고리즘이다. 빈칸 (A)에 들어갈 내용과 S의 모든 값을 더한 결괏값으로 가장 적절한 것을 고르면?(단, A행렬－A[4][3]과 B행렬－B[3][4]이다.) 2020 상반기 SKCT 기출 복원

```
int A[4][3]={{1, 0, 1},{0, 1, 0},{1, 1, 1}, {0, 0, 0}};
int B[3][4]={{1, 1, 1, 1},{1, 1, 0, 0},{0, 0, 1, 1}};
int S[4][4];

int i, j, k, sum;
    for(i=0; i<4; i++){
        for(j=0; j<4; j++){
            sum=0;
            for(k=0; k<3; k++){
                sum+=(          (A)              )
            }
            S[i][j]=sum;
        }
    }
```

① A[i][i]*B[i][j], 12　　② A[i][j]*B[j][j], 13　　③ A[i][k]*B[j][k], 14
④ A[k][i]*B[k][j], 15　　⑤ A[i][k]*B[k][j], 16

**07** 다음과 같이 C로 구현된 프로그램이 있다. 이 프로그램을 분석하여 출력되는 값을 고르면?

```c
#include <stdio.h>
int main( ) {
    char text[8] = "sayhello";
    for ( int i=8; i>0 ; i−− ) {
        if ( i>5 )
            printf("%c", text[8−i]);
        else
            printf("%c", text[i+2]);
    }
    return 0;
}
```

① sayhello
② ollehyas
③ yashello
④ sayolleh
⑤ yasolleh

**08** 다음 [그래프]는 2019년 1월부터 2021년 2월까지의 IT분야 월별 수출액에 대한 자료이다. 이에 대한 설명으로 옳지 <u>않은</u> 것을 고르면?

[그래프] IT분야 월별 수출액 현황 (단위: 백만 달러)

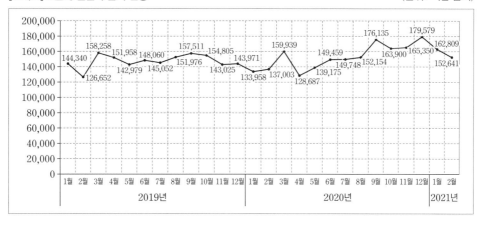

① IT분야 수출액이 가장 높을 때는 2020년 12월이다.
② IT분야 수출액이 전월 대비 상승한 달은 14개월이다.
③ 2020년 1~12월 중 IT분야 수출액이 전년 동월 대비 감소한 달은 4개월이다.
④ IT분야 전월 대비 수출액 증가율이 가장 클 때는 2019년 3월이다.
⑤ IT분야 수출액이 전월 대비 가장 큰 폭으로 하락한 때는 2020년 4월이다.

**09** 다음의 논리 게이트는 [자료]와 같은 원리를 가진다. 아래 그림의 논리 게이트 X, Y, Z의 입력 값이 각각 000, 010, 110일 때, A의 출력값을 고르면?

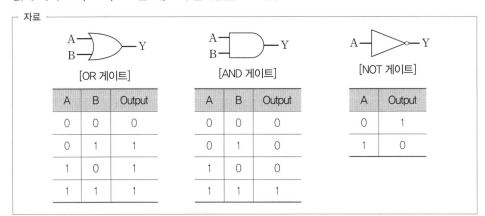

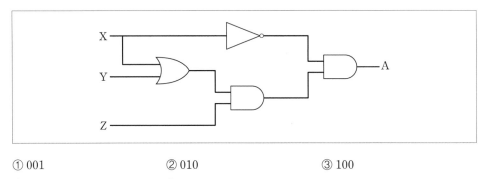

① 001            ② 010            ③ 100

④ 101            ⑤ 111

10 다음과 같이 C로 구현된 프로그램이 있다. 이 프로그램을 분석하여 출력되는 값을 고르면?

```
1  #include <stdio.h>
2
3  int main( ) {
4      int i, j;
5      int count=0;
6
7      for(i=5; i>j; i--) {
8          for(j=0; j<2; j++) {
9              printf("*%d", count);
10         }
11         printf("\n");
12         count += 1;
13     }
14
15     return 0;
16 }
```

① * *
   * *
   * *

② * * 0
   * * 1
   * * 2

③ * 0 0 *
   * 1 1 *
   * 2 2 *

④ 0 * *
   1 * *
   2 * *

⑤ * 0 * 0
   * 1 * 1
   * 2 * 2

**11** 다음은 트리를 순회하는 방법을 설명한 자료이다. 어떤 트리가 [보기]와 같은 후위 순회와 중위 순회를 한다고 할 때, 전위 순회하는 경우에 여섯 번째로 방문하는 노드 값을 고르면?

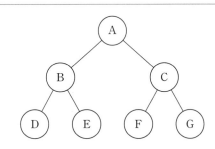

- 전위 순회: 노드 방문 → 왼쪽 서브 트리 방문 → 오른쪽 서브 트리 방문
  (A → B → D → E → C → F → G)
- 중위 순회: 왼쪽 서브 트리 방문 → 노드 방문 → 오른쪽 서브 트리 방문
  (D → B → E → A → F → C → G)
- 후위 순회: 왼쪽 서브 트리 방문 → 오른쪽 서브 트리 방문 → 노드 방문
  (D → E → B → F → G → C → A)

┌ 보기 ─────────────────────────────
- 후위 순회: E-F-C-G-H-D-B-A
- 중위 순회: E-C-F-B-G-D-H-A
└──────────────────────────────────

① D                      ② E                      ③ F
④ G                      ⑤ H

**12** 다음은 1+2+4+8+16+32+⋯+1,024의 합을 구하는 순서도이다. 원하는 값이 나오도록 빈칸 (ㄱ)과 (ㄴ)을 알맞게 채운 것을 고르면?

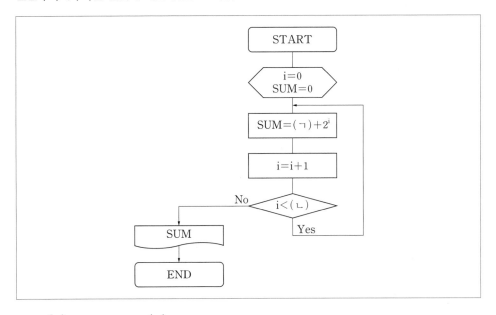

|   | (ㄱ) | (ㄴ) |
|---|------|------|
| ① | i | 2 |
| ② | i | 10 |
| ③ | SUM | 2 |
| ④ | SUM | 10 |
| ⑤ | SUM | 11 |

**13** 다음은 버블 정렬(Bubble Sort) 알고리즘에 대한 설명이다. [보기]의 수를 버블 정렬 알고리즘을 적용하여 오름차순으로 정렬할 때, 세 번째 패스(Pass)까지 실행한 결과로 옳은 것을 고르면?

버블 정렬(Bubble Sort)은 서로 이웃한 데이터들을 비교하면서 큰 데이터를 뒤로 보내며 정렬하는 방식을 말한다. 요소들이 교체 이동할 때 거품이 수면 위로 올라오는 것과 같이 보인다고 해서 버블 정렬이라고 불린다.

(5 7 1 4 2)

위와 같은 정렬되지 않은 데이터가 있을 때, 각 패스에서는 다음과 같이 정렬된다.

| 첫 번째 패스 | 두 번째 패스 | 세 번째 패스 |
|---|---|---|
| (5 7 1 4 2) → (5 7 1 4 2)<br>(5 7 1 4 2) → (5 1 7 4 2)<br>(5 1 7 4 2) → (5 1 4 7 2)<br>(5 1 4 7 2) → (5 1 4 2 7) | (5 1 4 2 7) → (1 5 4 2 7)<br>(1 5 4 2 7) → (1 4 5 2 7)<br>(1 4 5 2 7) → (1 4 2 5 7) | (1 4 2 5 7) → (1 4 2 5 7)<br>(1 4 2 5 7) → (1 2 4 5 7) |

┌ 보기 ┐

5, 2, 3, 8, 1

① 2, 1, 3, 5, 8       ② 1, 2, 3, 5, 8       ③ 2, 3, 1, 5, 8
④ 2, 3, 5, 1, 8       ⑤ 5, 8, 2, 3, 1

**14** B기관은 다음 그림과 같은 과정별 예상기간에 따라 프로젝트를 진행하고자 한다. [과정1]이 종료된 직후에 추가적인 재원으로 3억 원을 확보하였다면, 이를 모두 프로젝트의 기간 단축을 위해 투입하는 경우 최대한 몇 주를 단축할 수 있는지 고르면?(단, 모든 과정은 화살표의 순서대로 선행 과정을 끝내야만 다음 과정을 진행할 수 있고, 서로 다른 과정은 동시에 진행될 수 있다.)

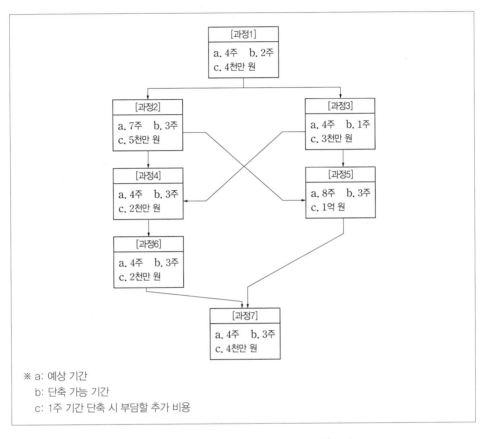

① 3주      ② 6주      ③ 9주
④ 12주      ⑤ 15주

**15** 다음 [표]는 2017~2020년 사물인터넷 서비스의 활용 분야별 매출액에 관한 자료이다. 이에 대한 [보기]의 ㉠~㉣ 중 옳은 것을 모두 고르면?

[표] 2017~2020년 사물인터넷 서비스의 활용 분야별 매출액 현황

(단위: 백만 원)

| 활용 분야별 | 2017년 | 2018년 | 2019년 | 2020년 |
|---|---|---|---|---|
| 합계 | 1,582,510 | 2,495,702 | 3,487,327 | 3,709,158 |
| 헬스케어/의료/복지 | 79,053 | 73,229 | 81,061 | 81,327 |
| 에너지/검침 | 86,576 | 115,113 | 85,296 | 83,577 |
| 제조 | 411,687 | 554,674 | 521,739 | 608,277 |
| 스마트홈 | 122,478 | 119,431 | 128,068 | 138,177 |
| 금융 | 107,136 | 106,543 | 231,659 | 254,385 |
| 교육 | 101,514 | 150,479 | 256,919 | 258,914 |
| 국방 | 4,738 | 6,192 | 264,584 | 260,844 |
| 농림축산/수산 | 14,425 | 15,321 | 23,863 | 20,064 |
| 자동차/교통/항공/우주/조선 | 215,166 | 306,528 | 765,701 | 787,995 |
| 관광/스포츠 | 12,835 | 14,278 | 20,162 | 20,672 |
| 소매/물류 | 129,699 | 100,102 | 81,078 | 76,631 |
| 건설·시설물관리/안전/환경 | 297,203 | 933,814 | 1,027,197 | 1,118,295 |

┌ 보기 ─────────────────────────────────
㉠ 2018년부터 자동차/교통/항공/우주/조선 항목과 건설·시설물관리/안전/환경 항목의 비중은 전체 매출액의 과반수이다.
㉡ 2019년 기준으로 전년 대비 매출액이 감소한 항목은 3개이다.
㉢ 전년 대비 2018년 헬스케어/의료/복지 관련 매출액 증감률은 2019년보다 더 작다.
㉣ 전년 대비 전체 매출액이 가장 많이 증가한 연도에서 금융과 교육 분야의 매출액 증가분의 합은 국방 분야의 매출액 증가분에 미치지 못한다.
└──────────────────────────────────────

① ㉠, ㉡          ② ㉠, ㉢          ③ ㉢, ㉣
④ ㉠, ㉡, ㉣      ⑤ ㉡, ㉢, ㉣

**16** 다음 [표]는 2020년 동영상서비스 이용률 및 하루 1회 이상 동영상서비스를 이용하는 인원수의 비율을 나타낸 자료이고, [그래프]는 2019~2020년 동영상서비스를 검색서비스로 이용하는 이용자의 비율을 연령대별로 나타낸 자료이다. 2020년 조사대상자가 10,000명이라고 할 때, 이에 대한 설명으로 옳지 않은 것을 고르면?

[표] 2020년 동영상서비스 이용률 및 하루 1회 이상 동영상서비스 이용자 비율                (단위: %)

| 동영상서비스 이용률 | | 동영상서비스 이용자 비율 | |
| --- | --- | --- | --- |
| 이용 | 이용 안 함 | 하루 1회 이상 | 하루 1회 미만 |
| 93 | 7 | 76 | 24 |

[그래프] 동영상서비스를 검색서비스로 이용하는 이용자의 연령별 비율

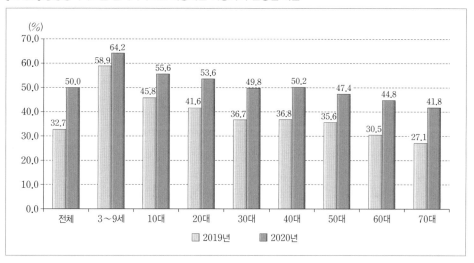

① 동영상서비스를 이용하는 사람은 9,300명, 이용하지 않는 사람은 700명이다.
② 하루 1회 이상 동영상서비스를 이용하는 사람은 7,068명이다.
③ 2019년 대비 2020년 동영상서비스를 검색서비스로 이용하는 인원수가 가장 크게 증가한 연령대는 70대이다.
④ 2020년 동영상서비스 이용자 중에서 동영상서비스를 검색서비스로 이용하는 사람은 4,650명이다.
⑤ 2020년 동영상서비스를 검색서비스로 이용하는 20대 이용자의 비율은 2019년 대비 12%p 증가하였다.

**17** 다음은 논리 게이트의 논리식을 설명하는 내용이다. 다음 [보기]의 논리식을 간략화한 논리 게이트로 옳은 것을 고르면?

| | |
|---|---|
| A─┐<br>B─┘⊐─Y<br>[AND 게이트] | $Y=AB$ |
| A─┐<br>B─┘⊐─Y<br>[OR 게이트] | $Y=A+B$ |
| A─┐<br>B─┘⊐○─Y<br>[NAND 게이트] | $Y=\overline{AB}$ |
| A─┐<br>B─┘⊐○─Y<br>[NOR 게이트] | $Y=\overline{A}+\overline{B}$ |
| A─┐<br>B─┘⊐○─Y<br>[XNOR 게이트] | $Y=\overline{AB}+AB$ |

※ 논리식은 교환, 결합, 분배법칙에 따름
※ XX＝X, X$\overline{X}$＝0, $\overline{X}$＋X＝1, X＋X＝X

┌ 보기 ─────────────────────────────────
$$(A+B)(A+\overline{B})(\overline{A}+B)$$
└───────────────────────────────────────

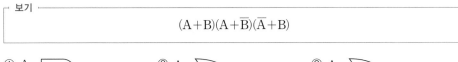

① A─┐<br>B─┘⊐○─Y      ② A─┐<br>B─┘⊐○─Y     ③ A─┐<br>B─┘⊐─Y

④ A─┐<br>B─┘⊐○─Y     ⑤ A─┐<br>B─┘⊐─Y

**18** 다음과 같이 C로 구현된 프로그램이 있다. 이 프로그램을 분석하여 출력되는 값을 고르면?

```c
#include <stdio.h>

int main( ) {

    char star = '*';

    for( int i=0; i < 10; i++ ) {
        for( int j=i; j < 10; j++ ) {
            printf("%c", star);
        }
        printf("\n");
    }

    return 0;

}
```

① * * * * * * * * * *
  * * * * * * * * *
  * * * * * * * *
  * * * * * * *
  * * * * * *
  * * * * *
  * * * *
  * * *
  * *
  *

② * * * * * * * * * *
  * * * * * * * * * *
  * * * * * * * * * *
  * * * * * * * * * *
  * * * * * * * * * *
  * * * * * * * * * *
  * * * * * * * * * *
  * * * * * * * * * *
  * * * * * * * * * *
  * * * * * * * * * *

③ *
  * *
  * * *
  * * * *
  * * * * *
  * * * * * *
  * * * * * * *
  * * * * * * * *
  * * * * * * * * *

④ * * * * * * * * *
  * * * * * * * *
  * * * * * * *
  * * * * * *
  * * * * *
  * * * *
  * * *
  * *
  *

⑤ * *
  * * *
  * * * *
  * * * * *
  * * * * * *
  * * * * *
  * * * *
  * * *
  * *

**19** 다음 순서도를 통해 출력되는 것을 고르면?

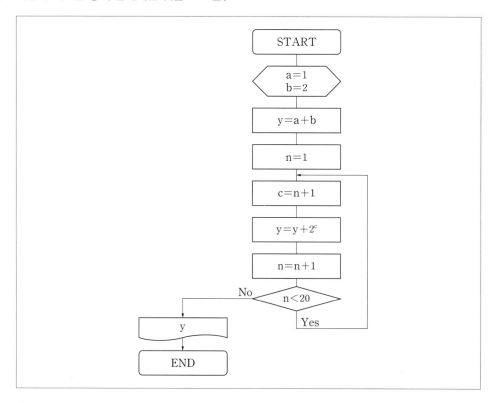

① $1+2+3+4+\cdots$

② $1+3+5+7+\cdots$

③ $1+2+4+8+16+\cdots$

④ $1+1*2+2*3+3*4+\cdots$

⑤ $1*2*3*4*5*\cdots$

**20** 다음은 이진트리와 이진트리를 순회하는 함수이다. 이를 실행시켰을 때, 6번째로 출력되는 값을 고르면?

order 함수는 전위 순회 함수로, '① 노드 방문 → ② 왼쪽 서브 트리를 전위 순회 → ③ 오른쪽 서브 트리를 전위 순회'와 같은 방법으로 진행한다.

[이진트리]

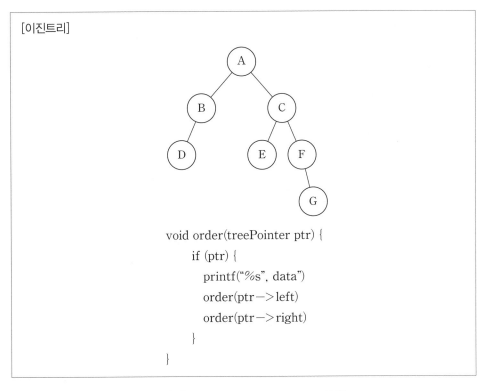

```
void order(treePointer ptr) {
    if (ptr) {
        printf("%s", data")
        order(ptr->left)
        order(ptr->right)
    }
}
```

① C                 ② D                 ③ E
④ F                 ⑤ G

인생은 곱셈이다.

어떤 찬스가 와도 내가 제로면
아무런 의미가 없다.

– 나카무라 미츠루

# 5

## 실전동형
## 모의고사

| 영역 | 문항(개) | 시간(분) |
|---|---|---|
| 실행역량(검사A) | 30 | 20 |
| 인지역량-수리(검사B) | 20 | 30 |
| 인지역량-언어(검사C) | 20 | 20 |
| 인지역량-직무(검사D) | 20 | 25 |
| 심층역량(검사E) | 360 | 50 |

실행역량(검사A)은 주어진 구체적인 상황에서 어떤 문제가 발생하였는지 우선 파악한 후 물어보는 해당 직급에서 할 수 있는 최선의 선택지를 골라내는 것이 중요합니다. 극단적인 선택지는 가급적 피하도록 하며, 주어진 시간 내에 모두 풀어야 합니다.

인지역량-수리(검사B)는 크게 응용수리와 자료해석 유형으로 구분되며, 응용수리 문제의 비중이 자료해석 문제의 비중에 비해 높습니다.

인지역량-언어(검사C)는 다양하면서 생소한 주제의 지문이 출제됩니다. 추론, 반응과 비판, 문장 삽입, 사례 선택, 일치·불일치, 주제 찾기 등의 유형이 출제되며, 문제 유형의 대부분이 추론 유형으로 비중이 매우 높습니다.

인지역량-직무(검사D)는 지원 직무에 따른 5개 타입(경영, 생산, 건설, 연구개발, 소프트웨어)으로 구분되어 직무역량 문항이 각각 다르게 출제됩니다.

심층역량(검사E)은 본인과 얼마나 가까운지를 정도에 따라 체크하며, 솔직하게 응답해야 합니다.

※ '정답과 해설' 뒤에 있는 OMR 카드를 활용하여 직접 마킹하면서 풀어보도록 합니다.

# 실행역량(검사A)

---

※ 실행역량은 기업의 내부 기준에 따라 결과가 평가되어 본 수험서에서는 정답과 해설을 제공하지 않습니다.

**[01~30]** 다음 질문을 읽고 가장 바람직하다고 느껴지는 것을 고르시오.

**01**

김 대리는 의류를 생산하여 수출하는 S사 영업팀에 근무한다. S사가 취급하는 의류는 고가의 동절기 의류이며, 고도의 봉제 기술을 요구하는 제품이라 국내에서 생산하고 있다. 국내 협력업체인 K사는 S사의 주 파트너로, 다년간 S사로부터 물량을 수주받아 하청 생산을 하고 있다.

여느 때처럼 출고일자에 맞춰 S사 물류팀에서 신청한 컨테이너가 K사의 야적장에 도착했으며, 완성품 상차를 기다리는 중에 K사 담당자는 포장을 앞둔 제품의 마지막 검품 단계에서 라벨이 부착되어 있지 않은 것을 발견하였다. 컨테이너가 도착하여 상차를 대기하는 상황이지만, 비닐 포장에서 제품을 다시 꺼내 라벨을 부착하려면 작업 인원이 매우 필요할 뿐 아니라 오후 늦은 시간이라 K사 직원들은 대부분 퇴근하였으며, 갑자기 외부에서 작업 인원을 충원할 방법도 없는 상황이다. 담당자는 어떻게 대응할지 고민하며 영업 담당자인 김 대리에게 전화를 걸어 상황을 설명하였다. 당신이 김 대리의 입장이라면 어떻게 할 것인가?

① 바이어에 상황을 설명하고 상차 및 출항 일정을 모두 연기한다.
② 필요한 시간을 줄이기 위하여 비닐 포장 겉에라도 라벨을 부착하여 출고한다.
③ 라벨을 부착하지 않은 채로 상차를 하고, 그러한 사실을 바이어에게 미리 고지한다.
④ 검품 책임자와 생산부장에게 연락하여 책임을 지고 해결책을 강구할 것을 요청한다.
⑤ 컨테이너 입고 시간을 확인하고, S사 영업팀 직원들과 재빨리 K사로 가서 직접 라벨 작업을 돕는다.

**02**

K는 이번에 진행된 입찰에 응한 업체 서류 정리를 마저 끝내기 위해 남아서 업무를 보고 있다. 함께 남은 P는 둘만 남은 상황에서 중요한 얘기를 해준다며 30분 후 응찰 업체 중 한 곳에서 담당자가 올 예정인데, 식사 차원에서 용돈을 좀 주려는 모양이라며 운을 띄었다. 뒷일이 걱정된 K가 이에 난색을 표하자, P는 둘 뿐인데 절대 알려질 일 없으며 많은 돈도 아니니 가볍게 식사하는 자리라 생각하면서 담당자가 오면 융통성 있게 행동하라고 훈계하였다. 당신이 K라면 어떻게 할 것인가?

① 다른 직원이 모두 퇴근한 것이 맞는지를 확인한다.
② 업체 담당자로부터 받아도 될 정도의 금액을 설정해 둔다.
③ 회사 윤리위원회에 고발 조치할 것임을 경고하며 강하게 화를 낸다.
④ 즉시 팀장에게 전화하여 상황을 알리고 부정행위를 사전에 차단한다.
⑤ 부당한 일에 동조할 수 없음을 밝히고 담당자를 만나지 말라고 설득한다.

**03**

Q가 근무하는 부서의 팀장은 A이다. 연말이 되어 실무자 인사이동 발표가 났는데, A 대신 T가 새로운 Q의 팀장으로 발령받아 오게 되었다. T는 이전 팀장의 업무 결재 방식과 회의 구성을 전면적으로 바꾸어 업무 시간의 효율성을 높이고자 한다. 그러나 Q 입장에서는 다소 자유로운 의견 개진이 쉬운 T의 업무 방식이 좋긴 하지만, T가 업무 진행 도중에 계획을 자주 바꾼 탓에 효율면에서는 A와 별다른 차이가 없어 보인다. 당신이 Q라면 어떻게 할 것인가?

① 나만의 획기적인 업무 방식을 개발하여 팀장에게 추천한다.
② 팀장이 시키는 것이니 그대로 받아들이고 새로운 업무 방식에 적응한다.
③ 팀장보다 높은 직급의 상사에게 효율적인 면에서 별 차이가 없음을 보고한다.
④ A에게 요새 새로운 업무 방식으로 맞춰서 일하기 힘들다고 어려움을 토로한다.
⑤ 팀장에게 이전의 팀장과 업무 진행 결과 면에서 별 차이가 없음을 솔직하게 보고하고 다른 효율적인 업무 방식을 찾기를 건의한다.

**04**

A는 의류매장 직원으로 K백화점에 입사하였다. 집안 형편이 어려운 A는 자신이 매장에서 판매하고 있는 값비싼 종류의 의류를 사 본 적도, 입어 본 적도 없었다. 뿐만 아니라 평소 의류를 구매하는 데 많은 돈을 소비하는 사람들을 이해하지 못했으며, 그런 돈으로 경제적으로 어려운 사람들을 위해 사용하는 것이 사회적으로 훨씬 가치 있는 일이라고 생각해 왔다. 하지만 값비싼 의류매장에 판매 직원으로 입사한 A는 고객들에게 제품을 홍보하고 구매를 독려해야 하는 상황에 처하게 되었고, 어떻게든 많은 제품을 판매하여 회사의 매출 목표 달성을 위해 기여해야 한다. 당신이 A라면 어떻게 할 것인가?

① 제품 가격이 비싸다는 점을 인정하고 고객들에게 현명한 판단을 기대한다.
② 회사에 이야기하여 판매 업무를 수행하기 어려우니 행정 업무로 바꾸어줄 것을 요청한다.
③ 신념도 지키며 담당 업무도 유지할 수 있도록 다소 소극적인 방법으로 제품 판매에 임한다.
④ 집안 형편이 어렵지만 자신도 어떻게든 K백화점의 의류를 구매하여 목표 달성에 일조한다.
⑤ 업무 중에는 자신의 평소 신념을 접어두고 회사의 목표 달성을 위해 열심히 의류를 판매한다.

**05**

　어느 여름 금요일 퇴근 후, 조 대리는 오랜만에 가족들과 한동안 미루어 왔던 저녁식사를 하기로 해서 지금 하고 있는 에어컨 수리를 집중해서 진행하고 있다. 그런데 갑자기 거래처에서 전화가 와서 받았더니 토요일에 아주 중요한 잔업을 해야 하는데 조 대리의 회사에서 공급한 에어컨이 고장이 났다고 하였다. 거래처에서는 지금 당장 수리가 필요하다고 강력하게 요구하고 있어 매우 난처한 상황에 직면해 있다. 당신이 조 대리라면 어떻게 할 것인가?

① 지금 하던 일을 중단하고 당장 거래처로 달려간다.
② 회사의 정해진 규정에 따라 일 처리를 할 수밖에 없음을 잘 설명한다.
③ 자사의 수리기사 현황을 신속히 파악하여 거래처 출장이 가능한 직원을 찾아낸다.
④ 거래처에게 곧 업무 시간이 마감된다는 점을 친절하게 설명하며 안타까움을 표시한다.
⑤ 현재 수행 중인 일 처리를 마무리하면 늦은 시간이 되어 오늘 거래처를 방문하는 것은 불가능하다는 점을 이해시킨다.

**06**

　경영관리팀에서 근무하는 박 대리는 최근 경영진의 지침에 따라 개발팀의 연구원들을 대상으로 '개발정보 외부유출 방지 및 비밀유지' 서약서를 받아야 한다. 하지만 서약서 제출은 이제까지 없던 관행이라서 연구원 개개인들이 거부감을 느끼게 되었으며, 자신들을 의심하는 눈이 있는 것 아니냐는 의견까지 분출되기에 이르렀다. 특히 개발팀장인 차 부장은 이러한 조치가 반드시 필요한 것은 아닐 것이며, 오히려 연구원들의 사기를 저하시키는 요인으로 작용할 것을 우려하고 있다. 당신이 박 대리라면 어떻게 할 것인가?

① 최종결정권자인 대표이사에게 개발팀을 만날 것을 요청한다.
② 회사보다 개인을 위한 정책임을 강조하고 개발팀장을 설득한다.
③ 개발팀의 특수성을 감안하여 특별히 예외 규정을 만들어 보겠다고 제안한다.
④ 직원들의 반대가 있다면 자율적으로 결정해야 한다고 개발팀장에게 건의한다.
⑤ 회사의 정당한 지침이므로 전체 조직을 위해 따라줄 것을 논리적으로 설득한다.

**07**

　H가 속한 영업 2팀 팀장 K는 팀원들에게 항상 다른 영업팀보다 열심히 일하고 실적 또한 좋아야 함을 강조한다. K는 매달 말에 하는 마감 업무가 종료되면 팀 회의를 열어 저번 달보다 실적이 좋지 못하거나 타부서와 매출을 비교하여 영업 2팀의 실적이 좋지 못하면 팀원들에게 성과를 따지며 화를 내고 무안을 주어 분위기를 험악하게 만든다. 결론적으로 영업 2팀은 연말에 최우수팀으로 선정되어 성과급을 지급받았지만 팀 내 사원들은 중간 직급인 H에게 K에 대한 스트레스를 종종 하소연한다고 한다. 당신이 H이라면 어떻게 할 것인가?

① 스트레스를 하소연한 팀원들이 누구인지 K에게 보고한다.
② 팀원들의 하소연을 들어주되 팀장에 대하여 별다른 조치는 하지 않는다.
③ 결국 K의 업무 방식 덕분에 팀의 성과가 좋았으므로 K를 옹호하며 팀원들을 다독인다.
④ 자신도 똑같이 K 때문에 스트레스를 받는다고 말하며 팀원들과 K의 업무 방식을 비판한다.
⑤ 팀원들을 대표하여 사적인 자리에서 K에게 압박적인 업무 방식을 조금만 자제해달라고 부탁한다.

**08**

O는 본사에서 근무하다 지사로 발령을 받아 지사에 근무하는 U의 업무를 인수인계받았다. 하지만 인수인계 도중 U가 개인 사정으로 급하게 퇴사하였고, O는 제대로 업무 파악을 하지 못한 상태에서 거래처와 업무를 진행하던 중 거래처에서 금전적 손실을 보았다며 연락이 왔다. 전부터 U가 담당하던 일이라 해당 업무 피해가 거래처, O, U 중 누구의 책임인지 파악할 수 없는 상태에서 거래처는 금전적 피해 보상을 요구하고 있다. 당신이 O라면 어떻게 할 것인가?

① 상사에게 해당 피해 상황을 보고하고 조언을 구한다.
② U에게 연락하여 어떻게 해결해야 하는지 조언을 구해서 문제를 수습한다.
③ 해당 피해와 관련된 업무는 인수인계받기 전의 U가 한 일이라며 책임을 회피한다.
④ 결국 해당 업무는 O 자신의 담당이므로 모든 책임을 지고 금전적 피해 보상을 사비로 충당한다.
⑤ 해당 금전적 손실이 O의 지사가 책임져야 하는 일인지 자세히 알아보고 상황을 파악한 후 잘 잘못을 따진다.

**09**

사원 H는 옆 부서 과장 J가 진행하는 신제품 품평회 행사 지원을 요청받았다. 그러나 J가 진행하는 신제품 품평회는 H와 업무적으로도 관련 없을 뿐만 아니라 H는 당장 오늘까지 마감해야 할 담당 업무가 있다. H는 자신이 일정상 행사 지원에 나갈 수 있는 상황이 아님을 자신의 팀장인 O에게 보고했지만, 개인적으로 J와 친분이 있는 O는 J의 업무를 도우라고만 한다. 당신이 H라면 어떻게 할 것인가?

① 자신의 담당 업무와 관련이 없으므로 정중하게 거절한다.
② 비교적 업무 일정이 여유로운 다른 팀원에게 J의 행사 지원을 요청한다.
③ 오늘까지 해야 할 업무를 완료한 후 J에게 품평회 행사 지원을 돕겠다고 말한다.
④ 먼저 상사인 J의 행사를 지원하고 난 후 마감 기한을 경과하여 본인의 일을 마감한다.
⑤ O에게 먼저 J의 업무 지원을 나가되 자신의 업무 마감 기한을 늦출 수 있는지 물어본다.

**10**

Z는 L이 속한 팀을 이끄는 팀장이다. Z는 부하직원들에게 업무를 지시하고 분담할 때 팀원들의 각자 업무적 특성을 고려하지 않을 뿐만 아니라, 대략적인 업무 설명 없이 기한만 제시해 주고 결과를 보고하라고 지시한다. 이 때문에 L을 포함한 팀원들은 업무가 주어질 때마다 업무 파악을 못한 채 진행하여 결과적으로 기한 내에 좋은 성과를 내지 못하고 있다. Z는 성과가 좋지 않을 때마다 팀원들에게 책임을 전가시키며 실력이 없다고 질책한다. 당신이 L이라면 어떻게 할 것인가?

① 팀원들과 따로 회의를 진행하여 같이 의논한 후 일을 진행한다.
② 모르는 부분은 다른 부서의 상사에게 물어보며 업무 파악을 한다.
③ Z가 시킨 일을 하다가 모르는 점이 생기면 그때마다 Z에게 물어본다.
④ 잘 모르는 부분은 주체적으로 업무에 대해 공부하여 스스로 해결한다.
⑤ 회의 시간을 이용하여 Z에게 팀원들의 효율적인 업무 성과를 위해서 대략적인 업무 설명을 해달라고 건의한다.

**11**

　　M사는 얼마 전 신입사원 채용시험을 치르고 합격자를 발표하였다. 그런데 합격자 발표 며칠 후 채용 담당자인 인사팀 H과장에게 불합격한 응시자로부터 한 통의 전화가 걸려왔다. 자신과 함께 시험을 보았던 다른 응시자들과 채점을 한 결과를 납득할 수 없다는 것이 요지였다. 자신은 객관식 문제에서 남들보다 우수한 성적을 거두었고, 주관식 문제에서는 그들과 다른 답안을 제출하였지만 당락을 결정지을 정도는 아니라고 생각되며, 자신의 답안에 대한 채점을 다시 해주거나 주관식 문제의 점수를 별도로 알려달라는 것이었다. 연락처를 건네받고 전화를 끊은 H과장은 회사의 채용시험 규정을 살펴보았으나, 특정 응시자에 대하여 채점을 다시 하거나 부분 점수를 특정인에게 알려주는 것은 규정에 어긋나는 사항인 점을 확인하였다. 당신이 H과장이라면 어떻게 할 것인가?

① 해당 응시자가 재시험을 볼 수 있도록 배려해 준다.
② 퇴근 후 개별적으로 연락을 취하여 대화를 통해 필요한 조치를 취한다.
③ 채점자의 개별 연락처를 알려주어 논란도 피하고 규정도 어기지 않는다.
④ 채점자에게 점수와 불합격의 이유를 문의한 후 이를 알려줘도 된다고 하면 회신해 준다.
⑤ 응시자에게 전화하여 채점 관련 규정을 충분히 설명해주고 알려줄 수 없음을 재차 통보한다.


**12**

　　Y는 자신이 담당하는 주요 거래처 업무를 E에게 맡기고 지방으로 출장을 갔다. 출장을 다녀온 후 회사에 출근하여 E에게 맡겼던 업무를 확인하니 E의 실수로 회사에 큰 손실이 있었음을 확인하게 되었다. 더구나 거래 관련 시정을 할 수 있는 특정 기한이 지나 버려 손실을 되돌릴 수 없게 된 상태라고 할 때, 팀장이 Y에게 손실과 관련하여 누구의 책임인지 묻고 있다. 당신이 Y라면 어떻게 할 것인가?

① 팀장 앞에서 E를 꾸짖고 사석에서 따로 불러 달랜다.
② E의 실수로 인한 손실이므로 업무 책임은 E에게 있다고 보고한다.
③ 회사에 큰 손실을 입혔으므로 사직서를 제출하여 맡은 바 책임을 진다.
④ E가 저지른 실수이지만 업무 담당자는 Y 자신이므로 자기 책임이라고 말한다.
⑤ 누구의 책임이기보다는 출장 때문에 어쩔 수 없이 일어난 일이라고 팀장에게 변명한다.

**13**

새로 경영개발팀에 발령받은 신입사원 P는 업무를 파악할 겸 거래처와의 계약 건이 있는 영업팀 과장 K의 외근에 동행하였다. K와 거래처 계약 담당자와의 대화를 듣던 중 P는 K가 거래처에서 뇌물을 받고 회사에 불리한 조건으로 계약을 체결하려는 사실을 알게 되었다. 거래처와의 업무를 마친 후 본사로 돌아오는 길에 P는 K에게 아까 일에 대해서 물어봤지만, K는 이미 다른 영업팀 직원들도 암암리에 늘 해 온 것이라며 일을 크게 만들지 말자고 P를 설득하였다. 당신이 P라면 어떻게 할 것인가?

① 본사 인트라넷에 익명으로 내부 고발을 한다.

② 이미 다른 선배들도 하는 일이므로 선배의 비리를 방관한다.

③ 다른 동기들에게 사실을 알리고 어떻게 해야 할지 함께 고민한다.

④ P의 비리에 자신도 휘말릴 수 있으므로 일이 커지기 전에 퇴사한다.

⑤ K보다 높은 직급의 다른 상사에게 해당 사실을 알리고 도움을 요청한다.

**14**

평소 K기업이 추구하는 이미지는 신뢰이다. 마케팅팀 소속인 X는 제품을 구매한 고객들을 대상으로 제품 내에 있는 시리얼 번호를 추첨하여 경품 행사의 1등에게 해외 항공권을 지급하는 경품 행사를 진행 중이다. 경품 대상으로 1등은 10명으로 계산한 예산으로 예산팀의 결재를 받았는데, 상품을 제조하는 공장의 잘못으로 시리얼 넘버가 복수로 제조되어 10명보다 많은 15명의 고객이 1등에 당첨되었다. 현재 당첨된 고객들 중, 항공권을 지급받지 못한 사람들의 민원 항의 전화가 빗발치고 있다. 당신이 X라면 어떻게 할 것인가?

① 제조공장의 잘못이므로 공장에 책임을 물어 나머지 항공권 비용을 청구한다.

② 담당자로서 맡은 바 책임을 지고 5명의 항공권 비용을 추가로 사비를 들여 충당한다.

③ 항공권 경품을 받지 못한 당첨 고객들에게는 다른 방법으로 K기업과 연계된 혜택을 부여한다.

④ 추가로 당첨된 고객들에게 항공권을 지급할 수 있는 예산 편성이 가능한지 팀장에게 물어본다.

⑤ 고객들에게 회사 내부의 실수로 인해 선착순 10명 외에는 항공권 지급이 불가한 점에 대해 양해를 구한다.

**15**

D대리는 회의에 필요한 자료이니 모두 챙길 것을 당부하며 A과장이 건네준 준비 자료 목록을 정리하던 중, 일부 누락된 자료가 있다는 사실을 발견하였다. 이 자료를 추가하면 회의 결과의 방향이 크게 바뀔 것으로 예상되지만, 지금 자료를 추가하기엔 시간이 부족한 상황이다. 당신이 D대리라면 어떻게 할 것인가?

① 누락된 사실을 인지하지 못한 것처럼 행동한다.
② 부족한 상태로라도 누락된 자료를 추가해 넣는다.
③ 누락된 자료를 정리하기 위해 회의 시간 변경을 요청한다.
④ 이미 자료를 추가하기에는 늦었으므로 건네받은 목록상의 자료만 정리한다.
⑤ 누락된 사실을 인지한 즉시 상사에게 누락된 자료가 있음을 밝히고 적절한 조치를 요청한다.

**16**

지역본부로 발령받은 R은 H시청과 연계된 업무를 맡게 되었다. 처음으로 시청으로 외근을 나간 R은 관련 업무 담당자인 공무원 C와 저녁 식사를 함께하였다. R은 앞으로 잘 부탁한다는 의미로 C에게 선물과 함께 저녁 식사를 대접하였다. 다음 날, R은 어제 자신이 대접한 식사와 선물이 '부정 청탁 및 금품 등 수수의 금지에 관한 법률'에 위반된다는 사실을 알아차렸다. 당신이 R이라면 어떻게 할 것인가?

① C에게 상황을 설명하고 저녁 식사비와 선물을 회수한다.
② C에게 법률에 위배되는 초과액만을 현금으로 돌려받는다.
③ 일단 C에게 사실을 알리고 어떻게 하면 좋을지 C의 선택에 따른다.
④ 관련 법률에 대해 모른 척 방관하고 어제의 일에 대해 그대로 방치한다.
⑤ 주변에 이런 상황을 겪은 직원이 있나 알아보고 어떻게 대처했는지 조언을 구한다.

**17**

경영지원팀에 입사한 M은 처음으로 샘플본을 신청하는 업무를 맡게 되었다. 요청 받은 샘플본들을 취합하여 한꺼번에 거래처에 개수대로 신청하고 결제까지 마쳤는데, 다음 날 회사로 구매한 샘플본의 수량이 90개나 더 많이 왔다. M이 거래처에 보낸 샘플본 구매 신청서를 다시 확인해 보니 자신이 잘못 기입하여 '10'을 '100'으로 기입한 사실을 확인하게 되었다. 이 구매 신청서 결재란에는 M 외에 실장, 부서장 등 다른 임원들의 사인까지 되어 있었다. 당신이 M이라면 어떻게 할 것인가?

① 샘플본을 이용할 방법을 생각하여 재고를 처리한다.
② 직속 상사에게 사실을 알려 최대한 문제를 해결할 방도를 찾는다.
③ 본인 외에 다른 상사들의 결재까지 된 사안이므로 가만히 상황을 지켜본다.
④ 인터넷 검색이나 커뮤니티에서 질문하여 같은 실수를 한 사람들의 조언을 구한다.
⑤ 거래처에 따로 연락하여 오버된 90개의 결제 대금을 개인 사비로 결제함으로써 일을 무마시킨다.

**18**

　　P가 근무하는 회사는 일정 조건에 해당하는 직원들에게 회사 사옥에서 1박 2일의 프로그램이 진행되는 업무 관련 교육 연수를 받도록 하고 있다. P는 이 연수 자격 조건에 해당되어 메일로 교육 연수 참여 협조 공문을 받았다. 하지만 P가 담당하는 단기 프로젝트가 3개나 있었고, 자신이 주관하는 품평회 행사가 해당 연수 기간의 오전에 잡혀 겹치는 상황이다. 이 교육 연수는 직원들의 고과 성적에 반영되는 중요한 교육이며, 올해 승진 대상자인 P가 들을 수 있는 올해로써 마지막 연수이다. 당신이 P라면 어떻게 할 것인가?

① 본인의 승진이 더 중요하므로 품평회 행사를 빠지고 업무 관련 교육 연수를 이수한다.
② 팀장에게 품평회 행사와 맡았던 프로젝트를 연수 기간 이후로 조정할 수 있는지 물어본다.
③ 회사의 이익이 더 중요하므로 교육 연수에 참석하지 않고 품평회 행사 준비를 그대로 진행한다.
④ 교육 대상자가 아닌 동료에게 당장 닥친 품평회 행사 업무를 인계하고 교육 연수를 이수한다.
⑤ 오전에 시행하는 품평회 행사를 어느 정도 마치고, 늦게나마 연수원으로 출발하여 교육 연수를 이수한다.

**19**

　　대리 S는 팀장의 지시로 과장 L과 함께 새로운 프로젝트의 기획안을 구성하고 있다. 그런데 L은 팀장이 지시한 사항을 잘못 이해하여 팀장이 지시한 사항과는 반대 방향으로 기획하고 있다. L은 평소에 자존심이 강한 사람이기에 잘못 이야기했다가는 혼날 것이 뻔하다. 당신이 S라면 어떻게 할 것인가?

① L이 모르게 기획안을 살짝 수정한다.
② 어차피 책임은 L이 지는 것이기 때문에 말하지 않는다.
③ 기획 방향이 잘못된 것 같다고 L에게 자신의 의견을 말한다.
④ 기획안을 수정해야 하는 상황을 미리 방지하기 위해 팀장에게 이를 보고한다.
⑤ 팀장이 지시한 대로 기획 방향을 다시 잡아 새로운 기획안을 L에게 보여 준다.

**20**

　　팀장 P는 영어 전공자인 사원 S에게 다른 직원이 처리해야 할 일이지만 외근이 길어져 지연되는 상황으로 대신 처리할 것을 지시하였다. 영문 계약서 검토를 퇴근 전까지 완료해야 하는 처지에 놓인 S는, 관련 업무의 경험이 없어 지시받은 업무를 제시간에 제대로 처리할 수 있을지 자신이 없다. 하지만 P는 오후에 있는 부서 회의도 빼 줄 테니 사업계획서 수정을 서둘러 끝내고, 모르는 것은 찾아보면서 맡긴 업무를 끝낼 것을 얘기했다. S는 현재 진행 중인 사업계획서 수정 작업을 마친 후 P가 지시한 업무를 처리하더라도 오늘 중에 완료하기엔 벅찬 상황이다. 당신이 S라면 어떻게 할 것인가?

① 옆 팀 동기에게 사정을 이야기하고 계약서 검토에 도움을 요청한다.
② 팀장의 지시이므로 어떻게든 퇴근 시간 전까지 완료하기로 다짐한다.
③ 외근 중인 업무 담당자에게 연락하여 외근을 빨리 끝내고 복귀하도록 종용한다.
④ 도저히 수행할 수 없는 업무임을 솔직히 말하고 다른 직원과의 업무 조정을 요청한다.
⑤ 본래 자신이 해야 할 업무가 아니라는 점을 팀장에게 강하게 주장하고 업무 수행을 거절한다.

**21**

　　A는 동료 B에게서 C업무의 인수인계를 받고 있다. 그러나 B가 업무로 바쁜 탓에 인수인계가 제대로 이루어지고 있지 않다. C업무에 문제가 생겨서 급하게 일을 처리해야 하는데 B가 하필 출장을 가 있는 상황이다. 설상가상으로 B가 전화도 받지 않는다. 당신이 A라면 어떻게 할 것인가?

① 일단 자신이 할 수 있는 부분은 처리한다.
② B가 준 자료를 찾아 스스로 깨우친 후 일을 처리한다.
③ C업무를 같이 진행했던 동료들을 찾아 도움을 요청한다.
④ 팀장에게 인수인계를 받지 못했다고 말하며 팀장의 지시에 따른다.
⑤ 팀장에게 자신이 하기 어려운 일이라고 말하며 B의 연락처를 알려 준다.

**22**

　　F는 입사한 지 2년이 지난 상태이다. F의 회사 시스템에 의하면 한 부서에 2년을 근무한 직원들을 다른 부서로 이동시켜 업무 이해의 다양성을 숙지시키도록 하고 있다. 이 때문에 F가 속한 부서의 팀장 Y는 이번 인사발령 시즌에 F를 타 부서로 보내기 전에 어느 부서와 맞을지 F와 1:1 면담을 진행하였다. 면담 도중 Y는 F에게 지금 부서의 문제점에 대해 이야기해 보라고 하였다. 당신이 F라면 어떻게 할 것인가?

① 지금 부서는 전혀 문제점이 없다고 딱 잘라 말한다.
② 어떻게 팀장님 앞에서 이야기하냐며 질문을 회피한다.
③ 팀 내 갈등이 생기지 않을 정도의 소소한 문제점만 얘기한다.
④ 앞으로의 관계를 고려하여 문제점을 말하지 않고 적당히 둘러댄다.
⑤ 어차피 다른 부서로 이동하므로 평소 생각했던 부서 내의 문제점을 솔직하게 털어놓는다.

**23**

　　F는 당일 거래처로 외근을 나왔다가 퇴근 시간 무렵 일정을 마쳤다. 회사로 복귀하기까지의 시간이 여의치 않아서 상사에게 전화로 보고드린 후 곧바로 집으로 퇴근하였다. 집에 도착한 후 팀에서 3개월 동안 추진해 왔던 F의 팀 회의 자료가 삭제되었다고 전화가 왔다. E에 따르면 P의 실수로 해당 파일이 삭제되었는데 P가 혼자 고민하고 복구하려다가 실패한 후 E에게 사실을 알린 것이다. 시간상 회의 때까지 자료의 복구가 불가능한 상황이다. 당신이 F라면 어떻게 할 것인가?

① 다음 날 출근해서 상사에게 솔직하게 말씀드리고 조언을 구한다.
② 일단 외부 업체에 요청하여 회의 자료를 복구하도록 노력해 본다.
③ 진행했던 회의 준비 자료들을 종합하여 최대한 비슷하게 복원해 본다.
④ 시간상 복구가 불가능하므로 포기하고 회의를 뒤로 미룰 수 있는지 알아본다.
⑤ P의 실수이므로 P를 불러 해당 사실을 상사에게 보고하고 처분을 기다리라고 지시한다.

**24**

　　대리 A는 새벽 시간에 사원 B에게서 걸려온 전화를 받았다. B는 바이어 회사와의 중요한 상담이 예정되어 있어 해외로 출장 중인데, 출장 일정상 이곳 시간을 기준으로 오후 항공편을 이용하여 바이어 회사까지 이동할 계획 중에 공항에 화재가 발생하였고, 이착륙 항공편이 모두 취소되었음을 전하였다. 전혀 예상하지 못한 항공편에 문제가 생겨 당황한 B에게 A는 상황을 인지하였으니 잠시 후 출근하면 내부에서 논의 후 바로 연락을 줄 것이며, 당황하지 말고 그때까지 조금 기다릴 것을 말하였다. 당신이 B라면 어떻게 할 것인가?

① 머무는 호텔의 숙박 일정부터 하루 더 연장한다.
② A에게서 연락이 있을 때까지 숙소에서 대기한다.
③ 인근 공항을 찾아 최대한 빠른 항공편부터 예약한다.
④ 공항 화재 수습이 얼마나 걸릴지 인터넷을 찾아 확인해 본다.
⑤ 바이어 측에 상황을 통보하여 상담 시간 조정 여부를 확인해 본다.

**25**

　　사원 S와 대리 M은 진급 시험을 앞둔 과장 W와 같은 팀이다. W는 승진 시험 공부로 인해 본인 업무를 종종 M에게 대신 시키고 있는데, M은 이 업무를 다시 자신의 후임인 S에게 시킨 후 W에게 자신이 했다고 보고하고 있다. 이 때문에 S는 M을 대신하여 W의 업무를 대체하고 있고, 직급에 비해 어려운 업무를 처리하느라 자주 야근을 하고 있다. S는 며칠 뒤에 자신의 주요 업무인 마감 보고서 제출일이 다가오고 있어서 이 일에만 매진해야 할 상황이다. 당신이 S라면 어떻게 할 것인가?

① 팀장에게 W와 M의 부당한 지시를 보고한다.
② W에게 M이 W의 업무를 자신에게 시키고 있다고 어려움을 토로한다.
③ 진급 시험으로 인한 후임의 업무 지원은 관행이므로 계속 도맡아 업무를 진행한다.
④ 다른 대리급 선배에게 양해를 구하여 마감 보고서 제출일까지만 W의 업무를 인계한다.
⑤ M에게 W의 업무가 자신의 직급에 비해 어려워서 버겁다고 말하며 업무 지원을 거절한다.

**26**

　　차장 B는 사원 N에게 오후 2시로 예정된 회의에 필요한 자료를 준비하라고 지시하였다. 그러나 N은 당장 급하게 팀장 M에게 보고해야 할 업무가 있어서 그 업무를 오전부터 진행하고 있었고, 이 업무는 오후 4시까지 보고해야 한다. B는 오후 2시 회의가 꽤 중요한 회의라며 오후 1시 30분 전까지는 자료를 제출하라고 했으며, N은 이 두 가지 업무를 도저히 병행할 자신이 없다. 당신이 N이라면 어떻게 할 것인가?(단, N이 속한 부서의 직급 체계상, 팀장이 차장보다 직급이 높다.)

① 어떤 일을 먼저 해야 할지 팀 내 수장인 M에게 조언을 구한다.
② M이 B보다 직급이 높으므로 B가 시킨 일을 못하겠다고 거절한다.
③ 일단 회의가 팀장 보고보다 시간이 앞서므로 회의 자료부터 준비한다.
④ 회의 자료를 준비해 본 적이 있는 동료에게 양해를 구하고 업무를 인계한다.
⑤ 두 업무를 최대한 병행하면서 자신이 노력하고 있음을 상사들에게 어필한다.

**27**

홍보팀 직원들은 팀원 전체가 가입한 단톡방을 만들어 사적인 대화를 주고받는다. 며칠 전 홍보팀 K대리는 선배 직원이 만든 새로운 단톡방 참여 문자를 받고 가입하게 되었다. 새로 가입한 단톡방에는 K의 같은 팀 후배 직원인 S를 제외한 전원이 이미 참여하고 있었으며, 주된 대화 내용은 평소 독특한 행동을 자주 보이던 S사원에 대한 험담이었다. K 역시 S의 행동이 다소 특이한 면이 있다고 여기긴 했으나, 그렇다고 다른 직원들이 몰래 단톡방을 만들어 S의 험담을 늘어놓아도 될 정도의 몹쓸 행동은 아니라는 생각이 들어 마음이 불편하였다. 당신이 K 대리라면 어떻게 할 것인가?

① S사원에게 접근하여 다른 부서로 옮길 것을 권유해 본다.
② 소외된 S사원을 단톡방에 초대하여 험담하지 못하도록 조치한다.
③ 단톡방을 즉시 탈퇴하고 팀장에게 이야기하여 단톡방의 존재와 참여자들의 대화 내용을 알린다.
④ 단톡방 대화에 적극적으로 참여하여 S사원의 장점을 설명하고 S사원이 상처받지 않도록 비밀 유지를 위해 애쓴다.
⑤ 왕따가 발생하지 않도록 팀장과 논의하고, S사원에게 대화를 요청하여 문제가 된 행동에 대하여 개선점을 찾도록 도와준다.

**28**

P는 S회사에 새로 입사한 팀장이다. 그는 팀 프로젝트 F를 위해 스카우트 제의를 받아 S회사에 입사하게 되었다. 그런데 팀 프로젝트 F를 진행하는 과정에서 팀원들의 낮은 집중력과 업무의 진척도로 인해 업무가 자꾸 미뤄지게 되었다. P는 새로 입사하여 회사에서 입지를 다지고 싶었고, 스카우트 제의를 받은 만큼 최선을 다해 이 프로젝트를 성공적으로 마무리하고 싶었다. 하지만 상사는 P를 불러 일정이 미뤄지는 것과 더불어 프로젝트 F의 불확실성에 대해 언급하며 P를 훈계하였다. 이런 상황을 잘 알지 못하는 팀원들은 계속해서 P의 말에 잘 협조하지 않았고, 오히려 P를 무시하는듯한 태도를 보이기도 하였다. 당신이 P라면 어떻게 할 것인가?

① 상사에게 팀원을 바꿔 달라고 요청한다.
② 팀의 근무 태도 확립을 위해서 팀원들을 부드럽게 훈계한다.
③ 팀원들에게 본인의 입장을 설명하고 프로젝트의 중요성을 알게 한다.
④ 팀원들과 회식 자리를 가져 프로젝트가 잘 진행될 수 있도록 얘기한다.
⑤ 상사에게 현재 상황을 전하여 상사로부터 팀원들의 근무 태도가 정립되도록 한다.

**29**

　　사원 A와 B는 신규입사자 교육과 OJT에서 한 조에 배정받아 상당히 친해진 입사 1년 차의 직원들이다. 이번에 A와 B가 속한 두 팀은 회사의 창립기념회에서 사원들에게 나눠줄 선물을 기획 및 발주하는 업무를 담당하게 되었다. A는 창립기념회에 사원들에게 나누어줄 선물 이외에도 홍보용으로 추가 구매를 하기 위해서 해당 물건을 30% 더 발주해야 한다고 생각하고 발주서를 B의 팀에 전송하였다. 해당 문서를 받은 B는 회사 인원을 고려하였을 때 과도하게 발주가 진행되었다고 판단하고 A의 실수라고 생각하여 A를 도와주고자 발주서의 수량을 임의로 수정했는데, 이 사실을 A에게 말해준다는 것을 타 업무를 진행하다 잊어버렸다. 이후 물건이 도착하였을 때 정해진 수량보다 적은 탓에 A는 추가 발주를 하려하였으나 금액적인 손실은 물론 기한 내 해당 물건을 받을 수 없다는 피드백을 받았다. 당신이 A라면 어떻게 할 것인가?

① 향후 업무는 B와 진행하지 않겠다고 주변 동료들에게 알린다.
② B의 팀장님께 B가 임의로 발주서를 수정하여 문제가 생겼음을 알린다.
③ 자신을 도와주려다가 B가 실수한 것을 알기에 B에게 따로 해당 일을 언급하지 않는다.
④ 중간 진행 상황을 확인하지 못한 자신의 잘못도 있으므로 자기반성을 하고, A팀의 관리자에게 해당 사실을 빠르게 알린다.
⑤ 주어진 상황에서 잘잘못을 따지기보다는 우선 도착한 상품은 창립기념회에 사용하고 홍보용 선물로 돌릴 다른 물건으로 적합한 것을 빠르게 찾아 발주할 수 있도록 한다.

**30**

　　S건설회사에 다니는 T와 H는 입사 동기이다. T는 입사 초반부터 현장에서 근무한 전력이 있어 현장에서 쓰이는 기술이나 전문용어 등에 능하고, 현장 직원들과 의사소통이 원활한 편이다. 반면 H는 입사 때부터 본사에 발령받아 본사 시스템에 익숙한 편이다. T는 본사로 배치받아 근무를 하면서 상사에게 업무 관련 보고를 올릴 때마다 트러블이 있곤 하였다. 그때마다 본사 사람들은 현장에 대해 전혀 모르기 때문에 일을 제대로 할 수 없다며 종종 불평하였다. T와 H는 최근 같은 프로젝트를 맡게 되었는데 T는 종종 H와 견해 차이를 보일 때마다 현장의 중요성을 운운하며 H의 근무경력을 무시한다. 당신이 H라면 어떻게 할 것인가?

① 프로젝트를 각자 따로 준비해서 각자의 실력을 발휘한다.
② 부서 팀장에게 T가 불만 사항이 많은 것 같다며 조언을 구한다.
③ T에게 인사과에 현장직으로 부서 발령을 신청하라고 권유한다.
④ 현장도 중요하지만 본사 업무에도 적응할 때가 되지 않았냐며 T를 타이른다.
⑤ T의 현장 경험이 업무에 있어 중요한 정보가 될 것이라며 T를 잘 다독여 프로젝트를 진행한다.

# 인지역량-수리(검사B)

정답과 해설 P. 77~83

**01** 김 대리는 다섯 개의 나무 화분을 기르고 있다. 다섯 개 화분의 나뭇가지 수에 따라 나열해 두면, 각각의 나뭇가지 개수의 차이가 일정하다. 두 번째로 나뭇가지의 수가 많은 나무와 세 번째로 나뭇가지의 수가 많은 나무의 나뭇가지 수의 합은 나뭇가지가 가장 많은 나무의 나뭇가지 수보다 17개가 많다. 모든 나뭇가지 수의 합이 165개라고 할 때, 나뭇가지가 가장 적은 나무 화분의 나뭇가지 수를 고르면?

① 1개          ② 2개          ③ 3개
④ 4개          ⑤ 5개

**02** 1kg 미만의 무게는 정확히 측정하는데, 1kg 이상인 무게는 1kg 이상의 값으로 아무렇게나 표시하는 저울이 있다. 1kg보다 가벼운 5개의 추 A, B, C, D, E에 대하여 2개씩 묶어서 저울에 올렸을 때의 결과가 [보기]와 같을 때, 가장 무거운 추를 고르면?(단, [보기]의 수치는 단위 'g'에 해당한다.)

┌ 보기 ┐
- $B+D=1,200$        • $C+E=2,100$        • $B+E=800$
- $B+C=900$          • $A+E=700$

① A          ② B          ③ C
④ D          ⑤ E

**03** 어느 공장에서는 두 제조 공정 A, B를 통해 공기청정기를 생산하여 출하하고 있다. 공정 A에서는 6분 동안 65대의 공기청정기를 생산할 수 있고, 공정 B에서는 14분 동안 266대의 공기청정기를 생산할 수 있다. 두 공정 A, B를 동시에 가동할 때, 1,819대의 공기청정기를 생산하는 데 걸리는 시간이 적어도 몇 분인지 고르면?

① 59분          ② 61분          ③ 63분
④ 65분          ⑤ 67분

**04** 어느 자동차 부품을 생산하는 공장에서는 3대의 A, B, C기계를 이용하여 제품을 생산하는데 생산된 전체 제품의 50%는 A기계, 30%는 B기계, 20%는 C기계에서 생산된다. 한편 A, B, C 기계에서 생산된 제품의 불량률이 각각 1%, 2%, 3%라고 한다. 제품 하나를 임의로 선택했을 때 그 제품이 불량품이라면, 그 제품이 A기계에서 생산되었을 확률을 고르면?

① $\frac{3}{17}$　　　　② $\frac{4}{17}$　　　　③ $\frac{5}{17}$

④ $\frac{6}{17}$　　　　⑤ $\frac{7}{17}$

**05** 원가가 10,000원인 어떤 물건에 대하여 정가의 30%를 할인하여 판매할 때, 원가의 5% 이상 으로 이익이 남으려면 정가를 적어도 얼마로 정해야 하는지 고르면?

① 14,625원　　　　② 15,000원　　　　③ 15,125원

④ 15,500원　　　　⑤ 15,625원

**06** 농도가 10%인 소금물 200g에서 일정량을 퍼내고, 퍼낸 만큼 다시 물을 부었다. 그리고 다시 농도가 2%인 소금물을 더 넣었더니 농도가 5%인 소금물 340g이 되었을 때, 다음 중 처음 퍼 낸 소금물의 양을 고르면?

① 52g　　　　② 54g　　　　③ 56g

④ 58g　　　　⑤ 60g

**07** 어느 가전제품 판매점에서 가격의 비가 3 : 2인 제품 A와 제품 B를 판매하고 있다. 당월의 제품 A의 판매량이 전월 대비 20% 증가하고, 제품 B의 판매량이 전월 대비 $x$% 감소하여 총판매액은 전월 대비 10%가 증가하였다. 제품 A와 제품 B의 전월 판매량의 비가 4 : 3일 때, 제품 B의 판매량은 전월 대비 몇 % 감소하였는지 고르면?(단, 당월의 제품 A와 제품 B의 가격은 전월과 똑같다.)

① 8%

② 10%

③ 12%

④ 14%

⑤ 16%

**08** 민우가 계단을 1칸 또는 2칸씩 올라갈 수 있다고 할 때, 민우가 계단 8칸을 올라가는 방법의 수를 고르면?

① 34가지

② 35가지

③ 36가지

④ 37가지

⑤ 38가지

**09** 핸드폰 판매점 안에는 n명의 손님이 있다. 휴대폰 상담 창구를 1개 열었을 때 손님과의 상담 업무를 처리하는 데 40분 걸리고, 휴대폰 상담 창구를 2개 열었을 때는 16분 걸린다. 손님이 1분당 k명씩 증가한다고 할 때, 휴대폰 상담 창구를 3개 연다면 몇 분 안에 업무가 모두 처리되는지 고르면?

① 8분

② 9분

③ 10분

④ 11분

⑤ 12분

**10** 어느 회사의 사원 50명 중에서 세 편의 영화 A, B, C를 관람한 사원은 각각 27명, 18명, 22명 이었고, 세 편의 영화를 모두 관람한 사원은 7명이었다. 이 회사의 모든 사원들이 적어도 한 편 의 영화를 관람하였다고 할 때, 한 편의 영화만 관람한 사원의 수를 고르면?

① 35명          ② 37명          ③ 40명
④ 42명          ⑤ 43명

**11** 어떤 행사에서 20종류의 스티커를 모으면 경품을 받을 수 있다고 한다. 갑은 5종류, 을은 6종 류, 병은 7종류의 스티커를 모았다. 두 사람씩 비교하였을 때 각각 세 종류의 스티커가 공통으 로 있었고, 세 사람을 함께 비교하였을 때에는 두 종류의 스티커가 공통으로 있었다. 갑, 을, 병 의 스티커를 모아서 경품을 받으려고 할 때, 최소한 몇 종류의 스티커가 더 필요한지 고르면?

① 6종류          ② 9종류          ③ 10종류
④ 12종류          ⑤ 13종류

**12** 한쪽 면은 노란색, 다른 면은 파란색인 카드 100장을 모두 노란색이 보이도록 테이블 위에 놓 았다. 이 카드의 양면에 순서대로 1부터 100까지의 번호를 써 놓고, 100명의 학생들에게 다음 [조건]과 같이 주문하였다. 다음 중 노란색 면이 보이는 카드의 수를 고르면?

┌─ 조건 ─────────────────────────────────────────────┐
- 첫 번째 학생은 모든 카드를 뒤집는다.
- 두 번째 학생은 2의 배수가 적힌 카드를 모두 뒤집는다.
- 세 번째 학생은 3의 배수가 적힌 카드를 모두 뒤집는다.
  $$\vdots$$
- $n$번째 학생은 $n$의 배수가 적힌 카드를 모두 뒤집는다.
  $$\vdots$$
- 100번째 학생은 100의 배수가 적힌 카드를 모두 뒤집는다.
└────────────────────────────────────────────────────┘

① 56장          ② 63장          ③ 72장
④ 81장          ⑤ 90장

**13** 토끼와 거북이가 다음의 그림과 같이 한 변의 길이가 40m인 정육각형 트랙에서 경주를 하려 한다. 토끼는 꼭짓점 P에서 출발하여 초속 6m로, 거북이는 꼭짓점 Q에서 출발하여 초속 2m로 정육각형 트랙을 반복하여 돈다고 할 때, 토끼와 거북이가 아홉 번째 만나는 때는 출발한 지 몇 분 후인지 고르면?

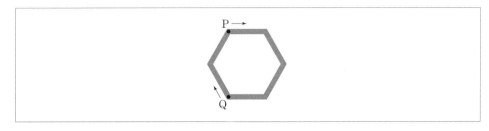

① 6분            ② 6분 40초          ③ 7분 20초
④ 8분            ⑤ 8분 40초

**14** 어느 회사의 신입사원은 영어나 인문에 대한 사내 교육을 하나 이상 들어야 한다. 영어 교육을 듣는 신입사원은 한 줄에 20자리씩 앉히면 마지막 줄에 8명이 앉게 되고, 한 줄에 25자리씩 앉히면 마지막 줄에 13명이 앉게 된다. 인문 교육을 듣는 신입사원은 425명이고, 두 가지 교육을 모두 듣는 신입사원은 296명일 때, 전체 신입사원의 수를 고르면?(단, 영어 교육을 듣는 신입사원의 수는 인문 교육을 듣는 신입사원의 수보다 적다.)

① 388명            ② 464명          ③ 498명
④ 517명            ⑤ 532명

**15** 어느 회사는 점심때마다 A직원이 옆 도시락 판매점에 가서 도시락을 사서 온다. 그런데 오늘은 판매점의 사정으로 평소보다 1시간 10분 늦게 나온다는 연락을 받아 A직원은 평소보다 1시간 10분 늦게 판매점으로 출발하였다. 1시간 10분 늦어질 거라 예상되었던 도시락이 조금 일찍 나와 판매점 직원은 도시락이 식지 않도록 A직원을 향해 오기 시작했고, 판매점을 출발한 지 20분 후 마주 오던 A직원을 만나 도시락을 전해 주었다. A직원이 도시락을 가지고 회사에 도착하니 평소 도착시간보다 56분이 늦은 시각이었다. 오늘 판매점의 도시락은 평소보다 몇 분 늦게 나왔는지 고르면?(단, A직원과 판매점 직원의 속도는 서로 같고 일정하다.)

① 38분            ② 40분          ③ 41분
④ 43분            ⑤ 48분

**16** 다음 [표]는 2019년과 2020년 소득분위를 5분위로 분류하여 전 가구 평균 자산, 부채, 소득 현황을 나타낸 자료이다. 이에 대한 설명으로 옳지 <u>않은</u> 것을 고르면?

[표1] 2019년 소득분위별 자산, 부채, 소득 현황(전 가구 평균)

| 구분 | 소득 1분위 | 소득 2분위 | 소득 3분위 | 소득 4분위 | 소득 5분위 |
|---|---|---|---|---|---|
| 가구원 수(명) | 1 | 2 | 3 | 4 | 5 |
| 가구주 연령(세) | 67 | 56 | 52 | 51 | 51 |
| 전년 경상소득(만 원) | 1,104 | 2,725 | 4,577 | 6,977 | 13,754 |
| 자산(만 원) | 13,146 | 23,780 | 35,464 | 48,891 | 94,663 |
| 부채(만 원) | 1,610 | ( ) | 6,653 | 9,838 | 17,713 |
| 전년 원리금상환액(만 원) | 269 | 562 | 1,066 | 1,536 | 2,440 |
| 순자산액(만 원) | 11,536 | 20,045 | 28,811 | 39,053 | 76,950 |

※ (순자산액)=(자산)−(부채)

[표2] 2020년 소득분위별 자산, 부채, 소득 현황(전 가구 평균)

| 구분 | 소득 1분위 | 소득 2분위 | 소득 3분위 | 소득 4분위 | 소득 5분위 |
|---|---|---|---|---|---|
| 가구원 수(명) | 1 | 2 | 3 | 4 | 5 |
| 가구주 연령(세) | 68 | 58 | 53 | 51 | 51 |
| 전년 경상소득(만 원) | 1,155 | 2,763 | 4,671 | 7,126 | 13,903 |
| 자산(만 원) | 13,629 | 25,523 | 36,076 | 49,422 | 98,054 |
| 부채(만 원) | 1,752 | 4,056 | 6,851 | 9,975 | 18,645 |
| 전년 원리금상환액(만 원) | 242 | 545 | 1,044 | 1,636 | 2,468 |
| 순자산액(만 원) | 11,877 | 21,467 | 29,225 | 39,447 | ( ) |

① 모든 소득분위에서 2019년 대비 2020년 자산과 부채는 증가하였다.

② 2020년 소득 5분위의 순자산액은 소득 4분위의 순자산액의 2배 이상이다.

③ 2019년과 2020년에 가구주 연령이 가장 높은 소득분위의 가구원 수는 1명이다.

④ 2020년 자산 대비 부채의 비율이 가장 큰 소득분위는 소득 4분위이다.

⑤ 모든 소득분위에서 2019년 전년 원리금상환액 대비 2020년 전년 원리금상환액은 증가하였다.

**17** 다음 [그래프]는 2018~2020년 전체 발전량과 에너지원별 발전량 비중에 관한 자료이다. 이에 대한 [보기]의 ㉠~㉢ 중 옳은 것을 모두 고르면?

[그래프1] 2018~2020년 전체 발전량 (단위: GWh)

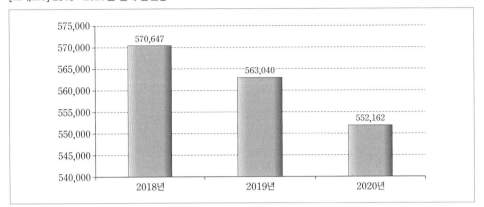

[그래프2] 2018~2020년 에너지원별 발전량 비중 (단위: %)

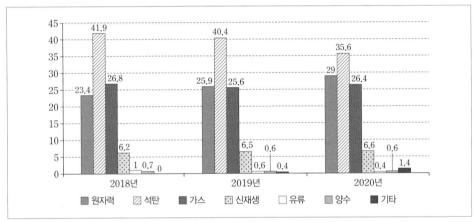

┌ 보기 ────────────────────────────────────────────────────────
㉠ 2018~2020년 가스의 발전량은 매년 감소한다.
㉡ 2018년 대비 2020년 전체 발전량에서 신재생 에너지가 차지하는 비중은 약 6.5% 증가하였다.
㉢ 2020년 석탄의 발전량은 전년 대비 15% 이상 감소하였다.
㉣ 2018~2020년 원자력의 연평균 발전량은 약 146,495GWh이다.
────────────────────────────────────────────────────────────

① ㉠, ㉡          ② ㉠, ㉢          ③ ㉡, ㉢
④ ㉡, ㉣          ⑤ ㉢, ㉣

**18** 다음 [표]는 2013~2019년 탈세 제보 자료 처리 현황에 관한 자료이다. 이에 대한 설명으로 옳지 않은 것을 고르면?(단, 2012년에서 2013년으로 이월된 처리 대상 건수는 2,096건이다.)

[표] 2013~2019년 탈세 제보 자료 처리 현황 (단위: 건, 백만 원)

| 구분 | 당년 접수 처리 대상 건수 | 처리 건수 | 추가 징수세액 |
|---|---|---|---|
| 2013년 | 18,770 | 17,036 | 1,321,053 |
| 2014년 | 19,442 | 18,627 | 1,530,132 |
| 2015년 | 21,088 | 19,895 | 1,653,035 |
| 2016년 | 17,268 | 18,112 | 1,211,033 |
| 2017년 | 15,628 | 15,173 | 1,306,495 |
| 2018년 | 20,319 | 17,873 | 1,305,392 |
| 2019년 | 22,444 | 23,210 | 1,316,131 |

※ 처리 대상 건수: 당해 연도 접수 처리 대상 건수와 전년 이월 처리 대상 건수의 합계로 총처리 대상을 의미

※ 처리 건수: 전년에서 이월된 처리 대상 건수 중의 처리 건수와 당년 접수된 처리 대상 건수 중의 처리 건수의 합계를 의미

※ 추가 징수세액: 세무조사 등을 통하여 추징한 탈루세액을 의미

※ 전년 이월 처리 대상 건수: 처리 대상 건수에서 당해 연도 처리 건수를 뺀 값을 의미

① 2015년으로 이월된 처리 대상 건수는 4,645건이다.

② 처리 건수가 가장 많은 해와 가장 적은 해의 추가 징수세액 차는 약 96억 원이다.

③ 2019년 처리 건수당 추가 징수세액은 전년 대비 감소하였다.

④ 당년 접수 처리 대상 건수보다 처리 건수가 많은 해는 햇수로 2개이다.

⑤ 당년 접수 처리 대상 건수 중 다음 해로 이월된 처리 대상 건수가 가장 많은 해는 2018년이다.

**19** 다음 [표]는 2016~2018년 방송 광고 매출에 대한 자료이고, [그래프]는 2016~2018년 공영 방송 광고 매출에 대한 자료이다. 이에 대한 설명으로 옳은 것을 고르면?

[표] 2016~2018년 방송 광고 매출
(단위: 백만 원)

| 구분 | | 2016년 | 2017년 | 2018년 |
|---|---|---|---|---|
| 전체 광고 시장 | | 3,222,462 | 3,166,255 | 3,227,396 |
| 지상파방송 | 소계 | 1,622,821 | 1,412,146 | 1,300,687 |
| | 공영 | 1,053,796 | 850,160 | 769,557 |
| | 민영 | 511,321 | 508,477 | 482,773 |
| | 특수 | 57,704 | 53,509 | 48,357 |
| 지상파DMB방송 | | 2,807 | 2,299 | 2,094 |
| 종합유선방송 | | 135,448 | 137,527 | 140,720 |
| 위성방송 | | 28,011 | 47,972 | 51,130 |
| 방송채널사용사업 | | 1,348,789 | 1,466,937 | 1,616,651 |
| IPTV | | 84,586 | 99,374 | 116,114 |

[그래프] 2016~2018년 공영방송 광고 매출
(단위: 백만 원)

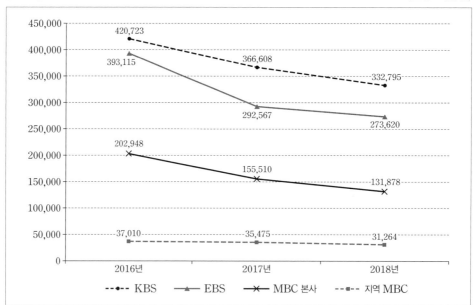

① 2016년 전체 광고 시장에서 공영방송 광고 매출이 차지하는 비중은 30% 이하이다.

② 2018년 광고 매출액이 전년보다 증가한 것은 종합유선방송, 위성방송, 방송채널사용사업 뿐이다.

③ 2017년 KBS 광고 매출액은 2016년과 2018년 KBS 광고 매출액의 평균이다.

④ 2017년 전체 광고 시장에서 MBC 본사 광고 매출액이 차지하는 비중은 5% 이내이다.

⑤ 2016~2018년 동안 MBC 전체 광고 매출액은 KBS 광고 매출액의 절반보다 작다.

**20** 다음 [표]는 2020년 개인사업자의 산업별 대출에 관한 자료이다. 이에 대한 설명으로 가장 적절하지 <u>않은</u> 것을 고르면?

[표] 개인사업자의 산업별 대출 현황 (단위: 만 건)

| 산업분류별 | 평균 대출 | | | | | 중위 대출 |
| --- | --- | --- | --- | --- | --- | --- |
| | 전체 | 가계 (대출 용도별) | 사업자 (대출 용도별) | 은행 (금융 기관별) | 비은행 (금융 기관별) | 전체 |
| 농업, 임업 및 어업 | 29,282 | 18,586 | 10,696 | 8,319 | 20,963 | 15,000 |
| 제조업 | 23,818 | 7,018 | 16,800 | 18,558 | 5,260 | 11,100 |
| 건설업 | 11,440 | 7,161 | 4,279 | 4,505 | 6,935 | 6,553 |
| 도매 및 소매업 | 12,409 | 6,973 | 5,436 | 7,893 | 4,516 | 6,862 |
| 운수 및 창고업 | 6,633 | 5,107 | 1,526 | 3,244 | 3,389 | 5,000 |
| 숙박 및 음식점업 | 13,686 | 7,162 | 6,524 | 7,884 | 5,802 | 6,000 |
| 정보통신업 | 12,838 | 7,100 | 5,738 | 9,631 | 3,207 | 8,500 |
| 부동산업 | 28,527 | 13,913 | 14,614 | 18,420 | 10,107 | 19,700 |
| 전문, 과학 및 기술서비스업 | 14,269 | 9,068 | 5,201 | 9,904 | 4,365 | 9,515 |
| 교육서비스업 | 9,562 | 6,391 | 3,171 | 6,160 | 3,402 | 5,907 |

① 정보통신업의 전체 평균 대출 건수는 제조업 건수의 50% 이상이다.

② 전문, 과학 및 기술서비스업은 평균 대출 건수와 중위 대출 건수의 차이가 세 번째로 작다.

③ 전체 평균 대출 대비 은행에서 대출한 비율과 가계대출 용도로 빌린 비율의 차이가 가장 많이 나는 산업은 제조업이다.

④ 금융기관별로 분류하였을 때, 전체 평균 대출 대비 은행에서 대출한 비율이 40% 미만인 산업은 2개이다.

⑤ 전체 평균 대출 대비 가계용도로 대출한 비율이 가장 큰 산업은 운수 및 창고업이다.

# 인지역량-언어(검사C)

정답과 해설 P. 84~89

**01** 다음 글에 대한 반론으로 가장 적절하지 <u>않은</u> 것을 고르면?

> 학생부종합전형을 비롯한 수시의 폐단이 갈수록 심해지고 있다. 일부 고교에서는 '될성부른 떡잎'만 선별해 '상 몰아주기', '스펙 쌓아주기' 등의 부정행위가 만연하다. 지역 곳곳에서는 서류 부정이나 입학사정관에 대한 청탁 등 입시비리도 난무한다. 또한 부모의 소득이 높을수록 대학의 입맛에 맞는 '스펙'을 쌓기 쉬운 것이 현실이다. 대입은 공명정대함이 제일 원칙이다. 부모의 사회적 지위와 인맥에 따라 결정되는 수시의 비중을 대폭 축소하고, 시험과 점수만으로 실력을 측정하여 공정한 선발이 가능한 정시의 비중을 확대해야 한다.

① 정시의 비중이 확대되면 내신의 중요성이 낮아지는 만큼 학생들이 학교 수업을 도외시하고 교사를 무시하는 등 공교육이 붕괴할 우려가 있다.

② 통계에 따르면 부모의 소득과 수능 성적 사이에 유의미한 관계가 있음이 밝혀졌다. 따라서 무조건적인 정시로의 전환이 반드시 공정하다고는 보기 어렵다.

③ 사교육 시장이 활성화된 지역의 학생일수록 정시로 인한 대입 결과가 좋은 만큼, 교육 기회의 평등이라는 관점에서 볼 때 정시도 결코 공정하다고 보기 어렵다.

④ 정시는 누구에게나 제한 없이 기회가 열려있으며, 모두를 동일한 잣대로 평가하고 결과가 점수로 환산되기에 누군가의 주관이 개입할 여지가 없는 객관적인 제도이다.

⑤ 수능에선 1, 2점 차이로 당락이 결정되지만, 사실 ±10점 차이로는 학생의 실력을 평가하기에 통계적으로 무의미하다. 따라서 "정시는 실력대로 대입이 결정된다."라는 명제는 어찌 보면 신화에 불과하다.

**02** 다음 글을 읽고 파악할 수 있는 것을 고르면?

날개 없는 선풍기는 원기둥에 둥근 고리가 얹어진 모양으로 그 구조가 매우 간단하다. 이때 선풍기 날개, 즉 팬은 없어진 것이 아니라 모터와 함께 원기둥 모양의 스탠드에 숨어 있다. 스탠드 안에는 비행기의 제트 엔진을 연상시키는 팬과 모터가 있다. 제트엔진이 추진력을 얻기 위해 팬을 회전시켜 필요한 공기를 흡입하듯이 날개 없는 선풍기도 스탠드에 내장된 팬과 전기 모터를 작동하여 아래쪽으로 공기를 빨아들인다. 이렇게 빨아올린 공기를 위쪽 둥근 고리 내부로 밀어 올린다. 둥근 고리의 단면은 속이 빈 비행기 날개의 모양이다. 비행기 날개는 윗면이 아랫면보다 볼록한데, 아랫면보다 볼록한 윗면을 지나갈 때 공기의 속도가 더 빨라지게 된다. 따라서 공기의 속도가 빠른 윗면은 기압이 낮아지고 상대적으로 아랫면의 기압은 높아지는데, 공기의 힘은 고기압에서 저기압으로 작용하므로 아래쪽에서 위로 힘이 작용하여 비행기가 뜨게 된다. 마찬가지로 날개 없는 선풍기에서도 스탠드에서 속이 빈 둥근 고리 내부로 밀려 올라간 공기는 고리의 구조적 특징으로 유속이 빨라진다. 이 빠른 속력의 공기가 빈 고리 내부의 좁은 틈을 통해 강하게 빠져나오면서 둥근 고리 안쪽 면의 기압은 낮아지게 된다. 이 때문에 선풍기 고리 주변의 공기가 고리 안쪽으로 유도되어 고리를 통과하는 강한 공기의 흐름이 생기게 된다.

① 고리에서 공기가 빠져나오는 공간이 클수록 바람이 강하다.
② 고리 속의 공간이 꽉 차 있을 때 바람이 강하다.
③ 원기둥 속 제트엔진과 팬의 거리가 가까울수록 바람이 강하다.
④ 고리 내부를 빠져나가는 공기의 속도가 빠를수록 바람이 강하다.
⑤ 팬 없이 모터만 사용하는 선풍기는 둘 다 사용하는 것보다 바람이 강하다.

PART 5 실전동형 모의고사

**03** 다음 [가]와 [나]의 글을 읽고 추론한 내용으로 가장 적절한 것을 고르면?

[가] 기분 관리 이론은 사람들의 기분과 선택 행동의 관계를 설명하기 위한 이론이다. 이 이론의 핵심은 사람들이 현재의 기분을 최적의 상태로 유지하려고 한다는 것이다. 따라서 기분 관리 이론은 흥분 수준이 최적의 상태보다 높을 때는 사람들이 이를 낮출 수 있는 수단을 선택한다고 예측한다. 반면에 흥분 수준이 낮을 때는 이를 회복시킬 수 있는 수단을 선택한다고 예측한다. 기분 조정 이론은 기분 관리 이론이 현재 시점에만 초점을 맞추고 있다는 점을 지적하고 이를 보완하고자 하였다.

[나] 연구자 갑숙은 음악 선택 상황에 대한 실험을 했다. 그는 실험 참가자들을 두 집단으로 나누고 집단 A에게는 한 시간 후 재미있는 놀이를 하게 된다고 말했고, 집단 B에게는 한 시간 후 심각한 과제를 하게 된다고 말했다. 집단 A는 최적의 상태 수준에서 즐거워했고, 집단 B는 최적의 상태 수준을 벗어날 정도로 기분이 가라앉았다. 이때 연구자 갑숙은 참가자들에게 기다리는 동안 음악을 선택하게 했다. 그랬더니 집단 A는 다소 즐거운 음악을 선택한 반면 집단 B는 과도하게 흥겨운 음악을 선택했다. 그런데 30분이 지나고 각 집단이 기대하는 일을 하게 될 시간이 다가오자 두 집단 사이에 뚜렷한 차이가 나타났다. 집단 A의 선택에는 큰 변화가 없었지만 집단 B는 기분을 가라앉히는 차분한 음악을 선택하는 쪽으로 변하는 경향을 보인 것이다. 이러한 선택의 변화는 기분 조정 이론을 뒷받침하는 것으로 간주되었다.

① 기분 관리 이론을 음악 선택의 상황에 적용하면 사람들은 항상 흥겨운 음악을 선택한다.

② 기분 관리 이론을 음악 선택의 상황에 적용하면 사람들은 흥분 수준이 최적의 상태보다 높을 때 흥겨운 음악을 선택한다.

③ 기분 관리 이론을 음악 선택의 상황에 적용하면 사람들은 흥분 수준이 최적의 상태보다 낮을 때 차분한 음악을 선택한다.

④ 기분 조정 이론을 음악 선택의 상황에 적용하면 사람들은 다음에 올 상황에 맞추어 현재의 기분을 조정하는 음악을 선택한다.

⑤ 기분 조정 이론을 음악 선택의 상황에 적용하면 사람들은 흥분 상태에서는 차분한 음악을 선택하고 우울한 상태에서는 흥겨운 음악을 선택한다.

**04** 다음 글의 내용을 통해 추론할 수 <u>없는</u> 것을 고르면?

> 석탄 산업 합리화 정책은 경제성이 낮은 탄광을 줄이고, 해당 지역의 개발을 통해 발전을 도모하려는 정책으로 1989년 시행되었다. 그 이후 기존 탄광 지역의 경제는 쇠퇴하였고, 많은 사람이 떠나게 되었다.
>
> 최근 강원도 의회가 정부의 제2의 석탄 산업 합리화 정책을 즉각 중단할 것을 촉구하고 나섰다. 강원도 의회 폐광 지역 개발 촉진 지원 특별 위원회는 2016년 5월 23일 발표한 성명서를 통해 "2016년부터 석탄 공사 산하 3개 탄광을 차례로 폐광한 뒤, 석탄 공사를 정리하기로 방침을 정했으며, 석탄 공사 산하 3개 탄광 중 전남 화순 탄광은 2017년, 태백 장성 탄광은 2019년, 삼척 도계 탄광은 석탄 수요를 고려하여 2021년 이후 폐광할 예정이라는 언론 보도를 발표했다."라고 설명했다.
>
> 이어 "지난 1989년 정부의 일방적인 석탄 산업 합리화 정책 추진으로 폐광 지역 경제의 버팀목이었던 대부분의 광산이 폐광되면서 수십만 명의 광부들과 가족들이 삶의 터전을 잃었다."라며 "탄광 지역에 거주하던 많은 주민들이 삶의 터전을 찾아 대도시로 이주했고 인구가 급격히 감소함에 따라 지역 경제가 황폐화되기에 이르렀다."라고 주장했다.
>
> 또 "정부는 이에 대한 대책으로 1995년 폐광 지역 개발 지원에 관한 특별법 제정과 함께, 폐광 지역의 경제 회생과 낙후된 지역 개발을 위해 카지노 설립 등 대체 산업 육성을 약속했지만 폐광 지역 대체 산업 육성 사업은 강원랜드를 제외하면 지지부진하고, 일자리 부족으로 인해 청년층의 외지 유출은 심각하다."라며, "이러한 상황에서, 또다시 지역 경제 기반을 파괴시키는 석탄 공사와 산하 국영 광업소 폐업을 시도하려는 정부의 제2의 석탄 산업 합리화 정책 추진은 지역 주민들의 생존권을 박탈함은 물론, 폐광 지역의 존립 자체를 부정하는 처사라고 볼 수밖에 없다."라고 지적했다.
>
> 이와 함께 "석탄 공사가 운영하는 3개 광업소가 문을 닫게 된다면 국내에 공급하는 석탄 생산량의 60% 이상이 감소하게 되며, 이로 인한 생산량 감소와 연탄 가격 상승은 불을 보듯 뻔하다. 저렴한 비용으로 인해 추운 겨울철을 연탄으로 버텨왔던 서민층과 저소득층의 생활고도 더욱 심해질 것"이라고 토로했다.

① 폐광 지역의 대체 산업 육성으로 강원랜드가 운영 중이다.
② 석탄 산업 합리화 정책은 저소득층의 생활고를 야기시킨다.
③ 강원도 의회는 청년층의 외지 유출에 대해 우려를 갖고 있다.
④ 화순, 장성, 도계 광업소가 모두 폐업하면 국내에 석탄 공급 부족이 발생할 것이다.
⑤ 폐광 지역 개발 지원에 관한 특별법 제정이 석탄 생산량 감소로 이어졌다.

**05** 다음 글의 마지막 문단의 빈칸 ㉠에 들어갈 내용으로 가장 적절한 것을 고르면?

> 사랑에는 흔히 세 단계가 있다고 한다. 사랑의 첫 단계에서는 테스토스테론이라는 남성 호르몬과 에스트로겐이라는 여성 호르몬이 관여한다. 우리가 상대방에게 끌리게 만드는 화합물로, 테스토스테론은 남성이 성장하면서 남자답게 보이게 만든다면 에스트로겐은 여성이 아름다운 육체와 미를 지니게 만든다.
>
> 사랑의 두 번째 단계는 상대방에게 빠져드는 단계로, 우리는 흔히 사랑에 빠졌다고 한다. 상대방 생각 외에 다른 일에는 주의를 집중하는 것이 불가능해지며, 불면증에 시달리기도 하고, 심하면 식욕도 잃는다. 이런 상태는 우리 뇌에서 몇 가지 화합물의 생성이 활발히 진행되기 때문이다. 이들 화합물 군을 모노아민계라 칭하는데 노르에피네프린, 세로토닌, 도파민이 이에 속한다. 노르에피네프린과 세로토닌은 흥분시키는 기능을 지니며, 도파민은 행복감을 느끼게 한다.
>
> 사랑의 세 번째 단계는 애착의 단계이다. 단순히 상대에 대한 매력을 넘어서 함께하는 만족감을 느끼게 한다. 이 단계에서는 옥시토신과 바소프레신이라는 두 가지 호르몬이 중요한 역할을 한다. 옥시토신은 '포옹 화합물'이라는 별명을 지니며 연인 사이의 애착심을 증가시킨다. 바소프레신은 애착 유발 화합물로, '일부일처제 화합물'이라는 별명을 지닌다. 들쥐는 철저하게 일부일처를 유지하는 동물이라 바소프레신이 사회적 행동에 미치는 영향은 주로 들쥐를 대상으로 연구한다. 수컷 들쥐는 짝짓기 후에 자기 짝 보호를 위해 다른 수컷에게 매우 공격적으로 변하며, 자기 짝에 대한 지속적 애착을 유지한다. (                ㉠                )

① 이때 짝짓기 후에 바소프레신이 뇌에서 평소보다 많이 발견된다. 이로 보아, 옥시토신과 함께 바소프레신이 짝 결합 유지에 중요한 역할을 담당한다는 것을 알 수 있다.

② 사랑의 단계마다 감정적 변모가 다르고, 그에 따른 과학적 설명도 다르다. 인간에게는 이끌림, 빠져듦, 애착의 단계마다 다른 사랑의 분자가 관여한다.

③ 옥시토신과 바소프레신은 아미노산 9개가 결합하고 있는 나노 펩티드이다. 아미노산은 다른 아미노산과 물 한 분자를 배출하는 탈수 반응을 통해 결합하게 되는데 이 결합을 펩티드 결합이라고 한다.

④ 흔히 여성 호르몬을 에스트로겐이라 부르지만, 실제로 에스트로겐은 에스트론, 에스트라디올, 에스트리올 등을 통틀어 부르는 명칭이다. 에스트라디올과 테스토스테론의 화학 구조를 비교해 보면 그 유사성에 놀랄 것이다.

⑤ 따라서 이들을 사랑의 화합물이라 부르며, 이들은 우리 뇌에서 신경 전달 물질로서 우리의 감정과 행동에 중요한 영향을 준다.

**06**  다음 글을 읽고 추론할 수 있는 내용으로 옳지 <u>않은</u> 것을 고르면?

> 디지털 시대에서 상상력의 개념이 바뀌고 있다. 보이지 않는 것을 표상하는 능력으로서의 고전적인 상상력보다는 이질적인 것들을 꿰맞추는 능력으로서의 상상력이 강조되고 있다. 지식의 무한한 생산과 유통이 진행되는 지식 정보 사회에서는 지식 그 자체보다 지식과 지식들을 융합하여 새로운 것을 창출하는 상상력이 더 중시되고 있다. 지식 데이터들이 상상력을 통해 서로 충돌하고 결합되고 융합될 때 새로운 생각, 새로운 기술, 새로운 문화가 창조될 수 있는 것이다.
> 이질적인 것의 네트워크로서의 상상력이 만들어내는 콘텐츠는 철학과 예술 분야뿐만 아니라 우리의 일상생활에서도 쉽게 찾아볼 수 있다. 갈낙탕, 오삼불고기, 불고기버거, 전복삼계탕, 피자 빈대떡, 청국장 초콜릿, 김치 파스타 등 전혀 어울리지 않을 것들이 결합되어 창의적인 음식 문화를 만들어내고 있다. 세계적인 상상력 콘텐츠가 된 「난타」는 사물놀이 가락과 주방 기구들의 창의적 결합으로 만들어졌다. 「비보이를 사랑한 발레리나」 역시 이질적인 것들의 결합으로 성공한 뮤지컬이다. 최근 한국 문화의 대명사가 되어 버린 '붉은 악마'와 '촛불 문화' 역시 그 자체가 상상력의 코드들이 아니겠는가? 그것은 개인의 상상력이 집단적 상상력으로 나타난 역사적 현상이다.

① 과거의 상상력 개념과 디지털 시대의 상상력 개념은 다르다.
② 디지털 시대의 상상력은 다양한 분야에서 그 능력을 드러내고 있다.
③ 개인적 상상력은 사회적으로 확대되어 새로운 문화를 형성할 수 있다.
④ 상상력을 향상시키기 위해서는 다양한 지식의 창조가 선행되어야 한다.
⑤ 기존의 지식들은 상상력을 통해 결합되어 새로운 것으로 창조될 수 있다.

**07** 다음 글에서 설명하는 내용의 사례로 가장 적절하지 <u>않은</u> 것을 고르면?

1969년 미국의 심리학 교수인 필립 짐바도는 캘리포니아의 팰로앨토와 뉴욕의 브롱크스 두 도시의 골목길에 자동차 한 대를 길가에 각각 세워 두고 주변 사람들의 행동을 유심히 관찰하였다. 치안이 좋지 않기로 유명한 브롱크스의 차는 하루도 채 지나지 않아 대부분의 부품을 도난당했지만, 팰로앨토에 세워둔 차는 5일이 지나도록 아무런 일이 일어나지 않았다. 이에 짐바도는 팰로앨토의 자동차 유리창을 깨뜨려 둔 채 차를 방치해 두었는데 이번에는 이전과 전혀 다른 결과를 얻게 된다. 사람들은 차의 배터리와 부품을 훔쳐 가고, 또 거의 폐차 상태가 될 때까지 부수기도 한 것이었다. 짐바도 교수는 자동차가 파손된 상태로 방치된다는 것은 그 누구도 관심을 가지고 차를 관리하지 않는다는 신호를 주게 되고, 결국 이것은 주위 다른 이들로 하여금 이 차와 인접 환경에 대하여 여러 유형의 경범죄를 불러일으킬 수 있게 된다고 지적하였다. 특히 익명성이 보장되는 도시 환경에서는 이러한 행동에 손쉽게 가담하게 하고, 이것이 때로는 지역 주민들 윤리의식을 저하시키는 요인이라고 지적하였다. 결국 창문이 깨진 차 한 대라는 작은 요소가 그 지역 범죄율을 심각하게 높이는 시발점이 될 수 있다는 것이다. 이러한 실험 결과는 이후 미국 범죄학자인 제임스 윌슨과 조지 켈링에 의해 작은 무질서 상태가 더 크고 심각한 범죄 또는 상황을 야기할 수 있다는 '깨진 유리창 이론(Broken Window Theory)'으로 개념화되었다. 깨진 유리창 이론은 범죄학뿐만 아니라 기업경영과 조직 관리에도 적용된다. 기업의 입장에서는 하찮은 것처럼 보이지만 소비자들은 그러한 세세한 것에서 기업의 전체 이미지를 확대하여 해석해 보게 되는 것이다.

① 범죄가 자주 발생하던 지하철역 내의 낙서를 모두 지우자 범죄율이 80% 이상 줄어들었다.
② 방문한 식당의 화장실이 더러운 것을 보고 주방 역시 더러울 것이라 생각하여 다시는 그 식당에 방문하지 않았다.
③ 깨끗하던 골목에 누군가가 몰래 쓰레기를 버리자 사람들이 너도나도 골목길에 쓰레기를 버리기 시작했다.
④ 자동차 사고로 지불하는 입원비보다 자동차보험의 보상조건이 더 좋다는 것을 안 가입자들이 일부러 사고를 유발하였다.
⑤ 서비스에 불만을 가진 고객의 문의에 직원 한 명이 미숙하게 응대한 사실이 인터넷을 통해 소문이 퍼져 기업의 전체적인 이미지가 훼손되었다.

**08** 다음 글의 내용과 일치하지 <u>않는</u> 것을 고르면?

메소포타미아에서 기록된 문명이 시작된 기원전 약 4000년 이래 중세의 암흑기를 지나기까지 인류는 기독교에서부터 토속 종교에 이르기까지 수많은 종교의 그늘에 갇혀 있었다. 과학이 위력을 발휘하기 시작한 르네상스 이후로는 많은 이들이 인본주의의 횃불을 높이 들고 행진해 왔다. 한마디로 과학의 발달은 인류를 더욱 현실적으로 바꾸고, 종교라는 비현실적으로 보이는 오류에 빠져있는 사람들의 구세주 역할을 하게 되었다. 이후 검출과 검증 등의 확인이 불가능한 세계를 다루는 종교는 미신처럼 치부되기 시작하였다.

그러나 그 종교가 우리 생활에 직간접적으로 관여하는 초자연적인 존재들과의 관계를 다루는 것이 아닌 우리의 진정한 본질과 그중 자연계에 속하지 않은 나의 부분적 실체의 영원한 운명과 관련이 있다면, 그 중요성은 과학 못지않다고 할 수 있다.

데모크리토스의 원자론 이후에 멀어지기 시작한, 과학이라는 형이하학적 세계와 종교라는 형이상학적 세계는 20세기 양자역학의 도입 이후 놀라운 전환기를 맞게 된다. 실제로 존재하는 세상이, 있는 것과 없는 것이 구별되지 않는 지극히 모호한 세상이라는 것을 과학이 밝혀낸 것이다. 그러나 자연세계가 무엇으로 되어있는가를 규명하는 것이 종교의 본질이 아니기에, 도대체 그 난해하고 복잡한 원리와 설계(알고리즘)가 어떻게 어디에서 비롯되었는지가 의문으로 남는 것이다.

과학과 종교라는 결코 공존할 수 없는 듯한 난제를 다루기 위해서는 우선 자연현상과 초자연현상이라는 것에 대한 정의와 자연계와 초자연계라는 구도를 이해해야 한다. 과학은 가설로 시작하여 실험을 통한 반복적 검증, 그리고 같은 결과를 통해 증명된다. 우리의 삶이 자연계에 속한 것이고, 우리가 살며 만나는 모든 현상이 자연현상뿐이라면, 우리는 종교 같은 것으로 우리의 삶의 아까운 시간을 허비할 이유가 없다. 그러나 우리의 생물학적 죽음 이후에 이 자연계에 속하지 않는 또 다른 삶이 존재한다면 우리는 단지 눈에 보이고 느낄 수 있는 자연계의 구도만 알아서는 부족하다. 또한 그렇게도 영리한 우리 인류가 수천 년간을 살며, 그 일상에서의 개입을 인정해 온 신(神)이라는 자연계의 도구로 검출할 수 없는 존재들에 대한 초자연현상들을 무시한다면, 그것은 모든 가능성을 인정하고서 출발해야 할 과학도의 입장과도 맞지 않는 일이 될 것이다.

우리 인류는 사실 자연계의 적지 않은 부분을 규명했다. 흔히 우주로 표현하는 자연세계가 어떤 크기이고 무엇으로 만들어졌으며, 언제 시작했고 어떻게 끝날 것인가를 밝혀가는 것이 과학이 하는 일이다. 자연세계를 설명할 전문가는 과학자들이다. 종교가 설명하는 세계는 내세이다. 자연계의 도구로는 결코 검출할 수 없는 영혼이라는 소재와 그 세계를 설명하는 전문가들이 종교인이다. 종교인들이 주목하는 세계는 검출에 의한 규명과 검증이 불가능하다.

① 과학과 종교는 다루고 있는 영역 자체가 동일하지 않다.
② 양자역학의 도입은 과학뿐만 아니라 종교의 영역에도 변화를 주었다.
③ 인류에게 큰 기여와 역할을 하게 된 것은 과학보다 종교가 더 먼저이다.
④ 종교는 신과 인간과의 관계를 다룬다는 점에서 과학과 큰 차이점이 있다.
⑤ 과학의 기본 원리는 모든 가능성을 인정하고 이를 증명하는 것에서 출발한다.

[가] 현 정부의 핵심 과제 중 하나는 '일자리 창출'이다. 청년 추가 고용 장려금, 일자리 안정 자금 등 청년 일자리를 위한 다양한 정책이 쏟아지고 있다. 정부는 일자리 예산을 22%나 늘렸고, 지원 대상도 중소·중견기업, 소상공인 등으로 범위를 넓혔다.

정부는 현재 부처별로 약 40개의 청년 일자리 정책을 추진 중이다. 고용 노동부의 대표적인 청년 일자리 정책은 '청년 내일 채움 공제'이다. 중소·중견기업에 취업한 청년(만 15~34세)이 3년간 총 600만 원을 적립하면 기업(600만 원)과 정부(1,800만 원)가 함께 돈을 적립해 3,000만 원의 자산을 형성하도록 돕는 제도다. 이 제도에 편성된 예산은 4,258억 원에 달한다. 고용부가 제시한 청년 내일 채움 공제의 시행 지침에는 '비영리 목적의 사업자, 법인, 단체, 조합, 협회'를 가입 대상에서 제외하고 있다. 이미 취업한 재직자를 대상으로 하는 '청년 재직자 내일 채움 공제'도 마찬가지다. 해당 제도들은 중소기업 인력 이탈을 막고 장기 재직을 장려하기 위한 '성과보상기금'으로 운영되기 때문에 중소기업에 맞춰 설계됐다. 고용 노동부의 '일자리 안정 자금' 지원 대상에서도 국가·지자체 등으로부터 인건비·운영비 등을 지원받아 운영하는 기관은 제외한다는 단서 조항이 달려 비영리 단체는 그 대상에서 제외되었다. 비영리 단체는 대부분 국가나 지자체 등의 지원을 조금씩 받고 있기 때문이다.

[나] 전국에 등록된 비영리 민간단체는 올해 2분기 기준 1만 4,128개다. 국내 일자리 2,323만 개 가운데 비영리는 404만 개(17.4%)를 차지했다. 전체 일자리의 15.8%를 차지하는 대기업(368만 개)보다 큰 규모다. 비영리 단체는 좋은 일자리의 기준이 되는 평균 소득, 근속 연수, 평균 연령 등에서 대기업과 중소기업을 앞지른다.

국제적으로 비영리는 정부와 영리기업을 제외한 이른바 '제3섹터'에 포함된다. 하지만 우리나라에서는 제3섹터 중에서도 사회적 경제에만 지원이 쏠려 있다. 정부는 사회적 경제에서 일자리를 창출하기 위해 '사회적 기업 육성법' 같은 여러 법률을 마련했는데, 비영리는 지원할 법적 근거도 없는 상태이다. 하지만 미국이나 유럽에서는 제3섹터가 갖는 경제적 가치, 특히 일자리 창출 효과가 큰 영역으로 인식되고 있다. 우리 정부도 의미 있는 삶을 좇아 비영리로 오는 청년들이 장기적으로 일하도록 지원하고, 해당 분야 인재가 양성될 수 있는 방안도 고민해야 할 때이다.

① "비영리 단체에는 정부의 규제만 있을 뿐 지원은 없군."
② "부정 수급 방지 시스템 미비로 고용 장려금이 계속 새고 있군."
③ "위기 때 고용 유지에 써야 할 예산을 청년 채용 장려금으로 쓰고 있군."
④ "비영리 단체의 임금은 최저 시급에도 못 미친다는 점을 간과하고 있군."
⑤ "정부의 일자리 정책에서 비영리 단체를 위한 지원이나 제도는 찾아볼 수 없군."

**10** 다음 글에서 필자가 말하고자 하는 중심 내용으로 가장 적절한 것을 고르면?

> 맬서스는 『인구론』에서 제어되지 않을 때 기하급수적으로 증가하는 인구와 달리 식량은 산술급수적으로만 증가하므로 인구 증가율이 0이 되는 균형의 안정성이 확보되지 않으면 생활 수준의 하락을 막을 수 없다고 보았다. 이에 그는 산아 제한 정책, 재난이나 전쟁 등의 필요성을 주장하였고, 인구 과잉을 촉진할 수 있는 사회 복지 정책에 대해서도 부정적인 견해를 보였다. 이러한 맬서스의 견해는 비인간적인 것으로 비쳐져 사회 개혁을 꿈꾸던 사람들에게 거센 비판을 받았다. 맬서스는 이를 의식한 듯 『인구론』 제3판 이후부터는 자신이 인구의 적이 아니며, 식량의 공급과 비례 관계를 유지하는 한도 내에서 지속적인 인구 증가를 옹호하는 사람이라는 점을 명시적으로 강조했다.
>
> 결과적으로 볼 때 그의 예측이 현실화되지 않았기 때문에 맬서스를 훌륭한 예언자로 평가하기 어려울 수 있다. 그러나 수확 체감에 관한 그의 가정은 영국 고전학파 경제학자들에게 널리 수용되었으며, 1인당 식량이 점차 생존 수준에 수렴하리라는 명제는 임금이 장기적인 관점에서 최저 생계비 수준으로 결정된다는 고전학파의 임금 이론에 적지 않은 영향을 주었다. 무엇보다 그는 인구가 생활 수준에 미치는 필연적 효과를 역동적으로 설명했으며, 그의 이론은 당대의 경제학이 역사의 무대 뒤로 퇴장한 오늘날까지도 경제학자들의 사유 훈련에서부터 정책 결정을 둘러싼 여론 형성에 이르기까지 강력한 영향력을 발휘하고 있다.

① 맬서스는 사회 복지 정책의 문제점을 지적하였다.
② 맬서스는 사회 개혁을 꿈꾸던 사람들과 견해 차이가 있었다.
③ 맬서스의 『인구론』의 제3판에는 초판과 다른 내용이 실려 있다.
④ 맬서스의 이론은 오늘날까지도 여러 측면에서 강력한 영향력을 발휘하고 있다.
⑤ 맬서스는 재난이나 전쟁 등을 통해 인구 증가가 억제되어야 한다고 주장하였다.

**11** 다음 글을 읽고 빈칸에 들어갈 내용으로 가장 적절한 것을 고르면?

사진의 프레임은 단순하게 생각하면 사진을 둘러싼 울타리에 지나지 않아 보인다. 즉, 사물과 사물 사이에 금을 그어 구분 짓는 경계선으로 보일 뿐이다. 더욱이 이 프레임은 카메라의 파인더에 의해 이미 사각형으로 형태가 정해져 있어서 사진작가는 그 파인더로 자기가 찍고 싶은 만큼의 범위를 정해 셔터만 누르면 된다. 이렇게 파인더로 내다보고 찍어서 생겨나는, 다시 말하면 파인더의 네모난 물리적 형태가 테두리로 남은 것, 이것이 프레임이라고 생각하기 쉽다.

그러나 프레임과 파인더는 완전히 별개이다. 파인더의 네모꼴이 그대로 프레임의 네모로 이어지는 것은 분명하지만, 파인더는 프레임을 정하기 위한 장치이지 프레임 자체는 아니다. 파인더가 유리창이라면 프레임은 (                    )(이)라고 할 수 있다. 파인더는 고정적이지만 프레임은 작가의 움직이는 시선을 따라 변한다. 이렇게 프레임은 단순히 테두리가 아니라 작가가 본 세계의 테두리라는 점에서 파인더의 단순한 물리적 틀을 넘어선다.

① 유리창에 비친 자신의 모습
② 유리창을 깨끗하게 닦는 기구
③ 유리창을 둘러싸고 있는 테두리
④ 유리창 넘어 작가가 상상할 수 있는 세계
⑤ 유리창을 통해서 보이는 일정 범위의 세계

**12** 다음 글을 읽고 추론한 내용으로 가장 적절하지 <u>않은</u> 것을 고르면?

> 태양 광선은 X선, 자외선, 가시광선, 적외선, 라디오파 등으로 구성되어 있다. 이는 파장에 따라 구별하는데 지구 표면에 도달하는 태양 광선은 적외선 52%, 가시광선 34%, 자외선 6%이다. 이중 가장 단파장인 자외선은 사람의 눈에 보이지 않으며, 강한 화학 작용을 가지는데 하루 중 정오를 전후해서 하루 자외선 양의 60%가 집중적으로 강력하게 쏟아진다.
>
> 자외선 중 광생물학적으로 인체에 가장 영향을 많이 미치고 피부에 광손상을 일으키는 주원인은 UVB(280~320nm)이다. UVB는 피부의 핵산, 단백질 등의 합성을 억제하고 화상을 입히며 새로운 색소를 만들어 색소 침착을 유발하는가 하면, 비타민 D를 합성시키고 면역학적 기능을 저하해 세균 감염 및 암을 유발한다. UVA(320~400nm)는 에너지 강도가 UVB의 1/1,000밖에 되지 못하나 지구상에 도달하는 빛의 양은 UVB보다 100배 정도 많으며, UVB와 마찬가지로 피부 홍반과 색소 침착을 유발한다. 또 UVA는 침투력이 좋아 UVB와 달리 유리창을 투과한다. UVA는 대부분 광알레르기성 피부 질환을 유발하는 파장의 빛으로 장시간 노출되면 피부 노화는 물론 피부암과 백내장 등을 유발할 수 있다. UVC(200~280nm)는 세포와 세균을 파괴하는 힘이 매우 강하다. 그러나 파장이 짧아 침투력이 미약해 오존층과 성층권에서 대부분 흡수되므로 생물학적으로 큰 의미는 없다.

① 자외선은 강한 화학 작용의 성질 때문에 인체에 여러 가지 영향을 미칠 수 있다.

② 오전 10시에서 오후 3시까지 외출을 삼가면 피부암을 예방하는 데 도움이 된다.

③ 자외선 파장의 길이는 침투력 및 인체에 미치는 영향과 비례한다.

④ 실내 및 실외에 장시간 머물며 자외선에 노출되면 피부암과 백내장에 걸릴 수 있다.

⑤ 환경 오염으로 오존층이 손상되면 UVC는 인체에 치명적인 영향을 줄 것이다.

**13** 다음 글에서 나타난 필자의 입장을 추론한 내용으로 가장 적절한 것을 고르면?

윤리의 보편적 측면을 이용하여 우리에게 옳음과 그릇됨을 알려주는 윤리적 이론을 도출할 수 있을까? 스토아학파 철학자들로부터 헤어와 롤즈에 이르기까지 철학자들은 이를 시도해 왔다. 아직은 어떠한 이론도 일반적으로 받아들여지고 있지는 않다. 우리가 윤리의 보편적 측면을 있는 그대로 형식적으로 서술한다면 광범위한 여러 이론들이 이러한 보편성이란 개념과 양립 가능한데, 이론 중에 결코 융화될 수 없는 윤리적 이론들도 포함된다는 것이 문제가 된다.

다른 한편으로 우리가 윤리의 보편적 측면을 계속 서술하다가 불가피하게 하나의 특정한 윤리적 이론에 다다르게 된다면, 우리는 윤리에 대한 정의에 우리 자신의 윤리적 신념을 슬그머니 집어넣었다는 비난을 받게 될 것이다. 게다가 윤리가 보편적 관점을 취해야 한다는 이러한 정의는, '윤리 이론'이라고 부를 수 있는 모든 중요한 후보들을 포괄할 정도로 충분히 넓고 중립적이어야만 한다고 가정된다.

수많은 사람들이 윤리의 보편적인 측면에서부터 하나의 윤리 이론을 연역해내는 데 놓여 있는 이러한 장애물들을 극복하지 못하였기 때문에, 완전히 다른 목적을 가진 작업에 대한 간단한 소개의 자리에서 그러한 일을 시도하는 것은 대단히 어리석은 일이 될 것이다. 그 대신 조금 덜 야심적인 제안을 하고자 한다. 말하고자 하는 바는 윤리의 보편적 측면이 적어도 출발점에서는 넓은 의미로 공리주의적인 입장을 취할 근거를 제공한다는 것이다. 만약 우리가 공리주의를 넘어서야 한다면, 왜 그렇게 해야만 하는지에 대한 충분한 이유를 제시할 필요가 있다.

① 현대의 공리주의는 보편적 윤리 규범이 존재하지 않는다.
② 윤리적 신념은 도덕적 규제를 통해 조정함으로써 공리주의를 실현할 수 있다.
③ 개인과 사회 전체의 이익을 생각하는 것은 시대와 장소를 초월하여 타당하다.
④ 규범의 절대성만 주장한다면 다양한 현상의 고유 의미를 존중할 수 없다.
⑤ 소수의 의견이나 개인의 권리를 침해한다면 정당한 윤리 이론이라 할 수 없다.

**14** 다음 글을 읽고 난 의견으로 글의 내용에 부합하지 <u>않는</u> 것을 고르면?

사마귀는 피부 또는 점막에 사람 유두종 바이러스의 감염이 발생하여 표피의 과다한 증식이 일어나 표면이 오돌토돌한 구진(1cm 미만 크기로 피부가 솟아오른 것)으로 나타난다. 피부 어느 부위에나 발생할 수 있으나 주로 외부에 노출되는 손, 발, 다리, 얼굴 등에 발생하고, 성 접촉을 통해 성기에도 발생할 수 있다. 사마귀는 티눈으로 오인하기 쉬운데, 사마귀는 바이러스성 질환이지만, 티눈은 피부의 변형으로써 손과 발 등 피부가 자극을 받아 작은 범위의 각질이 증식돼 원뿔 모양으로 피부에 박혀 있는 것을 말한다. 사마귀는 각질을 깎아냈을 때 여러 개의 검은 점이 보이거나 점상 출혈을 보이며, 티눈은 출혈이 없고 중심핵이 관찰된다. 또한 사마귀는 바이러스에 의해 피부 여러 곳으로 옮겨가지만 티눈은 그렇지 않다.

가장 흔한 보통 사마귀는 거칠고 융기된 표면을 가진 다양한 크기의 구진이 손등, 손톱 주위, 얼굴 등에 발생하며, 성인이 되면 발생 빈도가 낮아지고 병변의 수도 줄어든다. 편평 사마귀는 표면이 편평한 작은 구진으로 나타나며 각각의 병변이 합쳐져 불규칙한 판이 되기도 하며, 치료가 어렵기도 하지만 동시에 자연 치유의 빈도가 높다. 손발바닥 사마귀는 체중에 의해 눌려서 티눈처럼 보이기도 하는데 실제로 발바닥 사마귀와 티눈을 감별하기는 쉽지 않아 표면의 각질층을 깎아내고 관찰해야 사마귀로 진단할 수 있다.

음부 사마귀는 흔한 성인성 질환의 하나로 전염력이 매우 높으며 성관계 후 2~3개월 뒤에 피부 병변이 나타난다. 특히 여성의 경우 음부 사마귀가 자궁경부암 발생과 관련이 있기 때문에 증상이 나타나면 즉시 검사와 치료를 받을 필요가 있다.

가장 대표적인 사마귀 치료법은 냉동 치료이며, 이외에 블레오마이신 병변 내 주입요법, 5-FU 연고 도포, 이미퀴모드 도포, DPCP 면역 치료, 레이저 제거 등의 방법이 있다. 소아환자의 경우 냉동 치료를 할 때 통증에 대한 두려움으로 반복 치료가 어려운 경우가 많아 병변이 광범위하지 않다면 5-FU 연고 등의 국소도포제를 먼저 고려하는 것이 좋다. 하지만 치료 기간이 오래 걸린다는 단점이 있으며, 블레오마이신 병변 내 주입요법의 경우 통증이 심하고 조갑 변형의 위험이 있다. 레이저 치료는 단기간에 제거할 수 있지만 다시 재발하는 경우가 흔하고 흉터가 잘 남는다.

사마귀의 원인은 바이러스이므로 바이러스와의 직접적인 접촉을 피하는 것이 가장 좋은 예방법이다. 특히 전염성이 있고 전이가 될 수 있는 사마귀를 어린아이가 입으로 접촉하지 않도록 주의해야 한다.

① "티눈은 한자리에만 발생하지만 사마귀는 전이가 될 수도 있구나."
② "치료 시 통증에 대한 우려가 크다면 연고를 발라 치료해 보는 방법을 고려해봐야겠군."
③ "발에 난 사마귀와 티눈은 원래 식별하기가 쉽지 않군. 그래도 자연 치유가 잘 된다니 곧 낫겠지."
④ "사마귀는 발가락에만 발생하는 것이 아니로군. 접촉에 의해 전염될 수도 있는 질환이라는 건 몰랐네."
⑤ "바로 증상이 나타나지 않고 몇 개월 후에 나타나는 사마귀도 있으니 청결한 생활을 유지하도록 신경 써야겠군."

**15** 다음 글의 '가격 차별'의 사례로 가장 적절한 것을 고르면?

> 기업이 즐겨 쓰는 가격 차별은 탄력성에 착안한 것이다. 가격 차별이란 기업이 수요자들을 탄력성의 크기별로 분류해서 가격을 다르게 매기는 방법으로, 탄력적 수요자들에게는 할인 혜택을 주고 비탄력적 수요자들에게는 제값을 받거나 할증 요금을 받는 것이다. 이를 위해 기업은 예상되는 탄력성에 따라 시장을 분리한다.
>
> 시장 분리의 기준으로 고객의 연령, 소득 수준 등이 이용될 수 있다. 대체로 학생들은 가난하여 가격에 수요가 크게 좌우되기 때문에 학생들에게 할인 혜택을 줌으로써 수요를 증가시켜 고수입을 올린다. 국제 전화 요금의 심야 할인은 시간을 이용한 수요자 분리법이다. 업무 전화는 반드시 해야 하는 전화이기에 수요가 비탄력적이지만 안부 전화 등은 가격에 크게 좌우된다. 따라서 기업이나 관공서가 활동하는 낮과 그렇지 않은 밤을 분리하여 가격 차별을 함으로써 기업은 수요를 증가시켜 고수입을 올릴 수 있다. 또 국내 수요자들과 국외 수요자들의 탄력성 차이를 이용하여 가격 차별을 하기도 한다. 해외 시장의 경우 경쟁으로 인해 대체물의 수가 많기에 특정 상표 수요에 대한 탄력성이 크기 마련이다. 국산 자동차의 가격이 미국에서 더 싼 이유가 여기에 있다. 미국 소비자들은 다양한 브랜드의 자동차를 고를 수 있기에 수요가 매우 탄력적이다. 하지만 수입차에 비싼 세금이 붙는 한국의 경우 국산 차의 수요는 대체로 비탄력적이다.

① 신기술 TV 개발 기념으로 판매 첫날 사은품을 증정한다.
② 3월 학기 초에 신입생을 대상으로 컴퓨터를 할인하여 판매한다.
③ 명절 기간 중 심야 시간부터 새벽까지 지하철을 연장 운행한다.
④ 새로운 모델의 휴대폰을 출시하면서 기존의 휴대폰 가격을 인하한다.
⑤ 놀이공원에서 놀이공원이 위치한 지역에 사는 지역 주민들에게 할인해 준다.

**16** 다음은 '이러한 주장'에 대해 반박한 글이다. '이러한 주장'으로 가장 적절한 것을 고르면?

> 이러한 주장에는 다음과 같은 부작용이 생긴다. 목돈이 부족한 서민들이 전세보다 부담이 더 큰 월세를 선택하게 된다. 이걸 막기 위해서는 월세를 정부가 보조해 주는 월세 바우처 등의 정책이 가능하지만, 그런 지원금 정책은 다시 월세를 올리는 동력으로 작용한다. 그 이유는 월세 80만 원을 부담해야 해서 어려워진 서민에게 30만 원에 해당하는 월세 바우처를 주면 50만 원의 월세 부담만 하면 될 것 같지만, 이 경우 사람들은 월세 바우처 30만 원을 합해서 월세 100만 원인 더 좋은 집으로 이동한다. 너도나도 100만 원짜리 더 좋은 월세를 찾으면 원래 100만 원이던 월셋집의 월세는 130만 원으로 오르고 작년까지 월세 80만 원이던 '그때 그 집'의 월세는 100만 원으로 오른다. 결국 같은 집에서 거주하게 되지만 월세만 100만 원으로 오르고 정부의 바우처 지원 예산은 결국 집주인들에게 돌아간다. 이런 일이 벌어지는 이유는 더 나은 환경에서 거주하려는 본능적 욕구 때문이다.

① 집값을 안정시키기 위해 월세 제도를 없애야 한다.
② 전세금 상승을 막기 위해 전세대출을 규제해야 한다.
③ 월세금 부담을 줄이기 위해 전세대출을 확대해야 한다.
④ 월세금 부담을 줄이기 위해 바우처 등 지원금 정책을 사용해야 한다.
⑤ 전세금 상승을 막기 위해 다주택자에게 세금 부담을 가중시켜야 한다.

**17** 다음 글의 [가]를 바탕으로 [나]의 빈칸 ㉠에 들어갈 내용을 추론한 것으로 가장 적절한 것을 고르면?

[가] 동물의 물질 대사율은 많은 요인의 영향을 받는데, 그중 가장 큰 영향을 주는 요인은 몸의 크기이다. 커다란 동물들은 몸의 크기가 커서 작은 동물보다 에너지를 많이 요구한다. 하지만 몸의 크기와 물질 대사율은 반비례 관계에 있기 때문에 내온 동물이 작으면 작을수록 안정적인 체온을 유지하는 데 필요한 에너지의 비율은 더욱 커진다. 그 이유는 길이, 표면적, 부피의 관계를 통해 설명할 수 있는데, 길이가 L배 커지면 표면적은 $L^2$, 부피는 $L^3$에 비례하여 커진다. 이는 어떤 동물이 작으면 작을수록 부피에 대한 표면적의 비율이 더 커진다는 것을 의미한다. 그리고 대사 활동을 통해 발생하는 열에너지는 몸의 세포 수, 즉 부피에 비례하고, 외부에서 얻거나 외부로 발산되는 열에너지는 몸의 표면적에 비례한다. 외부와의 열 교환이 이루어지는 표면적이 차지하는 비율이 더 커지면 주변과의 열 교환은 더욱더 빨라지게 된다.

[나] 현대적인 SF나 판타지 영화, 또는 가족 코미디물 등을 보면, 걸리버 여행기의 소인국처럼 아주 작은 인간들이 주인공으로 등장하거나, 사람을 인위적으로 아주 작게 축소시키는 장면들이 나온다. 아주 작은 인간이 슈퍼 영웅의 주인공으로 등장하기도 하는데, 개미처럼 작은 인간으로 변신한다는 SF 액션 영화가 국내외에서 개봉된 바 있다. 하지만 현실에서는 영화에서 보는 것처럼 사람의 크기가 원래 크기의 1/100만큼 작은 초소형 인간은 존재할 수 없다. 그 이유는 (            ㉠             )

① 표면적과 부피가 줄어들면서 물질 대사율이 떨어지기 때문이다.
② 체내의 물질 대사 과정에서 생성된 열에 의해 체온을 유지하기 때문이다.
③ 물질 대사를 통해 생성되는 열에너지가 동물의 몸무게와 비례하기 때문이다.
④ 부피에 대한 표면적의 비율이 상대적으로 너무 커서 항온성을 유지하지 못하기 때문이다.
⑤ 체내에서 이루어지는 물질 대사가 활발해지면 체내의 열에너지 생성이 증가하기 때문이다.

**18** 다음 글의 내용과 일치하는 것을 고르면?

지금까지 보고된 류머티스성 질병의 수는 200개가 넘으며, 미국에서만 최소 4,600만 명에게 영향을 미치고 있다. 류머티스성 관절염 및 루푸스와 같은 많은 류머티스성 양상은 모두 자가 면역 질환으로 면역계가 신체 내의 건강한 조직을 실수로 공격한다는 것을 의미한다. 유전적 요인과 환경적 요소의 결합은 자가 면역 질환의 발병에 영향을 미치는 것으로 여겨지며, 특정 감염이 유발 요인으로 작용할 수 있다. 하지만 나이가 들면서 진행되는 퇴행성 질환인 골관절염, 혈액 내 요산의 수치가 높아서 발생하는 질환인 통풍은 자가 면역 질환으로 분류되지는 않지만 둘 다 류머티스 질환의 범주에 속한다.

류머티즘은 관절염의 대체 용어처럼 사용된다. 류머티스성 질환은 관절, 근육, 인대, 뼈 및 힘줄에 염증을 유발하는데, 관절염은 특히 관절에 영향을 주는 질병을 말한다. 따라서 전반적인 상태와 경우의 상당 부분을 차지하는 관절염은 류머티스성 질환의 하위 범주로 간주할 수 있다. 류머티스 관절염은 주로 발병 초기에 전신 권태감, 피로, 근육통 등이 나타나다가 수주 또는 수개월 후에 관절 증상이 나타난다.

류머티스성 질환에는 비관절성 질환도 있는데 비관절 류머티스성 질환의 가장 잘 알려진 예는 체내의 장기적인 통증을 특징으로 하는 '섬유근육통'이다. 관절에 영향을 주는 증상을 띄긴 하나 엄격히 말하자면 관절염의 형태는 아닌 또 다른 양상에는 '류머티스 열'이 있다. 류머티스 열은 잠재적으로 심각한 양상을 보이는데, 패혈증 인두염을 방치할 경우 면역계가 신체를 공격하고 관절, 피부, 뇌와 심장에 염증을 일으키게 해 자가 면역 반응을 일으킬 수 있다. 류머티스 열은 주로 통증, 시림, 관절 염증, 발열 등을 동반하며 가슴 통증과 같이 심장에 영향을 주기도 한다.

류머티스 관절염, 류머티스 열과 함께 많은 사람들이 관심을 갖고 있는 류머티스성 질환은 '재발성 류머티즘'이다. 재발성 류머티즘이라는 병명은 증상이 갑자기 혹은 자발적으로 발생하거나 몇 시간, 며칠 동안 지속된 다음 처음과 똑같이 갑작스럽게 중단되는 방식에서 기인한다. 이러한 공격은 일반적으로 산발적이고 예측할 수 없다는 성격을 띠고 있다. 재발성 류머티즘은 관절과 주변 조직에 통증과 염증을 일으키지만, 류머티스성 관절염과는 달리 관절에 지속적인 손상을 주는 것처럼 나타나지 않는다. 재발성 류머티즘의 위험을 결정 짓는 요인에는 성별, 유전, 민족이나 인종, 나이 등 여러 가지가 있다.

① 류머티즘은 특정 질환이 아니다.
② 모든 류머티스성 양상은 자가 면역 질환을 나타낸다.
③ 류머티즘과 관절염이라는 용어는 같은 것을 의미한다.
④ 류머티스 열을 치료하지 않으면 패혈증 인두염이 발병한다.
⑤ 재발성 류머티즘의 증상은 류머티스성 관절염과 유사하다.

**19** 다음 글을 읽고 추론한 내용으로 적절하지 <u>않은</u> 것을 [보기]의 ㉠~㉣ 중에서 모두 고르면?

국어의 단어는 유래에 따라 고유어, 한자어, 외래어로 나눌 수 있다. 표준국어대사전에 등재된 단어 중 상당수는 한자와 한글로 동시에 표기할 수 있는데, 이러한 단어들을 '한자어'라고 한다. 즉, 한자어는 한자로 쓴 단어가 아니라 한자에서 유래한 단어를 의미한다. 반면 '고유어'는 한글로만 표기되는 단어를, '외래어'는 해외에서 들어와 한국어로 굳어진 단어를 말한다. 몇 가지 예외를 제외하고, 고유어나 외래어의 뜻은 대체로 한두 가지로 한정된다. 예컨대 '바다'라는 단어는 '지구 위에서 육지를 제외한 부분으로 짠물이 괴어 하나로 이어진 넓고 큰 부분'을 의미한다. 넓거나 깊음을 의미하는 등 비유적으로 더 많은 뜻을 가지지만, 그 뜻도 기본적인 뜻에서 비롯된 것으로 이해할 수 있다. 반면 한자어를 발음에 따라 한글로 표기하면 그 단어는 여러 가지를 의미할 수 있다. 예컨대 '해'라는 단어가 '바다'를 의미한다고 단정할 수 없다. 한자에서 '해'로 발음되는 단어가 매우 많기 때문이다. 두 글자 이상의 단어의 경우에도, 정도는 덜하지만 거의 대부분이 둘 이상의 상이한 뜻을 가지고 있다. 이처럼 한 단어가 여러 가지 뜻을 갖는 것을 중의성 혹은 다의성이라고 한다.

이와 같은 단어의 다의성으로 느끼는 애매함을 해결할 때에는 단어의 의미를 파악하기 위해 다른 단어의 처리가 지연되고, 정보에 대한 기억을 유지하는 것과 같은 과정이 동반된다. 즉 애매함은 해당 단어의 여러 의미를 처리하는 과정과 문장의 전반적인 의미를 처리하는 과정을 거쳐 단어의 최종 의미가 결정되면서 해소된다. 이와 같은 단어의 의미 처리는 앤더슨의 부채효과(Fan effect)로도 설명할 수 있다. 부채효과는 한 기억 항목에 연결된 정보가 많을수록, 각 정보의 인출이 느려지는 현상이다. 다의어의 경우 한 단어가 가진 의미가 많을수록 각 의미의 활성화가 약하게 일어날 가능성이 높고, 그 결과 의미를 파악하는 데 오랜 시간이 걸릴 수 있다.

보기
㉠ '지'라는 단어가 '땅'을 의미한다고 확정하는 과정은 다른 단어의 처리에도 영향을 미친다.
㉡ 머릿속에서 '천'이라는 단어보다 '하늘'이라는 단어를 처리할 때 그 시간이 더 지연될 것이다.
㉢ 고유어인 '사람'이 가진 여러 의미는 가장 기본적인 의미와 밀접한 관련이 있을 것이다.
㉣ 어떤 단어를 검색하였을 때 한글로만 표기되었다면 고유어 또는 외래어일 것이다.

① ㉡
② ㉠, ㉣
③ ㉡, ㉢
④ ㉠, ㉢, ㉣
⑤ ㉡, ㉢, ㉣

**20** 다음 글을 읽고 '알람브라 궁전'에 대해 추론한 내용으로 가장 적절한 것을 고르면?

1492년 스페인은 그라나다에서 마지막 남은 이슬람 세력을 물리치고, 국토회복운동인 레콩키스타를 완수하였다. 그라나다를 되찾은 스페인은 이베리아반도를 정복한 이슬람교도인 무어인들을 쫓아내지 않고 그들의 종교나 관습을 인정해 주었다. 이 덕분에 기독교와 이슬람 양식이 융합된 무데하르(Mudejar) 양식의 알람브라 궁전이 탄생하게 된다. 모든 건축은 그 지역의 문화와 생활환경에 영향을 받는데, 알람브라 궁전의 이슬람 양식도 마찬가지다. 사막에서 생활했던 이슬람 건축가들은 물과 햇빛을 고려해 건물을 지었다. 마치 오아시스처럼 분수나 우물이 있는 중정과 그 주변에는 햇빛을 피할 수 있는 아케이드(Arcade)를 배치한 것이다. 이때 중정은 이슬람의 고유 양식은 아니며, 모닥불을 피우고 담으로 둘러싸 외부의 동물이나 적을 방어하는 목적에서 생겨났다. 고대 중국이나 이란, 로마에서도 중정을 흔히 볼 수 있다. 아케이드는 아치를 이어서 배치하여 아치의 문제점인 밀어내는 힘을 서로 상쇄할 수 있도록 만든 구조다. 석조 건축에서 아치가 중요한 것은 하중을 분산시켜 아케이드처럼 공간을 계속 이어가거나 창문을 만들 수 있도록 해주기 때문이다. 석조건물은 하중으로 인해 창문을 만들기 어렵지만 아치를 이용하면 벽 중간에 창문을 만들 수 있었다. 알람브라 궁전 또한 아치 창문을 이용해 채광이나 환기 문제를 해결했을 뿐 아니라 창문에 복잡한 문양을 새겨두어 안쪽에서 바깥을 감시할 수 있도록 만들었다.

또한 알람브라 궁전의 벽면에서는 이슬람 건축물에 나타나는 독특한 문양인 아라베스크를 찾아볼 수 있다. 아라베스크는 벽면을 장식할 때 사용하는 식물이나 문자에서 기인한 독특한 패턴으로, 이는 우상숭배를 금지하는 이슬람 율법에 따라 사람이나 동물의 형상을 문양으로 사용할 수 없기 때문이다.

알람브라 궁전에서는 건물의 바닥이나 벽면을 장식하기 위해서 문양을 새기거나 타일을 붙였는데, 이때 평면을 겹치지 않고 빈틈없이 채우는 방법이 사용되었다. 타일을 붙일 때 특별한 모양 없이 평면을 채우는 방법은 무수히 많지만, 그렇게 불규칙하게 평면을 채우는 것은 수학적으로 볼 때 아무런 의미가 없다. 하지만 일정한 패턴을 가지고 바닥을 채우는 '쪽매 맞춤'을 하려면 수학적인 방법을 따라야 한다. 흔히 목욕탕 바닥이나 벽면의 타일이 정사각형인 것은 평면을 빠짐없이 일정하게 채울 수 있기 때문이다. 정사각형 외에도 정삼각형과 정육각형으로 공간을 채우면 빈틈없이 채울 수 있다. 두 가지 이상의 정다각형으로 면을 채울 수 있는 방법은 8가지가 더 있다. 이렇게 정다각형으로 평면을 채우는 11가지 방법을 '아르키메데스 타일링'이라고 부른다. 이와 달리 이슬람 사원에서는 정다각형과 일반적인 다각형을 함께 이용하여 면을 채우는 방법을 사용하는데, 이를 '기리 타일링'이라고 한다. 이슬람 건축물에 사용된 패턴은 매우 복잡하고 다양해 보이지만 기리(Girih)라고 하는 단지 5개의 기본 타일로 구성되어 있다. 알람브라 궁전 또한 이것을 바탕으로 대칭적인 무늬를 만들어 다양한 쪽매 맞춤을 통해 바닥과 벽면을 화려하게 장식했다.

① 궁전 외부에는 이슬람 양식이, 내부에는 기독교 양식이 나타날 것이다.
② 건물 바닥에 장식에는 사람의 형상에서 기인한 문양도 사용되었다.
③ 중정이 최초로 적용된 건축물로 이후 중국 건축에 영향을 주었을 것이다.
④ 건물 바닥이나 벽면 장식에 원형 타일은 사용되지 않았을 것이다.
⑤ 중정을 둘러싼 아케이드에만 아치 구조가 사용되었을 것이다.

# 인지역량-직무(검사D)

20문항/25분

정답과 해설 P. 90~95

**01** 경쟁 관계에 있는 A~G 7개 기업은 각각 출시한 신제품에 대한 해외 시장을 [조건]에 따라 개척하고자 한다. 이들은 영국, 일본, 태국, 폴란드 중 한 시장에만 진출한다고 할 때, [추론]에 대한 설명으로 옳은 것을 고르면?

┌─ 조건 ─
- 하나의 국가에 진출할 수 있는 기업의 수는 최대 2개이며, A기업은 특정 국가에 단독 진출한다.
- B기업은 아시아 지역 국가로, C기업은 섬나라로 진출한다.
- C기업과 E기업, E기업과 F기업은 같은 국가로 진출하지 않는다.
- G기업은 폴란드로 진출한다.
- B기업과 D기업은 동일한 국가로 진출한다.

┌─ 추론 ─
F기업은 섬나라로 진출하지 않는다.

① 항상 그렇다.
② 항상 그렇지 않다.
③ 주어진 조건으로는 알 수 없다.
④ 항상은 아니지만 옳지 않을 가능성이 높다.
⑤ 항상은 아니지만 옳을 가능성이 높다.

**02** 과장 2명, 대리 2명, 사원 3명을 다음 [조건]에 따라 네 팀으로 구성할 때, 다음 중 과장, 대리, 사원이 모두 있는 팀이 구성될 확률을 고르면?

┌─ 조건 ─
- 각 팀에 과장 또는 대리가 적어도 한 명씩은 있어야 한다.
- 사원과 과장은 서로 다른 팀이어야 한다.

① 20%  ② 40%  ③ 60%
④ 80%  ⑤ 구성될 수 없다.

**03** 다음 글을 바탕으로 한 [추론]으로 옳은 것을 고르면?

> 난소암은 난소에 발생하여 주변 장기로 전이되는 악성 종양으로 50세부터 70세 사이에 제일 많이 발생하며, 매년 약 1,000~1,200명 정도의 신규 발병자가 우리나라에서 생겨나고 있다. 난소암의 약 90%를 차지하는 상피성 난소암은 대부분 3기 이상의 진행 및 난소 외부로 암이 전이된 상태에서 발견되기 때문에 5년 생존율이 40%가 채 되지 않는다.
>
> 발병 원인은 첫째, 유전적인 요인으로 가족력이 있는 경우 난소암에 걸릴 위험이 커진다. 유전자 검사에서 양성일 경우 음성인 경우보다 난소암에 걸릴 확률이 10배 이상 높아진다. 그러나 대다수 난소암은 이러한 가족력이 없는 환자에게서 발생하고 있다. 둘째, 본인 및 가족이 유방암, 자궁내막암, 직장암 등의 병력이 있는 경우이다. 특히, 유방암과 난소암의 밀접한 연관성 때문에 유방암이 생기면 난소암이 생길 가능성이 2배 높아지고, 난소암이 있으면 유방암이 생길 가능성이 3~4배 많아진다고 알려져 있다. 셋째, 배란 횟수가 적을수록, 출산 횟수가 많을수록 난소암에 걸릴 위험은 낮아진다. 넷째, 좋지 않은 식습관을 통한 고지방, 고단백의 과다섭취 등도 난소암의 위험을 증가시키는 요인으로 작용한다.

┌ 추론
│  A씨는 상피성 난소암이 조기에 발견되었다. A씨의 5년 생존율은 40% 이상이다.

① 항상 그렇다.　　　　　　　　　　　② 항상 그렇지 않다.
③ 주어진 조건으로는 알 수 없다.　　　④ 항상은 아니지만 옳지 않을 가능성이 높다.
⑤ 항상은 아니지만 옳을 가능성이 높다.


**04** 일곱 명의 직원 A~G는 기타 동호회, 영화 동호회, 자전거 동호회 중 한 곳에 가입하였다. 다음 [조건]을 보고 항상 옳지 <u>않은</u> 것을 고르면?

┌ 조건
│ • 모든 동호회에는 2명 이상이 가입하였다.
│ • A, B, C는 대리이고, D, E, F, G는 사원이다.
│ • 기타 동호회에는 사원이 가입하지 않았다.
│ • F와 D는 다른 동호회에 가입하였다.
│ • 영화 동호회에는 대리가 1명 있다.
│ • B가 기타 동호회에 가입하면 G는 영화 동호회에 가입한다.
│ • E가 영화 동호회에 가입하면 C가 영화 동호회에 가입한다.

① E는 자전거 동호회이다.
② B가 기타 동호회이면 D는 영화 동호회이다.
③ A가 영화 동호회이면 G는 자전거 동호회이다.
④ B와 C가 기타 동호회이면 F는 영화 동호회이다.
⑤ G가 영화 동호회가 아니면 자전거 동호회는 3명이다.

**05** 다음은 6시그마에 대한 설명과 표준편차에 따른 시그마 수준을 나타낸 [그래프]이다. 이를 보고 추론한 내용으로 가장 적절한 것을 고르면?

---

6시그마

- 6시그마는 프로세스에서 불량과 변동성을 최소화하면서 기업의 성공을 달성하고, 유지하며, 최대화하려는 종합적이고 유연한 시스템이다.
- 6시그마가 추구하는 불량률은 100만 개 중 3.4개에 불과하다.
- 시그마는 하나의 값이 평균으로부터 얼마나 멀리 떨어져 있는지를 뜻하는 기호로, 평균에서 멀어질수록 시그마의 값은 높아진다.
- 시그마 앞의 계수 값이 커질수록 불량률은 기하급수적으로 줄어든다.

---

[그래프] 시그마 수준과 표준편차의 관계

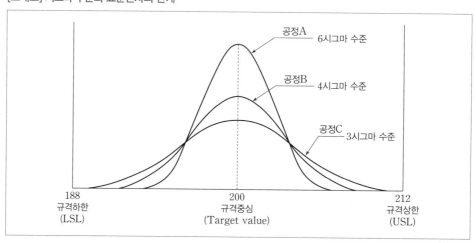

① 표준편차가 클수록 시그마 수준 값은 높아진다.
② 시그마 수준이 높아질수록 평균에 가까워진다.
③ 시그마 수준을 꾸준히 높인다면 무결점 공정에 도달할 수 있다.
④ 공정A가 공정B보다 불량률이 높다.
⑤ 규격상한이 커질수록 시그마 수준은 높아진다.

**06** 다음은 C언어로 내림차순 버블정렬 알고리즘을 구현한 함수이다. 빈칸 ㉠에 들어갈 if문의 조건으로 옳은 것을 고르면?(단, size는 1차원 배열인 value의 크기이다.)

```
void BubbleSorting(int *value, int size) {
    int x, y, temp;
    for(x=0; x < size; x++) {
        for(y=0; y < size - x - 1; y++) {
            if(    ㉠    ) {
                temp=value[y];
                value[y]=value[y+1];
                value[y+1]=temp;
            }
        }
    }
}
```

① value[x]>value[y+1]
② value[x]<value[y+1]
③ value[y]>value[y+1]
④ value[y]<value[y+1]
⑤ value[y+1]≤value[y]

**07** 다음은 삼투현상에 대한 설명이다. 빈칸에 들어갈 알맞은 내용과 [보기]에서 삼투압이 K인 경우 삼투현상을 막기 위해 가해야 하는 최소 압력을 나타낸 그림을 고르면?

용매는 통과하지만 용질 분자는 통과할 수 없는 반투막으로 용액과 순수한 용매를 분리시켰다. 시간이 지남에 따라 용액의 부피는 증가하였고, 용매의 부피는 감소하였다. 반투막을 통해 용매가 용액으로 흘러 들어가는 것을 삼투현상이라고 하고, 결국 액체의 면이 변화되는 것이 멈추게 되며, 이는 계가 평형에 도달한 것을 나타낸다. 이때, 두 액체의 면이 변화되는 것이 멈추게 되고, 두 액체의 높이가 다르므로 순수한 용매보다는 용액이 더 큰 수압을 받게 된다. 이 압력을 삼투압이라 한다.

[그림] 삼투압

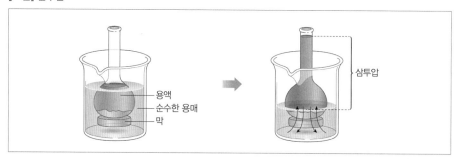

삼투현상은 용액에 압력을 가함으로써 방지할 수 있는데, 삼투현상을 막는 데 필요한 최소 압력은 삼투압과 같다. 반투막을 통해 용매 분자만 통과시키고, 용질 입자가 용매의 이동을 방해하므로 용매 분자가 용액으로부터 용매로 이동하는 속도는 그 반대 방향으로 이동하는 속도보다 느릴 것이다. 따라서 용매 분자가 용액으로의 알짜 이동이 일어나 용액의 부피는 증가한다. 관에 들어 있는 용액의 높이가 증가되면, 그 결과로 생기는 압력은 용액에 있는 분자를 반투막을 통해 밀어내게 된다. 결국 충분한 압력이 생겨서 양쪽으로의 용매의 이동이 같아지게 되면, 결과적으론 이 점에서 (                                                    )

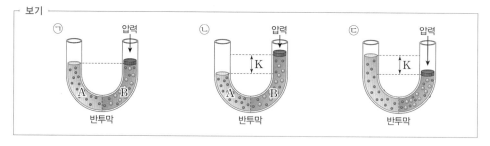

① 용액의 높이는 순수한 용매보다 낮아지게 된다. ㉡
② 용액의 높이는 순수한 용매보다 낮아지게 된다. ㉢
③ 용액의 높이는 순수한 용매보다 높아지게 된다. ㉢
④ 용액의 높이는 변하지 않게 된다. ㉠
⑤ 용액의 높이는 변하지 않게 된다. ㉡

**08** A제품의 수요는 연간 2,500개로 연중 균일하다. 1회 주문비용은 100,000원이고, 재고유지비용은 개당 연간 50,000원이다. 현재는 1회에 500개를 주문하고 있으며, 리드타임(lead time)은 2일이다. 재고비용을 주문비용과 재고유지비용의 합이라고 할 때, [보기]를 바탕으로 EOQ(경제적 주문량)로 주문량을 변경하면 절감할 수 있는 비용으로 가장 적절한 것을 고르면?

> ─ 보기 ─
>
> - 연간재고유지비용 $= \dfrac{QH}{2}$
>
> - 연간주문비용 $= \dfrac{DS}{Q}$
>
> - EOQ $= \sqrt{\dfrac{2DS}{H}}$
>
> ※ Q=1회 주문량, H=재고의 단위당 연간 유지비용, D=연간 수요량, S=주문당 재고주문비용

① 800만 원            ② 1,000만 원            ③ 1,200만 원
④ 1,400만 원          ⑤ 1,600만 원

**09** 다음은 [현행 부동산 중개수수료 요율표]와 [중개수수료 개정안]에 관한 자료이다. 이를 참고할 때, 부동산 중개업자 A씨가 [보기]와 같은 3건의 부동산 거래를 중개하여 계약이 체결되었을 경우 3건을 통하여 A씨가 받은 법정 중개수수료의 합계액을 고르면?

### [현행 부동산 중개수수료 요율표]

| 구분 | 거래금액 | 상한요율 | 한도액 |
|---|---|---|---|
| 매매, 교환 | 5천만 원 미만 | 1천분의 6 | 25만 원 |
| | 5천만 원 이상 2억 원 미만 | 1천분의 5 | 80만 원 |
| | 2억 원 이상 6억 원 미만 | 1천분의 4 | 150만 원 |
| | 6억 원 이상 | 1천분의 9 이하 | |
| 임대차 | 5천만 원 미만 | 1천분의 5 | 20만 원 |
| | 5천만 원 이상 1억 원 미만 | 1천분의 4 | 30만 원 |
| | 1억 원 이상 3억 원 미만 | 1천분의 3 | 40만 원 |
| | 3억 원 이상 | 1천분의 8 이하 | |

### [중개수수료 개정안(부과 대상 금액 구간 신설)]

| 구분 | 거래금액 | 상한요율 | 누진공제액 |
|---|---|---|---|
| 매매, 교환 | 6억 원 초과 9억 원 이하 | 1천분의 6 | -60만 원 |
| | 9억 원 초과 12억 원 이하 | 1천분의 7 | -150만 원 |
| | 12억 원 초과 | 1천분의 9 이하 | |
| 임대차 | 3억 원 초과 6억 원 이하 | 1천분의 4 | -30만 원 |
| | 6억 원 초과 9억 원 이하 | 1천분의 5 | -90만 원 |
| | 9억 원 초과 | 1천분의 8 이하 | |

※ 개정안에 제시되지 않은 거래금액 구간은 종전과 동일함

┌ 보기 ┐
- 2.5억 원의 건물 임대차(현행 수수료 적용) 계약
- 8억 원의 주택 매매(개정안 적용) 계약
- 12억 원의 건물 임대차(개정안 최대치 적용) 계약

① 850만 원  ② 900만 원  ③ 1,140만 원
④ 1,260만 원  ⑤ 1,420만 원

10  다음은 논리게이트의 논리식을 설명하는 내용이다. [보기]의 논리게이트는 아래의 [표]와 같은 원리를 가진다. [보기]의 논리게이트 A, B의 입력값이 각각 111, 001일 때, Y의 출력값을 고르면?

| 게이트 | 기호 | 논리식 | 게이트 | 기호 | 논리식 |
|---|---|---|---|---|---|
| AND | A—B—Y | $Y=A \cdot B$ <br> $Y=AB$ | NAND | A—B—Y | $Y=\overline{A \cdot B}$ <br> $Y=\overline{AB}$ |
| OR | A—B—Y | $Y=A+B$ | NOR | A—B—Y | $Y=\overline{A+B}$ |
| NOT | A—Y | $Y=A'$ <br> $Y=\overline{A}$ | XOR | A—B—Y | $Y=A \oplus B$ <br> $Y=\overline{A}B+A\overline{B}$ |

※ 논리식은 교환, 결합, 분배 법칙에 따름
　교환 법칙: $A+B=B+A$
　결합 법칙: $A+(B+C)=(A+B)+C$
　분배 법칙: $A(B+C)=AB+AC$

※ 부울 대수의 관계
　$A+0=A$　　　$A \cdot 0=0$
　$A+1=1$　　　$A \cdot 1=A$
　$A+A=A$　　　$A \cdot A=A$
　$A+\overline{A}=1$　　$A \cdot \overline{A}=0$

┌ 보기 ─────────────────────────────────────────

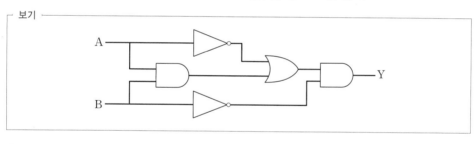

└─────────────────────────────────────────────

① 000　　　　　　② 010　　　　　　③ 100
④ 101　　　　　　⑤ 111

**11** 다음은 가스의 종류에 따라 소리의 크기를 측정하기 위해 이산화탄소와 헬륨 두 기체를 이용하여 실험한 것이다. 이에 대한 [보기]의 ㉠~㉢ 중 옳지 <u>않은</u> 것을 모두 고르면?

| | |
|---|---|
| 배경지식 | 물체의 진동에 의해 생긴 소리는 주변의 매질을 통해 종파의 형태로 전달된다. 소리는 매질의 상태에 따라 그 속력이 다른데, 고체에서 가장 빠르고 기체에서 가장 느리다. 이때 소리는 기체의 한 부분에서 압력 변화가 주위로 전파되는 것으로, 기체의 온도가 높을수록 소리의 속력이 빨라지고, 압력과 온도가 같을 때는 기체의 분자량이 작을수록 소리의 속력이 빠르다. 한편, 소리는 진행 중 다른 매질을 만나면 그 경계면에서 소리의 진행 방향을 꺾는데 이 현상을 소리의 굴절이라고 한다. 소리는 속력이 느린 쪽, 온도가 낮은 쪽으로 굴절하게 된다. |
| 실험 | 신호 발생기를 스피커와 연결하여 크기가 일정하고 진동수가 500Hz인 소리를 발생시킨다.<br>[실험1] 스피커에서 나는 소리를 오실로스코프에 연결된 마이크로 측정한다.<br>[실험2] 스피커와 마이크 사이에 이산화탄소 기체를 포집하여 놓고 스피커에서 나는 소리를 오실로스코프에 연결된 마이크로 측정한다.<br>[실험3] 스피커와 마이크 사이에 헬륨 기체를 포집하여 놓고 스피커에서 나는 소리를 오실로스코프에 연결된 마이크로 측정한다. |
| 결과 | (가) |
| 결론 | 두 기체를 통과한 소리가 마이크에 도달하는 경로<br><br>[그림1] 스피커 / 이산화탄소 기체 포집체 / 마이크<br>[그림2] 스피커 / 헬륨 기체 포집체 / 마이크 |

─ 보기 ─
㉠ 이산화탄소 기체보다 헬륨 기체를 통과한 소리가 더 빠르다.
㉡ (가)에 들어갈 실험 결과는 '소리의 크기는 [실험3]의 소리가 가장 크고, 뒤이어 [실험1], [실험2]의 순서로 크다.'이다.
㉢ [그림1]의 마이크에 도달하는 소리의 경로를 통해 이산화탄소가 공기보다 무거운 기체임을 알 수 있다.

① ㉠  
② ㉡  
③ ㉢  
④ ㉠, ㉡  
⑤ ㉡, ㉢

**12** 다음 [자료]는 트리를 순회하는 방법을 설명하고 있다. 이를 참고하여 [보기]의 트리가 후위 순회를 하는 경우, 노드 방문 순서로 옳은 것을 고르면?

자료
- 전위 순회: 노드 방문 → 왼쪽 서브 트리 방문 → 오른쪽 서브 트리 방문
- 중위 순회: 왼쪽 서브 트리 방문 → 노드 방문 → 오른쪽 서브 트리 방문
- 후위 순회: 왼쪽 서브 트리 방문 → 오른쪽 서브 트리 방문 → 노드 방문

보기

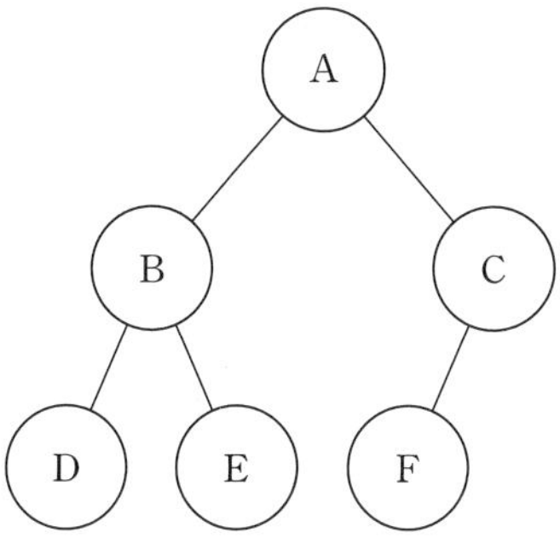

① A－B－C－D－E－F
② A－B－D－E－C－F
③ D－B－E－A－F－C
④ D－E－B－F－C－A
⑤ E－B－D－A－F－C

**13** 다음 자료를 참고할 때, A~E지점의 수직 해저 지형도로 가장 적절한 것을 고르면?

해수면에서 해저면을 향하여 초음파를 발사하면 초음파는 해저면에 반사되어 되돌아온다. 이때 반사되어 되돌아오는 데 걸리는 시간을 이용하여 해저 지형의 높낮이를 측정할 수 있다. 초음파의 속도가 $v$, 발사되어 되돌아오는 데 걸리는 시간이 $t$라면 수심 $d$는 다음과 같다.

$$수심(d) = \frac{1}{2}vt$$

다음은 태평양에 위치하는 판의 경계를 가로지르면서 각 관측 지점(A~E)의 해수면에서 초음파를 수직 해저로 발사하여 지면에 반사되어 되돌아오는 데 걸리는 시간을 나타낸 것이다.

| 관측 지점 | A지점으로부터의 거리(km) | 시간(초) |
|---|---|---|
| A | 0 | 6.1 |
| B | 80 | 9.5 |
| C | 140 | 8.6 |
| D | 180 | 8.3 |
| E | 220 | 7.6 |

※ 해수에서 초음파의 속도는 모든 지점에서 1,500m/s로 가정한다.

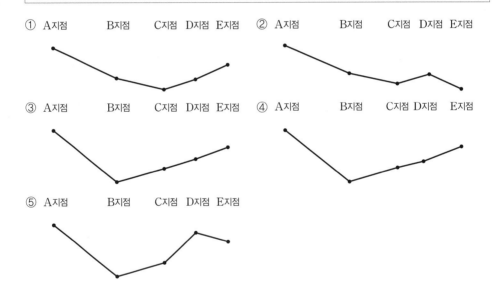

**14** 2+4+6+8+⋯+100을 구하는 순서도를 완성하기 위해 빈칸 (a)와 (b)에 들어갈 것을 고르면?

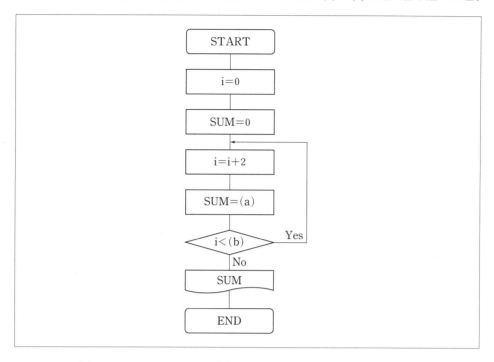

|   | (a) | (b) |
|---|---|---|
| ① | SUM+i | 99 |
| ② | SUM+i | 101 |
| ③ | SUM−i | 100 |
| ④ | SUM∗i | 98 |
| ⑤ | SUM∗i | 99 |

15 다음 [표]는 2020년 갑국의 식품 수입액 및 수입건수 상위 10개 수입상대국 현황에 관한 자료이다. 이에 대한 설명으로 옳은 것을 고르면?

[표] 2020년 갑국의 식품 수입액 및 수입건수 상위 10개 수입상대국 현황 (단위: 조 원, 건, %)

| 수입액 | | | | 수입건수 | | | |
|---|---|---|---|---|---|---|---|
| 순위 | 국가 | 금액 | 점유율 | 순위 | 국가 | 건수 | 점유율 |
| 1 | 중국 | 3.39 | 21.06 | 1 | 중국 | 104,487 | 32.06 |
| 2 | 미국 | 3.14 | 19.51 | 2 | 미국 | 55,980 | 17.17 |
| 3 | 호주 | 1.10 | 6.83 | 3 | 일본 | 15,884 | 4.87 |
| 4 | 브라질 | 0.73 | 4.54 | 4 | 프랑스 | 15,883 | 4.87 |
| 5 | 태국 | 0.55 | 3.42 | 5 | 이탈리아 | 15,143 | 4.65 |
| 6 | 베트남 | 0.50 | 3.11 | 6 | 태국 | 12,075 | 3.70 |
| 7 | 필리핀 | 0.42 | 2.61 | 7 | 독일 | 11,699 | 3.59 |
| 8 | 말레이시아 | 0.36 | 2.24 | 8 | 베트남 | 10,558 | 3.24 |
| 9 | 영국 | 0.34 | 2.11 | 9 | 영국 | 7,595 | 2.33 |
| 10 | 일본 | 0.17 | 1.06 | 10 | 필리핀 | 7,126 | 2.19 |
| – | 기타국가 | 5.40 | 33.51 | – | 기타국가 | 69,517 | 21.33 |

① 식품의 총수입액은 17조 원 이상이다.

② 식품 수입액 상위 10개 수입상대국의 식품 수입액 합이 전체 식품 수입액에서 차지하는 비중은 70% 이상이다.

③ 식품 수입액 상위 10개 수입상대국과 식품 수입건수 상위 10개 수입상대국에 모두 속하는 국가 수는 6개이다.

④ 식품 수입건수당 식품 수입액은 중국이 미국보다 크다.

⑤ 중국으로부터의 식품 수입건수는 수입건수 상위 10개 수입상대국으로부터의 식품 수입건수 합의 45% 이하이다.

**16** 다음 설명을 참고할 때, 같은 물질로 만들어진 두 저항 A와 B에 걸린 전압과 이때 흐르는 전류를 측정하여 나타낸 [그래프]에 대한 [보기]의 ㉠~㉣ 중 옳은 것을 모두 고르면?

전기 회로에 걸리는 전압이 커지면 전류의 세기는 커진다. 전기 저항이란 전류의 흐름을 방해하는 정도를 말하는 것으로 옴(Ω) 단위를 사용한다. 따라서 다음과 같은 그래프에서 기울기가 클수록 전기 저항이 작다고 할 수 있다.

한편 전기 저항은 전선의 길이에 비례하고, 전선의 단면적(굵기)에 반비례한다. 독일의 게오르크 옴(Georg Simon Ohm)은 이를 정리하여 다음과 같은 '옴의 법칙'을 정립하였다.

$$(\text{전류의 세기})(I) = \frac{(\text{전압})(V)}{(\text{전기 저항})(R)}$$

[그래프] 저항 A와 B에 걸린 전압과 흐르는 전류 측정

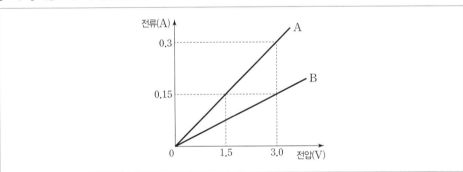

┌ 보기 ┐
㉠ 저항 B의 크기는 저항 A의 2배이다.
㉡ 같은 전류가 흐를 때, 저항 A에 더 큰 전압이 걸린다.
㉢ 단면적(굵기)이 같다면, 저항 A의 길이는 저항 B의 2배이다.
㉣ 길이가 같다면, 저항 A의 단면적(굵기)은 저항 B의 2배이다.

① ㉠, ㉡  　　② ㉠, ㉣  　　③ ㉡, ㉢
④ ㉠, ㉢, ㉣  　　⑤ ㉡, ㉢, ㉣

**17** 다음 논리 게이트가 나타내는 논리식으로 옳은 것을 고르면?

| 게이트 | 기호 | 논리식 | 게이트 | 기호 | 논리식 |
|---|---|---|---|---|---|
| AND | A B Y | $Y=A \cdot B$ <br> $Y=AB$ | NAND | A B Y | $Y=\overline{A \cdot B}$ <br> $Y=\overline{AB}$ |
| OR | A B Y | $Y=A+B$ | NOR | A B Y | $Y=\overline{A+B}$ |
| NOT | A Y | $Y=A'$ <br> $Y=\overline{A}$ | XOR | A B Y | $Y=A \oplus B$ <br> $Y=\overline{A}B+A\overline{B}$ |

※ 논리식은 교환, 결합, 분배 법칙에 따름
　교환 법칙: $A+B=B+A$
　결합 법칙: $A+(B+C)=(A+B)+C$
　분배 법칙: $A(B+C)=AB+AC$

※ 부울 대수의 관계
　$A+0=A$ 　　　$A \cdot 0=0$
　$A+1=1$ 　　　$A \cdot 1=A$
　$A+A=A$ 　　　$A \cdot A=A$
　$A+\overline{A}=1$ 　　$A \cdot \overline{A}=0$

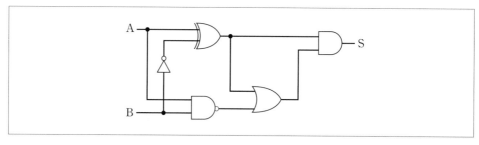

① $A\overline{B}+\overline{A}B$　　　② $\overline{A}\overline{B}+A\overline{B}$　　　③ $\overline{AB+A\overline{B}}$
④ $\overline{A}\overline{B}+AB$　　　⑤ $AB+\overline{A}\overline{B}$

**18** 다음 설명을 참고할 때, [보기]에 대한 화학 반응식으로 바르게 나타낸 것을 고르면?

기체끼리 반응하여 다른 기체가 생길 때라든지, 어떤 물질이 두 가지 이상의 기체로 분해될 때에는 각각의 부피 사이에 정수비가 성립하게 된다. 이러한 법칙을 '기체 반응의 법칙'이라 하며, 1808년 프랑스의 과학자 게이 뤼삭이 발견하였다.

예를 들어 온도와 압력이 일정할 때, 수증기 발생 장치를 이용하여 수소와 산소를 반응시켜 수증기를 만들면, 다음과 같은 결과를 얻을 수 있다.

| 실험 | 반응 전 기체 부피(ml) | | 반응 후 남은 기체 부피(ml) | | 생성된 수증기 부피(ml) |
|---|---|---|---|---|---|
| | 수소 | 산소 | 수소 | 산소 | |
| (가) | 8 | 8 | 0 | 4 | 8 |
| (나) | 16 | 8 | 0 | 0 | 16 |
| (다) | 24 | 10 | 4 | 0 | 20 |

보기

| 실험 | 반응 전 기체 부피(ml) | | 반응 후 남은 기체 부피(ml) | | 생성된 암모니아 부피(ml) |
|---|---|---|---|---|---|
| | 질소 | 수소 | 질소 | 수소 | |
| 1 | 10 | 40 | 0 | 10 | 20 |
| 2 | 15 | 60 | 0 | 15 | 30 |
| 3 | 30 | 60 | 10 | 0 | 40 |
| 4 | 45 | 90 | 15 | 0 | 60 |

※ 질소: $N_2$, 수소: $H_2$, 암모니아: $NH_3$

① $2N_2 + H_2 \rightarrow NH_3$
② $2N_2 + 3H_2 \rightarrow 2NH_3$
③ $N_2 + H_2 \rightarrow 2NH_3$
④ $N_2 + 3H_2 \rightarrow 2NH_3$
⑤ $N_2 + 3H_2 \rightarrow NH_3$

**19** 다음은 가속도 법칙이 성립함을 보이는 실험과 그 결과이다. 이 자료를 통해 가속도 법칙에 대한 설명으로 옳지 <u>않은</u> 것을 고르면?

가속도는 속도가 변하는 정도를 나타내는 물리량, 즉 속도를 시간에 대해 미분한 값이다. 이는 가속도가 시간에 따른 속도의 순간적인 변화량임을 뜻한다. 즉, 가속도의 방향이 작용하는 알짜힘의 방향과 같다고 할 때, 힘은 운동량의 시간에 대한 변화량으로 이를 가속도 법칙이라고 한다.

• 질량($m$)이 일정한 경우 다음과 같이 가속도의 법칙이 성립함을 확인할 수 있다.

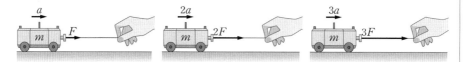

[그래프1] 질량($m$)이 일정한 경우 가속도($a$)와 힘($F$)의 관계

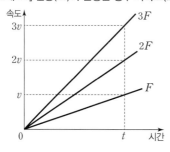
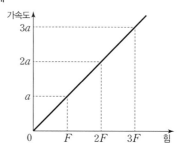

• 힘($F$)이 일정한 경우 다음과 같이 가속도의 법칙이 성립함을 확인할 수 있다.

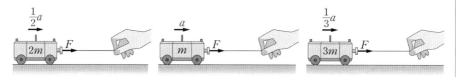

[그래프2] 힘($F$)이 일정한 경우 가속도($a$)와 질량($m$)의 관계

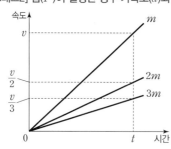
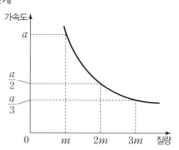

① 질량을 일정하게 유지하고 알짜힘을 2배, 3배로 증가시키면 속도−시간 그래프의 기울기도 각각 2배, 3배로 증가한다.

② 질량을 일정하게 유지하고 알짜힘을 2배, 3배로 증가시키면 가속도도 각각 2배, 3배로 증가한다.

③ 알짜힘을 일정하게 유지하고 질량을 2배, 3배로 증가시키면 속도−시간 그래프의 기울기는 각각 2배, 3배로 증가한다.

④ 알짜힘을 일정하게 유지하고 질량을 2배, 3배로 증가시키면 가속도는 각각 $\frac{1}{2}$배, $\frac{1}{3}$배로 감소한다.

⑤ 질량이 일정하면 가속도는 알짜힘에 비례하고, 힘이 일정하면 가속도는 질량에 반비례한다.

**20** 다음과 같이 C로 구현된 프로그램이 있고, 주어진 코드의 일부가 [보기]의 결과를 가져온다고 한다. 이 프로그램을 분석하여 출력되는 값으로 옳은 것을 고르면?

```c
#include <stdio.h>
#include <stdbool.h>

int main( ) {

    bool flag1 = true, flag2 = false;
    int num1 = 20, num2 = 225;

    if ( flag1 && flag2 ) {
        printf("%d", num1);
    } else {
        printf("%d", num2);
    }
    if ( flag1 || flag2 ) {
        printf("%d", num2+num1);
    } else {
        printf("%d", num2−num1);
    }
    return 0;
}
```

─ 보기 ─
S사원은 %d가 int 타입의 변수를 출력하는 서식 문자임을 알았다.

① 20225　　　　　② 20520　　　　　③ 22520
④ 225205　　　　⑤ 225245

# 심층역량(검사E)

**[001-300]** 각 문제에 대해 자신이 동의하는 정도에 따라 '전혀 그렇지 않다'면 ①, '그렇지 않다'면 ②, '그렇다'면 ③, '매우 그렇다'면 ④로 응답하시오.

| | | | | | |
|---|---|---|---|---|---|
| 001 | 나는 이성의 마음을 사로잡는 법을 알고 있다. | ① | ② | ③ | ④ |
| 002 | 나는 구걸하는 사람을 모른 체 한 적이 있다. | ① | ② | ③ | ④ |
| 003 | 나는 SK 임원이 될 자질이 있다고 생각한다. | ① | ② | ③ | ④ |
| 004 | 나는 SK 인재상에 부합하는 사람이다. | ① | ② | ③ | ④ |
| 005 | 마음이 상해도 참으려고 노력하는 편이다. | ① | ② | ③ | ④ |
| 006 | 내 물건을 남이 만지면 속상하다. | ① | ② | ③ | ④ |
| 007 | 여러 사람 앞에서 내 자랑을 잘한다. | ① | ② | ③ | ④ |
| 008 | 잘못이 생기면 그 사정에 대해 이해를 하는 편이다. | ① | ② | ③ | ④ |
| 009 | 사람이 많은 곳을 좋아한다. | ① | ② | ③ | ④ |
| 010 | 여러 사람 앞에서 사회를 잘 본다. | ① | ② | ③ | ④ |
| 011 | 인간관계가 넓은 편이다. | ① | ② | ③ | ④ |
| 012 | 세상은 아름답다고 생각하는 편이다. | ① | ② | ③ | ④ |
| 013 | 나는 완고한 편이라고 생각한다. | ① | ② | ③ | ④ |
| 014 | 어느 장소든 예전 그대로의 모습을 좋아한다. | ① | ② | ③ | ④ |
| 015 | 너무 바쁠 때는 몸이 두 개였으면 좋겠다고 생각한다. | ① | ② | ③ | ④ |
| 016 | 내가 먼저 다가가서 친구를 사귀는 것이 힘들다. | ① | ② | ③ | ④ |
| 017 | 걱정이 많은 편이다. | ① | ② | ③ | ④ |
| 018 | 성악설보다는 성선설을 믿는다. | ① | ② | ③ | ④ |
| 019 | 내 능력을 최대치로 발휘할 수 있는 곳에서 일하고 싶다. | ① | ② | ③ | ④ |
| 020 | 조그마한 소리에도 신경이 쓰여 잠이 깨곤 한다. | ① | ② | ③ | ④ |
| 021 | 단순한 반복 업무를 하는 것은 지루하다. | ① | ② | ③ | ④ |
| 022 | 이유 없이 불안하다. | ① | ② | ③ | ④ |
| 023 | 호의에는 대가가 항상 필요하다. | ① | ② | ③ | ④ |
| 024 | 나는 정말 쓸모없는 사람이라고 느낄 때가 있다. | ① | ② | ③ | ④ |
| 025 | 융통성 있게 잘 대처하는 사람을 보면 믿음이 간다. | ① | ② | ③ | ④ |
| 026 | 스스로 흥분을 잘하는 편이라고 생각한다. | ① | ② | ③ | ④ |
| 027 | 지시를 내리기보다는 받는 편이다. | ① | ② | ③ | ④ |

| 028 | 귀찮은 규칙도 정해지면 따라야 한다. | ① | ② | ③ | ④ |
|---|---|---|---|---|---|
| 029 | 하루 일과를 끝내고 돌아볼 때 반성하는 경우가 많다. | ① | ② | ③ | ④ |
| 030 | 주목받는 것이 좋다. | ① | ② | ③ | ④ |
| 031 | 나는 스스로를 인내력이 강하다고 생각한다. | ① | ② | ③ | ④ |
| 032 | 모르는 사람을 만나는 일은 피곤하다. | ① | ② | ③ | ④ |
| 033 | 지난 일에 대하여 후회할 때가 있다. | ① | ② | ③ | ④ |
| 034 | 어떤 분야의 개척자가 되는 것이 좋다. | ① | ② | ③ | ④ |
| 035 | 나는 진정한 프로라는 말을 들으면 기분이 좋아진다. | ① | ② | ③ | ④ |
| 036 | 너무 많은 것을 고려한 나머지 기회를 놓치는 경우가 많다. | ① | ② | ③ | ④ |
| 037 | 평소 활동적인 취미를 즐긴다. | ① | ② | ③ | ④ |
| 038 | 나는 반복적으로 일하는 것이 좋다. | ① | ② | ③ | ④ |
| 039 | 스스로 질책하며 무기력함에 빠져들곤 한다. | ① | ② | ③ | ④ |
| 040 | 나도 모르게 누군가를 때린 적이 있다. | ① | ② | ③ | ④ |
| 041 | 나는 한 가지 일에 열중을 잘한다. | ① | ② | ③ | ④ |
| 042 | 몸을 움직이는 것을 좋아한다. | ① | ② | ③ | ④ |
| 043 | 가끔 걱정 때문에 잠을 이루지 못할 때가 있다. | ① | ② | ③ | ④ |
| 044 | 신문의 사회면 기사를 보는 것을 좋아한다. | ① | ② | ③ | ④ |
| 045 | 한껏 고무된 기분 탓에 일을 그르친 경우가 있다. | ① | ② | ③ | ④ |
| 046 | 주위로부터 에너지가 넘친다는 이야기를 종종 듣는다. | ① | ② | ③ | ④ |
| 047 | 상황이 발생하면 어떻게 대처할지 직감적으로 판단하는 편이다. | ① | ② | ③ | ④ |
| 048 | 조용하거나 너무 지루하면 떠들고 싶다. | ① | ② | ③ | ④ |
| 049 | 시간만 있으면 집에서 공상을 즐기고 싶다. | ① | ② | ③ | ④ |
| 050 | 책 읽기를 좋아한다. | ① | ② | ③ | ④ |
| 051 | 말을 할 때 제스처가 큰 편이다. | ① | ② | ③ | ④ |
| 052 | 무엇인가를 생각한다는 것은 즐거운 일이다. | ① | ② | ③ | ④ |
| 053 | 나쁜 사람보다는 착한 사람들이 많다고 생각한다. | ① | ② | ③ | ④ |
| 054 | 다수의 의견은 최선의 선택이라고 생각한다. | ① | ② | ③ | ④ |
| 055 | 적극적이고 의욕적으로 활동하는 편이다. | ① | ② | ③ | ④ |
| 056 | 한 번 내린 결정은 바꾸지 않는다. | ① | ② | ③ | ④ |
| 057 | 법에 위반되는 일은 한 번도 하지 않았다. | ① | ② | ③ | ④ |
| 058 | 가능하면 새로운 사람들과 관계를 만들어 가고 싶다. | ① | ② | ③ | ④ |
| 059 | 나는 동성 친구보다 이성 친구가 더 편하다. | ① | ② | ③ | ④ |
| 060 | 미래를 생각하면 종종 불안해지곤 한다. | ① | ② | ③ | ④ |
| 061 | 여행을 하기 전에는 세부적인 계획을 먼저 세운다. | ① | ② | ③ | ④ |

| 062 | 쉽게 타협하지 않고 내 방식대로 끝까지 해 본다. | ① | ② | ③ | ④ |
|---|---|---|---|---|---|
| 063 | 타인의 충고를 듣고 나면 모든 일이 내 탓인 것 같다. | ① | ② | ③ | ④ |
| 064 | 내 의견을 상대방에게 강하게 주장하는 편은 아니다. | ① | ② | ③ | ④ |
| 065 | 친구를 사귀고 싶은 마음이 전혀 없다. | ① | ② | ③ | ④ |
| 066 | 단기적인 일보다는 꾸준히 하는 일이 적성에 맞는다. | ① | ② | ③ | ④ |
| 067 | 중요한 가족 모임이 있는 날에는 회식에 빠질 수 있다. | ① | ② | ③ | ④ |
| 068 | 학창 시절 체육 수업을 매우 좋아했다. | ① | ② | ③ | ④ |
| 069 | 나는 다른 사람에게 먼저 잘 다가가는 편이다. | ① | ② | ③ | ④ |
| 070 | 약간의 위법도 해서는 안 된다고 생각한다. | ① | ② | ③ | ④ |
| 071 | 무슨 말을 하기 전에 생각하는 습관이 있다. | ① | ② | ③ | ④ |
| 072 | 조심스러운 성격이다. | ① | ② | ③ | ④ |
| 073 | 다른 사람의 이해를 받지 못해도 상관없다. | ① | ② | ③ | ④ |
| 074 | 휴가는 세부적인 일정까지 세우고 움직인다. | ① | ② | ③ | ④ |
| 075 | 나는 자존심이 센 편에 속한다. | ① | ② | ③ | ④ |
| 076 | 어릴 때부터 해 온 취미 생활이 있다. | ① | ② | ③ | ④ |
| 077 | 일을 할 때 굉장히 긴장된다. | ① | ② | ③ | ④ |
| 078 | 나는 새로운 일을 시작할 때 두려움을 느끼는 편이다. | ① | ② | ③ | ④ |
| 079 | 어릴 적 추억을 자주 떠올린다. | ① | ② | ③ | ④ |
| 080 | 남의 의견을 들으면 맞는 것 같아 나의 의견을 자주 바꾼다. | ① | ② | ③ | ④ |
| 081 | 어떤 조직에서든 조용히 생활하는 것을 좋아한다. | ① | ② | ③ | ④ |
| 082 | 친구의 부탁을 거절하지 못하는 편이다. | ① | ② | ③ | ④ |
| 083 | 떠들썩한 분위기를 좋아한다. | ① | ② | ③ | ④ |
| 084 | 다른 사람들이 무엇을 하든 그 일에 관심이 없다. | ① | ② | ③ | ④ |
| 085 | 여러 명이 토의할 때 나의 의견을 먼저 말하는 편이다. | ① | ② | ③ | ④ |
| 086 | 공동 프로젝트를 하는 것보다 나 혼자 일하는 것이 좋다. | ① | ② | ③ | ④ |
| 087 | 어떠한 일이 주어지면 빨리 실행에 옮겨야 마음이 편하다. | ① | ② | ③ | ④ |
| 088 | 시원시원한 성격이라는 말을 자주 듣는다. | ① | ② | ③ | ④ |
| 089 | 낯선 사람들과도 편하게 이야기할 수 있다. | ① | ② | ③ | ④ |
| 090 | 신중한 사람이라는 평가를 받는 편이다. | ① | ② | ③ | ④ |
| 091 | 나도 남들처럼 행복했으면 좋겠다. | ① | ② | ③ | ④ |
| 092 | 나는 욕심이 많은 편이다. | ① | ② | ③ | ④ |
| 093 | 주어진 일을 하는 것이 좋다. | ① | ② | ③ | ④ |
| 094 | 무슨 일이든 잘할 수 있다는 자신감이 있다. | ① | ② | ③ | ④ |
| 095 | 새로운 길로 가는 것이 즐겁다. | ① | ② | ③ | ④ |
| 096 | 주변의 말에 비교적 상처를 잘 받는다. | ① | ② | ③ | ④ |

| 097 | 사소한 일이더라도 열심히 하려고 한다. | ① | ② | ③ | ④ |
|---|---|---|---|---|---|
| 098 | 쉽게 포기하지 않는다. | ① | ② | ③ | ④ |
| 099 | 앞으로 진행할 일을 정리해 두지 않으면 불안하다. | ① | ② | ③ | ④ |
| 100 | 내가 정말 필요한 존재인지 스스로 자책할 때가 있다. | ① | ② | ③ | ④ |
| 101 | 여유를 가지고 생활한다. | ① | ② | ③ | ④ |
| 102 | 실행하기 전에 한 번 더 생각하는 편이다. | ① | ② | ③ | ④ |
| 103 | 추리 소설을 읽는 것을 좋아한다. | ① | ② | ③ | ④ |
| 104 | 일에서도 인간관계를 중요하게 생각한다. | ① | ② | ③ | ④ |
| 105 | 어떠한 일이든 빨리 시작해야 다른 사람을 이길 수 있다. | ① | ② | ③ | ④ |
| 106 | 무슨 일을 하든 주위로부터 리더라는 말을 듣고 싶다. | ① | ② | ③ | ④ |
| 107 | 활동적이라는 말보다는 사려가 깊다는 말을 더 많이 듣는다. | ① | ② | ③ | ④ |
| 108 | 격렬하게 운동하는 것이 좋다. | ① | ② | ③ | ④ |
| 109 | 주위에서 좋다고 하더라도 한 번 더 검토 후 실행에 옮긴다. | ① | ② | ③ | ④ |
| 110 | 어디론가 떠나고 싶은 충동을 자주 느낀다. | ① | ② | ③ | ④ |
| 111 | 나는 내가 이유 없이 벌 받을 때가 있다고 생각한다. | ① | ② | ③ | ④ |
| 112 | 한 가지 주제로 세 시간 이상 이야기할 수 있다. | ① | ② | ③ | ④ |
| 113 | 작은 일에도 쉽게 우쭐해져서 기분이 좋아진다. | ① | ② | ③ | ④ |
| 114 | 말이 느린 편이다. | ① | ② | ③ | ④ |
| 115 | 타인을 이끌 수 있는 지도력이 있다는 평가를 받고 싶다. | ① | ② | ③ | ④ |
| 116 | 처음 보는 사람과 대화하기까지 많은 노력이 필요하다. | ① | ② | ③ | ④ |
| 117 | 누군가가 나를 싫어하는 것 같다. | ① | ② | ③ | ④ |
| 118 | 인생을 살아가는데 있어서 목표를 갖는 것은 중요하다. | ① | ② | ③ | ④ |
| 119 | 집에만 있는 것은 답답하다. | ① | ② | ③ | ④ |
| 120 | 어떤 일을 시작할 때 그 결과보다는 과정을 먼저 생각한다. | ① | ② | ③ | ④ |
| 121 | 하고 싶은 일은 무리를 해서라도 꼭 한다. | ① | ② | ③ | ④ |
| 122 | 순간적인 감정을 이기지 못해 싸운 적이 있다. | ① | ② | ③ | ④ |
| 123 | 하고 싶은 일은 망설이지 않고 도전한다. | ① | ② | ③ | ④ |
| 124 | 일이 잘 풀리지 않으면 비관적으로 생각하는 편이다. | ① | ② | ③ | ④ |
| 125 | 주변이 소란스러운 것을 싫어한다. | ① | ② | ③ | ④ |
| 126 | 어려움에 부딪혀도 좀처럼 포기하지 않는다. | ① | ② | ③ | ④ |
| 127 | 몸이 힘들 때는 병에 걸린 것이 아닐까 하는 생각이 든다. | ① | ② | ③ | ④ |
| 128 | 기분이 상해도 그 순간 상대에게 표현하지 못한다. | ① | ② | ③ | ④ |
| 129 | 방 안에 있을 때 가장 마음이 편하다. | ① | ② | ③ | ④ |
| 130 | 누군가에게 지적을 받는다는 것을 참을 수 없다. | ① | ② | ③ | ④ |
| 131 | 조그마한 일이라도 계획을 세운다. | ① | ② | ③ | ④ |

| 132 | 내 어려움을 해결해 줄 조력자가 나타났으면 좋겠다. | ① | ② | ③ | ④ |
| 133 | 엄격한 질서나 규율에 적응하기 어렵다. | ① | ② | ③ | ④ |
| 134 | 긍정적이라는 말을 많이 듣는다. | ① | ② | ③ | ④ |
| 135 | 가족이 내 인생의 최우선이다. | ① | ② | ③ | ④ |
| 136 | 알려지지 않은 새로운 방법으로 일하는 편이다. | ① | ② | ③ | ④ |
| 137 | 운동 경기를 할 때면 수비보다는 공격을 좋아한다. | ① | ② | ③ | ④ |
| 138 | 모두가 싫증을 내는 상황에서도 참고 열심히 하는 편이다. | ① | ② | ③ | ④ |
| 139 | 이웃집의 소리에 신경이 많이 쓰이는 편이다. | ① | ② | ③ | ④ |
| 140 | 많이 움직인다는 소리를 듣는 편이다. | ① | ② | ③ | ④ |
| 141 | 기회는 능력과 상관없이 모두에게 주어져야 한다고 생각한다. | ① | ② | ③ | ④ |
| 142 | 가끔 아무 이유 없이 다른 사람들을 때리고 싶은 생각이 든다. | ① | ② | ③ | ④ |
| 143 | 일을 하다가 휴식을 할 때는 아무도 없이 혼자 편안히 쉬고 싶다. | ① | ② | ③ | ④ |
| 144 | 무슨 일이든 행동하기 전에 곰곰이 생각하는 것을 좋아한다. | ① | ② | ③ | ④ |
| 145 | 나는 과학과 수학을 좋아한다. | ① | ② | ③ | ④ |
| 146 | 정이 많은 푸근한 동료가 많았으면 좋겠다. | ① | ② | ③ | ④ |
| 147 | 친구의 말에 따라 나의 견해가 종종 바뀐다. | ① | ② | ③ | ④ |
| 148 | 자율과 규율 중 자율적으로 움직이고 싶다. | ① | ② | ③ | ④ |
| 149 | 좀 피곤하더라도 동시에 많은 일을 진행할 수 있다. | ① | ② | ③ | ④ |
| 150 | 결점을 지속적으로 지적받으면 스트레스를 받는다. | ① | ② | ③ | ④ |
| 151 | 내가 잘 모르는 분야에 대해서 이야기하는 자리는 부담스럽다. | ① | ② | ③ | ④ |
| 152 | 항상 친구들에게 먼저 연락한다. | ① | ② | ③ | ④ |
| 153 | 스스로를 개성적인 편이라고 생각한다. | ① | ② | ③ | ④ |
| 154 | 등산을 할 때는 정상까지 올라가는 편이다. | ① | ② | ③ | ④ |
| 155 | 당사자가 없는 곳에서 그를 험담한 적이 없다. | ① | ② | ③ | ④ |
| 156 | 나에게 주어진 일이 어려울 때가 많다. | ① | ② | ③ | ④ |
| 157 | 다른 사람들에 대해 이야기하는 것을 좋아하는 편이다. | ① | ② | ③ | ④ |
| 158 | 누구와 있어도 나의 주장을 말하는 편이다. | ① | ② | ③ | ④ |
| 159 | 가끔 집을 떠나서 여행을 가고 싶다. | ① | ② | ③ | ④ |
| 160 | 결과보다는 과정이 중요하다. | ① | ② | ③ | ④ |
| 161 | 혼자 일하는 것이 편하다. | ① | ② | ③ | ④ |
| 162 | 무슨 일이든 신중하게 계획적으로 하는 것이 중요하다고 생각한다. | ① | ② | ③ | ④ |
| 163 | 나는 부정적인 편은 아닌 것 같다. | ① | ② | ③ | ④ |
| 164 | 어떠한 일을 진행하든 꼼꼼히 생각하는 경우가 많다. | ① | ② | ③ | ④ |
| 165 | 울적한 마음에 일이 제대로 되지 않을 때가 있다. | ① | ② | ③ | ④ |
| 166 | 새치기하려는 사람을 보면 화가 난다. | ① | ② | ③ | ④ |

| 167 | 내가 아는 것을 설명하기를 좋아한다. | ① | ② | ③ | ④ |
|---|---|---|---|---|---|
| 168 | 파티 같은 분위기를 좋아한다. | ① | ② | ③ | ④ |
| 169 | 가까운 친구라고 해도 최근 무슨 일을 겪고 있는지 모른다. | ① | ② | ③ | ④ |
| 170 | 나는 나에 대해 엄격한 편이다. | ① | ② | ③ | ④ |
| 171 | 나는 어두운 곳을 무서워한다. | ① | ② | ③ | ④ |
| 172 | 누가 나의 일에 이러쿵저러쿵 말하는 것이 싫다. | ① | ② | ③ | ④ |
| 173 | 낯선 사람과 대화하는 것은 무척이나 어려운 일이다. | ① | ② | ③ | ④ |
| 174 | 우울할 때 밖에 나가서 돌아다니면 기분이 좋아진다. | ① | ② | ③ | ④ |
| 175 | 순간적 흥분을 참지 못해 사람을 때린 적이 있다. | ① | ② | ③ | ④ |
| 176 | 어렵고 힘들더라도 새로운 일에 도전하는 것을 좋아한다. | ① | ② | ③ | ④ |
| 177 | 경쟁 구조가 갖추어진 상황에서 더 큰 역량이 발휘된다. | ① | ② | ③ | ④ |
| 178 | 실수도 실력이라고 생각한다. | ① | ② | ③ | ④ |
| 179 | 여러 사람들과 함께하는 활동을 즐긴다. | ① | ② | ③ | ④ |
| 180 | 주위로부터 차분하다는 말을 많이 듣는 편이다. | ① | ② | ③ | ④ |
| 181 | 서두르지 않고, 느긋하고 차분하게 일을 진행한다. | ① | ② | ③ | ④ |
| 182 | 어떠한 운동이든 운동하는 것을 좋아한다. | ① | ② | ③ | ④ |
| 183 | 작은 일에도 쉽게 우울해진다. | ① | ② | ③ | ④ |
| 184 | 다른 사람이 옆에 있으면 불편하다. | ① | ② | ③ | ④ |
| 185 | 해야 하는 일을 미루지 않는다. | ① | ② | ③ | ④ |
| 186 | 내가 잘하지 못하는 일이라고 해도 자원해서 하는 편이다. | ① | ② | ③ | ④ |
| 187 | 잘하는 일보다는 좋아하는 일을 하고 싶다. | ① | ② | ③ | ④ |
| 188 | 자극적이고 기분이 고무되는 일을 하는 것이 좋다. | ① | ② | ③ | ④ |
| 189 | 꼭 출세하여 보란 듯이 살고 싶다. | ① | ② | ③ | ④ |
| 190 | 나는 남들보다 유능하고 똑똑하다. | ① | ② | ③ | ④ |
| 191 | 현실에서 벗어난 색다른 일을 좋아한다. | ① | ② | ③ | ④ |
| 192 | 유명한 명소보다 남들이 잘 모르는 곳에 여행 가는 것을 좋아한다. | ① | ② | ③ | ④ |
| 193 | 이익을 계산하는 것에 둔하다. | ① | ② | ③ | ④ |
| 194 | 어떤 것에 방해받지 않고 독창적으로 일하는 것이 좋다. | ① | ② | ③ | ④ |
| 195 | 도전하기를 좋아하여 직접 부딪치는 편이다. | ① | ② | ③ | ④ |
| 196 | 자기가 맡은 일은 끝까지 해야 한다. | ① | ② | ③ | ④ |
| 197 | 새로운 어떤 일을 시작한다는 것이 쉬운 일은 아니다. | ① | ② | ③ | ④ |
| 198 | 나에 관한 다른 사람들의 생각이 궁금하다. | ① | ② | ③ | ④ |
| 199 | 육상에 비교하자면 나는 단거리 선수보다 장거리 선수가 더 어울린다. | ① | ② | ③ | ④ |
| 200 | 주위로부터 활력이 넘친다는 말을 자주 듣는다. | ① | ② | ③ | ④ |
| 201 | 한 번 흥분하면 쉽게 가라앉지 않는다. | ① | ② | ③ | ④ |

| 202 | 새해가 되면 새해 다짐과 목표를 꼭 적는다. | ① | ② | ③ | ④ |
|---|---|---|---|---|---|
| 203 | 지루한 것을 싫어한다. | ① | ② | ③ | ④ |
| 204 | 나는 항상 자기 계발을 추구한다. | ① | ② | ③ | ④ |
| 205 | 어떠한 일에 관하여 과장해 본 적이 한 번도 없다. | ① | ② | ③ | ④ |
| 206 | 전공이 아닌 일을 배우는 것이 즐겁다. | ① | ② | ③ | ④ |
| 207 | 친구가 많은 편이다. | ① | ② | ③ | ④ |
| 208 | 나에게 주어진 일은 곧바로 시작한다. | ① | ② | ③ | ④ |
| 209 | 때때로 욕설을 퍼붓고 싶을 때가 있다. | ① | ② | ③ | ④ |
| 210 | 이미 정해진 것보다는 나의 방식으로 일하는 것이 좋다. | ① | ② | ③ | ④ |
| 211 | 여러 사람 앞에서 이야기하는 것이 좋다. | ① | ② | ③ | ④ |
| 212 | 안면이 있는 사람을 우연히 만나도 먼저 인사하는 것이 쉽지 않다. | ① | ② | ③ | ④ |
| 213 | 수시로 감정이 바뀌어 종잡을 수가 없다. | ① | ② | ③ | ④ |
| 214 | 항상 기운이 없다. | ① | ② | ③ | ④ |
| 215 | 한껏 들뜬 기분에 가만히 있지 못하고 설치는 경우가 있다. | ① | ② | ③ | ④ |
| 216 | 나는 팀워크가 필요한 일을 잘한다. | ① | ② | ③ | ④ |
| 217 | 나의 성과를 알아주었으면 좋겠다. | ① | ② | ③ | ④ |
| 218 | 약속 시간에 늦은 적이 한 번도 없다. | ① | ② | ③ | ④ |
| 219 | 머리가 늘 쑤시고 아픈 것 같다. | ① | ② | ③ | ④ |
| 220 | 이성으로 감정을 통제하는 것은 어렵다. | ① | ② | ③ | ④ |
| 221 | 나는 집단보다 개인의 이익을 우선시한다. | ① | ② | ③ | ④ |
| 222 | 인터넷 등에 떠도는 온갖 말들은 소문일 뿐 별로 궁금할 것이 없다. | ① | ② | ③ | ④ |
| 223 | 차분하다는 말을 자주 듣는다. | ① | ② | ③ | ④ |
| 224 | 낯가림을 하는 편이다. | ① | ② | ③ | ④ |
| 225 | 자살하고 싶은 충동을 느낀다. | ① | ② | ③ | ④ |
| 226 | 처음 사람들을 만나면 긴장한 탓에 땀이 많이 나서 불편하다. | ① | ② | ③ | ④ |
| 227 | 어떠한 결정이 나면 즉각 행동으로 옮기는 편이다. | ① | ② | ③ | ④ |
| 228 | 행복해지기 위해서 돈은 가장 중요한 요인이다. | ① | ② | ③ | ④ |
| 229 | 무슨 주제로 어떤 대화를 하든 지지 않는 편이다. | ① | ② | ③ | ④ |
| 230 | 말로 표현할 수 없는 나쁜 일을 상상한다. | ① | ② | ③ | ④ |
| 231 | 꼭 갖고 싶었던 물건을 보더라도 훔치고 싶은 마음이 들지는 않는다. | ① | ② | ③ | ④ |
| 232 | 마음으로 감싸 주는 상사와 일하고 싶다. | ① | ② | ③ | ④ |
| 233 | 신중히 생각하고 행동한다. | ① | ② | ③ | ④ |
| 234 | 한 달간의 계획을 수립하여 생활하는 편이다. | ① | ② | ③ | ④ |
| 235 | 기분에 들떠 동료와의 술값을 모두 계산한 적이 있다. | ① | ② | ③ | ④ |
| 236 | 남과 대화하는 것은 많은 용기가 있어야 하는 일이다. | ① | ② | ③ | ④ |

| 237 | 일을 완벽히 마무리했어도 한 번 더 검토해 본다. | ① | ② | ③ | ④ |
|---|---|---|---|---|---|
| 238 | 불쌍한 사람을 보면 도와주고 싶다. | ① | ② | ③ | ④ |
| 239 | 불편한 이야기를 나누는 상황은 피하고 싶어 한다. | ① | ② | ③ | ④ |
| 240 | 무슨 일이든 신중하게 행동하는 편이다. | ① | ② | ③ | ④ |
| 241 | 독특하다는 말을 많이 듣는다. | ① | ② | ③ | ④ |
| 242 | 벼락치기를 하는 경우가 많다. | ① | ② | ③ | ④ |
| 243 | 어렸을 때에도 도둑질한 적이 없다. | ① | ② | ③ | ④ |
| 244 | 누군가와 다투면 모두 내 잘못 때문인 것 같다. | ① | ② | ③ | ④ |
| 245 | 나는 그리 낙천적인 편은 아닌 것 같다. | ① | ② | ③ | ④ |
| 246 | 누군가로부터 빨리하라는 말을 들으면 나도 모르게 화가 난다. | ① | ② | ③ | ④ |
| 247 | 상사가 나무라면 짜증이 난다. | ① | ② | ③ | ④ |
| 248 | 질서보다는 자유롭게 생활하는 것이 좋다. | ① | ② | ③ | ④ |
| 249 | 동호회 등의 모임에 나가는 것을 좋아하지 않는다. | ① | ② | ③ | ④ |
| 250 | 한 번 여행했던 곳에는 다시 가지 않는다. | ① | ② | ③ | ④ |
| 251 | 그때그때 상황에 따른 대처가 용이하다. | ① | ② | ③ | ④ |
| 252 | 내가 일하는 분야에서는 최고가 되어야 한다고 생각한다. | ① | ② | ③ | ④ |
| 253 | 몇몇이 반대를 한다고 하더라도 내 의도대로 행하는 편이다. | ① | ② | ③ | ④ |
| 254 | 고집이 세다는 이야기를 자주 듣는다. | ① | ② | ③ | ④ |
| 255 | 정의롭지 않은 법이라도 지켜야 한다. | ① | ② | ③ | ④ |
| 256 | 물건을 보면 자꾸 탐구하고 싶은 마음이 생긴다. | ① | ② | ③ | ④ |
| 257 | 빈방에 혼자 있으면 무서워서 밖으로 나온다. | ① | ② | ③ | ④ |
| 258 | 중요한 일을 맡는 것이 즐겁다. | ① | ② | ③ | ④ |
| 259 | 무엇이든지 꼼꼼하게 분석하는 편이다. | ① | ② | ③ | ④ |
| 260 | 나에게는 가족이 가장 중요하다. | ① | ② | ③ | ④ |
| 261 | 주로 어떤 모임의 장을 맡는다. | ① | ② | ③ | ④ |
| 262 | 공사장 인근을 걷다 보면 위에서 무엇인가 떨어질까 봐 걱정된다. | ① | ② | ③ | ④ |
| 263 | 어떤 일이든 충분한 생각을 하지 않고는 행동으로 옮기지 않는다. | ① | ② | ③ | ④ |
| 264 | 목소리가 큰 편이다. | ① | ② | ③ | ④ |
| 265 | 집중을 잘하지 못하고, 다른 일에 자꾸 귀 기울이게 된다. | ① | ② | ③ | ④ |
| 266 | 가끔 사람들과의 관계가 싫어질 때가 있다. | ① | ② | ③ | ④ |
| 267 | 남의 기분이나 감정에 별 관심이 없다. | ① | ② | ③ | ④ |
| 268 | 즉흥적이라는 이야기를 많이 듣는다. | ① | ② | ③ | ④ |
| 269 | 무슨 일이든 열심히 의욕적으로 행하는 편이다. | ① | ② | ③ | ④ |
| 270 | 갑자기 식은땀이 날 때가 있다. | ① | ② | ③ | ④ |
| 271 | 편지를 자주 쓰는 편이다. | ① | ② | ③ | ④ |

| 272 | 나는 조금 예민한 편에 속한다. | ① | ② | ③ | ④ |
|---|---|---|---|---|---|
| 273 | 생각하고 나서 행동한다. | ① | ② | ③ | ④ |
| 274 | 취미가 하나 생기면 오랜 시간 즐기는 편이다. | ① | ② | ③ | ④ |
| 275 | 오래 글을 읽어도 눈이 피로해지지 않는다. | ① | ② | ③ | ④ |
| 276 | 학창 시절, 학급에서 그렇게 눈에 띄는 편은 아니었다. | ① | ② | ③ | ④ |
| 277 | 대화로 누군가를 설득한다는 것은 어려운 일이 아니라고 생각한다. | ① | ② | ③ | ④ |
| 278 | 술자리에서도 조용히 먹는 것을 좋아한다. | ① | ② | ③ | ④ |
| 279 | 다른 사람을 쉽게 믿지 않는 편이다. | ① | ② | ③ | ④ |
| 280 | 인간관계가 편협하다는 말을 듣는 편이다. | ① | ② | ③ | ④ |
| 281 | 한 달에 한두 번 설사를 한다. | ① | ② | ③ | ④ |
| 282 | 기분에 따라 즉흥적으로 행동한다. | ① | ② | ③ | ④ |
| 283 | 이미 종료된 업무보다 아직 완성되지 않은 업무에 더 관심이 간다. | ① | ② | ③ | ④ |
| 284 | 일정한 계획에 얽매이는 것을 별로 좋아하지 않는다. | ① | ② | ③ | ④ |
| 285 | 나는 독립적이라는 소리를 자주 듣는다. | ① | ② | ③ | ④ |
| 286 | 나의 일상생활은 재미있는 일로 가득 차 있다. | ① | ② | ③ | ④ |
| 287 | 가끔 모든 걸 잊고 떠나고 싶을 때가 있다. | ① | ② | ③ | ④ |
| 288 | 일을 시작하기 전에 다시 한 번 확인해 보고 시작한다. | ① | ② | ③ | ④ |
| 289 | 누군가가 나를 조종하는 것 같다. | ① | ② | ③ | ④ |
| 290 | 초능력이 있었으면 좋겠다고 생각한 적이 있다. | ① | ② | ③ | ④ |
| 291 | 내 의견을 지나치게 주장하는 것을 꺼린다. | ① | ② | ③ | ④ |
| 292 | 외국에서 태어났다면 더 행복했을 것 같다. | ① | ② | ③ | ④ |
| 293 | 내가 시작한 일은 남에게 맡기기 불안하다. | ① | ② | ③ | ④ |
| 294 | 사람들 앞에 나서서 무엇인가를 한다는 것은 힘든 일이다. | ① | ② | ③ | ④ |
| 295 | 가끔 울음이나 웃음을 참지 못할 때가 있다. | ① | ② | ③ | ④ |
| 296 | 나의 생활에 만족한다. | ① | ② | ③ | ④ |
| 297 | 나는 의지가 약한 편에 속한다. | ① | ② | ③ | ④ |
| 298 | 내 말투나 음성은 언제나 일정한 편이다. | ① | ② | ③ | ④ |
| 299 | 봉사 활동하는 것을 좋아한다. | ① | ② | ③ | ④ |
| 300 | 우연히 아는 사람을 만나면 나도 모르게 피하게 된다. | ① | ② | ③ | ④ |

**[301-360]** (가)에 가까울수록 ①에 가깝게, (나)에 가까울수록 ④에 가깝게 응답하시오.

**301**

| ← (가)에 가까울수록 | | | (나)에 가까울수록 → |
|---|---|---|---|
| ① | ② | ③ | ④ |
| (가) 나는 남의 시선을 신경 쓰지 않는다. | | (나) 나는 남의 시선을 신경 쓴다. | |

**302**

| ← (가)에 가까울수록 | | | (나)에 가까울수록 → |
|---|---|---|---|
| ① | ② | ③ | ④ |
| (가) 일에 대한 욕심이 무척 많은 편이다. | | (나) 나는 일보다 나의 삶이 가장 중요하다. | |

**303**

| ← (가)에 가까울수록 | | | (나)에 가까울수록 → |
|---|---|---|---|
| ① | ② | ③ | ④ |
| (가) 일을 주도적으로 하는 것이 더 보람차다. | | (나) 뒤에서 서포트 해 주는 것이 더 보람차다고 생각한다. | |

**304**

| ← (가)에 가까울수록 | | | (나)에 가까울수록 → |
|---|---|---|---|
| ① | ② | ③ | ④ |
| (가) 어떠한 일에 대한 비전을 세우고 시작한다. | | (나) 시작이 반이라는 말에 동의한다. | |

**305**

| ← (가)에 가까울수록 | | | (나)에 가까울수록 → |
|---|---|---|---|
| ① | ② | ③ | ④ |
| (가) 모임에 가는 것을 싫어한다. | | (나) 모임에 가는 것을 좋아한다. | |

**306**

| ← (가)에 가까울수록 | | (나)에 가까울수록 → | |
|---|---|---|---|
| ① | ② | ③ | ④ |
| (가) 말을 아끼는 것이 가장 현명한 것이라고 생각한다. | | (나) 자신의 생각을 말로 표현하는 것이 중요하다고 생각한다. | |

**307**

| ← (가)에 가까울수록 | | (나)에 가까울수록 → | |
|---|---|---|---|
| ① | ② | ③ | ④ |
| (가) 상대방의 잘못을 바로잡아준다. | | (나) 남의 일에 크게 신경 쓰지 않는다. | |

**308**

| ← (가)에 가까울수록 | | (나)에 가까울수록 → | |
|---|---|---|---|
| ① | ② | ③ | ④ |
| (가) 일이 잘못되면 처음부터 잘못된 일이었다고 생각한다. | | (나) 모든 일에는 운이 작용한다고 생각한다. | |

**309**

| ← (가)에 가까울수록 | | (나)에 가까울수록 → | |
|---|---|---|---|
| ① | ② | ③ | ④ |
| (가) 모임 등에 나가면 사람들을 소개받는 쪽이다. | | (나) 모임을 주도하는 편이다. | |

**310**

| ← (가)에 가까울수록 | | (나)에 가까울수록 → | |
|---|---|---|---|
| ① | ② | ③ | ④ |
| (가) 마감일이 되어야 집중이 잘된다. | | (나) 마감일이 다가오면 초조해진다. | |

311

| ← (가)에 가까울수록 | | | (나)에 가까울수록 → |
|---|---|---|---|
| ① | ② | ③ | ④ |
| (가) 말을 할 때 속도가 느린 편이다. | | | (나) 말을 할 때 속도가 빠른 편이다. |

312

| ← (가)에 가까울수록 | | | (나)에 가까울수록 → |
|---|---|---|---|
| ① | ② | ③ | ④ |
| (가) 몰아서 청소를 하는 편이다. | | | (나) 매일 주변을 정리한다. |

313

| ← (가)에 가까울수록 | | | (나)에 가까울수록 → |
|---|---|---|---|
| ① | ② | ③ | ④ |
| (가) 무서워 보이는 사람은 대하기가 어렵다. | | | (나) 외모보다는 내면이 더 중요하다. |

314

| ← (가)에 가까울수록 | | | (나)에 가까울수록 → |
|---|---|---|---|
| ① | ② | ③ | ④ |
| (가) 나는 개인보다 집단의 이익을 우선시한다. | | (나) 나는 집단보다는 개인의 이익을 우선시한다. | |

315

| ← (가)에 가까울수록 | | | (나)에 가까울수록 → |
|---|---|---|---|
| ① | ② | ③ | ④ |
| (가) 성공적으로 살아가려면 이상을 가져야 한다. | | | (나) 성공적으로 살기 위해서는 현실을 잘 파악해야 한다. |

**316**

| ← (가)에 가까울수록 | | (나)에 가까울수록 → | |
|---|---|---|---|
| ① | ② | ③ | ④ |
| (가) 문제의 원인 파악이 중요하다. | | (나) 문제 해결이 중요하다. | |

**317**

| ← (가)에 가까울수록 | | (나)에 가까울수록 → | |
|---|---|---|---|
| ① | ② | ③ | ④ |
| (가) 나는 정이 많고 따뜻하다는 평가를 받는다. | | (나) 나는 냉철하다는 평가를 받는다. | |

**318**

| ← (가)에 가까울수록 | | (나)에 가까울수록 → | |
|---|---|---|---|
| ① | ② | ③ | ④ |
| (가) 새로운 상황에 놓이는 것에 긴장감을 느낀다. | | (나) 담당 업무 외의 일이 주어져도 의욕적으로 할 것 같다. | |

**319**

| ← (가)에 가까울수록 | | (나)에 가까울수록 → | |
|---|---|---|---|
| ① | ② | ③ | ④ |
| (가) 가장 힘든 것은 혼자 있는 것이다. | | (나) 나는 혼자 있을 때가 가장 행복하다. | |

**320**

| ← (가)에 가까울수록 | | (나)에 가까울수록 → | |
|---|---|---|---|
| ① | ② | ③ | ④ |
| (가) 한 문제에 계속 시간을 쓰는 것은 시간 낭비라고 생각한다. | | (나) 포기하지 않고 노력하고 있다는 사실이 중요하다고 생각한다. | |

**321**

| ← (가)에 가까울수록 | | | (나)에 가까울수록 → |
|---|---|---|---|
| ① | ② | ③ | ④ |
| (가) 무엇을 하든 몸을 움직이는 것을 좋아한다. | | (나) 가만히 있는 것을 좋아한다. | |

**322**

| ← (가)에 가까울수록 | | | (나)에 가까울수록 → |
|---|---|---|---|
| ① | ② | ③ | ④ |
| (가) 쉽게 흥분하는 편이다. | | (나) 쉽게 흥분하지 않는 편이다. | |

**323**

| ← (가)에 가까울수록 | | | (나)에 가까울수록 → |
|---|---|---|---|
| ① | ② | ③ | ④ |
| (가) 나는 남에게 엄격한 편이다. | | (나) 나는 나에게 엄격한 편이다. | |

**324**

| ← (가)에 가까울수록 | | | (나)에 가까울수록 → |
|---|---|---|---|
| ① | ② | ③ | ④ |
| (가) 역사에 남을 만한 중요한 일을 해 보고 싶다. | | (나) 작아도 의미 있는 일을 하고 싶다. | |

**325**

| ← (가)에 가까울수록 | | | (나)에 가까울수록 → |
|---|---|---|---|
| ① | ② | ③ | ④ |
| (가) 어려워 보이는 목표부터 달성한다. | | (나) 쉬워 보이는 목표부터 달성한다. | |

**326**

| ← (가)에 가까울수록 | | (나)에 가까울수록 → | |
|---|---|---|---|
| ① | ② | ③ | ④ |
| (가) 학창 시절에 적극적인 편이었다. | | (나) 학창 시절에 조용한 편이었다. | |

**327**

| ← (가)에 가까울수록 | | (나)에 가까울수록 → | |
|---|---|---|---|
| ① | ② | ③ | ④ |
| (가) 현실성보다는 가능성이 있는 것에 더 비중을 둔다. | | (나) 가능성보다는 현실성이 있는 것에 더 비중을 둔다. | |

**328**

| ← (가)에 가까울수록 | | (나)에 가까울수록 → | |
|---|---|---|---|
| ① | ② | ③ | ④ |
| (가) 한번 주장한 의견을 잘 바꾸지 않는 편이다. | | (나) 친구의 의견에 따라 나의 견해가 종종 바뀐다. | |

**329**

| ← (가)에 가까울수록 | | (나)에 가까울수록 → | |
|---|---|---|---|
| ① | ② | ③ | ④ |
| (가) 생각한 것을 바로 행동으로 옮기는 것이 중요하다. | | (나) 계획을 치밀하게 짜서 이행하는 것이 중요하다. | |

**330**

| ← (가)에 가까울수록 | | (나)에 가까울수록 → | |
|---|---|---|---|
| ① | ② | ③ | ④ |
| (가) 이익이 되는 일보다 옳은 일을 하려고 한다. | | (나) 옳은 일보다 이익이 되는 일을 하려고 한다. | |

**331**

| ← (가)에 가까울수록 | | | (나)에 가까울수록 → |
|---|---|---|---|
| ① | ② | ③ | ④ |
| (가) 남의 부탁을 거절하는 것이 힘들다. | | (나) 남은 전혀 신경쓰지 않는다. | |

**332**

| ← (가)에 가까울수록 | | | (나)에 가까울수록 → |
|---|---|---|---|
| ① | ② | ③ | ④ |
| (가) 감정을 우선시하여 일을 판단하는 편이다. | | (나) 논리와 이성을 앞세워 일을 판단하는 편이다. | |

**333**

| ← (가)에 가까울수록 | | | (나)에 가까울수록 → |
|---|---|---|---|
| ① | ② | ③ | ④ |
| (가) 감정에 솔직한 편이다. | | (나) 감정을 잘 드러내지 않는 편이다. | |

**334**

| ← (가)에 가까울수록 | | | (나)에 가까울수록 → |
|---|---|---|---|
| ① | ② | ③ | ④ |
| (가) 가끔 현실과 동떨어진 생각을 할 때가 있다. | | (나) 실현 가능성이 없는 일에 대해서는 고민하지 않는다. | |

**335**

| ← (가)에 가까울수록 | | | (나)에 가까울수록 → |
|---|---|---|---|
| ① | ② | ③ | ④ |
| (가) 상대가 누구든 나의 주장을 하는 편이다. | | (나) 상대방에 따라 말하는 방식이나 태도가 바뀌는 편이다. | |

336

| ← (가)에 가까울수록 | | | (나)에 가까울수록 → |
|---|---|---|---|
| ① | ② | ③ | ④ |
| (가) 결과물을 우선 빨리 내고 수정하는 방식이 더 편하다. | | (나) 완벽한 결과물을 내는 것이 중요하다고 생각한다. | |

337

| ← (가)에 가까울수록 | | | (나)에 가까울수록 → |
|---|---|---|---|
| ① | ② | ③ | ④ |
| (가) 아침에 일어나는 것이 그렇게 어렵지 않다. | | (나) 늦게 자고 늦게 일어나는 편이다. | |

338

| ← (가)에 가까울수록 | | | (나)에 가까울수록 → |
|---|---|---|---|
| ① | ② | ③ | ④ |
| (가) 어느 곳에 소속된다는 것은 불편한 일이다. | | (나) 사람들과 함께 일할 때 즐거움을 느낀다. | |

339

| ← (가)에 가까울수록 | | | (나)에 가까울수록 → |
|---|---|---|---|
| ① | ② | ③ | ④ |
| (가) 결과보다는 과정이 중요하다고 생각한다. | | (나) 과정이 아무리 좋더라도 결과가 좋아야 한다. | |

340

| ← (가)에 가까울수록 | | | (나)에 가까울수록 → |
|---|---|---|---|
| ① | ② | ③ | ④ |
| (가) 잘하는 일보다 하고 싶은 일을 해야 한다. | | (나) 하고 싶은 일보다 잘하는 일을 해야 한다. | |

**341**

| ← (가)에 가까울수록 | | (나)에 가까울수록 → | |
|---|---|---|---|
| ① | ② | ③ | ④ |
| (가) 사소한 일이라도 계획을 세운다. | | (나) 정해진 일정에 따라 움직이는 것을 별로 좋아하지 않는다. | |

**342**

| ← (가)에 가까울수록 | | (나)에 가까울수록 → | |
|---|---|---|---|
| ① | ② | ③ | ④ |
| (가) 휴일에는 주로 외출하는 편이다. | | (나) 휴일에는 주로 집에서 지내는 편이다. | |

**343**

| ← (가)에 가까울수록 | | (나)에 가까울수록 → | |
|---|---|---|---|
| ① | ② | ③ | ④ |
| (가) 세상에는 좋은 일보다 나쁜 일이 더 많다. | | (나) 세상에는 나쁜 일보다 좋은 일이 더 많다. | |

**344**

| ← (가)에 가까울수록 | | (나)에 가까울수록 → | |
|---|---|---|---|
| ① | ② | ③ | ④ |
| (가) 물건을 잘 잃어버린다. | | (나) 물건을 절대 잃어버리지 않는다. | |

**345**

| ← (가)에 가까울수록 | | (나)에 가까울수록 → | |
|---|---|---|---|
| ① | ② | ③ | ④ |
| (가) 무리를 해서 운동한다고 해도 별로 피곤하지 않다. | | (나) 몸을 움직이는 것을 별로 좋아하지 않는다. | |

**346**

| ← (가)에 가까울수록 | | | (나)에 가까울수록 → |
|---|---|---|---|
| ① | ② | ③ | ④ |
| (가) 다른 사람의 말에<br>쉽게 설득당하는 편이다. | | (나) 반대가 있더라도 한번 결정한 의견은<br>계속 고집하는 편이다. | |

**347**

| ← (가)에 가까울수록 | | | (나)에 가까울수록 → |
|---|---|---|---|
| ① | ② | ③ | ④ |
| (가) 주변 사람에게 관심이 많다. | | (나) 혼자 있어도 외로움을 느끼지 않는다. | |

**348**

| ← (가)에 가까울수록 | | | (나)에 가까울수록 → |
|---|---|---|---|
| ① | ② | ③ | ④ |
| (가) 변화를 즐기는 편이다. | | (나) 변화가 많으면 종종 두려움을 느낀다. | |

**349**

| ← (가)에 가까울수록 | | | (나)에 가까울수록 → |
|---|---|---|---|
| ① | ② | ③ | ④ |
| (가) 내색하지 않지만 마음이 상할 때가 종종 있다. | | (나) 감정이 표정에 드러나는 편이다. | |

**350**

| ← (가)에 가까울수록 | | | (나)에 가까울수록 → |
|---|---|---|---|
| ① | ② | ③ | ④ |
| (가) 다른 사람과의 의견이 대립하였을 때<br>조정을 잘 한다. | | (나) 의견 조율을 잘하지 못하는 편이다. | |

**351**

| ← (가)에 가까울수록 | | (나)에 가까울수록 → | |
|---|---|---|---|
| ① | ② | ③ | ④ |
| (가) 공동 업무의 실패는<br>모두 내 탓이라고 생각한다. | | (나) 공동 업무의 실패는<br>모두의 책임이라고 생각한다. | |

**352**

| ← (가)에 가까울수록 | | (나)에 가까울수록 → | |
|---|---|---|---|
| ① | ② | ③ | ④ |
| (가) 나는 예민한 편이다. | | (나) 나는 둔감한 편이다. | |

**353**

| ← (가)에 가까울수록 | | (나)에 가까울수록 → | |
|---|---|---|---|
| ① | ② | ③ | ④ |
| (가) 새로운 일에 대한 도전을 즐기는 편이다. | | (나) 새로운 일을 하는 것을 망설인다. | |

**354**

| ← (가)에 가까울수록 | | (나)에 가까울수록 → | |
|---|---|---|---|
| ① | ② | ③ | ④ |
| (가) 당황스러운 질문에도 능청스럽게<br>대답할 수 있다. | | (나) 예측이 서지 않으면 불안하고<br>아무것도 할 수 없다. | |

**355**

| ← (가)에 가까울수록 | | (나)에 가까울수록 → | |
|---|---|---|---|
| ① | ② | ③ | ④ |
| (가) 남을 칭찬하는 것이 익숙하다. | | (나) 남에게 칭찬받는 것이 익숙하다. | |

**356**

| ← (가)에 가까울수록 | | | (나)에 가까울수록 → |
|---|---|---|---|
| ① | ② | ③ | ④ |
| (가) 가치있는 실수란 없다고 생각한다. | | (나) 실수를 통해 성장할 수 있다고 생각한다. | |

**357**

| ← (가)에 가까울수록 | | | (나)에 가까울수록 → |
|---|---|---|---|
| ① | ② | ③ | ④ |
| (가) 정부 부처의 장관이 되고 싶다는 꿈을 가진 적이 있다. | | (나) 기업의 CEO가 되고 싶다는 꿈을 가진 적이 있다. | |

**358**

| ← (가)에 가까울수록 | | | (나)에 가까울수록 → |
|---|---|---|---|
| ① | ② | ③ | ④ |
| (가) 경쟁은 불안감을 초래한다. | | (나) 경쟁은 발전을 위해서 필요하다. | |

**359**

| ← (가)에 가까울수록 | | | (나)에 가까울수록 → |
|---|---|---|---|
| ① | ② | ③ | ④ |
| (가) 어려운 문제는 맞서지 않고 피하는 편이다. | | (나) 문제가 생기면 직면해서 해결하려는 편이다. | |

**360**

| ← (가)에 가까울수록 | | | (나)에 가까울수록 → |
|---|---|---|---|
| ① | ② | ③ | ④ |
| (가) 주도적인 편에 속한다. | | (나) 누군가의 뒤를 따라 행동하는 편에 속한다. | |

삶의 순간순간이
아름다운 마무리이며
새로운 시작이어야 한다.

– 법정 스님

# 여러분의 작은 소리
# 에듀윌은 크게 듣겠습니다.

본 교재에 대한 여러분의 목소리를 들려주세요.
공부하시면서 어려웠던 점, 궁금한 점,
칭찬하고 싶은 점, 개선할 점, 어떤 것이라도 좋습니다.

에듀윌은 여러분께서 나누어 주신 의견을
통해 끊임없이 발전하고 있습니다.

**에듀윌 도서몰** book.eduwill.net
• 부가학습자료 및 정오표: 에듀윌 도서몰 → 도서자료실
• 교재 문의: 에듀윌 도서몰 → 문의하기 → 교재(내용,출간) / 주문 및 배송

## 2023 최신판 오프라인 SKCT SK그룹 종합역량검사 통합 기본서

| | |
|---|---|
| 발 행 일 | 2023년 2월 10일 초판 \| 2023년 3월 31일 2쇄 |
| 편 저 자 | 에듀윌 취업연구소 |
| 펴 낸 이 | 김재환 |
| 펴 낸 곳 | (주)에듀윌 |
| 등록번호 | 제25100-2002-000052호 |
| 주 소 | 08378 서울특별시 구로구 디지털로34길 55 코오롱싸이언스밸리 2차 3층 |

* 이 책의 무단 인용 · 전재 · 복제를 금합니다.

## www.eduwill.net
### 대표전화 1600-6700

# IT자격증 초단기 합격패스!
# 에듀윌 EXIT 시리즈

## 컴퓨터활용능력

- **필기 초단기끝장(1/2급)**
  문제은행 최적화, 이론은 가볍게 기출은 무한반복!

- **필기 기본서(1/2급)**
  기초부터 제대로, 한권으로 한번에 합격!

- **실기 기본서(1/2급)**
  출제패턴 집중훈련으로 한번에 확실한 합격!

## 워드프로세서

- **필기 초단기끝장**
  문제은행 최적화, 이론은 가볍게 기출은 무한반복!

- **실기 초단기끝장**
  출제패턴 반복훈련으로 초단기 합격!

## ITQ/GTQ

- **ITQ 엑셀/파워포인트/한글 ver.2016**
  독학러도 초단기 A등급 보장!

- **ITQ OA Master ver.2016**
  한번에 확실하게 OA Master 합격!

- **GTQ 포토샵 1급 ver.CC**
  노베이스 포토샵 합격 A to Z

## 정보처리기사

- **필기 / 실기 기본서**
  비전공자 눈높이로 기초부터 합격까지 4주완성!

- **실기 기출동형 총정리 모의고사**
  싱크로율 100% 모의고사로 실력진단+개념총정리!

# 110만 권 판매 돌파!
# 33개월 베스트셀러 1위 교재

## 빅데이터로 단기간에 합격!
## 합격의 차이를 직접 경험해 보세요

### 기본서

한국사 초심자도
확실한 고득점 합격

### 2주끝장

빅데이터 분석으로
2주 만에 합격

### 시대별×회차별 기출문제집

시대별+회차별 기출을
모두 담은 합격 완성 문제집

### 1주끝장

최빈출 50개 주제로
1주 만에 초단기 합격 완성

### 초등 한국사

비주얼씽킹을 통해
쉽고 재미있게 배우는 한국사

# 에듀윌 취업
# 오프라인 SKCT 통합 기본서

# 정답과 해설

2023 최신판

# 에듀윌 취업
# 오프라인 SKCT 통합 기본서

# 에듀윌 취업
# 오프라인 SKCT 통합 기본서

# 정답과 해설

## 01 | 인지역량−수리(검사B)

본문 P. 22~25

| 01 | 02 | 03 | 04 | 05 | 06 | 07 | 08 | |
|----|----|----|----|----|----|----|----|---|
| ④ | ④ | ① | ⑤ | ③ | ② | ③ | ① | |

### 01 정답 ④

연속하는 7개 수의 합이 항상 일정하다고 하였으므로 $a_1+a_2+a_3+a_4+a_5+a_6+a_7=a_2+a_3+a_4+a_5+a_6+a_7+a_8=a_3+a_4+a_5+a_6+a_7+a_8+a_9=\cdots$이 성립한다.

이때, 공통인 항을 소거하면 다음과 같이 나타낼 수 있다.

$a_1=a_8$, $a_2=a_9$, $a_3=a_{10}$, $\cdots$

즉, 아래 첨자를 7로 나누었을 때 나머지가 같은 수는 수열 자체가 같은 값을 나타내므로 $a_5=a_{7\times11+5}=a_{82}=13$, $a_8=a_{7\times12+1}=a_{85}=20$이다.

따라서 $a_5+a_8$의 값은 $13+20=33$이다.

### 02 정답 ④

아래 그림과 같이 공의 반지름의 길이를 $r$cm라고 하면, 피타고라스 정리에 의해 $r^2=(r-2)^2+6^2$이 성립한다.

위 식을 정리하면, $4r=40$ ∴ $r=10$

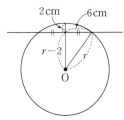

따라서 공의 부피는 $\dfrac{4}{3}\pi\times10^3=\dfrac{4,000}{3}\pi(\text{cm}^3)$이다.

### 03 정답 ①

$\dfrac{7}{12}=0.58333\cdots$이므로 비밀번호 첫 번째 숫자는 5, 두 번째 숫자는 8이다. 소수점 아래 세 번째 숫자인 3과 월인 7의 최소공배수는 21이므로 비밀번호 세 번째 숫자는 2, 네 번째 숫자는 1이다. 따라서 비밀번호는 5821이다.

### 04 정답 ⑤

두 번째 조건에서 8명의 점수를 $a$, $b$, $c$, $d$, $e$, $f$, $g$, $h$라 하면, $a+b=150$, $c+d=130$, $e+f=110$, $g+h=90$이므로 8명 전체 점수의 합은 $150+130+110+90=480$(점)이다.

세 번째 조건에서 8명의 점수를 (1), (2), (3), (4), (5), (6), (7), (8)이라고 하면, (7)+(8)=60, (3)+(4)=120, (1)+(2)=120이고 전체 점수의 합이 480점이므로 남은 (5)+(6)=480−(60+120+120)=180이다.

그런데 8등 점수가 30점이고 점수가 낮은 두 사람의 점수의 합은 60점이므로 각각 30점, 30점이어야 한다. 또, 1등 점수가 90점이고 두 사람의 점수의 합이 180점이 되려면 두 사람의 점수는 각각 90점, 90점이어야 한다.

이때, 두 번째 조건에서 두 사람의 승진시험 점수의 합이 낮은 두 경우가 $e+f=110$, $g+h=90$이므로 각각의 식에서 30점씩을 빼면 두 사람의 점수는 $110-30=80$(점), $90-30=60$(점)임을 알 수 있다. 마찬가지로 남은 두 사람의 점수는 두 번째 조건에서 두 사람의 승진시험 점수의 합이 높은 두 경우가 $a+b=150$, $c+d=130$이므로 각각의 식에서 90점씩을 빼면 두 사람의 점수는 $150-90=60$(점), $130-90=40$(점)이다.

따라서 높은 점수부터 순서대로 나열하면, 90점, 90점, 80점, 60점, 60점, 40점, 30점, 30점이므로 3등 점수와 5등 점수의 합은 $80+60=140$(점)이다.

## 05  정답 ③

[1단계]에서 그려진 가지 한 개의 길이는 $\frac{2}{3}$이고, 이후 단계마다 그려지는 가지 한 개의 길이는 이전 단계에서 그려진 가지 한 개의 길이의 $\frac{2}{3}$이므로 [2단계]에서 그려진 가지 한 개의 길이는 $\frac{2}{3}\times\frac{2}{3}=\left(\frac{2}{3}\right)^2$이고, [3단계]에서 그려진 가지 한 개의 길이는 $\frac{2}{3}\times\frac{2}{3}\times\frac{2}{3}=\left(\frac{2}{3}\right)^3$이다. 이와 같은 방법으로 하면, [10단계]에서 그려진 가지 한 개의 길이는 $\left(\frac{2}{3}\right)^{10}$이고, [12단계]에서 그려진 가지 한 개의 길이는 $\left(\frac{2}{3}\right)^{12}$이다. 따라서 [12단계]에서 그려지는 가지 한 개의 길이는 [10단계]에서 그려지는 가지 한 개의 길이의 $\left(\frac{2}{3}\right)^{12}\div\left(\frac{2}{3}\right)^{10}=\left(\frac{2}{3}\right)^2=\frac{4}{9}$(배)이다.

## 06  정답 ②

주어진 두 원료 $a$, $b$를 사용하여 부품 A를 $x$kg, 부품 B를 $y$kg 만든다고 하면, 다음과 같이 연립방정식을 세울 수 있다.
$$\begin{cases} 5x+6y=47 & \cdots\cdots\ \bigcirc \\ 3x+4y=30 & \cdots\cdots\ \bigcirc \end{cases}$$
($\bigcirc\times3$)$-$($\bigcirc\times5$)를 하면, $-2y=-9$     $\therefore y=\frac{9}{2}$

$y=\frac{9}{2}$를 $\bigcirc$에 대입하면, $3x+18=30$     $\therefore x=4$

따라서 부품 A를 4kg, 부품 B를 $\frac{9}{2}$kg 만들었으므로 총이익은 $9\times4+8\times\frac{9}{2}=72$(만 원)이다.

## 07  정답 ③

테이블의 개수를 $x$개라고 하면, 첫 번째 조건에 의해 학생 수는 $(5x+12)$명이다.
그리고 두 번째 조건에 의해 학생 수는 최소 $\{6(x-8)+1\}$명이고, 최대 $6(x-7)$명이다.
이를 바탕으로 다음과 같이 부등식으로 나타낼 수 있다.
$6(x-8)+1\leq5x+12\leq6(x-7)$
앞의 부등식 $6(x-8)+1\leq5x+12$를 풀면, $6x-47\leq5x+12$     $\therefore x\leq59$
뒤의 부등식 $5x+12\leq6(x-7)$을 풀면, $5x+12\leq6x-42$     $\therefore x\geq54$
이를 정리하면 $54\leq x\leq59$
따라서 테이블의 개수는 최소 54개, 최대 59개이므로 최솟값과 최댓값의 합은 $54+59=113$이다.

## 08  정답 ①

[표2]에서 A+B연합팀의 평균 점수 52.5점은 A팀 평균 점수 40.0점에 12.5점이 더해진 값이다. 그런데 [표1]에서 A팀의 평균 점수와 B팀의 평균 점수의 차가 $60.0-40.0=20.0$(점)이므로 $\frac{12.5}{20}=\frac{5}{8}$에서 A팀과 B팀의 인원수의 비가 $3:5$임을 알 수 있다. 즉, A+B연합팀 인원이 80명이므로 A팀은 30명, B팀은 50명이고, B팀이 50명이므로 C팀은 $120-50=70$(명)이다. 따라서 A+C연합팀 인원수는 $30+70=100$(명)이고, 평균 점수는 $\frac{30\times40+70\times90}{30+70}=\frac{1,200+6,300}{100}=75$(점)이므로 A+B연합팀의 평균 점수와 A+C연합팀의 평균 점수의 차는 $75-52.5=22.5$(점)이다.

# 02 | 인지역량-언어(검사C)

| 01 | 02 | 03 | 04 | 05 |  |
|----|----|----|----|----|----|
| ⑤ | ⑤ | ③ | ④ | ④ |  |

## 01 정답 ⑤

금본위제에서는 통화량이 거의 고정되어 있기 때문에 전반적으로 화폐가치가 하락하는 인플레이션은 일어나지 않는다고 볼 수 있다. 그러나 금본위제도와 인플레이션이 일어나지 않는다는 것을 인과관계로 보기 어렵다. 새로운 금광이 발견되면 갑작스럽게 금 보유량이 증가하여 인플레이션이 생길 수 있으며 역사적으로 세계 대공황이 일어난 시기도 금본위제가 유지되고 있었기 때문이다.

오답풀이

① 금본위제도에서 환율은 고정환율이다. 예를 들어 대한민국에서 금 1돈이 110,000원으로 정해져 있고 미국에서는 금 1돈이 100달러로 정해져 있다고 볼 때, 달러-원 환율은 1,100으로 고정된다. 화폐가치가 금 무게에 고정되어 있으므로 환율이 시장에서 결정되지 않고 정해진 금 가격에 따라 결정된다. 따라서 금본위제도와 고정환율은 인과관계를 이루고 있다.

②, ③ 현대 경제에서 중앙은행은 불경기에는 돈을 풀고, 경기가 과열될 때는 유통되는 돈을 줄이는 통화정책을 편다. 그런데 금본위제에서 통화발행은 금 보유량과 연동되어 있으므로 이것이 불가능하다. 아울러 통화량을 조절하기 위해 금리를 조정하더라도 목적한 결과를 얻기 어렵다. 금리를 올리면 높은 금리를 보고 외국 자본이 들어올 것이고, 이는 금 유입을 의미하므로 통화량을 줄이기 위해 금리를 올렸지만, 금 유입에 의해 통화량이 증가하기 때문이다.

④ 금본위제도에서 금 보유량과 화폐 발행량이 연동되어 있으므로 무역으로 다른 나라에 금이 유출되거나 유입된다. 따라서 무역 적자가 발생하면 반드시 금이 유출되는 인과관계를 이루고 있다.

## 02 정답 ⑤

권리금은 일종의 암묵지 금전이라 하였다. 암묵지란 경험과 학습에 의해 배운 지식이란 뜻으로 관행 같은 것을 일컫는다. 따라서 권리금은 임대차보호법을 통해 보호받을 수 없다. 특히 같은 업종이 아닌 경우, 권리금을 받기가 어려우므로 임대인이 정당한 사유 없이 같은 업종이라는 이유로 이전 임차인이 주선한 새 임차인과의 임대차 계약 체결을 거절하는 행위 등을 임대차보호법이 보호해주고 있지는 않다. 즉, 새로운 세입자에게 권리금을 받을 수 있도록 보호하는 정도이지 임대차보호법이 세입자에게 권리금을 내도록 하고 있지는 않다.

오답풀이

① 장사가 잘되는 곳은 가치가 높아 권리금이 비싸고, 반대로 잘 안 되는 곳은 가치가 낮아 권리금이 저렴한 경우가 많다고 했다. 특히 영업권리금에는 단골고객에 대한 기대 수익이 포함되어 있다. 따라서 영업권리금이 형성되어 있지 않은 매장이라면 현 상황에서 높은 매출은 기대할 수 없다는 추론은 적절하다.

② 권리금은 기존의 임차인이 영업 활동을 통해 쌓아 올린 유·무형의 재산적 가치이며 일종의 영업권이라고 했다. 그리고 영업권리금은 매월 일정한 매출을 올리는 업종을 그대로 인수받을 때 지불하는 것이므로 이를 따질 때는 영업 이익을 기준으로 한다. 따라서 단순한 매출액뿐만 아니라 매입매출 장부도 살펴야 한다는 추론은 적절하다.

③ 시설권리금은 시설에 대한 권리금이다. 따라서 세입자가 다른 업종으로 영업할 계획이거나 같은 업종이어도 사용하던 시설을 모두 교체할 때는 시설권리금을 주지 않아도 된다는 추론은 적절하다.

④ 바닥권리금은 상가의 목에 대한 권리금이다. 따라서 시설이 좋거나 장사가 잘되는 것과 관계없이 상가의 위치적인 장점이 있다면 바닥권리금을 받을 수 있다는 추론은 적절하다.

## 03 정답 ③

건물번호는 도로 입구부터 서쪽에서 동쪽, 남쪽에서 북쪽 방향을 원칙으로 20m 간격으로 순차적으로 부여되며, 번호는 서쪽에서 동쪽으로, 남쪽에서 북쪽으로 갈수록 올라간다고 했다. 그리고 도로를 중심으로 입구에서 볼 때 왼쪽에 있는 건물은 홀수를 붙이고 오른쪽에 있는 건물에는 짝수를 붙인다고 했다. 따라서 ⓒ이 1번, ㉠이 2번, ㉣이 3번, ⓒ이 4번이다.

① 도로의 폭이 40m를 넘거나 왕복 8차선 이상의 도로는 '대로', 왕복 2 − 7차로는 '로'라고 부른다고 하였다. 따라서 대한 대로는 왕복 8차선 이상의 도로이고 중앙로는 왕복 8차선 미만의 도로로 볼 수 있다.

② 도로명판을 보면, 특정 도로의 정보를 알 수도 있다. '강남대로 3 → 699'라는 도로명판을 예로 들 때, 3 → 699라는 숫자는 강남대로의 전체 길이가 6.96km(696 × 10m)라는 것을 의미한다고 하였다. 따라서 대한대로 12번 지점부터 60번 지점 까지의 거리는 $(60 - 12) \times 10m = 480(m)$이다.

④ 건물번호는 도로 입구부터 서쪽에서 동쪽, 남쪽에서 북쪽 방향을 원칙으로 20m 간격으로 순차적으로 부여된다고 했다. 따라서 ㉠과 ㉢의 건물 사이 간격은 약 20m이다.

⑤ [보기]에 제시된 지도에의 중앙로 표지판을 보면, 도로 시작점 '1'부터 → 방향으로 19번까지 도로명 주소가 부여되어 있음을 알 수 있다.

## 04 정답 ④

사람의 음성은 300Hz에서 4KHz까지의 주파수 폭을 갖고, 음악은 20Hz~20KHz까지의 주파수 폭을 갖고 있다고 했다. 4KHz는 4,000Hz이므로 사람 음성의 대역폭은 3,700Hz이고, 음악은 19,980Hz이다. 따라서 음악의 주파수 폭이 음성의 주파수 폭보다 넓다.

① 주파수는 1초 동안에 진동하는 수를 말한다고 하였다. 따라서 전파가 1초 동안 200번 진동하면 200Hz이다.

② 전자파 스펙트럼 중에서 파장이 1km 이상인 전파(무선)대역은 무선통신에 사용되는 대역이라 하였다. 따라서 파장이 1km 이상의 전파는 선박이나 원거리 통신에 주로 이용될 것이라고 추론할 수 있다.

③ 공기의 진동수(주파수)가 적으면 소리가 낮고(저음), 진동수가 많으면 소리가 높다고 했다. 남자의 목소리가 여자의 목소리에 비해 저음이므로 여자의 목소리보다 진동수가 적다.

⑤ 음성통신은 16KHz, 고음질의 FM라디오 방송은 260KHz, 고음질과 화상정보가 포함된 TV방송은 6MHz의 주파수 대역폭이 필요하다 하였다. 따라서 6MHz가 260KHz보다 대역폭이 넓다. 참고로 주파수의 크기는 Hz < KHz < MHz < GHz 순이다.

## 05 정답 ④

백라이트가 필요 없어 선명한 화질과 얇은 두께를 구현할 수 있는 TV는 OLED TV에 관한 내용이다. 특히 네 번째 문단의 마지막에서 '"앞 글자가 다른 LED TV도 백라이트가 필요한 LED TV"라면서 "백라이트가 필요한 LED TV는 OLED TV를 흉내낼 수 없다"라고 S회사를 에둘러 비판했다.'라고 한 내용을 통해 알 수 있다.

① 두 번째 문단에서 'L회사가 세계 최초 롤러블 OLED TV를 내놓자 S회사는 "경제성이 없다"라면서 평가절하 했다.'라고 하였으므로 롤러블 OLED TV는 가격 대비 효율적이지 못하다고 볼 수도 있다고 판단할 수 있다.

② 주어진 글은 전반적으로 L회사가 S회사의 제품을 평가절하 하는 것을 주로 다루고 있다. 세 번째 문단과 네 번째 문단에서 L회사는 S회사의 제품에 대하여 기술적인 우위에 있음을 드러내면서 비판하지만, 네 번째 문단에서 S회사는 '"대응할 가치가 없다"라면서도 구체적인 반박을 하지 않고 있는 상태'라고 하였다. 따라서 S회사가 객관적이고 명확한 대응을 하지 않으면 믿었던 소비자들이 외면할 수도 있을 것이다.

③ 첫 번째 문단에서 '그간 L회사는 경쟁사 제품의 문제점을 지적하며 먼저 '선제공격'을 날린 적이 없었는데 이번엔 국제 전시회가 열리는 독일 현지에서부터 S회사에 맹공을 퍼붓고 있는 것이다.'라고 하였고, 네 번째 문단에서도 'L회사는 이날을 기준으로 한국에서 S회사 QLED TV를 '한 수 아래'로 평가하는 내용의 TV 광고도 선보이기 시작했다. ~ "백라이트가 필요한 LED TV는 OLED TV를 흉내낼 수 없다"라고 S회사를 에둘러 비판했다.'라고 한 것과 같이 직접적으로 S회사를 비판하면서 깎아내리는 광고도 서슴지 않고 있다고 볼 수 있다.

⑤ 첫 번째 문단에서 L회사는 글로벌 TV 시장에서 점유율 1~2위를 다투는 기업이라고 하였다. 그리고 글의 전반에서 OLED TV에 관하여 기술적으로 매우 높은 수준의 제품을 출시하고 있음을 알 수 있다. 그런데 마지막 문단에서 '그동안 L회사는 자신들의 제품을 적극적으로 홍보하지 않는다는 이유로 일부 소비자들과 온라인상에서 '소극적 마케팅'을 지적하는 비판을 받은 바 있다.'라고 하였으므로 좋은 제품을 보유하고 있음에도 불구하고 소비자들에게 잘 인식되지 못하고 있음을 알 수 있다.

## 01 | 실전모의고사 1회

| 인지역량 – 수리(검사B) | | | | | | | | 본문 P. 120~129 | |
|:---:|:---:|:---:|:---:|:---:|:---:|:---:|:---:|:---:|:---:|
| 01 | 02 | 03 | 04 | 05 | 06 | 07 | 08 | 09 | 10 |
| ② | ② | ② | ④ | ⑤ | ② | ④ | ③ | ① | ② |
| 11 | 12 | 13 | 14 | 15 | 16 | 17 | 18 | 19 | 20 |
| ⑤ | ② | ② | ③ | ① | ② | ② | ⑤ | ⑤ | ③ |

### 01 정답 ②

일정한 속도로 움직이는 에스컬레이터 계단의 수를 $x$개라 하면, 김 부장은 30계단, 최 부장은 20계단을 걸어 올라왔으므로 김 부장과 최 부장이 걷지 않고 자동으로 올라간 계단의 수는 각각 $(x-30)$개, $(x-20)$개이다.

에스컬레이터의 일정한 속도를 $y$, 최 부장의 속력을 $v$라고 하면,

$$\frac{x-30}{y}=\frac{30}{2v}=\frac{15}{v} \quad \cdots \text{㉠} \qquad\qquad \frac{x-20}{y}=\frac{20}{v} \quad \cdots \text{㉡}$$

위의 ㉠ 식과 ㉡ 식을 비례식으로 풀면, $(x-30):(x-20)=15:20=3:4$이므로 $x=60$(개)이다.

따라서 정지 상태에서의 에스컬레이터 계단 수는 60개이다.

### 02 정답 ②

나누는 수보다 나머지가 항상 2개씩 적게 남으므로 3, 4, 5, 6의 최소공배수보다 2 적은 수를 구한다.

3, 4, 5, 6의 최소공배수는 60이고, 초콜릿의 개수는 100개 이하여야 하므로 60개보다 2개 적은 58개이다.

따라서 7개씩 포장했다면 남는 초콜릿의 개수는 2개이다.

### 03 정답 ②

매년 초 적립해야 하는 금액을 $a$원이라고 하면 5% 비과세 복리로 계산할 때 3년 후 원리금 합계는

$$\frac{1.05a \times \{(1.05)^3-1\}}{1.05-1}=\frac{1.05a \times 0.16}{1.05-1}=3.36a(\text{원})\text{이다. 이때, 이 금액이 840만 원이어야 하므로}$$

$$3.36a=840 \qquad \therefore a=\frac{840}{3.36}=250(\text{만 원})$$

따라서 A씨는 매년 초 250만 원을 적립해야 한다.

> ⚙️ **문제 해결 TIP**
> • 적금과 같이 일정한 비율이 계속 곱해지는 내용은 등비수열(이웃하는 항의 비율이 일정한 수열)의 응용 문제이다. 첫째 항이 $a$, 공비가 $r$인 등비수열의 1항부터 $n$항까지의 합 $S_n=\frac{a(r^n-1)}{r-1}=\frac{a(1-r^n)}{1-r}$(단, $r\neq1$)이다.
> • 복리법–적금
> – 매년 말에 $a$원씩 일정 금액을 넣고 $n$년 말에 타는 경우 $S_n=\frac{a\{(1+r)^n-1\}}{r}$원
> – 매년 초에 $a$원씩 일정 금액을 넣고 $n$년 말에 타는 경우 $S_n=\frac{a(1+r)\{(1+r)^n-1\}}{r}$원

### 04 정답 ④

택시를 타고 간 거리에서 2km를 빼면 7,920m인데 요금이 132m당 100원이므로 $\frac{7,920}{132}=60$이다. 따라서 할증

이 붙지 않았다면 기본 요금 3,800원에 6,000원이 더 붙어서 9,800원이 되어야 한다. 그런데 10,880−9,800=1,080(원)이 더 붙었으므로 20% 할증이 붙어 132m당 100원이 아니라 120원으로 20원을 더 받게 된 구간은 $132×\dfrac{1,080}{20}=7,128(m)$이다. 따라서 심야 할증을 내지 않은 구간은 출발부터 9,920−7,128=2,792(m)=2.792(km)를 지날 때이다.

## 05 정답 ⑤

1이 초록색이라고 가정하면, 1보다 큰 모든 자연수에 대하여 다음과 같이 생각할 수 있다.
ⅰ) 초록색 수가 없는 경우
　전체 자연수의 색을 나타내면, GRRRRR……과 같이 나타낼 수 있다.
ⅱ) 초록색 수가 있는 경우
　1보다 큰 수 중 가장 처음으로 나타나는 초록색 수를 g라 하자. 그러면 1과 g가 초록색이므로 1과 g 사이에 있는 모든 수는 빨간색이어야 한다. 이때, 다음과 같이 경우를 나누어 생각할 수 있다.
　ⅱ−1) g=2인 경우: GGGGG……
　ⅱ−2) g=3인 경우: 2가 빨간색이므로 GRGGGGG……
　ⅱ−3) g≥4인 경우: 2와 3이 빨간색이므로 3+2, 3+(2×2), 3+(2×3), ……, 3+(2×g)는 모두 빨간색이다. 그런데 3+(2×g)≥g이므로 이 수는 초록색이고, 이는 모순이다. 즉, g≥4인 경우 1은 초록색일 수 없다.
　따라서 1이 초록색일 때, 가능한 경우는 ⅰ), ⅱ−1), ⅱ−2)의 3가지 경우이다.
그러므로 이와 같은 방법으로 1이 빨간색일 때, 가능한 경우도 3가지이므로 구하는 방법의 수는 3+3=6(가지)이다.

## 06 정답 ②

다음과 같은 규칙으로 수가 쓰여 있으며 색칠한 칸은 제곱수가 나타난다.

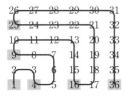

따라서 (13, 1)의 자리의 숫자는 13×13=169이므로 (14, 1)의 자리의 숫자는 170이고 (14, 10)의 자리의 숫자는 179가 된다.

## 07 정답 ④

언어를 수강하지 않은 학생의 수를 N명, 영어가 아닌 다른 언어를 수강한 학생의 수를 F명, 영어를 수강한 학생의 수를 E명이라고 하자. 그러면 (N+F+E)는 인문 대학 전체 학생의 수를 나타내고, 이 세 묶음에 대하여 중복되는 학생은 없다.

이때, $\dfrac{F}{F+E}=0.35$이므로 $F+E=\dfrac{20}{7}F$ … ㉠　　$\dfrac{F}{N+F+E}=0.14$이므로 $N+F+E=\dfrac{100}{14}F$ … ㉡

그런데 인문 대학 전체 학생 중 언어를 공부하는 학생의 비율이 $\dfrac{F+E}{N+F+E}$이므로 분자와 분모에 각각 ㉠, ㉡을 대입하면, $\dfrac{F+E}{N+F+E}=\dfrac{\dfrac{20}{7}F}{\dfrac{100}{14}F}=\dfrac{2}{5}$, 즉 40%이다.

**08** 정답 ③

박 과장이 1분 동안 발송하는 물류의 양을 $x$상자, 한 대리가 1분 동안 발송하는 물류의 양을 $y$상자라 하면, 박 과장이 50분 동안 물류를 발송하고, 한 대리가 바로 이어서 55분 동안 발송하면 360상자를 발송한다고 하였으므로
$50x+55y=360$ … ㉠
마지막에 한 대리가 혼자 일한 시간을 $k$분이라고 하면, $30(x+y)+20x+ky=360 \rightarrow 50x+(30+k)y=360$ … ㉡
위의 ㉠ 식에서 ㉡ 식을 빼면 $(25-k)y=0$, 이때 $y>0$이므로 $k=25$
따라서 발송 업무가 끝난 시각은 10시 30분+30분+20분+25분=11시 45분이다.


**09** 정답 ①

올해 매출액은 작년에 비해 $1{,}000-944=56$(억 원)이 감소하였으므로 매출액의 감소율은 $\dfrac{56\text{억 원}}{1{,}000\text{억 원}}\times 100$
$=5.6(\%)$이다.


**10** 정답 ②

| 구분 | | 2015년 | 2016년 | 2017년 | 2018년 | 2019년 | 2020년 | 2021년 |
|---|---|---|---|---|---|---|---|---|
| 인원(천 명) | | 925 | 925 | 979 | 893 | 768 | 1,110 | 1,249 |
| | 증가율 | — | +0.0% | +5.8% | −8.8% | −14.0% | +44.5% | +12.5% |
| 총 결정세액(십억 원) | | 17,794 | 19,176 | 22,397 | 24,625 | 23,445 | 33,158 | 46,525 |
| | 증가율 | — | +7.8% | +16.8% | +9.9% | −4.8% | +41.4% | +40.3% |
| 1인당 결정세액 (십억 원/천 명) | | 19.2 | 20.7 | 22.9 | 27.6 | 30.5 | 29.9 | 37.2 |

2016~2021년 동안 전년 대비 인원수가 감소한 해는 2018년과 2019년이고, 증가한 해는 2017년, 2020년, 2021년이다. 따라서 증가한 해가 감소한 해보다 많다.

오답풀이

① 1인당 결정세액이 가장 큰 해는 37.2십억 원/천 명인 2021년이다.

③ 2016~2021년 동안 총 결정세액이 전년 대비 40% 이상 증가한 해는 2020년과 2021년으로 2번이다.

④ 2016~2021년 동안 전년 대비 인원수가 가장 큰 비율로 증가한 해는 2020년이고, 2020년에 총 결정세액도 가장 큰 비율로 증가하였다.

⑤ 2015~2021년 양도소득세 과세 인원의 평균은 $(925+925+979+893+768+1{,}110+1{,}249)\div 7 ≒ 978.429$(천 명)$=978{,}429$(명)으로 980,000명보다 적다.


**11** 정답 ⑤

중복되지 않게 남학생 2명이 서로 마주 보고 앉는 방법의 수는 1가지이고, 남학생 2명이 마주 보고 자리를 정하게 되면 나머지 모든 자리는 서로 다른 자리가 된다. 따라서 나머지 6명이 모두 서로 다른 자리에 앉는 경우의 수를 구하면, $a=6!=720$(가지)이다.
교사 3명이 이웃하여 앉는다면 교사 3명을 하나로 묶어 남학생 2명, 여학생 3명, 묶음 1개가 원탁에 앉는 방법을 생각하면 된다. 즉, 6명이 원탁에 둘러앉는 경우의 수이므로 $(6-1)!=120$(가지)이고, 이때 교사들의 묶음에서 3명이 서로 자리를 바꾸는 경우가 $3!=6$(가지)이므로 $b=120\times 3!=720$(가지)이다.
따라서 $a+b=720+720=1{,}440$이다.


**12** 정답 ②

정 대리가 버스로 이동한 거리를 $2x$km, 버스의 속력을 $8y$km/시, 지하철로 이동한 거리를 $3x$km, 지하철의 속력을 $9y$km/시라고 하면, 거래처까지의 거리가 20km이므로 $3x+2x=20$ $\qquad \therefore x=4$

즉, 버스를 타고 이동한 거리는 8km, 지하철을 타고 이동한 거리는 12km이다. 이때, 거래처에서 1시간 동안 업무를 보았으므로 이동한 시간은 7시간이며, 다음과 같은 식을 세울 수 있다.

$$\frac{8}{8y}+\frac{12}{9y}=7 \rightarrow 3+4=21y \quad \therefore y=\frac{1}{3}$$

따라서 지하철의 속력이 $9 \times \frac{1}{3}=3(\text{km}/\text{시})$이므로 지하철을 타고 온 시간은 $\frac{12}{3}=4(\text{시간})$이다.

## 13 정답 ②

남은 카드에 쓰인 수의 합은 최소 $1+2+3+\cdots+n=\frac{n(n+1)}{2}$이므로 $2,415=\frac{69(69+1)}{2}$에서 $n \leq 69$이다.

또 남은 카드에 쓰인 수들의 합은 최대 $(n+1)+(n+2)+\cdots+2n=\frac{n(3n+1)}{2}$이므로 $\frac{40(120+1)}{2}=2,420>$

$2,415$에서 $n \geq 40$이다.

$k$부터 시작하는 연속한 $n$개의 수를 지웠다고 하면

$$(1+2+\cdots+2n)-\{k+(k+1)+(k+2)+\cdots+(k+n-1)\}=\frac{2n(2n+1)}{2}-\frac{n(2k+n-1)}{2}=2,415$$이고,

정리하면 $n(3n-2k+3)=4,830$이므로 $n$은 $4,830$의 약수 중 $40 \leq n \leq 69$인 수이다.

선택지에 주어진 수에서 가능한 수는 42 또는 46이므로 최댓값은 46이다.

## 14 정답 ③

교통의 구조건수 대비 구조인원수는 2019년 $\frac{19,161}{65,415}\fallingdotseq0.29(\text{명})$, 2020년 $\frac{15,332}{62,481}\fallingdotseq0.25(\text{명})$이다. 따라서 2020년 교통의 구조건수 대비 구조인원수는 2019년 대비 감소하였다.

> ✓ **문제 해결 TIP**
> 2020년 교통의 구조건수는 전년 대비 10% 미만으로 감소하였으나 구조인원은 10% 이상 감소하였다. 따라서 구조건수 대비 구조인원수$\left(\frac{\text{구조인원}}{\text{구조건수}}\right)$의 분자의 감소율이 분모의 감소율보다 크므로 2020년 구조건수 대비 구조인원수는 전년 대비 감소하였다.

오답풀이
① 2019년 대비 2020년 구조건수가 증가한 사고종은 붕괴, 위치추적, 수난, 산악, 전기, 자살추정, 안전조치이고, 구조인원이 증가한 사고종은 붕괴, 위치추적, 수난, 산악, 자연재난, 유류위험물이다. 따라서 전기, 자살추정, 안전조치는 구조건수가 증가하였지만 구조인원은 감소하였다.
② 산악의 경우 구조인원수는 $7,180-6,539=641(\text{명})$ 증가하였고, 자연재난의 경우 $1,277-311=966(\text{명})$ 증가하였다.
④ 승강기와 인명갇힘이 전체 구조인원에서 차지하는 비중은 2019년 $\frac{25,800+6,467}{99,922}\times100\fallingdotseq32.3(\%)$이고, 2020년 $\frac{18,934+5,942}{86,714}\times100\fallingdotseq28.7(\%)$이다.
⑤ 구조건수 1~10위에 드는 사고종은 2019년의 경우 1위 벌집제거, 2위 화재, 3위 동물포획, 4위 안전조치, 5위 교통, 6위 잠금개방, 7위 승강기, 8위 자연재난, 9위 자살추정, 10위 위치추적이고, 2020년의 경우 1~7위와 10위는 동일하지만, 8~9위는 8위 자살추정, 9위 자연재난으로 순위가 동일하지 않다.

## 15 정답 ①

$10a+b<10b+c<10c+a$이므로 $a<b<c$이다.
$a=1$, $b=2$라고 하면, $3 \leq c \leq 9$이므로 7가지이다.
$a=1$, $b=3$이라고 하면, $4 \leq c \leq 9$이므로 6가지이다.
$a=1$, $b=4$라고 하면, $5 \leq c \leq 9$이므로 5가지이다.

$a=1$, $b=5$라고 하면, $6 \leq c \leq 9$이므로 4가지이다.

$a=1$, $b=6$라고 하면, $7 \leq c \leq 9$이므로 3가지이다.

$a=1$, $b=7$라고 하면, $8 \leq c \leq 9$이므로 2가지이다.

$a=1$, $b=8$라고 하면, $c=9$이므로 1가지이다.

즉, $a=1$일 때, 가능한 경우의 수는 $7+6+5+4+3+2+1=28$(가지)이다.

이와 같은 방법으로 하면,

$a=2$일 때, 가능한 경우의 수는 $6+5+4+3+2+1=21$(가지)이다.

$a=3$일 때, 가능한 경우의 수는 $5+4+3+2+1=15$(가지)이다.

$a=4$일 때, 가능한 경우의 수는 $4+3+2+1=10$(가지)이다.

$a=5$일 때, 가능한 경우의 수는 $3+2+1=6$(가지)이다.

$a=6$일 때, 가능한 경우의 수는 $2+1=3$(가지)이다.

$a=7$일 때, 가능한 경우의 수는 1가지이다.

따라서 구하는 모든 경우의 수는 $28+21+15+10+6+3+1=84$(가지)이다.


## 16 정답 ②

중복을 생각하지 않고 A, B, C 세 개의 동아리에 가입해 있는 직원 수를 더하면 $38+33+25=96$(명)이다. 그런데 실제 직원 수는 83명이므로 $96-83=13$만큼 중복이 된다. 중복은 1번 또는 2번이 되는데 두 개 이상의 동아리에 가입해 있는 직원 수가 최소가 되려면 2번 중복되는 사람이 많아야 하고 $13=2 \times 6+1$이므로 세 개의 동아리에 가입해 있는 직원 수 6명, 두 개의 동아리에 가입해 있는 직원 수가 1명인 경우이다. 따라서 두 개 이상의 동아리에 가입해 있는 직원 수는 최소 7명이다.


## 17 정답 ②

5개의 무게를 $a=b>c>d>e$라고 하면 7가지의 조합은 $(a, b, c)$, $(a, b, d)$, $(a, b, e)$, $(a, c, d)$, $(a, c, e)$, $(a, d, e)$, $(c, d, e)$이다. $(b, c, d)$, $(b, c, e)$, $(b, d, e)$ 조합은 앞의 조합과 중복된 무게가 나오게 된다.

$a+b+c=349$, $a+b+d=341$, 그 다음은 $a+b+e$ 또는 $a+c+d$의 값이 336 또는 333이 된다.

$c+d+e=312$이므로 $(a+b+c)+(a+b+d)+(a+b+e)-(c+d+e)=3(a+b)=6a$이다.

따라서 6의 배수여야 한다.

$349+341+336-312=714 \Rightarrow a=b=714 \div 6=119$이므로 가능하다.

$349+341+333-312=711$로 홀수이므로 불가능하다.

따라서 가장 무거운 추의 무게는 119g이다.


## 18 정답 ⑤

ⓒ (나)$=8,555-(4,928+569+1,292)=1,766$(건)으로 2018년 나노소재 특허 국내출원 건수는 2017년에 비해 1,832건에서 1,766건으로 감소하였다. 따라서 2018년 나노특허 국내출원 건수는 2017년에 비해 산업별로 모두 증가한 것은 아니다.

ⓔ 2017년과 2018년 나노장비 · 기기 특허 출원 기업 중 나노특허 국내출원 기업 수를 비교하면, $\dfrac{1,133}{6.5} \neq \dfrac{1,292}{6.5}$ 이므로 다르다.

> **✐ 문제 해결 TIP**
>
> 나노장비 · 기기 특허 출원 기업 중 나노특허 국내출원 기업 수는 2017년의 경우 $\dfrac{1,133}{6.5} ≒ 174.30$이고, 2018년의 경우 $\dfrac{1,292}{6.5} ≒ 198.80$이므로 다르다.

## 19 정답 ⑤

| 구분 | 2016년 | 2017년 | 2018년 | 2019년 | 2020년 | 2021년 |
|---|---|---|---|---|---|---|
| 업체 수 | 2,943 | 3,283 | 3,425 | 3,570 | 3,887 | 4,085 |
| 품목 수 | 14,071 | 14,855 | 15,082 | 15,705 | 16,568 | 17,433 |
| 생산 금액 | 5,602 | 5,823 | 6,511 | 7,279 | 10,136 | 12,883 |
| 업체당 품목 수 | 4.78 | 4.52 | 4.40 | 4.40 | 4.26 | 4.27 |
| 업체당 생산 금액 | 1.90 | 1.77 | 1.90 | 2.04 | 2.61 | 3.15 |
| 품목당 생산 금액 | 0.40 | 0.39 | 0.43 | 0.46 | 0.61 | 0.74 |

2017~2021년 동안 생산 금액이 전년 대비 가장 큰 비율로 증가한 해는 약 39.2% 증가한 2020년이다. 이때, 품목 수는 약 5.5% 증가하였는데, 2017년에는 약 5.6% 증가하였다. 따라서 2020년에 품목 수는 가장 큰 비율로 증가하지 않았다.

오답풀이

① 업체당 품목 수가 가장 작은 해는 2020년이다. 이때, 업체당 생산 금액은 2021년 다음으로 두 번째로 크다.

② 업체당 품목 수가 두 번째로 큰 해는 2017년이다. 이때, 품목당 생산 금액은 가장 적다.

③ 업체당 생산 금액이 가장 큰 해는 2021년이다. 이때, 품목당 생산 금액도 가장 크다.

④ 조사 기간 동안 업체 수, 품목 수, 생산 금액 모두 지속적으로 증가하고 있다.

## 20 정답 ③

조사에 참여한 기업은 총 $9+582=591$(개)이고, 콘텐츠 제작 및 공급업에 참여하는 기업은 511개이므로 $\frac{511}{591}\times100≒86.5(\%)$이다. 한편 산업분류에 따라 해당 분야에 참여하는 기업들은 중복 응답했으므로 산업분류별 기업 수의 총계는 조사에 참여한 전체 기업 수가 아니다.

오답풀이

① 가상증강현실 산업에서 대기업 수는 중소기업 수의 $\frac{9}{582}\times100≒1.5(\%)$, 즉 약 1.5%이지만, 대기업 종사자 수는 중소기업 종사자 수의 $\frac{141,876}{10,856}≒13(배)$이다.

② 대기업당 종사자 수는 $\frac{141,876}{9}=15,764(명)$이고, 중소기업당 종사자 수는 $\frac{10,856}{582}≒19(명)$이다. 따라서 대기업당 종사자 수는 중소기업당 종사자 수의 $\frac{15,764}{19}≒830(배)$로, 즉 900배 미만이다.

> 🔧 **문제 해결 TIP**
>
> ②와 같이 먼저 주어진 선택지의 문제를 해결하면서 얻은 답을 이용해서 문제를 해결할 수 있는 경우가 있다. $\frac{141,876}{10,856}$
>
> ≒13임을 알았으므로, 대기업당 종사자 수는 중소기업당 종사자 수의 $\frac{141,876}{9}÷\frac{10,856}{582}=\frac{141,876}{9}\times\frac{582}{10,856}=$
>
> $\frac{141,876}{10,856}\times\frac{582}{9}≒13\times65≒845$, 즉 약 900배 미만이다.
>
> 아니면 어림수를 이용하는 방법도 있다. 중소기업당 종사자 수는 $\frac{10,856}{582}≒19(명)$이고, 19명의 900배는 $19\times$
>
> $900=17,100(명)$이므로 $17,100\times9=153,900(명)$이다. 그런데 153,900명은 141,876명보다 10,000명 이상 큰 수이므로 900배 미만임을 알 수 있다. 문제에 따라 먼저 구한 선택지를 이용하는 경우와 어림셈을 하는 경우 중 더 효율적인 방법이 다를 수 있다.

④ 매출규모가 1억 원 이상 10억 원 미만인 기업은 가상증강현실 산업실태조사에 응한 전체 기업의 $\frac{269}{591}\times100≒45.5(\%)$, 즉 40% 이상이다.

⑤ 향후 2년 후 예상 매출액 총액은 대기업과 중소기업의 향후 2년 후 예상 매출액의 합이므로 $323,782.90+584,118.44=90$

7,901.34(백만 원)이다. 산업비중이 75% 이상인 기업들의 향후 2년 후 예상 매출액은 907,901.34−(119,088.67＋110,278.55＋389,612.15)＝288,921.97(백만 원)이고, 산업비중이 50% 미만인 기업들의 향후 2년 후 예상 매출액은 119,088.67＋110,278.55＝229,367.22(백만 원)이다. 따라서 산업비중이 75% 이상인 경우가 50% 미만인 경우보다 더 많다.

### ⚲ 문제 해결 TIP

단위를 크게 하고 수를 작게 해서 어림셈하면 시간을 단축시킬 수 있다. 향후 2년 후 예상 매출액 총액은 대기업과 중소기업의 향후 2년 후 예상 매출액의 합인 323+584=907(십억 원)이므로 산업비중이 75% 이상인 기업들의 향후 2년 후 예상 매출액은 907−(119+110+389)=289(십억 원)이다. 산업비중이 50% 미만인 기업들의 향후 2년 후 예상 매출액은 119+110=229(십억 원)이므로 산업비중이 75% 이상인 기업들의 향후 2년 후 예상 매출액이 더 많다.

## 01 정답 ③

기존의 제조업체가 융합형 혁신을 통해 제품과 서비스의 영역을 재정립하는 등 선도자의 우위를 유지하는 경우에는 신규 기업의 진입을 방해할 수 있다. 그러나 기존 제품과 서비스를 보호하려는 소극적 대응에 집중할 경우 새롭게 부상하는 플랫폼 기반의 신규 진입 기업에게 주도권을 상실할 수 있다.

오답풀이

① 4차 산업혁명의 전개 과정에서 기업은 새롭게 등장하는 성장 환경에 최대한 적응하면서 기존 통념에서 벗어나 새로운 성장 전략들을 추구해야 한다.

②, ⑤ 4차 산업혁명의 전개 과정에서 지능정보기술 기반의 디지털화가 급속히 진전되면서 일상의 모든 영역이 끊임없이 상호 연결되며, 네트워크화된 자원에 의존도가 점차 심화될 것으로 보인다. 따라서 물질세계와 가상세계가 통합되면서 산업모델도 점차 변화할 것이다.

④ 4차 산업혁명에서는 센서와 초고속 통신 기반의 사물인터넷, 빅데이터, 클라우딩 컴퓨팅과 인공지능 등의 기술 적용과 확산으로 사람과 사람, 제품과 서비스, 기계와 기계의 상호 연결성이 강화될 것으로 예상된다. 따라서 제품과 서비스의 경쟁요소가 단순히 가격과 품질이 아니라 데이터를 연결하고 지능화하여 누가 먼저 새로운 가치와 시장을 선점하느냐가 될 것이다.

## 02 정답 ④

첫 번째 문단에서 '금화본위제'는 금화가 유통되고 금화의 자유로운 주조와 금 수출입의 자유가 인정되는 가장 원시적인 형태라는 점에서 금화가 직접 유통되면서 생기는 문제점으로 추론할 수 있다.

오답풀이

① 금본위제 국가 사이에서는 제한된 자원(금)을 누가 더 많이 갖느냐가 중요했을 것이므로, 중앙은행들이 금의 확보보다 물가를 조절하는 데 초점을 맞추었을 것이라고 보기 어렵다.

② 브레턴우즈 체제는 미국만이 독점적으로 금 태환을 실시하는 것으로써, 미화 외 통화는 모두 USD와의 환전을 통해 간접적으로 금과 연결되었다.

③ 영국은 19세기 초에 세계 최초로 금본위제도를 채택하였지만, 제1차 세계대전의 종전 이후 1914년에 금본위제 포기를 선언하였다. 1971년 닉슨 대통령의 금 태환 정지 선언으로 막을 내리게 되었다.

⑤ 금본위제는 두 나라 간의 통화 간 가치 기반이 금으로 고정되어 있는 고정 환율 제도라는 점에서 안정적인 점도 있지만, 금의 채굴 속도나 금 확보량에 영향을 받았을 것이기 때문에 경제 변동에 신속하게 대처할 수 없었을 것으로 추론할 수 있다.

## 03 정답 ⑤

주어진 글에는 최근 국제적 이슈로 부각되는 기후 변화와 지구 온난화 문제의 중요성을 반영하여 기후 보호 분야를 추가하였을 뿐, 국내 기업의 기후 보호 분야에 대한 책임 이행 수준이 취약하다고 볼 만한 정보는 주어지지 않았다. 인권 분야 역시 상대적으로 우리나라 산업계와 관련 정도가 적기 때문에 노동권과 통합하여 평가하였다고 했을 뿐이므로 국내 기업의 인권 분야에 대한 사회적 책임 이행 수준이 낮다고 할 수 없다.

## 04 정답 ③

빈칸에 뒤이어 인플레이션의 가속화에 대한 언급이 제시되되며, 주어진 방정식 $MV = PT$에서 '재화(T)'의 수량이 일정하다는 가정하에 통화량(M)과 통화 유통속도(V)가 증가하면 가격(P)이 오르게 된다는 말'이 앞에 위치한다. 따라서 인플레이션이 발생하게 되는 통화정책 측면에서의 원인을 부연 설명하는 선택지 ③의 내용이 가장 적절하다고 볼 수 있다.

오답풀이
① 저축률에 따른 통화 유통속도를 부연 설명하는 것은 자연스러운 문맥의 흐름으로 볼 수 없다.
② 인플레이션의 가속화를 뒷받침할 수 있는 내용으로 적절하지 않다.
④, ⑤ 전후 문맥과 연관성이 없다.

## 05 정답 ⑤

무조건 반응과 중립 자극이 동시에 주어지면 조건 반응이 나타나게 된다. 그러다가 무조건 반응과 중립 자극이 동시에 사라졌다 하더라도 소거가 나타나는 조건을 충족하지 못했기 때문에 중립 자극은 계속 무조건 반응과 연결되어 있다고 볼 수 있다. 따라서 학습 효과가 없다고 추론하는 것은 적절하지 않다.

오답풀이
① 세 번째 문단의 내용을 통해 추론할 수 있다.
② 두 번째 문단의 "학습되지 않은 개에게 종소리를 아무리 울려도 개는 침을 흘리지 않는다."를 통해 추론할 수 있다.
③ 마지막 문단의 "그러나 소거 현상에 흥미로운 점은 ~ 해당 정보가 완전히 사라진 것은 아니라는 점이다."를 통해 추론할 수 있다.
④ 마지막 문단을 보면, 음식을 제공하지 않은 채 종소리만 들려주는 상황이 일정 기간과 횟수를 넘기면 소거가 나타난다고 서술되어 있다. 여기서 음식을 제공하지 않는 것은 무조건 반응이 사라진 것으로 볼 수 있다. 따라서 무조건 반응이 사라진 후 바로 소거가 나타나는 것이 아니라 중립 자극만 주어지는 상황이 일정 기간과 횟수를 넘기면 소거가 나타난다는 것을 추론할 수 있다.

## 06 정답 ④

두 번째 문단의 중간 부분을 보면, "기본적으로 방화벽은 모든 접근을 거부한 후 허용할 접근만 단계적으로 허용하는 방식을 따른다."라고 되어 있으므로 ③ 또는 ④가 정답이다. 그 뒤의 "접근을 허용할 특정 포트만을 열어 두게 된다."라는 구절이나 마지막에서 두 번째 문장의 "외부에서 접근하는 특정 IP 주소나 프로그램이 목록에 올라와 있다면 접근을 허용한다."라는 구절을 봤을 때, 목록에 있는 것을 통과시키는 형태임을 알 수 있다. 따라서 선택지 ④가 정답이다.

## 07 정답 ④

소크라테스의 지행합일은 행동과 앎의 일치를 말하고 있다. 또한 지식과 진정한 앎은 다르다. 선한 것이 좋다는 것을 알고 있으면서 선한 일을 하지 않는다면 이러한 앎은 지식일 뿐이지 진정한 앎이 될 수는 없는 것이다. 주어진 글에서의 소크라테스의 진정한 앎이란 사람이 제대로 알고 있다면 실천할 수밖에 없으며, 부도덕한 행동을 한다는 것은 진정으로 알고 있는 것이 아니므로 선택지 ④가 가장 적절한 주제라고 할 수 있다.

## 08 정답 ③

세 번째 문단에 따르면, 변형단식은 건강 정도에 따라 선택하는 것이 아니라 개인의 의지력에 따라 생수 단식을 하기 힘든 경우에 이루어지는 것으로 서술되어 있다.

오답풀이
① 숙변 제거를 통한 질병 치료에도 효과가 있는 것으로 언급되어 있다.
② 생수 혹은 블랙커피와 같은 초저칼로리의 음료를 섭취하는 방법이 사용된다.
④ 일반적인 단식 요법과 간헐적 단식 요법 모두 저열량 섭취를 통하여 체중 감소의 효과를 얻는 비만 조절 방법이다.
⑤ 수술, 약물 요법 등과 달리 자연의학적인 관리 요법이므로 위험, 부작용, 통증이 없다는 것이 다른 요법과 다른 점이다.

## 09 정답 ①

㉠은 인공지능 도입의 목적을 명확하게 설정해야 한다고 주장하고 있다. 따라서 AI 프로젝트는 일반적으로 특정한 기술을 구현하는 것에서부터 시작하기 때문에, 해당 기술을 통해 달성하고자 하는 비즈니스 목표에 대한 비전 공유가 필수라는 등의 내용이 들어가야 적절하다. 따라서 주어진 선택지는 목표 선정과는 관계가 없다.

② ㉡의 애플의 예는 자동화할 대상을 선택하여 사람이 하는 일과 인공지능이 하는 일을 분리하는 데 그 근거가 된다. 아무리 자동화 프로세스가 발전했다 하더라도 고객과의 상호작용은 여전히 사람의 영역이기 때문이다.
③ ㉢은 데이터를 입력할 때 모든 데이터를 입력할 것이 아니라 충분히 이해한 후 선택해야 한다고 주장하고 있다. 만약에 데이터를 입력하는 사람이 데이터에 대한 입력이 충분치 않을 경우 데이터에 편향성이 있을 것이라는 근거는 적절하다.
④, ⑤ ㉣은 인지 기술의 발전으로 노동력을 외면할 경우 부작용이 있음을 주장하고 있다. 따라서 인간과 기계가 함께 작업했을 때 성과가 더 높다는 것과 모든 것을 자동화했을 때 테슬라에서 겪은 부작용은 주어진 주장에 적절한 근거이다.

## 10 정답 ④

폴리페놀이 다양한 질병에 대한 위험도를 낮춘다는 점은 제시되어 있으나 그 양에 대해서는 언급하지 않았다. 또한 효능만 제시되어 있을 뿐 과잉 작용이나 과잉 섭취에 의한 부작용은 나타나 있지 않다. 따라서 주어진 글의 내용만으로 폴리페놀을 많이 섭취해 두면 다양한 질병을 예방할 수 있겠다는 반응을 이끌어 내기는 어렵다.

① 폴리페놀은 광합성에 의해 생성된 식물의 색소와 쓴맛의 성분이라고 하였으므로 적절한 반응이다.
② 카테킨은 녹차나 홍차의 대표적인 유효 성분이며, 차에 비타민 C와 유기산이 들어 있어 함께 섭취하면 상승 작용에 의해 뛰어난 항산화력을 가진다. 또한, 혈액 중 포도당, 지방산, 콜레스테롤의 농도를 감소시켜 지방 합성을 억제하면서 지방 분해를 촉진한다고 하였으므로 적절한 반응이다.
③ 사과 속 플라보노이드는 껍질에 많이 들어 있다고 했으므로 적절한 반응이다.
⑤ 폴리페놀의 예로 든 카테킨, 레스베라트롤, 플라보노이드 모두 항산화 작용을 한다고 하였으므로 적절한 반응이다.

## 11 정답 ①

주어진 글에 따르면, '상관관계'란 X가 증감할 때 Y가 얼마나 증감하는지를 나타내는 관계이므로 선택지에 나온 그래프는 모두 상관관계에 해당하는 그래프이다. 그러나 이 그래프들이 모두 '인과관계'에 있다고 보기는 어렵다. '인과관계'란 X가 일어날 때 Y가 어떻게 변하는지에 따라 Y에 어떤 영향을 주는지를 설명하는 관계이기 때문이다. 선택지 ①을 보면, 도시의 인구가 늘수록 쓰레기 배출량도 늘었다. 인구가 늘면 늘어난 인구만큼 쓰레기 배출량도 많아질 것이므로 이는 인과관계에 해당한다. 반면 다른 선택지는 모두 인과성이 부족하다.

## 12 정답 ④

좌뇌와 우뇌를 연결해 주는 뇌량의 존재와 기능, 손상에 대한 글이다. 마지막 부분의 내용에 따르면, 뇌량은 좌뇌와 우뇌의 정보를 교류시키는 역할을 하는데, 손상될 경우 정보 교환이 이루어지지 않으므로 좌뇌와 우뇌가 서로 어떤 행동을 하는지 인지하지 못한다. 따라서 좌뇌와 우뇌의 영향을 받는 신체가 따로 행동하고 스스로 알지 못하는 증상이 발현될 수 있다.

① 발음이 꼬이고 어눌한 현상과 직접적인 관계는 없다.
② 일반적으로 좌뇌가 체계화를 도와주는 역할을 한다고 서술되어 있다.
③ 뇌량이 손상되었다고 해서 아이디어나 창의적인 능력이 사라지는 것은 아니다.
⑤ 발작 증상과 직접적인 관계는 없다.

**13** 정답 ①

공랭식은 구조가 간단하고 보수가 쉽다고 나와 있지만, 수랭식은 이에 대한 설명이 나와 있지 않으므로 공랭식이 수랭식보다 수리가 쉬운지는 알 수 없다.

오답풀이

②, ③ 공랭식은 용량이 크지 않으면 실외에 간단히 설치 가능하지만, 실외기와 실내기의 배관 길이, 외부 온도, 습도 등 외부 환경에 따라 성능 차이가 크게 난다. 반면, 수랭식은 냉각수 배관만 연결하면 어느 곳에나 설치 가능하고, 외부 혹은 외벽 근처에 실외기 놓을 공간을 따로 마련할 필요가 없어 외벽 공간의 낭비가 없다.

④ 수랭식은 냉각 효율이 높아 전기를 절약할 수 있으나, 설치가 까다롭고 시설비가 많이 든다.

⑤ 공랭식은 압축기에서 생기는 응축열을 공기로 식혀 주는 방법이고, 수랭식은 응축열을 물로 식혀 주는 방법이다.

**14** 정답 ①

진대법은 구휼 정책과 대부 정책을 합친 대표적인 구휼 제도로 진(賑)은 곡식을 무상으로 제공하는 구휼 정책이고, 대(貸)는 열심히 일해서 가을에 추수하면 갚을 수 있는 백성들에게 빌려주는 대부 정책이다. 하지만 빚 탕감 정책은 장기 소액 연체자를 대상으로 한 일회성 대책으로 진대법의 진(賑)과 대(貸) 어느 것에도 해당하지 않는 정책이기에 진대법과 대응하지 않는다.

**15** 정답 ③

리버스 멘토링이 세대 간 팀을 이루어 일하는 분위기를 조성하는 것은 맞다. 하지만 그렇다고 해서 이것이 일자리를 두고 세대 간 경쟁을 심화시키는 것은 아니다. 오히려 상호 다른 세대에 대한 긍정적 인식에서 더 나아가 세대 연대가 조직의 문화로 발전시킬 가능성이 있다.

오답풀이

① 리버스 멘토링은 젊은 사원들의 독창성을 배우고자 하는 프로그램이기는 하지만 지나치게 젊은 사원, 즉 젊은 세대의 독창성에 대해 과장하기 쉽다.

② 리버스 멘토링 프로그램이 신조어 배우기, MBTI 검사, 문화생활 공유 등으로 구성될 경우 이를 자기 발전이라든지 사업에 적용하기는 어렵다.

④ 리버스 멘토링은 젊은 신입 사원들이 처음에는 멘토링에 적극적으로 참여하였지만, 시간이 흐를수록 기존 조직 문화에 동화되어 임원에게 솔직한 이야기를 거침없이 할 수 있지 않게 되어 기술과 지식을 나이 많은 상급자들에게 전수하는 역할로 전락할 위험성이 있다.

⑤ 리버스 멘토링은 멘티인 상급자가 부하 직원보다 직급이 높고 나이도 많으므로 부하 직원의 공로를 인정하지 않는 등 젊은 직원의 지식을 일방적으로 갈취할 위험이 있다.

**16** 정답 ⑤

밀도는 질량을 부피로 나눈 값이고, 비중은 기준으로 정한 물질의 밀도에 대해 상대적으로 얼마의 밀도를 가졌는지를 알 수 있는 '상대적 밀도'라고 할 수 있다. 따라서 큰 풍선의 부피는 작은 풍선의 부피보다 크므로 밀도는 더 낮고, 비중도 상대적으로 작다.

오답풀이

① 온도가 높아질수록 부피가 증가하기 때문에 따뜻한 바닷물의 영향을 받아 더 잘 뜰 수 있다.

② 철을 움푹하게 가공하면 부피가 증가하기 때문에 물 위에 뜰 수 있다.

③ 온도가 낮아져 물이 고체 상태가 되면 액체 상태의 물보다 밀도가 낮아지게 되고 물에 뜰 수 있다.

④ 비중 1을 기준으로 볼 때 구리의 비중이 높기 때문에 물에 가라앉는다.

**17** 정답 ②

새로운 주소 체계의 핵심은, 특정 지번이 여러 건물을 포함하던 것을 분리하여 각각의 건물, 토지, 도로 등에 관리 번호를 부여하였다는 것이다. 따라서 이러한 작업이 이루어지기 이전에는 특정 건물을 찾기가 어려워 불편함과 함께 그에 따른 사회적 비용이 발생하였을 것이며, 사고 시의 효과적인 대응도 어려웠을 것으로 볼 수 있다. 다만, 주어진 글의 내용을 통해 주소 체계와 부동산 가격의 상관관계를 판단하는 것은 근거가 부족한 과도한 추론으로 볼 수 있다.

## 18  정답 ⑤

현대 사회 문제의 원인을 마르크스는 물신성, 루카치는 물화, 아도르노는 인류의 자기 보존과 자연 지배에서 비롯된 계몽 과정 자체에서 찾았다.

[오답풀이]

① 네 번째 문단에 따르면, '정관적인 태도'는 주체가 대상과 실천적 관계를 맺지 못하는 수동적 태도를 가리킨다고 하였다. 따라서 정관적 태도는 주객 분리를 넘어선 세계의 총체성을 포착할 수 없다.
② 두 번째 문단에서 루카치가 애용한 물화 개념은 인간의 노동 및 그 산물이 거꾸로 인간과 대립하고 나아가 인간을 지배하는 현상을 지칭한다고 설명되어 있다. 따라서 루카스가 말하는 물화란 인간 주체와 그 주체의 산물인 객체가 서로 대립되어 그 관계가 역전되는 현상을 지칭한다.
③ 루카치는 베버의 합리화 개념을 발전시켜서 자본주의 생활 형식 전체를 포괄하는 개념으로 물화 개념을 확장하였다.
④ 첫 번째 문단에서 마르크스는 상품 생산자들이 생산 수단을 소유하고 독립적으로 노동하는 자본주의 사회 속에서 사람들의 사회적 관계, 즉 사람과 사람 사이의 관계가 상품과 상품 사이의 관계로 나타난다고 보았다.

## 19  정답 ①

주어진 글에서는 공복 상태에서 와인을 섭취하는 것은 위벽을 자극하여 속쓰림을 유발할 수 있고, 음식물 중에서도 토마토, 치즈 등은 함께 섭취하면 위벽을 더욱 자극시킬 수 있다고 언급한다. 따라서 위벽을 보호하기 위해 음식물과 와인을 함께 섭취해야 한다고 추론하기보다는, 위벽에 무리가 가지 않는 음식물과 함께 섭취해야 한다고 추론하는 것이 적절하다.

[오답풀이]

② 레드와인은 면역력에도 특효가 있으나, 하루 2잔을 초과하여 섭취할 경우 C반응성 단백질이 증가하고 오히려 염증을 만들어내기도 한다. 따라서 건강 및 면역력을 위한 와인의 섭취는 하루 1~2잔 정도로 제한해야 한다고 추론할 수 있다.
③ 레드와인을 먹고 두통이 유발되는 이유는 와인의 단맛을 위해 가미된 설탕이 체내에 흡수되면서 혈액 내의 당도를 낮추기 위한 구조 유기반응을 하기 때문이다. 이때, 수분 보충이 제대로 되지 않으면 당분 부작용으로 인해 두통이 유발된다. 즉, 당분이 우리 몸에 흡수되면 혈액 내 당도를 낮추기 위해 수분이 필요하다고 추론할 수 있다.
④ 포도주에 이산화황을 첨가하면 가공 과정에서 생길 수 있는 세균 번식을 억제할 수 있다고 지문에 드러나 있으므로, 방부제 역할을 한다고 추론할 수 있다.
⑤ 레드와인을 섭취 후 메스꺼움과 역겨움을 호소하는 것은 탄닌 성분과 히스타민에 대한 알레르기가 있는 경우이므로 항히스타민제 복용을 통해 해당 증상을 억제시킬 수 있음을 추론할 수 있다.

## 20  정답 ①

[가]에서는 녹색이 다른 색에 비해 편하게 인식되고, 피로를 풀어 주는 효과가 있으며 집중력을 높이는 데 도움을 주므로 수술실과 수술복 색깔을 녹색으로 한다고 말하고 있다.
[나]에서는 연구 결과를 바탕으로 파란색이 스트레스를 완화시키는 효과가 있어 범죄율을 낮추는 데 효과가 있다는 것을 말하고 있다.
즉, [가]와 [나]에서는 모두 색채가 인간에게 영향을 준 사례를 통해 색채가 단순한 시각 작용을 넘어 생리적·감정적 효과가 있음을 밝히고 있다.

| 인지역량 – 수리(검사B) | | | | | | | | 본문 P. 150~159 | |
|---|---|---|---|---|---|---|---|---|---|
| 01 | 02 | 03 | 04 | 05 | 06 | 07 | 08 | 09 | 10 |
| ② | ④ | ② | ① | ⑤ | ④ | ① | ③ | ② | ③ |
| 11 | 12 | 13 | 14 | 15 | 16 | 17 | 18 | 19 | 20 |
| ① | ④ | ⑤ | ③ | ② | ③ | ⑤ | ③ | ⑤ | ③ |

## 01 정답 ②

연필 한 자루의 가격을 $a$원, 볼펜 한 자루의 가격을 $b$원, 형광펜 한 자루의 가격을 $c$원, 지우개 한 개의 가격을 $d$원이라고 하면 다음과 같이 정리할 수 있다.

- 연필 한 자루, 볼펜 한 자루, 형광펜 한 자루: 1,050원 → $a+b+c=1,050$ … ㉠
- 볼펜 한 자루, 형광펜 한 자루, 지우개 한 개: 950원 → $b+c+d=950$ … ㉡
- 연필 한 자루, 형광펜 한 자루, 지우개 한 개: 750원 → $a+c+d=750$ … ㉢
- 연필 한 자루, 볼펜 한 자루, 지우개 한 개: 1,000원 → $a+b+d=1,000$ … ㉣

위의 ㉠, ㉡, ㉢, ㉣ 식을 변끼리 더하면, $3(a+b+c+d)=1,050+950+750+1,000=3,750$

∴ $a+b+c+d=1,250$

따라서 연필, 볼펜, 지우개, 형광펜 각 필기구의 한 개 값을 더한 총가격은 1,250원이다.

## 02 정답 ④

네 과목의 평균 점수가 75점 이상이려면 총점이 $75 \times 4 = 300$(점) 이상이어야 하는데 세 과목의 점수의 합이 $60+70+80=210$(점)이다. 따라서 D는 최소한 $300-210=90$(점) 이상을 받아야 한다.

> ♂ **문제 해결 TIP**
>
> 평균 75점을 기준으로 A는 −15점, B는 −5점, C는 +5점이므로 D는 A과목의 부족한 점수를 채울 수 있는 75+15=90(점) 이상이어야 한다.

## 03 정답 ②

C가 E의 자리에 잘못 앉는 상황을 그림으로 나타내면 다음과 같다.

| A | B | C | D | E | F |
|---|---|---|---|---|---|
| | | | | (C) | |

C와 E를 배제한 상황에서 자기 자리에 제대로 앉은 2명을 정하는 경우의 수는 (A, B), (A, D), (A, F), (B, D), (B, F), (D, F)로 6가지이다.

그중 하나의 조합인 (A, B)가 자기 자리에 제대로 앉았을 때 나머지가 잘못 앉는 경우는 다음과 같다.

| A | B | C | D | E | F |
|---|---|---|---|---|---|
| A | B | D | F | C | E |
| A | B | E | F | C | D |
| A | B | F | E | C | D |

위의 3가지 경우로 정리되며, 자기 자리에 제대로 앉은 2명의 조합 총 6가지 경우에서 나머지가 잘못 앉는 경우가 3가지씩 있으므로 총 $6 \times 3 = 18$(가지)이다.

따라서 6명 중 이미 자리에 앉은 C를 제외한 5명이 자리에 앉는 경우의 수는 $5!=120$(가지)이므로, 조건에 맞는 확률은 $\dfrac{18}{120}=\dfrac{3}{20}$이다.

## 04 정답 ①

맨 처음 흰 바둑돌이 놓여 있지 않다고 하면 흰 바둑돌 99개가 놓여 있다고 생각할 수 있다. 그리고 검은 바둑돌을 4개 놓은 후에 흰 바둑돌을 1개씩 놓았다고 생각할 수 있다. 이때, 검은 바둑돌은 최소 $99 \times 4 = 396$(개) 놓여 있고, 최대 $396 + 4 = 400$(개)까지 놓여 있을 수 있다.

따라서 $a = 396$, $b = 400$이므로 $a + b = 396 + 400 = 796$이다.

## 05 정답 ⑤

전체 직원의 집합을 $U$, 소통능력에서 'P'를 받은 직원의 집합을 $A$, 컴퓨터활용능력에서 'P'를 받은 직원의 집합을 $B$라 하면 소통능력에서 'F'를 받은 직원의 집합은 $A^C$이고, 컴퓨터활용능력에서 'F'를 받은 직원의 집합은 $B^C$이고, $n(U) = 35$, $n(A) = 17$, $n(B) = 12$이다.

이때, 두 항목에서 모두 'F'를 받은 직원의 집합은 $A^C \cap B^C = (A \cup B)^C$이다.

그런데 $n((A \cup B)^C) = n(U) - n(A \cup B) = 35 - n(A \cup B)$이므로 $n(A \cup B)$의 값이 최소일 때, $n((A \cup B)^C)$의 값이 최대가 되고, $n(A \cup B)$의 값이 최대일 때, $n((A \cup B)^C)$의 값이 최소가 된다.

• $n(A \cup B)$의 값이 최소가 되려면 $B \subset A$이어야 하고, 이때 $n(A \cup B) = 17$이므로 $n((A \cup B)^C) = 35 - 17 = 18$이다.

• $n(A \cup B)$의 값이 최대가 되려면 $A \cap B = \phi$이어야 하고, 이때 $n(A \cup B) = 29$이므로 $n((A \cup B)^C) = 35 - 29 = 6$이다.

따라서 $a = 18$, $b = 6$이므로 $a + b = 24$이다.

> #### 문제 해결 TIP
> 두 집합 $A$, $B$의 합집합과 교집합에 대하여 다음과 같은 식이 성립한다.
> • $A^C \cap B^C = (A \cup B)^C$
> • $A^C \cup B^C = (A \cap B)^C$
> 논리학에서 명제 p와 q에 대하여 'p 또는 q'라는 명제를 p∨q로, 'p 그리고 q'라는 명제를 p∧q로, 'p가 아니다'라는 명제를 ~p로 표시하면 ~(p∨q)=(~p)∧(~q)와 ~(p∧q)=(~p)∨(~q)가 성립한다.

## 06 정답 ④

3개의 면의 넓이는 $24\text{m}^2$, $18\text{m}^2$, $12\text{m}^2$이다. 은장 벽지는 $2.4\text{m}^2$에 4,000원이므로 전체를 도배하는 데에는 $\frac{54}{2.4} = 22.5$이므로 23장이 필요하며, 비용은 $23 \times 4,000 = 92,000$(원)이 든다. 금장 벽지는 $1.5\text{m}^2$에 2,500원이므로 전체를 도배하는 데에는 $\frac{54}{1.5} = 36$(장)이 필요하며, 비용은 $36 \times 2,500 = 90,000$(원)이 든다. 따라서 금장 벽지를 선택했을 때 최소 비용으로 90,000원이 든다.

## 07 정답 ①

• A: 55달러에서 $3.5\%$ 상승한 가격이므로 $55 \times 1.035 = 56.925$(달러)
• B: 5만 5,400원에서 $x\%$를 곱한 가격이 5만 3,184원이라고 하면 $53,184 \div 55,400 = 0.96$이므로 $x = 96(\%)$이다.

따라서 B $= 100 - x = 100 - 96 = 4(\%)$이다.

## 08 정답 ③

조립 공정에 걸리는 작업 시간의 평균은 (평균)$= \frac{2 + 1.5 + 1.5 + 4 + 3}{5} = 2.4$(분)이다. 이때, 조립 공정별 편차는 차례대로 $2 - 2.4 = -0.4$, $1.5 - 2.4 = -0.9$, $1.5 - 2.4 = -0.9$, $4 - 2.4 = 1.6$, $3 - 2.4 = 0.6$이므로

(분산)$= \frac{(-0.4)^2 + (-0.9)^2 + (-0.9)^2 + 1.6^2 + 0.6^2}{5} = \frac{4.7}{5} = 0.94$이고, (표준편차)$= \sqrt{0.94}$이다.

**09** 정답 ②

| 구분 | | 2017년 | 2018년 | 2019년 | 2020년 | 2021년 | 평균 |
|---|---|---|---|---|---|---|---|
| 사고 수(건) | | 216,335 | 217,148 | 229,600 | 209,654 | 203,130 | 215,173 |
| | 증가율 | – | 0.4% | 5.7% | −8.7% | −3.1% | – |
| 사망자 수(명) | | 4,185 | 3,781 | 3,349 | 3,081 | 2,916 | 3,462 |
| | 증가율 | – | −9.7% | −11.4% | −8.0% | −5.4% | – |
| 부상자 수(명) | | 322,829 | 323,037 | 341,712 | 306,194 | 291,608 | 317,076 |
| | 증가율 | – | 0.1% | 5.8% | −10.4% | −4.8% | – |
| (사망자 수)+(부상자 수) | | 327,014 | 326,818 | 345,061 | 309,275 | 294,524 | – |
| (부상자 수)÷(사망자 수) | | 77.1 | 85.4 | 102.0 | 99.4 | 100.0 | 91.6 |
| 사고 1건당 사망자 수 | | 0.019 | 0.017 | 0.015 | 0.015 | 0.014 | 0.016 |
| 사고 1건당 부상자 수 | | 1.492 | 1.488 | 1.488 | 1.460 | 1.436 | 1.474 |

사고 수가 전년 대비 가장 큰 비율로 증가한 해는 약 5.7%인 2019년이다. 2019년에는 사망자 수가 약 −11.4%로 가장 큰 비율로 감소하였다.

오답풀이

① 2017~2021년 중 사고 1건당 사망자 수가 0.016명 이상인 해는 2017년과 2018년으로 2개이다.

③ 2017년 사망자 수는 4,185명이고, 부상자 수는 322,829명이므로 사망자 수의 80배 미만이다.

④ 2018~2021년 동안 사망자 수가 전년 대비 가장 큰 비율로 감소한 해는 2019년이다. 이때, 부상자 수는 전년 대비 5.8% 증가하였다. 한편 부상자 수가 가장 큰 비율로 감소한 해는 2020년이다.

⑤ 2018~2021년 동안 각각의 사망자 수와 부상자 수의 합이 전년 대비 증가한 해는 2019년이고, 감소한 해는 2018년, 2020년, 2021년이다. 따라서 증가한 해의 수와 감소한 해의 수는 다르다.

**10** 정답 ③

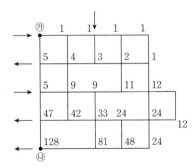

따라서 ㉮지점에서 ㉯지점까지 가는 방법은 모두 128가지이다.

> **✎ 문제 해결 TIP**
> - 일방통행이므로 일반적인 최단거리 유형과 다름에 주의한다.
> - 진행하는 방향의 길과 그렇지 않은 방향의 길을 잘 구분하여 구역별로 갈 수 있는 방법의 가짓수를 적어 계산한다.

**11** 정답 ①

동생이 도착한 지점을 P라고 할 때 삼각형 AFP의 넓이가 최소가 되려면 P의 위치가 B 또는 E에 있을 때이다. 주사위를 3번 던졌을 때 나올 수 있는 수는 3부터 18까지이고 B에 도착하려면 7, 13만큼 이동했을 때, E에 도착하려면 4, 10, 16만큼 이동했을 때이다. 따라서 동생이 이동한 칸의 수로 가능한 수들을 모두 더하면 7+13+4+10+16=50이다.

**12** 정답 ④

분기별 점수를 $a$, $b$, $c$, $d$점이라고 하면

$a+b+c+d=82.5\times4=330$ … ㉠

$3a+7b+3c+7d=85.5\times20=1,710$ … ㉡

위의 ㉠ 식과 ㉡ 식에 의해서 $a+c=150$, $b+d=180$임을 알 수 있다.

$a$와 $c$, $b$와 $d$는 같은 가중치를 부여했으므로 가장 큰 수를 $d$, 가장 작은 수를 $a$라고 가정해도 무방하다.

$b+d=180$과 $a+c=150$의 두 식의 차를 구하면, $(d-a)+(b-c)=30$이고 $d-a\geq b-c$이어야 한다.

따라서 $15\leq d-a\leq30$이므로, 주어진 선택지 중에서 분기별 점수의 최고점과 최저점의 차이로 가능한 점수는 24점이다.


**13** 정답 ⑤

테이블 수를 $x$개라고 하면 사람 수는 $(8x+20)$명이다. 다른 방법으로 앉는 경우 7명씩 앉는 테이블 수는 $(x-27)$개이고, 9명씩 앉는 테이블 수는 27개이므로 사람 수는 $\{7(x-27)+9\times27\}$명이다.

따라서 $8x+20=7(x-27)+9\times27$이므로 $x=34$(개)이고 사람 수는 $8\times34+20=292$(명)이다.


**14** 정답 ③

연필은 $a$상자, 자는 $b$상자를 산다고 하면, $12a+20b=300$을 만족시키며 $a$, $b$는 자연수여야 한다. 또한, 적어도 1상자 이상을 반드시 사야 하고 $a<25$, $b<15$여야 한다. 해당 조건에 맞는 $(a,b)$는 $(5,12)$, $(10,9)$, $(15,6)$, $(20,3)$이고, 이 중 연필과 자 두 종류의 상자 수의 차가 가장 작은 경우는 연필 10상자, 자 9상자를 구매할 때이다.


**15** 정답 ②

주어진 조건의 (가)에서 $xy\leq0$이라고 하였으므로 $x=0$인 경우, $y=0$인 경우, $x>0$이고 $y<0$인 경우, $x<0$이고 $y>0$인 경우로 나눌 수 있다($x=0$, $y=0$일 때는 성립하지 않음).

i) $x=0$인 경우

(나)에서 $3x-2y-20=0$이므로 $-2y-20=0$ $\quad\therefore y=-10$

즉, 순서쌍 $(x,y)$는 $(0,-10)$이다.

ii) $y=0$인 경우

(나)에서 $3x-2y-20=0$이므로 $3x-20=0$ $\quad\therefore x=\dfrac{20}{3}$

이때, $x$는 정수가 아니므로 만족하는 순서쌍은 없다.

iii) $x>0$이고 $y<0$인 경우

(나)에서 $3x-2y-20=0$이므로 $3x=2(y+10)$

이 식을 만족시키는 순서쌍 $(x,y)$는 $(2,-7)$, $(4,-4)$, $(6,-1)$이다.

iv) $x<0$, $y>0$인 경우

$3x-2y<0$이므로 $3x-2y-20<0$

즉, 방정식 $3x-2y-20=0$을 만족시키는 두 정수 $x$, $y$가 존재하지 않으므로 순서쌍 또한 없다.

따라서 i), ii), iii), iv)에 의해 주어진 조건을 모두 만족하는 순서쌍 $(x,y)$의 개수는 4개이다.


**16** 정답 ③

오렌지 134개를 직원들에게 똑같은 수로 나눠 주면 4개가 남는다고 하였으므로 직원 수는 130의 약수이다.

자몽 73개를 직원들에게 똑같은 수로 나눠 주면 3개가 남는다고 하였으므로 직원 수는 70의 약수이다.

귤 191개를 직원들에게 똑같은 수로 나눠 주면 1개가 남는다고 하였으므로 직원 수는 190의 약수이다.

즉, 직원 수는 130, 70, 190의 공약수이다. 이때, 되도록 많은 직원에게 과일을 나눠준다면 직원 수는 세 수의 최대공약수인 10명이 된다. 그리고 이로부터 직원 수로 가능한 것은 10의 약수에 해당하는데, 남는 과일이 각각 4개, 3개, 1개이므로 직원 수로 가능한 수는 10의 약수 중 4보다 커야 한다. 따라서 직원 수는 5명 또는 10명일 수

밖에 없다.

ⓛ 직원 수는 최대공약수인 10명이 최대이다.

ⓒ 직원 수가 최소일 때는 5명인 경우이다. 이때, $191=5\times38+1$이므로 귤은 한 사람당 38개씩 나눠 갖게 된다.

오답풀이

ⓙ 직원 수는 5명 또는 10명이다.

ⓔ 직원 수가 최대일 때는 10명인 경우이다. 이때, $73=10\times7+3$이므로 자몽은 한 사람당 7개씩 나눠 갖게 된다.

## 17 정답 ⑤

구인인원은 $\dfrac{(\text{미충원인원})}{(\text{미충원율})}\times100$이므로 2018년 1분기 구인인원은 $\dfrac{90}{10.8}\times100≒833$(천 명)이고, 2016년 1분기 구인인원은 $\dfrac{91}{11}\times100≒827$(천 명)이다. 따라서 2018년 1분기 구인인원은 2016년 1분기 구인인원보다 많다.

오답풀이

① 미충원율이 가장 낮은 해는 2020년 1분기로 이 해의 미충원율은 전년 동기 대비 $9.3-7.5=1.8$(%p) 감소하였다.

② 2013년 1분기의 경우 전년 동기 대비 미충원인원은 증가하였으나 미충원율은 감소하였다.

③ 전년 동기 대비 미충원인원이 가장 크게 증가한 해는 $85-59=26$(천 명) 증가한 2021년 1분기이고, 가장 크게 감소한 해는 $114-88=26$(천 명) 감소한 2012년 1분기이다. 이 두 해의 미충원인원의 차는 $|85-88|=|-3|=3$(천 명)이기 때문에 5만 5천 명이라는 설명은 옳지 않다.

### 🔑 문제 해결 TIP

두 수 a, b의 차는 |a−b|로 항상 양수이다.

④ 2021년 1분기 미충원인원은 전년 동기 대비 $\dfrac{85-59}{59}\times100≒44$(%), 즉 약 44% 증가하였다.

## 18 정답 ③

(c): $(160.6-163.1)\div163.1\times100≒-1.5$

오답풀이

① (a): $20.4-0.3=20.1$

② (b): $166.3\times0.986≒164.0$

④ (d): $(3,207-3,106)\div3,106\times100≒3.3$

⑤ (e): $(3,689\div3,528)\div3,528\times100≒4.6$

## 19 정답 ⑤

$7,903-5,132=2,771$(억 원)$>5,132\times50\%=5,132\times\dfrac{1}{2}=2,566$(억 원)이므로, 2019년 ND 나노장비·기기의 총투자액은 전년 대비 50% 이상 증가하였다.

### 🔑 문제 해결 TIP

2019년 ND 나노장비·기기의 총투자액은 2018년 대비 $\dfrac{7,903-5,132}{5,132}\times100≒54$(%) 증가하였으므로, 전년 대비 50% 이상 증가하였다.

오답풀이

① 매년 기업 총투자액은 NC 나노바이오·의료가 가장 적다.

② 2018년 NB 나노전자의 기업 총투자 비중은 $\dfrac{275,662}{457,849}\times100≒60.2$(%)이므로 해당 비중은 매년 증가하지 않았다.

③ 2018년 ND 나노장비·기기의 기업 총투자 비중은 84.3%로 가장 높지만, 나노투자액은 4,327억 원으로 NB 나노전자보다 적다. 즉, 기업 총투자 비중이 높을수록 나노투자액도 높다는 설명은 옳지 않다.

④ 2019년 NC 나노바이오·의료의 기업 총투자 비중은 2015년에 비해 48.2−29.9=18.3(%p) 높다.

## 20 정답 ③

㉠ (완성공사원가)=(재료비)+(노무비)+(외주비)+(현장경비)이므로 산업환경설비에서 외주비 A는 86.1−(30.6+7.3+8.2)=40.0(억 원)이다.

㉢ 2019년 재료비의 합계는 14.8+16.1+30.6+3.2=64.7(억 원), 노무비의 합계는 5.1+3.3+7.3+1.5=17.2(억 원), 외주비의 합계는 37.4+38.7+40.0+6.6=122.7(억 원), 현장경비의 합계는 10.8+6.7+8.2+1.8=27.5(억 원)으로 완성공사원가에서 비중이 가장 높은 원가 구성 요소는 2017~2019년 모두 외주비로 동일하다.

> ⚲ **문제 해결 TIP**
>
> 2019년 토목, 건축, 산업환경설비, 조경 모두 외주비가 가장 높으므로 완성공사원가에서 비중이 가장 높은 원가 구성 요소는 2017~2019년 모두 외주비로 동일하다.

㉤ 2019년 전체 완성공사원가는 68.1+64.8+86.1+13.1=232.1(억 원)이고, 이때의 현장경비는 10.8+6.7+8.2+1.8=27.5(억 원)이므로 비중은 $\frac{27.5}{232.1} \times 100 ≒ 11.8(\%)$이다. 따라서 2017~2019년 동안 전체 완성공사원가에서 현장경비의 비중은 꾸준히 감소하였다.

오답풀이

㉡ 건축의 완성공사원가 B=16.1+3.3+38.7+6.7=64.8(억 원)이고, 조경의 완성공사원가는 13.1억 원이다. 이때 13.1×5=65.5(억 원)>64.8억 원이므로 5배 미만이다.

㉣ 2019년 토목 완성공사원가에서 재료비가 차지하는 비중은 $\frac{14.8}{68.1} \times 100 ≒ 21.7(\%)$이고, 재료비 총액에서 토목이 차지하는 비중은 $\frac{14.8}{14.8+16.1+30.6+3.2} \times 100 = \frac{14.8}{64.7} \times 100 ≒ 22.9(\%)$이므로 토목 완성공사원가에서 재료비가 차지하는 비중보다 재료비 총액에서 토목이 차지하는 비중이 더 크다.

| 01 | 02 | 03 | 04 | 05 | 06 | 07 | 08 | 09 | 10 |
|----|----|----|----|----|----|----|----|----|----|
| ① | ② | ③ | ④ | ③ | ③ | ⑤ | ① | ③ | ① |
| 11 | 12 | 13 | 14 | 15 | 16 | 17 | 18 | 19 | 20 |
| ③ | ④ | ③ | ④ | ② | ① | ⑤ | ④ | ④ | ② |

## 01 정답 ①

현행 국민기초생활보장체계에서는 가구 단위로 보장을 하되, 30세 미만의 미혼 자녀의 경우 주거를 달리해도 부모와 동일 보장 가구로 포함한다. 따라서 기혼 20대 가정은 위 규정에 따라 일정 기준에 충족한다면 여러 가지 지원을 받을 수 있음을 추론할 수 있다.

오답풀이

② 20대 1인 가구의 경우 30세 미만의 미혼 자녀이면 부모와 동일 보장 가구에 포함되어 현행법상 경제적 독립가구로 인정받지 못하고 있다.

③ 현재의 국민기초생활제도는 만혼 또는 비혼의 증가, 청년 1인 가구 증가 등 사회 변화를 반영하지 못하고 있다.

④ 가구 단위로 복지 영역을 보장하되, 연령과 혼인 여부의 기준도 사회적인 여건에 맞게 반영되어야 한다.

⑤ 현행 제도는 변화하는 결혼에 대한 사회적 인식을 제대로 적용하고 있지 못해 복지 사각지대를 만들고 있다.

## 02 정답 ②

ⓒ의 이야기법과 ⓔ의 영상화기법은 기억하고 싶은 대상을 스토리의 소재로 삼아 기억한다는 점에서 비슷한 성질을 가지고 있다. 단, 치환법은 구체적인 사물로 '시각화'하는 것이고, 영상화 기법은 감각 정보를 다방면으로 활용(시각, 청각 등)할 수 있다는 점에서 차이가 있다.

## 03 정답 ③

주어진 글에 따르면 소셜커머스는 소비자의 적극적인 의견 개진과 참여가 가능하므로 소셜커머스의 소비자는 이전과 달리 상품의 생산과 판매에 영향을 미칠 수 있다는 점에서 그 특성을 파악할 수 있다. 이어 소셜커머스에는 소셜 쇼핑과 더불어 SNS상에 개인화된 쇼핑 환경을 만들거나 상거래 전용 공간을 여는 유형 등이 있음을 제시하고 있다.

오답풀이

① 국내 소셜커머스의 구체적인 현황은 제시되어 있지 않다.

② 소셜커머스의 명칭 유래나 등장 배경 등을 설명하고 있는 부분은 찾을 수 없다.

④ 소셜커머스와 이전의 전자상거래를 비교하는 내용이 있기는 하지만, 글 내용의 일부일 뿐 주제로 보기 어렵다.

⑤ 소셜커머스에서 소비자들의 다양한 의견이 공유되고, 이를 바탕으로 구매하기 위한 공간이 마련되면서 소비자들이 보다 적극적으로 소비 활동에 참여하게 되었고 다양한 방식의 소셜커머스도 등장하게 되었다. 그러나 소셜커머스의 전망에 대한 내용은 찾을 수 없다.

## 04 정답 ④

주어진 글에 따르면 효소의 주성분인 단백질은 그대로 체내에 흡수되기 어려워 우리 몸의 소화 효소의 작용에 의해 아미노산으로 분해되어 단백질 합성 재료로 이용되거나 생명 활동에 필요한 에너지를 낸다. 이러한 이유로 발효 식품에 포함된 효소가 우리 몸에서 그대로 직접적으로 작용한다고 주장하는 것은 타당하지 않다고 서술되어 있다. 따라서 발효 식품의 효소가 우리 몸에서 작용한다는 ④에 대한 반박의 글로 보는 것이 적절하다.

오답풀이

① 주어진 내용과 관련이 없다.

② 물질대사란 생명체 내에서 일어나는 모든 화학 반응을 말하는데, 발효 식품의 섭취가 물질대사를 위한 필수조건이라는

주장과 관련이 있는 내용은 제시되어 있지 않다.

③, ⑤ 주어진 글의 내용이므로 '어떠한 주장'에 해당하지 않는다.

## 05 정답 ③

주어진 글을 보면, 구독경제란 신문처럼 매달 구독료를 내고 필요한 물건이나 서비스를 받아 쓰는 경제활동을 의미한다. 즉, '제품의 소유'라는 소비 옵션만을 향유하던 고객에게 '상품이나 서비스를 쓴 만큼 돈을 지불하는' 새로운 개념의 소비 옵션을 제공하는 것이라고 볼 수 있다. 따라서 정답은 ③이다.

## 06 정답 ③

문화재 복원의 목적은 최초 용도를 회복하는 것이 아니라 감상이나 연구의 대상으로 활용하기 위해 대상의 원형을 최대한 보존하는 데 있다.

오답풀이
① 복원이란 문화재의 미적·역사적 가치를 이해할 수 있도록 하는 작업이라 하였으므로 복원 전문가는 대상물의 역사적 의미를 알아야 할 것이다.
② 주어진 글에 수리와 복원을 절충한 개념이 적용되는 문화재들도 있다고 했다. 즉, 모든 문화재를 복원의 개념으로 접근하는 데는 무리가 따르므로 대상물의 현재 상태에 따라 다양한 방법을 시도해야 한다.
④, ⑤ 복원은 수리에 비해 재료 선택과 방법의 측면에서 많은 것을 고려해야 한다고 했다. 즉, 접착제와 같은 재료를 사용할 때 전시나 취급상의 문제가 없을지 또는 재복원 작업을 할 때 제거가 가능한지 등을 고려하는 것은 당연하다.

## 07 정답 ⑤

네 번째 문단의 '초과산화 이온이 언제나 불안정한 상태로 존재하면서 인체의 필수 물질들과 반응하여 필수 물질들의 기능을 상실하게 하기 때문에, 그 전에 비타민과 반응하여 안정되면 인체에 필요한 물질들의 산화를 막을 수 있다.'는 설명을 통해 항산화제가 초과산화 이온의 산화를 방지하는 것이 아닌 인체에 필요한 물질들의 산화를 방지할 수 있음을 알 수 있다.

오답풀이
① 두 번째 문단의 '활성 산소는 라디칼의 성질이 강해서 다른 물질과의 반응성이 매우 좋다.'를 통해 확인할 수 있다.
② 첫 번째 문단에서 '다른 분자와의 반응 정도가 큰 산소를 활성 산소라 하고, 그렇지 않은 산소를 비활성 산소'라고 하였으므로, 비활성 산소는 다른 분자와의 반응성이 낮다는 것을 알 수 있다.
③ 세 번째 문단을 통해, 수산화 라디칼은 활성 산소의 일종으로 과산화수소를 분해하는 과정에서 만들어져 나쁜 콜레스테롤로 알려진 저밀도 지질 단백질을 산화시켜 심장병을 유발하는 데도 큰 원인을 제공한다는 것을 확인할 수 있다.
④ 첫 번째 문단의 마지막 문장과 두 번째의 문단 첫 문장을 통해, 활성 산소가 활성체 내에서 변형되어 세포에 손상을 입히는 산소라는 것을 확인할 수 있다.

## 08 정답 ①

커튼 월은 고층 건물에 국한되지 않고 낮은 층의 건물에서도 차용하고 있다.

오답풀이
② 커튼 월 방식은 냉방비 지출이 매우 크고 빛 반사 문제로 소송에 휘말리는 등 유지비 측면에서 이점이 있다고 보기 어렵다.
③ 첫 번째 문단에서 '건물의 하중은 골조가 모두 지탱하고 외벽은 판을 붙여서 공간만 구분하는 형태로 건물이 완성된다.'고 서술되어 있다.
④ '건물 뼈대에 커튼만 둘렀다고 하여 커튼 월이라고 부르기도 하는데, 외벽 재료로는 주로 유리가 사용된다.'라는 문장에서 커튼을 둘렀다는 구절은 비유적인 표현일 뿐, 건물 외벽에 실제로 커튼을 두른 것은 아님을 알 수 있다.
⑤ 적층 공법에서 골조 공사와 외벽, 내부 마감을 함께 진행할 수는 있지만 어디까지나 골조 공사가 선행되고 외벽, 내부 마감은 '후속적으로' 함께 진행하는 것이므로 골조에 앞서 외벽을 먼저 진행하는 것은 불가능하다.

**09** 정답 ③

대지지분은 아파트 단지 전체 면적이 넓을수록, 단지 내 가구 수가 적을수록 커지게 된다고 하였으므로, '대지지분＝아파트 단지 전체의 대지 면적÷단지 내 가구 수'가 성립된다는 것을 알 수 있다.

오답풀이

① 대지지분이 많아야 동일 용적률에 대하여 더 많은 면적을 활용할 수 있다는 설명에서 '용적률＝건축물의 연면적÷대지 면적'임을 추론할 수 있다.
② 대지지분은 단지 내 가구 수와 단지 전체의 면적에 의해 결정되는 것이므로 리모델링 횟수와는 관계없다.
④ 대지지분은 재개발, 재건축 시 가치 평가를 하는 기준으로 작용한다고 하였으므로 신규 입주 아파트의 매매 가격이 대지지분에 의해 결정되는 것은 아니다.
⑤ 단지 면적이 넓어도 가구 수가 많을 경우, 대지지분은 낮아질 것이다.

**10** 정답 ①

주어진 글은 아버지의 양육 태도가 자녀의 학습 및 인지능력, 사회성 발달과 관련이 있다는 내용으로 전개되므로 양육자의 태도에 따라 자녀의 발달이 달라진다고 서술한 ①이 가장 적절하다. 나머지 ②~⑤는 주어진 글을 통해 추론하기 어렵다.

**11** 정답 ③

반복 사용으로 기업이나 특정 광고 캠페인, 특정 상품에 대한 이미지 구축을 목적으로 하는 슬로건과 달리 캐치프레이즈는 상품의 직접 판매를 목적으로 하므로 단발성일 가능성이 높다. 이에 따라 캐치프레이즈는 광고의 역할에 따라 일회성으로 사용될 수 있음을 알 수 있다.

오답풀이

① 캐치프레이즈는 사람들의 주의를 잡아끌어 광고의 본문으로 유인하는 역할을 하며, 기업 전반 및 상품 전체의 이미지를 고려하여 지속적으로 사용하는 슬로건과 달리 단발성일 가능성이 높다.
② 캐치프레이즈는 문장이 아니어도 짧고 인상적이기만 하면 된다. 따라서 한 단어로만 표현해도 무방하다.
④ 주어진 글의 내용을 통해 확인할 수 없다.
⑤ 캐치프레이즈가 본문의 바로 위나 레이아웃상 맨 처음 눈에 띄는 곳에 있어야 하는 것은 맞지만 이러한 내용은 주어진 글에 제시되어 있지 않다.

**12** 정답 ④

마지막 문단을 통해 진나라가 건국 15년 만에 망하게 된 데에는 분서갱유와 같이 자유롭게 자기 생각을 말하지 못하게 했던 사건의 영향도 크게 작용하였음을 추론할 수 있다.

오답풀이

① 주어진 글에서 분서갱유가 기록된 역사서에 대한 내용이 언급되어 있지 않을 뿐더러 역사서가 시황제 정책을 나쁘게 평가하고자 하는 의도가 있음에 대해서는 확인할 수 없다.
② 시황제는 실생활에 필요한 서적을 분서에서 제외하였을 뿐만 아니라 안정된 통일 시대를 이룩하기 위해 분서갱유를 실시하였으므로, 아무 생각 없이 한 행동이 아님을 알 수 있다. 또한 시황제가 폭군이라고 논한 내용에 대해서도 주어진 글에서는 확인할 수 없다.
③ 시황제와 이사가 많은 학자들이 벌인 사상 논쟁으로 인해 세상이 혼란에 빠지게 되었다고 여기는 점은 추론 가능하나, 진나라가 통일을 이룩하기 이전 수백 년 동안 사상 논쟁이 벌어졌다는 사실은 주어진 글을 통해 확인할 수 없다.
⑤ 순우월이 주나라 때처럼 제후들이 다스리는 봉건제를 부활시켜야 한다고 주장했다는 것만 알 수 있을 뿐, 시황제로 하여금 백성들의 말에 귀 기울여야 한다고 했는지는 확인할 수 없다.

**13** 정답 ③

주어진 글에서 최한기는 타고난 기의 품질이 중요한 것이 아니라 얼마나 열심히 능동적으로 삶에 적응하고 살아가는지가 더욱 중요하다고 보았다. 따라서 '세상과 직접 부딪히고 소통하는 과정을 통해 우리는 참다운 발전과 성숙의 계기를 맞이할 수 있다'는 생각이 그의 생각과 가장 유사하다.

오답풀이
① 타고난 기의 차이를 강조한 것은 인간의 타고난 기의 품질을 중시 여기는 관점으로 볼 수 있다. 최한기는 타고난 기의 품질이 중요한 게 아니라고 했다.
② 좋은 집안의 기를 물려받아야 한다는 관점 역시 인간의 타고난 기의 품질을 중요하게 여기는 것이므로 최한기의 생각과 맞지 않는다.
④ 최한기는 수많은 시행착오와 학습을 통해 신기를 가진 인간은 발전하고 성숙한다고 보았으므로 조용히 앉아서 자신을 깊이 성찰하려는 자세를 강조했다고 보기는 어렵다.
⑤ 인간에게 경이로운 능력이 있으므로 인간이 상호 존중해야 한다는 것은 이 글에서 확인하기 어려운 정보이다.

## 14 정답 ④

수리부엉이가 어둠 속에서 생존하기 위해 자신의 신체적 구조를 변화시켰듯이 생명체가 환경에 적응하기 위해 발달시킨 신체상의 특징이 아닌 예를 찾아야 한다. 너구리가 다리가 짧고 몸집이 작으며, 행동이 재빠르지 못해 천적의 공격을 받으면 죽는 시늉을 하는 것은 환경에 적응하기 위한 신체상의 특징이 아니므로 ㉠의 사례로 보기 어렵다.

오답풀이
①, ②, ③, ⑤ 모두 생명체가 환경에 적응하기 위해 신체를 진화시킨 예이다.

## 15 정답 ②

주가는 거래량과 마찬가지로 투자자들의 투자 활동의 결과이기 때문에 주가에 따라서 거래량이 늘거나 줄어든다. 주가가 상승하는 강세장에서는 거래량이 증가하고, 주가가 하락하는 약세장에서는 거래량이 감소하는 경향을 보인다.

오답풀이
① 주가(㉠)는 주식이나 주권의 가격으로, 주식 시장에서 형성되는 시세에 따라서 결정된다. 거래대금은 주식 매매에 따른 거래 총액을 합산한 것으로 해당 종목의 시장가격에 거래량을 곱한 것이며, 거래량(㉡)은 주식 유통 시장에서 매매된 주식의 수량을 나타낸 것이다.
③ 강세장에서는 주가와 거래량이 정비례로 움직인다.
④ 일반적인 증권 시장에서는 주가에 앞서 거래량이 먼저 변동된다.
⑤ 주가가 상승하면 기대심리로 인해 매수 세력이 늘고, 주가가 하락하면 매도 세력이 느는 것이 일반적이다.

## 16 정답 ①

클라우드 센터가 다운되어도 에지에서 자체적인 데이터 처리가 일부 가능하므로, 네트워크가 불안정할 때 에지 컴퓨팅이 유용할 수 있다.

오답풀이
② 에지 컴퓨팅은 기존 클라우드 컴퓨팅 시스템에서 여러 지역에 소형 서버를 추가로 설치해야 하므로 비용적인 측면에서는 클라우드 컴퓨팅이 더 우수할 것이다.
③ 클라우드 컴퓨팅은 중앙에서 모든 작업을 처리하므로, 에지 컴퓨팅보다는 데이터의 병목 현상이 더 심할 것이다.
④ 에지에서는 실시간으로 연산 작업을 처리한 후, 결국에는 클라우드를 경유하여 서비스가 제공되므로 중앙 네트워크로부터 완전히 독립되었다고 보기는 어렵다.
⑤ 간단한 통신 디바이스와 결과물을 시각적으로 확인할 수 있는 디스플레이는 필요하다.

## 17 정답 ⑤

주어진 글은 유정성과 도덕적 지위를 가진 동물에 대한 이야기로, 글의 내용을 바탕으로 [보기]의 '반잔혹성 입장'에 대한 오류를 찾아 반박한 것을 찾아야 한다. [보기]의 내용 중 잔혹한 행위의 조건은 고통을 가하는 것인데,

고통만 가하지 않으면 괜찮다는 식으로 허점을 파고들 여지가 있으므로 이를 지적하는 ⑤가 반론으로 가장 적절하다.

## 18 정답 ④

[가]는 《국부론》 이후 이윤 창출을 제일 목표로 두던 기업들이 최근 착한 모습을 부각하고자 노력한다는 내용이다. 따라서 최근 기업들이 새롭게 얻고자 하는 것은 선한 이미지라고 할 수 있고 선한 이미지를 얻고자 하는 동인은 [가]에서 직접적으로 주어지진 않았지만, 무분별한 이익 추구 활동에 대한 반발로 인한 것임을 간접적으로 알 수 있다.

[나]에서는 코즈 마케팅을 설명하면서 그 목적과 코즈 마케팅을 가속화하는 원인을 제시하고 있다. 코즈 마케팅의 목적은 기업 브랜드 이미지 제고, 소비자에 대한 긍정적 어필 등으로 선한 이미지를 얻기 위함이다. 그리고 코즈 마케팅은 소비자의 행태가 합리적 소비에서 윤리적 소비로 전환되어 가속화하였다. 즉, 윤리적 소비가 코즈 마케팅의 원인이고 궁극적으로 기업들이 선한 이미지를 얻고자 하는 동인이다. 따라서 정답은 ④이다.

## 19 정답 ④

주어진 글에서는 대사 증후군을 개선할 수 있는 약물에 대해 언급하지 않았다. 글의 내용을 바탕으로 할 때 대사 증후군만을 위한 특별한 약물이 없으므로, 대사 증후군의 예방 및 치료를 위해서는 내장지방 감량과 적절한 운동, 생활 습관 교정 등을 통해 인슐린 저항성을 개선해야 함을 추론할 수 있다.

## 20 정답 ②

ⓔ 권리금의 경우 법적으로 보호 장치가 없으므로 권리금 관련 분쟁 등이 발생 시 현행법상에서 보호받지 못하고 극단적인 갈등이 일어날 수 있다.

오답풀이
ⓐ 현행법상 권리금은 법적 근거 없이 관행에 의해 행사되고 있다.
ⓑ 권리금은 주로 도시의 토지 또는 상가건물의 임대차에 부수해서, 그 부동산이 갖는 특수한 장소적 이익 내지 특수한 권리 이용의 대가로 임차권의 양수인이 양도인에게 지급하는 것이 관행이다.
ⓒ 첫 번째 문단에 따르면, 권리금 수수는 임대인과 상가건물 임차인이 직접 권리금 수수계약을 하는 경우가 드물다.

# 03 | 실전모의고사 3회

인지역량 – 수리(검사B)          본문 P. 180~191

| 01 | 02 | 03 | 04 | 05 | 06 | 07 | 08 | 09 | 10 |
|---|---|---|---|---|---|---|---|---|---|
| ③ | ② | ⑤ | ⑤ | ③ | ④ | ④ | ③ | ⑤ | ③ |
| 11 | 12 | 13 | 14 | 15 | 16 | 17 | 18 | 19 | 20 |
| ① | ⑤ | ② | ③ | ③ | ② | ③ | ② | ⑤ | ③ |

## 01 정답 ③

가로의 길이를 $x$cm라 하면, 세로의 길이는 $(x+1.6)$cm이다.

판의 넓이가 $9.6$cm²이므로, $x \times (x+1.6)=9.6 \to x^2+1.6x-9.6=0 \to (x-2.4)(x+4)=0$

$\therefore x=2.4$(cm)

따라서 직사각형 모양의 판 크기는 $2.4$cm$\times 4.0$cm이며, 2mm인 정사각형 모양의 흰색 타일과 4mm인 정사각형 모양의 검은색 타일 크기의 배수가 된다.

흰색 타일 1장은 4mm²당 200원이고, 검은색 타일 1장은 16mm²당 550원이므로,

흰색 타일로 판을 가득 채우려면 $960 \div 4=240$(장)이 필요하고, 비용은 $240 \times 200=48,000$(원)이 필요하다.

또한, 검은색 타일로 판을 가득 채우려면 $960 \div 16=60$(장)이 필요하고, 비용은 $60 \times 550=33,000$(원)이 필요하다.

따라서 두 경우의 가격 차이는 $48,000-33,000=15,000$(원)이다.

## 02 정답 ②

5개의 철판의 한 변의 길이를 $x-2$, $x-1$, $x$, $x+1$, $x+2$라고 하면, 넓이의 합이 $255$cm²이므로

$(x-2)^2+(x-1)^2+x^2+(x+1)^2+(x+2)^2=5x^2+10=255$

$x^2=49 \quad \therefore x=7$

한 변의 길이가 5cm, 6cm, 7cm, 8cm, 9cm인 5개의 정사각형이 붙어있는 도형의 둘레는 가로의 길이가 $5+6+7+8+9=35$(cm)이고, 세로의 길이가 9cm인 직사각형 모양의 둘레와 같으므로 바깥 둘레의 길이는 $(35+9) \times 2=88$(cm)이다.

## 03 정답 ⑤

- 김 과장과 박 대리가 이웃하여 앉는 경우: 두 사람을 한 묶음으로 생각하면 5명이 원탁에 둘러앉는 경우의 수는 $(5-1)!=4!=24$(가지)이다. 이때, 두 사람이 자리를 바꾸는 경우가 $2!=2$(가지)이므로 $a=24 \times 2=48$이다.
- 김 과장과 박 대리가 마주 보고 앉는 경우: 두 사람이 마주 보고 앉은 다음 나머지 4명이 서로 다른 네 자리에 앉게 되므로 $b=4!=24$이다.

따라서 $a+b=48+24=72$이다.

> ⚲ **문제 해결 TIP**
>
> 원순열의 개념을 활용한 문제이다. $n$명을 한 줄로 세우는 방법의 수는 $n!$가지이고, $n$명을 원형으로 배치하는 방법의 수는 $\dfrac{n!}{n}=(n-1)!$가지이다. 이때, 이웃하여 배치하는 경우는 이웃하는 사람들을 묶어서 한 사람인 것처럼 하여 배열하면 쉽게 해결할 수 있다. 또한, 마주 보는 사람이 있는 경우는 마주 보는 사람을 먼저 배치하고 나서 나머지 사람들을 배치하도록 한다. 마주 보는 사람의 자리가 확정되면 나머지 사람들의 자리는 서로 다른 자리라고 볼 수 있다.

## 04 정답 ⑤

가장 작은 정육면체 모양의 수조의 한 모서리의 길이를 1이라고 하면, 두 번째로 큰 수조의 한 모서리의 길이는 2, 가장 큰 수조의 한 모서리의 길이는 4이다. 물의 양은 수조의 부피와 관련있으므로 가장 작은 수조의 부피를

$1×1×1=1$이라고 하면 두 번째로 큰 수조의 부피는 $2×2×2=8$, 가장 큰 수조의 부피는 $4×4×4=64$이다. 3개의 수조의 물을 한 곳에 부으면 물의 부피는 $1+8+64=73$이므로 가장 작은 수조로 73번 퍼내야 한다.

## 05 정답 ③

노란 상자 2개에는 $2×10×10×10=2,000$(개)의 달걀이 들어 있고, 파란 상자 1개에는 $10×10=100$(개)의 달걀이 들어 있고, 꾸러미 4개에는 $4×10=40$(개)의 달걀이 들어 있으므로 낱개 3개를 포함하면 달걀은 총 $2,000+100+40+3=2,143$(개)이다. 그리고 10개를 기준으로 담았던 이 달걀들을 5개 기준으로 바꾸어 새롭게 포장하므로 다음과 같이 식으로 나타낼 수 있다.

$$2,143=428×5+3$$
$$=(85×5+3)×5+3$$
$$=\{(17×5+0)×5+3\}×5+3$$
$$=[\{(3×5+2)×5+0\}×5+3]×5+3$$
$$=3×5^4+2×5^3+0×5^2+3×5+3$$

즉, 새로 포장하면 다음과 같다.

| 보라 상자 | 초록 상자 | 빨간 상자 | 꾸러미 | 낱개 |
|---|---|---|---|---|
| 3개 | 2개 | 0개 | 3개 | 3개 |

따라서 가득 찬 보라 상자의 개수는 3개이다.

## 06 정답 ④

1,000명 중 40%가 불만족으로 답하였으므로 불만족으로 응답한 수는 400명이다. 400명 중 70%가 여성이므로 불만족으로 답한 여성 직원의 수는 280명이다. 이는 전체 여성 직원의 20%에 해당하므로 전체 여성 직원은 $280×5=1,400$(명)이다.
400명 중 280명은 여성이고 남은 120명은 남성인데, 이 120명은 전체 남성 직원의 10%에 해당하므로 전체 남성 직원은 $120×10=1,200$(명)이다.
따라서 회사의 전체 인원은 $1,400+1,200=2,600$(명)이다.

## 07 정답 ④

갑과 을은 각각 1분에 공원 한 바퀴의 $\frac{1}{15}$과 $\frac{1}{21}$을 이동한다. 두 사람은 반대 방향으로 이동하므로 1분에 공원 한 바퀴의 $\frac{1}{15}+\frac{1}{21}=\frac{4}{35}$씩 둘 사이의 거리가 좁혀지게 된다. 따라서 두 사람이 처음 만나는 데까지 걸리는 시간은 $\frac{35}{4}$분이므로 네 번째로 만날 때는 출발한 지 $\frac{35}{4}×4=35$(분) 후이다.

## 08 정답 ③

재정부와 기획부의 조를 합하면 총 15개조이므로 멘토 30명은 각 조에 2명씩 배정한다.
• 재정부: $2×7=14$(명)
• 기획부: $2×8=16$(명)
멘티 83명을 재정부 7개조에 $x$명씩, 기획부 8개조에 $y$명씩 배정하면 $7x+8y=83$이다.
이때 $x$와 $y$는 자연수여야 하므로 만족하는 자연수는 $x=5$, $y=6$이다.
• 재정부: $7×5=35$(명)
• 기획부: $8×6=48$(명)
두 부서의 인원수는 재정부 $14+35=49$(명), 기획부 $16+48=64$(명)이므로 인원수의 차이는 $64-49=15$(명)이다.

**09** 정답 ⑤

거래처 X에서 들어오는 물건 P의 가격을 $x$원이라 하면, 유통가는 $(1+0.01a)x$(원)이다.

거래처 Y에서 들어오는 물건 P의 가격은 $0.95x$원이므로 유통가는 $\{1+0.01(a+6)\}0.95x=(1.06+0.01a)0.95$ $x$(원)이다. 이때, 두 유통가가 같으므로

$(1+0.01a)x=(1.06+0.01a)0.95x$

$100+a=100.7+0.95a$

$\therefore a=14(\%)$

**10** 정답 ③

대진표가 비대칭이므로 다음과 같이 구분하여 부서를 나눠야 한다.

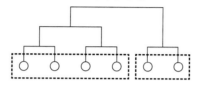

6개의 부서를 4개, 2개로 나누는 방법의 수는 $_6C_4 \times _2C_2 = _6C_2 \times _2C_2 = \dfrac{6 \times 5}{2} = 15$(가지)이다. 분할된 4개의 부서를

다시 2개, 2개로 나누는 방법의 수는 $_4C_2 \times _2C_2 \times \dfrac{1}{2!} = \dfrac{4 \times 3}{2} \times \dfrac{1}{2} = 3$(가지)이다.

따라서 대진표를 작성하는 방법의 수는 $15 \times 3 = 45$(가지)이다.

> **✎ 문제 해결 TIP**
>
> 대칭구조의 개수만 파악하면 빠르게 풀 수 있다.
>
>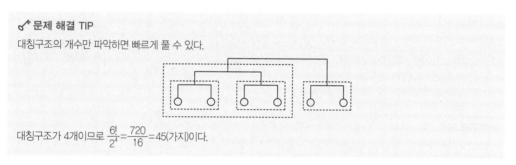
>
> 대칭구조가 4개이므로 $\dfrac{6!}{2^4} = \dfrac{720}{16} = 45$(가지)이다.

**11** 정답 ①

합격자 전체의 점수의 합을 $a$, 불합격자 전체의 점수의 합을 $b$라 하면, 그 평균은 각각 $\dfrac{a}{20}$, $\dfrac{b}{100}$이다.

합격자 전체의 평균 점수가 응시자 전체의 평균 점수보다 5점이 높으므로 $\dfrac{a}{20} = \dfrac{a+b}{120} + 5$이고, 불합격자 전체의

평균 점수는 62점이므로 $\dfrac{b}{100} = 62$이다. 두 식을 연립하면 $a=1,360$(점), $b=6,200$(점)이다.

따라서 합격자 전체의 평균 점수는 $\dfrac{a}{20} = \dfrac{1,360}{20} = 68$(점)이다.

**12** 정답 ⑤

세 레일 A, B, C의 길이는 모두 같으므로, 레일의 길이를 1로 놓으면 걸리는 시간의 비는 $\dfrac{1}{4} : \dfrac{1}{3} : \dfrac{1}{2} = 3 : 4 : 6$이다.

A레일을 출발한 제품은 24분 만에 도착 지점에 도착하므로, B레일은 32분이 걸리고, C레일은 48분이 걸린다.

그런데 B레일과 C레일은 중간 지점에서 각각 4분, 2분 동안 조립 과정을 거치므로 B레일로 출발한 제품은

$32+4=36$(분), C레일로 출발한 제품은 $48+2=50$(분) 걸려 도착 지점에 도착한다.

따라서 B레일로 출발한 제품은 C레일로 출발한 제품보다 $50-36=14$(분) 더 빨리 도착 지점에 도달한다.

A레일의 반원의 지름을 $a$, B레일의 반원의 지름을 $b$, C레일의 반원의 지름을 $c$라 하면 $a=2b=4c$이고, 각 레일 하나당 길이는 $\frac{1}{2} \times a \times \pi$, $\frac{1}{2} \times b \times \pi$, $\frac{1}{2} \times c \times \pi$이므로 각각의 레일의 총 길이는 같다.

## 13  정답 ②

처음 5장의 카드는 상승 3장, 하강 2장이다.

카드를 1번, 3번 등 홀수 번으로 뒤집는다면 상승 2 - 하강 3, 상승 4 - 하강 1, 하강 5와 같이 상승과 하강 개수의 홀짝이 바뀐다.

카드를 2번, 4번 등 짝수 번으로 뒤집는다면 상승 1 - 하강 4, 상승 3 - 하강 2, 상승 5와 같이 상승과 하강 개수의 홀짝이 처음과 변함이 없다.

9번은 홀수 번이므로 9번 카드를 뒤집었을 때 상승 5장은 나올 수 없다.

## 14  정답 ③

11월 1~5일 일별 확진자 수가 100명 이상 계속 유지된 지역은 서울, 인천, 경기로 총 3곳이다.

오답풀이

① 11월 1일부터 5일까지 일일 기준 서울이 가장 많고, 그다음으로 경기, 인천이 많다. 경남은 $50+54+108+36+33$ $=281$(명)이고, 충남은 $47+69+91+88+110=405$(명)이다. 따라서 11월 1~5일 총확진자 수가 네 번째로 많은 지역은 충남이다.

② 10월 31일까지 서울과 경기의 누적 확진자 수가 압도적으로 많다. 그다음으로 인천, 대구, 부산, 경남 순이다. 11월 1~5일 부산의 확진자 수는 $55+28+80+59+56=278$(명)이므로 11월 5일까지 누적 확진자 수는 $13,911+278=14,189$(명) 이고, 경남은 $13,008+281=13,289$(명)이다. 따라서 11월 5일까지 누적 확진자가 다섯 번째로 많은 지역은 부산이다.

④ 주어진 자료만으로는 발생률을 알 수 없다.

⑤ 11월 4일 세종 지역에서는 확진자가 발생하지 않았다.

선택지 ④와 같이 주어진 자료에서 확인할 수 없는 것은 우선 제외한 다음 선택지 ③과 ⑤처럼 계산 없이 자료 비교만으로 해결할 수 있는 선택지를 그다음으로 해결한다. 선택지 ①에서는 전체 지역을 계산할 필요 없이 경남을 먼저 계산하고, 경남보다 확실하게 더 큰 값을 가지는 지역(서울, 경기, 인천)을 제외한 후, 비슷한 값을 가지는 지역(부산, 충남)을 계산한다.

## 15  정답 ③

계열사 A와 계열사 B에 지원한 사람의 비율이 7 : 9이므로 계열사 A에 지원한 사람 수는 $720 \times \frac{7}{16} = 315$(명)이고, 계열사 B에 지원한 사람 수는 $720-315=405$(명)이다. 계열사 A 지원자 중 합격자 수는 $315 \times \frac{9}{35} = 81$(명), 계열사 B 지원자 중 합격자 수는 $405 \times \frac{1}{5} = 81$(명)이다.

이때, 두 계열사의 합격자 인원수가 서로 같으므로 최 씨가 A 계열사 신입사원으로 합격하였을 확률은 $\frac{1}{2}$이다.

## 16  정답 ②

[시행1]에서 얻어진 흰색 사각형의 개수는 8개이다. → $a_1=8$

[시행1]에서 얻어진 흰색 사각형 1개에 대하여 [시행2]에 얻어지는 흰색 사각형의 개수는 8개씩이며, [시행1]에서 얻어진 검은색 사각형 1개에 대하여 [시행2]에 얻어지는 흰색 사각형의 개수는 1개이다.

→ $a_2=8 \times 8+1=65$

[시행2]에서 얻어지는 사각형의 총개수는 $9^2$개이므로 [시행3]에서 얻어지는 흰색 사각형의 개수는
$a_3=65\times8+(9^2-65)\times1=536$(개)이다.
[시행3]에서 얻어지는 사각형의 총개수는 $9^3$개이므로 [시행4]에서 얻어지는 흰색 사각형의 개수는
$a_4=536\times8+(9^3-536)\times1=4,481$(개)이다.

## 17  정답 ③

매 분기 (공공분야 비주거용 건축 수주액)≥(토목 기계설치 수주액)×5이어야 한다.
- 2019년 1분기: 21,192억 원<4,331×5=21,655(억 원)
- 2019년 4분기: 43,731억 원<11,228×5=56,140(억 원)
따라서 1분기와 4분기 공공분야 비주거용 건축 수주액은 토목 기계설치 수주액의 5배 미만이다.

오답풀이

① 2019년 3분기 민간분야 토목 수주액은 13,120억 원이고, 2019년 4분기 민간분야 토목 수주액은 28,150억 원이다. 따라서 2배 이상 증가하였다.
② 2018년 공공분야 주거용 건축 수주액은 4,306+18,050+18,895+39,671=80,922(억 원)이고, 비주거용 건축 수주액은 18,868+22,900+18,223+33,187=93,178(억 원)이다. 따라서 2018년 공공분야 비주거용 건축 수주액이 주거용 건축 수주액보다 1조 2,256억 원 더 많다.
④ 2019년 상반기 민간분야 비주거용 건축 수주액은 76,050+112,812=188,862(억 원)이고, 2018년 상반기 민간분야 비주거용 건축 수주액은 88,353+115,128=203,481(억 원)이다. 따라서 2018년 상반기 대비 2019년에 감소하였다.
⑤ 2019년 1~4분기 중 4분기 분야별 건설 수주액이 가장 크다. 따라서 2019년 공공분야 건설 수주액이 가장 큰 분기와 민간분야 건설 수주액이 가장 큰 분기는 모두 2019년 4분기로 동일하다.

> **🔎 문제 해결 TIP**
>
> 선택지 ②는 분기별 비교 자료가 아닌 '연도'별 비교 자료이므로 계산이 필요하다. 선택지 ④는 계산할 필요 없이 주어진 자료의 수치만으로 파악할 수 있다. 1분기는 88,353 → 76,050으로 감소하였고, 2분기는 115,128 → 112,812로 감소하였으므로 별도의 계산 없이 2018년 상반기 대비 2019년 상반기 민간분야 비주거용 건축 수주액이 감소하였음을 알 수 있다.
> 선택지 ⑤는 모든 항목에서 2019년 4분기의 건설 수주액이 가장 크므로 별도의 계산 없이 옳은 선택지임을 알 수 있다.

## 18  정답 ②

㉠ 2017~2019년 금융 및 보험업의 월 근로시간은 160.5 → 160.9 → 161.5시간으로 유일하게 증가하였다. 월 근로시간은 광업의 경우 증가 → 감소하였고, 도매 및 소매업의 경우 감소 → 증가하였으며, 나머지 업종의 경우 매년 감소하였다.
㉡ 2017~2019년 부동산업 및 임대업의 월 근로시간은 184.9시간, 178.9시간, 176.4시간으로 가장 길다.
㉣ 2017년 교육 서비스업의 시간당 임금은 $\dfrac{3,316천 원}{144.4시간}$≒23(천 원/시간)이고, 2019년 교육 서비스업의 시간당 임금은 $\dfrac{3,474천 원}{142.1시간}$≒24(천 원/시간)이다. 따라서 2019년 교육 서비스업의 시간당 임금은 2년 전과 비교해서 증가하였다.

> **🔎 문제 해결 TIP**
>
> 2017년과 2019년 교육 서비스업의 시간당 임금인 $\dfrac{3,316}{144.4}$과 $\dfrac{3,474}{142.1}$를 비교하면 월 임금총액은 증가한 반면 월 근로시간은 감소하였다. 분모의 값이 더 작고, 분자의 값이 더 크므로 2019년 교육 서비스업의 시간당 임금은 2017년에 비해 증가하였음을 알 수 있다.

오답풀이

㉢ 2017년 대비 2019년 산업별 월 임금총액 증가액을 구하면 다음과 같다.

| 구분 | 월 임금총액 증가액 | 구분 | 월 임금총액 증가액 |
|---|---|---|---|
| 광업 | 264 | 숙박 및 음식점업 | 249 |
| 제조업 | 327 | 금융 및 보험업 | 530 |
| 건설업 | 327 | 부동산업 및 임대업 | 309 |
| 도매 및 소매업 | 323 | 교육 서비스업 | 158 |
| 운수업 | 320 | 보건업 및 사회복지 서비스업 | 289 |

따라서 2017년 대비 2019년 금융 및 보험업의 월 임금총액 증가액이 53만 원으로 가장 많이 증가하였다.

ⓒ 2019년 월 근로시간이 가장 긴 업종은 176.4시간으로 부동산업 및 임대업이나, 해당 업종의 월 임금총액은 2,755천 원으로 숙박 및 음식점업 다음으로 작다. 월 임금총액이 가장 큰 업종은 6,236천 원인 금융 및 보험업이다.

## 19 정답 ⑤

ⓒ 초소형($40m^2$ 이하)를 제외한 아파트 규모의 실거래가격지수가 모두 100을 초과하므로 2020년 11월 $40m^2$를 초과하는 아파트의 거래가격은 3년 전 동월 대비 상승하였다.

ⓔ 2017년 11월 실거래가격지수는 100이고 2021년 3월 대형인 경우의 실거래가격지수가 141.0이므로 41% 증가하였다. 중대형 40.3% 증가, 중소형 24.5% 증가, 소형 16.7% 증가, 초소형 6.1% 증가하였으므로 대형이 가장 크게 증가하였다.

ⓜ 2020년 4월 이후 소형과 중소형의 아파트 거래가격 증감 방향은 계속 증가하였다.

오답풀이

ⓐ 주어진 자료로 아파트 거래가격은 알 수 없다.

ⓒ 2020년 5월 대형 평수의 거래가격은 전월 대비 감소하였다.

⚲ 문제 해결 TIP

지수로는 증감률과 증감 방향은 알 수 있지만, 증감량과 실제 값은 알 수 없음에 유의한다.

## 20 정답 ③

2017~2021년 총 상담 건수와 항목별 상담 건수를 정리하면 다음과 같다.

| 구분 | 2017년 | 2018년 | 2019년 | 2020년 | 2021년 |
|---|---|---|---|---|---|
| 총 상담 건수 | 4,643,628 | 5,055,678 | 5,141,941 | 3,973,053 | 5,098,132 |
| 가정 | 357,559 | 389,287 | 385,646 | 417,171 | 484,323 |
| 일탈/비행 | 441,145 | 520,735 | 586,181 | 405,251 | 458,832 |
| 학업/진로 | 826,566 | 839,243 | 689,020 | 512,524 | 616,874 |
| 성 | 88,229 | 85,947 | 82,271 | 71,515 | 81,570 |
| 대인 관계 | 1,258,423 | 1,329,643 | 1,408,892 | 854,206 | 1,116,491 |
| 성격 | 329,698 | 338,730 | 339,368 | 246,329 | 341,575 |
| 정신 건강 | 566,523 | 738,129 | 827,853 | 790,638 | 1,131,785 |
| 생활 습관 태도 | 41,793 | 40,445 | 35,994 | 39,731 | 45,883 |
| 활동 | 78,942 | 85,947 | 71,987 | 39,731 | 50,981 |
| 컴퓨터/인터넷 | 390,065 | 424,677 | 442,207 | 325,790 | 458,832 |
| 단순 정보 제공 | 264,687 | 252,784 | 272,523 | 274,141 | 310,986 |

2017~2021년 동안 성격에 관한 상담 수의 총합은 329,698＋338,730＋339,368＋246,329＋341,575＝1,595,700(건)으로 대인 관계에 대한 상담이 가장 많은 해인 2019년의 1,408,892건보다 많다.

① 일탈/비행 관련 상담은 2017~2021년 동안 매년 400,000건 이상이다.

② 대인 관계 관련 상담이 가장 많은 해와 적은 해의 차이는 $1,408,892 - 854,206 = 554,686$(건)으로 500,000건 이상이다.

④ 2018~2021년 동안 컴퓨터/인터넷 관련 상담이 전년 대비 감소한 해는 2020년이다. 해당 연도의 활동 관련 상담도 71,987건에서 39,731건으로 감소하였다.

⑤ 조사 기간 동안 단순 정보 제공 관련 상담이 300,000건을 넘은 해는 2021년으로 햇수로 1개이다.

본문 P. 192~211

| 01 | 02 | 03 | 04 | 05 | 06 | 07 | 08 | 09 | 10 |
|----|----|----|----|----|----|----|----|----|----|
| ④ | ⑤ | ③ | ⑤ | ① | ② | ③ | ② | ③ | ② |
| 11 | 12 | 13 | 14 | 15 | 16 | 17 | 18 | 19 | 20 |
| ① | ① | ① | ⑤ | ③ | ④ | ③ | ④ | ③ | ② |

## 01 정답 ④

주어진 글을 보면 빅데이터 기술은 집단 지성의 원리에 바탕을 두고 있는 것으로 정보와 지식을 취합하여 거기서 알고리즘을 통해 필요한 지식을 추출하는 것임을 알 수 있다. 즉 낱개로는 전혀 가치가 없는 데이터라도 빅데이터에 수집됨으로써 새로운 의미의 데이터가 될 수 있다.

오답풀이

① 집단 지성은 다수의 사람들이 서로 협력하거나 경쟁하는 과정을 통하여 얻게 된 집단의 지적 능력을 의미하며, 정보와 지식의 취합을 통해 만든 알고리즘이 인공지능에 활용됨으로써 집단 지성의 원리에 바탕을 둔 기술이 각광받고 있다고 서술되어 있다. 이렇게 다수의 사람들이 서로 협력하거나 경쟁할 수 있는 이유는 인터넷이 발달하면서 가능해진 것이다.

②, ③ 전문가 집단이 최근 제 역할을 못하는 이유로 '자신의 능력에 대해 과신하는 경향'과 '수동적이고 방어적인 태도'를 들었다. 이를 통해 자신의 능력에 대해 과신하게 되면 판단력이 흐려질 수 있음을 추론할 수 있다. 아울러 '수동적이고 방어적인 태도'를 변화시키기 위해서는 집단 자체를 다양하고 개방적으로 구성해야 함을 추론할 수 있다.

⑤ 집단 지성은 다양성과 독립성을 가진 집단의 통합된 지성이다. 따라서 그 집단의 구성원에 따라 질적으로 달라질 수 있으며, 개개인의 지성에서 나온 것이므로 개별 정보의 부정확성, 정보 조작 등의 문제점이 있을 수 있다.

## 02 정답 ⑤

주어진 글에서의 동조 현상은 집단의 통일된 행동에 개인이 영향을 받는 현상인데, ⑤에서는 반대로 히틀러라는 개인이 선전 기술, 연설 능력, 카리스마를 통해 다수의 대중을 조종하는 현상을 사례로 들고 있으므로 적절하지 않다.

오답풀이

① 짜장면을 시킨 다수에 의해 개인이 마파두부밥을 포기하고 짜장면을 시켰으므로 동조 현상이라고 볼 수 있다.

② 갑자기 한 방향으로 달리는 주변 사람들로 인해 나도 같은 방향으로 달리기 시작했으므로 동조 현상이라고 볼 수 있다.

③ 자원봉사에 나선 여러 사람이 매스컴에 노출되어 이를 지켜본 다수가 자원봉사에 참여하였으므로 동조 현상이라고 볼 수 있다.

④ 에코백을 들고 다니는 다수의 사람에게 영향을 받아 에코백을 주문하였으므로 동조 현상이라고 볼 수 있다.

## 03 정답 ③

온실 기체로 인해 지구 온난화가 심해지면 성층권의 기온이 하강하게 되어 극지방의 소용돌이는 더 강해지고 규모도 커질 수 있다.

오답풀이

① 봄이 되면 남극 성층권에서 프레온 가스로부터 염소 원자가 공기 중으로 빠르게 방출된다.

② 성층권에서는 성층권 특유의 열적 구조로 인해 온실 기체가 기온을 하강시키는 방향으로 작용한다.

④ 봄이 되면 소용돌이 세력이 약화되고 얼음 결정이 녹으면서 그 속에 포집되어 있던 프레온 가스로부터 염소 원자가 방출되어 오존을 집중적으로 파괴한다.

⑤ 프레온 가스가 남극의 오존층을 파괴한 것은 프레온 가스가 대기 대순환을 통해 남극 상공까지 수송되었기 때문이다.

## 04 정답 ⑤

성실과 근면이라는 개인적 특성을 바탕으로 한 권력은 준거적 권력에 해당한다. 선택지 ①은 합법적 권력, ②는 보상적 권력, ③은 전문적 권력, ④는 강압적 권력에 해당한다.

**05** 정답 ①

가구당 평균 자산총액은 5억 253만 원인데, 부채가 8,801만 원이고 순자산액이 4억 1,452만 원이다. 따라서 자산총액에서 부채가 차지하는 비중은 $\frac{8,801}{50,253} \times 100 ≒ 17.5(\%)$이고, 순자산액이 차지하는 비중은 $\frac{41,452}{50,253} \times 100 ≒ 82.5(\%)$이므로 적절한 그래프이다.

오답풀이
② 2020년 연평균 가구소득은 6,125만 원이고, 이는 전년 대비 201만 원 증가한 수치라고 하였다. 따라서 2019년 연평균 가구소득은 6,125 − 201 = 5,924(만 원)이므로 적절하지 않다.
③ 2020년 소득 원천별 소득 구성인 근로소득(62.9%)과 사업소득(18.5%)은 전년 대비 각각 1.1%p, 0.9%p 감소하였으나, 재산소득(7.1%) 및 공적이전소득(9.8%)은 각각 0.1%p, 2.1%p 증가하였다고 하였다. 따라서 2019년 소득 원천별 소득 구성은 근로소득이 64.0%, 사업소득이 19.4%, 재산소득이 7.0%, 공적이전소득이 7.7%이다. 주어진 그래프는 증감을 반대로 계산한 것으로 적절하지 않다.
④ 주어진 그래프에서 음식·숙박 항목과 주거·수도·광열 항목의 수치가 바뀌어 있어 적절하지 않다.
⑤ 2021년 국내총생산은 2,057조 원으로 전년보다 6.4% 증가하였다고 하였다. 따라서 2020년 국내총생산은 $\frac{2,057}{1.064}$ ≒ 1,933(조 원)이므로 적절하지 않다.

**06** 정답 ②

주어진 글의 [가]에서는 약한 유대관계의 사람과 정보를 공유하여 유의미한 결과를 얻게 된 사례가 주어져 있다. 또한 [나]의 미국의 사회학자의 논문 내용을 통해 강한 유대관계를 가진 사람보다 약한 유대관계를 지닌 사람들에게서 풍부한 정보를 얻을 수 있다는 것이 실제로 증명되었음을 확인할 수 있다. 즉, 주어진 글의 내용은 정보의 공유와 확산에 있어 약한 유대관계가 강한 유대관계보다 강한 힘을 발휘한다는 것을 보여 주고 있다. 따라서 주어진 글의 내용을 바탕으로 강한 유대관계가 정보의 공유 및 확산에 유용하다는 주장을 비판할 수 있다.

오답풀이
① 주어진 글에서는 정보 유통의 중요성이 아니라 유대관계가 정보의 유통에 미치는 영향에 대해 말하고 있다.
③ 주어진 글의 내용을 근거로 삼아 펼칠 수 있는 주장에 해당한다.
④ 주어진 글의 핵심 주장에 해당하는 내용이다.
⑤ 주어진 글의 내용과 관련성이 낮은 주장이다. 다만, 주어진 글의 내용에 따르면, 페이스북은 약한 유대관계의 네트워크를 이용해 큰 인기를 얻은 것으로 볼 수 있다.

**07** 정답 ③

[가]에서는 시밀란스키의 네 가지 놀이 유형을 소개하며 놀이 유형이 유아들의 성장 및 지적 발달에 효과가 있음을 말하고, [나]에서는 연극이 몸짓과 언어를 통해 표현하는 종합 예술이며 여러 사람들의 상호 작용을 통해 이루어지는 것임을 말하고 있다. 이를 종합하면, 연극과 놀이를 융합하여 유아들의 교육적 효과를 이끌어 낼 수 있다는 점을 추론해 낼 수 있다.

**08** 정답 ②

4차 산업혁명은 정보통신기술을 중심으로 산업 간 융합을 통해 생산성 증대를 목적으로 하지만, 두 번째 문단의 끝부분에서 '노동의 가치를 유지하는 미래 지속 가능한 일자리는 기계가 창출하기 어려운 효용을 만들어내는 영역이 될 것이다.'라고 설명하고 있다.

오답풀이
① 4차 산업혁명의 정보통신기술을 통해 실시간으로 수집된 정보는 빅데이터가 되고 이를 인공지능으로 분석하여 생산의 효율성을 높이고, 인간의 고유 영역이었던 인지능력을 개발·적용한 사례로 자율 주행 자동차를 들 수 있다. 지금까지 인간이 했던 주행 판단을 인공지능이 대체하기 시작한 것이다.
③ 일정한 패턴의 분석 능력을 요구하는 직업은 인공지능에 자리를 내어주는 반면 높은 수준의 인지력 또는 인공지능이 따

라오기 어려운 직업에 대한 수요가 커질 것이므로 암묵지(경험과 학습을 통해 체화된 지식)가 많은 직업이 살아남을 것으로 추론할 수 있다.

④ 미래 지속 가능한 일자리는 기계가 창출하기 어려운 효용을 만들어내는 영역이 될 것이므로 기계가 할 수 없는 인간의 사회적 활동에 대한 교육이 중요해질 것이다.

⑤ 두 번째 문단에서 '4차 산업혁명이 인간의 일자리를 완전히 대체할지는 의견이 분분하지만'을 통해 인지능력이 필요한 직업까지 사라질 시간이 머지않았다고 주장하는 사람들도 있음을 추론할 수 있다.

## 09 정답 ③

e-프리퀀시를 통해 스타벅스 다이어리를 받으려면 시즌 음료 3잔을 포함해 총 17잔의 음료를 구매해야 한다. 그러나 본문에서는 시즌 음료의 가격만 나와 있고, 일반 음료의 가격은 나와 있지 않아 음료를 구매하여 다이어리를 받았을 때의 총비용은 알 수 없다.

## 10 정답 ②

주어진 글에서는 ⓐ의 이유를 관객들이 주안점을 놓치기 때문으로 보며, 이를 희곡에서 작가가 강조하고 싶은 내용을 순차적으로 서술하는 것과 비교하여 설명하고 있다. 따라서 연극에서 중요한 주안점이라는 것 또한 작가가 강조하고 싶은 것을 의미하며, 이것이 전달되지 않았을 때 연극은 실패하게 되는 것이다. 주어진 글에서는 이러한 주안점에 '강세'를 부여하는 방법을 설명하며, 바람직하지 않은 강세의 회피를 통해 작가가 의도하는 가치의 전달이 이루어질 수 있음을 이야기하고 있다. 결국 작가가 관객에게 전달하고 싶은 것은 자신이 강조하려는 가치이며, 연극의 실패란 이러한 가치의 전달이 이루어지지 않은 상황을 말한다.

오답풀이

① 작가가 너무 많은 주안점들을 제시해서가 아니라, 의도하지 않은 것에 관객의 주의를 빼앗겨서 연극이 실패하는 것이다.

③, ④, ⑤ 적절한 '강세'의 부여가 이루어지지 않은 것은 연극이 실패하는 하나의 요인이 될 수 있지만, 궁극적인 이유로 보기는 어렵다.

## 11 정답 ①

게임 이론에 따르면, 주식 시장은 주식 시장에 적용되는 규칙을 지키면서 다른 시장 참여자들의 의도를 읽고 전략을 세워 대응하는 공간이다. 따라서 지금처럼 누가 먼저 주식을 팔아서 이익을 현실화할 것이냐는 문제에 부딪친다면, 게임 이론이 적용될 수도 있다. 예를 들어 주가가 연일 상승하고 있을 때 주식 시장의 투자자들은 누가 먼저랄 것도 없이 너도나도 주식을 팔아버릴 공산이 크다. 자신도 주식을 팔지 않고 다른 사람도 역시 주식을 팔지 않고 버틴다면 주가는 계속 상승할 것이다. 그러나 자신은 주식을 팔지 않고 있는데 다른 사람이 먼저 주식을 팔기 시작한다면, 자신만 손해를 보게 된다. 이처럼 투자자들은 증권 시장에서 전략을 세워 경쟁하고 있는 것이며, 이와 같은 내용이 전제되어야 한다.

## 12 정답 ①

주어진 사례에서는 동사와 형용사를 진행형으로 바꾸어 사용할 수 있는 말이 되는지를 판단하고 있다. 따라서 동사와 형용사를 구별하는 세 번째 기준은 진행형을 만들 수 있는지이다.

나머지 선택지는 모두 주어진 사례와 관계없는 내용이며, '달리다'와 '예쁘다'에서 동일한 어미를 사용하여 구별하고 있으므로 어미의 필요 여부 역시 올바른 판단이 될 수 없다.

## 13 정답 ①

세 번째 문단을 보면, 열 파마는 일반 파마와 달리 더 강력한 환원제를 사용하고, 산화 과정에서 열을 가해 더 단단한 결합을 만든다고 되어 있다. 즉, 열 파마는 일반 파마보다 단단한 컬을 만들어 낼 수 있다.

② 머리카락의 아미노산의 시스틴 결합을 깨뜨리는 것은 파마의 시작을 의미한다.

③ 파마에서 환원제는 머리카락을 유연하게 만들어 주는 역할을 한다.

④ 열 파마든 일반 파마든 모든 파마는 기본적으로 산화 환원 반응을 이용한다.

⑤ 환원제를 공급하여 시스틴 결합을 깨뜨린 후 머리카락을 구부려 산화제를 사용하면 원하는 모양을 만들 수 있다.


## 14  정답 ⑤

제2차 수도권 대책 미시행 시 미세먼지로 인한 사회적 비용을 연간 12조 3,300억 원으로 예상하였는데 초미세먼지는 미세먼지보다 건강에 미치는 영향이 더 크고 사망률은 증가시킨다고 했으므로 예·경보제로 대비(외출 자제 등)가 가능하게 할 경우 사회적 비용의 감소를 기대할 수 있다는 추론은 가능하다.

① 미세먼지가 발암성 물질을 포함하지 않는다고 단정할 근거는 제시되어 있지 않다.

② 미세먼지와 초미세먼지와의 상관관계에 대해서는 언급되어 있지 않다.

③ 초미세먼지 대기환경기준 적용 및 예·경보제가 2015년부터 실시되었으며, 이것은 '예·경보제'이므로 농도의 감소를 추론할 수는 없다.

④ 2013년부터 발암물질로 규정된 것이며, 발암 성분은 그 이전부터 포함하고 있다고 보는 것이 타당하다.


## 15  정답 ③

영국 옥스퍼드대 지구과학부 팀은 화성 표면의 암석이 물과 반응한 다음 이를 흡수했고, 그 과정에서 암석의 산화를 높여 생명체가 살기 어려운 곳이 되었음을 밝혔다. 즉, 화성에서는 현무암이 물을 만나 산화되고, 이 과정에서 다양한 광물로 바뀌면서 생명체가 살기 힘든 메마른 환경이 형성됐다고 하였다. 따라서 ㉠에는 지구에 비해 25% 정도 많은 물을 저장할 수 있는 현무암이 화성 표면의 물을 암석 안으로 끌어들였다는 내용이 들어가야 한다.


## 16  정답 ④

탄소 순환 체계에서는 이산화탄소의 감소만 진행되는 것이 아니라 적정량을 배출하기도 한다. 이를 적절하게 유지하는 것이 탄소 순환 체계이므로, 온난화에 따른 문제가 발생하지 않는다면 이산화탄소는 감소하는 것이 아니라, 일정하게 유지될 것으로 판단하는 것이 타당하다.

① 대기 중에 있는 수증기나 이산화탄소는 복사 에너지를 흡수하여 지구의 열에너지를 보존해 주는 역할을 하므로 부족할 경우 지구 표면의 온도가 낮아지게 된다.

② 방출해야 할 복사 에너지를 그대로 흡수할 경우 금성과 같이 뜨거운 온도가 될 것이다.

③ 환경 파괴의 실상을 파악하기 위해 금성 탐사를 계획하는 것은 적절하고 타당한 활동이 될 것이다.

⑤ 식물이 광합성을 통해 대기 중의 이산화탄소를 산소로 변환하는 것은 글에서 언급된 지구의 공기 정화 장치로 볼 수 있다.


## 17  정답 ③

주어진 글에 따르면, 요산은 핵산의 구성 성분인 퓨린이 체내에서 대사과정을 거치면서 만들어지는 최종 분해 산물로, 핵산 성분은 대표적으로 단백질을 음식으로 섭취하였을 경우 그 속에 들어 있다. 즉, 섭취한 단백질이 완전히 분해되면 요산이 되며, 통풍은 혈액 내 요산의 농도가 높아질 때 생길 수 있으므로 통풍이 발생하지 않는다는 내용은 적절하지 않다.

① 통풍은 관절이 있는 곳이라면 어느 부위든 증상이 나타날 수 있지만 주로 무릎과 그 아랫부분에서 많이 나타난다.

② 통풍은 대부분 남성에게 나타나는데, 이는 남성 호르몬이 신장에서 요산의 재흡수를 촉진해 혈중 요산 농도를 높이기 때문이라고 하였다.

④ 통풍은 혈액 속의 요산의 양은 일정해도 체내 수분량이 줄어 농도가 높아지기 때문에 여름에 가장 빈번하게 나타난다고

하였으므로, 체내 요산량이 동일하다면 수분량이 많을수록 통풍 발생 위험이 줄어들 것임을 알 수 있다.

⑤ 여성의 경우 여성 호르몬이 줄어드는 폐경기 이후 통풍이 주로 나타난다고 하였으므로 연령대별 남성과 여성 통풍 환자의 비율 차이는 연령대가 높아질수록 줄어들 것이라 추론할 수 있다.


## 18  정답 ④

우리말의 유의어 쌍들 가운데서 한자어를 죄다 추방하고 싶어 하는 국어 순화론자들의 주장을 반박하기 위해서는 한자어가 우리말의 어휘를 풍부하게 하고, 한자어와 고유어가 완전히 동의어가 아니라는 점을 근거로 내세울 수 있다. 주어진 글에서 목숨과 생명을 예로 들면, '꽃도 생명을 지니고 있다'는 말이 되지만 '꽃도 목숨을 지니고 있다'는 말이 되지 않는다. 즉, 유의어 쌍들 가운데서 한자어를 죄다 추방할 수는 없다.

오답풀이

① 한자어와 고유어는 그 계보가 서로 다르다는 것은 우리말 어휘의 세 층위에 대한 말이다.

② 한자어는 고유어와 완전한 동의어를 이룬다는 내용도 없고, 사실도 아니다.

③ 한자어의 형성 시기는 주어진 글의 논지와 관련이 없다.

⑤ 한자어의 유입으로 인해 상당수의 고유어가 사라졌다는 것은 ㉠의 주장을 강화하는 논지이다.


## 19  정답 ③

암묵지의 가장 핵심적인 특징은 지식이나 언어로 표현할 수 없어 그러한 방법으로는 체득될 수 없는 지식이라는 것이다. 따라서 자전거 타는 방법을 직접 몸으로 경험하여 얻어내야 하는 경우에 필요한 것이 암묵지의 대표적인 사례라고 볼 수 있다.

오답풀이

① 갓 태어난 아기의 의사 표현을 위해서는 반복적인 교육이 필요하므로 이것은 암묵지라고 볼 수 없다.

②, ④, ⑤ 일본어, 교통비, 스마트폰 사용법 등에 대한 지식은 정형화된 문자나 언어 등의 방법으로 얻을 수 있는 형식지에 속한다.


## 20  정답 ②

특허권은 발명자에게 기술 성과에 대한 독점적 지위를 부여함으로써 잠재적 혁신 기업의 시장 진입을 저해하고, 사회 전체의 기술 혁신을 위축시켜 시장의 효율성을 떨어트리고 경제 발전에 해를 끼칠 수 있다.

오답풀이

① 미국의 특허 등록 비용이 3달러로 매우 저렴했다는 언급은 있지만, 돈을 매개로 특허권을 사고 팔았다는 내용은 주어져 있지 않다.

③ 특허권이 경제에 악영향을 줄 수 있다고 주장하고는 있지만 특허권을 모두 없애자고 하지는 않았다.

④ 미국이 특허권의 중요성을 인식한 것은 맞지만 가장 일찍 그것의 중요성을 인식한 것은 아니다.

⑤ 미국의 특허 제도의 특징이 저비용 고효율인 것은 맞지만, 그것을 통해 세계의 기술자들을 미국으로 끌어들였다는 내용은 주어져 있지 않다.

## 01 | 직무 Type M(경영)

본문 P. 216~231

| 01 | 02 | 03 | 04 | 05 | 06 | 07 | 08 | 09 | 10 |
|----|----|----|----|----|----|----|----|----|----|
| ① | ⑤ | ③ | ⑤ | ② | ② | ④ | ④ | ⑤ | ① |
| 11 | 12 | 13 | 14 | 15 | 16 | 17 | 18 | 19 | 20 |
| ⑤ | ① | ④ | ③ | ③ | ⑤ | ① | ⑤ | ④ | ⑤ |

### 01 정답 ①

A는 컴퓨터공학과, D는 화학공학과, B는 보컬, E는 기타를 연주한다. 이를 정리하면 다음과 같다.

| A | B | C | D | E |
|---|---|---|---|---|
| 컴퓨터공학과 | | | 화학공학과 | |
| | 보컬 | | | 기타 |

기계공학과 신입생은 키보드를 연주한다. A, B, D, E는 학과나 악기 중 하나가 정해져 있으므로 기계공학과 신입생은 C이며, C가 키보드를 연주한다. A와 D는 악기가 정해지지 않았는데, 드럼을 연주하는 신입생은 화학공학과가 아니라고 하였다. D는 화학공학과이므로 컴퓨터공학과인 A가 드럼을 연주한다. D는 남은 베이스를 연주한다. 지금까지의 현황을 정리하면 다음과 같다.

| A | B | C | D | E |
|---|---|---|---|---|
| 컴퓨터공학과 | | 기계공학과 | 화학공학과 | |
| 드럼 | 보컬 | 키보드 | 베이스 | 기타 |

따라서 정해지지 않은 것은 B와 E의 전공이다. 만약 B가 전자공학과라면, 남은 E는 무조건 생명공학과일 수밖에 없다. 그러므로 'B가 전자공학과라면 E는 생명공학과이다.'의 추론은 항상 그렇다.

### 02 정답 ⑤

다음과 같은 경우로 나누어 확인해 본다.

1) E가 문과인 경우

E가 문과라면 E의 말은 거짓이다. C가 어떤 과인지에 관계없이 E의 말은 거짓이 되므로 모순은 없다. C가 이과라면 C와 E의 과가 달라 모순이고, C가 문과라면 C는 이과라고 하였으므로 모순이다.

C가 이과라면 C의 말은 진실이 된다. D는 C와 같은 과이므로 이과이고, A와 E는 다른 과이므로 A도 이과이다. 5명 중 3명이 이과 전공이므로 남아 있는 B는 문과가 된다. 그렇다면 B의 말은 거짓이 되어야 하는데 D는 이과이고 E는 문과이므로 진실이 된다. 따라서 이는 모순이다.

C가 문과라면 C와 E가 문과이므로 남은 3명은 모두 이과가 된다. 이 경우 이과인 A의 말은 진실이 되어야 하는데 B는 이과, C는 문과이므로 A의 말은 거짓이 된다. 따라서 E가 문과인 경우는 모두 모순인 상황이 발생한다.

2) E가 이과인 경우

E가 이과라면 E의 말은 진실이다. E의 말이 진실이므로 C는 이과이고, C와 E는 같은 이과이므로 모순이 없다. C는 이과이므로 C의 말은 진실이 되고, D는 이과, A는 문과가 된다. D의 말은 진실이므로 모순이 없다. A의 말이 거짓이 되려면 B와 C의 전공이 달라야 한다. C는 이과이므로 B는 문과이다. B의 말은 거짓이므로 모순이 없다.

| A | B | C | D | E |
|---|---|---|---|---|
| 문과 | 문과 | 이과 | 이과 | 이과 |

그러므로 이과 전공인 지원자는 C, D, E이다.

**03** 정답 ③

안경점은 1길 12에 위치한다. 만약 약국과 병원이 1길 13, 1길 14라면 편의점과 은행 중 한 곳이 1길 11이 된다. 은행과 병원은 같은 선상에 위치하지 않으므로 은행은 2길 11이고, 편의점이 1길 11이다. 이때 분식집이 편의점과 이웃할 수 없으므로 모순이다. 따라서 약국과 병원은 1길 13, 1길 14에 위치하지 않는다.

약국과 병원이 2길 11, 2길 12에 위치한다면 은행은 1길 13 또는 1길 14에 위치한다. 만약 은행이 1길 13이라면 편의점은 2길 13이고, 분식집은 2길 14이다. 카페와 빵집은 1길 11 또는 1길 14이다. 만약 은행이 1길 14라면 편의점은 2길 14이고, 분식집은 2길 13이다. 카페와 빵집은 1길 11 또는 1길 13이다.

약국과 병원이 2길 12, 2길 13에 위치한다면 은행은 1길 11 또는 1길 14에 위치하고, 편의점은 2길 11 또는 2길 14에 위치한다. 이 경우 분식집과 이웃할 수 없으므로 모순이다.

약국과 병원이 2길 13, 2길 14에 위치한다면 은행은 1길 11, 편의점은 2길 11에 위치한다. 분식집은 2길 12에 위치한다. 카페와 빵집은 1길 13 또는 1길 14이다. 따라서 가능한 경우는 다음과 같다.

| 카페/빵집 | 안경점 | 은행 | 빵집/카페 |
|---|---|---|---|
| 도로 | | | |
| 약국 | 병원 | 편의점 | 분식집 |

| 카페/빵집 | 안경점 | 빵집/카페 | 은행 |
|---|---|---|---|
| 도로 | | | |
| 약국 | 병원 | 분식집 | 편의점 |

| 은행 | 안경점 | 카페/빵집 | 빵집/카페 |
|---|---|---|---|
| 도로 | | | |
| 편의점 | 분식집 | 약국 | 병원 |

그러므로 약국 맞은편에는 항상 카페 또는 빵집이 있다.

오답풀이
① 분식집과 약국은 모두 2길에 위치하므로 도로를 건너지 않아도 된다.
② 카페와 빵집이 1길 11, 1길 14에 있거나 1길 11, 1길 13에 있는 경우에는 서로 이웃하지 않는다.
④ 병원은 약국과 항상 이웃하고, 분식집 또는 편의점과 이웃한다.
⑤ 은행은 카페 또는 빵집과만 이웃하는 경우가 있다.

⚷ **문제 해결 TIP**
항상 옳은 것과 옳지 않은 것을 고르는 문제는 경우의 수가 여러 개 나올 수 있음에 유의한다. 안경점과 같이 확실하게 아는 조건을 시작으로 문제 풀이를 시작하는 것이 효율적인 풀이법이다.

**04** 정답 ⑤

주어진 조건에 따르면, B사 CEO는 두 번째 순서로 도착했으며, 2인용 또는 4인용 테이블에 앉았다. C사 CEO는 네 번째 순서로 도착했으며, 4인용 또는 6인용 테이블에 앉았다. 또한 3인용 테이블에 앉은 A사 CEO는 6인용 테이블에 앉은 CEO보다 먼저 도착했다. 따라서 A사 CEO가 도착한 순서에 따라 가능한 경우는 아래와 같다.
• A사 CEO가 첫 번째 순서로 도착한 경우

| 구분 | 첫 번째 도착 | 두 번째 도착 | 세 번째 도착 | 네 번째 도착 |
|---|---|---|---|---|
| 기업 | A사 CEO | B사 CEO | D사 CEO | C사 CEO |
| 테이블 | 3인용 | 2인용 or 4인용 | 2인용 or 4인용 or 6인용 | 4인용 or 6인용 |

• A사 CEO가 세 번째 순서로 도착한 경우

| 구분 | 첫 번째 도착 | 두 번째 도착 | 세 번째 도착 | 네 번째 도착 |
|------|------------|------------|------------|------------|
| 기업 | D사 CEO | B사 CEO | A사 CEO | C사 CEO |
| 테이블 | 2인용 or 4인용 | 2인용 or 4인용 | 3인용 | 6인용 |

따라서 네 번째로 도착한 C사 CEO는 4인용 또는 6인용 테이블에 앉은 것이 되나, 6인용 테이블에 앉을 가능성이 더 높은 것이 된다.


## 05 정답 ②

㉠ "모든 것은 조물주의 손으로부터 나올 때는 더할 나위 없이 선하나, 인간의 손에 들어오면 타락한다."라는 문장으로부터 추론 가능한 내용이다.

㉢ 첫 번째 문단의 인간 자체에 의한 타락, 일그러뜨림, 구부러뜨림의 내용과 두 번째 문단의 사회 제도가 인간 속에 있는 자연성을 질식시킨다는 내용으로부터 추론 가능한 내용이다.

[오답풀이]

㉡ "모든 것은 조물주의 손으로부터 나올 때는 더할 나위 없이 선하나, 인간의 손에 들어오면 타락한다."라는 문장에 의해 추론할 수 없는 내용이다.

㉣ "인간을 출생과 동시에 홀로 타인들 속에 내버려 둔다면, 더 꼴사나운 것이 되어버릴 것이다."라는 문장에 의해 추론할 수 없는 내용이다.


## 06 정답 ②

주어진 글은 비행기가 최적의 효율을 거두기 위한 조건으로 비행기의 중량을 언급하고 있다. 비행기의 중량이 줄어들면 연료 소비량이 적게 되어 최적의 효율을 거둘 수 있는 것이다. 따라서 주어진 글에 앞서 전제가 되어야 할 논리적 요소는 비행기의 무게를 줄이는 것이 연료 소비량을 줄일 수 있는 방법이 되기 때문이라는 사실 즉, 연료 소비량은 비행기의 무게와 비례한다는 점이 되어야 한다.


## 07 정답 ④

㉡ 9~12월의 수출물가지수를 구하면 다음과 같다.

- 9월: $\frac{110.1}{113.7} \times 100 ≒ 96.8$
- 10월: $\frac{103.5}{106.3} \times 100 ≒ 97.4$
- 11월: $\frac{104.3}{109.0} \times 100 ≒ 95.7$
- 12월: $\frac{105.8}{110.6} \times 100 ≒ 95.7$

따라서 수출물가지수는 매월 95 이상이다.

㉣ 9월의 수출물가지수는 96.8이고, 수입물가지수는 $\frac{120.6}{114.5} \times 100 ≒ 105.3$이다. 이를 바탕으로 소득교역조건지수를 구하면, $\frac{96.8 \times 113.7}{105.3} ≒ 104.5$이다. 12월 소득교역조건지수는 101.5이므로 9월보다 낮다.

[오답풀이]

㉠ 9~12월의 수입물가지수를 구하면 다음과 같다.

- 9월: $\frac{120.6}{114.5} \times 100 ≒ 105.3$
- 10월: $\frac{111.3}{102.8} \times 100 ≒ 108.3$
- 11월: $\frac{117.0}{110.7} \times 100 ≒ 105.7$
- 12월: $\frac{107.6}{103.2} \times 100 ≒ 104.3$

따라서 수입물가지수가 가장 높은 달은 10월이다.

㉢ 10~11월의 순상품교역조건지수를 구하면 다음과 같다.

- 10월: $\frac{97.4}{108.3} \times 100 ≒ 89.9$
- 11월: $\frac{95.7}{105.7} \times 100 ≒ 90.5$

따라서 10월의 순상품교역조건지수는 11월의 순상품교역조건지수보다 낮다.

**08** 정답 ④

주어진 소비자 1의 효용함수 $U(x_1, y_1) = x_1 + 2y_1$는 두 재화가 완전대체재이며, 무차별곡선의 기울기는 $\frac{1}{2}$인 우하향의 직선이다. 소비자 2의 효용함수 $U(x_2, y_2) = 2x_2 + y_2$는 두 재화가 완전대체재이며, 무차별곡선의 기울기는 2인 우하향의 직선이다.

계약곡선은 두 소비자의 무차별 곡선이 접하는 점들의 조합인데, 주어진 두 소비자의 무차별곡선은 기울기가 서로 다른 직선의 형태이므로 두 소비자의 무차별곡선이 접하는 점은 존재하지 않고, 구석해가 발생하는 상황이다. 이 경우 계약곡선은 가로축 또는 세로축의 형태로 존재하게 된다.

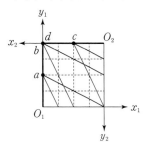

따라서 위 그림과 같이 나오게 된다.

**09** 정답 ⑤

제대로 비교하기 위해서는 각각 X재와 Y재의 화폐 1원당 한계효용으로 비교하여야 한다.

| 수량 | X재의 화폐 1원당 한계효용 | Y재의 화폐 1원당 한계효용 |
|---|---|---|
| 1 | $16 \div 4 = 4$ | $13 \div 1 = 13$ |
| 2 | $12 \div 4 = 3$ | $9 \div 1 = 9$ |
| 3 | $8 \div 4 = 2$ | $7 \div 1 = 7$ |
| 4 | $4 \div 4 = 1$ | $2 \div 1 = 2$ |
| 5 | $2 \div 4 = 0.5$ | $1 \div 1 = 1$ |
| 6 | $1 \div 4 = 0.25$ | $0.5 \div 1 = 0.5$ |

X재의 화폐 1원당 한계효용과 Y재의 화폐 1원당 한계효용이 같아지는 조합은 X재 수량이 3개, Y재 수량이 4개일 때이고, 이때 조합이 갑이 가지고 있는 예산을 만족하므로 주어진 예산제약하의 효용극대화가 달성되고 있다.

소비자잉여는 소비자가 어떤 상품을 소비하기 위해 지불할 용의가 있는 금액과 실제로 지불한 가격의 차이이므로 다음과 같이 정리할 수 있다.

| 수량 | X재의 소비자잉여 | Y재의 소비자잉여 |
|---|---|---|
| 1 | $16 - 4 = 12$ | $13 - 1 = 12$ |
| 2 | $12 - 4 = 8$ | $9 - 1 = 8$ |
| 3 | $8 - 4 = 4$ | $7 - 1 = 6$ |
| 4 | – | $2 - 1 = 1$ |

X재의 소비자잉여 합계는 24, Y재의 소비자잉여 합계는 27이므로 총소비자잉여는 $24 + 27 = 51$이다.

**10** 정답 ①

파레토 비효율적이기 위해서는 다른 자원배분 상태로 이동했을 때 갑, 을, 병 어느 누구의 효용도 감소하지 않으면서 최소한 1명 이상의 효용은 증가하여야 한다. 자원배분 상태 (A)에서 (C)로 갔을 때 단 한 사람의 효용 감소 없이 세 명 모두의 효용이 증가할 수 있으므로 (A)가 파레토 효율적이지 않은 상태이다. 나머지 경제상황에서는 최소한 한 사람의 효용 감소가 발생하므로 파레토 효율적인 자원배분이다.

**11** 정답 ⑤

A국의 십분위분배율은 $\frac{100+150}{500}=0.5$, B국의 십분위분배율은 $\frac{100+200}{400}=0.75$이다. 따라서 B국이 더 평등하고, B국의 로렌츠곡선이 완전균등분배선에 더 가까우므로 평등한 사회이다.

오답풀이
④ B국이 더 평등한 사회이지만, 평균소득은 A가 270만 원, B가 240만 원이므로 A가 B보다 더 높다.

**12** 정답 ①

2012~2021년 연평균 소년 및 노년부양인구비는 다음과 같다.

- 소년부양인구비: $\frac{20.6+20+19.4+18.8+18.3+17.9+17.5+17.1+16.9+16.6}{10}=18.31(\%)$

- 노년부양인구비: $\frac{15.6+16.3+16.8+17.5+18+18.8+19.6+20.4+21.7+23}{10}=18.77(\%)$

따라서 2012~2021년 연평균 소년부양인구비는 연평균 노년부양인구비보다 작다.

오답풀이
② 2013년 $20+16.3=36.3(\%)$에서 2014년 $19.4+16.8=36.2(\%)$로 부양인구비는 감소하였다.
③ 주어진 자료를 통해 유소년인구는 구할 수 없다.
④ 2016년 고령화지수는 $\frac{18}{18.3}\times100≒98.4(\%)$이다.
⑤ 고령화지수는 $\frac{(65세\ 이상\ 인구)}{(0\sim14세\ 인구)}\times100$이고, 소년부양인구비는 $\frac{(0\sim14세\ 인구)}{(15\sim64세\ 인구)}\times100$, 노년부양인구비는 $\frac{(65세\ 이상\ 인구)}{(15\sim64세\ 인구)}\times100$이므로 $(고령화지수)=\frac{(노년부양인구비)}{(소년부양인구비)}\times100$이다. 따라서 2012년 고령화지수는 $\frac{15.6}{20.6}\times100≒75.7(\%)$이고, 2021년 고령화지수는 $\frac{23}{16.6}\times100≒138.6(\%)$이다. 따라서 2012년 대비 2021년 고령화지수는 $\frac{138.6-75.7}{75.7}\times100≒83.1(\%)$ 증가하였고, $138.6-75.7=62.9(\%p)$ 증가하였다.

🖋 **문제 해결 TIP**
주어진 자료에서 확인할 수 없는 선택지부터 제거한다. 선택지 ③은 연도별 15~64세 인구에 대한 정보가 없으므로 확인 불가능하다. 선택지 ④, ⑤는 소년부양인구비, 노년부양인구비를 바탕으로 고령화지수를 구할 수 있는지를 묻는 선택지인데, 고령화지수는 $\frac{(노년부양인구비)}{(소년부양인구비)}\times100$이므로 소년부양인구비가 더 큰 2016년의 경우 '고령화지수<100'이다. 따라서 선택지 ⑤는 옳지 않다. 선택지 ①과 같이 평균의 정확한 값이 아닌 대소를 묻는 문제는 총합만 비교하면 된다. 특히 두 자료의 비교는 차이의 합이 양수인지 음수인지로 확인 가능하다. 소년부양인구비는 점점 작아지고, 노년부양인구비는 점점 커지므로 거꾸로 계산해보면, $(20.6-23)+(20-21.7)+(19.4-20.4)+(18.8-19.6)+(18.3-18.8)+(17.9-18)+(17.5-17.5)+(17.1-16.8)+(16.9-16.3)+(16.6-15.6)=-4.6$이므로 '소년부양인구비의 총합<노년부양인구비의 총합'이다. 따라서 선택지 ①은 옳다.

**13** 정답 ④

2019년 반도체의 10대 품목 수출액 대비 비중은 $\frac{93,930}{304,238}\times100≒30.9(\%)$이고, 2019년 10대 품목 수출액의 총수출액 대비 비중은 56.1%이므로 반도체의 총수출액 대비 비중은 $56.1\times0.309≒17.3(\%)$이다.

오답풀이
① 2018년 플라스틱 제품의 수출액은 10,760백만 달러 미만으로 2018년 10대 수출품목에 속하지 않으며, 2019년 플라스틱 제품의 수출액인 10,292백만 달러보다 큰지 작은지 알 수 없다. 따라서 2019년 플라스틱 제품의 수출액은 전년 대비 증가하였는지 감소하였는지는 주어진 자료만으로는 알 수 없다.

② 10대 품목 수출액 중 평판디스플레이 및 센서가 차지하는 비중은 2018년의 경우 $\frac{24,856}{353,671} \times 100 ≒ 7.0(\%)$, 2019년의 경우 $\frac{20,657}{304,238} \times 100 ≒ 6.8(\%)$로 전년 대비 감소하였다.

> ### ✓ 문제 해결 TIP
> 2018년 평판디스플레이 및 센서의 수출액은 2019년의 20% 이상이고, 2018년 10대 품목 수출액은 2019년의 20% 미만이다. 따라서 분모, 분자를 비교했을 때 2019년 대비 2018년 분자의 증가율이 분모의 증가율보다 크므로 2018년 10대 품목 수출액 대비 평판디스플레이 및 센서의 비중은 2019년 대비 크다.

③ 2018년 석유제품의 무역수지는 $46,350 - 21,443 = 24,907$(백만 달러), 2019년 석유제품의 무역수지는 $40,691 - 17,539 = 23,152$(백만 달러)이므로 $24,907 - 23,152 = 1,755$(백만 달러) 감소하였다.

> ### ✓ 문제 해결 TIP
> 주어진 자료의 단위는 백만 달러이다. 1,755만 달러는 17.55백만 달러인데 주어진 자료에서 소수점은 나와 있지 않다.

⑤ 2018년 수입액 상위 10위 이내인 모든 품목 중 반도체와 무선통신기기의 수입액은 2019년에 증가하였다.

> ### ✓ 문제 해결 TIP
> 선택지 ①, ⑤는 계산 없이 확인 가능하므로 먼저 해결한다.

## 14 정답 ③

경제적 주문량($Q^*$)은 연간 재고유지비용과 연간 주문비용이 일치하는 점에서 결정된다.

즉, $\frac{Q^*H}{2} = \frac{DS}{Q^*} \Rightarrow (Q^*)^2 = \frac{2DS}{H} \Rightarrow Q^* = \sqrt{\frac{2DS}{H}}$이다.

$D = 50$주 $\times 40$개/주 $= 2,000$(개), $S = 1,500$원, $H = 3,000 \times 0.2 = 600$(원)이다.

즉, $Q^* = \sqrt{\frac{2 \times 2,000 \times 1,500}{600}} = \sqrt{10,000} = 100$(개)이다.

## 15 정답 ③

ⓒ 인플루언서에 대한 나의 관계는 부정적인(−) 정서이고, 인플루언서와 대상과의 관계 역시 부정적인(−) 정서, 나와 대상과의 관계 또한 부정적인 정서(−)이므로 곱이 (−)가 나온다. 따라서 불균형 상태로 볼 수 있다.

ⓒ 상표에 대해서는 긍정적인(+) 정서, 광고모델에 대해서는 부정적인(−) 정서이므로 균형 상태가 되기 위해서는 상표와 광고모델이 적어도 긍정적인 정서로 묶이지 않아야 되므로 둘 간의 관계를 별개로 간주하게 되면 불균형에 따른 부조화를 느끼지 않을 것이다.

오답풀이

㉠ 나와 모델 간의 관계가 긍정적인(+) 정서, 모델과 대상과의 관계 역시 긍정적인(+) 정서이지만, 나와 대상과의 관계가 부정적인(−) 불균형 상태이다. 따라서 나와 대상과의 관계에 있어서 변화가 있을 것이다.

ⓔ 대중과 K씨에 대한 관계가 긍정적인(+) 정서이지만, 대중과 A패션과의 관계가 부정적인(−) 정서이다. 따라서 불균형 상태이므로 K씨가 광고모델을 취소하는 결과가 나올 것이다.

## 16 정답 ⑤

생산자잉여의 증가분이 소비자잉여의 감소분보다 크기 때문에 총잉여는 증가한다. 다음 그래프에서 회색 영역이 총잉여의 증가분을 의미한다.

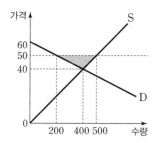

② 수출입이 이루어지지 않는다면 국제시장가격은 의미가 없고, 수요곡선과 공급곡선이 만나는 지점에서 가격과 수량이 결정된다.

③ 국제시장가격이 50이므로 생산자는 최대 500단위까지 생산할 것이다. 이때, 국내 소비자의 수요량은 200단위이므로 200단위만큼이 국내에서 소비되고 300단위를 수출할 것이다.

④ 국제시장가격에 수렴할 것이므로 상승한다.

## 17 정답 ①

7거래일의 일별 주가(B)는 $\dfrac{2{,}133+2{,}138+2{,}141+2{,}150+B}{5}=2{,}142 \Rightarrow B=2{,}148$이므로 일별 주가는 6거래일 대비 하락하였다.

② A는 $\dfrac{2{,}132+2{,}133+2{,}138+2{,}141+2{,}150}{5}=2{,}138.8$이므로 5거래일 이후 5일 이동평균은 거래일마다 상승하였다.

③ 3~6거래일의 직전 거래일 대비 일별 주가는 순서대로 $+1, +5, +3, +9$ 상승하였으므로, 가장 많이 상승한 날은 6거래일이다.

④ 일별 주가와 5일 이동평균 간의 차이는 5거래일은 26.2, 6거래일은 11.2, 7거래일은 6이므로 거래일마다 감소하였다.

⑤ 6거래일의 5일 이동평균은 전일 대비 $\dfrac{2{,}138.8-2{,}114.8}{2{,}114.8}\times100 = 1.13(\%)$ 상승하였다.

## 18 정답 ⑤

주어진 표를 정리하여 아래의 그림과 같이 그릴 수 있다.

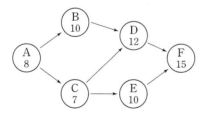

활동에서 가장 늦은 시작 시간과 가장 늦은 완료 시간을 얻기 위해서는 종료 활동으로부터 역순으로 구하는 것이 쉽다. 가장 늦은 완료 시간은 직후 활동의 가장 늦은 시작 시간과 같다.

이 프로젝트를 끝내기 위한 가장 늦은 시간은 45일이다. E 입장에서 직후 활동은 F이고, 따라서 F의 가장 늦은 시작 시간은 E의 가장 늦은 완료 시간이 된다. 따라서 45일에서 15일을 빼면 30일이고, 이것이 E의 가장 늦은 완료 시간이 된다.

①, ③ 여유 시간이 0인 활동을 연결한 경로가 주경로이므로 B가 포함된 경로가 주경로가 된다. 따라서 A → B → D → F가 주경로가 되고, 프로젝트의 최단 완료 시간이 45일이므로 D의 활동 시간은 12일이다.

② A → B로 걸리는 시간이 18일, A → C로 걸리는 시간이 15일이므로 여유 시간은 3일이 남는다.

④ 직후 활동이 여러 개 있으면 가장 늦은 완료 시간은 직후 활동들의 가장 늦은 시작 시간 중에서 가장 빠른 것과 같다. C 입

장에서 직후 활동이 D와 E가 있으므로 D의 가장 늦은 시작 시간과 E의 가장 늦은 시작 시간 중 빠른 시간을 고르면 된다. D의 가장 늦은 시작 시간은 45−15−12=18(일)이고, E의 가장 늦은 시작 시간은 45−15−10=20(일)이다. 따라서 C의 가장 늦은 완료 시간은 18일이 된다.

## 19 정답 ④

A부터 H까지의 값을 먼저 구하면 다음과 같다.

- A=17,685−2,186=15,499
- B=1,638−75=1,563
- $\frac{194}{C} \times 100 = 1 \rightarrow C = 19,400$
- D=17,426+875=18,301
- E=97+1,152=1,249
- $\frac{F}{11,443} \times 100 = 2 \rightarrow F \fallingdotseq 229$
- G=17,393+3,424=20,817
- H=687−132=555

2018년 일반광 수입액(17,128십억 원)은 일반광 내수액(17,685십억 원)보다 적고, 2019년 일반광 수입액(18,301십억 원)은 일반광 내수액(18,820십억 원)보다 적다. 2020년 일반광 수입액(19,458십억 원)은 일반광 내수액(20,817십억 원)보다 적다. 따라서 매년 '일반광 수입액<일반광 내수액'임을 알 수 있다.

오답풀이
① 2018년 금속 내수액(A)은 15,499십억 원으로 2018~2020년 금속 내수액 중에서 2018년 금속 내수액이 가장 작다.
② 2019년 비금속 생산액(B)은 1,563십억 원이고 2020년 금속 수출액(I)은 555십억 원이다. 2020년 금속 수출액의 3배는 1,665십억 원이므로, 2019년 비금속 생산액은 2020년 금속 수출액의 3배보다 작다.
③ 2019년 석탄광 내수액(C)은 19,400십억 원이고 2020년 석탄광 생산액(F)은 약 229십억 원이다. 즉, 2019년 석탄광 내수액은 2020년 석탄광 생산액의 100배보다 적다.
⑤ 2020년 비금속 내수액은 3,424십억 원으로 일반광 생산액인 1,249십억 원의 3배인 3,747십억 원보다 작다.

## 20 정답 ⑤

수요 예측치가 실제 수요보다 크려면 해당 제품 유형은 직선보다 아래에 있어야 한다. 실제 수요가 3,000개 이하인 제품 유형은 모두 직선 아래에 있기 때문에 각각 수요 예측치가 실제 수요보다 크다고 할 수 있다.

오답풀이
① 수요 예측 오차는 |수요 예측치−실제 수요|이므로, 직선에 가까울수록 수요 예측 오차가 작다. G는 다른 제품과 비교해 직선에서 멀리 떨어져 있으므로 옳지 않다.
② 실제 수요가 크더라도 수요 예측 오차 계산에 있어 수요 예측치도 영향을 주기 때문에 실제 수요만으로는 알 수 없다.
③ 수요 예측치가 가장 큰 제품 유형인 J는 G, H, I보다 실제 수요가 작다.
④ 실제 수요가 3,000개를 초과하는 제품은 E, F, G, H, I, J 총 6개이므로 전체 제품 유형 수의 50% 이상이다.

# 02 | 직무 Type P(생산)

| 01 | 02 | 03 | 04 | 05 | 06 | 07 | 08 | 09 | 10 |
|----|----|----|----|----|----|----|----|----|----|
| ① | ④ | ② | ① | ① | ⑤ | ④ | ⑤ | ③ | ⑤ |
| 11 | 12 | 13 | 14 | 15 | 16 | 17 | 18 | 19 | 20 |
| ④ | ① | ④ | ② | ④ | ④ | ④ | ② | ④ | ④ |

## 01 정답 ①

주어진 조건에 따르면 안전점검 담당자 중 1명이 거짓을 말하고 나머지 4명은 진실을 말하며, 해당 업무를 담당한 경험이 있는 사람은 3명이다. 그런데 정을 제외한 나머지 4명이 이전에 해당 업무를 담당한 경험이 있다고 말하고 있으므로 거짓을 말한 1명은 갑, 을, 병, 무 4명 중에 있다는 것을 알 수 있다. 또한 자신이 맡은 구역의 안전점검이 금요일에 있다고 말하는 사람은 갑과 무 2명이므로 역시 이 중에 거짓을 말한 사람이 있다는 것이 된다. 따라서 갑 또는 무가 거짓을 말하는 경우로 나누어 나머지 진술의 내용을 살펴보면 다음과 같다.

- 갑이 거짓을 말하는 경우: 갑을 제외한 나머지 4명의 진술이 진실이므로 이를 표로 정리하면 다음과 같다.

| 구분 | 담당 구역 | 업무 요일 | 경험 유무 |
|------|-----------|-----------|-----------|
| 갑 | B구역 | 화요일 | 없음 |
| 을 | A구역 | 월요일 | 있음 |
| 병 | C구역 | 수요일 | 있음 |
| 정 | D구역 | 목요일 | 없음 |
| 무 | E구역 | 금요일 | 있음 |

- 무가 거짓을 말하는 경우: 무를 제외한 나머지 4명의 진술이 진실이 되므로 갑은 E구역(금요일), 을은 A구역(월요일), 병은 C구역(수요일), 정은 D구역(목요일), 무는 B구역(화요일)을 담당한다.

그러므로 갑이 거짓을 말하는 경우와 무가 거짓을 말하는 경우에서 모두 B구역 안전점검은 화요일에 하는 것을 알 수 있다.

## 02 정답 ④

원 모양의 탁자의 수를 $x$개라고 하면, 첫 번째 조건에 의해 하객 인원수를 $(5x+12)$명으로 나타낼 수 있다. 또, 두 번째 조건에서 6명씩 앉은 탁자의 수가 $(x-3)$개이고, 마지막 의자에는 5명이 앉았으므로 하객 인원수를 $6(x-3)+5$라고 나타낼 수 있다. 즉, 다음과 같은 식이 성립한다.

$5x+12=6(x-3)+5$   ∴ $x=25$

따라서 원 모양의 탁자의 수가 25개이고, 하객 인원수는 $5×25+12=137$(명)이다.

## 03 정답 ②

B가 받은 칩 전체의 무게가 15g으로 홀수인 것은 5달러 칩이 홀수 개여야 한다는 것을 의미한다.

A가 받은 칩 전체의 무게가 14g이며, 5달러 칩이 적어도 1개 이상이어야 하므로 전체 무게가 짝수가 되기 위해서는 5달러 칩이 2개 있어야 한다.(4개일 경우 다른 한 사람이 5달러 칩을 받지 못한 것이 되어 조건에 맞지 않는다.)

이를 종합하면, 5달러 칩은 A가 2개, B가 1개, C가 2개인 것이 확인된다. 한편, 세 명이 가진 전체 칩의 가치는 A<B<C인데, 만약 10달러 칩 5개 중 A가 2개를 받았다면 A가 가진 칩의 가치는 최소 $1×1+5×2+10×2=31$(달러)가 되어 전체 칩의 총가치인 80달러를 감안할 때, A<B<C가 성립될 수 없다.

따라서 A는 10달러 칩을 1개만 받은 것이 확인되며, B는 A보다 칩 전체의 가치가 커야 하므로 남은 10달러 칩 4개는 B와 C가 2개씩 받은 것이 된다. 이에 따라 남은 칩의 가치와 칩의 무게를 근거로 각자 받은 칩의 내역을 표로 정리하면 다음과 같다.

| 구분 | 1달러 | 5달러 | 10달러 | 총가치/무게 |
|---|---|---|---|---|
| A | 2개 | 2개 | 1개 | 22달러/14g |
| B | 2개 | 1개 | 2개 | 27달러/15g |
| C | 1개 | 2개 | 2개 | 31달러/16g |

따라서 A, B, C 세 명 중 한 명도 동일한 칩을 3개 받은 사람은 없다는 것을 알 수 있다.

**⚡ 문제 해결 TIP**

주어진 조건에 따르면 세 명 모두 1달러, 5달러, 10달러 칩을 적어도 1개 이상씩 받았고, 칩의 무게는 순서대로 2g, 3g, 4g 이므로 각각 최소 16달러, 9g을 가진 상태임을 의미한다.
A가 받은 칩 전체의 무게가 14g이므로 14−9=5(g)를 만들어야 하며 1달러(2g)와 5달러(3g)를 하나씩 더 가졌다고 볼 수 있다. B가 받은 칩 전체의 무게가 15g이므로 15−9=6(g)을 만들어야 하며 1달러(2g)와 10달러(4g)를 하나씩 더 가졌다고 볼 수 있다. 1달러는 A가 2개, B가 2개 가졌으므로 남은 개수는 1개이고, 5달러는 A가 2개, B가 1개 가졌으므로 남은 개수는 2개이다. 10달러는 A가 1개, B가 2개 가졌으므로 남은 개수는 2개이다.
따라서 C가 받은 칩 전체의 무게는 1달러 1개, 5달러 2개, 10달러 2개로 1개×2g+2개×3g+2개×4g=16(g)이고, 총가치는 1×1달러+2×5달러+2×10달러=31(달러)이다.


## 04 정답 ①

주어진 글에서는 교사가 느끼는 좋은 사람에 대해서 살펴보면서, 학생들 또한 좋은 사람이 필요하다는 것을 언급하고 있다. 그리고 학생들의 말에 먼저 귀 기울여주고 학생들의 입장을 이해하며, 학생들이 힘들 때 위로해주는 좋은 사람인 교사가 되면, 학생들을 혼내지 않더라도 학생들과의 신뢰가 잘 형성될 것임을 언급하고 있다. 따라서 교사가 학생들을 혼내지 않기 위해 전제되어야 하는 내용은 '교사가 좋은 사람이어야 한다.'이다.


## 05 정답 ①

기회비용은 어떤 선택으로 인해 포기한 것 중 가장 가치가 큰 것을 말한다. 따라서 음식을 공짜로 먹는지의 여부와 관계없이 선택한 것은 1만 원짜리 생선구이이며, 포기한 것 중 가장 값어치가 큰 것은 8천 원짜리 오징어볶음이므로 기회비용은 8천 원이 된다.


## 06 정답 ⑤

C는 E와 함께 레시피를 정리한다고 하였고, E는 C와 함께 레시피를 정리하지 않는다고 하였다. 따라서 둘 중 한 사람은 거짓을 말하고 있다. 다음과 같은 경우로 나누어 확인해 본다.

1) C의 말이 진실인 경우
   A, B, C의 말을 정리하면 다음과 같다.

| 김치찌개 | 된장찌개 | 순두부찌개 | 부대찌개 | 비지찌개 |
|---|---|---|---|---|
| C | A | B | A | |
| E | | C | | |

   D의 말도 진실이 되어야 하는데, C는 B, E와 함께 레시피를 정리하므로 D와 함께 레시피를 정리할 수 없다. 따라서 모순이 발생한다.

2) E의 말이 진실인 경우
   A, B의 말을 정리하면 다음과 같다.

| 김치찌개 | 된장찌개 | 순두부찌개 | 부대찌개 | 비지찌개 |
|---|---|---|---|---|
| | A | B | A | |
| | | C | | |

D는 C, E와 함께 레시피를 정리하였다. 따라서 D는 비어 있는 김치찌개와 비지찌개 레시피를 정리해야 한다.

C의 말은 거짓이므로 C는 김치찌개 레시피를 정리하지 않는다. 따라서 C는 비지찌개, E는 김치찌개 레시피를 D와 함께 정리한다.

| 김치찌개 | 된장찌개 | 순두부찌개 | 부대찌개 | 비지찌개 |
|---|---|---|---|---|
| D | A | B | A | C |
| E |  | C |  | D |

남은 된장찌개와 부대찌개에는 B와 E가 각각 들어간다(B와 E 모두 된장찌개와 부대찌개 중 어느 곳에 들어가도 모순이 없음). E는 B, C와 함께 레시피를 정리하지 않으므로 모순이 없다.

그러므로 김치찌개 레시피를 정리하는 사람은 D와 E이다.


## 07 정답 ④

2018년 해외건축 수주실적 건수가 244건이고, 아시아에서의 건축 수주실적 건수는 알 수 없다.

[오답풀이]

① 건축 수주실적 건수가 가장 많은 해는 2019년이고, 용역 수주실적 건수가 가장 적은 해는 2019년으로 일치한다.

② 전기 수주실적은 2019년 $\frac{66-41}{41} \times 100 ≒ 61.0(\%)$, 2020년 $\frac{108-66}{66} \times 100 ≒ 63.6(\%)$로 전년 대비 50% 이상 증가하고 있다.

> ♂ **문제 해결 TIP**
> 41×1.5=61.5(건)<66건, 66×1.5=99(건)<108건이므로 전기 수주실적은 전년 대비 50% 이상 증가하고 있다.

③ 아시아 지역에서 건설 수주실적은 424건 → 419건 → 375건으로 감소 추세이다.

⑤ 2020년 해외건설 수주실적 건수는 공종별(또는 지역별) 2020년 기간 공사 건수를 더하면 된다. 즉, 45＋90＋49＋108＋12＋263＝35＋375＋22＋53＋46＋36＝567(건)이다.


## 08 정답 ⑤

주어진 [표]의 활동 A~G 각각의 선행활동을 참고하여 경로를 나타내면 다음과 같다.

A → C → E
B → D → F
→ G

위의 경로를 참고하여 활동 A~G의 예상 소요시간을 구하면 다음과 같다.

| 활동 | 낙관적 소요시간 | 비관적 소요시간 | 예상 소요시간 |
|---|---|---|---|
| A | 1 | 3 | 2 |
| B | 2 | 4 | 3 |
| C | 1 | 3 | 2 |
| D | 2 | 6 | 4 |
| E | 3 | 7 | 5 |
| F | 1 | 7 | 4 |
| G | 2 | 4 | 3 |

주경로는 여러 경로들 가운데 가장 소요시간이 긴 경로이므로 15초, B → D → E → G이다.

• 방법 A

| 연도 | 실제수요 | 예측치 | 예측오차 | 오차의 합 $(\sum E_t)$ | 평균오차 (ME) | 절대오차 $(|E_t|)$ | 제곱오차 $(E_t^2)$ |
|---|---|---|---|---|---|---|---|
| 20×1년 | 50 | 55 | −5 | −5 | −5 | 5 | 25 |
| 20×2년 | 55 | 55 | 0 | −5 | −2.5 | 0 | 0 |
| 20×3년 | 55 | 45 | 10 | 5 | 5/3 | 10 | 100 |

• 방법 B

| 연도 | 실제수요 | 예측치 | 예측오차 | 오차의 합 $(\sum E_t)$ | 평균오차 (ME) | 절대오차 $(|E_t|)$ | 제곱오차 $(E_t^2)$ |
|---|---|---|---|---|---|---|---|
| 20×1년 | 50 | 45 | 5 | 5 | 5 | 5 | 25 |
| 20×2년 | 55 | 48 | 7 | 12 | 6 | 7 | 49 |
| 20×3년 | 55 | 47 | 8 | 20 | 20/3 | 8 | 64 |

20×1년 평균제곱오차는 25이고, 20×2년 평균제곱오차는 $(25+0)\div2=12.5$이고, 20×3년 평균제곱오차는 $(25+0+100)\div3≒41.67$로, 20×2년에 정확한 예측으로 감소하였다가 20×3년에 증가하고 있다.

[오답풀이]

① $\text{ME}_A=(-5+0+10)\div3=\dfrac{5}{3}$이고, $\text{ME}_B=(5+7+8)\div3=\dfrac{20}{3}$이다. 따라서 두 방법의 차이는 5이다.

② $\text{MAD}_A=(5+0+10)\div3=5$이고, $\text{MAD}_B=(5+7+8)\div3=\dfrac{20}{3}=6.66\cdots$으로 5만큼 차이 나지 않는다.

④ 20×1년 평균제곱오차는 25이고, 20×2년 평균제곱오차는 $(25+49)\div2=37$, 20×3년 평균제곱오차는 $(25+49+64)\div3=46$이다. 따라서 계속 상승하고 있다.

⑤ A와 B 두 방법 모두 5만큼 차이가 나는 대신 방법 A는 실제보다 과다 추정한 것이고, 방법 B는 과소 추정한 것이므로 절대오차는 같다.

**10** 정답 ⑤

파이프 사업부 입장에서 최소한 받고자 하는 금액은 다음과 같다.
내부 거래시 단위당 8원의 변동원가를 절감하므로 $34-8=26$(원)이다.
파이프 사업부는 파이프를 생산하는 데 26의 비용이 소모되므로 이 금액 이상은 받아야 파이프를 생산할 것이다. 그러나 한 단위 대체 시 발생하는 기회비용도 고려하여야 한다. 외부로 판매할 경우 50원에 판매할 수 있고, 한 단위 생산 시 34원이므로 총 16원의 이익이 발생한다. 결국 파이프 사업부 입장에서는 이 이익 또한 고려사항이므로 최종적으로 $26+16=42$(원)이다.
하수관 사업부의 경우에는 현재 외부에서 단위당 36원에 구입하고 있다. 대체하는 가격이 42원으로 36보다 비싸기 때문에 대체는 이루어지지 않는다.

**11** 정답 ④

40분이 소요되는 공정이 추가된다고 하더라도 주기시간이 변동 없이 80분이므로 slitting 작업과 합쳐서 한 작업장에서 처리할 수 있다. 따라서 작업장의 수에는 변동이 없다.

[오답풀이]

① 가장 느린 작업시간이므로, 최소 주기시간은 80분이다.

② 효율$=\dfrac{50+80+70+30}{4\times80}=0.71875≒71.8(\%)$이다. 따라서 생산라인의 효율은 70%를 넘는다.

③ 현재 공정상으로 80분 이내로 합쳐서 수행할 수 있는 공정이 없다. 따라서 공정마다 작업장이 필요하므로 필요한 작업장 수는 4개이다.

⑤ 주기시간이 80분이므로 240분(4시간)마다 3개의 제품을 생산한다.

## 12 정답 ①

1월과 2월의 수요 예측치와 실제 수요를 이용하여 평활상수를 구하면, $44=50+a\times(42-50)$이므로 평활상수 $a=0.75$이다. 따라서 3월의 수요 예측치는 $44+0.75\times(40-44)=41$이다.

## 13 정답 ④

ⓒ 에너지 생산량이 꾸준히 증가하고 있는 에너지원은 태양광, 풍력, 지열, 수열, 연료전지로 총 5개이다.

ⓔ [표]의 해양 에너지 생산량을 보면, 2015년부터 2019년까지 $104,731 \rightarrow 104,562 \rightarrow 104,256 \rightarrow 103,380 \rightarrow 101,030$toe로 꾸준히 감소하고 있다.

ⓤ 2016~2019년 신재생에너지 생산량은 [그래프]의 각 해의 생산량 증가량에 2015년 신재생에너지 생산량을 더한 것이므로 [그래프]의 2016~2019년 에너지 생산량의 증감 상태는 증가 → 증가 → 감소이다. 따라서 [표]에서 기타를 제외하고, 에너지 생산량 증감 상태가 이와 같은 에너지원은 바이오 1개뿐이다.

오답풀이

ⓞ [그래프]에서 2015년 대비 2019년 신재생에너지 생산량의 증가량이 2018년 증가량보다 적으므로 2015년 이후 신재생에너지 생산량은 2018년까지 꾸준히 증가하다가 2019년에는 감소했다.

ⓒ [그래프]는 2015년 대비 2018년 신재생에너지 생산량 증가를 나타내므로 2018년 신재생에너지 생산량이 18,000,000 toe이면 2015년 신재생에너지 생산량은 $18,000,000-4,544,516=13,455,484$(toe)이다. 따라서 2017년 신재생에너지 생산량은 13,455,484toe에 3,155,389toe를 더한 16,610,873toe이다.

## 14 정답 ②

[표]를 이용하여 <pay-off 테이블>을 작성하면 다음과 같다.

(단위: 만 원)

| 수입 \ 수요 | 11개 | 12개 | 13개 | 14개 | 15개 | 기대이익 |
|---|---|---|---|---|---|---|
| 11개 | 44 | 44 | 44 | 44 | 44 | 44 |
| 12개 | 42 | 48 | 48 | 48 | 48 | 45.6 |
| 13개 | 40 | 46 | 52 | 52 | 52 | 46 |
| 14개 | 38 | 44 | 50 | 56 | 56 | 45.2 |
| 15개 | 36 | 42 | 48 | 54 | 60 | 43.8 |

'수입 물량≤수요'일 때 수요가 아무리 커도 수입 물량만큼만 팔 수 있으므로 '수입 물량×단위당 이익'이다.

'수입 물량>수요'일 때 수요만큼 팔고, 남은 물량은 원재료로 처분하여 손실이 예상되므로 '수요×단위당 이익 +남은 물량×단위당 손실'이다.

예를 들어, 수요가 14개, 수입이 12개라면 $12\times(10$만 원$-6$만 원$)=48$(만 원)이고, 수요가 11개, 수입이 15개라면 $11\times(10$만 원$-6$만 원$)+4\times(4$만 원$-6$만 원$)=36$(만 원)이다.

기대이익은 수요에 대한 확률 분포를 이용하여 구할 수 있으므로 수입 물량이 12개일 때 $42\times0.4+48\times0.2+48\times0.2+48\times0.1+48\times0.1=45.6$(만 원)이다.

오답풀이

① 기대이익은 수입 물량에 따라 증가하였다가 감소한다.

③ 기대평균수요는 $11\times0.4+12\times0.2+13\times0.2+14\times0.1+15\times0.1=12.3$(개)로 12개가 맞지만, 이익을 극대화하는 의사결정은 테이블에 따라 13개이다.

④ 15개를 수입할 때, 기대이익은 43.8만 원으로 가장 작다.

⑤ 11개를 수입할 때, 기대이익은 44만 원으로 기대이익을 최대화하는 의사결정이 아니다.

## 15 정답 ④

2018년 과실류 생산 금액이 가장 큰 품목은 사과(968.2십억 원)이고, 가장 작은 품목은 유자(19.5십억 원)이다. 따라서 생산 금액의 차는 $968.2 - 19.5 = 948.7$(십억 원), 즉 9,487억 원이다.

오답풀이

① 2017년 포도의 생산 금액을 알 수 없으므로 매년 증가하고 있다고 할 수 없다.

② 생산 금액이 매년 꾸준히 감소한 품목은 없다.

③ 2019년 떫은 감의 생산 금액을 $a$십억 원이라고 하면, 단감과 떫은 감의 생산 금액의 차는 $|198.3 - a| = |198.3 - (391.8 - 198.3)| = |198.3 + 198.3 - 391.8| = 4.8$(십억 원)이다.

⑤ $\dfrac{200.7}{0.04} > \dfrac{200.0}{0.04} = 5,000$(십억 원)$= 5$(조 원)이므로 2017년 자두 생산 금액이 그 해 과실류 생산 금액 총액의 4%라고 하면, 2017년 과실류 생산 금액 총액은 5조 원을 초과한다.

## 16 정답 ④

㉠ 종업원의 사기, 감독 상태 등은 우연변동(통제할 수 없는 변동)의 대표적인 사례이다.

㉢ 관리한계선의 폭을 넓히면 타점이 관리한계선 바깥쪽으로 벗어날 가능성이 줄어든다.

㉣ 노후화된 기계장비를 고친다면 하부한계선을 벗어난 타점을 개선할 수 있다.

오답풀이

㉡ 관리한계선의 폭이 좁다는 의미는 정상품으로 통과되는 기준이 그만큼 좁다는 뜻이다. 따라서 표본검사 시 좋은 품질 수준을 가진 제품이라도 표본검사에 의해 불합격될 수 있는 확률은 증가한다. 이를 생산자위험이라고 한다.

## 17 정답 ④

[그래프2]에서 식물의 실물정보와 생명정보 확보 건수비가 $32 : 68$이므로 확보된 식물 실물정보는 52,000건이면 확보된 식물 생명정보는 $\left(52,000 \times \dfrac{100}{32}\right) - 52,000 = 162,500 - 52,000 = 110,500$(건)이다. [그래프1]에서 확보된 식물 생명정보는 전체의 48%를 차지하므로 확보된 생명정보 전체는 $110,500 \times \dfrac{100}{48} ≒ 230,000$(건)이다.

오답풀이

① [그래프1]에서 확보된 생명정보 전체가 100,000건이면 확보된 미생물 생명정보는 $100,000 \times 35\% = 100,000 \times 0.35 = 35,000$(건)이다.

② 확보된 실물정보 전체를 $a$건이라고 하면 두 번째로 큰 자원의 건수는 $0.21a$건, 가장 큰 자원의 건수는 $0.53a$건이라고 할 수 있다. 이때 $\dfrac{0.21a}{0.53a} \times 100 ≒ 40(\%) < 50\%$이므로, 50% 미만이다.

③ [그래프2]에서 생명정보 확보 건수를 기준으로 실물정보 확보 건수의 비가 가장 큰 자원은 동물이다.

⑤ 확보된 인체유래물 생명정보가 4,000건이라고 하면 확보된 생명정보 전체는 $4,000 \times \dfrac{100}{11} ≒ 36,000$(건)이다.

## 18 정답 ②

전통공예 가구는 어떤 표준화된 작업이 사용되지 않으므로, 개별 작업 프로세스의 사례로 보는 것이 적절하다.

## 19 정답 ④

㉠ 2019년 생산량이 1989년보다 2배 이상 증가한 광종은 운모, 연옥 2종이다.

㉡ 1989년 금 생산량은 1,406kg이고, 같은 해 동 생산량은 $14Mt = 1,400 \times 10^7 kg$으로 동 생산량이 금 생산량의 약 $10^7$배이다.

㉢ 광종 단위가 kg과 Mt 2가지이며 $1Mt = 10^9 kg$이므로, 단위를 주의하여 kg을 단위로 갖는 금, 은, 유화철, 수정 중 생산량이 가장 적은 광종을 찾으면 233kg인 금의 생산량이 가장 적다.

㉤ 2019년 유화철 생산량은 2014년에 비해 $\dfrac{386-36}{386} \times 100 ≒ 91(\%)$, 즉 91% 정도 감소하였다.

오답풀이
㉣ 장석의 생산량이 622,768Mt로 가장 많은 해인 2009년에 규조토의 생산량은 2,440Mt로 가장 적다.

## 20 정답 ④

$(감가상각비) = \dfrac{(취득원가) - (총잔존가치)}{(이용 가능 연수)}$에서 각 항목을 정리하면 취득원가는 2억 원, 이용 가능 연수는 10년이다. 단계별 잔존가치를 계산하면 다음과 같다.

| 단계 | 연간 비용 평가 감소 비율 | 10년간 비용 평가 감소 비율 | 불량률 | 불량률 판단 후 잔존가치 |
|---|---|---|---|---|
| START UP | 3% | 30% | — | 2,100만 원 |
| BOQ TEST | 5% | 50% | 20% | 1,600만 원 |
| PACKAGE | 4% | 40% | — | 1,800만 원 |
| FINAL TEST | 5% | 50% | 10% | 2,250만 원 |

따라서 총잔존가치는 $2,100 + 1,600 + 1,800 + 2,250 = 7,750$(만 원)이므로 1년간의 감각상각비를 계산하면 $\dfrac{20,000 - 7,750}{10} = 1,225$(만 원)이다.

# 03 | 직무 Type C(건설)

| 01 | 02 | 03 | 04 | 05 | 06 | 07 | 08 | 09 | 10 |
|----|----|----|----|----|----|----|----|----|----|
| ① | ③ | ② | ② | ② | ④ | ④ | ② | ② | ① |
| 11 | 12 | 13 | 14 | 15 | 16 | 17 | 18 | 19 | 20 |
| ③ | ③ | ③ | ② | ⑤ | ② | ⑤ | ① | ⑤ | ② |

## 01 정답 ①

주어진 조건에 맞추어 은행별 공동참여 시공사 현황을 정리해 보면 다음과 같다.

| A은행 | B은행 | C은행 | D은행 | E은행 |
|-------|-------|-------|-------|-------|
| 을, 무 | 병, 정 | 갑, 을, 병, 정, 무 | 갑, 을, 병 | 갑, 병, 정, 무 |

C은행과 공동참여하는 시공사가 없으므로 나머지 4개 은행에는 모두 공동참여를 제안한 시공사가 있어야 한다. 2개의 시공사가 제안한 은행이 1개이며, 3개 은행은 모두 시공사가 1개씩 공동참여를 제안한 것을 알 수 있다.
따라서 위의 표에서 E은행은 을 시공사 1개만 제안한 것을 알 수 있다. 확정된 을 시공사를 반영하여 나머지 은행별 공동참여 시공사 현황을 다시 정리하면 다음과 같다.

| A은행 | B은행 | C은행 | D은행 | E은행 |
|-------|-------|-------|-------|-------|
| 갑, 병, 정 | 갑, 무 | 없음 | 정, 무 | 을 |

위의 표를 통해 병 시공사는 A은행에 공동참여를 제안한 것이 되며, 갑, 정, 무 시공사는 표의 상황에 맞게 나뉘어 공동참여를 제안할 수 있게 된다.
따라서 공동참여 은행을 특정할 수 있는 건축 시공사는 '을'과 '병'으로 총 2곳이다.

## 02 정답 ③

우측 첫 번째 좌석에는 아무도 앉지 않았고, C는 우측 두 번째 좌석에 앉았으므로 다음과 같다.

|  | × |
|--|--|
|  | C |
|  |  |
|  |  |

A와 D는 같은 줄에 앉으므로 세 번째 또는 네 번째 줄에 앉을 수 있으며, F와 G는 앞뒤로 붙어 앉으므로 반드시 좌측에 앉을 수밖에 없다. 즉, 다음과 같이 생각할 수 있다.

| F | × |
|---|---|
| G | C |
| A/D | D/A |

또는

| F | × |
|---|---|
| G | C |
|  |  |
| A/D | D/A |

또는

|  | × |
|--|--|
| F | C |
| G |  |
| A/D | D/A |

한편 남은 B와 E는 빈칸 어느 곳에도 위치할 수 있다. 가능한 모든 경우에서 F는 혼자 앉거나 C와 같은 줄에 앉으므로 반드시 옳지 않은 것은 ③이다.

오답풀이
① F는 반드시 좌측에 앉는다.
② A가 세 번째 줄에 앉을 수도 있다.
④ B는 A 바로 앞 좌석에 앉을 수도 있다.
⑤ 한 줄에 혼자 앉을 가능성이 있는 사람은 B, E, F로 총 3명이다.

**03** 정답 ②

두 번째 조건과 세 번째 조건에 의하면, '동조건설−삼우건설'의 연이은 순위와 이보다 낮은 순위에 대호건설이 위치한 것을 알 수 있다. 그런데 동조건설이 가장 높은 순위가 아니면서 '동조건설−삼우건설'의 연이은 순위가 충족되려면, '동조건설−삼우건설'의 순위는 2−3위, 3−4위 중 하나가 된다(4−5위일 경우 대호건설의 순위에 모순이 생긴다). 그런데 만일 이들의 순위가 3−4위라면 5위는 대호건설이 되어 1−2위의 연이은 순위에 대미건설과 용원건설이 위치하게 되므로 다섯 번째 조건에 모순이 생긴다. 따라서 '동조건설−삼우건설'의 순위는 2−3위가 되는 것을 알 수 있으며, 네 번째 조건에서 수주 실적 5위인 건설사는 용원건설일 수 없으므로 1위와 4위 중 하나씩에 대미건설과 용원건설이 해당되며 마지막 5위가 대호건설 또는 대미건설이 될 수 있다. '대미−동조−삼우−용원−대호', '용원−동조−삼우−대미−대호', '용원−동조−삼우−대호−대미' 중 '용원−동조−삼우−대미−대호'만이 마지막 조건을 충족함을 알 수 있다.

그러므로 대미건설의 수주 실적 순위는 항상 용원건설보다 높지 않다.


**04** 정답 ②

식민지 근대론이란 단지 식민지 수탈론이나 근대화론을 옹호하거나 부정하거나 절충하는 것은 아니다. 그동안 식민지를 바라보는 수탈론과 근대화론의 두가지 시각에서 벗어나 새로운 시각으로 식민지를 바라보아야 한다고 주장하고 있다. 따라서 식민지 근대론의 입장에서 일제 시대를 바라보면서 수탈과 근대화라는 미시적인 시각에 머무르지 않고, 일본과 조선의 상호 연관적인 관계에 주목하였다고 볼 수 있다.

오답풀이

① 식민지 수탈론적인 입장이다.

③ 일본의 식민 지배가 조선인의 임금에 도움이 되었다는 입장이다.

④ 일제 시대는 식민지 수탈론과 근대화론의 양면을 모두 지니고 있다는 절충적인 입장이다. 한편 글의 첫 번째 문단 끝에서 식민지 근대의 논의는 수탈론과 근대화론을 절충하는 데 본질이 있다고 할 수 없다는 점에 주목하여야 한다.

⑤ 식민지 수탈론을 단순히 부정하는 입장이다.

✎ 문제 해결 TIP

식민지 근대론에 대한 정확한 내용이 나타나지 않았지만, 주어진 글의 내용에 반대되는 내용이 포함된 선택지를 소거함으로써 정답을 찾을 수 있다.


**05** 정답 ②

첫 번째 조건에 따라 A와 B의 등수의 조합은 2, 1 또는 4, 2 또는 6, 3 중 어느 하나가 된다. 세 경우를 나누어 각각 살펴보면 다음과 같다.

• A가 2등, B가 1등인 경우: 나머지 3~6등 중에서 두 번째 조건에 부합하는 경우를 찾을 수 없으므로 모순이다.

• A가 4등, B가 2등인 경우: D는 1등, 3등, 5등, 6등 중 하나인데 두 번째 조건에 의하여 D는 1등이고, C는 3등, 5등, 6등 중 하나여야 한다. 만일 C가 3등이면 세 번째 조건에 의하여 E가 1등인데 D도 1등이므로 모순이다. 만일 C가 5등이면 세 번째 조건에 의하여 E는 3등이 되고, 네 번째 조건에 의하여 F는 6등이 된다. 만일 C가 6등이면 세 번째 조건에 의해 E가 4등이 되므로 이것은 A가 4등이라는 전제와 모순이다.

따라서 이 경우 등수가 높은 사람 순서는 D, B, E, A, C, F가 된다.

• A가 6등, B가 3등인 경우: 두 번째 조건에 의하여 D는 1등 또는 2등이다. D가 1등이면 C는 4등 또는 5등이 되며, D가 2등이면 C는 5등이 된다. 만일 D가 1등, C가 4등이면 세 번째 조건에 의하여 E는 1등이 되므로 이것은 D가 1등이라는 것에 모순이다. 만일 D가 1등, C가 5등이면 세 번째 조건에 의하여 E는 2등이 되고, F는 4등이 되는데 이것은 네 번째 조건을 만족한다. 따라서 이 경우 등수가 높은 사람 순서는 D, E, B, F, C, A가 된다. 만일 D가 2등, C가 5등이면 세 번째 조건에 의하여 E는 2등이 되므로 이것은 D가 2등이라는 것에 모순이다.

그러므로 가능한 순서인 D, B, E, A, C, F와 D, E, B, F, C, A에서 등수가 확정된 사람은 1등인 D와 5등인 C 2명인 것을 알 수 있다.

**06** 정답 ④

D는 파주로 출장을 가며, G는 평택으로 출장을 간다. B는 H와 함께 출장을 가는데, 개인 사정으로 출장 시 숙박이 불가능하다. 따라서 B와 H는 남양주로 출장을 가야 한다.

| 화성 | 파주 | 남양주 | 평택 |
|---|---|---|---|
|  | D | B |  |
|  |  | H | G |
| 남자 | 여자 |  |  |
| 숙박 필요 | − | − | 숙박 필요 |

A와 G는 함께 출장을 가지 않으므로 A는 평택이 아닌 화성으로 출장을 가야 한다. 사원 배치가 남아 있는 출장지는 화성과 파주인데 파주는 여자가 출장을 가므로 남자인 F는 화성, 여자인 E는 파주로 출장을 가야 한다. 남은 C는 평택으로 출장을 간다.

| 화성 | 파주 | 남양주 | 평택 |
|---|---|---|---|
| A | D | B | C |
| F | E | H | G |
| 남자 | 여자 |  |  |
| 숙박 필요 | − | − | 숙박 필요 |

따라서 숙박이 필요한 지역으로 함께 출장을 가는 인원으로 바르게 짝지어진 것은 A, F와 C, G이다.

**07** 정답 ④

㉠ 작업장당 주간 근무 시수는 35시간이고 작업장당 감독자 수는 2.1명이므로, 감독자당 주간 근무 시수는 $\frac{35}{2.1}$ ≒16.7(시간)이다. 따라서 C회사의 감독자당 주간 근무 시수는 17시간 이하이다.

㉢ A회사의 총주간 근무 시수는 $150 \times 30 \times 28 = 126,000$(시간)이고, B회사의 총주간 근무 시수는 $70 \times 36 \times 34 = 85,680$(시간)이므로 A회사의 주간 근무 시수가 더 많다.

㉣ A회사의 총근로자 수는 $150 \times 30 \times (32+1.3) = 149,850$(명), B회사는 $70 \times 36 \times (35+1.8) = 92,736$(명), C회사는 $60 \times 33 \times (32+2.1) = 67,518$(명)이다. A회사와 B회사의 총근로자 수의 차이는 $149,850 - 92,736 = 57,114$(명)이고, B회사와 C회사의 총근로자 수의 차이는 $92,736 - 67,518 = 25,218$(명)이므로 A회사와 B회사의 총근로자 수의 차이가 더 크다.

---
오답풀이
---

㉡ A회사의 총감독자 수는 5,850명이고, B회사와 C회사의 감독자 수는 각각 4,536명, 4,158명이다. 따라서 A회사의 총감독자 수는 B회사와 C회사의 총감독자 수의 합보다 적다.

---

**⚲ 문제 해결 TIP**
- (감독자당 주간 근무 시수)=(작업장당 주간 근무 시수)÷(작업장당 감독자 수)
- (주간 근무 시수)=(전체 공장 수)×(공장당 작업장 수)×(작업장당 주간 근무 시수)
- (총감독자 수)=(전체 공장 수)×(공장당 작업장 수)×(작업장당 감독자 수)
- (총근로자 수)=(전체 공장 수)×(공장당 작업장 수)×{(작업장당 노동자 수)+(작업장당 감독자 수)}

---

**08** 정답 ②

A는 각 층의 바닥면적이 모두 같은 직사각기둥 모양의 건물을 세우려고 한다.
제1종 일반주거지역에 세우려는 건물 한 층의 바닥면적을 $x$m²라고 하면, 지하층의 바닥면적을 제외하므로 지상 1층부터 4층까지의 바닥면적은 $4x$m²이므로 이때의 용적률은 $\frac{4x}{1,000} \times 100$이다. 이때 제1종 일반주거지역의 용적률을 최소로 할 경우 용적률 100% 이상이어야 하므로 $\frac{4x}{1,000} \times 100 \geq 100$에서 $x=250(\text{m}^2)$이다. 이때 [다]에서 $1\text{m}^2=0.3$평이므로 $250\text{m}^2=250 \times 0.3=75(평)$이다.  $\therefore a=75$

준공공업지역에 세우려는 건물 한 층의 바닥면적을 $y\text{m}^2$라고 하면 지하층의 바닥면적을 제외하므로 지상 1층부터 4층까지의 바닥면적은 $4y\text{m}^2$이므로 이때의 용적률은 $\frac{4y}{1,000} \times 100$이다. 이때 준공공업지역의 용적률을 최소로 할 경우 용적률 200% 이상이어야 하므로 $\frac{4y}{1,000} \times 100 \geq 200$에서 $y=500(\text{m}^2)$이다. 이때 [다]에서 $1\text{m}^2=0.3$평이므로 $500\text{m}^2=500 \times 0.3=150(평)$이다.  $\therefore b=150$

따라서 $a+b=75+150=225$이다.

## 09 정답 ②

㉠ 서울 아파트의 $\text{m}^2$당 실거래 중위가격의 전년 대비 증감률이 모두 양수이므로 매년 꾸준히 증가하였다.

㉡ 2019년 전국 아파트의 $\text{m}^2$당 실거래 중위가격의 전년 대비 증감률이 모두 음수이므로 전년에 비해 모두 감소하였다.

오답풀이

㉢ 서울의 '소형~대형' 아파트의 $\text{m}^2$당 실거래 중위가격은 2019년에 가장 많이 증가하였으나, 초소형 아파트의 $\text{m}^2$당 실거래 중위가격은 2016년에 가장 많이 증가하였다.

㉣ 2020년 수도권 아파트 중에서 중대형 규모 아파트의 $\text{m}^2$당 실거래 중위가격의 증가율은 가장 크지만 증가 폭이 가장 큰지는 알 수 없다.

㉤ 2015년 지방 아파트 중 초소형 아파트의 $\text{m}^2$당 실거래 중위가격을 $a$원, 2019년 $\text{m}^2$당 실거래 중위가격을 $b$원이라고 하면, $b=a \times 1.03\% \times 0.99\% \times 0.94\% \times 0.97\%$이므로 $a>b$이다. 따라서 2019년 지방 아파트 중 초소형 아파트의 $\text{m}^2$당 실거래 중위가격은 2015년보다 낮다.

## 10 정답 ①

작업반장의 2020년 1/2기 노임단가는 175,081원이고, 전년 동기 노임단가는 153,186원이다. 이때 $153,186 \times 1.1=168,504.6(원)$이므로 전년 동기 대비 10% 이상 상승하였다.

오답풀이

② 보통인부의 2020년 1/2기 노임단가는 138,290원으로, 2018년 1/2기 노임단가보다 $138,290-109,819=28,471(원)$ 상승하였다.

③ 2018년 비계공의 노임단가는 평균 $\frac{196,261+208,195}{2}=202,228(원)$이다.

④ 2020년 1/2기 노임단가가 가장 많은 직종은 비계공으로 234,297원이고, 가장 적은 직종은 보통인부로 138,290원이다. 해당 금액의 차는 $234,297-138,290=96,007(원)$이다.

⑤ 콘크리트공의 노임단가는 2018년 1/2기부터 2020년 1/2기 중 2019년 1/2기에 199,737원에서 198,242원으로 한 차례 감소했다.

## 11 정답 ③

인장측 철근이 4개, 압축측 철근이 2개이므로 복근비는 $\frac{2 \times 360}{4 \times 360}=\frac{2}{4}=0.5$이다. 주어진 수치의 단위는 모두 mm이고, 보 단면적의 유효폭은 $b=400\text{mm}$, 보 단면적의 유효깊이는 $d=600\text{mm}$, 철근 D22 1개의 단면적은 $360\text{mm}^2$이므로 인장철근비는 $\frac{4 \times 360}{400 \times 600}=0.006$이다.

**12** 정답 ③

각 지역의 점수를 계산하면 다음과 같다.

| 구분 | A | B | C | D | E |
|---|---|---|---|---|---|
| 위치 | 인구밀집 | 교통혼잡 | 상가 | 인구밀집 | 상가 |
| 위치 점수 | +4 | −4 | +2 | +4 | +2 |
| 상/하/좌/우 인접 지역 | (인구밀집)×3 | (교통혼잡)×3 | (인구밀집)×2 | (인구밀집)×2 | (인구밀집)×1 |
| | (상가)×1 | (상가)×1 | (상가)×2 | (교통혼잡)×1 | (상가)×2 |
| | − | − | − | (상가)×1 | (자연보존)×1 |
| 인접 지역 점수 | +7 | −5 | +6 | +3 | +3 |
| 대각선 인접 지역 | (인구밀집)×3 | (인구밀집)×1 | (인구밀집)×2 | (인구밀집)×1 | (인구밀집)×1 |
| | (상가)×1 | (교통혼잡)×1 | (상가)×2 | (교통혼잡)×2 | (상가)×1 |
| | − | (상가)×2 | − | (상가)×1 | (자연보존)×2 |
| 대각선 지역 점수 | 3.5 | 1 | 3 | −0.5 | 0.5 |
| 총 점수 | 14.5 | −8 | 11 | 6.5 | 5.5 |

따라서 점수의 합산이 두 번째로 높은 지역은 C이다.

**13** 정답 ③

2014년 학급당 원아 수는 $\dfrac{652,546}{33,041} ≒ 19.7$(명)이고, 2015년 학급당 원아 수는 $\dfrac{682,553}{34,075} ≒ 20.0$(명)이다. 따라서 2015년 학급당 원아 수는 전년 대비 증가하였다.

오답풀이

① 2014~2019년 교원 1인당 원아 수는 다음과 같다.

- 2014년: $\dfrac{652,546}{48,530} ≒ 13.45$(명)
- 2015년: $\dfrac{682,553}{50,998} ≒ 13.38$(명)
- 2016년: $\dfrac{704,138}{52,923} ≒ 13.30$(명)
- 2017년: $\dfrac{694,631}{53,808} ≒ 12.91$(명)
- 2018년: $\dfrac{675,998}{54,892} ≒ 12.32$(명)
- 2019년: $\dfrac{633,913}{53,362} ≒ 11.88$(명)

따라서 교원 1인당 원아 수는 매년 감소하였다.

✓ **문제 해결 TIP**

2016~2018년 동안 교원 수는 증가하는데 원아 수는 감소하므로 계산하지 않아도 교원 1인당 원아 수가 감소한다는 것을 알 수 있다.

② 취원율이 가장 높은 해는 2018년이고, 해당 연도에 학급 수는 37,748학급으로 가장 많았다.

④ 만 3~5세 유아 수는 2014년 $\dfrac{652,546}{0.47} ≒ 1,388,396$(명)에서 2019년 $\dfrac{633,913}{0.481} ≒ 1,317,906$(명)으로 감소하였다.

⑤ 유치원당 학급 수가 가장 많은 해는 2019년이고, 해당 연도에 유치원당 학급 수는 $\dfrac{37,268}{8,837} ≒ 4.2$(개)로 매년 4.5개 미만이다.

✓ **문제 해결 TIP**

유치원 수는 매년 약 9,000개이다. 9,000의 4.5배는 40,500이고, 매해 학급 수가 40,500에 근접하지 않으므로 유치원당 학급 수가 4.5개 미만이다.

**14** 정답 ②

네 명의 과장이 무작위로 선택한 계획안 중 이사1과 2에게 추천하게 될 계획안은 각각 다음과 같다.

| 과장1 | 과장2 | 과장3 | 과장4 |
| --- | --- | --- | --- |
| B, C | A, C | G, H | A, E |

따라서 두 명의 이사는 A, B, C, E, G, H 총 6가지 계획안을 검토하게 되며, 두 명의 이사가 부여한 점수의 합은 계획안별로 다음과 같다.

| A | 3+3=6(점) | B | 6+4=10(점) |
| --- | --- | --- | --- |
| C | 8+5=13(점) | E | 2+6=8(점) |
| G | 4+8=12(점) | H | 1+7=8(점) |

합이 가장 높은 두 개의 계획안인 C와 G가 사장에게 추천된다. 사장의 선호 점수는 C계획안이 6점, G계획안이 3점이므로, C계획안이 최종으로 채택된다.


**15** 정답 ⑤

인구 추계에 따르면, 2040년 예상 인구는 85만 명이므로 필요한 도서관 건물면적은 6,000m² 이상이다. 그런데 2018년 개관 시의 건물면적은 기준에 따른 최소면적이라고 하였으므로 30만 명과 45만 명 사이의 인구에 해당하는 3,300m²였을 것이다. 따라서 추가로 확장해야 하는 건물면적은 적어도 3,000m² 이상이 아닌 2,700m² 이상인 것을 알 수 있다.

오답풀이

① 2015년 인구가 30만 명이며, 매년 인구가 증가하여 2020년 인구 추계가 45만 명이다. 따라서 도서관 개관 시점인 2018년 인구는 30만 명과 45만 명 사이가 된다. 따라서 개관 시 9,000권의 연간증서를 포함한 90,000권 이상의 기본장서를 확보해야 한다.

② 전체 열람석이 800석 이상이어야 하므로 이의 10%인 80석 이상은 노인과 장애인 열람석이어야 한다.

③ 도서관 개관 후 2년이 지난 시점의 인구 추계에 따르면 '갑'시의 인구는 45만 명이 된다. 따라서 50만 명에 못 미치므로 동일하게 유지해도 된다.

④ 2020년부터 2040년까지 매년 같은 수로 인구가 늘어난다면 2023년에는 6만 명이 증가하여 51만 명이 된다. 따라서 510,000÷1,000=510(종) 이상의 연속간행물이 있어야 한다.


**16** 정답 ②

기관별 연구실 수는 각 기관의 연구실안전관리담당자 지정 연구실 수와 미지정 연구실 수의 합이다.

ⓒ 대학과 연구기관의 2019년 연구실안전관리담당자 지정 연구실 수는 2018년에 비해 증가했으며, 2019년 연구실안전관리담당자 미지정 연구실 수 또한 2018년에 비해 증가했다.

ⓔ 대학의 전년 대비 2019년 연구실안전관리담당자 미지정 연구실 수의 증가량은 1,865−1,245=620(개)이고, 대학의 전년 대비 증가한 2019년 연구실 수는 49,339−48,331=1,008(개)이다. 이때 대학의 전년 대비 증가한 2019년 연구실 수의 $\frac{620}{1,008}\times100≒61.5$(%)이므로 60% 이상이다.

오답풀이

㉠ 2019년 기업부설 연구실 수는 18,287+914=19,201(개)이고, 2018년 기업부설 연구실 수는 17,532+970=18,502(개)로, 2019년 기업부설 연구실 수는 2018년에 비해 19,201−18,502=699(개) 증가하였다.

㉢ 2019년 기업부설 연구실안전관리담당자 미지정 연구실 수와 지정 연구실 수의 비는 914:18,287=1:$\frac{18,287}{914}$로, 대략 1:20이다.

**17** 정답 ⑤

아파트 A와 아파트 B의 주거공용면적은 각각 $79-59=20(\text{m}^2)$, $110-84=26(\text{m}^2)$이므로 그 합은 $20+26=46(\text{m}^2)$이고, 오피스텔 A와 오피스텔 B의 주거공용면적은 각각 $81-59=22(\text{m}^2)$, $107-84=23(\text{m}^2)$이므로 그 합은 $22+23=45(\text{m}^2)$이다. 따라서 아파트 A와 아파트 B의 주거공용면적의 합은 오피스텔 A와 오피스텔 B의 주거공용면적의 합보다 크다.

**오답풀이**

① 아파트는 공급면적을 분양면적으로 표기하며, 주거공용면적은 (공급면적)−(주거전용면적)이다. 아파트 A의 주거공용면적은 $79-59=20(\text{m}^2)$이고, 아파트 B의 주거공용면적은 $110-84=26(\text{m}^2)$이므로, 아파트 B가 아파트 A보다 주거공용면적이 더 크다.

② 아파트의 분양면적은 공급면적으로 표기하고, 오피스텔의 분양면적은 계약면적으로 표기하기 때문에 아파트 B의 분양면적은 $110\text{m}^2$이고, 오피스텔 B의 분양면적은 $164\text{m}^2$이다. 즉, 분양면적이 가장 큰 것은 오피스텔 B이다.

③ 기타공용면적은 아파트 A는 $110-79=31(\text{m}^2)$, 아파트 B는 $166-110=56(\text{m}^2)$, 오피스텔 A는 $115-81=34(\text{m}^2)$, 오피스텔 B는 $164-107=57(\text{m}^2)$이므로 오피스텔 B가 가장 크다.

④ 아파트 A의 분양가가 $\text{m}^2$당 2,000만 원이면 $79\times2,000=158,000(\text{만 원})$이고, 오피스텔 A의 분양가가 $\text{m}^2$당 1,500만 원이면 $115\times1,500=172,500(\text{만 원})$이므로 오피스텔 A의 분양가가 더 높다.

**18** 정답 ①

• A: '월세 $\times$ 12개월 $\div$ (감정가 − 임대보증금) $\times$ 100 = 수익률' 산식을 적용하면 60만 원 $\times$ 12 = 720(만 원)이며, 2.5억 원 − 0.9억 원 = 1.6(억 원)이므로 연간 수익률은 $\dfrac{720\text{만 원}}{1.6\text{억 원}}\times100=4.5(\%)$이다.

• B: '월세 $\times$ 12개월 $\div$ (감정가 − 임대보증금) $\times$ 100 = 수익률' 산식을 바꾸어 보면 '월세 $\times$ 12개월 $\times$ 100 $\div$ 수익률 + 임대보증금 = 감정가'의 산식을 도출할 수 있다. 따라서 80만 원 $\times$ 12 $\div$ 0.05 + 1,000만 원 = 20,200(만 원) = 202,000,000(원)이 되어 감정가는 2억 2백만 원이 된다.

**19** 정답 ⑤

㉠ A기업의 국외 비중이 86%이므로 국내 비중은 14%이다. 따라서 A기업의 국내 수주 건수는 $12,002\times0.14≒1,680(\text{건})$이므로 1,500건 이상이다.

㉢ 국외 수주 건수가 2,000건 이상인 회사는 A기업, B기업, C기업이므로 3개이다.

㉣ $\dfrac{28,143}{40,000}\times100≒70.36(\%)$이므로, 세계 10대 건설기업의 건설 부문 매출액은 세계 건설 부문 매출액의 70% 이상을 점유하고 있다.

**오답풀이**

㉡ F기업의 2019년 수주 건수는 $2,383-170=2,213(\text{건})$이므로, 증감률은 $\dfrac{170}{2,213}\times100≒7.7(\%)$이고, I기업의 2019년 수주 건수는 $1,448-96=1,352(\text{건})$이므로, 증감률은 $\dfrac{96}{1,352}\times100≒7.1(\%)$이다. 따라서 F기업의 증감률이 I기업의 증감률보다 높다.

**20** 정답 ②

• [사례]의 A, B, C가 적용 받을 수 있는 우대금리를 정리하면 다음과 같다.

 − A: 추가우대금리 ②, ④ 적용

 − B: 추가우대금리 ②, ③ 적용

 − C: 금리우대 ②, 추가우대금리 ②, ③ 적용

| 구분 | 전세금액 | 최대대출금액 (만 원) | 연소득 (만 원) | 대출금리 | 우대금리 | 최종대출금리 |
|---|---|---|---|---|---|---|
| A | 6천만 원 | $6{,}000 \times 0.8 = 4{,}800^{1)}$ | 3,200 | 1.8% | $(0.1+0.3)\%\text{p}$ | $1.8-0.4=1.4(\%)$ |
| B | 1억 원 | $7{,}000^{2)}$ | $3{,}600+2{,}200$ $=5{,}800$ | 2.1% | $(0.5+0.1)\%\text{p}$ | $2.1-0.6=1.5(\%)$ |
| C | 9천만 원 | $7{,}000^{3)}$ | 4,200 | 2.1% | $(1.0+0.1+0.3)\%\text{p}$ | $2.1-1.4=0.7(\%)$ |

1) A의 전세금액은 6천만 원으로 호당 대출한도인 7천만 원 이하이지만, 대출비율은 전세금액의 80% 이내 금액이어야 한다.

2) B의 전세금액 1억 원의 80%는 8,000만 원으로 호당 대출한도인 7천만 원을 초과한다. 따라서 B의 최대 대출금액은 7,000만 원이다.

3) C의 전세금액 9,000만 원의 80%는 7,200만 원으로 호당 대출한도인 7천만 원을 초과한다. 따라서 C의 최대대출금액은 7,000만 원이다.

- 연 전세자금대출이자
  - A: 4,800만 원 $\times$ 1.4% = 67.2(만 원)
  - B: 7,000만 원 $\times$ 1.5% = 105(만 원)
  - C: 7,000만 원 $\times$ 0.7% = 49(만 원)

㉠ 추가우대금리는 A의 경우 0.1+0.3=0.4(%p), B의 경우 0.5+0.1=0.6(%p), C의 경우 0.1+0.3=0.4(%p) 이다. 따라서 추가우대금리를 가장 많이 받는 사람은 B이다.

㉣ 연 전세자금대출이자가 가장 많은 사람과 가장 적은 사람의 금액 차는 105-49=56(만 원)이다.

오답풀이

㉡ 최종대출금리가 가장 적은 사람은 0.7%인 C이다.

㉢ 연 전세자금대출이자를 가장 적게 내는 사람은 49만 원을 내는 C이고, 대출금액이 가장 적은 사람은 4,800만 원인 A 이다.

# 04 | 직무 Type R(연구개발)

| 01 | 02 | 03 | 04 | 05 | 06 | 07 | 08 | 09 | 10 |
|---|---|---|---|---|---|---|---|---|---|
| ② | ① | ② | ② | ② | ② | ④ | ③ | ③ | ③ |
| 11 | 12 | 13 | 14 | 15 | 16 | 17 | 18 | 19 | 20 |
| ② | ① | ② | ① | ④ | ② | ⑤ | ① | ③ | ① |

## 01 정답 ②

조건을 통해 X비커를 빼기 전의 A, B, C, D의 개수를 구할 수 있다.
A+B+C+D=16이고, A>B>D, B+D>A+C이므로 B+D=9, A+C=7, B=5, D=4, A=6, C=1
로 고정된다.
X비커 하나를 빼도 조건을 만족한다고 했으므로, X비커 안에 들어 있는 물질은 D가 된다.

## 02 정답 ①

주어진 조건을 도식화하여 정리하면 다음과 같다.
• A, B, C, D 중 최소 2개 특허 가능
• C, D 중 최소 1개 특허 불가능
• B기술 → A기술 ⇒ ~A기술 → ~B기술
• A기술∧D기술 → ~B기술 ⇒ B기술 → ~A기술∨~D기술

첫 번째와 두 번째 조건에 따르면, A기술과 B기술 중 적어도 어느 한 기술에는 특허를 받을 수 있다. 그런데 세
번째 조건에 따르면, A기술에 특허를 받을 수 없는 경우 B기술에도 특허를 받을 수 없으므로, A기술에는 특허를
받을 수 있어야 한다.
또한 네 번째 조건의 대우 명제가 성립 시 B기술에 특허를 받을 수 있다면 A기술과 D기술 중 특허를 받을 수
없는 기술이 있어야 한다.
정리하면, B기술에 특허를 받는다면 네 번째 조건에 따라 A기술과 D기술 중 특허를 받을 수 없는 기술이 있어야
하며, A기술에는 특허를 받을 수 있으므로 D기술에는 특허를 받을 수 없다.

## 03 정답 ②

주어진 조건을 그림으로 나타내면 다음과 같다.

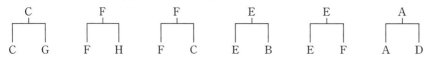

위 그림을 조합하면 다음과 같다.

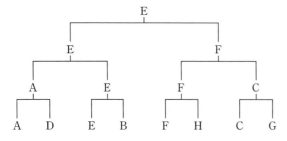

⊙ E팀이 우승하였다.

ⓒ 위 그림을 통해 E팀이 A팀을 이겼다는 것을 알 수 있다.

오답풀이

ⓛ A팀은 F팀과 경기를 치르지 않았다.

ⓔ 3, 4위전은 4강에서 E팀에게 진 A팀과 F팀에게 진 C팀이 치르게 된다.

## 04 정답 ②

주어진 실험 결과는 생쥐의 에스트로겐 양을 감소시킨 돌연변이 생쥐를 만들어 공간 학습과 기억 능력이 떨어진다는 것을 입증한 것이다. 이러한 결과는 뉴런에 자극을 준 영향이므로 그러한 자극의 결과가 에스트로겐의 감소로 이어진다는 전제가 언급되어야 밑줄 친 부분과 같은 결론이 도출될 수 있다.

오답풀이

① 주어진 실험은 불빛의 밝기가 아닌, 생쥐의 돌연변이 여부에 관계된 것이므로 조명의 밝기와 무관하며, 생쥐가 불안감을 느낄 정도의 밝기를 유지한다는 것이 실험의 기본 조건이다.

③ 에스트로겐이 어떤 물질로부터 바뀌었는지 자체를 확인하고자 하는 실험이 아니므로 필요한 전제가 될 수 없다.

④ 실험 결과를 약화시키는 내용으로 필요한 전제가 되지 않는다.

⑤ 주어진 실험 결과와 무관한 내용이며, 근거를 찾을 수 없는 설명이다.

## 05 정답 ②

초기 온도가 같은 실험 Ⅰ과 실험 Ⅱ를 비교해보면 실험 Ⅱ의 초기 반응 속도가 6배 빠른데, 이는 실험 Ⅱ에 $X(s)$를 첨가했기 때문임을 알 수 있다. 실험 Ⅱ의 초기 반응 속도를 빠르게 한 $X(s)$는 정촉매로서 활성화 에너지를 감소시켜서 반응 가능한 분자 수를 증가시키기 때문에 반응 속도가 증가한 것이다.

오답풀이

① 실험 Ⅰ과 실험 Ⅲ은 초기 온도만 다른데 초기 반응 속도가 실험 Ⅲ이 3배 더 빠르므로 실험 Ⅲ의 초기 온도가 더 높음을 알 수 있다. 따라서 $T_1 < T_2$이다.

③ 실험 Ⅰ보다 실험 Ⅱ의 초기 반응 속도가 6배 빠르므로 실험 Ⅱ에 첨가한 $X(s)$는 반응 가능한 분자 수를 증가시킨 것이다.

④ $T_1 < T_2$인데다 실험 Ⅲ에 정촉매 $X(s)$까지 첨가하면 실험 Ⅲ의 초기 반응 속도는 더 빨라진다.

⑤ 초기 반응 속도를 빠르게 하려면 정촉매를 사용해야 한다. 부촉매를 사용할 경우 초기 반응 속도는 느려진다.

### ✒ 문제 해결 TIP

• 온도와 반응 속도

| 온도 증가 → 활성화 에너지 이상의 에너지를 갖는 분자 수 증가 → 반응 속도 증가 |
| --- |

⑩ 온실에서 식물이 더 잘 자란다. 냉장고에서 음식의 부패가 지연된다.

• 촉매 : 화학반응에서 자신은 소모되지 않으면서 반응 속도를 변화시키는 물질

| 정촉매 사용 → 활성화 에너지 감소 → 반응 가능한 분자 수 증가 → 반응 속도 증가 |
| --- |
| 부촉매 사용 → 활성화 에너지 증가 → 반응 가능한 분자 수 감소 → 반응 속도 감소 |

**06** 정답 ②

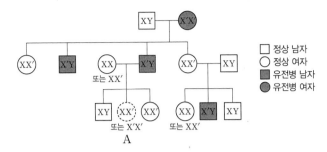

정상 남자와 유전병 여자 사이의 자식은 유전병 남자 2명, 정상 여자 2명이고, 정상 여자와 유전병 남자 사이의 자식은 모두 정상이었지만 정상 여자와 정상 남자 사이의 자식은 유전병 남자가 나왔다. 이는 유전병을 일으키는 유전자가 성 염색체에 있으며, 유전병 여자에게서 유전병 아들만 나오므로 엄마에게서 오는 아들의 X염색체에 유전병을 일으키는 유전자가 있음을 알 수 있다.

㉠ 유전병을 결정하는 유전자는 X염색체 속에 들어 있다. 유전병을 일으키는 유전자 T를 성 염색체 X라고 하면 유전자형을 정상 남자는 XY, 정상 여자는 XX 또는 XX′(보인자), 유전병 남자는 X′Y, 유전병 여자는 X′X′와 같이 표현할 수 있다.

㉣ A의 유전자형이 XX′이면 유전병 남자(X′Y) 사이에는 XX′, XY, X′X′, X′Y의 아이들이 태어날 수 있으므로 유전병이 있는 아이가 태어날 확률은 $\frac{2}{4}=\frac{1}{2}=50(\%)$이다. 또, A의 유전자형이 X′X′이면 유전병 남자(X′Y) 사이에는 X′X′ 또는 X′Y의 아이들이 태어날 수 있으므로 유전병이 있는 아이가 태어날 확률은 100%이다. 즉, ㉣에서 50% 이상이다.

오답풀이

㉡ 유전병을 결정하는 유전자는 Y염색체가 아닌 X염색체 속에 들어 있다.

㉢ 주어진 유전병은 한 쌍의 대립 유전자에 의해 결정되며 가계도를 통해 유전병은 멘델의 법칙을 따른다는 것을 알 수 있다.

**07** 정답 ④

$t=7$일 때, B의 위치는 $\frac{1}{2}\times(3+3.5)\times v+\frac{1}{2}\times\{(7-3.5)+(7-4)\}\times(-v)=0$이므로 B는 $t=7$일 때 처음 출발한 위치에 있다.

오답풀이

① $t=3$일 때, A는 속도가 빨라지고, B는 속도가 느려진다. 즉, A, B는 서로 속도만 바뀐다.

② B의 위치는 $t=3.5$일 때 $\frac{1}{2}\times(3+3.5)\times v=3.25v$이고, $t=8$일 때 $\frac{1}{2}\times(3+3.5)\times v+\frac{1}{2}\times\{(8-3.5)+(7-4)\}\times(-v)=-0.5v$이다. 즉, $t=3.5$일 때 B는 처음 출발한 위치에서 $3.25v$만큼 떨어진 곳에 위치하고, $t=8$일 때 B는 처음 출발한 곳을 지나 반대쪽으로 $0.5v$만큼 떨어진 위치에 있다.

③ A는 $t=12$일 때 출발지에서 가장 멀리 떨어져 있다.

⑤ $t=8$일 때, A의 위치는 $3\times 2v+\frac{1}{2}\times(2v+4v)\times(4-3)+(7-4)\times 4v+\frac{1}{2}\times(8-7)\times 4v=23v$이고, B의 위치는 처음 출발한 곳을 지나 반대쪽으로 $0.5v$만큼 떨어진 곳이므로 A, B는 $t=8$에서 다시 만나지 않았다. 참고로 주어진 그래프에서 A, B는 출발한 후 다시 만난 적이 없다.

**08** 정답 ③

[A관] $H_2O$에서 H의 질량비는 $\dfrac{1\times2}{1\times2+16}=\dfrac{2}{18}=\dfrac{1}{9}$이고, $H_2O$ 18mg이 생성되었으므로 화합물 X에 포함된 H의 질량은 $18\times\dfrac{1}{9}=2(mg)$이다.

[B관] $CO_2$에서 C의 질량비는 $\dfrac{12}{12+16\times2}=\dfrac{12}{44}=\dfrac{3}{11}$이고, $CO_2$ 44mg이 생성되었으므로 화합물 X에 포함된 C의 질량은 $44\times\dfrac{3}{11}=12(mg)$이다.

이때 실험에서 연소시킨 화합물 X의 전체 질량이 22mg이므로 O의 질량은 $22-(12+2)=8(mg)$이다. 따라서 화합물 X에 포함된 원자의 몰수 비는 $C:H:O=\dfrac{12}{12}:\dfrac{2}{1}:\dfrac{8}{16}=2:4:1$이므로 화합물 X의 실험식은 $C_2H_4O$이다.

**09** 정답 ③

$X=100$, $\theta=60°$이므로 $X=Y\times\sin\theta$에서 $100=Y\times\sin60° \rightarrow 100=Y\times\dfrac{\sqrt{3}}{2}$　∴ $Y=\dfrac{200\sqrt{3}}{3}$

따라서 결함 부분의 깊이$(d)=Y\times\cos\theta \rightarrow d=\dfrac{200\sqrt{3}}{3}\times\cos60°=\dfrac{200\sqrt{3}}{3}\times\dfrac{1}{2}=\dfrac{100\sqrt{3}}{3}$이다.

**10** 정답 ③

원유를 370℃로 가열하면 끓는점이 낮은 것부터 증기가 되어 상승하여 분리된다. 즉, 끓는점이 낮을수록 증류탑의 위로 상승하므로 가장 높은 층까지 상승하였다가 응결하는 LPG의 끓는점이 가장 낮다.

**11** 정답 ②

( i ) 주사 후 실험체 b의 항체 농도가 감소했으므로 ( i )은 X에 대한 항체가 포함된 혈청이다.

(ii) 주사 후 실험체 c의 항체 농도 변화가 없었으므로 (ii)는 기억세포이다.

(iii) 주사 후 실험체 d에서 X에 대한 1차 면역 반응이 일어났으므로 (iii)은 $X^*$이다.


**12** 정답 ①

㉠ [가]에서 철보다 산화되기 쉬운 금속을 부착하면 철보다 먼저 산화되어 철의 부식을 방지할 수 있다고 했고, 그 예로 마그네슘과 아연을 들었다. 또한 [나]에서 아연 도금 강판은 아연 도금이 손상되어 철이 노출되더라도 철의 부식이 방지된다고 하였다. 즉, 아연 도금 강판은 철보다 아연이 먼저 산화되어 철의 부식을 방지할 수 있기 때문에 사용하는 것임을 알 수 있다.

㉣ [가]에서 '철에 부착된 금속이 산화되면서 내놓은 전자가 철로 이동하여 철이 산화되는 것을 방지하게 된다.'고 했고, 철에 부착되는 금속은 마그네슘과 아연을 예로 들었으므로 관련된 화학식은 아연이 전자를 잃는 산화에 대한 것이다. 즉, $Zn \rightarrow Zn^{2+} + 2e^-$이다.

오답풀이

㉡ 아연 도금 강판이 공기 차단에 효과적인지는 주어진 내용만으로 추론하기 어렵다.

㉢ 아연 도금 강판이 쉽게 손상되는지 않는지는 주어진 내용만으로 추론할 수 없다. 게다가 [나]에서 아연 도금이 손상되어 철이 노출되더라도 철의 부식이 방지된다고 했으므로 아연 도금 강판이 쉽게 손상되지 않아서 철이 보호된다는 것은 옳지 않다.


**13** 정답 ②

주어진 자료는 베르누이 법칙에 대한 설명이다. 유체가 같은 높이를 흐르는 경우는 $h_1 = h_2$이므로 $P_1 + \frac{1}{2}\rho v_1^2 = P_2 + \frac{1}{2}\rho v_2^2 =$ (일정)이 성립한다. 한편 위치 1에서 유체의 속력이 위치 2에서 유체의 속력의 3배이므로 $P_1 + \frac{1}{2}\rho v_1^2 = P_2 + \frac{1}{2}\rho v_2^2$에서 $v_1 = 3v_2$라고 하면, $P_1 + \frac{1}{2}\rho(3v_2)^2 = P_2 + \frac{1}{2}\rho v_2^2 \rightarrow P_1 + \frac{1}{2}\rho 9v_2^2 = P_2 + \frac{1}{2}\rho v_2^2 \rightarrow 9P_1 = P_2$이다. 즉, 압력 차는 9배이다.

오답풀이

① $A_1 v_1 = A_2 v_2 = k$(일정)라고 하면 $A_1 = \frac{k}{v_1}$, $A_2 = \frac{k}{v_2}$이므로 유체의 흐름에서 흐름관의 단면적($A$)과 유체의 속력($v$)은 반비례한다.

③ 유체가 같은 높이를 흐르므로 $P_1 + \frac{1}{2}\rho v_1^2 = P_2 + \frac{1}{2}\rho v_2^2 =$ (일정)에서 $v_1 < v_2$이면, $P_1 > P_2$이므로 유체의 속력이 빠른 곳일수록 압력이 작다.

④ 유체가 같은 높이를 흐를 경우 넓은 통로일수록 내부의 압력은 작아지고, 압력이 작을수록 속력은 증가하므로 ③에서와 같이 $v_1 < v_2$이면, $P_1 > P_2$이다. 즉, 유체가 넓은 통로를 흐를수록 유체의 속력은 증가한다.

⑤ 유체가 흐르지 않고 정지해 있는 경우 $v_1 = v_2 = 0$이므로 $P_1 + \rho g h_1 = P_2 + \rho g h_2 =$ (일정)이 성립한다. 이때, $P_1 - P_2 = \rho g(h_2 - h_1)$이므로 유체의 높이에 따라 $\rho g(h_2 - h_1)$만큼의 압력 차가 발생한다.


**14** 정답 ①

㉠ 음극에서 수소가 이온화되며 전자를 내놓는다.

㉡ 수소가 내놓은 전자는 전압에 의해 음극에서 양극으로 이동하며, 전류를 흐르게 한다.

오답풀이

㉢ 수소 이온은 중간의 전해질을 통해 음극에서 양극으로 이동한다.

㉣ 양극으로 이동한 수소 이온은 산소와 반응하여 물을 만든다.

## 15 정답 ④

ⓒ 물체의 지름이 크면 눈과 물체의 양 끝점이 이루는 각도가 커지게 되므로 달과의 양 끝점을 맞추기 위해 눈과 물체와의 거리가 멀어져야 한다.

ⓓ 달의 지름은 $L:D=l:d$로 계산할 수 있으므로, 이를 정리하면 $D=d\times L\div l$이므로 $(d\times L\div l)$의 산식으로 계산할 수 있다.

[오답풀이]
ⓐ 물체까지의 거리($l$)가 가깝다고 달의 지름($D$) 계산값의 정확도가 높아지는 것은 아니다. 주어진 그림에서와 같이 삼각형을 이루는 모양을 정확하게 할수록 계산값의 정확도가 높아지게 된다.

## 16 정답 ②

섭취한 음식물에서 분해된 포도당은 다시 세포질을 거쳐 미토콘드리아에서 물과 이산화탄소로 최종 분해되며 이 과정에 산소가 이용된다고 했으므로 포도당을 분해할 수 있는 효모가 없는 발효관 A에서는 기체가 발생하지 않고, 발효관 B, C에서 발생한 기체는 이산화탄소이다.

ⓐ 발효관 A에서 기체가 발생하지 않은 것은 포도당을 분해할 수 있는 효모가 없었기 때문이다.

ⓓ 발효관 B, C에서 발생한 기체는 이산화탄소이므로 사람의 세포 호흡에서도 발생하는 최종 분해 산물 중 하나와도 같다.

[오답풀이]
ⓒ 기체 발생량은 발효관 B보다 포도당 용액의 농도가 낮은 발효관 C에서 더 적을 것이다.

ⓑ 발효관 B, C에서 발생한 기체는 효모가 포도당을 분해하여 발생한 것이며, 발생한 기체는 이산화탄소이다.

## 17 정답 ⑤

(가)는 화성 토양에 광합성을 하는 생명체가 존재하는지 확인하는 실험으로 광합성을 하는 생명체가 존재한다면 [그래프2]와 같은 결과를 얻을 수 있다. 반응 물질보다 생성 물질의 에너지 수준이 높아지는, 즉 에너지가 흡수되는 흡열 반응으로 동화작용이다. 만약 광합성을 하는 생명체가 존재한다면 $^{14}C$를 포함한 물질이 검출된다.

(나)는 화성 토양에 호흡을 하는 생명체가 존재하는지 확인하는 실험으로 호흡을 하는 생명체가 존재한다면 [그래프1]과 같은 결과를 얻을 수 있다. 반응 물질보다 생성 물질의 에너지 수준이 낮아지는, 즉 에너지가 방출되는 발열 반응으로 이화작용이다. 만약 호흡을 하는 생명체가 존재한다면 $^{14}C$를 포함한 물질이 검출된다.

따라서 실험 (가)와 [그래프2]는 동화작용에 대한 것이고, 실험 (나)와 [그래프1]은 이화작용에 대한 것이다.

[오답풀이]
① 실험 (가)는 $^{14}CO_2$와 빛을 주면서 가열하여 화성 토양에 광합성을 하는 생명체가 존재하는지 확인하는 실험이다.

②[그래프2]는 반응 물질보다 생성 물질의 에너지 수준이 높아지는 반응으로, 에너지가 흡수되는 흡열반응이다. 이는 동화작용에서 나타나는 결과이고, (가)의 실험 결과가 [그래프2]와 같이 나왔다면 화성 토양에는 광합성하는 생명체가 살고 있다고 볼 수 있다.

③[그래프1]은 반응 물질보다 생성 물질의 에너지 수준이 낮아지는 반응으로, 에너지가 방출되는 발열반응이다. 이는 이화작용에서 나타나는 결과이고, (나)의 실험 결과가 [그래프1]과 같이 나왔다면 화성 토양에는 호흡하는 생명체가 산다고 볼 수 있으므로 방사능 계측기에 $^{14}C$를 포함한 물질이 검출된다.

④ 실험 (가)는 생명체의 광합성, 즉 동화작용에 대한 실험이고, 실험 (나)는 생명체의 세포 호흡, 즉 이화작용에 대한 실험이다.

### 🔑 문제 해결 TIP

[물질대사(에너지대사)의 이화작용과 동화작용]

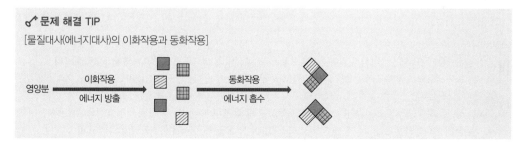

**18** 정답 ①

㉠ "전자는 (+)전압이 걸려 있는 첫 번째 전극 아래에 쌓이게 된다"라고 했으므로 전자는 (+)전압이 걸린 전극과 접한 n형 반도체 방향으로 흐른다.

㉡ "렌즈를 통과한 일정 세기 이상의 빛이 CCD 내부로 입사하면 광전 효과로 인해 광 다이오드로부터 전류가 흐르게 되는데"라고 했으므로 CCD는 빛 신호를 전기 신호로 변환하는 것이고, [그림2]의 디지털카메라의 영상 정보 기록 원리를 통해 변환된 전기 신호가 아날로그 디지털 변환기를 통해 디지털 신호로 변환되어 메모리 카드에 저장됨을 알 수 있다.

오답풀이

㉢ 광 다이오드는 광센서로 수백만 개의 집광 장치로 이루어져 있고, "전자의 수는 입사한 빛의 세기에 비례하며"라고 했으므로 광 다이오드에 발생하는 전자의 개수는 광 다이오드에 입사하는 빛의 파장이 아닌 세기가 셀수록 증가한다.

㉣ "빨간색, 초록색, 파란색 필터 아래에 있는 전하 결합 소자에는 각각 빨간색, 초록색, 파란색 빛의 세기에 비례하는 전자가 전극에 쌓이게 되어 원래의 색상 정보가 입력되는 것이다."라고 하였으므로 오직 파란색 빛의 정보만 알 수 있다.

> ⚲ **문제 해결 TIP**
>
> 광전 효과는 조금 어려울 수 있는 개념이다. 빛에 의해 금속 표면에서 전자가 방출된다는 자체가 빛의 입자성 때문인 것이고, 광전 효과는 빛이 입자와 같은 성질을 가졌다고 가정할 때 설명할 수 있는 이론이다. 빛은 입자성과 파동성을 동시에 가지고 있으며, 입자성은 하나의 물질이 다른 물질에 충돌할 때, 충돌된 물질이 움직이게 하는 운동에너지를 가지고 있음을 뜻하고, 파동성은 빛의 에너지가 마치 물결과 같이 일정한 굴곡을 형성하고 있어 그 파장으로 인해 여러 가지 색을 띤다는 것이다.

**19** 정답 ③

㉠ $t_1$에서 실험쥐 $K_1$, $K_2$, $K_3$에 $Y$를 주입하면 실험쥐는 모두 죽고, $t_5$에서 실험쥐 $K_1$, $K_2$, $K_3$에 $Y$를 주입하면 실험쥐 $K_2$만 생존한다.

㉣ $t_5$에서 실험쥐 $K_3$는 항원 $X^*$에 대한 항체가 생겼으므로 $X^*$에 대한 기억 세포는 형성되었고, 항원 $Y^*$에 대한 항체가 생기지 않으므로 $Y^*$에 대한 기억 세포는 형성되지 않았다.

오답풀이

㉡ 실험쥐 $K_1$, $K_2$, $K_3$에게 $X^*$가 2차로 주입된 것은 모두 $t_3$일 때이다.

㉢ 실험쥐 $K_1$에게 $t_3$ 이후로 항체 생산량이 증가하고 있는데, 항체는 체액성 면역 반응에서 생산되는 물질이므로 체액성 면역 반응이 일어났다.

㉤ 실험쥐 $K_1$, $K_2$에게 병원체 $Y$를 주입했을 때, $K_1$만 죽었다 하더라도 $Y$는 $K_1$, $K_2$ 모두에게 항원으로 작용하였다. $K_2$는 $Y^*$의 주입으로 인해 기억 세포가 형성되어 $Y$에 대한 항체가 생성되기 때문에 생존한 것이다.

**20** 정답 ①

실험은 주어진 자료에서 '일정한 온도에서 밀폐된 용기에 들어 있는 증발하는 중인 액체의 증발 속도와 증기가 다시 액체가 되려는 응축 속도가 같아서 변화가 없어 보이는 상태'를 확인하는 것이다. 이 내용의 [그래프1]에서 (A)는 증발 속도, (B)는 응축 속도임을 알 수 있다. 이때 $t_3$ 이후 동적 평형 상태임을 알 수 있다.

㉡ 실험에서 X($l$)의 양(mol)을 넣어 반응시켰으므로 시간에 따른 X(g)의 양(mol)은 ($t_1$일 때) < ($t_2$일 때) < ($t_3$일 때) = ($t_4$일 때)이다. 따라서 $t_2$에서 농도가 1, 즉 $\dfrac{\text{X(g)의 양(mol)}}{\text{X}(l)\text{의 양(mol)}} = 1$이면 $t_3$에서의 X(g)의 양(mol)은 1보다 크다.

오답풀이

㉠ $t_1$과 $t_2$에서는 정반응과 역반응이 모두 일어나는 중으로 $t_1$과 $t_2$에서의 증발 속도는 각각의 응축 속도보다 빠르다.

㉢ $t_3$에서는 응축 속도와 증발 속도가 같으므로 동적 평형 상태인 것은 맞지만, 동적 평형 상태여도 반응물은 생성물과 같은 양으로 계속 생성된다.

㉣ $t_4$에서는 정반응과 역반응이 모두 일어나는 가역 반응 중이며 동적 평형 상태이다. 이때 동적 평형 상태에서는 시간이 지나도 반응물과 생성물의 농도가 더 이상 변하지 않으므로 $t_4$에서의 X(g)의 양(mol)은 $t_3$의 X(g)의 양(mol)과 같다.

| 01 | 02 | 03 | 04 | 05 | 06 | 07 | 08 | 09 | 10 |
|----|----|----|----|----|----|----|----|----|----|
| ⑤ | ④ | ③ | ④ | ⑤ | ⑤ | ④ | ③ | ② | ⑤ |
| 11 | 12 | 13 | 14 | 15 | 16 | 17 | 18 | 19 | 20 |
| ① | ⑤ | ① | ② | ⑤ | ③ | ⑤ | ① | ③ | ④ |

## 01  정답 ⑤

주어진 조건을 표로 정리하면 다음과 같다.

| 1층 | 2층 | 3층 | 4층 | 5층 |
|-----|-----|-----|-----|-----|
| 복합기팀 | 태블릿팀<br>노트북팀 | | | |

태블릿팀은 복합기팀과 연이은 층에 있지 않으므로 3~5층 중 한 층에 위치한다. 그런데 2층에 위치하지 않는 두 팀인 태블릿팀과 노트북팀이 연이은 층에 있지 않으므로 이들은 3층과 5층에 나뉘어 위치해야 하며, 모니터팀과 PC팀은 나머지 2층과 4층에 나뉘어 위치하게 된다. 여기까지 확인된 내용을 정리하면 다음과 같다.

| 1층 | 2층 | 3층 | 4층 | 5층 |
|-----|-----|-----|-----|-----|
| 복합기팀 | 태블릿팀<br>노트북팀<br>모니터팀 or PC팀 | 태블릿팀 or 노트북팀 | PC팀 or 모니터팀 | 노트북팀 or 태블릿팀 |

태블릿팀은 3층 또는 5층에, PC팀은 2층 4층에 위치하게 되므로 항상 태블릿팀이 PC팀보다 높은 층에 위치하는 것이 아니지만, 그럴 가능성이 더 높다고 추론할 수 있다.

## 02  정답 ④

가장 큰 짝수인 8이 사용되었다면 1개의 홀수로 7 또는 9가 사용될 경우 반복되지 않는 나머지 2개의 짝수와의 합이 20을 넘지 않을 수 없으므로 홀수는 1, 3, 5 중 하나가 사용되어야 하며, 오름차순에 의해 8이 가장 오른쪽에 쓰인 숫자가 된다. 또한 첫 번째 숫자가 짝수이므로 홀수 중 1은 제외된다.
그런데 만약 첫 번째 숫자가 4 또는 6일 경우 20을 넘지 않으며 조건에 맞는 네 자리의 숫자가 구성될 수 없으므로 첫 번째 숫자는 2가 되어야 하며 이를 만족하는 숫자의 조합은 2348, 2368, 2458 3가지이다.
따라서 3가지 중 숫자 3과 4가 모두 사용되는 경우는 1가지뿐이므로 항상은 아니지만 옳지 않을 가능성이 더 높다.

## 03  정답 ③

범죄 예방 프로그램이 적용됨에도 불구하고 전체 범죄율에 변화가 없다는 것이 결론이므로, 이러한 결론이 타당한 것이 되기 위해서는 범죄 예방 프로그램에 의해 특정 범죄자의 범죄가 좌절되거나 막히더라도 새로운 범죄가 비슷한 수준의 빈도로 등장하게 된다는 전제가 필요하다.

[오답풀이]
① 범죄자가 범죄 예방 프로그램에 민감한 반응을 나타낸다면 범죄 예방 프로그램이 적용됨에 따라 범죄율이 감소해야 할 것이므로 주어진 결론에 필요한 전제가 될 수 없다.
② 동일한 환경에서 동일한 범죄가 발생할 가능성이 높다는 설명이므로 이는 범죄 예방 프로그램에 의해 범죄 환경이 달라져도 전체 범죄율이 변하지 않는다는 결론과는 타당한 연관성이 없다.
④ 범죄 예방 프로그램의 적용 빈도는 주어진 결론과 관련이 없다.
⑤ 결론은 전체 범죄율의 변화가 없을 것이라는 것이며, 전체 범죄가 동일 범죄자의 소행인지 아닌지는 주어진 글에서 다루고 있지 않다. 따라서 적절한 전제가 되지 않는다.

**04** 정답 ④

수요일에 9대를 정비하였으므로 목요일에 정비한 항공기는 8대가 된다.

| 월요일 | 화요일 | 수요일 | 목요일 | 금요일 | 토요일 |
|---|---|---|---|---|---|
| | | 9대 | 8대 | | |

금요일에는 화요일의 두 배 수량을 정비하였으므로 금요일의 정비 수량이 될 수 있는 수는 6, 4, 2로 총 3가지이다. 그런데 금요일의 정비 수량이 6대일 경우 목~토요일의 합계 수량이 15대여야 하므로 토요일은 1대를 정비한 것이 된다. 토요일에 1대를 정비하였다면, 최대 정비 수량 조건과 정비 대수가 요일별로 모두 달랐다는 조건에 따라 월요일 정비 수량과의 합이 10을 넘을 수 없게 된다. 금요일에 4대를 정비하였을 경우에도 토요일이 3대가 되므로 월요일은 7대보다 많은 수량을 정비한 것이어야 하므로 역시 모순이다.

따라서 금요일에는 2대를 정비한 것이 되며, 이에 따라 화요일에는 1대를 정비한 것이 된다.

| 월요일 | 화요일 | 수요일 | 목요일 | 금요일 | 토요일 |
|---|---|---|---|---|---|
| | 1대 | 9대 | 8대 | 2대 | 5대 |

토요일에는 5대를 정비한 것이 되며, 월요일에 가능한 정비 수량은 6대 또는 7대가 된다. 따라서 월요일에 정비한 항공기의 수량이 될 수 있는 수인 6과 7을 합한 13이 정답이 된다.

**05** 정답 ⑤

A−B는 A+(−B)이므로 B에 대해 보수를 구한 뒤 덧셈 연산을 하여 뺄셈을 구하는 '보수를 이용한 뺄셈' 문제이다. 그러므로 011011−11101 연산 식은 011011+(−11101)과 같다. 11101을 2의 보수로 값을 구한 후 덧셈 연산자를 통해 결과를 구할 수 있다.

먼저, 앞의 2진수의 자릿수가 6자리이고 뒤의 2진수는 자릿수가 5자리이므로 자릿수가 큰 쪽에 맞춰 작은 자릿수의 왼쪽에 0을 붙인다. 즉, 011101이 된다.

[첫 번째 단계] 011101의 1의 보수를 구한다. 1의 보수는 1을 0으로, 0은 1로 바꾸는 것이므로 다음의 값은 100010이 된다.

[두 번째 단계] 2의 보수를 구한다. 앞에서 구한 1의 보수에 1을 더한 값이 2의 보수가 되므로 100011이 된다.

[세 번째 단계] 011011과 100011을 더한 결괏값은 111110이 된다.

---

🔑 **문제 해결 TIP**

[한눈으로 보는 2의 보수 구하기]

| | 0 | 1 | 1 | 1 | 0 | 1 |
|---|---|---|---|---|---|---|
| 1의 보수 | 1 | 0 | 0 | 0 | 1 | 0 |
| + | | | | | | 1 |
| 2의 보수 | 1 | 0 | 0 | 0 | 1 | 1 |
| + | 0 | 1 | 1 | 0 | 1 | 1 |
| 결괏값 | 1 | 1 | 1 | 1 | 1 | 0 |

---

**06** 정답 ⑤

행렬의 곱을 구하는 알고리즘에서

$A = \begin{pmatrix} a_{11} & a_{12} \\ a_{21} & a_{22} \end{pmatrix}$, $B = \begin{pmatrix} b_{11} & b_{12} \\ b_{21} & b_{22} \end{pmatrix}$일 때, $AB = \begin{pmatrix} a_{11} & a_{12} \\ a_{21} & a_{22} \end{pmatrix}\begin{pmatrix} b_{11} & b_{12} \\ b_{21} & b_{22} \end{pmatrix} = \begin{pmatrix} a_{11}b_{11}+a_{12}b_{21} & a_{11}b_{12}+a_{12}b_{22} \\ a_{21}b_{11}+a_{22}b_{21} & a_{21}b_{12}+a_{22}b_{22} \end{pmatrix}$

위의 행렬을 구하는 방식에 의하면 $a_{11}b_{11}+a_{12}b_{21}$은 A[1][1]*B[1][1] + A[1][2]*B[2][1]과 같은 표현이 된다. A 행렬 $j$, $k$값이 B의 행렬 $k$, $j$값이므로, (A)에 들어갈 값은 A[$i$][$k$]*B[$k$][$j$]이다. 각 행렬 값을 구하기 위해서 $i$번 반복하게 되며 FOR문을 통해서 다음과 같이 계산된다.

$i$=0일 때 A[0][0]*B[0][0] + A[0][1]*B[1][0] + A[0][2]*B[2][0]=1*1 + 0*1 + 1*0 = 1, S[0][0] = 1

$$A[0][0]*B[0][1]+A[0][1]*B[1][1]+A[0][2]*B[2][1]=1*1+0*1+1*0=1,\ S[0][1]=1$$
$$A[0][0]*B[0][2]+A[0][1]*B[1][2]+A[0][2]*B[2][2]=1*1+0*0+1*1=2,\ S[0][2]=2$$
$$A[0][0]*B[0][3]+A[0][1]*B[1][3]+A[0][2]*B[2][3]=1*1+0*0+1*1=2,\ S[0][3]=2$$
$i=1$일 때 $A[1][0]*B[0][0]+A[1][1]*B[1][0]+A[1][2]*B[2][0]=0*1+1*1+0*0=1,\ S[1][0]=1$
$$A[1][0]*B[0][1]+A[1][1]*B[1][1]+A[1][2]*B[2][1]=0*1+1*1+0*0=1,\ S[1][1]=1$$
$$A[1][0]*B[0][2]+A[1][1]*B[1][2]+A[1][2]*B[2][2]=0*1+1*0+0*1=0,\ S[1][2]=0$$
$$A[1][0]*B[0][3]+A[1][1]*B[1][3]+A[1][2]*B[2][3]=0*1+1*0+0*1=0,\ S[1][3]=0$$
$i=2$일 때 $A[2][0]*B[0][0]+A[2][1]*B[1][0]+A[2][2]*B[2][0]=1*1+1*1+1*0=2,\ S[2][0]=2$
$$A[2][0]*B[0][1]+A[2][1]*B[1][1]+A[2][2]*B[2][1]=1*1+1*1+1*0=2,\ S[2][1]=2$$
$$A[2][0]*B[0][2]+A[2][1]*B[1][2]+A[2][2]*B[2][2]=1*1+1*0+1*1=2,\ S[2][2]=2$$
$$A[2][0]*B[0][3]+A[2][1]*B[1][3]+A[2][2]*B[2][3]=1*1+1*0+1*1=2,\ S[2][3]=2$$
$i=3$일 때 $A[3][0]*B[0][0]+A[3][1]*B[1][0]+A[3][2]*B[2][0]=0*1+0*1+0*0=0,\ S[3][0]=0$
$$A[3][0]*B[0][1]+A[3][1]*B[1][1]+A[3][2]*B[2][1]=0*1+0*1+0*0=0,\ S[3][1]=0$$
$$A[3][0]*B[0][2]+A[3][1]*B[1][2]+A[3][2]*B[2][2]=0*1+0*0+0*1=0,\ S[3][2]=0$$
$$A[3][0]*B[0][3]+A[3][1]*B[1][3]+A[3][2]*B[2][3]=0*1+0*0+0*1=0,\ S[3][3]=0$$

$s=\begin{pmatrix}1&1&2&2\\1&1&0&0\\2&2&2&2\\0&0&0&0\end{pmatrix}$ 이므로 행렬 값을 모두 더하면 $s=1+1+2+2+1+1+0+0+2+2+2+2+0+0+0+0=16$

이다.

## 07 정답 ④

위의 함수는 "sayhello"를 앞의 say는 그대로 출력하고, 뒤의 hello는 거꾸로 뒤집어서 출력하는 함수이다.
i＝8일 때 text[0]인 "s"를 출력한다.
i＝7일 때 text[1]인 "a"를 출력한다.
i＝6일 때 text[2]인 "y"를 출력한다.
i＝5일 때 text[7]인 "o"를 출력한다.
i＝4일 때 text[6]인 "l"를 출력한다.
i＝3일 때 text[5]인 "l"를 출력한다.
i＝2일 때 text[4]인 "e"를 출력한다.
i＝1일 때 text[3]인 "h"를 출력한다.

## 08 정답 ③

2020년 1~12월 중 전년 동월 대비 감소한 달은 1월, 4월, 5월로 3개월이다.

오답풀이
① 수출액이 가장 높은 것은 약 180,000백만 달러로 2020년 12월이다.
② IT분야 수출액이 전월 대비 상승한 달은 2019년 3월, 6월, 8월, 9월, 12월, 2020년 2월, 3월, 5월, 6월, 7월, 8월, 9월, 11월, 12월로 14개월이다.
④ IT분야 전월 대비 수출액 증가율이 가장 클 때는 $\dfrac{158,258-126,652}{126,652}\times100≒25(\%)$인 2019년 3월이다.
⑤ IT분야 수출액이 전월 대비 가장 큰 폭으로 하락한 때는 $159,939-128,687=31,252$(백만 달러) 감소한 2020년 4월이다.

### ✒ 문제 해결 TIP
그래프가 주어진 경우 수치가 주어졌다 하더라도 숫자를 대입해서 푸는 것보다 그래프를 이해하는 것이 문제 해결을 위한 시간 단축에 도움이 된다. 직선으로 나타내어진 그래프는 직선의 기울기가 오른쪽 위로 상승하는 것은 양의 방향으로 증가, 오른쪽 아래로 하락하는 것은 음의 방향으로 감소하는 것이다. 또한 양의 방향으로 증가하는 직선의 경사도가 가파를수록 많이 증가하는 것이고, 마찬가지로 음의 방향으로 감소하는 직선의 경사도가 가파를수록 많이 하락하는 것을 뜻한다.

**09 정답 ②**

논리 게이트를 식으로 표현하면, ((X OR Y) AND Z) AND (NOT X) 이다. X OR Y는 1이 들어있는 값을 받으므로 010이고, 이를 Z와 만나 AND 연산을 하면 010이 된다. NOT X 는 0인 수가 1이 되므로 111이 된다. 이 두 값이 마지막으로 AND 연산으로 만나게 되면, 최종적으로 010이 A의 값으로 출력된다.

**10 정답 ⑤**

코드를 보면, for문의 인덱스인 i와 j가 먼저 선언되고, 숫자로 표현되는 count가 0으로 초기화된 상태로 시작한다. 그리고 첫 번째 for문은 i가 5에서부터 감소하는 형태, 두 번째 for문은 j가 0에서부터 증가하고 2 미만에서 멈추면서 ＊와 함께 count를 출력하게 된다. 처음으로 11번째 줄의 \n을 만나기 전까지 내부 for문에서는 count가 0이므로, ＊0＊0이 출력된다. 외부 for문이 총 3번 실행되게 되는데, 그동안 count가 1씩 증가하면서 처음 출력값과 동일하지만, ＊1＊1, ＊2＊2로 count만 증가되는 형태를 보이게 된다. 따라서 정답은 ⑤이다.

> **✔ 문제 해결 TIP**
> 내부 for문의 형태를 먼저 파악하면, 외부 for문은 반복성이 있으므로 전체 출력값을 파악하기 쉽다.

**11 정답 ①**

후위 순회와 중위 순회 가장 앞의 3개를 보면, 왼쪽 가장 하위 노드가 〔C / E F〕임을 알 수 있다. 또한 네 번째가 각각 G, B 노드라는 것은 C의 상위 노드가 B라는 것이고, B의 오른쪽 하위 노드가 존재한다는 뜻이다. 따라서 중위 순회의 G－D－H와 후위 순회의 G－H－D를 참고하면 오른쪽 하위 노드가 〔D / G H〕임을 알 수 있다. 그리고 두 순회 모두 A가 가장 마지막으로 나오게 되는데, 이는 B의 상위 노드가 A이며, A의 오른쪽 하위 노드는 존재하지 않는다는 뜻이다. 따라서 최종 트리 모양은 다음과 같다.

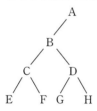

이를 전위 순회로 읽으면, A－B－C－E－F－D－G－H이므로 여섯 번째로 방문하는 노드 값은 D이다.

**12 정답 ⑤**

주어진 연산은 2의 0제곱부터 10제곱까지의 합을 구하는 것이다. 해당 순서도를 보면, SUM은 SUM＋2의 0제곱~2의 10제곱이 이루어져야 하고, i는 1씩 더해가다가 11 미만에서 NO 조건문에 해당하여 연산을 종료해야 함을 알 수 있다. 따라서 (ㄱ)은 SUM, (ㄴ)은 11이다.

**13 정답 ①**

버블 정렬은 인접한 두 수를 비교해서 큰 수를 뒤로 보내는 정렬을 말한다.
- 첫 번째 패스: 5, 2, 3, 8, 1 → 2, 5, 3, 8, 1 → 2, 3, 5, 8, 1 → 2, 3, 5, 8, 1 → 2, 3, 5, 1, 8
- 두 번째 패스: 2, 3, 5, 1, 8 → 2, 3, 1, 5, 8
- 세 번째 패스: 2, 3, 1, 5, 8 → 2, 1, 3, 5, 8

**14** 정답 ②

[과정1] 직후 3억 원을 확보하였기 때문에 이 비용 내에서 기간을 단축해야 한다.

• 기간 단축 전

• 과정2, 3, 7 기간 단축 시(총 2.7억 원의 비용): 과정2에서 7주 → 4주(3주 단축)하고, 과정7에서 4주 → 1주(3주 단축)하면 3주×5천만 원＋3주×4천만 원＝27(천만 원)＝2.7(억 원)의 비용이 든다.

**15** 정답 ⑤

ⓒ 매출액이 감소한 항목은 에너지/검침(115,113 → 85,296), 제조(554,674 → 521,739), 소매/물류(100,102 → 81,078)로 3개이다.

ⓒ 헬스케어/의료/복지 분야에서 2018년에는 전년 대비 5,824백만 원 감소하였고, 2019년에는 7,832백만 원 증가하였으므로 2018년 증감률은 약 7% 하락, 2019년 증감률은 약 11% 상승하였다. 따라서 전년 대비 2019년 증감률이 더 크다.

ⓔ 전년 대비 전체 매출액이 가장 많이 증가한 연도는 2019년으로 991,625백만 원 증가하였다. 이때 금융 분야와 교육 분야의 매출액 증가분의 합은 231,556백만 원이다. 반면에 국방 분야의 매출액 증가분은 258,392백만 원이므로 미치지 못한다.

오답풀이

ⓐ 자동차/교통 등 항목과 건설·시설물관리 등 항목의 비중은 2018년 $\frac{1,240,342}{2,495,702}×100≒49.7(\%)$, 2019년 $\frac{1,792,898}{3,487,327}$

$×100≒51.4(\%)$, 2020년 $\frac{1,906,290}{3,709,158}×100≒51.4(\%)$이다. 따라서 처음 이 항목들의 비중이 전체 매출액 비중의 50%를 넘는 시기는 2019년부터이다.

> ♂ 문제 해결 TIP
>
> 전체 매출액의 과반수를 넘는다는 것은 '2×특정 항목들의 매출액＞전체 매출액'임을 의미한다.
> 2018년 자동차/교통/항공/우주/조건 항목과 건설·시설물관리/안전/환경 항목의 매출액은 306,528+933,814=1,240,342(백만 원)이고, 전체 매출액은 2,495,702백만 원이므로 '2×1,240,342=2,480,684(백만 원)＜2,495,702백만 원'이다. 따라서 과반수가 아니다. 2019년도 동일하게 풀이해 보면 '2×(765,701+1,027,197)=3,585,796(백만 원)＞3,487,327백만 원'으로 과반수이다.

**16** 정답 ③

이용자 비율이 가장 크게 증가한 것은 맞지만 2019년과 2020년 모두 연령별 조사대상자 수를 알지 못하므로, 2019년 대비 2020년 동영상서비스를 검색서비스로 이용하는 이용자 수가 가장 크게 증가한 연령대가 70대인지는 알 수 없다.

오답풀이

① 동영상서비스를 이용하는 사람은 10,000명×93%＝10,000명×0.93＝9,300(명), 이용하지 않는 사람은 700명이다.

② 하루 1회 이상 동영상서비스를 이용하는 사람은 동영상서비스 이용자의 76%이므로 (10,000명×93%)×76%＝(10,000명×0.93)×0.76＝7,068(명)이다.

④ [그래프]에서 동영상서비스를 검색서비스로 이용하는 사람은 동영상서비스 이용자의 50.0%이다. 따라서 2020년 동영

상서비스 이용자 중에서 동영상서비스를 검색서비스로 이용하는 사람은 (10,000명×93%)×50.0%=(10,000명×0.93)×0.5=4,650(명)이다.

⑤ 2020년 동영상서비스를 검색서비스로 이용하는 20대 이용자의 비율은 2019년에 비해 53.6−41.6=12(%p) 증가하였다.

## 17 정답 ⑤

$(A+B)(A+\overline{B})(\overline{A}+B)$
$=(AA+A\overline{B}+AB+B\overline{B})(\overline{A}+B)$ $(AA=A, B\overline{B}=0)$
$=(A+A\overline{B}+AB)(\overline{A}+B)$
$=(A+A(\overline{B}+B))(\overline{A}+B)$ $\qquad (\overline{B}+B=1)$
$=(A+A)(\overline{A}+B)$ $\qquad (A+A=A)$
$=A(\overline{A}+B)$
$=A\overline{A}+AB$ $\qquad (A\overline{A}=0)$
$=AB$

## 18 정답 ①

주어진 코드 내용에 따라 어떤 방식으로 변수 star가 출력될 지 그려나가야 한다. 이중 반복문의 i, j의 값에 따라 어떤 문자들이 출력되는지 기록해 보면, 길이 10의 두 변을 가지는 직각 이등변 삼각형이 만들어진다.

## 19 정답 ③

주어진 그림은 2의 제곱수를 계속 더해나가는 순서도이다. 지수인 N을 1씩 증가시켜 20이 되기 전까지 최종 값인 Y에 $2^{N+1}$을 더해 $1+2+2^2+2^3+2^4+\cdots$ 의 순서로 합을 저장해나가며 출력한다.

## 20 정답 ④

order 함수는 전위 순회 함수이며, 이 함수에 따르면 노드를 방문하는 순서는 A → B → D → C → E → F → G가 될 것이다. 따라서 F가 6번째로 출력된다.

## 인지역량 – 수리(검사B)

본문 P. 318~327

| 01 | 02 | 03 | 04 | 05 | 06 | 07 | 08 | 09 | 10 |
|----|----|----|----|----|----|----|----|----|----|
| ① | ④ | ② | ③ | ② | ④ | ② | ① | ③ | ③ |
| 11 | 12 | 13 | 14 | 15 | 16 | 17 | 18 | 19 | 20 |
| ② | ⑤ | ⑤ | ④ | ④ | ⑤ | ④ | ⑤ | ④ | ② |

**01** 정답 ①

다섯 개 나무 화분의 나뭇가지 개수 차이가 일정하다고 하였으므로 나뭇가지의 개수는 각각 $(N+2A)$, $(N+A)$, $N$, $(N-A)$, $(N-2A)$개로 설정할 수 있다. 두 번째로 나뭇가지의 수가 많은 나무와 세 번째로 나뭇가지의 수가 많은 나무의 나뭇가지 수의 합은 $(N+A)+N=(2N+A)$(개)이고, 나뭇가지가 가장 많은 나무의 나뭇가지 수보다 17개가 많다고 하였으므로 $(N+2A)+17=(2N+A)$이다. 이를 정리하면, $N-A=17$이다.

모든 나뭇가지 수의 합은 $(N+2A)+(N+A)+N+(N-A)+(N-2A)=5N=165$이므로, $N=33$이다. $N-A=33-A=17$이므로, $A=33-17=16$이다. 따라서 나뭇가지가 가장 적은 나무 화분의 나뭇가지 수는 $33-(2\times16)=1$(개)이다.

**02** 정답 ④

$B+D=1,200$이므로 $B+D>1,000$임을 알 수 있다. 그런데 $B+E=800$이므로 $D>E$이고, $B+C=900$이므로 $D>C$이다. 또, $C+E=2,100$이므로 $C+E>1,000$임을 알 수 있다. 그런데 $B+E=800$이므로 $C>B$이고, $B+C=900$이므로 $E>B$이며, $A+E=700$이므로 $C>A$이다. 즉, $D>E>B$이고 $D>C>B$이며, $C>A$이다. 따라서 가장 무거운 추는 D이다.

**03** 정답 ②

공정 B에서는 14분 동안 266대의 공기청정기를 생산할 수 있다고 하였으므로 1분 동안 19대의 공기청정기를 생산할 수 있다. 즉, 6분 동안 114대의 공기청정기를 생산할 수 있다. 공정 A에서는 6분 동안 65대의 공기청정기를 생산할 수 있으므로 두 공정 A, B에서는 6분 동안 $65+114=179$(대)의 공기청정기를 생산할 수 있다.

이때, $1,819=179\times10+29$이므로 두 공정 A, B를 60분 동안 가동하고도 29대를 더 생산해야 한다.

공정 A에서는 6분 동안 65대를 생산하므로 1분 동안 $\dfrac{65}{6}=10.\cdots$(대)를 생산할 수 있고, 공정 B에서는 1분 동안 19대를 생산할 수 있으므로 1분 동안 두 공정 A, B에서 적어도 29대를 생산할 수 있다는 것을 알 수 있다.

따라서 두 공정 A, B를 적어도 $60+1=61$(분) 동안 가동하면 1,819대의 공기청정기를 생산할 수 있다.

**04** 정답 ③

임의로 선택된 제품이 A기계에서 생산될 확률을 $P(A)$, B기계에서 생산될 확률을 $P(B)$, C기계에서 생산될 확률을 $P(C)$라 하고, 제품이 불량품일 확률을 $P(E)$라 하자. $P(A)=0.5$, $P(B)=0.3$, $P(C)=0.2$이고, $P(A\cap E)=0.5\times0.01$, $P(B\cap E)=0.3\times0.02$, $P(C\cap E)=0.2\times0.03$이다.

따라서 구하는 확률은 다음과 같다.

$$P(A\,|\,E)=\frac{P(A\cap E)}{P(E)}=\frac{P(A\cap E)}{P(A\cap E)+P(B\cap E)+P(C\cap E)}=\frac{0.5\times0.01}{0.5\times0.01+0.3\times0.02+0.2\times0.03}=\frac{5}{17}$$

## 05 정답 ②

정가를 $x$원이라 하면 판매가는 정가에서 $30\%$를 할인한 가격이므로 $(1-0.3)x=0.7x$(원)이다. 이때, 해당 판매가로 판매할 때 원가의 $5\%$ 이상으로 이익이 발생해야 한다.

$0.7x \geq (1+0.05) \times 10,000$

$\therefore x \geq \frac{10,500}{0.7}(=15,000)$

따라서 정가는 적어도 15,000원으로 정해야 한다.

## 06 정답 ④

농도가 $2\%$인 소금물의 양은 $340-200=140$(g)이므로 소금의 양은 $\frac{2}{100} \times 140=2.8$(g)이다. 이때, 처음 퍼낸 소금물의 양을 $x$g이라고 하면 다음과 같은 식이 성립한다.

$\frac{10}{100} \times (200-x) + 2.8 = \frac{5}{100} \times 340$

$2,000-10x+280=1,700$

$\therefore x=58$(g)

따라서 처음 퍼낸 소금물의 양은 58g이다.

## 07 정답 ②

제품 A의 가격을 $3a$, 제품 B의 가격을 $2a$라 하고, 제품 A의 전월 판매량을 $4b$, 제품 B의 전월 판매량을 $3b$라 하면, 전월 총판매액은 $3a \times 4b + 2a \times 3b = 12ab + 6ab = 18ab$ ⋯ ㉠

제품 A의 당월 판매량은 전월 대비 $20\%$ 증가하였으므로 $1.2 \times 4b = 4.8b$이고, 제품 B의 당월 판매량은 전월 대비 $x\%$ 감소하였으므로 $(1-0.01x) \times 3b$이다. 따라서 두 제품 A, B의 당월 판매액은 각각 $3a \times 4.8b = 14.4ab$, $2a \times (1-0.01x) \times 3b = (6ab - 0.06xab)$이다.

한편, 당월 총판매액은 전월 대비 $10\%$ 증가하였으므로 ㉠에서 $18ab \times 1.1 = 19.8ab$이다.

(총판매액)$-$(제품 A의 판매액)$=$(제품 B의 판매액)이므로

$19.8ab - 14.4ab = 6ab - 0.06xab$

$5.4 = 6 - 0.06x$

$\therefore x=10(\%)$

따라서 제품 B의 판매량은 전월 대비 $10\%$ 감소하였다.

**08** 정답 ①

계단이 1칸 있다고 하면 민우가 계단을 오르는 방법의 수는 1가지이다.

계단이 2칸 있다고 하면 민우가 계단을 오르는 방법의 수는 2=2, 2=1+1의 2가지이다.

계단이 3칸 있다고 하면,

1) 민우가 먼저 1칸을 올랐을 때: 나머지 2칸을 올라야 하므로 2가지

2) 민우가 먼저 2칸을 올랐을 때: 나머지 1칸을 올라야 하므로 1가지

즉, 민우가 3칸을 오르는 방법의 수는 2+1=3(가지)이다.

계단이 4칸 있다고 하면,

1) 민우가 먼저 1칸을 올랐을 때: 나머지 3칸을 올라야 하므로 3가지

2) 민우가 먼저 2칸을 올랐을 때: 나머지 2칸을 올라야 하므로 2가지

즉, 민우가 4칸을 오르는 방법의 수는 3+2=5(가지)이다.

계단이 5칸 있다고 하면,

1) 민우가 먼저 1칸을 올랐을 때: 나머지 4칸을 올라야 하므로 5가지

2) 민우가 먼저 2칸을 올랐을 때: 나머지 3칸을 올라야 하므로 3가지

즉, 민우가 5칸을 오르는 방법의 수는 5+3=8(가지)이다.

이때, ($n$칸의 계단을 오르는 방법의 수)=($(n-1)$칸 계단을 오르는 방법의 수)+($(n-2)$칸 계단을 오르는 방법의 수)임을 확인할 수 있고, 이 규칙에 의해 다음과 같이 구할 수 있다.

- 계단 1칸: 1가지
- 계단 2칸: 2가지
- 계단 3칸: 1+2=3(가지)
- 계단 4칸: 2+3=5(가지)
- 계단 5칸: 3+5=8(가지)
- 계단 6칸: 5+8=13(가지)
- 계단 7칸: 8+13=21(가지)
- 계단 8칸: 13+21=34(가지)

따라서 민우가 계단 8칸을 올라가는 방법의 수는 34가지이다.


**09** 정답 ③

한 창구에서 1분당 업무를 처리하는 양을 $a$라고 하면

- 창구가 1개일 때: $n$명의 손님과 40분 동안 늘어나는 $40k$명의 손님에 대한 업무를 40분 동안 1개의 창구에서 처리해야 하므로 $n+40k=40a$ … ㉠
- 창구가 2개일 때: $n$명의 손님과 16분 동안 늘어나는 $16k$명의 손님에 대한 업무를 16분 동안 2개의 창구에서 처리해야 하므로 $n+16k=32a$ … ㉡

위의 ㉠ 식과 ㉡ 식을 정리하면 $a=3k$, $n=80k$이다.

창구가 3개일 때 $t$분 걸려 업무가 처리된다면 $n$명의 손님과 $t$분 동안 늘어나는 $tk$명의 손님에 대한 업무를 $t$분 동안 3개의 창구에서 처리해야 하므로 $n+tk=3ta$이고 $a=3k$, $n=80k$이므로

$80k+tk=9tk$

$80+t=9t$

$\therefore t=10(분)$

따라서 창구를 3개 열었을 때 10분 안에 모든 업무가 처리된다.


**10** 정답 ③

세 편의 영화 A, B, C를 관람한 사원들의 집합을 각각 $A$, $B$, $C$라 하고, 각 영역에 속하는 원소의 개수를 벤다이어그램으로 나타내면 오른쪽 그림과 같다.

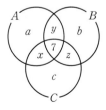

$n(A\cup B\cup C)=50$, $n(A)=27$, $n(B)=18$, $n(C)=22$이므로

$a+b+c+x+y+z=50-7=43$ … ㉠

$a+x+y=27-7=20$ … ㉡

$b+y+z=18-7=11$ … ㉢

$c+x+z=22-7=15$ … ㉣

㉡+㉢+㉣-㉠을 하면 $x+y+z=3$ … ㉤

㉣을 ㉠에 대입하면 $a+b+c=40$
따라서 한 편의 영화만 관람한 사원의 수는 40명이다.

## 11 정답 ②

갑, 을, 병이 각각 모은 스티커 종류의 집합을 A, B, C라 하자. 갑, 을, 병이 각자 모은 스티커 종류와 두 사람씩 비교한 경우, 세 사람을 함께 비교한 경우를 모두 고려한, 공통인 스티커 종류의 개수를 표시하면 다음과 같다.

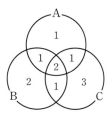

세 사람이 모은 서로 다른 스티커의 종류는 모두 $1+1+2+1+2+1+3=11$(종류)이다. 따라서 경품을 받기 위해 더 필요한 스티커의 종류는 $20-11=9$(종류)이다.

> ✐ **문제 해결 TIP**
> 집합과 관련된 문제는 되도록 벤다이어그램을 그려 해결하는 것이 문제를 빠르게 해결할 수 있는 방법이다. 문제에서 공통인 부분이 벤다이어그램에서 어느 부분을 나타내는지 기억해 두면 좋다.

## 12 정답 ⑤

카드를 뒤집을 수 있는 사람은 카드에 적힌 숫자의 약수에 해당하는 순서를 가지고 있는 학생뿐이다. 처음에 모든 카드의 노란색 면이 보였으므로 홀수 번을 뒤집은 카드만이 최종적으로 파란색 면이 보일 것이다. 따라서 각 카드 번호의 양의 약수의 개수가 홀수인 카드만 파란색 면이 보일 것이다. 이때 양의 약수의 개수가 홀수인 자연수는 반드시 제곱수이므로 1, 4, 9, 16, 25, 36, 49, 64, 81, 100의 10장의 카드를 제외한 $100-10=90$(장)의 노란색 면의 카드가 보인다.

## 13 정답 ⑤

토끼와 거북이가 두 점 P, Q에서 출발하여 $t$초 동안 움직인 거리는 각각 $6t$(m), $2t$(m)이다.
출발하는 위치를 보면 토끼가 거북이보다 160m 뒤에 있으므로 토끼와 거북이가 동시에 출발하여 처음 만날 때는 토끼가 거북이보다 160m만큼 더 많이 움직일 때이다. $\Rightarrow 6t_1-2t_1=160 \qquad \therefore t_1=40$
따라서 토끼와 거북이는 출발한 지 40초 만에 처음으로 만나게 된다.
또한 토끼와 거북이는 처음 만나고 나서 앞으로 8번 더 만나야 하기 때문에 토끼와 거북이의 거리의 차가 정육각형의 둘레의 길이인 240m의 8배가 되어야 한다. $\Rightarrow 6t_2-2t_2=240\times8 \qquad \therefore t_2=480$
따라서 토끼와 거북이가 아홉 번째 만나는 때는 출발한 지 $40+480=520$(초)=8분 40초 후이다.

## 14 정답 ④

영어 교육을 듣는 신입사원을 20자리씩 $x$줄을 앉히고 8명이 남는다면 $(20x+8)$이라 할 수 있고, 25자리씩 $y$줄을 앉히고 13명이 남는다면 $(25y+13)$이라 할 수 있다.
$20x+8=25y+13 \rightarrow 20x-25y=5 \rightarrow 4x-5y=1$이고 이를 만족시키는 순서쌍 $(x, y)$를 찾되 $296\le20x+8<425$를 만족해야 한다. (19, 15)일 때 이를 만족하므로 영어 교육을 듣는 신입사원 수는 388명이다. 따라서 전체 신입사원의 수는 $425+388-296=517$(명)이다.

## 15 정답 ④

A직원이 매일 도시락이 나오기 $x$분 전에 회사를 출발하고, 오늘 A직원이 회사를 출발하여 판매점 직원과 만날 때까지 걸린 시간을 $b$분이라 한다. A직원이 도시락이 나오기 $x$분 전에 회사를 출발한다고 하면 회사에서 출발하여 다시 회사로 돌아오기까지는 $2x$분이 걸린다.

오늘 도시락이 평소보다 늦게 나온 시간을 $a$분이라 하고, A직원이 회사를 출발하여 판매점 직원과 만날 때까지 걸린 시간을 $b$분이라 하면 A직원이 도시락을 받아 회사로 오는 데에도 $b$분이 걸린다.

A직원이 평소보다 70분 늦게 나가 $2b$분 후에 회사로 돌아온 시각이 평소보다 56분 늦으므로,
$70 + 2b = 56 + 2x \Rightarrow x - b = 7 \cdots \bigcirc$

오늘은 도시락이 평소 A직원이 출발하던 시각보다 $(x + a)$분 후에 나왔고, 도시락이 나온 지 $(20 + b)$분 후에 A직원이 회사에 도착하였으므로, $x + a + 20 + b = 2x + 56 \Rightarrow x - b = a - 36 \cdots \bigcirc$

위의 $\bigcirc$ 식과 $\bigcirc$ 식을 연립하면 $a - 36 = 7$ $\quad \therefore a = 43$(분)

따라서 오늘 판매점의 도시락은 평소보다 43분 늦게 나왔음을 알 수 있다.


## 16 정답 ⑤

소득 4분위와 소득 5분위만 2019년 전년 원리금상환액 대비 2020년 전년 원리금상환액이 각각 1,536 → 1,636만 원, 2,440 → 2,468만 원으로 증가하였고, 나머지 소득분위의 경우 감소하였다.

오답풀이

① 2019년 소득 2분위의 부채가 $23,780 - 20,045 = 3,735$(만 원)이므로 [표1]과 [표2]를 비교하면 모든 소득분위에서 2019년 대비 2020년 자산과 부채가 증가하였다.

② 2020년 소득 5분위의 순자산액은 $98,054 - 18,645 = 79,409$(만 원)이고, 소득 4분위의 순자산액의 2배는 $39,447 \times 2 = 78,894$(만 원)이다. 따라서 2020년 소득 5분위의 순자산액은 소득 4분위의 순자산액의 2배 이상이다.

③ 매년 가구주 연령이 가장 높은 소득분위는 소득 1분위이고, 소득 1분위의 가구원 수는 매년 1명이다.

④ 2020년 소득분위별 자산 대비 부채의 비율을 구하면 다음과 같다.

| 소득 1분위 | 소득 2분위 | 소득 3분위 | 소득 4분위 | 소득 5분위 |
|---|---|---|---|---|
| $\frac{1,752}{13,629} \fallingdotseq 0.13$ | $\frac{4,056}{25,523} \fallingdotseq 0.16$ | $\frac{6,851}{36,076} \fallingdotseq 0.19$ | $\frac{9,975}{49,422} \fallingdotseq 0.20$ | $\frac{18,645}{98,054} \fallingdotseq 0.19$ |

따라서 2020년 자산 대비 부채의 비율이 가장 큰 소득분위는 소득 4분위이다.


## 17 정답 ④

ⓒ 2018년 대비 2020년 전체 발전량에서 신재생 에너지가 차지하는 비중은 $\frac{6.6 - 6.2}{6.2} \times 100 \fallingdotseq 6.5$(%) 증가하였고, $6.6 - 6.2 = 0.4$(%p) 증가하였다.

> 🔍 **문제 해결 TIP**
> [그래프2]에 나와 있는 비중으로만 계산 가능하므로 먼저 확인한다. 단위가 %p가 아니라 %이므로 비중의 증가율을 구해야 함에 유의한다.

ⓔ 원자력 발전량은 2018년 $570,647 \times 0.234 \fallingdotseq 133,531$(GWh), 2019년 $563,040 \times 0.259 \fallingdotseq 145,827$(GWh), 2020년 $552,162 \times 0.29 \fallingdotseq 160,127$(GWh)이다. 따라서 원자력의 연평균 발전량은 $\frac{133,531 + 145,827 + 160,127}{3} = 146,495$(GWh)이다.

오답풀이

ⓐ 2018년 가스 발전량은 $570,647 \times 0.268 \fallingdotseq 152,933$(GWh), 2019년 가스 발전량은 $563,040 \times 0.256 \fallingdotseq 144,138$(GWh), 2020년 가스 발전량은 $552,162 \times 0.264 \fallingdotseq 145,771$(GWh)이다. 따라서 2020년 가스 발전량은 전년 대비 증가하였다.

**문제 해결 TIP**

2019년에는 전년 대비 전체 발전량과 가스의 비중이 모두 감소하였으므로 계산하지 않아도 감소하였음을 알 수 있다. 따라서 2019년과 2020년만 계산한다.

ⓒ 2020년 석탄의 발전량은 $552,162 \times 0.356 ≒ 196,570(GWh)$이고, 2019년 석탄의 발전량은 $563,040 \times 0.404 ≒$ $227,468(GWh)$이다. 따라서 $\frac{227,468-196,570}{227,468} \times 100 ≒ 13.6(\%)$ 감소하였다.

> **문제 해결 TIP**
>
> 2019년과 2020년 석탄 발전량의 차가 30,898GWh이고, 2019년 석탄 발전량의 15%가 $227,468 \times$ $0.15 = 34,120.2(GWh)$이므로 2020년 석탄의 발전량이 전년 대비 15% 이상 감소하였다는 내용은 옳지 않다. 나눗셈보다 곱셈이 더 간단하므로 단순히 어떤 값의 대소만 비교하는 경우에는 정확한 값을 구할 필요가 없다.

## 18 정답 ⑤

처리 건수는 전년에서 이월된 처리 대상 건수 중의 처리 건수와 당년 접수된 처리 대상 건수 중의 처리 건수의 합이다. 따라서 당년 접수된 처리 대상 건수 중 몇 건이 당해에 처리되었는지는 알 수 없다.

> **문제 해결 TIP**
>
> 자료에서 구할 수 없는 선택지를 먼저 확인한 다음 계산이 필요 없는 선택지를 확인하는 것이 시간 단축에 용이하다. 문제의 선택지 ⑤의 경우 자료에서는 확인할 수 없는 선택지이므로 옳지 않음을 바로 확인할 수 있다.

오답풀이

① 2012년에서 2013년으로 이월된 처리 대상 건수가 2,096건이므로 2013년 처리 대상 건수는 $18,770+2,096=20,866(건)$이다. 이 중 17,036건을 처리하였으므로 2014년으로 이월된 처리 대상 건수는 $20,866-17,036=3,830(건)$이다. 따라서 2014년 처리 대상 건수는 $19,442+3,830=23,272(건)$이고, 이 중 18,627건을 처리하였으므로 2015년으로 이월된 처리 대상 건수는 $23,272-18,627=4,645(건)$이다.

② 처리 건수가 가장 많은 해는 2019년으로 추가 징수세액은 1,316,131백만 원이고, 가장 적은 해는 2017년으로 추가 징수세액은 1,306,495백만 원이다. 따라서 추가 징수세액 차는 $1,316,131-1,306,495=9,636(백만 원)=96.36(억 원)$이다.

③ 처리 건수당 추가 징수세액은, 2018년의 경우 $\frac{1,305,392}{17,873} ≒ 73(백만 원)$이고, 2019년의 경우 $\frac{1,316,131}{23,210} ≒ 57(백만 원)$이다. 따라서 2019년 처리 건수당 추가 징수세액은 전년 대비 감소하였다.

> **문제 해결 TIP**
>
> 2019년 처리 건수는 전년 대비 약 30% 증가하였는데 추가 징수세액은 전년 대비 1% 미만으로 증가하였으므로 2018년 대비 2019년 처리 건수당 추가 징수세액은 감소하였음을 알 수 있다.

④ 당년 접수 처리 대상 건수보다 처리 건수가 많은 해는 2016년과 2019년으로 햇수로 2개이다.

## 19 정답 ④

$3,166,255 \times 0.05 = 316,625.5 \times \frac{1}{2} ≒ 158,000(백만 원) > 155,510$백만 원이므로 2017년 전체 광고 시장에서 MBC 본사 광고 매출액이 차지하는 비중은 5% 이내이다.

> **문제 해결 TIP**
>
> 2017년 전체 광고 시장에서 MBC 본사 광고 매출액이 차지하는 비중은 $\frac{155,510}{3,166,255} \times 100 ≒ 4.9(\%)$로 5% 이내이다.

① 3,222,462×0.3≒970,000(백만 원)<1,053,796백만 원이므로 2016년 전체 광고 시장에서 공영방송 광고 매출이 차지하는 비중은 30% 이상이다.

### 문제 해결 TIP

2016년 전체 광고 시장에서 공영방송 광고 매출이 차지하는 비중은 $\dfrac{1,053,796}{3,222,462}\times100≒32.7(\%)$이므로 30% 이상이다.

② 2018년 광고 매출액이 전년보다 증가한 것은 종합유선방송, 위성방송, 방송채널사용사업, IPTV이다.

③ 2017년 KBS 광고 매출액은 366,608백만 원이고, 2016년과 2018년 KBS 광고 매출액의 평균은 $\dfrac{420,723+332,795}{2}$ =376,759(백만 원)이므로 평균이 아니다.

⑤ MBC 전체 광고 매출액은 2016년 37,010+202,948=239,958(백만 원), 2017년 35,475+155,510=190,985(백만 원), 2018년 31,264+131,878=163,142(백만 원)이므로, 2018년의 경우만 KBS 광고 매출액의 절반보다 작다.

## 20 정답 ②

차이가 작은 순서대로 나열하면 운수 및 창고업(1,633만 건), 교육서비스업(3,655만 건), 정보통신업(4,338만 건), 전문, 과학 및 기술서비스업(4,754만 건), 건설업(4,887만 건)이다. 따라서 전문, 과학 및 기술서비스업은 네 번째로 작다.

① 정보통신업의 전체 평균 대출 건수는 12,838만 건으로, 제조업 23,818만 건의 50%인 약 11,909만 건보다 많다.

③ 전체 평균 대출 대비 은행에서 대출한 비율과 가계대출 용도로 빌린 비율의 차이를 구하여 순서대로 나열하면, 제조업이 78−29=49(%p)로 가장 차이가 많이 나고 그다음으로 농업, 임업 및 어업이 63−28=35(%p)로 차이가 많이 난다.

④ 전체 평균 대출 대비 은행에서 대출한 비율이 가장 작은 것부터 순서대로 나열하면 농업, 임업 및 어업(약 28%), 건설업 (약 39%), 운수 및 창고업(약 49%)이다. 따라서 은행에서 대출한 비율이 40% 미만인 산업은 농업, 임업 및 어업, 건설업 으로 총 2개이다.

⑤ 전체 평균 대출 대비 가계용도로 대출한 비율이 가장 큰 순서대로 나열하면, 운수 및 창고업(약 77%), 교육서비스업(약 67%), 전문, 과학 및 기술서비스업(약 64%)이다.

# 인지역량 – 언어(검사C)

| 01 | 02 | 03 | 04 | 05 | 06 | 07 | 08 | 09 | 10 |
|---|---|---|---|---|---|---|---|---|---|
| ④ | ④ | ④ | ⑤ | ① | ④ | ④ | ④ | ⑤ | ④ |
| 11 | 12 | 13 | 14 | 15 | 16 | 17 | 18 | 19 | 20 |
| ⑤ | ③ | ③ | ③ | ② | ② | ④ | ① | ① | ④ |

## 01 정답 ④

정시의 공정성을 부각하여 주어진 글의 논지를 오히려 강화하고 있으므로 글에 대한 반론으로 적절하지 않다.

오답풀이
① 정시 비중이 확대됐을 때의 부작용을 들고 있으므로 적절한 반론이다.
②, ③ 주어진 글에선 공정성을 위해 정시를 확대해야 한다고 주장하고 있는데, 정시 또한 공정성에 문제가 있음을 지적하고 있으므로 적절한 반론이다.
⑤ 정시가 학생의 실력을 정확히 측정하여 공정한 선발을 가능케 한다는 글의 논거를 반박하고 있으므로 적절한 반론이다.

## 02 정답 ④

날개 없는 선풍기는 비행기 날개가 힘을 받는 원리를 적용한 고리의 내부에서 속력이 빨라진 공기가 고리 밖으로 나오면서 생기는 기압 차이로 주변의 공기가 고리 안쪽으로 유도되어 둥근 고리를 통과하도록 하여 바람을 만든다. 따라서 고리 내부를 빠져나가는 공기의 속도가 빠를수록 강한 바람이 유도될 것임을 알 수 있다.

오답풀이
① 속력이 빨라진 공기가 빈 고리 내부의 좁은 틈을 통해 강하게 빠져나온다고 하였으므로 공기가 빠져나오는 공간이 클수록 바람이 강하다는 내용은 적절하지 않다.
② 둥근 고리의 단면은 속이 빈 비행기 날개의 모양으로 아랫면보다 볼록한 윗면을 지나갈 때 공기의 속도가 더 빨라지는 원리를 이용한 것이다. 즉 고리 속의 공간이 꽉 차 있다면 바람이 지나가기 어렵다.
③ 날개 없는 선풍기의 원기둥 모양의 스탠드에는 팬과 모터가 함께 있다고 언급하였을 뿐 두 부품의 거리와 관련된 내용은 주어진 글에서 찾을 수 없다.
⑤ 주어진 글에서는 팬 없이 모터만 사용하는 선풍기 강도에 대한 내용은 알 수 없다. 따라서 두 선풍기 중 어느 것의 바람이 더 강한지도 알 수 없다.

## 03 정답 ④

연구자 갑숙의 실험에서 한 시간 후 재미있는 놀이를 하게 될 것이라고 생각하는 집단 A는 다가올 상황에 맞추어 다소 즐거운 음악을 선택했고, 한 시간 후 심각한 과제를 하게 될 것이라고 생각하는 집단 B는 가라앉은 기분을 최적의 상태에 가깝게 하기 위해 과도하게 흥겨운 음악을 선택했다가 곧 다가올 상황에 맞추어 기분을 가라앉히는 차분한 음악을 선택하였다. 실험 결과를 통해 기분 조정 이론에서는 현재 시점에만 초점을 맞추는 기분 관리 이론과 달리 사람들이 자신에게 다가올 상황에 맞추어 현재의 기분을 조정하는 음악을 선택한다고 예측함을 알 수 있다.

오답풀이
① 기분 관리 이론에서는 사람들이 현재의 기분을 최적의 상태로 유지해 줄 수 있는 음악을 선택한다고 예측한다. 따라서 항상 흥겨운 음악을 선택한다는 추론은 적절하지 않다.
② 기분 관리 이론은 흥분 수준이 최적의 상태보다 높을 때 사람들이 그것을 낮출 수 있는 수단을 선택한다고 예측하므로 흥분 수준이 최적의 상태보다 높다면 사람들은 차분한 음악을 선택한다고 볼 것이다.
③ 기분 관리 이론은 흥분 수준이 최적의 상태보다 낮을 때 사람들이 그것을 회복할 수 있는 수단을 선택한다고 예측하므로 흥분 수준이 최적의 상태보다 낮다면 사람들은 흥겨운 음악을 선택한다고 볼 것이다.
⑤ 사람들이 현재의 기분을 최적의 상태로 유지하기 위해 흥분 상태에서는 차분한 음악을 선택하고 우울한 상태에서는 흥겨운 음악을 선택한다고 예측하는 것은 기분 조정 이론이 아니라 기분 관리 이론이다.

**04 정답 ⑤**

네 번째 문단에서 '폐광 지역 개발 지원에 관한 특별법 제정'은 대체 산업 육성과 관련된 것으로 석탄 생산량 감소와는 관련이 없다.

오답풀이
① 네 번째 문단의 '~폐광 지역 대체 산업 육성 사업은 강원랜드를 제외하면 지지부진하고,'를 통해 강원랜드가 운영되고 있음을 추론할 수 있다.
② 마지막 문단의 '~생산량 감소와 연탄 가격 상승은 불을 보듯 뻔하다. 저렴한 비용으로 인해 추운 겨울철을 연탄으로 버텨 왔던 서민층과 저소득층의 생활고도 더욱 심해질 것'을 통해 추론할 수 있다.
③ 두 번째 문단의 첫 번째 줄과 네 번째 문단의 세 번째~네 번째 줄을 통해 청년층의 외지 유출에 대한 우려가 강원도 의회의 주장인 것을 추론할 수 있다.
④ 두 번째 문단을 통해 '석탄 공사 산하 3개 탄광으로 전남 화순, 태백 장성, 삼척 도계'가 있고, 마지막 문단을 통해 '석탄 공사가 운영하는 이 3개 광업소가 문을 닫게 되면 국내에 공급하는 석탄 생산량의 60% 이상이 감소하게 된다.'는 것을 알 수 있다. 따라서 화순, 장성, 도계 광업소가 모두 폐업 시 국내에 석탄 공급 부족이 발생할 것을 추론할 수 있다.

**05 정답 ①**

글의 마지막 문단에서는 옥시토신과 바소프레신이 사랑의 세 번째 단계인 애착의 단계에서 어떤 역할을 하는지 설명하고 있다. 특히 ㉠의 앞에서 바소프레신의 역할을 구체적으로 설명하기 위해 들쥐의 실험 사례를 제시하고 있으므로, 이 사례의 결론과 그것을 통해 바소프레신이 애착 유지에 중요한 기능을 한다는 점을 이끌어 내는 ①이 들어가야 한다.

오답풀이
② 사랑의 단계마다 다른 사랑의 분자가 관여한다는 점을 제시하고 있으므로 글의 처음 부분에 들어가는 것이 적절하다.
③ 옥시토신과 바소프레신에 대한 설명이므로 글의 마지막 문단에 들어갈 수는 있지만, 앞서 관련된 내용이 없어 ㉠에 들어갈 내용으로는 적절하지 않다.
④ 여성 호르몬인 에스트로겐과 남성 호르몬인 테스토스테론의 유사성을 제시하고 있으므로, 사랑의 첫 단계에서 테스토스테론과 에스트로겐이 관여한다는 내용의 첫 번째 문단 끝에 들어가는 것이 적절하다.
⑤ 우리의 감정과 행동에 중요한 영향을 미치며 사랑의 화합물이라 부를 만한 것은 모노아민계에 속하는 화합물에 대한 설명이므로 두 번째 문단의 끝에 들어가는 것이 적절하다.

**06 정답 ④**

상상력을 향상시키는 방법이나 선행 조건은 주어진 글에서 추론하기 어렵다. 다만, 디지털 시대의 상상력은 지식 그 자체보다 지식과 지식들을 융합하여 새로운 것을 창출하는 것에 더 의미를 두므로 다양한 지식의 창조가 선행되어야 한다고 보기는 어렵다.

오답풀이
① 첫 번째 문단을 통해 과거와 현재의 상상력 개념이 다름을 추론할 수 있다.
② 두 번째 문단을 통해 디지털 시대의 상상력이 만들어낸 콘텐츠가 철학, 예술, 일상생활 등 다양한 곳에서 드러나고 있음을 추론할 수 있다.
③ 붉은 악마와 촛불 문화를 예로 들어 개인의 상상력이 집단적 상상력으로 발현된 것임을 설명하고 있다.
⑤ 첫 번째 문단을 통해 기존의 지식 데이터들이 상상력을 통해 서로 충돌하고, 결합되고, 융합되어 새로운 문화가 창조될 수 있음을 추론할 수 있다.

**07 정답 ④**

깨진 유리창 이론은 작은 무질서 상태가 더 크고 심각한 범죄 또는 상황을 야기할 수 있는 것을 설명하는 이론이다. 기업경영과 조직 관리에도 적용되며 기업의 입장에서는 하찮은 것으로 볼 수 있지만 소비자들은 그러한 것에서 기업의 전체 이미지를 확대 해석할 수 있다. 선택지 ①~③, ⑤는 이러한 내용의 사례에 해당되며, ④의 자동차 사고로 지불하는 입원비보다 자동차보험의 보상조건이 더 좋다는 것을 안 가입자들이 일부러 사고를 유발하는 사례는 '도덕적 해이'의 사례에 해당한다.

> ✦ 문제 해결 TIP
> 도덕적 해이는 경제학적으로 정보의 비대칭이 존재하는 상황에서 주인이 대리인의 행동을 완전히 관찰할 수 없을 때 대리인이 자신의 효용을 극대화하는 과정에서 나타나는 것으로, 원래 보험시장에서 사용됐던 용어이다.

## 08 정답 ④

주어진 글에서는 '우리 생활에 직간접적으로 관여하는 초자연적인 존재들과의 관계를 다루는 것이 아닌 우리의 진정한 본질과 그중 자연계에 속하지 않은 나의 부분적 실체의 영원한 운명'을 다루는 것을 종교라고 설명하고 있다. 따라서 신과 인간과의 관계를 다룬다는 설명은 종교와 과학에 대한 차이점이라고 말하기 어렵다.

오답풀이
① 과학은 자연계, 종교는 초자연계를 다루고 있다고 서술되어 있다.
② 세 번째 문단을 보면, '과학이라는 형이하학적 세계와 종교라는 형이상학적 세계는 20세기 양자역학의 도입 이후 놀라운 전환기를 맞게 된다.'라고 서술되어 있다.
③ 첫 번째 문단을 보면, 과학은 르네상스 이후부터 그 위력을 발휘하였고, 종교는 르네상스 이전으로 기원전 약 4000년 이래 중세의 암흑기를 지나기까지 인류를 지배해 왔다고 서술되어 있다.
⑤ 네 번째 문단을 보면, 모든 가능성을 인정하는 것이 과학이며, 그것은 초자연현상에 대한 존재도 포함해야 한다고 서술되어 있다.

## 09 정답 ⑤

[가]에서는 청년 고용을 위한 정부의 다양한 정책을 소개하면서 비영리 단체를 그러한 제도의 대상에서 제외하는 이유를 제시하고 있다.
[나]에서는 비영리 단체의 고용 규모, 중요성 등에 대한 이해가 부족한 탓에 정부가 일자리 정책에서 소외시키고 있음을 비판하고 있다.

오답풀이
① 비영리 단체에 대한 지원이 없다는 점만 언급하였을 뿐 비영리 단체에 대한 정부의 규제에 대한 언급은 나타나 있지 않다.
② [가], [나] 모두 고용 장려금 부정 수급에 대한 문제는 언급하지 않았다.
③ [나]에서는 고용 유지가 아니라 비영리 단체에 대한 지원금과 지원 정책을 촉구하고 있다.
④ [나]에서 비영리 단체의 평균 소득은 대기업과 중소기업보다 높다고 하였다.

> ✦ 문제 해결 TIP
> 글에 나타난 관점으로 또 다른 글의 지문에 나타난 내용을 반박하기 위해서는 먼저 각각의 지문에 주어진 관점이 무엇인지부터 파악한 후, 두 관점의 쟁점을 정확히 찾아야 한다.
> 주어진 문제에서 [나]는 비영리 단체를 지원해야 한다는 관점을 보이고 있다. [가]에서는 정부의 청년 일자리 창출 정책에서 비영리 단체에 대한 지원이 없음과 그 이유를 제시하고 있다. 따라서 비영리 단체를 지원해야 한다는 관점에서 비영리 단체에 대한 지원이 없다는 관점에 해당하는 내용을 반박하고 있는 선택지를 찾으면 된다.

## 10 정답 ④

주어진 글에서는 『인구론』을 통해 맬서스가 주창한 이론의 내용을 간단히 언급한 후 그의 이론에 대한 비판이 있었고, 그의 이론이 현실화된 것은 아니지만 오늘날까지도 강력한 영향력을 발휘한다는 의의를 설명하고 있다. 따라서 주어진 글의 중심 내용은 맬서스의 이론이 지닌 의의로 볼 수 있다.

오답풀이
① 맬서스가 인구 과잉으로 이어질 수 있는 사회 복지 정책의 문제점을 지적했지만, 주어진 글의 주요 논점으로 보기 어렵다.

② 사회 개혁을 꿈꾸던 사람들과 맬서스 간에 견해 차이가 있긴 했지만, 이는 주어진 글의 주요 논점으로 보기 어렵다.

③ 맬서스가 『인구론』 제3판에서 자신이 식량의 공급과 비례 관계를 유지하는 한도 내에서 인구 증가를 옹호하는 사람이라는 점을 명시적으로 강조했다는 내용이 주어져 있지만, 주어진 글의 주요 논점으로 보기 어렵다.

⑤ 맬서스가 재난이나 전쟁 등으로 인구 증가를 억제시켜야 한다는 어두운 전망을 도출한 것은 맞지만, 주어진 글의 주요 논점으로 보기 어렵다.

## 11  정답 ⑤

주어진 글에서는 프레임과 파인더를 다른 것이라 설명하며 유리창을 예로 드는데, 파인더가 고정적인 틀이라면 프레임은 작가의 움직이는 시선을 대변한다고 설명하고 있다. 따라서 파인더가 고정된 유리창이라면 프레임은 작가가 유리창을 통해서 보는 세계가 된다.

오답풀이
① 유리창에 비친 자신의 모습은 프레임이 거울과 같은 역할을 한다는 의미로 읽히는데, 프레임은 거울이 아니라 작가가 카메라를 통해 보는 눈에 가깝다.
②, ③ 유리창을 닦는 기구나 유리창을 둘러싸고 있는 테두리는 프레임에 대한 적절한 설명이 아니다.
④ 프레임이 유리창 밖으로 보이는 세계인 것은 맞지만 그렇다고 작가가 상상하는 세계는 아니다. 사진은 작가의 상상을 표현한다기보다 작가가 자신의 시선에 따라 순간을 저장하는 것에 가깝다.

## 12  정답 ③

자외선 파장의 길이는 UVA(320~400nm)＞UVB(280~320nm)＞UVC(200~280nm)이며, 침투력은 UVA＞UVB＞UVC이므로, 자외선 파장의 길이는 침투력과 비례함을 알 수 있다. 하지만 인체에 가장 영향을 많이 미치는 것은 UVB라고 하였으므로, 자외선 파장의 길이와 인체에 미치는 영향은 비례하지 않는다.

## 13  정답 ③

윤리의 보편적 측면이란 시대, 인종, 상황 등을 초월한 보편적 윤리 가치를 뜻한다. 주어진 글은 윤리의 보편적 측면이 '최대 다수의 최대 행복'을 말하는 공리주의를 설명하는 근거로 들고 있다. 따라서 ③의 내용이 윤리의 보편적 측면을 근거로 한 공리주의의 입장임을 추론할 수 있다.

오답풀이
① 공리주의는 기본적으로 윤리의 보편적 측면을 근거로 한다는 주장이다.
② 주어진 글에서는 윤리적 신념과 도덕적 규제에 대한 내용을 찾을 수 없다.
④ 다양한 현상의 고유 의미를 존중한다는 것은 상대주의 이론에 대한 내용으로, 주어진 글과는 관계가 없다.
⑤ '최대 다수의 최대 행복'을 말하는 공리주의를 비판하는 내용이다. 필자는 공리주의적 입장에서 글을 서술하고 있다.

## 14  정답 ③

발바닥에 난 사마귀와 티눈을 감별하는 것은 어렵다고 언급되어 있으나, 자연 치유의 빈도가 높은 사마귀의 종류는 손발바닥 사마귀가 아닌 편평 사마귀이다.

오답풀이
① 첫 번째 문단에서의 '사마귀는 바이러스에 의해 피부 여러 곳으로 옮겨가지만 티눈은 그렇지 않다.'라는 설명을 통해 알 수 있다.
② 냉동 치료 시 통증을 동반하므로 통증을 우려하는 경우 연고(5－FU) 치료가 적절한 방법이라고 소개되어 있다.
④ 첫 번째 문단에서 사마귀는 어느 부위에서나 발생할 수 있다고 언급하였으며, 주어진 글의 마지막 문단에서는 바이러스가 원인이므로 사마귀 바이러스와의 직접적 접촉을 피해야 한다고 강조하고 있다.
⑤ 음부 사마귀의 경우 성관계 후 2~3개월 뒤에 병변이 나타난다고 언급되어 있다.

**15** 정답 ②

'가격 차별'은 기업이 수요자들의 탄력성을 기준으로 분류하여 가격에 탄력적인 반응을 보이는 수요자들에게는 저렴한 가격으로, 그렇지 않은 수요자들에게는 제값을 받거나 비싼 가격을 받는 것이다. 따라서 신입생들에게 컴퓨터를 할인하여 판매하는 것은 고객의 연령, 소득 수준 등이 시장 분리의 기준으로 이용된 것이다.

즉, 신입생들이 3월 입학 시즌이 되면 새로운 컴퓨터를 구매하고 싶어 하지만 신입생들은 가격에 민감하게 반응하는 수요층이므로 특정 기간에 할인해 주는 것이다.


**16** 정답 ②

주어진 글은 특정 주장('이러한 주장')에 대한 반박 글이다. 즉 '이러한 주장'이 실행될 경우 생길 수 있는 부작용으로 '목돈이 부족한 서민들이 전세보다 부담이 더 큰 월세를 선택하게 된다.'를 제시하고 있다. 즉, 사람들이 전세보다 월세로 몰리게 된다는 뜻인데, 이를 통해 특정 주장은 서민들이 전세를 선택하지 못하게 되는 상황임을 짐작할 수 있다. 이를 통해 특정 주장은 ②임을 알 수 있다.

**오답풀이**

① 집값을 안정시키기 위해 월세 제도를 없애야 한다는 주장은 말도 안 될뿐더러 주어진 글에서 추론하기도 어렵다.

③ 전세대출을 확대하면 전셋집 구하기가 쉬워져 월세금 상승을 둔화시킬 수는 있다. 하지만 주어진 글을 보면 서민들이 결국 전세가 아니라 월세를 선택하게 된다고 언급하고 있으므로 이를 '이러한 주장'으로 보기는 어렵다.

④ 주어진 글은 월세 정책으로 정부가 바우처 등의 지원금 정책을 사용했을 시 일어나는 문제점을 주로 설명하고 있다. 그러나 ④의 내용은 '이러한 주장'으로 보기는 어렵다. 바우처 정책은 많은 서민들이 전세가 아닌 월세를 택했을 때 나올 수 있는 파생정책이다. 즉 주어진 글에서 언급하고 있는 부작용의 근원적인 이유는 정부의 월세 지원금 정책이 아니다.

⑤ 다주택자에게 세금 부담을 가중시키면 다주택자가 전셋집을 매매할 가능성은 커진다. 하지만 이 정책이 전세금 상승을 둔화시킨다고 볼 수도 없으며, 전셋집뿐만 아니라 월세집도 매매로 많이 나오게 될 것이다. 따라서 주어진 글의 '이러한 주장'으로 보기는 어렵다.


**17** 정답 ④

길이가 L배 커지면 표면적은 $L^2$, 부피는 $L^3$에 비례하여 커지므로, 길이가 2배가 되면 표면적은 4배, 부피는 8배가 된다. 즉 몸의 크기가 커지면서 부피에 대한 표면적의 비율이 줄어드는 것이다. 이를 바꾸어 말하면 동물의 몸의 크기가 줄어들수록 부피에 대한 표면적의 비율이 커진다는 것을 말한다. 이처럼 부피에 대한 표면적의 비율이 커지면 주변과의 열 교환이 빨라지기 때문에 온도를 일정하게 유지하는 것이 어렵게 된다. 따라서 초소형 인간은 현실에서 존재할 수 없는 것이다.


**18** 정답 ①

류머티즘은 관절, 근육, 인대, 뼈 및 힘줄에 발생하는 염증에 의해 분류되는 질병들을 가리키는 포괄적인 용어로, 지금까지 보고된 류머티스성 질병의 수는 200개가 넘는다고 하였다.

**오답풀이**

② 골관절염이나 통풍은 자가 면역 질환으로 분류되지는 않지만 둘 다 류머티스 질환의 범주에 속한다고 하였다. 따라서 모든 류머티스성 양상이 자가 면역 질환을 나타내는 것은 아니다.

③ 류머티즘과 관절염이라는 용어는 종종 서로에게 대체 용어처럼 사용되지만 같은 것을 의미하지는 않는다.

④ 패혈증 인두염을 방치할 경우 류머티스 열이 시작될 수 있다.

⑤ 재발성 류머티즘은 수주 또는 수개월 후에 관절 증상이 나타나는 류머티스 관절염과 달리 증상이 몇 시간 또는 며칠 정도 지속된 다음 갑자기 중단된다.


**19** 정답 ①

ⓛ '하늘'은 '지평선이나 수평선 위로 보이는 무한대의 넓은 공간'을 의미하는 고유어에 해당하는 반면 한자에서 '천'으로 발음되는 단어가 많으므로, '하늘'보다 '천'이 가진 의미, 즉 연결된 정보가 많음을 알 수 있다. 한 단

어가 가진 의미가 많을수록 각 의미의 활성화가 약하게 일어날 가능성이 높고, 의미를 파악하는 데 오랜 시간이 걸릴 수 있다고 하였으므로 머릿속에서 '천'이라는 단어를 처리할 때 '하늘'이라는 단어를 처리할 때보다 시간이 더 지연될 것이라고 추론하는 것이 적절하다.

오답풀이

⊙ 단어의 다의성을 느끼는 애매함을 해결할 때에는 단어의 의미를 파악하기 위해 다른 단어의 처리가 지연된다.

© 고유어나 외래어의 뜻은 대체로 한두 가지로 한정되며, 비유적으로 더 많은 뜻을 가지더라도 그 또한 기본적인 뜻에서 비롯된 의미라고 하였다.

② 국어의 단어는 유래에 따라 고유어, 한자어, 외래어로 나뉘며, 표준국어대사전에 등재된 단어 중 한자와 한글로 동시에 표기할 수 있는 단어를 '한자어', 반대로 한글로만 표기되는 단어를 '고유어', 해외에서 들어와 한국어로 굳어진 단어를 '외래어'라고 한다. 아울러 외래어는 외래어 표기법에 따라 한글로 표기해야 한다. 그러므로 한글로만 표기되었다면 한자어가 아닌 고유어 또는 외래어일 것임을 알 수 있다.

## 20 정답 ④

알람브라 궁전은 수학적인 방법에 따라 일정한 패턴을 가지고 바닥을 채우는 쪽매 맞춤을 통해 바닥과 벽면을 화려하게 장식하였는데, 이때 정다각형과 일반적인 다각형을 함께 이용하여 면을 채우는 방법인 기리 타일링을 사용한다고 하였다. 따라서 원형 타일은 사용되지 않았을 것임을 알 수 있다.

오답풀이

① 알람브라 궁전에 기독교와 이슬람 양식이 융합된 무데하르 양식이 적용되었다고 언급되었을 뿐 외부와 내부의 양식 비교는 주어진 글의 내용을 통해 알 수 없다.

② 알람브라 궁전에는 우상숭배를 금지하는 이슬람 율법에 따라 사람이나 동물의 형상을 문양을 사용할 수 없으므로 식물이나 문자에서 기인한 독특한 패턴인 아라베스크가 나타난다고 하였다.

③ 중정은 이슬람의 고유 양식이 아니며, 고대 중국이나 이란, 로마에서도 흔히 볼 수 있다고 하였다.

⑤ 아치 구조는 아케이드처럼 공간을 계속 이어가거나 벽 중간에 창문을 만들기 위해 사용된다고 하였으므로 알람브라 궁전에는 아케이드 외에도 창문을 만들기 위해 아치 구조를 사용했을 것임을 알 수 있다.

| 01 | 02 | 03 | 04 | 05 | 06 | 07 | 08 | 09 | 10 |
|----|----|----|----|----|----|----|----|----|----|
| ② | ⑤ | ⑤ | ③ | ② | ④ | ④ | ① | ⑤ | ① |

| 11 | 12 | 13 | 14 | 15 | 16 | 17 | 18 | 19 | 20 |
|----|----|----|----|----|----|----|----|----|----|
| ② | ④ | ③ | ① | ⑤ | ② | ⑤ | ④ | ③ | ⑤ |

## 01 정답 ②

2, 3, 4번째 조건을 정리하면 다음과 같다.

| 영국 | 일본 | 태국 | 폴란드 |
|------|------|------|--------|
| C기업 | B기업, C기업 | B기업 | G기업 |

마지막 조건에 의하면, B기업과 D기업이 동일한 국가로 진출하게 되므로, D기업은 일본 또는 태국으로 진출하게 된다.

• 만일 D기업이 일본으로 진출할 경우 C기업은 영국으로 진출하게 되며, 특정 국가에 단독으로 진출하는 A기업은 태국으로 진출하게 된다. 이 경우 세 번째 조건을 고려하면, 다음과 같이 모든 기업의 진출 국가가 확정된다.

| 영국 | 일본 | 태국 | 폴란드 |
|------|------|------|--------|
| C기업, F기업 | B기업, D기업 | A기업 | G기업, E기업 |

• 만일 D기업이 태국으로 진출할 경우 태국으로 진출하는 기업은 B기업과 D기업이다. 또한, A기업은 특정 국가에 단독 진출, C기업과 E기업은 같은 국가로 진출하지 않기 때문에 C기업과 같은 국가로 진출하는 기업은 F기업이다. E기업은 역시 G기업과 함께 폴란드로 진출한다. 따라서 다음과 같이 진출 국가가 확정된다.

| 구분 | 영국 | 일본 | 태국 | 폴란드 |
|------|------|------|------|--------|
| 경우 1 | C기업, F기업 | A기업 | B기업, D기업 | G기업, E기업 |
| 경우 2 | A기업 | C기업, F기업 | B기업, D기업 | G기업, E기업 |

따라서 D기업이 진출 가능한 두 가지 경우 모두 F기업은 섬나라인 영국 또는 일본 중 어느 한 국가로 진출하게 되므로, 주어진 [추론]은 '항상 그렇지 않다'가 정답이다.

## 02 정답 ⑤

과장 2명, 대리 2명이므로 네 팀으로 나눌 때, 팀별로 과장 또는 대리가 1명씩 배치되어야 한다. 따라서 과장, 대리, 사원이 모두 있는 팀이 구성될 수 없다. 또한 사원과 과장이 서로 다른 팀이어야 하므로 과장, 대리, 사원이 모두 있는 팀은 구성될 수 없다.

## 03 정답 ⑤

난소암의 5년 생존율이 40%가 채 되지 않는다는 설명은 상피성 난소암이 대부분 3기 이상의 진행 및 난소 외부로 암이 전이된 상태에서 발견된다는 사실을 전제하고 있는 것이다. 따라서 조기에 발견된 상피성 난소암은 병의 특성상 항상 그렇지는 않더라도 5년 생존율이 40%보다 더 높은 수치를 보일 것으로 판단하는 것은 가능성이 매우 높은 추론이다.

## 04 정답 ③

기타 동호회에는 사원이 가입하지 않았으므로 대리만 2명 또는 3명이 가입하였다. 영화 동호회에 대리가 1명 있으므로 기타 동호회에 대리가 2명 가입하였고, 자전거 동호회에는 대리가 없다.
만약 A와 B가 기타 동호회에 가입하였다면 C는 영화 동호회에 가입하고, G 또한 영화 동호회에 가입한다. F와

D가 다른 동호회에 가입해야 하므로 F가 영화 동호회에 가입하였다면 D는 자전거 동호회에 가입하고, 각 동호회마다 2명 이상이 가입해야 하므로 E는 자전거 동호회에 가입한다. F가 자전거 동호회에 가입하였다면 D는 영화 동호회에 가입하고, E는 자전거 동호회에 가입해야 한다.

만약 B와 C가 기타 동호회에 가입하였다면 A는 영화 동호회에 가입하고, G 또한 영화 동호회에 가입한다. F와 D가 다른 동호회에 가입해야 하므로 F가 영화 동호회에 가입하였다면 D는 자전거 동호회에 가입하고, 각 동호회마다 2명 이상이 가입해야 하므로 E는 자전거 동호회에 가입한다. F가 자전거 동호회에 가입하였다면 D는 영화 동호회에 가입하고, E는 자전거 동호회에 가입해야 한다.

A와 C가 기타 동호회에 가입하였다면 B는 영화 동호회에 가입한다. F와 D가 서로 다른 동호회에 가입해야 하므로 F가 영화 동호회에 가입하였다면 D는 자전거 동호회에 가입하고, F가 자전거 동호회에 가입한다면 D는 영화 동호회에 가입한다. 만약 E가 영화 동호회에 가입한다면 C 또한 영화 동호회에 가입해야 하므로 E는 반드시 자전거 동호회에 가입한다. G는 영화 동호회에 가입해도 되고, 자전거 동호회에 가입해도 된다.

따라서 가능한 모든 경우를 정리하면 다음과 같다.

| 기타 동호회 | 영화 동호회 | 자전거 동호회 |
|---|---|---|
| A, B | C, G, D | F, E |
| A, B | C, G, F | D, E |
| B, C | A, G, D | F, E |
| B, C | A, G, F | D, E |
| A, C | B, F | D, E, G |
| A, C | B, D | E, F, G |
| A, C | B, F, G | D, E |
| A, C | B, D, G | E, F |

그러므로 A가 영화 동호회이면 G는 항상 영화 동호회이다.


## 05  정답 ②

[그래프]를 통해 시그마 수준이 높아질수록 평균에 가까워지는 형태가 됨을 알 수 있다.

오답풀이
① 표준편차가 작을수록 시그마 수준 값은 높아진다.
③ 6시그마가 추구하는 공정은 무결점이 아닌 불량률의 최소화이다. 무결점 공정은 ZD운동과 같은 공정에서 추구하는 목표다.
④ 공정A의 시그마 수준이 공정B보다 높기 때문에 불량률이 낮다.
⑤ 규격상한이 커질수록 시그마 수준은 낮아진다.


## 06  정답 ④

버블정렬은 인접한 데이터를 비교하면서 정렬하는 방식이다. 소스를 분석해 보면 if의 조건을 만족하면 y번지와 y+1번지의 값을 교환하였음을 확인할 수 있다. 내림차순으로 정렬한다고 하였으므로 y+1번지의 값이 y번지의 값보다 클 경우 교환해야 하므로 value[y]＜value[y+1]이 된다.

오답풀이
①, ② 바깥 for문의 x변수는 size만큼 반복하는 버블정렬의 회전수이다.
③, ⑤ 오름차순 버블정렬 알고리즘에 대한 식이다.


## 07  정답 ④

충분한 압력이 생겨서 양쪽으로의 용매의 이동이 같아지게 되면, 평형에 도달하게 되며 용액의 높이는 변하지 않게 된다. 삼투현상을 막는 데 필요한 최소 압력은 삼투압과 같으므로 반투막은 용매 분자만 통과시키고, [보기]에서 삼투압이 K인 경우 삼투현상을 막기 위해 가해야 하는 최소 압력을 나타낸 그림은 ㉠이다.

**08** 정답 ①

- 연간재고유지비용 $=\dfrac{500 \times 50,000}{2}=12,500,000$(원)

- 연간주문비용 $=\dfrac{2,500 \times 100,000}{500}=500,000$(원)

→ 총 13,000,000원이다.

경제적 주문량을 구해보면, $\text{EOQ}=\sqrt{\dfrac{2\text{DS}}{\text{H}}}=\sqrt{\dfrac{2 \times (2,500) \times (100,000)}{50,000}}=100$이므로

- 연간재고유지비용 $=\dfrac{100 \times 50,000}{2}=2,500,000$(원)

- 연간주문비용 $=\dfrac{2,500 \times 100,000}{100}=2,500,000$(원)

→ 총 5,000,000원이다.
따라서 EOQ로 주문량을 변경 시 절감할 수 있는 비용은 800만 원이다.


**09** 정답 ⑤

- 2.5억 원의 임대차 경우 현행 수수료는 상한요율 1천분의 3과 한도액 40만 원이 적용된다. 따라서 25,000만 원$\times 0.003=75$(만 원)이 발생하나 한도액에 따라 법정 중개수수료는 40만 원이다.
- 8억 원의 매매인 경우 개정안에서는 상한요율 1천분의 6과 누진공제액 60만 원이 적용된다. 따라서 80,000만 원$\times 0.006=480$(만 원)이 발생하나 누진공제 60만 원을 빼면 법정 중개수수료는 420만 원이다.
- 12억 원의 임대차인 경우 개정안에서는 상한요율 1천분의 8이 최대 수수료율이며, 누진공제액은 없다. 따라서 120,000만 원$\times 0.008=960$(만 원)이 발생하며, 이것이 법정 중개수수료가 된다.

따라서 3건에 대한 법정 중개수수료의 합계액은 $40+420+960=1,420$(만 원)이다.


**10** 정답 ①

논리게이트를 해석하면 A와 B가 [AND게이트]에서 만나 AB가 되고, 이 값이 A′과 [OR게이트]에서 만나 A′+AB가 된다. 이를 B′과 다시 [AND게이트]에서 만나게 하면 최종 논리식은 (A′+AB)B′이다. 여기에 각각의 입력값인 111, 001을 대입하면 $(000+001)(110)=000$이다.


**11** 정답 ②

ⓒ 이산화탄소 기체 포집체를 지난 소리가 굴절되어 마이크로 모이므로 소리의 크기는 [실험2]의 결과에서 가장 크고, 뒤이어 [실험1], [실험3]의 순서로 크다.

오답풀이

ⓐ 소리가 헬륨 기체 포집체를 통과하기 시작할 때보다 이산화탄소 기체 포집체를 통과할 때 소리가 포집체의 바깥 방향으로 굴절하였으므로 이산화탄소 기체보다 헬륨 기체를 통과한 소리가 더 빠르다.

ⓑ 소리가 이산화탄소 기체 포집체를 통과할 때 포집체의 중심 방향으로 소리가 굴절하므로, 공기보다 이산화탄소에서 소리의 속력이 느림을 알 수 있다. 그런데 분자량이 클수록 소리의 속력이 느리므로 이산화탄소가 공기보다 무거운 기체임을 알 수 있다.


**12** 정답 ④

[보기]의 트리가 후위 순회를 하는 경우, '왼쪽 서브 트리 방문 → 오른쪽 서브 트리 방문 → 노드 방문'의 순서로 이를 탐색할 것이므로 노드를 방문하는 순서는 D−E−B−F−C−A가 된다. ②는 전위 순회를 하는 경우이고, ③은 중위 순회를 하는 경우의 순서이다.

**13** 정답 ③

주어진 산식에 따라 각 관측 지점으로부터 수직 해저면까지의 수심을 계산하면 다음과 같다. 이때 주어진 산식의 $\frac{1}{2}$은 공통으로 곱하는 값이므로 계산 시간 단축을 위해 초음파의 속도($v$)와 해저면에 반사되어 되돌아오는 시간 ($t$)만을 곱해서 계산한다.

- A지점: $1,500 \times 6.1 = 9,150(\text{m}) = 9.15(\text{km})$
- B지점: $1,500 \times 9.5 = 14,250(\text{m}) = 14.25(\text{km})$
- C지점: $1,500 \times 8.6 = 12,900(\text{m}) = 12.9(\text{km})$
- D지점: $1,500 \times 8.3 = 12,450(\text{m}) = 12.45(\text{km})$
- E지점: $1,500 \times 7.6 = 11,400(\text{m}) = 11.4(\text{km})$

따라서 수심은 B지점, C지점, D지점, E지점, A지점 순으로 깊으며, 모든 선택지의 관측 지점이 A지점부터 E지점까지 좌에서 우로 주어져 있으므로 각 지점 간의 거리를 감안할 때, ③과 같은 지형도가 가장 적절하다.

오답풀이

④ C~D지점 간의 거리가 D~E지점 간의 거리보다 가깝게 표시되어 있으므로 각 지점 간의 적절한 거리 표시가 아니다.

**14** 정답 ①

주어진 그림의 i는 0부터 시작하여 2씩 더해져서 100까지 증가하고, SUM은 이를 더해가며 총합을 구하는 순서도이다. SUM+i를 통해 총합을 구해야 하고, b는 99 또는 100이 되어야 100까지의 수를 더하므로 98이나 101은 정답이 될 수 없다.

**15** 정답 ⑤

상위 10개 수입상대국으로부터의 식품 수입건수의 점유율은 총 $100 - 21.33 = 78.67(\%)$이며, 중국으로부터의 식품 수입건수의 점유율은 32.06%이다. $\frac{32.06}{78.67} \times 100 ≒ 40.8(\%)$이므로 45% 이하이다.

오답풀이

① 식품의 총수입액은 $3.39 + 3.14 + 1.10 + 0.73 + 0.55 + 0.50 + 0.42 + 0.36 + 0.34 + 0.17 + 5.40 = 16.1(\text{조 원})$이다. 따라서 17조 원 미만이다.

> **🔍 문제 해결 TIP**
> 기타국가의 식품 수입액이 총 5.4조 원이고, 점유율이 33.51%이므로 총수입액이 $\frac{5.4\text{조 원}}{0.3351} ≒ 16.1(\text{조 원})$임을 알 수 있다.

② 기타국가의 식품 수입액 점유율이 33.51%이므로, 식품 수입액 상위 10개 수입상대국의 식품 수입액 합이 전체 식품 수입액에서 차지하는 비중은 $100 - 33.51 = 66.49(\%)$이다. 따라서 70% 미만이다.

③ 식품 수입액과 식품 수입건수 상위 10개 수입상대국에 모두 속하는 국가는 중국, 미국, 태국, 베트남, 필리핀, 영국, 일본으로 총 7개국이다.

④ 식품 수입건수당 식품 수입액은 중국의 경우 $\frac{3,390,000\text{백만 원}}{104,487\text{건}} ≒ 32.4(\text{백만 원/건})$, 미국의 경우 $\frac{3,140,000\text{백만 원}}{55,980\text{건}} ≒ 56.1$ (백만 원/건)이다. 따라서 미국이 중국보다 크다.

> **🔍 문제 해결 TIP**
> 중국과 미국의 식품 수입건수당 식품 수입액의 분수식을 살펴보면 식품 수입액(분자)의 차이는 비율적으로 미미하지만, 식품 수입건수(분모)가 중국이 미국의 약 2배이므로, 미국의 식품 수입건수당 식품 수입액이 중국보다 크다는 것을 알 수 있다.

**16** 정답 ②

㉠, ㉢ [그래프]와 주어진 식을 바탕으로 저항을 구해 보면, A는 10Ω이고 B는 20Ω이다. 따라서 저항 B의 크기는

A의 2배이다. 저항은 전선의 길이에 비례하고, 단면적(굵기)에 반비례하므로 길이가 같다면, 저항 A의 단면적(굵기)은 저항 B의 2배임을 알 수 있다.

ⓒ 같은 전류가 흐를 때, 저항 B에 더 큰 전압이 걸린다.

ⓒ 단면적(굵기)이 같다면, 저항 A의 길이는 저항 B의 2배가 아닌, $\dfrac{1}{2}$배이다.

## 17  정답 ⑤

A와 B의 [NOT게이트] 입력값이 첫 번째 [XOR게이트]를 만난 논리식은 $A \oplus \overline{B}$이 된다. 아래의 A와 B의 입력값이 [NAND게이트]를 만난 논리식은 $\overline{AB}$이다. 다음은 $A \oplus \overline{B}$와 $\overline{AB}$의 입력값이 [OR게이트]를 통과한 논리식은 $(A \oplus \overline{B}) + (\overline{AB})$이다. 마지막 S값은 $A \oplus \overline{B}$값과 $(A \oplus \overline{B} + \overline{AB})$값이 [AND게이트]에서 $(A \oplus \overline{B}) \cdot (A \oplus \overline{B} + \overline{AB})$가 된다. S값을 간략화하면 다음과 같다.

첫 번째, 논리식을 묶고 오른쪽 괄호부터 간략화한다.

$(A \oplus \overline{B}) \cdot (A \oplus \overline{B} + \overline{AB}) = (A \oplus \overline{B}) \cdot ((A \oplus \overline{B}) + (\overline{AB}))$

두 번째, [XOR게이트] 논리식은 $A \oplus B = \overline{A}B + A\overline{B}$이고, 복원법칙이 $\overline{\overline{B}} = B$이므로 $A \oplus \overline{B} = AB + \overline{AB}$, $\overline{AB} = \overline{A} + \overline{B}$(드모르간의 법칙)을 적용한다.

$= (A \oplus \overline{B}) \cdot ((AB + \overline{AB}) + (\overline{A} + \overline{B})) = (A \oplus \overline{B}) \cdot (AB + \overline{AB} + \overline{A} + \overline{B})$

세 번째, 항등법칙 $A + 1 = 1$을 적용하고 논리식 [XOR게이트]와 분배 법칙을 적용한다.

$= (A \oplus \overline{B}) \cdot (AB + \overline{A}(B + 1) + \overline{B}) = (A \oplus \overline{B}) \cdot (AB + \overline{A} + \overline{B}) = (AB + \overline{AB})(AB + \overline{A} + \overline{B})$

$= AABB + A\overline{A}B + AB\overline{B} + A\overline{AB}B + \overline{AAB} + \overline{ABB}$

네 번째, 곱의 법칙 $A\overline{A} = 0$, $AA = A$ 즉, $\overline{AA} = \overline{A}$와 $A + A = A$를 적용하여 정리한다.

$= AB + 0 + 0 + 0 + \overline{AB} + \overline{AB} = AB + \overline{AB}$

## 18  정답 ④

'기체 반응의 법칙'에 따르면, 어떤 물질이 두 가지 이상의 기체로 분해될 때에는 각각의 부피 사이에 정수비가 성립하게 된다고 하였다. 따라서 [보기]를 살펴보면, 가장 간단한 실험1에서 질소 10ml와 수소 30ml가 반응하여 암모니아가 20ml 생성된 것을 볼 수 있다. 이는 질소와 수소, 암모니아의 기체 반응에 따른 부피 정수비가 질소:수소:암모니아=1:3:2임을 보여준다.

따라서 [보기]에 대한 화학 반응식은 $N_2 + 3H_2 \rightarrow 2NH_3$이다. 한편 '기체 반응의 법칙'의 화학 반응식에서 계수비는 기체의 부피비와 같다.

## 19  정답 ③

가속도가 속도를 시간에 대해 미분한 값이므로 속도─시간 그래프의 기울기가 가속도이다. [그래프2]에서 알짜힘을 일정하게 유지하고 질량을 2배, 3배로 증가시키면 속도─시간 그래프의 기울기는 각각 $\dfrac{1}{2}$배, $\dfrac{1}{3}$배로 감소한다.

① [그래프1]에서 질량을 일정하게 유지하고 알짜힘을 2배, 3배로 증가시키면 속도─시간 그래프의 기울기도 각각 2배, 3배로 증가한다.

② [그래프1]에서 질량을 일정하게 유지하고 알짜힘을 2배, 3배로 증가시키면 가속도도 각각 2배, 3배로 증가한다.

④ [그래프2]에서 알짜힘을 일정하게 유지하고 질량을 2배, 3배로 증가시키면 가속도는 각각 $\dfrac{1}{2}$배, $\dfrac{1}{3}$배로 감소한다.

⑤ [그래프1]에서 질량이 일정하면 가속도는 알짜힘에 비례하고, [그래프2]에서 힘이 일정하면 가속도는 질량에 반비례한다.

> ✏️ **문제 해결 TIP**
> 가속도 법칙은 뉴턴의 제2운동 법칙이며 뉴턴 제2운동 법칙의 공식인 $F = ma$를 이용해도 풀 수 있는 문제이다.

**20** 정답 ⑤

첫 번째 if 문은 false이므로 변수 num2의 값인 225가 출력되고, 두 번째 if 문은 true이므로 변수 num2와 변수 num1의 합인 245가 출력된다. 따라서 출력되는 값은 225245이다.

# SKCT 실전동형 모의고사

## 실행역량(검사A)

| 번호 | ① | ② | ③ | ④ | ⑤ |
|----|---|---|---|---|---|
| 01 | ① | ② | ③ | ④ | ⑤ |
| 02 | ① | ② | ③ | ④ | ⑤ |
| 03 | ① | ② | ③ | ④ | ⑤ |
| 04 | ① | ② | ③ | ④ | ⑤ |
| 05 | ① | ② | ③ | ④ | ⑤ |
| 06 | ① | ② | ③ | ④ | ⑤ |
| 07 | ① | ② | ③ | ④ | ⑤ |
| 08 | ① | ② | ③ | ④ | ⑤ |
| 09 | ① | ② | ③ | ④ | ⑤ |
| 10 | ① | ② | ③ | ④ | ⑤ |
| 11 | ① | ② | ③ | ④ | ⑤ |
| 12 | ① | ② | ③ | ④ | ⑤ |
| 13 | ① | ② | ③ | ④ | ⑤ |
| 14 | ① | ② | ③ | ④ | ⑤ |
| 15 | ① | ② | ③ | ④ | ⑤ |
| 16 | ① | ② | ③ | ④ | ⑤ |
| 17 | ① | ② | ③ | ④ | ⑤ |
| 18 | ① | ② | ③ | ④ | ⑤ |
| 19 | ① | ② | ③ | ④ | ⑤ |
| 20 | ① | ② | ③ | ④ | ⑤ |
| 21 | ① | ② | ③ | ④ | ⑤ |
| 22 | ① | ② | ③ | ④ | ⑤ |
| 23 | ① | ② | ③ | ④ | ⑤ |
| 24 | ① | ② | ③ | ④ | ⑤ |
| 25 | ① | ② | ③ | ④ | ⑤ |
| 26 | ① | ② | ③ | ④ | ⑤ |
| 27 | ① | ② | ③ | ④ | ⑤ |
| 28 | ① | ② | ③ | ④ | ⑤ |
| 29 | ① | ② | ③ | ④ | ⑤ |
| 30 | ① | ② | ③ | ④ | ⑤ |

## 인지역량-수리(검사B)

| 번호 | ① | ② | ③ | ④ | ⑤ |
|----|---|---|---|---|---|
| 01 | ① | ② | ③ | ④ | ⑤ |
| 02 | ① | ② | ③ | ④ | ⑤ |
| 03 | ① | ② | ③ | ④ | ⑤ |
| 04 | ① | ② | ③ | ④ | ⑤ |
| 05 | ① | ② | ③ | ④ | ⑤ |
| 06 | ① | ② | ③ | ④ | ⑤ |
| 07 | ① | ② | ③ | ④ | ⑤ |
| 08 | ① | ② | ③ | ④ | ⑤ |
| 09 | ① | ② | ③ | ④ | ⑤ |
| 10 | ① | ② | ③ | ④ | ⑤ |
| 11 | ① | ② | ③ | ④ | ⑤ |
| 12 | ① | ② | ③ | ④ | ⑤ |
| 13 | ① | ② | ③ | ④ | ⑤ |
| 14 | ① | ② | ③ | ④ | ⑤ |
| 15 | ① | ② | ③ | ④ | ⑤ |
| 16 | ① | ② | ③ | ④ | ⑤ |
| 17 | ① | ② | ③ | ④ | ⑤ |
| 18 | ① | ② | ③ | ④ | ⑤ |
| 19 | ① | ② | ③ | ④ | ⑤ |
| 20 | ① | ② | ③ | ④ | ⑤ |

## 인지역량-언어(검사C)

| 번호 | ① | ② | ③ | ④ | ⑤ |
|----|---|---|---|---|---|
| 01 | ① | ② | ③ | ④ | ⑤ |
| 02 | ① | ② | ③ | ④ | ⑤ |
| 03 | ① | ② | ③ | ④ | ⑤ |
| 04 | ① | ② | ③ | ④ | ⑤ |
| 05 | ① | ② | ③ | ④ | ⑤ |
| 06 | ① | ② | ③ | ④ | ⑤ |
| 07 | ① | ② | ③ | ④ | ⑤ |
| 08 | ① | ② | ③ | ④ | ⑤ |
| 09 | ① | ② | ③ | ④ | ⑤ |
| 10 | ① | ② | ③ | ④ | ⑤ |
| 11 | ① | ② | ③ | ④ | ⑤ |
| 12 | ① | ② | ③ | ④ | ⑤ |
| 13 | ① | ② | ③ | ④ | ⑤ |
| 14 | ① | ② | ③ | ④ | ⑤ |
| 15 | ① | ② | ③ | ④ | ⑤ |
| 16 | ① | ② | ③ | ④ | ⑤ |
| 17 | ① | ② | ③ | ④ | ⑤ |
| 18 | ① | ② | ③ | ④ | ⑤ |
| 19 | ① | ② | ③ | ④ | ⑤ |
| 20 | ① | ② | ③ | ④ | ⑤ |

## 인지역량-직무(검사D)

| 번호 | ① | ② | ③ | ④ | ⑤ |
|----|---|---|---|---|---|
| 01 | ① | ② | ③ | ④ | ⑤ |
| 02 | ① | ② | ③ | ④ | ⑤ |
| 03 | ① | ② | ③ | ④ | ⑤ |
| 04 | ① | ② | ③ | ④ | ⑤ |
| 05 | ① | ② | ③ | ④ | ⑤ |
| 06 | ① | ② | ③ | ④ | ⑤ |
| 07 | ① | ② | ③ | ④ | ⑤ |
| 08 | ① | ② | ③ | ④ | ⑤ |
| 09 | ① | ② | ③ | ④ | ⑤ |
| 10 | ① | ② | ③ | ④ | ⑤ |
| 11 | ① | ② | ③ | ④ | ⑤ |
| 12 | ① | ② | ③ | ④ | ⑤ |
| 13 | ① | ② | ③ | ④ | ⑤ |
| 14 | ① | ② | ③ | ④ | ⑤ |
| 15 | ① | ② | ③ | ④ | ⑤ |
| 16 | ① | ② | ③ | ④ | ⑤ |
| 17 | ① | ② | ③ | ④ | ⑤ |
| 18 | ① | ② | ③ | ④ | ⑤ |
| 19 | ① | ② | ③ | ④ | ⑤ |
| 20 | ① | ② | ③ | ④ | ⑤ |

# SKCT 실전동형 모의고사

## 실행역량(검사A)

| | | | | | |
|---|---|---|---|---|---|
| 01 | ① | ② | ③ | ④ | ⑤ |
| 02 | ① | ② | ③ | ④ | ⑤ |
| 03 | ① | ② | ③ | ④ | ⑤ |
| 04 | ① | ② | ③ | ④ | ⑤ |
| 05 | ① | ② | ③ | ④ | ⑤ |
| 06 | ① | ② | ③ | ④ | ⑤ |
| 07 | ① | ② | ③ | ④ | ⑤ |
| 08 | ① | ② | ③ | ④ | ⑤ |
| 09 | ① | ② | ③ | ④ | ⑤ |
| 10 | ① | ② | ③ | ④ | ⑤ |
| 11 | ① | ② | ③ | ④ | ⑤ |
| 12 | ① | ② | ③ | ④ | ⑤ |
| 13 | ① | ② | ③ | ④ | ⑤ |
| 14 | ① | ② | ③ | ④ | ⑤ |
| 15 | ① | ② | ③ | ④ | ⑤ |
| 16 | ① | ② | ③ | ④ | ⑤ |
| 17 | ① | ② | ③ | ④ | ⑤ |
| 18 | ① | ② | ③ | ④ | ⑤ |
| 19 | ① | ② | ③ | ④ | ⑤ |
| 20 | ① | ② | ③ | ④ | ⑤ |
| 21 | ① | ② | ③ | ④ | ⑤ |
| 22 | ① | ② | ③ | ④ | ⑤ |
| 23 | ① | ② | ③ | ④ | ⑤ |
| 24 | ① | ② | ③ | ④ | ⑤ |
| 25 | ① | ② | ③ | ④ | ⑤ |
| 26 | ① | ② | ③ | ④ | ⑤ |
| 27 | ① | ② | ③ | ④ | ⑤ |
| 28 | ① | ② | ③ | ④ | ⑤ |
| 29 | ① | ② | ③ | ④ | ⑤ |
| 30 | ① | ② | ③ | ④ | ⑤ |

## 인지역량 – 수리(검사B)

| | | | | | |
|---|---|---|---|---|---|
| 01 | ① | ② | ③ | ④ | ⑤ |
| 02 | ① | ② | ③ | ④ | ⑤ |
| 03 | ① | ② | ③ | ④ | ⑤ |
| 04 | ① | ② | ③ | ④ | ⑤ |
| 05 | ① | ② | ③ | ④ | ⑤ |
| 06 | ① | ② | ③ | ④ | ⑤ |
| 07 | ① | ② | ③ | ④ | ⑤ |
| 08 | ① | ② | ③ | ④ | ⑤ |
| 09 | ① | ② | ③ | ④ | ⑤ |
| 10 | ① | ② | ③ | ④ | ⑤ |
| 11 | ① | ② | ③ | ④ | ⑤ |
| 12 | ① | ② | ③ | ④ | ⑤ |
| 13 | ① | ② | ③ | ④ | ⑤ |
| 14 | ① | ② | ③ | ④ | ⑤ |
| 15 | ① | ② | ③ | ④ | ⑤ |
| 16 | ① | ② | ③ | ④ | ⑤ |
| 17 | ① | ② | ③ | ④ | ⑤ |
| 18 | ① | ② | ③ | ④ | ⑤ |
| 19 | ① | ② | ③ | ④ | ⑤ |
| 20 | ① | ② | ③ | ④ | ⑤ |

## 인지역량 – 언어(검사C)

| | | | | | |
|---|---|---|---|---|---|
| 01 | ① | ② | ③ | ④ | ⑤ |
| 02 | ① | ② | ③ | ④ | ⑤ |
| 03 | ① | ② | ③ | ④ | ⑤ |
| 04 | ① | ② | ③ | ④ | ⑤ |
| 05 | ① | ② | ③ | ④ | ⑤ |
| 06 | ① | ② | ③ | ④ | ⑤ |
| 07 | ① | ② | ③ | ④ | ⑤ |
| 08 | ① | ② | ③ | ④ | ⑤ |
| 09 | ① | ② | ③ | ④ | ⑤ |
| 10 | ① | ② | ③ | ④ | ⑤ |
| 11 | ① | ② | ③ | ④ | ⑤ |
| 12 | ① | ② | ③ | ④ | ⑤ |
| 13 | ① | ② | ③ | ④ | ⑤ |
| 14 | ① | ② | ③ | ④ | ⑤ |
| 15 | ① | ② | ③ | ④ | ⑤ |
| 16 | ① | ② | ③ | ④ | ⑤ |
| 17 | ① | ② | ③ | ④ | ⑤ |
| 18 | ① | ② | ③ | ④ | ⑤ |
| 19 | ① | ② | ③ | ④ | ⑤ |
| 20 | ① | ② | ③ | ④ | ⑤ |

## 인지역량 – 직무(검사D)

| | | | | | |
|---|---|---|---|---|---|
| 01 | ① | ② | ③ | ④ | ⑤ |
| 02 | ① | ② | ③ | ④ | ⑤ |
| 03 | ① | ② | ③ | ④ | ⑤ |
| 04 | ① | ② | ③ | ④ | ⑤ |
| 05 | ① | ② | ③ | ④ | ⑤ |
| 06 | ① | ② | ③ | ④ | ⑤ |
| 07 | ① | ② | ③ | ④ | ⑤ |
| 08 | ① | ② | ③ | ④ | ⑤ |
| 09 | ① | ② | ③ | ④ | ⑤ |
| 10 | ① | ② | ③ | ④ | ⑤ |
| 11 | ① | ② | ③ | ④ | ⑤ |
| 12 | ① | ② | ③ | ④ | ⑤ |
| 13 | ① | ② | ③ | ④ | ⑤ |
| 14 | ① | ② | ③ | ④ | ⑤ |
| 15 | ① | ② | ③ | ④ | ⑤ |
| 16 | ① | ② | ③ | ④ | ⑤ |
| 17 | ① | ② | ③ | ④ | ⑤ |
| 18 | ① | ② | ③ | ④ | ⑤ |
| 19 | ① | ② | ③ | ④ | ⑤ |
| 20 | ① | ② | ③ | ④ | ⑤ |

정답과 해설

# 에듀윌 취업
# 오프라인 SKCT 통합 기본서

**펴낸곳** (주)에듀윌　　**펴낸이** 김재환　　**출판총괄** 김형석
**개발책임** 김기임, 윤은영　　**개발** 김성근, 김종안
**주소** 서울시 구로구 디지털로34길 55 코오롱싸이언스밸리 2차 3층
**대표번호** 1600-6700　　**등록번호** 제25100-2002-000052호
협의 없는 무단 복제는 법으로 금지되어 있습니다.

## 고객의 꿈, 직원의 꿈, 지역사회의 꿈을 실현한다

에듀윌 도서몰 book.eduwill.net
· 부가학습자료 및 정오표: 에듀윌 도서몰 → 도서자료실
· 교재 문의: 에듀윌 도서몰 → 문의하기 → 교재(내용, 출간) / 주문 및 배송

# 베스트셀러 1위
# 에듀윌 토익 시리즈

쉬운 토익 공식으로
기초부터 실전까지 한번에, 쉽고 빠르게!

토익 입문서

토익 입문서

토익 실전서

토익 종합서

토익 종합서

토익 어휘서

## 동영상 강의 109강 무료 제공

# 꿈을 현실로 만드는
# 에듀윌

DREAM

## 공무원 교육
- 선호도 1위, 신뢰도 1위!
  브랜드만족도 1위!
- 합격자 수 2,100% 폭등시킨
  독한 커리큘럼

## 자격증 교육
- 7년간 아무도 깨지 못한 기록
  합격자 수 1위
- 가장 많은 합격자를 배출한
  최고의 합격 시스템

## 직영학원
- 직영학원 수 1위, 수강생 규모 1위!
- 표준화된 커리큘럼과 호텔급 시설
  자랑하는 전국 58개 학원

## 종합출판
- 4대 온라인서점 베스트셀러 1위!
- 출제위원급 전문 교수진이
  직접 집필한 합격 교재

## 어학 교육
- 토익 베스트셀러 1위
- 토익 동영상 강의 무료 제공
- 업계 최초 '토익 공식' 추천 AI 앱 서비스

## 콘텐츠 제휴 · B2B 교육
- 고객 맞춤형 위탁 교육 서비스 제공
- 기업, 기관, 대학 등 각 단체에 최적화된
  고객 맞춤형 교육 및 제휴 서비스

## 부동산 아카데미
- 부동산 실무 교육 1위!
- 상위 1% 고소득 창업/취업 비법
- 부동산 실전 재테크 성공 비법

## 공기업 · 대기업 취업 교육
- 취업 교육 1위!
- 공기업 NCS, 대기업 직무적성,
  자소서, 면접

## 학점은행제
- 99%의 과목이수율
- 15년 연속 교육부 평가 인정 기관 선정

## 대학 편입
- 편입 교육 1위!
- 업계 유일 500% 환급 상품 서비스

## 국비무료 교육
- '5년우수훈련기관' 선정
- K-디지털, 4차 산업 등 특화 훈련과정

---

**에듀윌 교육서비스** **공무원 교육** 9급공무원/7급공무원/경찰공무원/소방공무원/계리직공무원/기술직공무원/군무원 **자격증 교육** 공인중개사/주택관리사/전기기사/경비지도사/검정고시/소방설비기사/소방시설관리사/사회복지사1급/건축기사/토목기사/직업상담사/전기기능사/산업안전기사/위험물산업기사/위험물기능사/도로교통사고감정사/유통관리사/물류관리사/행정사/한국사능력검정/한경TESAT/매경TEST/KBS한국어능력시험/실용글쓰기/ITX격증/국제무역사/무역영어 **어학 교육** 토익 교재/토익 동영상 강의/인공지능 토익 앱 **세무/회계** 회계사/세무사/전산세무회계/ERP정보관리사/재경관리사 **대학 편입** 편입 교재/편입 영어·수학/경찰대/의치대/편입 컨설팅·면접 **공기업·대기업 취업 교육** 공기업 NCS·전공·상식/대기업 직무적성/자소서·면접 **직영학원** 공무원학원/기술직공무원 학원/군무원학원/경찰학원/소방학원/공무원 면접학원/군간부학원/공인중개사 학원/주택관리사 학원/전기기사학원/세무사·회계사 학원/편입학원/취업아카데미 **종합출판** 공무원·자격증 수험교재 및 단행본/월간지/시사상식 **학점은행제** 교육부 평가인정기관 원격평생교육원(사회복지사2급/경영학/CPA)/교육부 평가인정기관 원격 사회교육원(사회복지사급/심리학) **콘텐츠 제휴·B2B 교육** 콘텐츠 제휴/기업 맞춤 자격증 교육/대학 취업역량 강화 교육 **부동산 아카데미** 부동산 창업CEO과정/실전 경매 과정/디벨로퍼과정 **국비무료 교육(국비교육원)** 전기기능사/전기(산업)기사/소방설비(산업)기사/IT(빅데이터/자바프로그램/파이썬)/게임그래픽/3D프린터/실내건축디자인/웹퍼블리셔/그래픽디자인/영상편집(유튜브)디자인/온라인 쇼핑몰광고 및 제작(쿠팡, 스마트스토어)/전산세무회계/컴퓨터활용능력/ITQ/GTQ/직업상담사

---

## 교육 문의 1600-6700  www.eduwill.net

• 2022 소비자가 선택한 최고의 브랜드 공무원·자격증 교육 1위 (조선일보) • 2023 대한민국 브랜드만족도 공무원·자격증·취업·학원·편입·부동산 실무 교육 1위 (한경비즈니스)
• 2017/2022 에듀윌 공무원 과정 최종 환급자 수 기준 • 2022년 공인중개사 직영학원 기준 • YES24 공인중개사 부문, 2023 에듀윌 공인중개사 김민석 부동산공시법 (2023년
3월 월별 베스트) 그 외 다수 교보문고 취업/수험서 부문, 2020 에듀윌 농협은행 6급 NCS 직무능력평가+실전모의고사 4회 (2020년 1월 27일~2월 5일, 인터넷 주간 베스트) 그 외 다수
알라딘 월간 이슈&상식 부문, 월간최신 취업에 강한 에듀윌 시사상식 (2017년 8월~2023년 2월 월간 베스트) 그 외 다수 인터파크 자격서/수험서 부문, 에듀윌 한국사능력검정시험 2주
끝장 심화 (1, 2, 3급) (2020년 6~8월 월간 베스트) 그 외 다수 • YES24 국어 외국어사전 영어 토익/TOEIC 기출문제/모의고사 분야 베스트셀러 1위 (에듀윌 토익 READING RC 4주끝장
리딩 종합서, 2022년 9월 4주 주별 베스트) • 에듀윌 토익 교재 입문~실전 인강 무료 제공 (2022년 최신 강좌 기준/109강) • 2022년 종강반 중 모든 평가항목 정상 참여자 수 기준, 99%
(평생교육원 사회교육원 기준) • 2008년~2022년까지 약 206만 누적수강학점으로 과목 운영 (평생교육원 기준) • 사사, B사 최대 200% 환급 서비스 (2022년 6월 기준) • 에듀윌 국비
교육원 구로센터 고용노동부 지정 '5년우수훈련기관' 선정(2023~2027) • KRI 한국기록원 2016, 2017, 2019년 공인중개사 최다 합격자 배출 공식 인증 (2023년 현재까지 업계 최고 기록)